BENETTON FORMULA 1: A STORY

BENETTON FORMULA 1:

A cura di / Edited by: Pino Allievi
Progetto grafico / Design: Massimo Vignelli
Prefazione / Foreword: Bernie Ecclestone

A STORY

Skira

Progetto editoriale / Editorial project
Pino Allievi

Progetto grafico / Design
Massimo Vignelli

Coordinamento redazionale / Editorial co-ordination
Marzia Branca

Redazione / Editing
Monica Maroni

Impaginazione / Layout
Massimo Vignelli
Piera Brunetta

Ricerca e coordinamento iconografico / Research and iconographic co-ordination
Agostino Carabelli
Cristina Mascherpa

In copertina / Cover
Michael Schumacher

Testi / Texts
Pino Allievi, Alberto Antonini, Alessandro Benetton, Cristiano Chiavegato, Paolo Ciccarone, Renato D'Ulisse, Gianluca Gasparini, Alessandro Giudice, Alan Henry, Carlo Marincovich, Mauro Mori, Davide Paolini, Nigel Roebuck, Joe Saward, Eric Silbermann, Giorgio Terruzzi, David Tremayne

Traduzioni / Translations
Lucian Comoy (italiano-inglese, inglese-italiano), François Basset (italiano-francese), Michael Verhoven (italiano-tedesco) per/for Language Consulting Congressi, Milano
Maria de los Ángeles Pérez García (italiano-spagnolo)
Naoko Harada (italiano-giapponese)

Foto / Photos
Archivio Benetton, Bernard Asset, Ercole Colombo, Giancarlo Falletti, Gianni Giansanti, LAT, Luca Mazzocco, Giuseppe Pino (pp. 9-25)

First published in Italy in 2006 by
Skira Editore S.p.A.
Palazzo Casati Stampa
via Torino 61
20123 Milano
Italy
www.skira.net

Printed and bound in Italy. First edition

ISBN-13: 978-88-7624-603-6
ISBN-10: 88-7624-603-7

Distributed in North America by Rizzoli International Publications, Inc., 300 Park Avenue South, New York, NY 10010.
Distributed elsewhere in the world by Thames and Hudson Ltd., 181A High Holborn, London WC1V 7QX, United Kingdom.

Sommario / Contents

“Quando la Benetton è entrata in Formula 1 mi sono detto che era arrivata una ventata di aria nuova. All’improvviso sono comparsi dei colori, tanti colori. E si è creata un’atmosfera mondana e di festa che ha fatto bene a tutti, costringendo anche gli altri a cambiare. È stata questa la grande rivoluzione che la Benetton ha portato. Ma non sarebbe stata credibile se poi non fossero seguite le vittorie e i titoli mondiali a suggellare un impegno che era anche tecnico e industriale. Nelle corse, come nella vita, non si vince mai per caso.”

Bernie Ecclestone

"When Benetton joined Formula 1, I said to myself that change was on the way. All of a sudden, a mass of colours appeared. And a worldly party atmosphere appeared which was good for everyone, obliging the others to change as well. This was the great revolution engendered by Benetton. However, it would not have been credible had not the victories and world titles followed to underline a commitment that was also technical and industrial. In racing, as in life, one never wins by chance."

Bernie Ecclestone

Luciano Benetton

"Quel giorno in Senato in cui l'avvocato Agnelli mi fece i complimenti"

Nella sala attigua al suo ufficio c'è una bacheca che occupa un'intera parete, piena di coppe, di trofei. Alcuni in argento, altri di cristallo, altri ancora forgiati in materiali poveri. Fanno una bella impressione, tutti insieme, ordinati, lucidi: sono la fotografia sintetica di 19 anni della Benetton nelle corse automobilistiche, culminati con la conquista di due titoli mondiali piloti con Michael Schumacher e di un campionato mondiale costruttori. Un passato sempre presente, a un passo dall'ufficio del presidente Luciano Benetton, che è nella stanza accanto, con gli affreschi sui muri e le ampie vetrate che guardano il verde intenso e rassicurante dei prati di Villa Minelli a Ponzano. Tante coppe sportive sono da un lato la soddisfazione di una scommessa vinta in un ambiente totalmente diverso da quello originario della Benetton; e dall'altro il simbolo di una sfida che la Benetton continua in altri campi, col medesimo impegno e la stessa voglia di prevalere.

Signor Benetton, da dove comincia la sua passione per le automobili?

"Da una Lancia Ardea che fu la mia prima vettura, nel 1957. Aveva le portiere che si aprivano al centro ed era anche un po' snob. Nelle corse mi ci trovai coinvolto per altri percorsi grazie a un partner industriale della Benetton, Nanni Galli, che era stato pilota tanti anni prima, il quale mi prospettò l'idea di avvicinarmi alla Formula 1. Conobbi Ken Tyrrell, decidemmo di sponsorizzare il suo team nel 1983 e fu un'operazione subito felice, perché Michele Alboreto, con la macchina che portava i nostri colori, vinse il Gran Premio di Las Vegas. Gli Stati Uniti erano un mercato importante per noi. E poi una vittoria crea emozione, enfasi, entusiasmo. Dopo di che Tyrrell, che era una bella persona, mi propose di restare con lui l'anno successivo, gestendo insieme il budget della squadra. Non combinammo, ma il tarlo della gestione mi rimase dentro."

E la Benetton passò a sponsorizzare l'Alfa Romeo.

"Un simbolo italiano. Non arrivarono i risultati, però. Poi, nella primavera del 1985, si presentò la possibilità di acquistare la Toleman, che aveva qualche difficoltà. Concludemmo l'accordo per due milioni di sterline, una cifra ragionevole. E da un momento all'altro, nel maggio di quell'anno, ci ritrovammo costruttori di Formula 1 e contemporaneamente sponsor, perché l'accordo con l'Alfa Romeo era ancora in corso. Il debutto della nostra Toleman, che stupì tutti per i suoi colori, avvenne a Montecarlo, la guidava Teo Fabi. Poi le macchine divennero due e arrivò Piercarlo Ghinzani. I nostri punti di riferimento nel team erano Peter Collins e Rory Byrne, entrambi dotati di una profonda cultura tecnica. L'amministratore delegato delle corse in Benetton era Davide Paolini."

La Benetton aveva compiuto il gran salto entrando in un terreno nuovo, inesplorato.

"Si può fare del business nel senso volgare del termine e si può fare pubblicità al proprio nome, al proprio marchio, in un modo più gratificante. La Toleman era un'operazione di comunicazione della Benetton nel mondo, rientrante in quel 4% del fatturato che spendevamo per le nostre iniziative promozionali. Anche oggi la percentuale non è cambiata."

E lei si trovò a dover trattare cose nuove, come ad esempio la fornitura di motori Ford turbo per la stagione 1987, dopo che la BMW se n'era andata, lasciandole il sapore dolce delle due pole position di Fabi in Austria e a Monza, l'anno prima.

"Sì, ricevetti uno degli eredi della famiglia Ford proprio nel mio ufficio a Ponzano. E ci accordammo."

Si trattò anche di prendere un tecnico di spicco e lei puntò su John Barnard, strappandolo alla Ferrari.

"Barnard era una persona sofisticata, che lavorava per la Ferrari, ma restando nel suo atelier in Inghilterra. Era il massimo, in quel momento. Ci fece fare un passo avanti in una struttura che stava completando i suoi punti di forza."

E infatti fu ingaggiato Nelson Piquet, tre volte campione del mondo, ma lei aveva pensato anche a Senna.

"Barnard e noi volevamo gente di esperienza. Piquet si dimostrò il campione che era, vincendo nel 1990 in Giappone e in Australia. L'anno prima, con quel simpaticone di Alessandro Nannini, avevamo vinto a Suzuka. La nostra politica cominciava a dare risultati, stavamo crescendo, guadagnando reputazione. Senna fu un suggerimento di Rory Byrne, che aveva lavorato con lui alla Toleman. 'Lo prenda, sarà un campione', mi aveva detto. Ayrton venne a Ponzano un paio di volte con un nostro collaboratore, Gino Pilota. Ma era già fuori dalla nostra portata economica."

In compenso Nannini si stava rivelando un pilota tra i più forti.

"Bravissimo e, ripeto, simpaticissimo, un tipo che ci si fermava ad ascoltarlo, come del resto suo padre che lo seguiva in incognito sulle piste, spesso mascherandosi per non dargli fastidio. Non dimenticherò mai quando Alessandro disse no alla Ferrari per restare con la nostra squadra. L'incidente con l'elicottero fu uno shock per me, per noi. Ero stato a pranzo a Siena dalla sua famiglia, la settimana prima. Dai Nannini si respirava allegria."

Il momento di Nannini coincide con l'arrivo di Flavio Briatore.

"Flavio era un nostro agente ai Caraibi. Si era stancato di quel lavoro e me lo disse senza remore. Io, per provocarlo e per la curiosità della risposta che mi avrebbe dato, gli dissi che mi serviva qualcuno che si occupasse del team di F.1 e gli chiesi se poteva essere interessato. Lui, imperturbabile, rispose: 'Perché no? Proviamo'. Una sua caratteristica è sempre stata quella di non dire mai di no, se una cosa minimamente gli va.

Sulá
SUGARFREE
GOODYEAR
TECHNOGYM
Ford
CAMEL
GOODYEAR
CAMEL
osama
SANYO
CAMEL
CAMEL
benetton
PIRELLI
20
FLYING TIGERS
air cargo

E io fui felice di quel sì, perché Flavio aveva caratteristiche di innovatore, di uno che crea sempre valore aggiunto. Così è stato. La sua riuscita non fu per me una completa sorpresa, quindi. Briatore è uno che risolve i problemi. È un ottimista che accetta di entrare in gioco anche dove non ha esperienza ed è un tremendo lavoratore: quando s'impegna su una cosa, la porta avanti come nessun altro. Ed è uno che si arricchisce anche con coloro che gli rispondono di no, perché è una spugna che assorbe le ragioni dell'altro e ne fa cultura. Ha ottenuto risultati straordinari."

Da Briatore a Michael Schumacher il passo fu brevissimo.
"Fu mio figlio Alessandro a occuparsi direttamente della cosa, sulla spinta di Briatore e Tom Walkinshaw. Io conobbi Michael subito dopo, scoprendo in un ragazzo di 22 anni una grande maturità, una imprevedibile concretezza. Poi, in pista, ci confermò quelle impressioni perché era uno che portava sempre al traguardo la macchina. Conosceva i limiti suoi e quelli del mezzo. Ero in Portogallo nel 1993 quando lui vinse con noi la sua seconda gara. Alle sue spalle c'era Prost che non lo attaccò perché evidentemente era conscio della forza di quel ragazzo che gli stava davanti. Fu un segnale importante. E una grande emozione."

Poi i due titoli mondiali.
"Furono il completamento di un lavoro accurato. La vittoria è un fatto quasi chimico, tutti gli elementi devono essere sinergici: pilota, macchina, gomme, motore, il resto. Oggi ripenso a quei due magici, irripetibili campionati, il 1994 e il 1995, percependoli nell'insieme. Il mondo ci vide come un fatto straordinario, per me era la conferma che il lavoro e la buona gestione alla fine pagano sempre. Voglio dire che siamo stati capaci di andare oltre quella che qualcuno considerava come una nostra passione della domenica. Possiamo dire di aver vissuto dei grandi anni."

Un ricordo?
"Quando Frank Williams, al termine del tormentato GP d'Australia che ci diede il primo titolo per un solo punto, in una gara in cui a noi era andato tutto benissimo e a lui malissimo, si avvicinò a me e mi disse: 'Complimenti, è stata un'annata entusiasmante'. Mi commosse il suo grande spirito sportivo."

Lei, qualche anno prima, aveva conosciuto Enzo Ferrari.
"Ero stato da lui a Maranello, ci presentammo, gli chiesi dei consigli, visto che eravamo nuovi. Era già molto anziano, ma restava un punto di riferimento per la sua fabbrica. Un mito."

Ha mai pensato di trasferire in Italia la sede della Benetton Formula 1?
"No, davvero mai. Un trasferimento sarebbe andato contro la logica. La cultura delle corse è in Inghilterra."

In che modo la Formula 1 ha aiutato nel tempo la comunicazione e l'immagine della Benetton?
"Mi viene da sorridere se penso che all'epoca avevamo molti processi in corso, in paesi piccolissimi, dove magari non eravamo neppure presenti, perché c'erano ditte che imitavano il nostro marchio. Grazie alla popolarità di quei momenti vincemmo tutte le cause: i giudici chiamati a dirimere quelle vicende ci conoscevano attraverso la Formula 1. Ma a parte questo, tramite le corse noi trasmettevamo passione, attaccamento, coraggio. Che venivano recepiti in ogni angolo del mondo con simpatia perché la gente capiva i nostri sforzi. Solo la F.1 fornisce un'esposizione così globale."

Cos'è stata la Formula 1 per i suoi figli Alessandro e Rocco?
"Alessandro è entrato nella vicenda delle corse da subito e c'è rimasto fino al 1997, Rocco ha avuto una parentesi più breve, due stagioni soltanto. Per entrambi la F.1 ha rappresentato un arricchimento e una scuola totale di management, visto che bisognava occuparsi di ingaggi di piloti, di tecnici, di sponsorizzazioni, di regole di gestione. Hanno dovuto esprimere valutazioni imprenditoriali. Alessandro ha vissuto il fulgore, Rocco il momento in cui pensavamo di andarcene perché, con l'avvento delle grandi marche automobilistiche, sapevamo che non ci sarebbe più stato spazio per noi."

Ha avuto la sensazione che il "fenomeno Benetton" abbia dato fastidio?
"Beh, sì. Noi eravamo concorrenti diversi da tutti gli altri, parlavamo un altro linguaggio. Ci furono molte pressioni sulla federazione, proteste inaccettabili e inopportune che finirono nel nulla. Sì, a qualcuno abbiamo proprio dato fastidio..."

La consacrazione massima è venuta da una frase che l'avvocato Giovanni Agnelli pronunciò prima con lei e poi pubblicamente. Uno spot eccezionale, per la Benetton.
"Era il 1992, eravamo in Senato. L'avvocato Agnelli mi si avvicinò sorridendo e sussurrò: 'Ho detto agli uomini della Ferrari che non è possibile che la Benetton faccia delle auto migliori delle nostre. È come se la Fiat si mettesse a fare dei pullover e li realizzasse meglio della Benetton!'. Fu un complimento che mi fece molto piacere. La Ferrari in quegli anni era in difficoltà ma rimaneva un pezzo di storia senza paragoni, mentre noi eravamo, come dire, di passaggio. Non abbiamo mai esagerato nel sentirci bravi. Anche se, da incursori, abbiamo fatto molto bene la nostra parte."

24
Mobil
20
SANYO
SANYO

UNITED
BENETT

MAGNETI
BENETTON
mannesmann

PIRELLI P7
012
benetton

COLORS OF BENETTON
PIRELLI

GOODYEAR

GOODYEAR

MILD SEVEN
Bitburger
benetton
WORLD'S LARGEST WOOL KNITWEAR PRODUCER
SISLEY
3

MILD SEVEN
GOODYEAR
SANYO

benetton
3
SISLEY

Luciano Benetton

“That day at the Senate in which Mr. Agnelli congratulated me”

In the room next to his office, there is a display case covering an entire wall, full of cups and trophies. Some are in silver, some in crystal, and others made from more humble materials. They create quite an impression as a group, all in rows, shining. They constitute a snapshot of 19 years of Benetton in car racing, culminating with the conquest of two drivers' championship titles with Michael Schumacher, and of a constructors' world title. A past that is always present just a step from the office of the president, Luciano Benetton, who is next door, with frescos on the wall and large windows overlooking the bright, reassuring green of the lawns of Villa Minelli at Ponzano. All these sporting trophies are both a source of satisfaction for a challenge won in a setting totally different to Benetton's original one, and the symbol of the challenge Benetton continues in other fields, with the same commitment and desire to win.

Mr Benetton, how did your passion for cars first arise?
“From a Lancia Ardea, my first car, in 1957. It had doors that opened from the centre and was a bit snob. I got involved in racing from another direction, thanks to an industrial partner of Benetton called Nanni Galli. He had been a racing driver years before, and he suggested to me that we get involved in Formula 1. I met Ken Tyrrell and we decided to sponsor his team in 1983. This was an immediately successful operation because Michele Alboreto won the Las Vegas Grand Prix with a car bearing our colours. The United States was an important market for us. And besides, a victory creates emotion, enthusiasm and provides impetus. After this, Tyrrell, who was a fine man, proposed I stay with him the following year, managing the team's budget together. We didn't get it together but the bug of running a team had bitten.”

And then Benetton began sponsoring Alfa Romeo.
“An Italian symbol, but the results didn't come. Then in the spring of 1985, the possibility of buying Toleman, which had some problems, cropped up. We concluded the deal for 2 million pounds, a reasonable sum. And from one moment to the next, in May of that year, we found ourselves builders of Formula cars and sponsors at the same time, because the agreement with Alfa Romeo was still in force. The debut of our Toleman, which astonished everyone because of the colours, took place in Monte Carlo, driven by Teo Fabi. Then there were two cars, and the arrival of Piercarlo Ghinzani. Our points of reference in the team were Peter Collins and Rory Byrne, both of whom had great engineering expertise. The race director for Benetton was Davide Paolini.”

Benetton had taken a giant step into a new, unexplored territory.
“One can do business in the vulgar sense of the term or produce publicity for one's name, one's brand, in a more gratifying manner. The Toleman was an advertising tool for Benetton in the world, falling within that 4% of turnover we used to spend on our promotional initiatives. The percentage today has not changed.”

And you found yourself having to tackle new things such as, for example, the supply of turbo Ford engines for the 1987 season after BMW had left you the year before with the satisfaction of Fabi's two pole positions in Austria and Monza.
“Yes, I received one of the heirs of the Ford family in my office in Ponzano. And we did a deal.”

You also had to find a top engineer, and you bet on John Barnard, tearing him away from Ferrari.
“Barnard was a sophisticated person who worked for Ferrari but stayed in his workshop in England. He was best at the time. He made us make a move forward in a structure that was beginning to put together some strong points.”

And you took on Nelson Piquet, three times world champion, but you had also thought of Senna.
“Barnard and I wanted people with experience. Piquet showed himself to be the champion he was, winning in 1990 in Japan and Australia. The year before, with the cheerful Alessandro Nannini, we had won at Suzuka. Our policy was beginning to give results; we were growing, gaining a reputation. Senna was suggested by Rory Byrne, who had worked with him at Toleman. ‘Take him, he'll be a champion', he said to me. Ayrton came to Ponzano a couple of times with an employee of ours, Gino Pilota. But he was already beyond what we could afford.”

On the other hand, Nannini was revealing himself to be one of the best drivers.
“Excellent, and I repeat, really good fun; the sort of person you'd stop to listen to. The same with his father, who I met later on the trackside and who used to follow his son incognito in his races, often disguising himself so as not to irritate him. I'll never forget when Alessandro said no to Ferrari to stay with our team. The accident with the helicopter was a shock for me, for us all. I had been to lunch in Siena with his family the week before. Cheerfulness abounded in the Nannini family.”

Nannini's momento of glory coincided with the arrival of Flavio Briatore.
“Flavio was our agent in the Caribbean. He was bored with that work and told me so without beating about the bush. In order to provoke him, and curious as to his reply, I told him I needed someone to look after the F1 team, and asked him if was interested in the post. Without blinking, he said: ‘Why not? Let's give it a go'. One of his characteristics has always been that of never saying no if something is even a little interesting to him. And I was pleased with that ‘yes', because Flavio was

an innovator, someone who always provides added value. And so it was. So his success was not a complete surprise to me. Briatore is a man who solves problems. He is an optimist who accepts a challenge even in areas in which he has no experience, and he is a grea t worker. When he gets his teeth into something, he goes like no-one else. And he's someone who gains even when he is told 'no', because he's a sponge who absorbs the reasoning of other people and grows as a result. He has had great successes."

From Briatore to Michael Schumacher was but a short step.
"It was my son, Alessandro, who handled the thing directly, encouraged by Briatore and Tom Walkinshaw. I met Michael immediately after, and found a great maturity and unforeseeable down-to-earth nature in a lad of just 22. Then, on the track, he confirmed those impressions on us because he was someone who always brought the car to the end. He knew the car's and his own limits. I was in Portugal in 1993 when he won his second race with us. Behind him, there was Prost who didn't launch any challenges because he was evidently aware of the strength of the lad in front of him. This was an important signal. And a great feeling."

Then came the two world championship titles.
"They were the crowning achievement of careful work. Winning is an almost chemical affair, all the elements must be matched: driver, car, tyres, engine, the rest. Today, when I think of those two magical, unrepeatable championships – 1994 and 1995 – I look at them as a whole. The world saw us as an extraordinary affair, and for me it was the confirmation that hard work and good management always pay in the end. I wish to say that we were able to go beyond what some people considered as being a passing fad. We can safely say that we went through some marvellous years."

Any memories in particular?
"The time Frank Williams came up to me at the end of the tormented Australian GP which gave us the first title by a single point. It was a race which went really well for us and really badly for him. He said to me: 'Congratulations, it was a really exciting year'. His great sporting spirit really moved me."

A few years earlier, you met Enzo Ferrari.
"I went to visit him at Maranello. We introduced ourselves, and I asked him some advice, seeing as we were the new boys. He was already very old, but he was still a point of reference for his factory. A legend."

Did you ever think of moving the F1 headquarters of Benetton F1 to Italy?
"No, never. A move would have been totally illogical. The racing culture is in England."

In what way has Formula 1 helped Benetton's advertising and image over time?
"It makes me smile to think that at the time we had a lot of legal cases under way, in tiny countries, in which perhaps we didn't even have a presence, because there were companies imitating our brand. Thanks to our popularity at the time, we won all the cases: the judges who had to preside in these matters knew of us through Formula 1. But apart from this, through the races, we managed to transmit a sense of passion, attachment, courage. Which were received in every corner of the world in a positive manner because people understood the effort we were putting in. Only F1 provides such a global exposure."

What did Formula 1 mean to your sons, Alessandro and Rocco?
"Alessandro immediately entered the fray and stayed until 1997, whereas Rocco spent a shorter period with it: just two seasons. For both, F1 represented enrichment and a total management school, given that they had to handle the hiring of drivers, engineers, sponsorships, operational regulations. They had to bring forth entrepreneurial evaluations. Alessandro lived through the brilliant years, Rocco the moment in which we were thinking of quitting because, with the advent of the major car companies, we knew there would have been no more room for us."

Did you ever have the sensation that the "Benetton phenomenon" irritated people?
"Well, yes. We were different competitors from all the others; we spoke a different language. A lot of pressure was put on the federation, unacceptable, inopportune protests that got nowhere. Yes, we certainly irritated some people…"

The greatest compliment came from a phrase Giovanni Agnelli said first to you and then repeated publicly. This was an exceptional advertisement for Benetton.
"It was in 1992, and we were in the Senate. Agnelli came towards me smiling and whispered: 'I've told the chaps at Ferrari that we can't let Benetton make better cars than us. It's as though Fiat were to start making pullovers and knitted them better than Benetton!'. It was a compliment that gave me a lot of pleasure. In those years, Ferrari was having difficulties, but it remained an unequalled piece of history, whilst we, as it were, were just passing through. We never exaggerated in our bravado. Although, as new boys, we certainly defended our corner very well."

I personaggi

The personalities

"Quando la Benetton mi ingaggiò, ero un
grandi corse. Poi tutto si è trasformato
i mondiali, la gloria. Alla Benetton devo
di ricambiare col mio impegno, la mia

"When Benetton took me on, I was a
races. Then everything changed rap
followed, and then the glory. I owe Bene
I have tried to repay this with my comm

Michael Schumacher, Suzuka, ottobre / October 1995

ragazzo che non sapeva molto delle
velocemente. Sono arrivate le vittorie,
affetto e gratitudine. Io ho cercato
serietà, i miei rischi."

boy who didn't know much about big
dly. The victories and the world titles
tton a debt of affection and gratitude.
tment, my professionalism, my risks."

elf
MINOL
CAMEL
BENETTON

Lavoravo a Londra in Goldman Sachs e un giorno mi arriva uno di quei messaggi paterni che non ammettono replica: "C'è bisogno di dare un'occhiata ai numeri della Formula 1". Da cosa nasce cosa e senza sapere né leggere né scrivere mi ritrovo a 22 anni presidente di un team di Formula 1.
Così ha inizio la mia storia nel magico mondo delle quattro ruote, anche se, in realtà, il battesimo è avvenuto qualche anno prima, nel 1983, nell'ufficio di Ken Tyrrell. La fotografia è ancora nitida nella mia mente: oltre a lui e suo figlio c'è con noi l'ex pilota Nanni Galli, che tra l'altro era anche un partner della Benetton. Il tema sul tavolo è la sponsorizzazione della Tyrrell per l'anno seguente e per la prima volta ho assistito a quello che mi diventerà consueto con il passare degli anni: vedere mio padre prendere una decisione importante in pochissimi minuti. E così, grazie anche al contributo di Nanni, viene trovato un accordo per sponsorizzare la Tyrrell: i piloti saranno Danny Sullivan e Michele Alboreto.
La pagina seguente della storia viene scritta a Villa Minelli, con la presentazione del team. Successivamente anche l'Alfa Romeo verrà sponsorizzata, ma dopo due anni viene presa la coraggiosa decisione di fare un passo avanti e diventare proprietari di una squadra. Le reazioni all'epoca furono clamorose: cosa c'entra uno che fa i pullover con una scuderia di Formula 1? Lo si capì in seguito.
Detto questo, la visione del progetto mi parve da subito semplice e complessa nello stesso tempo: semplice perché l'obiettivo era quello di dare al team un maggiore budget attraverso nuove sponsorizzazioni; complessa perché la nostra capacità di giudizio tecnico sull'operato dei gestori del team era pressoché pari allo zero.
È a questo punto che inizia l'era Briatore. Il suo approccio si può riassumere in un episodio che ancora ricordo con simpatia: non appena si trasferisce a casa mia a Londra, Flavio inizia a lamentarsi perché la casa ha troppe scale ed è a Notting Hill, fuori dal centro di Londra. Gli spiego che l'ho scelta perché diventerà una zona di tendenza, ma lui mi risponde che non abbiamo tempo di aspettare. Sono costretto a traslocare in centro! Dopo una prima fase di adattamento, troviamo un equilibrio tra il suo temperamento vulcanico e trasgressivo e le necessità di un'azienda quotata che vuole raggiungere l'obiettivo di comunicare il proprio marchio in tutto il mondo nella maniera più efficace possibile.
Al suo arrivo il direttore Peter Collins lo definisce immediatamente il nuovo diavolo ("forse peggio di quello vecchio"), a dimostrazione di come anche un grande professionista come Collins facesse parte di un mondo restio al cambiamento.
Come si suol dire, da quel giorno nulla fu più come prima: il rimescolamento delle carte divenne praticamente un fattore quotidiano. John Barnard, Tom Walkinshaw, TWR, Johnny Herbert, Moreno, J.J. Lehto, Emanuele Pirro, Ligier, Renault, per citare solo alcune delle varie fasi che Benetton Formula cominciò a vivere. Tra le quali ci fu anche quella in cui, tramite la TWR, ci ritrovammo comproprietari di un pezzettino di Jaguar, ovvero di quella società partecipata da Tom Walkinshaw che aveva progettato e costruito una supercar costosissima, realizzata in soli 200 esemplari. Gran personaggio Walkinshaw, che ci accompagnò nel momento in cui volevamo costruire una factory delle corse dandoci l'infrastruttura di base, ossia l'organizzazione della fabbrica, la logistica, il personale. Un uomo importantissimo, coraggioso e leale nei rapporti umani. Furono cambiamenti continui e repentini con la difficoltà di bilanciare la forza propulsiva di Briatore e l'esperienza gestionale del Gruppo Benetton in questo settore. Con l'ultimo tassello dopo tanti rimescolamenti si completò il puzzle: questo tassello si chiamava Michael Schumacher.
Arrivarono i mondiali del 1994 e del 1995 e l'efficienza economica della gestione della scuderia: insomma gli anni di gloria. Trofei e forti emozioni conquistati anche attraverso le fatiche di squalifiche incomprensibili. Un periodo straordinario in cui ho anche sperimentato rapporti umani e professionali

Alessandro Benetton

"Lavoravo a Londra e ricevo un messaggio da mio padre: 'C'è bisogno di dare un'occhiata ai numeri della Formula 1'"

Benetton
Formula 1
RACING TEAM
RENAULT
MILD
SEVEN
elf
MILD
SEVEN
ENERVIT
RENAULT F1
GOODYEAR

di grande qualità, come quelli con Alessandro Nannini e Nelson Piquet.
Nel ciclo seguente, nonostante l'arrivo di altre soddisfazioni, capimmo che la strada della Formula 1 era tracciata verso una nuova configurazione.
Le grandi case automobilistiche avevano scelto nuovamente di fare della Formula 1 un elemento integrante della propria strategia, quindi spazi per un team indipendente ne rimanevano ben pochi.
L'obiettivo principale dell'azienda, però, era stato brillantemente raggiunto: grande visibilità del marchio in tutto il mondo, costi gestionali molto ridotti, ma soprattutto una grande credibilità raggiunta dal nostro gruppo e dalla nostra famiglia per aver dimostrato di poter competere anche in un settore dalla tecnologia così sofisticata come quello della Formula 1.
La ciliegia sulla torta: una notevole plusvalenza derivata dalla cessione del team e la soddisfazione di vedere la squadra da noi creata continuare a essere competitiva e vincente.
Oggi resta il piacevole ricordo di aver fatto le cose per bene, sempre. Non dimenticherò mai la festa del primo titolo iridato, che conquistammo in Australia, con la moglie di Michael che nell'euforia abbracciava tutti. Quanto a lui, l'ho ammirato da vicino nei primi momenti belli della sua carriera e già allora era un ragazzo esclusivamente concentrato sul suo lavoro, insensibile alle cose che gli ruotavano attorno. Nella sua mente libera c'era solo un pensiero: vincere.

Alessandro Benetton

"I was working in London when I received a message from my father: 'We need to look at the numbers for Formula 1'"

I was working in London at Goldman Sachs when one day I received one of those paternal messages that brooks no delay: "We need to look at the numbers for Formula 1". One thing led to another and without knowing how to read or write I found myself president of a Formula 1 team. That's how I started out in the magical world of racing, although in reality my baptism took place a few years before, in 1983, in the office of Ken Tyrrell. I still have a sharp image of the day in my mind: he was there with his son, and also the former driver, Nanni Galli, who was also a partner in Benetton. The subject on the table was the sponsorship of Tyrrell for the following year, and for the first time I was present at an episode that I was to grow accustomed to over the next few years: seeing my father taking an important decision in just a few short minutes. And so, thanks also to the contribution of Nanni, an agreement was made to sponsor Tyrrell: the pilots were to be Danny Sullivan and Michele Alboreto.
The next page of the story was written at Villa Minelli, with the presentation of the team. Later, Alfa Romeo would also be sponsored but two years later the courageous decision was made to take a step forward and become owners of a team. Reactions at the time were vociferous: what has someone who makes pullovers got to do with a Formula 1 team? The answer would soon come. Having said that, the vision of the project immediately seemed both simple and complex to me: simple because the objective was to give the team a greater budget through new sponsorships, and complex because our technical capacity to judge the work of the team's managers was effectively zero.
It was at this time that the Briatore era began. His approach may be summarised in an episode which I still remember with a smile: as soon as he moved to my house in London, Flavio began complaining because it had too many stairs and was located in Notting Hill, outside the centre of town. I explained that I had chosen it because it was going to be an up-and-coming district, but he replied that we had no time to wait. I had to move to the centre of town! After an initial adaptive phase, we found a balance between his volcanic, subversive temperament and the needs of a public company aiming to publicise its brand throughout the world in the most effective manner possible.
On his arrival, director Peter Collins immediately defined him as the new devil ("perhaps worse than old one"), showing how even a great professional like Collins was part of a world that was reluctant to change.
As the saying goes, from that day on, nothing was the same: the shuffling of the cards became an almost daily event. John Barnard, Tom Walkinshaw, TWR, Johnny Herbert, Moreno, J.J. Lehto, Emanuele Pirro, Ligier, Renault, to mention just a few of the various phases Benetton Formula began to live through. Among these was also the one in which, through TWR, we found ourselves co-owners of a small part of Jaguar, that is of the company in which Tom Walkinshaw had a share, which had designed and built 200 examples of a hugely expensive super-car. A great character, Walkinshaw, who accompanied us from the moment in which we wanted to build a racing factory, giving us the basic infrastructure, logistics and staff. An important man, courageous and loyal, too, in his dealings with others.
There were continuous and sudden changes, with the difficulty of balancing the propulsive power of Briatore and the administrative experience of the Benetton Group in this sector. There was one last piece needed after all these reshufflings to complete the puzzle: this piece was named Michael Schumacher.
The world championships of 1994 and 1995 followed, together with the financial efficiency of the team's management: the glory years. Trophies and triumph conquered in part through the trials of incomprehensible disqualifications. An extraordinary period in which I enjoyed wonderful relationships on both personal and business levels, with the likes of Alessandro Nannini and Nelson Piquet.
In the following phase, despite the arrival of other satisfactions, we understood that Formula 1 was heading in a new direction. The major car manufacturers had once more decided to get involved in Formula 1 and make it an integral part of their strategy, so there was little space left for an independent team.
The main objective of the company, however, had been brilliantly achieved: great visibility for the brand throughout the world, limited administrative costs and, above all, great credibility for our group and our family in having shown it could compete even in such a technologically sophisticated sector as Formula 1. The icing on the cake: considerable profit from the sale of the team and the satisfaction of seeing the team we had created continue to be competitive and a winner. Today, I'm left with the pleasant memory of having done things well, always. I'll never forget the party the first time we won the title in Australia, with Michael's wife hugging everyone in the general euphoria. As for him, I admired him from close up in the great moments early on in his career and even then he was a young man totally concentrated on his work, completely oblivious to things going on around him. In his mind, there was just one thought: winning.

Alessandro e Luciano Benetton.
A sinistra, Alessandro Benetton con Flavio Briatore e Tom Walkinshaw.

Alessandro and Luciano Benetton.
Left, Alessandro Benetton with Flavio Briatore and Tom Walkinshaw.

Flavio Briatore

Il geometra con la sensibilità del business che si scopre manager delle corse

Quella di Flavio Briatore è la storia, più unica che rara, di un geometra che diventa campione del mondo di Formula 1. Ci tiene talmente tanto, Flavio, al suo titolo di studio che è passata alla storia, come fosse una gag, l'arrabbiatura che si prese in diretta tv proprio a causa di quel titolo. In qualche archivio della Rai deve esserci ancora la cassetta registrata di un telegiornale serale in cui il conduttore parla del titolo mondiale appena vinto dalla squadra italiana Benetton e si collega poi con Briatore a Londra. "Buonasera, dottor Briatore..." Non finisce la frase che arriva come risposta una staffilata: "Guardi che io non sono dottore ma geometra... ci eravamo messi d'accordo che voglio essere chiamato così...". Il conduttore, imbarazzato, taglia corto: "Sì, va bene, signor Briatore...".

"Insomma – racconta oggi il geometra – a scuola non ero quello che si dice la soddisfazione di papà, però quel titolo l'ho preso, sono diventato geometra e mi fa piacere farlo sapere. Perbacco." Che cosa c'entri la geometria con una squadra di Formula 1 non è chiaro, nemmeno a Briatore, ma il fatto resta e l'ordine dei geometri non può che esserne lieto.

Infatti Briatore non approdò alla Benetton per la sua bravura di geometra, ma come direttore commerciale: "Arrivai nell'89 e la mia funzione era quella di trovare soldi, cioè sponsor, perché la Benetton non poteva sostenere tutto l'investimento. E proprio questo, paradossalmente, si rivelò il nostro guaio iniziale perché quando andavamo a interpellare aziende di vario tipo ti accorgevi che rimanevano perplessi: 'Ma come? La Benetton dà il nome alla squadra e alla macchina e noi dobbiamo metterci i soldi?'. Non fu facile. In pratica misi in piedi una squadra di venditori, selezionandone molti.

"La cosa funzionava così. Io davo ai miei venditori un bel dépliant pieno di cifre, dati, programmi, nomi, fotografie, percentuali eccetera eccetera. Gli mettevo tutto in una bella valigetta e dicevo: 'Ragazzi, partite e pedalate'. E cominciai a mandarli non in paesini di provincia ma in America, Giappone, Francia, perfino in Sudafrica. Un'impresa difficile. Perché non è che andavano in giro con un campionario di merce, ma con chiacchiere, ipotesi, sogni. Magari convincenti, ma sempre aleatori. La squadra Benetton nella quale entrai aveva allora come team manager Peter Collins e Davide Paolini come direttore. Io non capivo niente di Formula 1, quindi tutte le scelte spettavano a loro. Però finii per mettere becco anch'io. Così, a memoria, adesso mi viene in mente che la prima cosa che mi colpì e che dissi ad alta voce in una riunione fu questa: 'Ma scusate un po', le altre squadre hanno piloti con due gambe e noi dobbiamo andare avanti con un pilota con una gamba sola?'. Se lo ricorda Johnny Herbert? Si era rotto una gamba e praticamente gliene restava una sola. Nel paddock si muoveva in bicicletta perché faceva fatica a camminare. Era bravo, ma non era a posto. Non l'avessi mai detto, si sentirono offesi. Però io cominciai a guardarmi intorno. Tanto per dire: mi sconsigliarono di prendere Piquet e invece lo presi. Forse adesso, col senno di poi, avevano ragione loro, ma una cosa che mi colpì e mi piacque fu che Piquet era un bel personaggio e noi avevamo bisogno anche di mezzi mediatici in quel momento. Non era facile allora, come non lo è oggi, trovare buoni piloti spendendo poco. Cosa dovevo fare? La corte ai Senna e ai Prost? Ma quelli, se li saluti, nemmeno ti rispondono. Non ti guardano neppure. Tirano dritti per la loro strada. E così dopo un po' presi un ragazzetto assolutamente sconosciuto: Michael Schumacher. E diventammo campioni del mondo".

Schumacher, un nome che è una garanzia. Una nuova epoca della F.1. Come diavolo riuscì a trovarlo un geometra che scorrazzava per il mondo con un esercito di venditori con la valigetta in mano? "Me ne aveva parlato Eddie Jordan – racconta Briatore –. Io non l'avevo mai visto, né in pista né fuori pista. Ma Jordan voleva prenderlo a patto che portasse un certo sponsor disposto a pagare bene. E lo prese, gli fece fare una gara, poi lo sponsor si tirò indietro. Niente sponsor, niente contratto.

MILD SEVEN
Agip

Fu allora che lo convocai subito a Londra e lo conobbi. Arrivò con il suo manager, Willi Weber, e mi sembrarono due persone molto serie, preparate e motivate. Così venni a sapere che Michael aveva già un contratto con la Mercedes e che avrebbe potuto liberarsi se avesse trovato un posto libero in una squadra di F.1. Non una squadra qualunque, però, ma una squadra che desse delle garanzie. E io gliele diedi. Dissi chiaramente: 'I soldi sono pochi ma se vuoi diventare campione del mondo, beh, possiamo farcela'."

Così Schumacher firmò e corse a Monza con la Benetton: "Guardi, chiariamo subito una cosa: Schumacher mi costò pochissimo. Non voglio dire un pezzo di pane, ma due brioches e un mandarino sì. Era molto motivato, dei soldi a lui non fregava niente. Lo disse chiaramente: 'Voglio diventare campione del mondo'. Del resto, di lui mi avevano raccontato un episodio che la dice lunga su che tipo fosse. Non so in quale gara, fu chiamato dai commissari e venne rimproverato per un sorpasso scorretto che aveva fatto. Lui ascoltò e poi rispose con molta calma: 'Dite a quei piloti di togliersi di mezzo quando arrivo io e non succederà più niente'".

Per prendere Schumacher, Briatore fu costretto su due piedi a licenziare il brasiliano Roberto Moreno. Il quale lo citò in giudizio davanti al tribunale di Monza, dove si racconta che Briatore, per convincere il magistrato della giustezza del proprio operato, abbia detto, bluffando clamorosamente: "Ma lei, signor giudice, uno così lo farebbe correre in F.1? Guardi bene che faccia ha". "Ma no, non è vero – dice Briatore ridendo – forse l'ho pensato, anche perché Moreno in quel momento aveva diversi problemi e mi dispiaceva pure mandarlo via, ma se non l'avessi fatto Schumacher lo avrebbero preso altri. Forse l'ho pensato, ma non mi pare proprio di averlo detto."

Tirando un bilancio, il geometra Briatore in quindici anni di F.1 ha avuto le sue soddisfazioni. "Due titoli mondiali con Schumacher, poi la Benetton finì nel '97. Mi dispiacque perché ero legato alla squadra ed ero molto legato alla famiglia Benetton. Luciano l'avevo conosciuto nel '76 ma solo alcuni anni dopo cominciai a lavorare per lui. Un lavoro commerciale anche quello: promuovevo i negozi Benetton e ne avevo una trentina miei nella zona dei Caraibi. La Benetton aveva punti vendita in tutto il mondo e la F.1 era l'unico veicolo valido per promuoverli. Quando Luciano mi chiese: 'Secondo te si può fare la F.1 senza rimetterci dei soldi?', io gli risposi subito sì. Poi mi affidò a suo figlio Alessandro che mi dette molta fiducia. Le cose funzionavano così. Quando avevo un'idea io la raccontavo ad Alessandro e poi Alessandro la trasmetteva a Luciano. Ci vollero quattro anni per vincere il titolo mondiale. Poi sono tornato nel 2001 in quella che da Benetton era diventata Renault: un'altra storia, affascinante anche questa. Non mi posso lamentare. Come anche del fatto di aver scoperto tanti piloti nuovi tra cui molti italiani: Schumacher, Alonso, Fisichella, Trulli. Ho cercato di fare bene il mio lavoro. Se mi riuscisse anche di dare una svegliata all'ambiente della F.1 sarei ancora più felice."

Chiaro, non tutto è stato facile, soprattutto nel 1994 quando la Benetton venne accusata di tutto: "Il problema – spiega Briatore – stava nel fatto che dava fastidio che vincesse una squadra che invece di costruire automobili faceva T-shirt e pullover. Eravamo diventati un termine di paragone imbarazzante, perché avevamo fatto in breve ciò che ad altri non era riuscito in una vita. Avevamo dato una scrollata a un ambiente ingessato. Non andava bene. Quando tu vai forte in F.1, c'è sempre qualcuno che mette in giro la voce che hai una macchina irregolare. In quel 1994 ce la smontarono pezzo per pezzo, eravamo nel mirino della Fia. Non trovarono niente perché non avevamo niente che non fosse a posto. Vincevamo perché andavamo più forte. Ed è stato così per lungo tempo".

Una storia che continua, da Benetton alla Renault, che nel 2005 ha conquistato i titoli mondiali piloti e costruttori: la stessa anima, lo stesso Briatore.

Flavio Briatore's story is an unusual one, that of a surveyor who went on to become a champion in Formula 1 world. That formal qualification meant so much to Flavio that the anger he showed live on TV has gone down in history; it was almost comic. A videocassette must be lying in some RAI archive, containing the episode of the evening news when the anchorman speaks of the world title just won by the Italian Benetton team, before linking to Briatore in London: "Good evening, dottor Briatore…". He hadn't even the time to finish his phrase before the reply came through like a lash: "Look, I'm not a dottore but a geometra… we were agreed that that's how I was to be addressed…". The anchorman, embarrassed, interrupted: "Yes, all right, signor Briatore…".
Today, the geometra recounts: "At school, I was not what is called father's pride and joy, but I worked hard for that qualification, and I became a surveyor, and I like people to know that. So there". How surveying is associated with a Formula 1 team is not clear, not even to Briatore, but the fact remains that he is a surveyor and the order of surveyors can only be proud of the fact.
Of course, Briatore did not arrive in Benetton for his surveying skills but as sales director: "I arrived in 1989, and my job was to find money – sponsors, in other words – because Benetton could not pay for everything alone. And it was this, paradoxically, that gave us initial problems, because when we would go and call upon various different companies, we could sense that they were perplexed: 'What's this? Benetton gives its name to the team and the car, and we have to put up the money?' It wasn't easy. In practice, I set up a team of salesmen, choosing many of them."
"This is how it worked. I would give my salesman a pretty dossier full of figures, data, programmes, names, photographs, percentages and so on. I would put it all in a fine briefcase and would say: 'Off you go lads; on your bikes and pedal'. And I began sending them not just to towns in the provinces, but also to America, Japan, France, and even South Africa. It was a hard task. Because it's not as though they went around with a bag full of samples, but only with talk, hypotheses and dreams. These may have been convincing but they were still uncertain. The Benetton team I joined had Peter Collins as its manager and Davide Paolini as director. I understood nothing about Formula 1, so it was they who took all the decisions. But I ended up by having my say too. Now I remember that the first thing that struck me and I mentioned out loud in a meeting was this: 'Hold on a second, the other teams have drivers with two legs; why do we have to make do with one who has just one?' Remember Johnny Herbert? He had broken a leg and was effectively left with just one. He used to cycle around the paddock because he had difficulty walking. He was good, but not in the right place. I should have kept my mouth shut: they were offended. But I began to look around. To mention one or two things: they advised me not to take on Piquet, but I did. Looking back on things, they were right, but one thing that struck me and that I liked was that Piquet cut a fine figure and we also needed media presence at that time. It wasn't easy then, just as it isn't today, to find good drivers if you've only a little to spend. What was I to do? Woo Senna, Prost and co.? If you say 'hallo' to these types, they don't even reply. They don't even look at you but simply go on their own way. So after a little while, I took on a young chap who was completely unknown: Michael Schumacher. And we became world champions."
Schumacher, a name and a guarantee. A new age for F1. How on earth did a surveyor who spent his time around the world with salesmen, briefcase in hand, find him? "Eddie Jordan mentioned him", states Briatore. "I'd never seen him, either on the track or off. But Jordan wanted to take him on as long as he could bring a certain sponsor ready to pay well. And he took him on. He had him on for one race and the sponsor then pulled out. No sponsor, no contract. That's when I invited him over to London and met him. He came with his manager, Willi

Flavio Briatore

The surveyor with a feeling for business who found himself a race manager

Weber, and they both seemed to me serious people, prepared and motivated. I learned that Michael already had a contract with Mercedes and could free himself only if he found a free spot in an F1 team. Not any old team, however, but one that could give guarantees. And I gave them. I said clearly: 'There's not much money but if you want to become world champion, well, we can make it.'"

So Schumacher signed and raced at Monza with Benetton. "Look, let's get something clear: Schumacher cost me very little. Not peanuts, perhaps, but a few walnuts and a bean or two, yes. He was highly motivated, and he cared nothing for money. He said it clearly: 'I want to become world champion.' I was told a story about him that says a lot about what sort of man he was. I don't know in which race, he was called aside by the race committee and reprimanded for some illegal overtaking. He listened and then calmly replied: 'Tell those drivers to get out of the way when I arrive and there'll be no more episodes'."

In order to take on Schumacher, Briatore had to get rid of the Brazilian Roberto Moreno in short order. Moreno hauled him up in court at Monza where it is said that to convince the magistrate of the legitimacy of his move, Briatore supposedly bluffed wildly and said: "But judge, would you let someone like this race in F1? Look at the face he's got". "No, it's not true", says Briatore, laughing. "Perhaps I thought it, because Moreno had a number of problems at the time and I was sorry to have to send him off, but if I hadn't, Schumacher would have been picked up by someone else. Perhaps I thought it but I really don't think I said it."

Summing up, geometra *Briatore has drawn considerable satisfaction from 15 years of F1. "Two world championships with Schumacher, then Benetton ended in 1997. I was sorry because I had a strong bond with the team and with the Benetton family. I met Luciano in 1976, but only began working for him a few years later. That was a commercial job too: I was promoting the Benetton shops and had about 30 of my own in the Caribbean. Benetton had outlets throughout the world and F1 was the only valid vehicle for promoting them. When Luciano asked me: 'In your opinion, can one get into F1 without losing money?', I immediately said yes. Then he put me on to his son, Alessandro, who put a lot of trust in me. This is how things worked. When I had an idea, I would tell Alessandro and then Alessandro would pass it on to Luciano. It took four years to win the world title. Then I went back in 2001 to the team that had gone from being Benetton to Renault. Another story, again fascinating. I can't complain. Plus the fact that I discovered so many new drivers, many of whom Italian: Schumacher, Alonso, Fisichella, Trulli. I tried to do my work well. If I succeeded in waking up the world of F1, I would be even happier."*

Of course, it was not all downhill, especially in 1994 when Benetton was accused of everything: "The problem", explains Briatore, "is that people were irritated that a team that made t-shirts and pullovers should win rather than one that made cars. We had become a rather embarrassing point of reference, because in a short time we had done what others had failed to do in a lifetime. We had shaken up a crusty old establishment. That wasn't on. When you're on a roll in F1, there's always someone who starts a rumour that your car is illegal in some way. In 1994, they dismantled it piece by piece. The FIA had us in their sights. They found nothing because we had put nothing illegal in the car. We won because we were stronger. And that's how it was for a long time".

This is a story that continues, from Benetton to Renault, which in 2005 won the drivers' and the constructors' championship: the same soul, the same Briatore.

Cinque cervelli per una squadra: Pat Symonds, Vincent Gaillardot, Joan Villadelprat, Flavio Briatore e Ross Brawn. Sono stati loro, per anni, l'ossatura della Benetton in Formula 1, ovvero gli uomini che hanno creato un complesso vincente, capace di conquistare dei titoli mondiali.

Five brains for one team: Pat Symonds, Vincent Gaillardot, Joan Villadelprat, Flavio Briatore and Ross Brawn. It was they who provided the backbone for Benetton in Formula 1 for a number of years, they who created a winning team, able to conquer world titles.

Ci sono ricordi che rimangono indelebili nella memoria dell'uomo. Fra quelli di Ross Brawn, per la sua vita non solo professionale, è indimenticabile il periodo trascorso alla Benetton. "L'ambiente era molto stimolante – racconta il pacioso tecnico nato a Manchester il 23 novembre 1954 –. E in quegli anni, dall'autunno del 1991 alla fine del 1996 ebbi modo di maturare la mia esperienza in una squadra giovane, molto motivata, e di stringere amicizie con personaggi del calibro di Flavio Briatore, di iniziare un rapporto di collaborazione con un progettista eclettico come Rory Byrne e con molti altri che ancora adesso considero fra i miei migliori amici."
L'arrivo in Benetton non fu casuale: "La storia è molto semplice. Avevo lavorato con Tom Walkinshaw alla Jaguar per le corse di durata. Ma lui aveva anche in mente un programma per far entrare il team in Formula 1. Ci furono dei problemi. Intanto si era aperta la sfida della Casa italiana che aveva rilevato l'attività della Toleman. Dopo una stagione con i motori BMW aveva optato per i Ford. Nel 1991 Tom aveva acquisito una parte delle azioni del team e, visto che John Barnard se ne era andato, mi chiamò per organizzare l'engineering della squadra. Non fui sorpreso, perché si trattava solo di un cambio di direzione. E così partì la mia avventura nel mondo dei Gran Premi come direttore tecnico, dopo che avevo cominciato nel ruolo di addetto alle macchine utensili. Un bel passo avanti. Non fu facile, comunque. In squadra c'era un po' di confusione, il manager precedente non aveva avuto buoni rapporti con la Cosworth. Avevo molti compiti, troppi per uno solo. Così pensai a Byrne. Avevamo bisogno di un chief designer. Eravamo stati avversari in pista e lo apprezzavo. Rory se n'era andato l'anno precedente e noi lo riprendemmo, perché era libero. Come è successo molti anni dopo con la Ferrari, quando lui si era trasferito in Thailandia lasciando la Formula 1".
L'ingaggio di Michael Schumacher per le ultime gare della stagione fu voluto da Walkinshaw, da quanto spiega Brawn: "Io e Tom lo conoscevamo bene perché aveva corso con la Sauber-Mercedes nel Mondiale Endurance. Era l'unico che ci aveva dato del filo da torcere. Lui e i suoi due compagni di squadra, Heinz-Harald Frentzen e Karl Wendlinger, si dividevano equamente i turni di guida. Gli altri erano bravi, ma quando andava in pista Michael ci faceva tremare i polsi. Quando seppe che avrebbe esordito con la Jordan, Walkinshaw fece di tutto per ingaggiarlo e spinse Briatore, che non sapeva nulla del pilota, neppure che faccia avesse, a metterlo sotto contratto. Ci riuscì".
Alla Benetton capirono subito che si trattava di un potenziale campione: "Prima di far debuttare Schumacher a Monza – rivela Brawn – gli avevamo preparato un test a Silverstone. Fu subito velocissimo. Nelle qualificazioni del Gran Premio d'Italia era eccitato ma non teso. E fu impressionante, dotato di una grande forma fisica e di una enorme determinazione. Mostrava una sicurezza che lo faceva sembrare arrogante, ma quando lo si conosceva si capiva che era fiducia in se stesso. Non sapeva molto di auto da corsa ma nell'abitacolo era un talento. E imparò tutto in fretta".
Anche il team si muoveva nella direzione giusta: "La Benetton intuì velocemente come bisognava muoversi in quell'ambiente del tutto nuovo. La gente ci guardava con diffidenza, in fondo rappresentavamo solo un fabbricante di magliette ed eravamo, già allora, messi a confronto con i nomi più prestigiosi dell'automobilismo sportivo. E non soltanto di quello. C'erano i mezzi e la volontà per spingersi avanti. Walkinshaw era un uomo molto ambizioso. Quindi avevamo l'ambizione ma ci mancavano ancora alcuni ingredienti. Sapevamo però che il nostro obiettivo era puntare al vertice. La mossa più importante fu capire cosa ci serviva per vincere. E credo che alla fine i risultati abbiano dimostrato che non avevamo sbagliato. Nei primi tempi non avevo avuto modo di approfondire il rapporto con Briatore, perché c'era Tom. Poi lui ebbe anche altre cose da fare e io cominciai a lavorare con Flavio".

Ross Brawn

Il grande regista di strategie e vittorie non temeva la diffidenza della gente

Michael Schumacher e Ross Brawn.

Michael Schumacher and Ross Brawn.

MILD
SEVEN

In cinque anni di direzione tecnica, Ross ha vissuto giorni molto felici e altri difficili: "Per quanto mi riguarda, il momento di maggior soddisfazione fu quello della vittoria a Spa nel 1992. Era il primo successo, a tagliare il traguardo davanti a tutti fu una Benetton e l'organizzazione del progetto portava la mia firma. L'anno peggiore, anche se può sembrare strano e un controsenso, fu il 1994 quando conquistammo il primo titolo: ci furono le tragedie di Imola, l'incidente di Wendlinger a Montecarlo, fu un campionato molto sofferto anche perché intriso di avvenimenti 'politici' – le polemiche tra Walkinshaw, Briatore e Mosley – e se c'è una cosa che non mi piace nelle corse è proprio la politica. Quindi fu una stagione fantastica sul piano sportivo, rovinata in parte da situazioni negative o spiacevoli. Non vorrei tornare sui particolari. Diciamo che forse ero io a essere diverso. Eravamo probabilmente visti come intrusi e forse io ero un po' troppo naïf per quell'ambiente. Vorrei che la Formula 1 fosse solo uno sport. Purtroppo non è così. Ma ho avuto modo di costruire comunque rapporti molto forti e importanti. Sono rimasto amico di Flavio e con Rory siamo quasi una famiglia. Credo che non ci siano molti matrimoni che durano tanto".
La Benetton, a livello di piloti, non fu solo Schumacher. "È vero – conclude Brawn –. Ragazzi in gamba, che hanno dato l'anima anche quando le nostre vetture non erano le più veloci. Purtroppo non ho avuto modo di apprezzare i pregi di un campione come Nelson Piquet, perché era a fine carriera. E, in ogni caso, il maggior problema proprio con i nostri piloti fu quello di tenerli su di morale. Non è facile correre accanto a Michael Schumacher: è come avere in squadra un rivale impossibile. Al di là di tutto, comunque, ho soltanto ricordi bellissimi. E il rammarico di non avere fatto ancora di più. Allora credevo di sapere molte cose, ma ripensandoci dopo tanti anni non ho più la stessa impressione. E sono convinto che se tra altri dieci anni ripenserò a quel periodo, mi sembrerà che avrei potuto fare meglio."

Pat Symonds e Ross Brawn.
A sinistra, tempo di vittorie: Ross Brawn festeggia con Michael Schumacher.

Pat Symonds and Ross Brawn.
Left, a time of victory: Ross Brawn celebrates with Michael Schumacher.

There are memories that remain fixed in a man's memory. Among those of Ross Brawn, and not just in his professional life, is his unforgettable period with Benetton. "The atmosphere was highly stimulating", says the easygoing Mancunian born on 23 November 1954. "And in those years, from the autumn of 1991 to the end of 1996, I was able to gain experience in a young, highly motivated team, and make friends with figures such as Flavio Briatore, start a collaborative relationship with an eclectic designer such as Rory Byrne and with many others whom I now consider to be some of my best friends."
His arrival in Benetton was no chance affair: "The story is very simple. I had already worked with Tom Walkinshaw at Jaguar for the endurance races. But he also had in mind a programme to bring the team into Formula 1. There were problems. Meanwhile, there was the new challenge of the Italian team that had bought Toleman. After a season with BMW engines, it had opted for Ford units. In 1991, Tom had acquired a part of the team's shares and, given that John Barnard had left, he called me to organise the team's engineering. I wasn't surprised, because it was only a matter of a change of direction. And that's how my adventure in the world of Grands Prix as technical director began, after my first job as tools apprentice. Not a bad step forward. It wasn't easy, however. There was a bit of confusion in the team; the earlier manager had not had a good relationship with Cosworth. I had a lot of duties, too many for just one person. So I thought of Byrne. We needed a chief designer. We had been opponents on the circuit and I appreciated him. Rory had gone the year before and we brought him back, because he was free once more. As happened years later with Ferrari, when he had moved to Thailand after leaving Formula 1".
It was Walkinshaw who wanted to hire Michael Schumacher for the last races of the season, according to Brawn: "Tom and I knew him well because he had raced with the Sauber-Mercedes in the Endurance World Championship. He was the only one who made our lives difficult. He and his two team-mates, Heinz-Harald Frentzen and Karl Wendlinger, used to divide their turns behind the wheel fairly. The others were good, but when Michael appeared on the track, he'd give us wobbly knees. When Walkinshaw heard that he had started racing with Jordan, he did everything he could to hire him and pushed Briatore, who knew nothing about the driver, not even what he looked like, to put him on contract. And he succeeded".
At Benetton, they immediately realised that he was a potential champion. "Before having Schumacher make his debut at Monza", reveals Brawn, "we prepared a test for him at Silverstone. He was really fast right from the outset. In the Italian Grand Prix qualifiers, he was excited but not tense. And he was impressive, in great physical shape and with tremendous determination. He betrayed a confidence that made him seem arrogant, but when you got to know him better, you realised that he had great self-confidence. He didn't know much about racing cars, but he had exceptional talent behind the wheel. And he learned fast."
The team was also moving in the right direction: "Benetton quickly felt how it should move in this totally new field. People used to look at us diffidently – after all, we merely represented a pullover manufacturer – and even then we were compared to the most prestigious names in car racing. And not just that. There were the means and the will to move forward. Walkinshaw was an extremely ambitious man. So we had the ambition, but we were still lacking a lot of ingredients. But we knew that our objective was to aim for the top. The most important move was to understand what we needed in order to win. And I believe that the results show we were not wrong. Initially, I wasn't able to get to know Briatore better because there was Tom. Then he had other things to do, and I began working with Flavio".
In five years as technical director, Ross enjoyed happy days but also difficult ones. "As far as I am concerned, the moment of greatest satisfaction was that of the victory at Spa in 1992. It was the first success: a Benetton crossed the line in front of everyone else, and the organisation of the project was my affair. The worst year, although it may seem strange and a contradiction, was 1994, when we won the first title: there were the tragedies of Imola, Wendlinger's accident at Monte Carlo, and it was a difficult championship because of a host of 'political' goings-on – the arguments between Walkinshaw, Briatore and Mosley – and if there's one thing I hate in racing, it's the politics. So it was a great season at a sporting level, but ruined in part by the negative or unpleasant situations. I don't want to rake up the details. Let's say that perhaps it was me who was different. We were probably seen as intruders and maybe I was a little too naïve for that setting. I wish Formula 1 were just a sport but unfortunately that's not the way it is. But I nevertheless was able to build some very strong and important relationships. I am still friends with Flavio, and Rory and I are almost family. I don't think there are as many marriages that last as long."
At the level of drivers, Benetton was not just Schumacher. "It's true", concludes Brawn. "There were great lads, who worked their guts out even when our cars weren't the fastest. Unfortunately, I wasn't able to appreciate the skills of a champion like Nelson Piquet, because he was at the end of his career. And in any case, the greatest problem with our drivers was to keep their morale up. It's not easy to race alongside Michael Schumacher: it's like having an impossible rival in the team. Quite apart from anything else, however, I only have great memories. And the regret of not having done even more. At the time, I thought I knew a lot of things, but looking back after many years, I don't have that impression any more. And I'm convinced that if I look back on that period in ten years' time, I'll think that I could have done better."

Ross Brawn

The great organiser of strategies and victories was not afraid of people's distrust

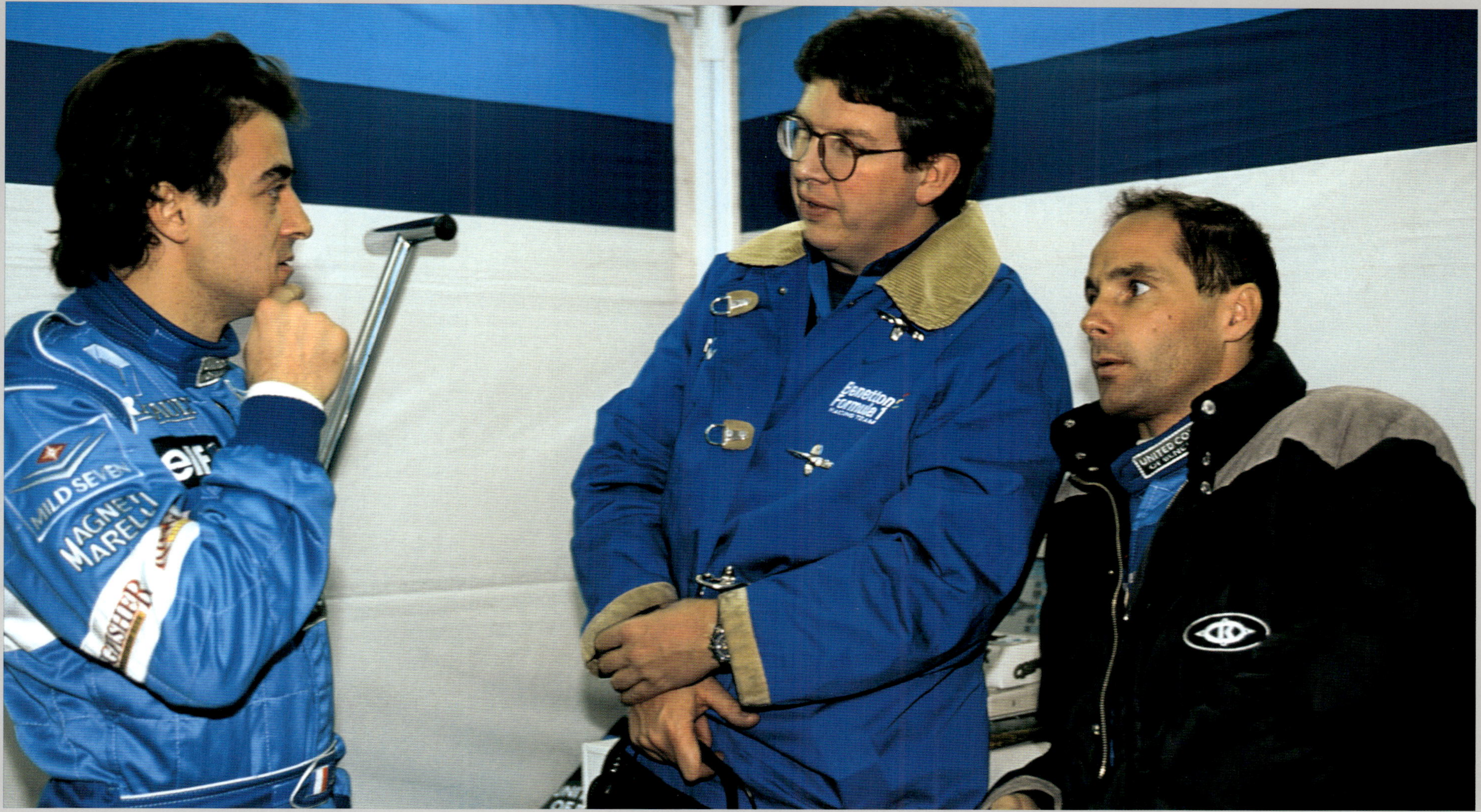

Ross Brawn tra Jean Alesi e Gerhard Berger.

Ross Brawn between Jean Alesi and Gerhard Berger.

Rory Byrne

Il progettista senza amore per il computer da ragazzo era campione di aeromodelli

Ha un'aria da ragazzo cresciuto e il sorriso pronto, vivace. Ascolta molto, mentre gli occhi spaziano, scrutano. È uno dei progettisti le cui macchine hanno vinto di più, eppure è una persona semplice, disponibile, affabile. Che riesce a pensare a tante cose anche fuori dai circuiti. Rory Byrne – data di nascita gennaio 1944 – è un pezzo di storia della Formula 1, anzi dell'automobilismo. Ed è l'uomo dalla cui mente sono uscite le idee che hanno portato alla realizzazione delle Benetton campioni del mondo. Tanta gloria oggi, tanta fatica agli inizi. Perché la sua carriera comincia modestamente con la misconosciuta Royale prima di passare alla Toleman, che nel 1976 (quando Umberto Tozzi cantava Ti amo*) correva in Formula 2 e quindi dedicarsi al progetto della F.1, trovandosi a realizzare le prime monoposto da Gran Premio di Ayrton Senna. E poi quelle di Michael Schumacher: sia col marchio Benetton sia, dopo, col cavallino rampante.*

Intorno a Rory Byrne, laureato all'Università del Witwatersrand, sono cresciuti fior di leggende e aneddoti. La sua passione per gli aeromodelli di alianti, ad esempio, che lo ha portato a progettare i modellini più prestigiosi e vincenti, sino a conquistare (pure lui!) dei titoli mondiali "mini". Poi la sua sacra e indisturbabile siesta pomeridiana a persiane abbassate, in ufficio. Per svegliarsi all'improvviso e schizzare a matita idee geniali, sul primo foglio che gli capita.

Un suo compagno di ufficio nei primi anni di Benetton racconta: "Rory era un genio del progetto. Solo che ogni tanto bisognava dirgli: 'Scusa, tutto bellissimo, ma il pilota e il motore dove li mettiamo?'". Di assolutamente vero e confermato è la sua idiosincrasia per gli schemi al computer: "Non ho mai veramente imparato a usare il CAD anche se penso di averne bisogno". Una vita al tavolo da disegno. Mettendoci l'anima, oltre alle idee. Ci sarebbe potuta stare una digressione quando, nell'autunno del 1990, Rory lasciò la Benetton per unirsi al progetto Reynard. Dove rimase, per poi tornare all'ovile, fino al 1991. Si era parlato di un suo ruolo come azionista. "E invece – racconta – mi occupai soltanto di tecnica. Certi ruoli non fanno per me. I soldi non mi hanno mai interessato."

Per lui, idealmente, le auto da corsa rappresentavano una prosecuzione degli alianti. Uno studio di aerodinamica pura, di scienza dei flussi d'aria. Era partito dal Sudafrica nel 1973 per seguire e aiutare un amico: da allora è rimasto in Europa. La Royale iniziò a fornire i suoi progetti alla Toleman e, nel 1977, Rory entrò a far parte stabilmente del team. Il suo primo vero progetto, la TG280, fu un successo a livello continentale, con il titolo della seconda formula vinto da Henton. Con la F.1 non andò da subito altrettanto bene. Ma quando Senna si impose agli occhi del mondo braccando Alain Prost nel diluvio di Montecarlo, finché una mano pietosa (per Alain) non decretò l'interruzione della corsa, Toleman e Byrne guadagnarono una popolarità improvvisa.

Anni strani, in cui poteva succedere – e successe – che Ayrton e la sua squadra fossero appiedati a Imola da un "problema di fornitura di gomme" e non si qualificassero per il Gran Premio. Ma anche anni avventurosi, con tanto da inventare, in un regolamento più permissivo di quello odierno. "Ricordo bene quei momenti. Sia la Pirelli sia la Michelin non avevano voglia di dare le loro gomme alla Toleman. Per cui ci ritrovammo all'inizio del 1985 con le macchine pronte per correre che venivano portate alle gare, ma poi, senza pneumatici, non potevano scendere in pista. Al Gran Premio del Brasile mi ritrovai a parlare con Eddie Cheever spiegandogli appunto i nostri problemi. Lui ci pensò un istante e poi disse: 'Forse conosco una persona che può darvi una mano'. Da lì nacque l'operazione che portò Luciano Benetton ad acquistare la Toleman. Almeno questa è l'idea che mi sono fatto. Così debuttammo con Teo Fabi a Monaco. E dal 1986 la stessa squadra prese il nome di Benetton. Sono felice, oggi, di aver partecipato alla nascita di quello che è stato un grande e nuovo fenomeno delle corse".

L'operazione Benetton mise la squadra, finalmente, in una

RORY

benetton

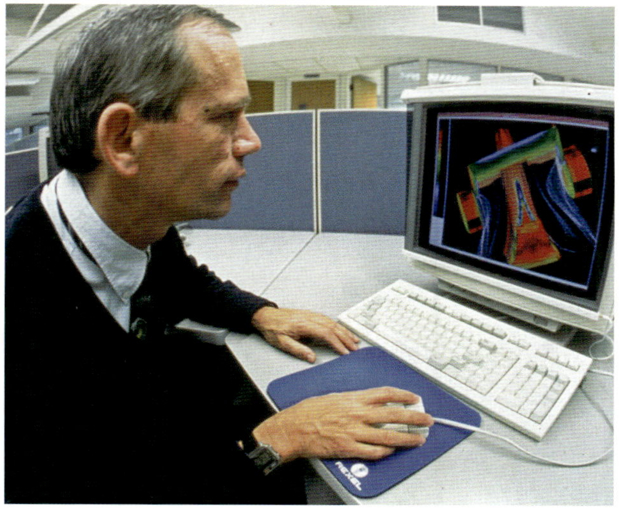

Rory Byrne con Peter Collins.

Rory Byrne with Peter Collins.

situazione di sicurezza finanziaria. Il clima ideale per un fanatico del lavoro come Rory. Ricorda Willem Toet, per molti anni al suo fianco nella squadra: "Era sempre il primo a entrare in fabbrica la mattina e l'ultimo a uscire la sera. Lo prendevamo un po' in giro, bonariamente, per il suo modo di vestire e l'atteggiamento trasandato; ma era un uomo che sapeva valorizzare i suoi collaboratori. Ti dava spazio, non prevaricava, non perdeva mai la calma. Una volta, per andare alla galleria del vento, mi prestò la sua Sierra Cosworth da 400 cavalli. Urtai un marciapiedi e danneggiai l'assale posteriore. Riportai indietro l'auto un po' malconcia e Rory non fece una piega. 'Va bene – disse – andiamo avanti col lavoro.' Pensava solo a quello".

Il progetto Reynard finì nel nulla e Tom Walkinshaw traghettò il personale più qualificato, compreso Rory, verso una Benetton ormai stabile ai vertici della F.1. Racconta Byrne: "Nell'agosto del 1991 Tom Walkinshaw acquisì una parte della Benetton, portando con sé Ross Brawn, che si era occupato, sempre nell'ambito della Tom Walkinshaw Racing, del progetto vincente della Jaguar nell'Endurance. Con l'avvento della nuova gestione, Barnard se ne andò e in Benetton arrivò, come direttore tecnico, l'americano Gordon Kimball. Io avevo lasciato la Benetton nel novembre dell'anno prima e fecero di tutto per riavermi. Ne fui felice. Conobbi Ross Brawn e da lì cominciò una collaborazione lavorativa proficua che va avanti negli anni, sfociata in una bella e sincera amicizia".

Il ritorno a "casa" significò per Byrne, ormai quasi cinquantenne, una nuova giovinezza professionale: "Un periodo fantastico – ricorda lui – in cui imparammo a lavorare insieme, io, Schumacher, Ross Brawn e gente come Tad Czapski, guru dell'elettronica in F.1, insieme con tanti altri tecnici bravissimi. Con Schumacher al volante, la crescita fu rapida".

La B194, motorizzata Ford, prima Benetton a vincere il mondiale piloti, entra di diritto fra le F.1 più efficaci nella storia. Rory spiega: "La voglia di battere gruppi automobilistici classici, che avevano fatto la storia, come Ferrari, Williams, McLaren, era una motivazione eccezionale per noi che difendevamo i colori di un'industria di abbigliamento. Nella B194 mettemmo una grande enfasi nella stabilità aerodinamica e nell'abbassamento del centro di gravità, perché si era finalmente tornati alle sospensioni tradizionali, dopo l'esperienza di quelle attive. Ne risultò una macchina dalla guidabilità straordinaria, rispetto alle altre che avevano più cavalli di noi".

Aggiunge Jan Villadelprat, team manager di quegli anni: "Dopo gli incidenti mortali di Senna e Ratzenberger e il grave infortunio di Wendlinger, la Federazione impose modifiche radicali alle vetture. Il nostro Ford V8 aveva quasi 100 cavalli meno del dieci cilindri Renault e dovevamo rinunciare a gran parte dell'efficienza aerodinamica della vettura, tagliando il diffusore posteriore. A Rory riuscì il miracolo: la nostra monoposto rimase vincente".

Fu un trionfo che Byrne visse quasi di riflesso, perché lui alle gare non andava quasi mai. La B195 dell'anno successivo, motorizzata Renault, era invece un progetto più estremo, una macchina più difficile da guidare. Eppure ci vinsero sia Schumacher sia Johnny Herbert, e in Giappone la Benetton si assicurò anche il mondiale costruttori. A fine '96, con un party colossale nella sede di Witney, Rory diede l'addio alla squadra e alla F.1.

Il suo ripensamento, ancora oggi, lascia un po' di amaro in bocca ai "veterani" della Benetton.

Rory Byrne

The designer who hated computers was a champion model aircraft maker as a boy

He has a boyish charm and a ready, lively smile. He listens attentively while his eyes wander and scrutinise. He is one of the designers whose cars have won the most, and yet he is a simple person, willing and affable. A person able to think about many things even off the racetrack. Rory Byrne, born in January 1944, is a piece of Formula 1 history, and indeed of the motor car generally. It was he who produced the ideas that led to Benetton winning the world championship title. So much glory today, so much work at the outset. His career began modestly with the little-known Royale, before passing to Toleman which in 1976 (at the time Umberto Tozzi was singing "Ti amo") was racing in Formula 2. However, he soon moved to F1, where he produced the first Grand Prix single-seater for Ayrton Senna, and those of Michael Schumacher, both in Benetton and Ferrari colours.

A host of legends and anecdotes have grown up around Rory Byrne, who is a graduate of the University of the Witwatersrand. For example, his passion for model gliders that led him to design the most prestigious and successful models, which won him the "mini" world championship (indeed!). Then there was his sacrosanct afternoon siesta, blinds drawn, in his office. He would wake up suddenly and start sketching out ingenious ideas in pencil on the first sheet of paper he could find.

An office colleague of his in the early Benetton years recalls: "Rory was a genius in design. But every so often someone had to say to him: 'Yes, very nice, but where do we put the driver and the engine?'". Absolutely true and proven is his idiosyncrasy regarding computer designs: "I never really learned to use CAD although I feel I should".

A life at the drawing table. Putting his soul into his work and not just his ideas. There could have been a digression when in autumn 1990, Rory left Benetton to join the Reynard project. Where he remained until returning to the fold in 1991. There was talk of a role as shareholder. "And instead", he states, "I only worked on the engineering. Some jobs are not for me. I've never been interested in money." For him, racing cars ideally represented a development on the theme of gliders. A study of pure aerodynamics, of the science of airflows. He left South Africa in 1973 to follow and help a friend, and since then has remained in Europe. Royale began supplying his designs to Toleman and in 1977, Rory joined the team permanently.

His first real project, the TG280, was a success at a continental level, with the Formula 2 title won by Henton. With F1, success did not come so quickly. But when Senna took centre stage, chasing Alain Prost in the pouring rain at Monte Carlo, until a merciful (for Alain) hand interrupted the race, Toleman and Byrne gained a sudden popularity.

These were odd years in which it might – and did – happen that Ayrton and his team might be halted at Imola by a problem of "the supply of tyres" and fail to qualify for the Grand Prix. But these were also adventurous years, with plenty to invent within a more permissive framework of regulations than today. "I remember those times well. Neither Pirelli nor Michelin wanted to give their tyres to Toleman. So at the beginning of 1985 we found ourselves with our cars ready to race, shipped to the circuits and unable to start because they had no tyres. At the Brazilian Grand Prix, I was talking to Eddie Cheever, explaining our problems to him. He thought for a moment and said: 'Perhaps I know someone who can give you a hand.' This led to the operation by which Luciano Benetton bought Toleman. At least, that's the story as I know it. So we had our debut with Teo Fabi at Munich. And from 1986, the same team was called Benetton. I am happy, today, to have participated in the birth of what proved to be a major and new phenomenon in racing."

The Benetton operation finally gave the team some financial security. This proved the ideal climate for a work fanatic like Rory. Willem Toet, who worked many years with him, recalls: "He was always the first to enter the workshop in the morning and the last to leave in the evening. We used to tease him a bit for the way he dressed and his shabby look; but he was a man who knew how to make the most of his colleagues. He would give you space and wouldn't impose; he never lost his cool. Once, when I had to go to the wind-tunnel, he lent me his 400 bhp Sierra Cosworth. I hit a pavement and damaged the rear axle. I brought the car back in rather a sorry state and Rory didn't bat an eyelid. 'Okay', he said, 'let's get on with our work.' That's all he ever thought about".

The Reynard project came to a dead end and Tom Walkinshaw took the best of the team, including Rory, to a Benetton that was now firmly at the top of F1. Byrne recounts: "In August 1991, Tom Walkinshaw bought part of Benetton, bringing with him Ross Brawn, who with Tom Walkinshaw Racing had worked with the winning Jaguar design in the Endurance. With the arrival of the new management, Barnard left and was replaced in Benetton by the American Gordon Kimball as technical director. I had left Benetton in November the year before and they did everything possible to get me back. I was very happy. I met Ross Brawn and this gave rise to a productive working collaboration that lasted years and led to a fine friendship".

The return "home" for the almost 50-year-old Byrne meant a second professional youth: "It was a fantastic period", he recalls, "in which we learned to work together – me, Schumacher, Ross Brawn and others like Tad Czapski, the guru of F1 electronics – together with lots of other really good technicians. With Schumacher behind the wheel, our ascent was rapid".

The B194 with its Ford engine won Benetton the drivers' world title and proved to be one of the most effective F1 cars in history. Rory explains: "The desire to beat the classic car teams which had made history, like Ferrari, Williams and McLaren was an exceptional motivation for those of us who were defending the colours of a clothing industry. With the B194, we placed a great emphasis on aerodynamic stability and lowering the centre of gravity, because there was finally a return to traditional suspension after a period of active systems.

Flavio Briatore e Rory Byrne.

Flavio Briatore and Rory Byrne.

The result was a car that was exceptionally easy to drive compared to others that had a few extra horses under the bonnet than us". Jan Villadelprat, team manager at that time, adds: "Following the fatal accidents of Senna and Ratzenberger, and the serious accident of Wendlinger, the Federation imposed some radical modifications on the cars. Our Ford V8 had almost 100 bhp less than the ten-cylinder Renault, and we had to surrender a large part of the car's aerodynamic efficiency, removing the rear diffuser. Rory succeeded in a miracle: our single-seater was still a winner".
It was a triumph that Byrne won almost second-hand, because he hardly ever went to the races. The B195 of the following year, with a Renault engine, was instead a more extreme project, a harder car to drive. And yet both Schumacher and Johnny Herbert won with it, and in Japan Benetton also won the constructors' title. At the end of 1996, at a colossal party held at the Witney headquarters Rory bade his farewell to the team and F1.
His change of mind still leaves a bitter taste in the mouth of some of the Benetton "veterans".

Davide Paolini

L'inizio con le sponsorizzazioni di Tyrrell e Alfa Romeo
Poi la decisione di acquistare la Toleman, all'Harry's Dolci

Ero arrivato da pochi giorni a Villa Minelli, nel gennaio 1983, con l'incarico di direttore delle relazioni esterne del gruppo, funzione a cui erano ricondotte tutte le aree della comunicazione, comprese le sponsorizzazioni.
Sul tavolo la prima decisione da prendere di non poco conto: l'ingresso in Formula 1 con il team inglese Tyrrell-Ford con prima guida Michele Alboreto, mentre il secondo pilota venne poi individuato nell'americano Danny Sullivan, soprattutto per l'interesse della Benetton al mercato americano.
Dopo il sì alla F.1, ma condizionato dalla sponsorizzazione globale delle auto, dei piloti e di tutta l'organizzazione Tyrrell con il colore verde dominante (non era mai successo in F.1), partì l'avventura, assai importante per la penetrazione del marchio nei mercati esteri. L'azienda infatti sarebbe riuscita a colpire circa 60 mercati d'interesse con una cifra davvero irrilevante (la pubblicità per ogni singolo paese sarebbe costata dieci, venti volte di più). Su ogni paese infatti veniva ricaricato un sessantesimo dell'investimento, di circa 3,5 miliardi di lire.
Il campionato 1983 ci regalò una straordinaria vittoria proprio nel mercato statunitense, a Detroit con Alboreto, che fruttò ben otto minuti di prime time nel network Cbs con la presenza di un motore Ford e del pilota italiano con la tuta Benetton.
E proprio quella tuta, poche settimane dopo, provocò un incidente con il mitico Enzo Ferrari che aveva messo gli occhi sul compianto Michele per il campionato successivo. Non solo, addirittura i manager Ferrari, spinti dallo sponsor Marlboro, pretendevano di far salire Alboreto sulla rossa a Maranello con la tuta già bianca e rossa della marca di sigarette, nonostante esistesse un regolare contratto di esclusiva Benetton con il pilota e nonostante la sponsorizzazione con la Tyrrell fosse onnicomprensiva. Il tutto per evidenti motivi pubblicitari costituiti dal fatto che finalmente nel 1984 un pilota italiano sarebbe salito sulle rosse dopo tanti anni. E coincidenza del destino uno degli ultimi era stato il pratese Nanni Galli, che aveva spinto per il binomio Tyrrell-Benetton.
Furono giorni di infuocate telefonate con il mitico Enzo, che rilasciò perfino dichiarazioni polemiche sulla mia poca italianità. Telefonate che ebbero anche un seguito nella stagione 1986 quando, sempre a campionato in corso, la Ferrari scippò al team Gerhard Berger, già dopo il Gran Premio di Imola.
Nel caso di Alboreto venne raggiunto un compromesso, anche perché dai negozi Benetton dell'area modenese giunsero telefonate alquanto preoccupate sul possibile atteggiamento minaccioso dei fan della rossa nei riguardi dell'azienda. Anche i media, schierati come sempre con Maranello, attaccarono il nostro, del resto corretto, comportamento.
A fine stagione 1983 venne presa la decisione di rompere con Ken Tyrrell perché non volle adottare i più competitivi motori turbo. Un addio dunque ai meccanici inglesi che avevo perfino costretto a indossare la camicia rosa pur di attirare l'attenzione dei fotografi.
Nacque così un infelice connubio con Alfa Romeo che durò per due campionati. L'idea alla base dell'accordo era di presentarsi al mondo come "il made in Italy" della F.1, soprattutto perché una ricerca fatta ad hoc mostrava il marchio di Arese come il più conosciuto in paesi d'interesse come Australia, Usa, Sudafrica e Sudamerica. Furono due anni disastrosi anche perché l'Alfa Romeo stava vivendo un periodo di crisi, sia di management sia perché cominciava a profilarsi una vendita da parte dell'Iri. Alla guida della scuderia c'erano due piloti: Riccardo Patrese ed Eddy Cheever, l'americano "de Roma" che doveva servire per le pubbliche relazioni nella sua terra di nascita.
L'unico risultato eclatante, dal punto di vista della sponsorizzazione, visto che i risultati sportivi non arrivarono mai (le due auto non finivano le gare per l'alto consumo dei motori turbo), è stata una mia trovata alquanto discussa. Ebbene, a pochi minuti dalla partenza, durante il Gran Premio di Detroit, decisi di dipingere con le bombolette di vernice spray le gomme del bolide di Cheever di quattro colori diversi. Le auto non finirono la gara

Davide Paolini posa in primo piano con la Tyrrell-Ford sponsorizzata dalla Benetton: è il debutto dell'industria trevigiana nel mondo delle competizioni. Alle sue spalle, sorridente con gli occhiali, Ken Tyrrell, personaggio mitico della Formula 1.

Davide Paolini poses in the foreground with the Tyrrell-Ford sponsored by Benetton. This was the debut of the Treviso-based group in the world of competitions. Behind him, smiling and in spectacles, is Ken Tyrrell, a legendary figure in Formula 1.

ma il giorno dopo la foto apparve su tutti i più importanti giornali e tv americani. Non meno successo ebbe una serata a Dallas nel ranch dove veniva girata la telenovela di J.R. Dal punto di vista sportivo, invece, ogni gara si trasformava in un calvario: l'intero team poteva salire in aereo sempre in anticipo.
In quel periodo di abbinamento con Alfa Romeo sono successi anche episodi davvero "pittoreschi" come la lettera di raccomandazione di un sottosegretario al Tesoro a favore di un pilota o le insistenze del padre facoltoso di un aspirante driver pronto a investire cifre consistenti per una guida del team.
Durante il campionato 1985, di fronte agli scarsi risultati di ritorno con Alfa Romeo, non appena circolò la notizia che la scuderia inglese Toleman era costretta a rinunciare perché nessun costruttore di gomme voleva più rifornirla, dunque in possibile vendita, scattò l'idea di acquisirla. La motivazione nacque dall'esame del regolamento che non impediva a uno sponsor, divenuto proprietario almeno all'80% del capitale, di poter denominare la scuderia con il proprio marchio: un caso mai avvenuto in F.1, visto anche con scetticismo.
In realtà, dopo aver analizzato i risultati per gli sponsor (main o minori), ci rendemmo conto che le sole scritte, seppure nelle pance, negli alettoni e ovunque fosse possibile, non offrivano grandi ritorni, mentre è il marchio della scuderia che compare e viene citato in radio e tv.
La mia proposta di acquisto ebbe l'approvazione di Luciano e Gilberto Benetton, una domenica mattina a Treviso nell'allora Harry's Dolci. Così, in un pomeriggio di maggio, presi l'aereo con destinazione Witney (in Gran Bretagna), dove ebbe inizio una lunga trattativa per l'acquisto del team inglese, soprattutto per la difficoltà di trattenere Rory Byrne, uno dei tecnici più stimati del Barnum di F.1. Di fronte a quattro birre, servite in una sola volta, come piaceva a Rory, riuscii a convincerlo a restare, sebbene avesse mille dubbi sugli italiani e una richiesta alla quale dissi subito di no: il britannico Watson come pilota.
Partì così l'avventura della Toleman, con motori Hart che si rompevano come biscotti, all'inizio con una sola macchina, poi sul finire del campionato fu messa in pista anche la seconda con grandi sforzi. Ma ci fu un miracolo: la pole position di Teo Fabi al Gran Premio al Nürburgring.
L'anno successivo il team Benetton, il cui motor home, disegnato da Tobia Scarpa, diventò un punto di riferimento per la presenza dei migliori chef italiani, venne equipaggiato da motori BMW che imposero un pilota austriaco, Berger, appunto, che si affiancò a Teo Fabi. Le pressioni per quella guida furono davvero tante, al punto che qualcuno scrisse che venivano richieste "tangenti" per quel posto. La verità è che il pilota scelto fu Gerhard Berger a costo zero di ingaggio nonché voluto dalla BMW. E fu un colpo di fortuna, Gerhard vinse il primo Gran Premio, per la neonata scuderia, a Città del Messico. A due giri dalla fine Luciano Benetton, preso dall'emozione, lasciò l'autodromo, stentava a crederci, oppure lo fece per scaramanzia… Lo avvisai all'aeroporto.
Teo, poi, con grande sorpresa conquistò ancora una pole position a Monza con un record di massima velocità che ha resistito per diversi anni. Le vittorie forse potevano essere anche due, ma Fabi e Berger a Zeltweg, in Austria, si mostrarono molto "egoisti". A pochi giri dalla fine erano al comando con Prost a un giro, ma pur di vincere tiravano alla morte, così ambedue invece che sul podio si trovarono ai box in largo anticipo.
Una buona stagione, ma le evidenti preferenze dei tecnici BMW per Gerhard provocarono non poche frizioni nel team al punto che dopo Città del Messico i motori venivano sorteggiati.
In quella stagione il team partecipò alla straordinaria operazione di beneficenza "Usa for Africa" del cantante Bob Geldof. Le monoposto avevano nella pancia la scritta, mentre i negozi Benetton negli Stati Uniti dovevano devolvere durante il periodo dei Gran Premi una percentuale a "Usa for Africa" per ogni capo venduto.
Nella stagione 1988 la scuderia italo-inglese venne definita "regina delle monoposto con propulsori aspirati", equipaggiata Ford, perché arrivò terza nel mondiale costruttori alle spalle di McLaren e Ferrari, entrambe spinte da motori turbo. Il pilota di punta fu senza dubbio Alessandro Nannini. E voglio, dopo anni, rivelare un segreto di cui non è a conoscenza neppure la famiglia Benetton. Ebbene, prima della partenza del campionato avevamo deciso di scegliere un giovane pilota da affiancare a Thierry Boutsen dopo alcuni test da effettuare nel circuito di Imola. Si giocavano la guida Benetton: Alessandro Nannini, Stefano Modena e Johnny Herbert. Questa vera e propria gara venne vinta da Herbert, il pupillo del direttore sportivo Collins (mentre Byrne aveva un debole per Modena), ma con la complicità di un ingegnere incaricato di prendere i tempi e fare le valutazioni finali, sono riuscito a imporre Nannini, il pilota che la proprietà voleva. E con il senno di poi non ci fu scelta più azzeccata per le qualità del senese e per la sua simpatia e popolarità. L'accordo per il suo contratto venne raggiunto alla vigilia di un Palio di Siena nella villa del padre, dove si era nascosto il fantino che il giorno dopo vinse appunto una delle gare più sentite al mondo.
Herbert è arrivato l'anno seguente, poi sostituito da Emanuele Pirro nel corso della stagione in seguito ai postumi di un grave incidente avuto durante una gara di F.3000.
Nannini non solo ottenne ottimi risultati nel 1988, ma vinse un Gran Premio inaspettatamente in Giappone nel 1989. L'unico grande problema di Nannini era di essere un fumatore di sigarette Marlboro, più volte è stato sul punto di farci rompere il contratto con la Camel, poi brillantemente risolto con l'inserimento delle sue sigarette preferite nel pacchetto dello sponsor.
Durante gli anni della F.1 c'è anche una storia importante non andata a buon fine. Era l'idea di creare un team Benetton per vincere a Indianapolis con la Porsche: un progetto portato avanti da Jacky Icx in cui era coinvolto anche Michael Jackson.

Australia 1985: Davide Paolini con Luciano Benetton, Eddie Cheever e, di spalle, Riccardo Patrese.

Australia 1985: Davide Paolini with Luciano Benetton, Eddie Cheever and, from behind, Riccardo Patrese.

Davide Paolini protetto da Teo Fabi.

Teo Fabi shades Davide Paolini.

Davide Paolini

The start with the sponsorships of Tyrrell and Alfa Romeo
Then the decision to buy Toleman, at Harry's Dolci

I had arrived just a few days earlier at Villa Minelli, in January 1983, with the post of public relations director for the group, responsible for all areas of publicity, including sponsorships. The first decision to take was a major one: joining the Formula 1 circuit with the British Tyrrell-Ford team, with Michele Alboreto as number 1 driver, while the second driver was found later: Danny Sullivan, an American, in response to Benetton's interest in the US market. After the decision to enter F1, conditional upon the overall sponsorship of the cars, drivers and all the Tyrrell organisation, and with a dominant green colour (which had never happened before in F1), we started on our adventure, which was extremely important for the brand's penetration of foreign markets. The company would in this way be able to reach 60 reference markets with a truly trivial sum (the advertising for each single country would have cost ten or twenty times as much). Each country was charged a 60th of the investment, about lire 3.5 billion.

The 1983 championship gave us an extraordinary victory in the US market, at Detroit with Alboreto. This earned us no less than eight minutes of prime time on the CBS network with the presence of a Ford engine and the Italian driver in his Benetton overalls. It was those overalls which provoked an incident a few weeks later with the legendary Enzo Ferrari, who had his eye on Michele for the following year's championship. The Ferrari managers, impelled by the sponsor, Marlboro, demanded Alboreto be put in a Ferrari at Maranello with the red and white overalls of the cigarette manufacturer despite the fact that there was a legal exclusive contract in force with Benetton concerning the driver, and despite the fact also that the sponsorship with Tyrrell covered everything. All this for the evident motives of publicity: in 1984, at last, after many years, an Italian driver would once again be behind the wheel of a Ferrari. Coincidentally, one of the last had been Nanni Galli from Prato, who had been one of the forces behind Tyrrell and Benetton getting together.

Days of fiery phone calls followed with the legendary Enzo, who even gave out polemical declarations about my lack of Italian blood. Telephone calls that had a sequel in the 1986 season when, with the championship still under way, Ferrari snatched Gerhard Berger from the team, just after the Imola Grand Prix. In the case of Alboreto, a compromise was reached, partly because we had rather worried calls from the Benetton shops in the Modena area regarding possible threats against our company from Ferrari fans. The media, too, as usually taking the side of Maranello, attacked our behaviour, which had been completely above board.

At the end of the 1983 season, the decision was taken to split from Ken Tyrrell because he didn't want to use the more competitive turbo engines. So we said goodbye to the British mechanics whom I'd even obliged to wear pink shirts to attract the attention of the photographers.

What then followed was an unhappy relationship with Alfa Romeo, which lasted two seasons. The idea underlying the agreement was to present ourselves to the world as the "made in Italy" team of F1, especially as some ad hoc research had shown that Alfa Romeo was the best-known in countries of interest, such as Australia, USA, South Africa and South American nations. These were two disastrous years because Alfa Romeo was going through a period of crisis, both in terms of management and because IRI was beginning to plan its sale. At the head of the team were two drivers: Riccardo Patrese and Eddy Cheever, the "American from Rome", who was to be used for PR purposes in his home country.

The only notable result from the sponsorship point of view, given that the sports results were nowhere to be seen (the two cars never finished their races because of the high consumption of the turbo engines), was a rather controversial idea I had. A few minutes before the start at the Detroit Grand Prix, I decided to paint the tyres of Cheever's car with spray paint in four colours. The cars didn't finish the race, but the next day photographs of them appeared in all the most important newspapers and TV programmes of America. An evening at Dallas in the ranch where the J.R. soap was being filmed was equally successful.

From a sporting point of view, instead, every race became a sore trial: the entire team was able to catch the plane home early.

In that period alongside Alfa Romeo, some really "picturesque" episodes also took place, such as the letter of recommendation from an undersecretary at the Treasury on behalf of a driver, or the insistence of a rich father of an aspirant driver, ready to invest considerable sums in exchange for a driver's seat.

During the 1985 championship, given the lack of return with Alfa Romeo in terms of results, as soon as the news that the British Toleman team had been forced to give up because no tyre manufacturer was prepared to supply them, and was thus possibly for sale, the idea occurred to us to buy it. The motivation sprang from an examination of the regulations that did not forbid a sponsor, who acquired a holding of at least 80% of the capital, from naming the team with its own brand.

This was something that had never happened in F1, and was seen rather sceptically. In reality, after analysing the results for the sponsors (main or minor), we realised that the written brands alone, even if applied on the body of the car, wings or wherever possible, did not offer much in return; it is the name of the team that appears and is mentioned on the radio and TV.

My first proposal to buy them met with the approval of Luciano and Gilberto Benetton one Sunday morning at Treviso in the then Harry's Dolci. So, one May afternoon, I caught the plane for Witney (in the UK), where we began some long negotiations for the purchase of the British team, especially because of the difficulty of hanging on to Rory Byrne, one of the most highly regarded technicians by the Barnum of F1. Sitting in front of four beers served all in one go, as Rory preferred, I managed to convince him to stay, although he was full of doubts about the Italians and had one request which I immediately said no to: the Britishman, Watson, as driver. That was how the adventure with Toleman started, using Hart engines that snapped like biscuits. At the outset, we had just one car, and then the second followed after a mammoth effort towards the end of the championship. But there was a miracle: Teo Fabi's pole position at the Nürburgring Grand Prix.

In the following year, the Benetton team – whose motor home, designed by Tobia Scarpa, became a centre of attraction because of the presence of the finest Italian chefs – was equipped with BMW engines who required an Austrian driver – Berger – who flanked Teo Fabi. The pressures for that position were enormous, to the point that someone wrote that envelopes were being passed under the table for the post. The truth is that the driver chosen was Gerhard Berger at zero cost for engagement and wanted by BMW. And we were lucky, because Gerhard won the first Grand Prix for the new team at Mexico City. Two laps from the end, Luciano Benetton was overwhelmed by it all and had to leave the racetrack. He couldn't believe it was happening… or perhaps he did it for luck… I told him the news at the airport.

And Teo, surprised us all by winning another pole position in Monza with a record for top speed that lasted a number of years. There might even have been a second victory but Fabi and Berger at Zeltweg in Austria behaved rather selfishly. A few laps from the end, they were leading with Prost a lap behind, but the urge to win pushed each too hard and instead of both being on the podium, they both saw the finish from the pits. It was a good season, but the evident preference of the BMW engineers for Gerhard provoked considerable friction in the team, to the point that after Mexico City, the engines were drawn by lots.

During that season, the team participated in the extraordinary charity operation organised by Bob Geldof, "USA for Africa". The cars bore this text on their sides and the Benetton shops in the USA gave a percentage of their proceeds from their sales to "USA for Africa" during the Grand Prix. In the 1988 season, the Anglo-Italian team was called "queen of the aspirated-engine cars", fitted with Ford engines, because it came third in the constructors' championship behind McLaren and Ferrari, both of which had turbo engines.

The top driver was undoubtedly Alessandro Nannini. And after years, I want to reveal a secret not even the Benetton family knows. Before the start of the championship, we had decided to choose a young driver to put alongside Thierry Boutsen after doing a few tests on the track at Imola. Those aiming for a driving seat with Benetton were Alessandro Nannini, Stefano Modena and Johnny Herbert. This true race was won by Herbert, the apple of race director Collins' eye (while Byrne preferred Modena). However, with the complicity of an engineer who was recording the times and helping with the final evaluations, I succeeded in imposing Nannini, the driver wanted by the owners. And given the subsequent events, we were proved right, in view of the qualities of the Siena-born driver and his charm and popularity. The agreement for his contract was finalised on the eve of a Siena Palio in his father's villa. At the time, the house was hiding the jockey that the next day won this most closely-contested of horse races.

Herbert arrived the year after and was then replaced by Emanuele Pirro during the season as a result of the effects of a serious accident suffered during a F3000 race.

Nannini not only obtained excellent results in 1988, but also unexpectedly won a Grand Prix in Japan in 1989. The only great problem with Nannini was that he smoked Marlboro cigarettes, and several times he almost caused the contract with Camel to be broken off. This was brilliantly resolved by putting his favourite cigarettes in the sponsor's packets.

During the F1 years, there was also an important affair that did not have a happy ending. This was the idea of creating a Benetton team to win at Indianapolis with Porsche. The project was developed by Jacky Icx and even Michael Jackson was involved.

È un uomo che non si ferma mai. E che sa passare indifferentemente dalle corse alla produzione di auto di serie e viceversa. Occupandosi nel frattempo di mille altre cose, purché attinenti a tutto quanto sappia di meccanica. Perché per lui l'automobile è un fatto globale, oltre che una ragione di vita. Ha un solo diversivo: il rugby. Ma questo è un discorso a parte.
Tom Walkinshaw, scozzese purosangue, nato nel 1946, attualmente impegnato in attività di automotive design & engineering *in Australia, Cina, India, è stato un personaggio importante nell'avventura sportiva della Benetton. Perché è stato il regista di alcuni dei principali cambiamenti tecnico-organizzativi che hanno contraddistinto la squadra all'inizio degli anni novanta.*
Il nome di Tom Walkinshaw era da tempo collegato a una serie di operazioni di successo nello sport, per grandi marche quali Rover, Mazda, Jaguar. Perciò, quando nel 1991 la Ford volle intensificare i suoi sforzi con la Benetton, con l'obiettivo della conquista di un titolo mondiale, pensò appunto a lui: e lui, dopo un meeting a Londra con Mike Kranefuss, capo delle competizioni di Detroit in Europa, con Luciano Benetton e con Flavio Briatore, accettò con entusiasmo la sfida. "Gli obiettivi – racconta Tom – erano principalmente due: fare una squadra competitiva e rendere più stretto il connubio con la Ford, che ci forniva i motori tramite la Cosworth. Bisognava anche concentrare le forze a Witney pensando a una nuova sede che poi sarebbe stata quella di Enstone. C'erano un sacco di cose da fare. Nel team c'era fermento, entusiasmo."
Una delle prime mosse di Walkinshaw fu di assicurarsi la collaborazione di Ross Brawn (che aveva progettato la Jaguar XJR 15 motorizzata Ford-Cosworth, campione del mondo degli Sport Prototipi con i colori della TWR, Tom Walkinshaw Racing) come direttore tecnico, in stretta sintonia con il capo progettista Rory Byrne, che lo stesso Tom aveva ingaggiato dalla Reynard Racing insieme con Pat Symonds.
Tre uomini di spicco, fondamentali, con Briatore parallelamente concentrato sulla parte commerciale. Poi arrivò un altro elemento. Cruciale. Michael Schumacher. Il racconto di Walkinshaw è pieno di enfasi: "Quando Schumacher debuttò a Spa con la Jordan, andai a seguirlo da vicino, nelle curve, per vedere come si sarebbe comportato su una Formula 1, in quanto mi aveva impressionato nei Prototipi, dove era un nostro rivale quando io gestivo la Jaguar e lui era con la Mercedes. L'impressione che mi fece in curve come l'Eau Rouge e il Radillon fu grande, guidava in un modo fantastico. E i tempi sul giro nelle prove lo confermarono. Dissi immediatamente a Flavio che bisognava prenderlo. E spinsi Ecclestone a premere su Briatore perché ingaggiasse Schumacher al posto di Moreno. Si decise di provare. Pochi giorni dopo il GP del Belgio chiamai Jochen Neerpasch, che era il manager della Mercedes Motorsport, per chiedergli se Schumacher fosse contrattualmente libero per la F.1. Mi spiegò che la Mercedes aveva dato 250 mila dollari a Eddie Jordan per farlo debuttare a Spa, ma non c'erano altri vincoli. Mi chiese quanto avrebbe voluto la Benetton per farlo correre. Gli risposi che non pretendevamo nulla, salvo una opzione per i successivi tre anni. Il martedì successivo ci trovammo tutti a Londra e l'affare si combinò. Il giorno dopo Schumacher era già in pista a Silverstone con la nostra macchina. E partimmo…".
Walkinshaw affrontava tutte le situazioni in modo pratico e concreto e aveva la capacità di fare un passo indietro, lasciando che i suoi collaboratori svolgessero le rispettive mansioni senza intromettersi quando non era necessario. Dopo la gestione Barnard, le sue capacità di organizzatore erano proprio quel che ci voleva per la Benetton. Fu Tom a prendere l'iniziativa per dotare la squadra di tutte le più moderne tecnologie in fabbrica e in pista, come il controllo di trazione e la trasmissione semiautomatica. "Quando cominci a usare queste cose, nei primi tempi devi dare per scontata una dose limitata di inaffidabilità – diceva Walkinshaw –

Tom Walkinshaw

"Avevo visto un tedesco fortissimo che correva nei Prototipi
Telefonai alla Mercedes e chiesi: 'È libero? Si può avere?'"

ma passata quella fase è logico che si acquisti più forza."
Dopo la sensazionale predominanza della Williams-Renault nel 1992, Benetton replicò introducendo le sospensioni attive e la trasmissione semiautomatica nella macchina del 1993, ma intanto era in preparazione una nuova B193B.
"Per gestire bene un gruppo di persone, devi essere duro e intransigente, ma onesto con te stesso. Bisogna saper riconoscere i propri punti di forza e i propri punti deboli. Per tutta la vita ho sempre cercato di fare così. Ed è anche quello che pretendo dai miei collaboratori. Mi siedo a un tavolo con loro, insieme cerchiamo di identificare il percorso che vogliamo seguire, i trabocchetti e le nostre maniere di risolverli e poi li sostengo a spada tratta, finché non riusciamo a ottenere quel che volevamo. Se poi qualcuno non dà quel che gli viene chiesto o non esegue quel che si era impegnato a fare, allora si devono prendere i provvedimenti adeguati. Io mi sono sempre trovato in strutture aziendali in cui devi spingere al massimo per ottenere i risultati, osservando le scadenze fissate, si tratti di programmi di progettazione meccanica, programmi di gestione delle gare o qualsiasi altra cosa. Quindi devi essere intransigente. Sotto questo aspetto non vedo nessuna differenza fra i meccanici e i piloti. Fai parte di una squadra, non importa se è una squadra commerciale o una squadra sportiva, e devi realizzare il tuo compito sino in fondo. A volte devi obbligare le persone prendendole per il collo. E immagino che sia per questo che alla fine ti considerano un duro. Io però non ho mai chiesto a nessuno di fare qualcosa che io non fossi disposto a fare."
Una specie di documento programmatico dell'uomo e dei suoi metodi, che ha fatto da base ai successi che poi sono piovuti a catena. "Sono stati anni fantastici – dice Walkinshaw –. Se mi guardo indietro, non c'è niente che ti dia una carica più forte della vittoria in un campionato del mondo. E il fatto di essere riuscito con la Benetton a superare delle squadre che erano ai vertici da una vita ha reso il successo ancor più dolce."

Tom Walkinshaw con Joan Villadelprat.

Tom Walkinshaw with Joan Villadelprat.

Here is a man who never stops. And who is able to slip easily between racing and the production of mass-produced cars and vice versa, while tackling a host of other things, as long as these have something to do with mechanics. Because for him, the car is an all-encompassing fact, as well as a reason for living. He has only one other hobby: rugby. But that's another matter.

A born and bred Scotsman of 1946, Tom Walkinshaw is currently involved in automotive design and engineering in Australia, China and India, and was once a major figure in Benetton's sports adventure. He was the man behind some of the main technical and organisational changes to distinguish the team at the start of the 1990s.

Tom Walkinshaw's name had long been associated with undertaking successful projects n sport for major manufacturers, notably Rover, Mazda and Jaguar. So when Ford in 1991 wished to intensify its efforts with Benetton, with the aim of winning the world title, they thought of him. After a meeting in London with Mike Kranefuss, Detroit's head of racing in Europe, Luciano Benetton and Flavio Briatore, he accepted the challenge with enthusiasm: "The aims", recalls Tom, "were principally two: forming a competitive team and working more closely with Ford, which supplied us with engines through Cosworth. We needed to concentrate our forces in Witney and plan a new site, which would subsequently turn out to be Enstone. There was lots to do. The team was really excited and enthusiastic."

One of Walkinshaw's first moves was to bring in Ross Brawn (who had designed the Ford-Cosworth-powered Jaguar XJR15, world champion for Sports Prototypes under the colours of TWR, Tom Walkinshaw Racing). He was to be technical director and work in close harmony with chief designer Rory Byrne, whom Tom himself had brought from Reynard Racing together with Pat Symonds.

Here were three fundamental leading figures, with Briatore concentrating in parallel on the commercial aspects. Then arrived another, crucial element: Michael Schumacher. Walkinshaw's account is emphatic: "When Schumacher had his debut at Spa with the Jordan, I went to follow him from close-to, in the curves, to see how he would behave in a Formula 1. He had already impressed me in the Prototypes, where he had been a rival when I was in charge of the Jaguar and he was with Mercedes. He made a great impression on me in the bends such as Eau Rouge and Radillon; he was driving fantastically. And his times on the test laps proved it. I immediately said to Flavio that we had to get hold of him. And I pushed Ecclestone to pressure Briatore to take Schumacher in the place of Moreno. It was decided we'd try. A few days after the Belgian GP, I called Jochen Neerpasch, the manager of Mercedes Motorsport, to ask if Schumacher was contractually free for F1. He explained that Mercedes had paid Eddie Jordan $250,000 to have him make his debut at Spa, but there were no other constraints. He asked me how much Benetton would ask to have him race. I replied that we expected nothing, except an option for the subsequent three years. On the following Tuesday, we met in London and the deal was done. The next day, Schumacher was already on the track at Silverstone with our car. And off we went..."

Walkinshaw had a blunt, no-nonsense approach to everything he tackled, and the ability to step back and let his people get on with their chosen roles without unnecessary interference. His organisational abilities were just what Benetton needed in the post-Barnard era, and he was a prime mover in the team's acquisition of all the latest technologies, such as traction control and semi-automatic transmission. "When you take these things on you have to expect a small degree of unreliability in the early stages," he said, "but after that period you would expect to get stronger."

Following Williams Renault's dramatic domination in 1992, Benetton hit back with active suspension and semi-automatic transmission on the 1993 car, but a new B193B was also in the

Tom Walkinshaw

"I saw a German racing Prototypes who was really good I called Mercedes and asked: 'Is he free? Can we have him?'"

Tom Walkinshaw, Flavio Briatore, il motore Supertec; è il 1999.
A sinistra, Adelaide 1994: due uomini e un campione, Schumacher portato in trionfo da Walkinshaw e Briatore.

Tom Walkinshaw, Flavio Briatore, and the Supertec engine; the year is 1999.
Left, Adelaide 1994: two men and a champion. Schumacher carried in triumph by Walkinshaw and Briatore.

pipeline. "To handle a group of people well, you have to be hard, uncompromising, but honest with yourself and acknowledge your strengths and your weaknesses. I have always tried to do that in my life. That's what I demand of my staff, as well. I'll sit down with them, try and identify the programme we want to follow, the pitfalls and our resolutions to them, and then I'll back them to the hilt until we deliver what we've decided we want to achieve. Obviously, if some people don't deliver what was asked of them or what they were committed to do, then you have to take the appropriate action. I've always been in businesses where you're driving things hard to deliver results in the timescale you've been given, whether it's engineering programmes, race programmes or whatever. So you have to be uncompromising. I don't see that it makes any difference whether you're a mechanic or a driver in that. You're part of a team, whether it's a commercial team or a sporting team, and you've got to drive it through. Sometimes you have to drive people along by the scruff of the neck, so I suppose that's how you end up with a reputation that you are always hard. But I have never asked anybody to do anything I wasn't prepared to do myself."
Here is a sort of blueprint for the man and his methods, forming the basis of the successes that have fallen to his lot: "They were fantastic years," he says. "Looking back, there is nothing that gives you a greater buzz than winning a world championship. And to beat established teams with Benetton made the success even sweeter."

David Richards e Flavio Briatore.

David Richards and Flavio Briatore.

David Richards e Rocco Benetton

L'avventura dell'uomo che veniva dai rally
I contatti segreti per l'operazione Renault

Anche le storie più belle hanno una fine. È a settembre del 1997 che Flavio Briatore se ne va e David Richards, inglese, titolare della Prodrive che corre nei rally con vetture Subaru, viene nominato amministratore delegato della Benetton che corre in Formula 1. Parallelamente Rocco Benetton diventa direttore commerciale della squadra. Gente nuova, per un team che sta per perdere Gerhard Berger, il quale ha deciso di smettere dopo aver trionfato nel GP di Germania. È grande curiosità sui nuovi arrivati.
La storia di David Richards la racconta lui stesso: "Ricevetti una telefonata di Bernie Ecclestone, che a nome della famiglia Benetton mi chiedeva se ero interessato a un impegno nell'ambito del loro team. Parlai con Alessandro e alla fine di una serie di colloqui decisi di impegnarmi, delegando ad altri alcune delle mie funzioni nella Prodrive, la cui sede, tra l'altro, era distante appena una quindicina di chilometri da Enstone. La Formula 1 stava cambiando, la Benetton pure, dopo i trionfi di Schumacher. Per me era un piacere lavorare accanto ad Alessandro e Luciano Benetton e anche con alcuni dirigenti di Ponzano, con i quali avevo un contatto stretto. Mi impegnai a fondo per attuare un vero e proprio processo di pianificazione aziendale, oltre che una strategia per il futuro. È chiaro che le mie erano proposte radicali, che preludevano pure a un accordo con una marca automobilistica, in modo da mantenere la competitività nel tempo. Proposi di allacciare contatti con la Ford, considerato che ero amico di Jac Nasser, il presidente…".
Il rapporto tra Richards e la Benetton si concluse il 19 ottobre 1998: era durato poco più di un anno. "Mi resi conto che c'era della distanza tra i punti di vista miei e quelli del management, per cui diedi le dimissioni. Ma ciò non toglie che quella sia stata una fase della mia vita lavorativa particolarmente importante. Perché mi ha permesso di capire meglio come si fa funzionare con successo una squadra di Formula 1, aprendomi la strada all'impegno che poi ho preso con la Bar."
Rocco, il più giovane dei figli di Luciano Benetton, nato nel 1969, rilevò la funzione di amministratore delegato quando Richards se ne andò, ed è rimasto in carica sino al momento dell'annuncio dell'acquisto della Benetton da parte della Renault, il 16 marzo 2000. In pratica è stato lui il traghettatore: "Abbiamo portato avanti i primi abboccamenti con la Renault durante il 1999, ma in corsa con noi c'era anche la Jordan che era reduce da una annata '98 eccezionale e cercava un compratore. Alla fine la scelta Renault cadde su di noi: avevamo già conquistato insieme il mondiale 1995 e successivamente stavamo collaborando con loro, anche se indirettamente, attraverso la loro società Supertech che ci forniva i motori".
Poi racconta le difficoltà, che non furono da poco: "Nel 1997 il team era forte, la reputazione era alta. Però l'anno prima avevamo perso non solo Schumacher, ma anche molti tecnici. Avevamo la consapevolezza di dover ripartire con una nuova sfida. Gestimmo le cose abbastanza bene, risultando sempre il primo team tra quelli che non avevano i motori forniti ufficialmente dalle Case automobilistiche. Nulla era facile, ma riuscimmo a comporre una squadra di ingegneri molto capaci, tra cui anche quelli che lavoravano nella struttura di Gian Paolo Dallara e Varano de' Melegari, sul progetto Honda F.1 che poi si dissolse. Mi fa piacere che, a distanza di anni, la Renault abbia conquistato il titolo mondiale con Alonso avendo ancora parte di quei tecnici e come progettista quel Tim Densham che ingaggiammo noi alla Benetton".
Non furono tuttavia anni di grandi soddisfazioni, quelli dal 1996 in poi. "A volte con un po' più di fortuna avremmo potuto avere qualche risultato in più – commenta Rocco –, come quando Fisichella mancò la vittoria nel GP d'Ungheria

per un'uscita di pista a pochissimi giri dal traguardo. Ma abbiamo comunque fatto la nostra parte."
L'esperienza manageriale di allora gli è stata utile nelle diverse attività che Rocco Benetton ha intrapreso successivamente, alcune nell'ambito della famiglia, altre tutte sue. E alla domanda che sensazione gli abbia lasciato aver gestito la cessione di questo straordinario pezzo di storia della Benetton, Rocco risponde: "Una sensazione assolutamente positiva, ho avuto la consapevolezza di partecipare a un momento importante che avrebbe consentito a una squadra di valore di poter continuare a scalare i vertici del successo. E così poi è avvenuto. Senza contare il grande valore aggiunto finanziario che l'operazione ha generato".

Even the best stories come to an end. It was in September 1997 that Flavio Briatore left and David Richards, an Englishman and owner of Prodrive, which races in rallies with Subaru cars, was nominated managing director of Benetton's Formula 1 team. At the same time, Rocco Benetton became sales director of the team. New men for a team that was about to lose Gerhard Berger, who had decided to call it a day after having won the German GP. There was much curiosity about the new arrivals. David Richards tells his own story: "I received a phone call from Bernie Ecclestone, who asked me in the name of the Benetton family if I were interested in working within their team. I spoke with Alessandro and at the end of a series of interviews decided to commit myself, delegating my functions at Prodrive to others. Prodrive's base was itself only about 10 miles from Enstone. Formula 1 was changing and Benetton with it, following the triumphs of Schumacher. For me, it was a pleasure working alongside Alessandro and Luciano Benetton, and also with some of the directors at Ponzano, with whom I had close contact. I worked hard to implement a true business plan, as well as a strategy for the future. Obviously, my proposals were fairly radical, and even suggested a future agreement with a car manufacturer in order to maintain competitiveness over time. I suggested making contact with Ford, since I was a friend of Jac Nasser, its president…". The relationship between Richards and Benetton ended on 19 October 1998; it had lasted a little more than a year. "I realised that there was a significant gap between my points of view and those of the management, so I resigned. But that doesn't affect the fact that this was a particularly important period in my working life. Because it enabled me to understand better how to make a Formula 1 team work successfully, and opened the way to the job I then took with Bar."
Rocco, the youngest of Luciano Benetton's sons, born in 1969, took on the post of managing director when Richards left and remained in this position until the announcement of the sale of Benetton to Renault on 16 March 2000. In practice, he was the person responsible for the smooth transition: "We went ahead with the preliminary contacts with Renault in 1999, but we were competing with Jordan, which had had an exceptional 1998 and was also looking for a buyer. In the end, Renault's choice fell in our favour: we had already won the 1995 championship together and collaborated with them subsequently too, although indirectly, through their Supertech subsidiary, which supplied us with engines".
Then he comments on the difficulties, of which there were quite a few: "The team was strong in 1997, and we had a good reputation. But the year before, we had lost not only Schumacher, but also many engineers. We were aware that we had to restart with a new challenge in hand. We managed things pretty well, always finishing as the first team of the group that did not have engines provided officially by car manufacturers. Nothing was easy, but we succeeded in putting together a highly capable team of engineers, including those who had worked in Gian Paolo Dallara and Varano de' Melegari's set-tup on the Honda F1 project that folded. After a number of years, I am pleased that Renault won the world championship with Alonso with part of the engineers and designer Tim Densham, whom we had taken on as Benetton". However, 1996 onwards were not years that offered much satisfaction. "At times, with a little bit of luck we might have had one or two better results", comments Rocco, "such as when Fisichella lost out on a win at the Hungarian GP because he came off the track just a few laps from the finish. But we did everything we could." The managerial experience he gained then has been of use in the various activities Rocco Benetton has undertaken since. Some within the family, others all his own. And when asked what he feels about having managed the sale of this extraordinary piece of Benetton history, Rocco replies: "An absolutely positive sensation. I was aware I was taking part in an important moment that would enable a good team to continue on its way to success. And this is what occurred. Not to mention the great financial added-value the operation generated".

David Richards and Rocco Benetton
The adventure of the man who came from rallying
The secret contacts for the Renault operation

Giancarlo Fisichella, Rocco Benetton e Alexander Wurz, Barcellona sullo sfondo.
A sinistra, Rocco Benetton.

Giancarlo Fisichella, Rocco Benetton and Alexander Wurz, Barcelona in the background.
Left, Rocco Benetton.

I piloti

The drivers

"Nel periodo in cui ho gareggiato, mo
L'automobilismo era uno sport perico
se saresti tornato a casa. Nonostante
il mondo, ho conosciuto gente famosa
potuto desiderare di più?"

"During the period when I was racing,
Racing was a really dangerous sport.
whether you'd get back home alive.
I got to see the world, met famous pe
What more could I have wanted?"

Juan

riva un pilota a settimana.
losissimo, partivi e non sapevi
questo, attraverso le corse ho visto
e ho pure guadagnato. Cos'avrei

one driver a week died.
you'd start and you wouldn't know
Despite this, thanks to racing,
ople and even earned my living.

Manuel Fangio, Adelaide, marzo / March 1990

Michele Alboreto.

Eddie Sullivan.

Alessandro Nannini.

Riccardo Patrese.

Gerhard Berger.

Jean Alesi.

Eddie Cheever.

Nelson Piquet.

Teo Fabi.

Thierry Boutsen.

ancarlo Fisichella.

Michael Schumacher.

Michael Schumacher, matrimonio con la velocità.

Michael Schumacher, a marriage with speed.

Michael Schumacher

Dopo il primo successo nel GP del Belgio sussurrò:
"Vincere è bello, ma non posso fermarmi qui..."

Al debutto in Formula 1, a Spa nel 1991, Michael Schumacher rimase in gara meno di mezzo minuto, perché la frizione della sua Jordan si bruciò appena lasciata la griglia di partenza. Una cosa deludente, si capisce, ma in realtà senza importanza. Nelle qualificazioni del suo primo Gran Premio, su un circuito mai visto prima, Schumacher si era qualificato in settima posizione. Avevamo già visto abbastanza.
Se Eddie Jordan fosse stato un po' più attento, anche a Monza Schumacher avrebbe guidato una delle sue macchine, concludendo con la sua squadra il resto della stagione 1991. Invece, nei giorni antecedenti il Gran Premio d'Italia, l'agente di Michael cominciò a trattare con la Benetton. Per tutta la notte di quel giovedì a Monza proseguì un'accanita discussione sul futuro di Schumacher, presente anche Bernie Ecclestone.
"Gli uomini della Benetton hanno avuto fortuna – ricorda con un pizzico d'ironia il patron della F.1 – perché a Monza io sono rimasto sveglio tutta la notte e ho convinto Michael a diventare un loro pilota. Ma ancora prima avevo dovuto convincere Briatore e Walkinshaw a prenderlo: a Tom piaceva Brundle, o non so chi, mentre Flavio non voleva discussioni perché c'era un contratto con Roberto Moreno. Schumacher era agli inizi e non intendeva litigare, pure il suo agente non capiva che cosa stesse succedendo. Alla fine suggerii a Michael di stare zitto e andarsene a letto... Gli dissi: 'Domani, quando ti sveglierai, sarai un pilota della Benetton'. Così è stato..."
La mattina dopo Schumacher e Moreno si scambiarono le tute e le macchine. E Michael dette una nuova prova delle sue doti naturali, qualificandosi in una posizione migliore rispetto al primo pilota del team Benetton, Nelson Piquet, tre volte campione del mondo. Lo stesso avvenne in corsa: Schumacher quinto, Piquet sesto.
Cominciò così la bellissima storia di Schumacher con la Benetton. A Estoril si classificò nuovamente nei primi sei e altrettanto fece a Jerez. Alcuni, tuttavia, si preoccupavano che quel tedesco magro, determinatissimo, guidasse "da pazzi".
A Suzuka, nelle qualifiche finali Michael ebbe un tremendo incidente. Il professor Sid Watkins, per anni medico ufficiale della Formula 1, ricorda bene quel giorno: "Dopo il botto, Schumacher accusava soltanto un po' di mal di schiena, però io ero in ansia per lui. Gli dissi: 'Michael, mettiti a sedere e ascoltami. Tu sei un bel ragazzo... ma se vai avanti così, rischi di diventare un bel cadavere...'. Gli spiegai che doveva calmarsi, che aveva tutto il tempo davanti a sé. Lui mi ascoltò in silenzio e mi strinse la mano. Poi salì sulla macchina di riserva della Benetton e guidò ancora più veloce di prima! Una cosa simile aveva un significato. Voleva dire che lui era un futuro campione del mondo".
Infatti, lo era. L'anno dopo, nel 1992, la Williams-Renault ebbe la meglio su tutti, ma Schumacher divenne sempre più un pilota di primo piano e in condizioni meteorologiche incerte non mancò di vincere il suo primo Gran Premio, a Spa, un anno esatto dopo il suo esordio nella Formula 1. Fu molto sintetico il commento di Michael dopo la gara: "Ringrazio la Benetton per avermi dato questa grande possibilità. Vincere un Gran Premio è una cosa splendida, però non intendo fermarmi a un solo successo".
Nella classifica del campionato mondiale risultò terzo, dopo i piloti della Williams Nigel Mansell e Riccardo Patrese, ma prima di Ayrton Senna, cosa di per sé notevole.
Nel 1993 ci fu un'altra vittoria, stavolta in Portogallo, ma ancora una volta il titolo di campione del mondo toccò a un pilota della Williams: Alain Prost. Il quale a fine anno si ritirò e il suo posto in squadra venne preso da Senna.
Era evidente che Schumacher era considerato non solo il rivale più importante di Ayrton, ma anche il suo erede naturale. La Benetton B194 cominciò presto i collaudi e fin da principio Michael rimase incantato dal motore Ford Zetec-R V8, nuovo e considerevolmente più potente di quello avuto sino a quel momento.
Quando si arrivò alla gara di apertura della stagione, a Interlagos, in Brasile, la Benetton-Ford B194 aveva subito un ciclo di

collaudi veramente probante e completo, al contrario della rivale Williams-Renault FW16. L'unica minaccia per Schumacher poteva essere Senna, ma neppure un Ayrton al culmine dell'ispirazione poteva rappresentare, in quelle condizioni, un problema per la Benetton. Michael trionfò a Interlagos. Anche nel successivo Gran Premio di Aida, in Giappone, vinse come voleva. E poi s'impose a Imola, in quel tragico 1° maggio che segnò una delle pagine più tristi della Formula 1, con l'incidente mortale di Senna avvenuto mentre il campione brasiliano rincorreva la Benetton alla guida della corsa. Fu come voltar pagina ed entrare in una nuova era. Scomparso Ayrton, Schumacher era diventato in pratica imbattibile. Dopo il Gran Premio di Francia aveva totalizzato 66 punti, mentre Damon Hill, con la Williams, si ritrovava al secondo posto con 29. Il campionato era già praticamente finito. Ma a rimescolare le carte ci pensò l'esclusione di Michael dal Gran Premio di Gran Bretagna (che lui aveva concluso al secondo posto),

per aver ignorato una bandiera nera. Una infrazione che la Fia punì con la squalifica aggiuntiva per altre due gare. Mancando Schumacher, Hill riuscì a colmare lo svantaggio nei punti e quando poi Michael venne privato del successo nel Gran Premio del Belgio, per una infrazione tecnica di poco conto, la scena era pronta per un testa a testa nelle ultime gare del campionato del mondo.
Nella corsa conclusiva di Adelaide, in Australia, Schumacher ebbe un discusso scontro con Hill che eliminò di gara entrambi, ma non venne punito: e vinse così il suo primo titolo mondiale con un solo punto di vantaggio sul rivale britannico. "Non credo di aver rubato nulla – disse Michael appena sceso dal podio –, il mio titolo è meritato per quello che ho fatto dall'inizio sino a qui. Certo, l'ho conquistato in un modo strano, la battaglia con Hill è stata dura. Quando sono tornato ai box e ho visto gli uomini della Benetton che urlavano ed erano felici, ho chiesto: 'Ma sono davvero campione del mondo?'. La risposta era evidente..."
Andando oltre le polemiche che c'erano state durante tutta la stagione, Frank Williams, con un'alzata di spalle commentò: "Comunque, è chiaro che adesso Michael è il migliore: e nel 1995 avrà un motore Renault V10 proprio come il nostro. Credo che nessuno riuscirà più nemmeno a vederlo...".
In realtà su questo Williams si sbagliava. Sebbene Schumacher avesse ormai lo stesso motore dei suoi piloti, la Benetton-Renault B195 non risultò veloce quanto la Williams-Renault FW17. Alla fine Schumacher riuscì a vincere il secondo campionato del mondo senza troppa fatica, ma a far pendere la bilancia dalla sua parte furono spesso le migliori strategie di squadra che la Benetton mise in atto, insieme con una migliore organizzazione ai box. Come disse lo stesso Schumacher: "Non saprei ricordare un solo errore commesso dai ragazzi quest'anno. E neanche da Ross Brawn in materia di tattiche...".
Di regola, durante le soste ai box, Michael guadagnava tempo rispetto a Hill e David Coulthard, ma anche lui faceva benissimo

tutta la sua parte di lavoro. "Non è soltanto il migliore – osservava Ecclestone – è anche il più fortunato. È una combinazione imbattibile."

Alla fine del 1994 Tom Walkinshaw, che allora era con la Benetton, disse: "Michael ha una cosa bellissima: si fida di te. Abbiamo vinto parecchie corse che non avremmo dovuto vincere, solo perché lui ha fatto tutto quel che gli si diceva di fare. Ha una fantastica capacità di analizzare ogni cosa, è molto più intelligente degli altri. È proprio come Senna, nel senso che sa sempre quel che succede, è pronto a sfruttare la minima opportunità, sa che tutta la squadra è con lui. Non è un caso se Senna, Prost e Schumacher hanno ottenuto tante vittorie. Credo che la differenza fra un grande pilota e un pilota semplicemente bravo stia nel fatto che i veri grandi sono sempre al cento per cento concentrati su ogni singola cosa".

Un anno dopo, mentre Michael si preparava a passare alla Ferrari (dove poi lo avrebbero seguito sia Brawn sia Rory Byrne), Flavio Briatore sapeva che cosa stava per perdere: "Michael ha un talento fantastico, si capisce, ma lo sviluppa continuamente ed è questa la differenza rispetto agli altri. È il primo pilota che pensa davvero a tenersi in forma fisica, per esempio. Passa due o tre ore al giorno in palestra a far ginnastica: fate un paragone con tipi come Piquet o Nannini! Ha delle capacità incredibili, e le utilizza al massimo. Come Senna e Prost, non fa altro che lavorare sodo più degli altri piloti. Trasformerà la Ferrari, ve lo posso assicurare. Così come è stato decisivo per la Benetton".

Michael Schumacher fra trionfi (come quello nel Gran Premio d'Europa 1995), insabbiamenti e rivali. Nella foto in alto lo vediamo con Damon Hill.

Michael Schumacher: celebration (as in the European Grand Prix of 1995), digging a hole in the sand and rivals. In the photo above, we see him with Damon Hill.

GOODYEAR

Mobil

TECHNOGYM
TECHNOGYM
BELL

Michael Schumacher's Formula 1 debut, at Spa in 1991, lasted less than half a minute, his Jordan burning its clutch away from the grid. It was disappointing, of course, but it really didn't matter. For his first Grand Prix, at a circuit he had never seen before, Schumacher had qualified seventh. Already we had seen enough.
If Eddie Jordan had been a little more alert, Schumacher would also have been in one of his cars at Monza, and for the rest of the 1991 season, at least. As it was, though, the week before the Italian Grand Prix, Michael's management team began negotiations with Benetton. Through the Thursday night at Monza, there was heated debate about Schumacher's future, and Bernie Ecclestone – of course – was involved.
"The Benetton guys were lucky," recalls the F1 boss with a touch of irony, "that I stayed up all night in Monza, and persuaded Michael to drive for them. First, I had to persuade Briatore and Walkinshaw to take him: Tom wanted Brundle, or someone, and Flavio didn't want an argument, because they had a contract with Roberto Moreno. Schumacher was at the beginning, and didn't want a fight, and his manager didn't know what was happening. In the end I told Michael to shut up and go to bed… I said: 'When you wake up in the morning, you'll be a Benetton driver'. And that's what happened..."
Thus, the next morning, Schumacher and Moreno had swapped overalls – and cars. And Michael provided further proof of his natural ability, out-qualifying the Benetton team leader – and three-time World Champion – Nelson Piquet. It was the same story in the race, too: Schumacher fifth, Piquet sixth.
So began the wonderful story of Schumacher and Benetton. At Estoril he finished in the points, and at Jerez, too, but some were concerned that perhaps that skinny, very determinated German was driving 'over his head'. At Suzuka he had a huge accident in final qualifying. Professor Sid Watkins – the official Formula 1 doctor for years – remembers the day well: "After the crash he only had a sore back, but I was worried about him.

Michael Schumacher

After the first success in the Belgian Grand Prix, he whispered: "Winning is fine, but I can't stop here…"

I said: 'Sit down, Michael, and listen to me. You're a good-looking lad… but if you carry on like this, you're going to be a good-looking corpse…'. I told he needed to calm himself down, that he had all the time in the world. He listened quietly, and shook my hand. Then he got in the spare Benetton and went faster than before! That told you something. It told you this was a future World Champion…".

So he obviously was. The following year, 1992, Williams-Renault dominated, but Schumacher increasingly became a front runner, and, in mixed weather conditions, duly won his first Grand Prix – at Spa, exactly a year after his F1 debut. Michael's comment at the end of the race was short and succinct: "I wish to thank Benetton for having given me this great opportunity. Winning a Grand Prix is a splendid thing, but I do not intend being satisfied with a single victory".

He finished third in the World Championship, behind Williams drivers Nigel Mansell and Riccardo Patrese, but ahead, remarkably, of Ayrton Senna.

In 1993 there was another victory, this time in Portugal, but again it was a Williams driver – Alain Prost – who won the championship. Prost retired at the end of the year, and Senna replaced him at Williams.

Schumacher was clearly seen not only as Ayrton's major rival, but also as his natural successor at the top of the sport. Benetton's B194 began testing early, and Ford's new, and significantly more powerful, Zetec-R V8 engine delighted Michael from the first.

By the time of the opening race, at Interlagos, in Brasil, the Benetton-Ford B194 was thoroughly sorted, where the rival Williams-Renault FW16 was not. Schumacher was threatened only by Senna, but even Ayrton, at his most inspired, could not trouble the Benetton team. Michael triumphed at Interlagos. At the following Japanese Grand Prix at Aida, too, Michael won as he liked. And then again at Imola, on that tragic 1st May that was one of the saddest days in Formula 1, with the fatal accident of Senna taking place while the Brazilian champion was chasing the Benetton, the race leader.

It was like turning a new page and entering a new era. Now, with Ayrton gone, Schumacher became virtually unbeatable. Following the French Grand Prix, he had 66 points, with Williams's Damon Hill second, with 29. Already the championship was essentially over, but the cards were reshuffled when Michael was disqualified from the British Grand Prix (where he arrived second), for ignoring a black flag – and for that banned by the FIA from two further races. In Schumacher's absence, Hill closed the points gap, and when Michael was then disqualified from the Belgian Grand Prix (which he won), for a minor technical infraction, everything was set for a close World Championship finale.

In the final race in Adelaide, Australia, Schumacher controversially hit Hill, eliminating both of them, but he was not punished – and won his first title, by a single point. "I don't think I have stolen anything", said Michael, as soon as he stepped off the podium. "My title is deserved for what I have done since the start of the season. Of course, I won it in a strange manner, and the battle with Hill was a difficult one. When I got back to the pits and I saw the Benetton men yelling and cheering, I asked: 'Am I really world champion?' The answer was obvious…"

Going beyond the controversies, of which there had been plenty throughout the season, Frank Williams commented, shrugging: "Whatever else, it's clear that Michael is now the best – and in 1995 he's going to have a Renault V10, just like us. I don't think anyone will see him…".

Actually, Williams got that wrong. Although Schumacher now had the same engine as Frank's drivers, the Benetton-Renault B195 was not as quick a car as the Williams-Renault FW17.

In the end he won his second World Championship comfortably enough, but often the Benetton team's superior strategies – and pit stops – proved crucial. "I cannot remember," Schumacher said, "a single mistake by the boys this year. Or by Ross Brawn on strategy…"

Routinely, Michael made up time on Hill and David Coulthard in the pits, but his own part of the job he handled perfectly, too. "Not only is he the best," Ecclestone pointed out, "but he's also the luckiest. That's an unbeatable combination."

At the end of 1994, Tom Walkinshaw, then at Benetton, said this: "The great thing about Michael is that he trusts you. We won several races we should never have won, just through him doing what he was told. He's fantastic about analysing everything – he's much more intelligent than the rest of them. He's exactly the same as Senna in that he knows everything that's going on, he's ready to exploit every opportunity, and he knows that the whole team is with him. It's not by chance that Senna, Prost and Schumacher have won so much. I think that's the difference between the great ones and just the good ones: the really great ones are 100% focused on every single area".

A year later, as Michael prepared to move to Ferrari (followed eventually by both Brawn and Rory Byrne), Flavio Briatore knew what he was about to lose: "Michael has fantastic talent, of course, but he develops that talent the whole time, and that's what makes him different. He's the first driver who really thinks about fitness, for example. He works two or three hours in the gym every day – compare that with guys like Piquet or Nannini! Sure, he has incredible ability, but he makes the most of it. Like Senna and Prost, he simply works harder than the other drivers. He will transform Ferrari, I promise you that. Just as he proved decisive for Benetton".

Berger, Alesi e Benetton. Il Bianco, l'Augusto e il Direttore. Tre figure storiche tipiche del circo. Il Bianco è il clown suonatore di tromba, quello che cerca di ragionare e di far ragionare l'altro, il suo compagno, il clown Augusto: naso rosso, scarpe enormi, scherzi, risate. I due fanno lo show, divertono, esagerano. E chiamano in scena, di fatto, il Direttore. È lui che deve chiudere lo spettacolo, metterli in riga, mandarli a dormire e fare sipario, fingendo una severità che, in realtà, non gli appartiene. Sono personaggi capaci di offrire un'immagine tenera e divertente, malinconica e definita. Ricordano, in qualche modo, tre persone, riunite per due anni sotto altri tendoni, un altro circo. Formula 1, team Benetton 1996, 1997. Gerhard Berger, Jean Alesi, Flavio Briatore.

L'epoca è densa nella memoria, lo era per Berger e Alesi che facevano coppia da un pezzo: tre anni insieme alla Ferrari (1993-95) prima di arrivare, sempre insieme, alla Benetton con qualche amarezza di troppo, declinata secondo le diversità del carattere, appunto. Perché quella Ferrari, la loro, era appesantita dalla frustrazione, bloccata nell'evoluzione, incapace di darsi e dare soddisfazioni attese da troppo tempo.

Ultimo titolo mondiale: 1979, Jody Scheckter. La data era stata un ritornello, un capo d'accusa e un debito pesante. Jean, che aveva addosso il suo fuoco, la sua candida elettricità, alla Ferrari era stato cinque anni addirittura, cavando un giorno solo di gioia vera (unico Gran Premio vinto: Canada 1995), masticando rabbie e illusioni e poi una insofferenza profonda nei confronti di Jean Todt, detonata pubblicamente, secondo il metodo sincero e devastante tipico di Alesi. Per Berger la questione appariva un po' diversa. Quel triennio in rosso rappresentava un ritorno – con il Cavallino aveva già corso dall'87 all'89 – ma non un cambio di segno. Anzi: una sola vittoria (Germania '94), contro le quattro ottenute durante il suo primo rapporto con le rosse (Giappone e Australia '87; Italia '88; Portogallo '89). Aveva lavorato molto e bene dentro la squadra; aveva evitato di polemizzare dentro una comitiva spesso confusa e angosciata. In aggiunta, la coppia risultava a tutti una bella coppia. Capace di parlare e tenere la scena dentro la bufera cronica che accompagnava le disavventure di quella Ferrari.

Ma il loro tempo era finito. Fu Berger soprattutto a patire la fine del rapporto, ad accogliere con una certa insofferenza l'arrivo di Schumacher (sfogata in una pole rabbiosa e impressionante a Spa, '95), mentre Alesi ostentava una delusione più complessa: la Ferrari era stato il suo sogno, la sua vita e si trattava di chiudere il capitolo con un bilancio molto al di sotto delle attese.

Il fatto di restare uniti e di passare, in coppia, alla squadra che aveva lanciato e premiato proprio Schumacher offriva a loro e a noi una quantità di spunti interessanti. Con Briatore al timone, pronto pure lui a dare segni e disturbi, capace pure lui di comunicare secondo stile proprio ed esplicito. Due anni, come detto.

Gli ultimi della carriera di Berger, per molti versi memorabili. Si prese qualche lusso, da quel pazzo che era, con alcune staccate su Schumi da urlo, con un weekend da addio commovente a Hockenheim '97, poco dopo la scomparsa di suo padre. Anche Jean tirò fuori il proprio smalto: una pole a Monza '97, otto secondi posti, furore e sudore. Insomma Jean, sempre lui.

In aggiunta, c'era sempre qualcosa da raccogliere nei loro pressi. Ironia e autoironia; una sorta di goliardia da pista che Briatore assecondava giocando pure lui, bastone e carota, con somma soddisfazione di chi doveva scrivere e raccontare questa famiglia atipica e brillante.

Erano gli anni della Williams, del boom Jacques Villeneuve, anni caldi e intensi. Dentro i quali andava verso il tramonto una coppia che avremmo rimpianto presto. Perché Berger e Alesi costituivano una razza a parte, una specie in via di estinzione. Piloti legati a un tempo passato, agli anni del turbo, alla luce stellare di Ayrton Senna, alla voglia di esporsi senza filtri. Piloti antichi immersi in una generazione diversa, assai più fredda e impenetrabile. Per questo abbiamo sperato che Gerhard ci ripensasse, che tornasse a fare coppia con Jean, il quale

Gerhard Berger e Jean Alesi

La terribile coppia di ex ferraristi
Tra scherzi, risate e prodezze in pista

continuava con le sue esuberanze, le sue rabbie, la sua intatta gioventù. Con loro, noia mai: erano gesti di stizza plateali e confidenze intime, liti pubbliche e scherzi atroci. Era bellissimo, romantico, autentico.
Una sera, quando ormai era chiaro che non avremmo avuto più corse con Berger-Alesi sulla griglia, cercammo di convincere i due ad affrontare un commiato clamoroso. Insieme alla 24 Ore di Le Mans, con tutti noi a fare gli assistenti ai box. Berger disse: "Figuriamoci, quello parte e mi consegna la macchina dopo 23 ore e mezza. Con il cambio rotto ovviamente". Alesi disse: "Figuriamoci, quello si fa la partenza e l'arrivo e mi lascia guidare come un idiota tutta notte mentre broccola qualche ragazza". Il fatto, però, è che sarebbe andata davvero così e nessuno di noi, forse nemmeno loro, ha perso del tutto la speranza che qualcosa del genere accada veramente e ancora, per una volta, una sola, prima o poi. Intanto, grazie. Con orgoglio. Per fortuna non contano soltanto i nomi sull'albo d'oro.

Gerhard Berger e Jean Alesi salutano la folla di Monza nel 1996.
A sinistra, Messico 1986: Berger festeggia la prima vittoria della Benetton.

Gerhard Berger and Jean Alesi greet the crowd at Monza in 1996.
Left, Mexico 1986: Berger celebrates the first victory of Benetton.

Gerhard Berger.

Jean Alesi.

Gerhard Berger and Jean Alesi

The terrible pair of ex-Ferrari drivers
Jokes, laughs and great feats on the circuit

Berger, Alesi and Benetton. The White, the August and the Director. Three historic figures typical of the circus. The White is the clown who plays the trumpet, the one who tries to reason and make his companion reason; his companion is the August clown, with red nose, huge shoes, jokes and farce. The two work the show, entertain, exaggerate. And call into play the Director. It is he who has to close the show, call them to order, send them to bed and bring down the curtain, putting on a severe face that is all pretence. These are characters able to offer a tender, entertaining image; it is melancholic and well-defined. In some way, they recall three figures who for two years would meet in different tents and in another circus. Formula 1, team Benetton 1996, 1997. Gerhard Berger, Jean Alesi, Flavio Briatore.

The period is intense in one's memory, and was also for Berger and Alesi who had formed a pair for some time: three years together with Ferrari (1993-95) before arriving, still together, at Benetton. Both a little embittered, each according to his character. Because the Ferrari they lived with was slowed down by frustration, blocked in its development, unable to give itself and others the satisfaction that had been too long awaited. The last world title had been in 1979 with Jody Scheckter. The date had remained as an admonition, an accusation and a heavy load. Jean, who was fired up and charged with a sharp energy, had been with Ferrari five years and had enjoyed only a single day of real joy (the only Grand Prix he won: Canada 1995), swallowing his anger, illusions and, later, a deep intolerance to Jean Todt, which exploded publicly in the typically devastating but honest manner of Alesi. For Berger, the matter was seen in a different light. Those three years in Ferrari marked a return – he had been with the team between 1987 and 1989 – but without a change in results. Indeed: one sole win (Germany 1994) as compared to the four in his first time with Ferrari (Japan and Australia 1987, Italy 1988, Portugal 1989). He had put a lot of good work into the team; he had avoided raising controversy within a setting that was frequently confused and demoralised. Moreover, the pair still worked well together. Able to talk and hold the stage despite the chronic tempests that swept through the Ferrari stable.

But their time was over. It was Berger above all who suffered the end of the contract, who received the arrival of Schumacher with a degree of reluctance (which found its expression in an impressive, explosive pole position at Spa in 1995), while Alesi displayed a more complex disappointment: Ferrari had been his dream, his life, and he now had to end a chapter in his life with a closing balance that was below his expectations.

The fact of staying together and passing as a pair to the team that had launched and rewarded Schumacher gave them and us a fair number of interesting elements. With Briatore at the helm, who was also ready to reveal a series of signs and problems, and communicate in a manner that was wholly his own and quite forthright. Two years, as we have said. The last of Berger's F1 career, and highly memorable in many ways. He allowed himself a few luxuries as the madman he was, with some racing against a full-out Schumi, and an emotional goodbye at Hockenheim in 1997, shortly after his father's death. Jean too gave of his best: a pole position at Monza in 1997, eight second places, fury and sweat. In short, the same Jean as ever.

In addition, there was always something in the air around them. Irony and self-irony; a sort of racetrack japes with which Briatore joined in – stick and carrot – with all the satisfaction of someone who then had to write about this atypical, brilliant family.

Those were the years of Williams, of the Jacques Villeneuve boom: intense, busy years. During which a pair we would soon miss headed for the sunset. Because Berger and Alesi constituted a race apart, a species heading for extinction. Drivers linked to a time past, to the years of turbos, the stellar light of Ayrton Senna, of the wish to push themselves no holds barred. Drivers from an ancient, different generation, much colder and more

Jean Alesi con Flavio Briatore.
A sinistra, Jean Alesi con Joan Villadelprat.

Jean Alesi with Flavio Briatore.
Left, Jean Alesi with Joan Villadelprat.

impenetrable. For this reason, we hoped that Gerhard would think again, that he would team up again with Jean, who would continue with his exuberance, his anger, his intact youth. With them, one was never bored. With them, one was assured of theatrical gestures of rage and intimate confidences, public quarrels and terrible jokes. He was wonderful, romantic, genuine. One evening, when it was already clear that we would have no more races with Berger-Alesi on the grid, we sought to convince the two to go for a noisy farewell. Together at the 24 Hours of Le Mans, with all of us as assistants in the pits. Berger said: "Come off it; he'll be off and hand over the car to me after 23 and a half hours. With a broken gearbox, of course". Alesi retorted: "Come off it, he'll do the start and the end and leave me to drive like an idiot through the night while he grapples with some girl". The fact is, however, that things really would have gone like this and none of us, and perhaps not they either, had lost hope that something like this might indeed take place just once more, just the once, sooner or later. For now, thank you. With pride. Luckily, it is not only the names in the gilded register that count.

Alessandro Nannini

Batteva i grandi campioni e gli amici gli dicevano: "Perché non vai più forte? Sembri una pecora!"

In un certo senso, è stato il pilota più rappresentativo della Benetton, con la sua aria molto casual, il suo modo trasgressivo di vedere le cose, di interpretare le corse. Casual ma molto impegnato, questo sì. E con un talento eccezionale che forse ha sviluppato poco. Per pigrizia. Poi, a 38 anni, l'ha piantata con le corse ed è stato un taglio netto. Adesso, se gli parli di nostalgia o addirittura di eventuali, blandi ritorni e roba del genere, la risposta è precisa e perentoria: "Mai più".
Alessandro Nannini da Siena, classe 1959, settantasette partecipazioni e una vittoria in Gran Premio di Formula 1, nel 1997 ha attaccato il volante al chiodo e ha tranquillamente voltato pagina, senza quelle turbe e quei rimpianti che spesso accompagnano l'addio alle armi, quali che esse siano; ha pure troncato con la scuderia che aveva fondato insieme a Nicola Larini, altro toscanaccio delle piste e a lungo compagno nelle alterne vicende del Turismo Alfa Romeo.
Ora il "Nano" (così è sempre stato chiamato da tutti) è un affermato industriale del caffè e dei dolciumi – vecchia tradizione di famiglia –, si è separato dalla moglie Paola ("ma restiamo in buoni rapporti"), si è rifatto una famiglia e ha due figli, una bambina di sei anni e un bambino di tre. "L'unico problema, da quando non guido più, è che prima pesavo 72 chili, ora sto quasi sui 90." Anche quando si lamenta, Nannini non abbandona la leggerezza e l'ironia che sono tipiche del suo carattere scanzonato, apparentemente superficiale e cinico, forse una barriera contro ogni intromissione altrui nel suo ego.
Nell'ambiente se lo ricordano come un bel ragazzo, alto, snello e dalla faccia sfrontata; come pilota, non è stato molto tecnico ma la sua audacia e la sua velocità non erano inferiori a quelle dei migliori conduttori dell'epoca. Di alcuni dei quali faceva fatica a ricordare il nome, perché su certe cose il Nano era distratto, fatto a modo suo. Non parliamo poi dei grandi campioni di epoche non sue. Quando, nel 1988, il primo anno in Benetton, partecipò al gala di Montecarlo, gli venne presentata una signora distinta e sorridente: "Ecco, è la signora Bette Hill". "Piacere", rispose lui impacciato. Poi l'anfitrione aggiunse: "Sa, suo marito ha vinto cinque volte il Gran Premio di Monaco…". E il Nano: "Ah, sì? Ma non è qui con lei, stasera?". Bette non riuscì a trattenere il sorriso, pensando che anche il marito, deceduto 13 anni prima, si sarebbe divertito molto con quel tipo.
Come quasi tutti gli italiani, Sandro aveva cominciato in F.1 con la Minardi nell'86, due stagioni senza nemmeno un punto iridato, "ma in compenso, se così si può dire, con dei motori che si rompevano a ripetizione". Erano i Motori Moderni del compianto ingegner Carlo Chiti, altro toscano, tanta simpatia e poche risorse per affrontare la Formula 1.
A fine '87 ecco la Benetton che si accorge di Nannini perché perde Teo Fabi e vuole rimpiazzarlo con un altro italiano: "Era il treno giusto che passava e io l'ho preso al volo – ricorda Sandro – non senza un po' di fortuna sfacciata, perché il salto di qualità era davvero importante. Voglio dire, sia sul piano tecnico che sul piano umano. Mi ci sono trovato benissimo, legavo perfettamente coi meccanici inglesi, parlavo bene la lingua, andavamo alle feste insieme. Era una scuderia allegra, giovanile, moderna, che faceva tendenza, insomma. E anche un po' strana, per certi versi: nell'89 il mio compagno era Johnny Herbert, che beveva duro già di primo mattino, io invece sono astemio, incredibile per un toscano. Ma sì, era proprio la squadra giusta per me".
Un caffè dopo l'altro, una sigaretta dopo l'altra, Sandro non perdeva tempo nella scalata ai piani alti della Formula 1, anche se i protagonisti dell'epoca rispondevano ai nomi di Senna, Prost, Piquet, Mansell, e dunque per tutti gli altri non era facile superare uno sbarramento del genere. Nannini ci riuscì il 22 ottobre 1989 a Suzuka, in Giappone, nel giorno della clamorosa baruffa tra Senna e Prost che, pur militando entrambi in McLaren, si azzuffavano da nemici spietati per assicurarsi il titolo mondiale. Alain manovrò alla variante

A sinistra, la gioia di Alessandro Nannini sul podio del Gran Premio del Giappone 1989.

Left, Alessandro Nannini's joy on the podium of the Japanese Grand Prix in 1989.

per chiudere Ayrton, le macchine entrarono in collisione, quella del francese rimase sul posto, quella del brasiliano riprese la corsa spinta dai commissari ma tagliò la variante e per questi due motivi Senna, primo al traguardo, fu squalificato. Titolo a Prost, vittoria di gara a Nannini che era buon terzo e ora sostiene che "avrei forse vinto anche senza la squalifica di Ayrton perché ero veramente vicino a loro due". Ma prima di salire sul podio continuava a chiedere a tutti: "Davvero ho vinto io? Siete sicuri che non sia un errore? Accidenti, allora sono diventato bravo!". Pensava, Alessandro, ai ritorni a casa a Siena, agli amici del bar con i quali tirava spesso le due di notte che immancabilmente gli chiedevano: "Ma non riesci proprio ad andare più forte? Sei proprio fermo, sei veloce quanto una pecora. Torna a fare i pasticcini". In Toscana lo sfottò è all'ordine del giorno. E Nannini era il primo a farlo con gli altri. La storia dei pasticcini è dovuta all'azienda della quale si era sempre occupato il padre. Fabbrica dolciaria più una serie di bar in centro a Siena. In uno, il Nano aveva lavorato da ragazzo: "Un anno bellissimo, passavo tutto il tempo a fare la corte alle cameriere…". Poi il sopravvento della passione delle corse, l'avvio con la Formula Abarth. La carriera.
Sta di fatto che nei libri del Mondiale accanto a quella data del Gran Premio del Giappone 1989 e a quel luogo è impresso un nome solo, Alessandro Nannini, e lui è largamente appagato di questo. In Benetton dall'88 al '90, Sandro con la monoposto anglo-veneta ha disputato 45 gare, raccogliendo ben 65 punti iridati grazie al successo di Suzuka e, anche, a due secondi posti, sei terzi, quattro quarti, due quinti e quattro sesti. "Molti meriti sono di Briatore – ammette Alessandro –, Flavio dava l'idea di non capire molto delle cose di Formula 1 e invece era un organizzatore formidabile, davvero il massimo della capacità. Ricordo che non beveva caffè ma quanto a fumo era una bella lotta, tra me e lui." C'era un problema. La Benetton era sponsorizzata Camel e Nannini, puntualmente davanti alle telecamere, apriva il solito pacchetto di Marlboro. "Per poco non l'ammazzavo dalla rabbia – ha raccontato Briatore –, rischiava di mandarmi in crisi con chi ci dava del denaro. Poi facemmo un compromesso: poteva fumare, ma prima doveva mettere le sue Marlboro in un pacchetto di Camel!"
Non poteva invece farci niente, Briatore, per controllare gli eccessi di Nannini. Che nei giorni di corse, almeno agli inizi con la Benetton, mangiava come fosse a casa ("Non volevo perdere le mie buone abitudini: e poi mangiar bene non fa male") e di notte faceva spesso tardi, magari solo per guardare la tv: "Aspettavo che mia moglie si addormentasse e poi, se c'era un film porno, me lo gustavo…".
Un carattere stravagante in una famiglia stravagante. E di artisti. Come la sorella Gianna, nota rockstar: "Credo sia venuta un paio di volte a vedere le mie gare. Lei è tedesca nella testa. Avessi avuto io il suo cervello, sarei diventato campione del mondo di Formula 1…".
Dopo l'incidente con l'elicottero che ha messo fine alla sua carriera in F.1, Nannini è stato fermo per tutto il 1991: "Un periodo di riflessione e di incazzatura. Mi dava fastidio aver smesso per una bischerata. Ma ho scoperto comunque di avere tanta gente che mi voleva bene. Tra i primi a chiamarmi in ospedale ci fu Senna, poi ovviamente Patrese e gli altri italiani, Herbert, persino John Barnard, al quale chiesi di farmi una macchina col cambio automatico, che allora in Fromula 1 non esisteva. Forse l'idea ai tecnici l'ho data io, ora che ci penso…".
Tornato a gareggiare, Nannini ha guidato l'Alfa Romeo per cinque anni nel Turismo e ha chiuso con qualche corsa per la Mercedes. Ora nessuna nostalgia e nessun interesse per le corse, "a meno che tu non abbia un lavoro continuo, un ruolo, un incarico preciso nell'ambiente. Mi capita talvolta di andare a qualche gara, perché mi invitano o altro, ma confesso che dopo mezz'ora mi rompo le scatole e scappo".
Incontrollabile e ribelle oggi come ieri. Per lui il tempo si è fermato.

Ford
BIEFFE
EAGLE

Alessandro Nannini

He would beat the great champions and his friends would say: "Why don't you go faster? You're like a sheep!"

In a certain sense, he has been the most representative of Benetton's drivers, with his casual air, nonconformist manner of seeing things and interpreting the races. He may have been casual but also highly committed. And with an exceptional talent that he has perhaps not developed fully. Through laziness. Then, at the age of 38, he dropped racing and made a sharp break. Now, if you speak to him of nostalgia or even of a potential, commonplace return or something like that, his reply is precise and peremptory: "Never again".

Alessandro Nannini, born in Siena in 1959, took part in 77 Grands Prix and had one victory in Formula 1. In 1997, he closed shop and calmly closed this chapter of his life, without all those problems and regrets that often accompany a farewell, whatever one is leaving behind; he even closed with the team he had founded with Nicola Larini, another Tuscan from the circuit and for a long time a team-mate in the ups and downs of Turismo Alfa Romeo.

Today, 'il Nano' (a play on his name meaning 'the Dwarf', which is how everyone has always called him) is a well-established industrialist in the coffee and confectionery sector – an old family tradition. He has separated from his wife, Paola ("but we still maintain cordial relations"), created a new family and has two children, a girl of six and a boy of three. "The only problem since I have stopped driving is that I used to weigh 72 kilos, and I've now reached almost 90." Even when complaining, Nannini does not abandon the light touch and irony typical of his easygoing character, one apparently superficial and cynical, but perhaps a barrier to protect against others touching his inner self.

In the racing circuit, he is remembered as a handsome, tall, slender fellow with a cheeky face; as a driver, he was not very technical, but his boldness and speed were not less than the best drivers of the time. He had problems recalling the names of some of these, because 'il Nano' was rather scatterbrained about some things, sui generis. Not to mention the names of

some champions from other times. When he was present at the Monte Carlo gala in 1988, during his first year with Benetton, he was introduced to a smiling, elegant lady: "This is Mrs Betty Hill". "Pleasure", he replied awkwardly. Then the host added: "You know, her husband won the Monte Carlo Grand Prix five times…" And 'il Nano' said: "Oh, really? Isn't he with you this evening?" Betty was unable to stop herself smiling, thinking that her husband (who had died 13 years before) would have enjoyed himself with such a character.
As with almost all the Italians, Sandro had his debut in F1 with Minardi in 1986; two seasons without a single point, "but to offset this, if I may say so, we had engines that repeatedly broke down". These were the Motori Moderni of the late-lamented Carlo Chiti, another Tuscan who had plenty of charm and not many resources to tackle Formula 1.
At the end of 1987, Benetton noted Nannini after it lost Teo Fabi and began looking for another Italian. "It was the right train passing at the right time, and I leaped aboard", recalls Sandro, "and not without a bit of cheeky luck, because the jump in level was considerable. Both from the technical and the human point of view. I felt quite at home there, mixing perfectly with the British mechanics; I spoke good English and would go to parties with them. It was a cheerful team, young, modern; a trend-setter. It was also a little strange in some ways: in 1989, my team-mate was Johnny Herbert, who used to drink like a fish from early in the morning, whereas I am abstemious – pretty incredible for a Tuscan. But yes, it was the right team for me."
One coffee after another, one cigarette after another, Sandro lost no time in climbing the ladder in Formula 1, even though the protagonists of the time were called Senna, Prost, Piquet, Mansell. It was not easy for anyone else to get beyond this barrier. Nannini succeeded on 22 October 1989 at Suzuka, Japan, the day of the noisy quarrel between Senna and Prost who, despite being in the same team – McLaren – fought desperately against each other to win the world title. Alain manoeuvred on the bend to shut out Ayrton, the cars collided, the Frenchman's remained on the spot while the Brazilian's started off, pushed by the race assistants, but cut the bend. For these two reasons, Senna was disqualified before arriving at the finish. The world title went to Prost, the race to Nannini who was in a good third position, and today maintains that "I might perhaps have won even without Ayrton's disqualification because I was really close to both of them". But before climbing on the podium, he kept asking everyone: "Have I really won? Are you sure there's no mistake? Wow, so I've become good!". Alessandro was thinking of his friends at the bar upon his return home to Siena, with whom he often kept company until two in the morning and who used always to ask: "But can't you go any faster? You seem stuck down, as fast as a sheep. Go back to making cakes". In Tuscany, taking the mickey is everyday fare. And Nannini was the first to apply this to others. The story of the cakes comes from the fact that his father was in this business. A confectionery factory plus a series of bars in central Siena. 'Il Nano' had worked in one of them as a boy. "This was a great year; I spent all my time chasing the waitresses…" Then his passion for racing took over, with his launch in Formula Abarth. And then his career.
However things might have gone at Suzuka, the fact remains that in the statistics for the 1989 Japan Grand Prix, just one name appears, Alessandro Nannini, and he is highly satisfied with this. With Benetton between 1988 and 1990, Sandro participated in 45 races with the Anglo-Veneto car, gathering 65 points thanks to the win at Suzuka and also two second places, six thirds, four fourths, two fifths and four sixths. "Much of the merit must go to Briatore", admits Alessandro. "Flavio gave the impression of not understanding much about Formula 1, but he was instead an extraordinary organiser, working flat out. I remember that he used not to drink coffee but it was quite a contest between him and me in the smoking stakes." There was a problem. Benetton was sponsored by Camel and Nannini would regularly pull out his packet of Marlboros in front of the cameras. Briatore has stated: "I nearly killed him I was so angry; he risked causing a crisis for me as regards those giving us money. Then we came to a compromise: he could smoke, but first he had to put his Marlboros in a Camel packet!". Briatore could do nothing, however, to control Nannini's excesses. During the race days, at least when he first started out with Benetton, he would eat as though at home ("I didn't want to lose my good habits; besides eating well does no harm") and at night he would often stay up late, even if only watching TV. "I would wait for my wife to fall asleep and then if there was a porno film on, I'd put it on…"
A larger-than-life figure in a larger-than-life family. And one of artists, including his sister, Gianna, a noted rock-star. "I think she came a couple of times to see my races. In her head, she's a German. If I had her brain, I'd have become world champion in Formula 1…"
After the helicopter accident which brought his career in F1 to an end, Nannini did nothing for the whole of 1991. "It was a time for reflecting and being pissed off. I was annoyed that I had stopped because of a stupid incident. But I also discovered that there were a lot of people who were fond of me. One of the first to call me in hospital was Senna, then Patrese, of course, and the other Italians, Herbert and even John Barnard, whom I asked to build me a car with automatic gear-change, which didn't exist yet in F1. Perhaps it was me who gave the technicians the idea, now that I think of it…"
Returning to racing, Nannini drove Alfa Romeo for five years in Turismo and closed with a few races with Mercedes. Now he has no nostalgia and no interest in the races, "unless you have a continuous job, a role, a precise position in the field. I sometimes go to the odd race, because I'm invited or whatever, but I have to confess that after half an hour, I'm bored and leave". Uncontrollable and rebellious as ever. For him, time has stopped still.

Johnny Herbert

Stentava a camminare ma riusciva a guidare E al debutto ottenne un incredibile quarto posto

Johnny Herbert e la Benetton, un rapporto decisamente dolce-amaro. Fatto di vette e precipizi. E di tante cose che tuttora inducono a discutere, a ripensare. Nell'agosto del 1988 la Benetton aveva offerto a Johnny la grande occasione di entrare in Formula 1 e nel momento del bisogno era rimasta dalla sua parte. Fu infatti in quel mese che Herbert, astro nascente della Formula 3000, firmò il contratto per diventare pilota ufficiale della Benetton nel 1989. Ma il destino era in agguato: il giorno dopo, durante la gara di F.3000 a Brands Hatch, ci fu un terribile incidente multiplo in cui Herbert riportò gravissime fratture alle gambe, dal ginocchio in giù: Johnny e il pilota svizzero Gregor Foitek lottavano per il primo posto, quando entrambi si schiantarono contro le protezioni. Un botto tremendo, devastante. Nel primo impatto l'avantreno della macchina di Johnny si staccò mentre il resto dell'auto rimbalzò attraverso la pista, cozzando poi contro un'altra barriera di protezione. Un incidente spaventoso.

Eppure, pochi mesi dopo Herbert era di nuovo al volante, col pieno sostegno e conforto di Peter Collins, team manager della Benetton. A Rio de Janeiro, quando esordì in F.1 nel marzo del 1989, Johnny non era ancora in grado di camminare, ma si piazzò al quarto posto, ad appena 11 secondi dal vincitore, Nigel Mansell. Era nata una nuova stella.

Tuttavia, ben presto i rapporti con la Benetton cominciarono a guastarsi. In quel periodo Flavio Briatore cominciava a mostrare i muscoli. Herbert non riuscì a qualificarsi in Canada e Briatore decise di fare a meno di lui. Spiegando: "Non è a posto, gli manca la muscolatura a una gamba…".

Usiamo il tasto "avanti veloce" per arrivare a sei anni dopo: ed ecco Johnny Herbert di nuovo appetibile, nei favori della Benetton, dopo aver dimostrato una ritrovata competitività e un pieno recupero fisico al volante della Lotus. Tanto da riconquistarsi un'ampia credibilità ed essere messo sotto contratto per guidare la Benetton-Renault nel 1995, accanto a Michael Schumacher, fresco campione del mondo. Ben sapendo che non sarebbe stata una passeggiata. "Pensare di batterlo è dura – riconosceva Johnny –. Però in un certo modo è una buona cosa, perché mi permette di avere un obiettivo importante a cui mirare. Qualche volta mi è successo di avvicinarmi al suo ritmo e non c'è ragione per cui non debba riuscire ad avvicinarmi ancora di più, quando avrò più esperienza."

Ma non andò così. Competere con Michael Schumacher si dimostrò molto più difficile di quanto perfino lui avesse immaginato. Quasi sempre Johnny conservò un atteggiamento educato, usando sempre le espressioni giuste. Ma alla fine dell'anno si ritrovò di nuovo espulso dalla squadra. Aveva vinto il Gran Premio di Gran Bretagna però il team, nel frattempo, aveva firmato un contratto con Gerhard Berger.

A Monza Herbert vinse di nuovo e siccome non aveva niente da perdere, espresse il suo pensiero sul clima agrodolce dei suoi rapporti con la Benetton: la squadra gli aveva dato le sue prime vittorie in Formula 1 ma allo stesso tempo il fatto che fosse stato scaricato poteva indurre a ritenere che Johnny non avesse abbastanza talento per battere Schumacher. E questo gli bruciava. Gli bruciava parecchio. "La gente vede Michael che vince su una Benetton e vede me un paio di secondi dopo, indietro di un giro, per cui così pensa che non riuscirò mai a entrare nel gruppo dei piloti di vertice – commentò Johnny in quell'occasione –. Non posso dire altro se non che mi hanno fatto apparire come uno di serie B. Sono stato fortunato e ho vinto due gare con una macchina che non mi soddisfa, però mi sono trovato nel posto giusto al momento giusto e ho approfittato della situazione. Potrei vincere molto più spesso se potessi regolare la macchina secondo il mio stile di guida. Sono sicuro che potrei battere perfino Michael, perché la sua auto è come lui la vuole… e come non va bene per me. Come pilota, Schumacher è un egoista nello stesso modo in cui lo sono stati Alain Prost e Ayrton Senna, che volevano ogni cosa a loro disposizione. Quando sono entrato alla Benetton un po' mi aspettavo che le cose andassero in questo modo, ma non

pensavo che la differenza sarebbe stata tanto grande. Il pubblico guarda solo ai risultati e l'impressione è negativa, ma il fatto è che a me non sono state date le stesse opportunità di Michael." Parole dure, ma è vero che nello stesso tempo Herbert conserva alcuni ricordi cari di quella stagione. Con il team Benetton ottenne infatti la sua prima affermazione in F.1, nel suo Paese, con il pubblico britannico che impazziva per lui. Sono momenti che non ha dimenticato, soprattutto dopo la dura battaglia combattuta per emergere: "Negli ultimi due o tre giri della gara avevo una sensazione bellissima – raccontò Johnny –. Vedevo le bandiere che si agitavano tutto intorno alla pista e sapevo che applaudivano me. Mi faceva sentire bene. Quando vincevo avevo l'abitudine di salutare alzando un braccio. Mi ero sempre detto che se mai fossi riuscito a vincere un Gran Premio avrei salutato alzandoli tutt'e due, ed è proprio quello che ho fatto!".

A sinistra, Johnny Herbert, primo nel Gran Premio d'Italia 1995.

Left, Johnny Herbert, first in the Italian Grand Prix of 1995.

Johnny Herbert's relationship with Benetton was a bitter-sweet one, made of ups and downs. And a host of aspects that still provoke discussion and reflection. In August 1988, Benetton had offered Johnny his great opportunity for joining Formula 1, and at his time of need remained by his side. It was in that month that Herbert, a rising star in Formula 3000, signed the contract to become an official driver for Benetton in 1989. But destiny had laid a trap: the following day, his lower legs were smashed in an enormous multiple accident during an F3000 race at Brands Hatch. Herbert had been fighting for the lead with Swiss driver Gregor Foitek when the pair speared into the barriers. There was a tremendous, devastating bang. The front of Johnny's car was ripped off in the first impact and then his car was hurled across the track and head-on into another barrier. It was a horrible crash. Within a few short months, though, Johnny was driving again and Benetton team boss Peter Collins stood by him. Johnny could not walk when he made his F.1 debut in Rio de Janeiro in March 1989 but he finished fourth, just 11secs behind the race winner Nigel Mansell. A new star had been born.

But the Benetton deal quickly went sour. At the time Briatore was beginning to flex his muscles. Herbert failed to qualify in Canada and Briatore decided to drop him. He explained: "He's not okay; he's got no muscle in one leg…".

Fast-forward six years and Herbert was suddenly back in favour with Benetton, after having demonstrated a renewed competitiveness and full physical recovery behind the wheel of the Lotus. His fresh credibility led to his being signed to drive a Benetton-Renault alongside the new World Champion Michael Schumacher in 1995. He knew it would not be easy. "It's a tall order to beat him," Johnny admitted. "But, in a way, it is good because it gives me something high to aim at. I have got close to his pace on a few occasions and there is no reason I cannot get closer as I get more experience."

But that did not happen. Competing with Michael Schumacher was much harder than even he had imagined. For most of the time Johnny was polite and said all the right things. But by the end of the year he had been pushed out of the team again. He had won the British Grand Prix but the team has signed a deal with Gerhard Berger. At Monza Herbert won again and, having nothing to lose, he reflected on a bitter-sweet relationship with the Benetton team. It had brought him his first Formula 1 wins and yet it had also convinced some that Johnny did not have the talent to beat Schumacher and that hurt. That hurt a lot. "People see Michael winning in a Benetton and me lapping one or two seconds a lap slower and so they assume that I am never going to make it as a top driver," Johnny said at the time. "All I can say is that I have been made to look second rate. I have been lucky and won two races with a car that is not to my liking, but I've been in the right place at the right time to take advantage of the situation. I could win a lot more if I could develop the car to suit my driving style. I am confident that I can even beat Michael because he's got the car as he wants it to be – and that doesn't work for me. He is a selfish driver, in the same way that Alain Prost and Ayrton Senna were selfish drivers. They made sure they got everything around them. I expected it would be a bit like that when I came to Benetton, but I didn't expect it would matter that much. People just look at the results and it looks bad, but the thing is I was never given the same opportunities as Michael."

Harsh words perhaps but at the same time, Herbert does have fond memories of that season. The Benetton team gave him his first Formula 1 victory and it happened at his home race, in front of the partisan British crowd. Those moments stayed with him, particularly after the struggle he had had to make his name in Formula 1. "It was such a good feeling the last couple of laps of the race," he said. "I saw all the flags waving around the track and I knew they were cheering for me. That was a nice feeling. Whenever I won a race I always used to stick one arm out of the cockpit. I always said to myself that if I ever won a Grand Prix I would wave both arms and that is what I did!"

Johnny Herbert

He had problems walking but was able to drive and at his debut achieved an incredible fourth place

LONGINES
olivetti
7UP
SHOEI
CAMEL
Mobil
HERBERT

Nelson Piquet

Dopo aver vinto in Australia cominciò a pensare che forse era arrivato il momento di smettere

Nelson Piquet Souto Maior, oggi ultracinquantenne (è nato a Rio de Janeiro il 17 agosto 1952), è un uomo felice. Nel suo passato tre titoli mondiali in Formula 1, nel presente una famiglia numerosa, diverse mogli, sette figli, l'anziana mamma Clotilde e una fiorente attività da imprenditore. Ha ancora le corse nel sangue e ha trasferito il suo DNA nel figlio Nelsinho, che nel 2005 ha affrontato la GP.2, la categoria propedeutica all'approdo nel circo massimo dei motori: la F.1. Gli altri Piquet della compagnia – tutti più o meno vengono raccolti per un lungo periodo dell'anno nella bella casa situata alla periferia di Brasilia – sono il primogenito Geraldo, Kelly, Lazlo, Júlia, Pedro e Marco, il più piccolo, l'ultimo nato dalla sua compagna, Viviane Leão. Le altre mamme, dice Nelson con un sorriso, "preferisco non ricordarle, sono troppe". Fra i molti flirt attribuiti al pilota, autentico sceicco dell'automobilismo, anche quello con la principessa Stephanie di Monaco e tante altre famose. Ma qui si sta a metà tra fantasia e realtà. Ed è soprattutto acqua passata.

Piquet, che al suo esordio si faceva anche chiamare Piket (così era scritto sul suo primo casco), avendo scelto di usare il cognome della madre, non ha dimenticato i due campionati disputati con la Benetton. 32 gare e tre delle 24 vittorie ottenute in carriera. Un periodo che Nelson trascorse diviso fra sentimenti contrastanti. Da una parte il piacere di trovarsi in un team giovane, allegro e in crescita, dall'altra il pensiero di essere inevitabilmente vicino ad abbandonare le corse.

"Ero arrivato alla Benetton pieno di entusiasmo – racconta –, perché avevo avuto due stagioni molto difficili con la Lotus. Il momento peggiore del 1989 fu quando, insieme al mio compagno di squadra Nakajima, non riuscii a qualificarmi a Spa, una delle mie piste preferite. Era il progressivo declino di una delle scuderie più amate e prestigiose della F.1. Colpa anche di quell'ingegnere francese, mi pare si chiamasse... Ducarouge. Capiva poco e la vettura era diventata inguidabile."

Approdato in Benetton nel 1990, Nelson si trovò ad affiancare Alessandro Nannini. "Sandrino – ricorda Piquet – era un pilota veloce, un ragazzo dolce e buono, in pista un leone. Ma non sembrava essere molto interessato alla tecnica, di messa a punto delle vetture masticava poco. Comunque stavamo bene insieme e la nostra monoposto progrediva di gara in gara. Fuori ci divertivamo parecchio, perché non c'era eccessiva pressione nei nostri confronti. Poi lui ebbe quel terribile incidente con l'elicottero. Furono giorni tristi per tutti noi, perché gli volevamo bene e trepidammo per la sua sorte. Fu sfortunato, perché avrebbe potuto avere altre soddisfazioni. Comunque se l'è cavata. Come successe a me qualche tempo dopo, nel 1992, quando allenandomi per la 500 Miglia di Indianapolis finii con la mia Menard Lola-Buick contro un muro e mi frantumai entrambe le caviglie. L'incidente in pratica mise fine alla mia carriera, anche se poi per divertimento sono ancora salito su una Formula Indy, ho gareggiato nella 24 Ore di Le Mans e persino nella Formula 3 brasiliana."

Nel secondo anno con la Benetton, dopo aver vinto le ultime due gare in Giappone e Australia, Nelson vinse ancora in Canada: "Ad Adelaide con la squadra fu una festa. La Formula 1 tagliava un traguardo storico, quello dei 500 Grand Prix. E fummo proprio noi a salire sul gradino più alto del podio. Fantastico, davvero fantastico".

Ma nello stesso tempo, dentro Piquet stava maturando qualcosa: "Ero contento e allo stesso tempo confuso, mi sentivo combattuto, dopo 14 stagioni in F.1 passate al volante, avendo cominciato dai kart all'età di 14 anni. E dire che da ragazzo volevo diventare un tennista... La spinta decisiva a dire basta me la diede un certo Michael Schumacher. Arrivò in squadra al posto di Roberto Moreno a capii che con lui non ce l'avrei più fatta. Si vedeva che era un fenomeno, il più bravo di tutti, la punta di diamante di un cambio generazionale. Ma, onestamente, non avrei mai potuto pensare che la Benetton avrebbe vinto qualche anno dopo due titoli mondiali. Mi sembrava che le altre squadre avessero più potenzialità e tradizione. Noi avevamo il motore Ford 8 cilindri,

i rivali potevano contare su propulsori più potenti. Anche se il ritorno in Benetton di un progettista geniale come Rory Byrne poteva far prevedere che ci sarebbero stati progressi. Così, quando decisi di lasciare la F.1, ero in pace con il mio cuore. Dispiaciuto per avere chiuso un periodo splendido e intenso della mia vita e contento di essere libero di scegliere nuovamente".

Da allora Nelson Piquet è diventato proprietario di un'azienda, la Autotrac, che via satellite controlla i movimenti e la sicurezza dei camion in tutto il Sudamerica. Inoltre, da persona intelligente, il brasiliano ha anche organizzato una società che via Internet distribuisce corsi universitari. "Cerco di passare il tempo nel modo migliore – dice –. Mio figlio Geraldo si diletta nelle corse dei camion. Non è escluso che anch'io lo segua, tanto per ritrovare lo spirito della competizione, come una volta. Ma quando ci sono i Gran Premi sto incollato alla televisione. Mi mancano sempre, come non posso dimenticare la Benetton, che mi consentì di centrare la mia ultima vittoria, il 2 giugno 1991 a Montreal. Quella giornata è rimasta nel mio cuore." Oggi lo spingono le nuove sfide che si crea ogni giorno. Piquet non vuole vivere di ricordi. Ma quei ricordi lo aiutano a vivere. Meglio.

Nelson Piquet

After winning in Australia, he began thinking that it was time to stop

Nelson Piquet Souto Maior, now over 55 (he was born in Rio de Janeiro on 17 August 1952) is a happy man. In his past, he has three Formula 1 world champion titles, and in his present, a numerous family, various wives, seven children, his elderly mother, Clotilde, and a flowering activity as businessman. He still has racing in his blood and has transferred his DNA to his son, Nelsinho, who in 2005 began in GP2, the preparatory category for those wishing to enter the top racing circuit: F1. The other Piquets in the picture – all are more or less collected for a large part of the year in the fine house on the outskirts of Brasilia – are the first-born Geraldo, Kelly, Lazlo, Júlia, Pedro and Marco, the youngest, whose mother is Piquet's partner, Viviane Leão. With a smile, Nelson says of the other mothers that he would "rather not remember them; there are too many". Among the many flirts attributed to the driver, the sheikh of car racing, is Princess Stephanie of Monaco and many other celebrities. But here we are somewhere between fantasy and reality. And more to the point, it's all water under the bridge.
Piquet, who at the outset called himself Piket (this is how his name appeared on his first helmet), used his mother's surname, and has not forgotten the two championships he spent with Benetton. 32 races and three of the 24 victories he has enjoyed in his career. A period which Nelson spent divided between opposing feelings. On the one hand, the pleasure of finding himself in a young, cheerful and growing team, but on the other, the thought that he was inevitably drawing close to having to abandon racing. "I arrived at Benetton full of enthusiasm", he recalls, "because I had had two extremely difficult seasons with Lotus. The worst moment in 1989 was when, together with my team-mate Nakajima, I failed to qualify at Spa, one of my favourite circuits. This was the progressive decline of one of the best-loved and prestigious teams in F1. It was the fault also of that French engineer; I think he was called... Ducarouge. He didn't understand much and the car had become undrivable."
After arriving in Benetton in 1990, Nelson found himself alongside Alessandro Nannini. "Sandrino was a fast driver", states Piquet, "and a charming, good lad, although a lion on the circuit. But he didn't seem very interested in engineering, and knew little of the fine-tuning of the cars. But we got on well together and our cars moved steadily ahead, race by race. We had a lot of fun off the track, because there was no pressure on us. Then he had that terrible accident with the helicopter. Those were sad days for all of us, because we were fond of him and were worried about his fate. He was unlucky, because he could have further success. Still, he recovered. As happened with me when, some time later, in 1992, I was training for the Indianapolis 500 I ended up with my Menard Lola-Buick against a wall and broke both ankles. To all extents and purposes, the accident brought my career to an end, although for fun I still climbed aboard a Formula Indy, raced in the 24 Hours of Le Mans and even in the Brazilian Formula 3."
In the second year with Benetton, after having won the last two races in Japan and Australia, Nelson won again in Canada: "There was quite a party with the team in Adelaide. Formula 1 was going through a historic moment, that of the 500th Grand Prix. And it was us who won that day. It was fantastic, really fantastic."
But at the same time, something was maturing within Piquet: "I was happy and at the same time confused. I felt troubled after 14 seasons in F1 behind the wheel, starting with karts at the age of 14. And you know, when I was a boy, I wanted to be a tennis player... The final urge to say 'stop' came from a certain Michael Schumacher. He arrived in the team to replace Roberto Moreno and I realised I wouldn't be able to keep up any more. You could tell he was a phenomenon, the best, the diamond tip in the generation change. But in all honesty, I would not have thought Benetton could have won two world titles a few years later. It seemed to me that the other teams had more potential and tradition. We had the 8-cylinder Ford

engine while the rivals had more powerful units. Even though the return to Benetton of a genius of a designer like Rory Byrne certainly made one think that there would be progress. So when I decided to leave F1, I was at peace with myself. Sorry for closing a splendid and intense chapter in my life and happy to be free to choose once more".
Since then, Nelson Piquet has become owner of a company, Autotrac, which controls the movements and security of lorries by satellite throughout South America. Moreover, as an intelligent person, the Brazilian has also organised a company that arranges university courses by internet. He says: "I try to spend my time in the best way possible. My son Gerardo enjoys himself racing lorries. I may even join him, just to rediscover the spirit of competition, like before. But when the Grand Prix are on, I'm glued to the television. I still miss them. How can I forget Benetton, which enabled me to get my last win on 2 June 1991 in Montreal. That day has remained in my heart".
Today, he is propelled by the new challenges that appear each day. Piquet does not want to live on memories. But those memories help him to live better.

A sinistra, è festa per i 200 Gran Premi di Nelson Piquet, alla cui destra sono Flavio Briatore e Nigel Mansell. In piedi, con il cappellino, Riccardo Patrese.

Left, celebrating the 200 Grands Prix of Nelson Piquet, with Flavio Briatore and Nigel Mansell to his right. Standing, with the hat, is Riccardo Patrese.

Gli altri "verdi"

La magia di Teo Fabi al Gran Premio di Germania
La collezione di piazzamenti di Fisichella

Il loro nome non compare tra quelli di coloro che hanno vinto un Gran Premio di F.1 con le monoposto colorate Benetton, ma non c'è dubbio che hanno legato le loro gesta e, in alcuni casi, buona parte della loro carriera, al nome e al carisma dell'azienda veneta. La storia di questi piloti si può dividere in due parti. Quella in cui il marchio compariva come sponsor-partner della Toleman e dell'Alfa Romeo-Euroracing. E poi una seconda fase in cui il team era in tutto e per tutto Benetton.
Alla prima parte di questa storia appartiene ad esempio Teo Fabi, il primo pilota in assoluto della Benetton, colui che debuttò con i colori di Ponzano Veneto sulla Toleman a Montecarlo nel 1985, quando il team inglese era appena stato acquistato dalla Benetton e viveva una situazione decisamente piena di fervore, ma ancora tutt'altro che stabile. Nella quale Fabi, con la sua calma e il suo pragmatismo, s'inserì con una confortante naturalezza. Tanto che sei gare dopo arrivò la prima pole position della Benetton, firmata da Fabi al Gran Premio di Germania al Nürburgring. Un avvenimento eccezionale che il pilota milanese, oggi impegnato nel ramo immobiliare, ricorda con enfasi: "Feci un giro perfetto e nonostante avessimo un motore Hart con meno cavalli degli altri, riuscii nell'impresa. Ai box nessuno ci credeva, la squadra era giovane, c'era molta gente nuova. Un entusiasmo tremendo, incontenibile". L'anno dopo, sempre Fabi ottenne altre due gioie particolari: le "pole" nei Gran Premi d'Austria e d'Italia, cui seguì nel 1987 il primo podio a Zeltweg, nel Gran Premio d'Austria, con la Benetton-Ford turbo.
A quella prima fase appartiene anche l'impegno di un altro grande pilota italiano: Riccardo Patrese. Che aveva già corso con l'Alfa Romeo verde Benetton nel 1984 e nel 1985. E che poi disputò l'ultima sua stagione di F.1, il 1993, a fianco di Michael Schumacher nella squadra di Ponzano Veneto. Un'annata piena di ottimi risultati, anche se mancò il successo. Dopo aver vinto sei Gran Premi, con la Brabham e la Williams, Patrese dovette accontentarsi del secondo posto in Ungheria, del terzo nel GP d'Inghilterra, del quarto in Spagna e del quinto a Donington, in Germania e Italia. "Conservo ugualmente un bel ricordo dei momenti in Benetton – dice il pilota padovano, che si è poi dedicato a gare di equitazione –, del clima fresco che si respirava. Era evidente che la squadra stava per fare il salto di qualità che l'ha portata a conquistare titoli iridati. E Schumacher era già un campione pronto al decollo. Bravissimo, ineguagliabile."
Il secondo pilota della Benetton, con macchine Toleman-Hart, fu Piercarlo Ghinzani, che affiancò Teo Fabi nel 1985 partendo dal GP d'Austria. Disputò sette Gran Premi, poi alla fine dell'anno siglò nuovamente per la marca che lo aveva lanciato, la Osella.
Le stagioni della svolta, però, possono essere considerate quelle del 1987 e del 1988. Una scuderia affamata di successi con piloti giovani e di prestigio. Il belga Thierry Boutsen, per esempio, nelle due annate in questione salì sul podio in Austria con un terzo posto e lo fece altre cinque volte l'anno seguente. Nell'89 ci fu anche una breve parentesi con Emanuele Pirro, che disputò solo 10 Gran Premi ottenendo come miglior piazzamento un quinto posto in Australia. È nel 1990 però che la scuderia si scatenò con piloti di grido: la coppia Piquet e Nannini spopolò, ma dopo il drammatico incidente con l'elicottero, in cui Alessandro perse l'avambraccio, toccò a un altro brasiliano, Roberto Moreno, raccogliere l'eredità di "Nano" e lo fece bene, visto che salì subito sul podio nel GP del Giappone del '90, dietro al compagno di squadra Piquet. "Fu il momento più bello della mia vita – racconta Moreno – sia perché dimostrai al mondo il mio valore sia perché, sul podio, ero col mio amico Nelson, che mi aveva aiutato molto all'inizio della mia carriera nelle corse e che mi è rimasto vicino anche dopo."
La storia di Moreno è legata in qualche modo a quella di Schumacher. Nella stagione 1991, infatti, il brasiliano fu appiedato alla vigilia del GP d'Italia, ma nella precedente gara in Belgio, dove c'era stato l'esordio di Schumacher in F.1, per ironia della sorte Moreno aveva ottenuto il giro più veloce in corsa. Fu la sua miglior prestazione cronometrica in gara al volante della Benetton, ma fu anche l'ultima per far posto al pilota che ha segnato la storia del mondiale di F.1 degli ultimi anni.
Nel 1992, a fianco del giovane Schumacher, arrivò Martin Brundle, oggi affermato telecronista, un pilota coriaceo, duro, veloce, che in F.3 aveva reso la vita difficile ad Ayrton Senna. Con la Benetton quell'anno ottenne un secondo posto a Monza e finì quattro volte terzo, salendo sul podio, in Francia, Gran Bretagna, Giappone e Australia, e concludendo la stagione al sesto posto nella classifica iridata con 38 punti.
Storie a lieto fine, storie amare. Come quella del finlandese J.J. Lehto, che nei test con la Benetton in vista della stagione 1994 si ruppe le vertebre cervicali a Silverstone e fu giocoforza costretto a cedere il posto a un olandese, il giovane Jos Verstappen, esordiente in F.1. Jos si distinse ottenendo due terzi posti in Ungheria e in Belgio. E visse pure il momento del terribile rogo a Hockenheim, nel pit-stop per il rifornimento di carburante, in cui si ritrovò tra le fiamme e ne uscì miracolosamente illeso. Dai tempi della Benetton Verstappen non è più salito sul podio. Lehto riprese il volante e finì la stagione senza grandi acuti.
Decisamente agguerrita e spettacolare la squadra Benetton-post Schumacher del '96 e del '97, con Jean Alesi e Gerhard Berger, reduci entrambi da anni alla Ferrari. Negli ultimi anni di presenza della Benetton c'è poi da segnalare Giancarlo Fisichella, che ha disputato 66 Gran Premi ottenendo svariati secondi posti nel '98 (Canada e Montecarlo), '99 (Canada) e nel 2000 (Brasile), anno questo che lo vide al sesto posto nel mondiale piloti con 18 punti. Infine da segnalare altri due talenti: Alexander Wurz e Jenson Button.
Tanti piloti, tante storie, un contributo notevole all'avventura della Benetton in Formula 1. A prescindere dal gradino più alto del podio.

Their names do not appear among those who have won an F1 Grand Prix in a colourful Benetton car, but there can be no doubt that they have dedicated their efforts and, in some cases, a good part of their career to the name and charisma of the Italian team. The story of these drivers can be divided into two parts. One in which the brand appeared as sponsor-partner of Toleman and of Alfa Romeo-Euroracing. And another in which the team was fully Benetton.

Teo Fabi, for instance, belongs to the first part of this story. He was Benetton's first driver, and the first to start with the colours of Ponzano Veneto in the Toleman at Monte Carlo in 1985, when the British team had just been bought by Benetton and was undergoing a phase full of ferment and all but stable. In the middle of all this, Fabi slotted himself in calmly and pragmatically with a comforting naturalness. And indeed, after six races, he won Benetton's first pole position at the German Grand Prix at the Nürburgring. This was an exceptional achievement, remembered with particular emphasis by the Milanese driver, who today works in real estate: "I did a perfect lap and despite having a Hart engine with less horsepower than the others, I succeeded. Nobody could believe it in the pit. The team was young and there were loads of new people. There was a tremendous, boundless enthusiasm". The following year, Fabi achieved two other special successes: the pole positions in the Grands Prix of Austria and Italy, followed in 1987, by the first podium position at Zeltweg for the Austrian Grand Prix, with the Benetton-Ford turbo.

The hard work of another great Italian driver must also be remembered for this phase: Riccardo Patrese. He had already raced with the Benetton-green Alfa Romeo in 1984 and 1985. And he then spent his last season in F1, 1993, alongside Michael Schumacher in the Benetton team. This was a year full of excellent results, although there was no win. After having won six Grands Prix with Brabham and Williams, Patrese had to content himself with a second place in Hungary, a third place at the British GP, a fourth in Spain and a fifth at Donington, in Germany and Italy. "I also have a happy memory of my time with Benetton", states Patrese, who has since dedicated himself to racing horses, "and of the breath of fresh air it brought to the circuit. It was obvious that the team was about to make the jump that would lead it to win major prizes. And Schumacher was already a champion waiting to take off. Really good, unmatchable."

Benetton's second driver in the Toleman-Hart cars was Piercarlo Ghinzani, who worked alongside Teo Fabi in 1985 from the Austrian GP onwards. He participated in seven Grands Prix, and at the end of the year returned to the team that had launched him, Osella.

The seasons that marked a shift of gear, however, were those of 1987 and 1988. This was now a team hungry for success and boasting young, prestigious drivers. The Belgian Thierry Boutsen, for example, in the these two years appeared on the podium in Austria with a third place, and repeated this feat five times in the following year. In 1989, there was a brief parenthesis with Emanuele Pirro, who participated in only ten Grands Prix, obtaining a fifth place in Australia as his best position. It was in 1990 that the team came to the fore with the finest drivers: the Piquet/Nannini pair were formidable, but after the dramatic helicopter accident, in which Alessandro lost his forearm, it was another Brazilian, Roberto Moreno, who picked 'il Nano's' laurels, and did so to great effect, given that he immediately climbed the podium at the Japan GP in 1990, behind his team-mate Piquet. "That was the best moment in my life", states Moreno, "both because I showed the world what I was worth and because I was on the podium with my friend Nelson, who had helped me a lot at the start of my career in racing, and who stayed with me afterwards too."

The story of Moreno is linked in some way to that of Schumacher. In the 1991 season, indeed, the Brazilian was left on foot on the eve of the Italian GP, but in the preceding race in Belgium, which had seen the debut of Schumacher in F1, Moreno had ironically achieved the fastest lap in the race. This was his best time while racing with Benetton, but it was also the last time as he had to give way to the driver who has marked the history of F1 in recent years.

In 1992, alongside the young Schumacher, there was Martin Brundle, today a well-established commentator. He was a tough, hard, fast driver who had made life difficult for Ayrton Senna in F3. With Benetton in that year, he obtained a second place at Monza and four third places, taking to the podium in France, Great Britain, Japan and Australia, and concluding the season in sixth place in the rankings with 38 points.

Stories with happy endings, others with unhappy ones. Such as that of J.J. Lehto of Finland, who in the tests with Benetton for the 1994 season broke some cervical vertebra at Silverstone and had to give up his place to a Dutchman, the young Jos Verstappen, who thus had his debut in F1. Jos distinguished himself with two third places in Hungary and Belgium. And he also lived through the terrible fire in Hockenheim at a refuelling pit-stop. He suddenly found himself engulfed in flames and escaped miraculously unharmed. Since his time at Benetton, Verstappen has not stepped up to the podium. Lehto took to racing once more and ended the season without any great high points.

The post-Schumacher team of 1996 and 1997 was spectacular and out to win, thanks to Jean Alesi and Gerhard Berger, both under new colours after years with Ferrari. In the last years of Benetton's presence in F1, there was Giancarlo Fisichella as one of the drivers. He took part in 66 Grands Prix, achieving a number of second places in 1998 (Canada and Monte Carlo), 1999 (Canada) and 2000 (Brazil), the year which saw him take sixth place in the drivers' championship with 18 points. And finally, two further talented names: Alexander Wurz and Jenson Button. Many drivers, many stories and a considerable contribution to the adventure of Benetton in Formula 1. Apart from the highest step on the podium.

The other 'greens'

The magic of Teo Fabi at the German Grand Prix
Fisichella's collection of positions

Sopra, Teo Fabi, Riccardo Patrese, Piercarlo Ghinzani.
Sotto, Martin Brundle e Michael Schumacher, J.J. Lehto, Jos Verstappen.

Above, Teo Fabi, Riccardo Patrese, Piercarlo Ghinzani.
Below, Martin Brundle and Michael Schumacher, J.J. Lehto, Jos Verstappen.

Sopra, Emanuele Pirro, Thierry Boutsen, Roberto Moreno.
Sotto, Giancarlo Fisichella, Alexander Wurz, Jenson Button.

Above, Emanuele Pirro, Thierry Boutsen, Roberto Moreno.
Below, Giancarlo Fisichella, Alexander Wurz, Jenson Button.

Le sedi

The headquarters

Benetto
Formula

*Il retro dello stabilimento dove sono nate le Benetton campioni del mondo.
A destra, il "machine office", in cui si realizzano le parti più piccole della monoposto.*

*The rear of the building in which the world-champion Benettons were created.
Right, the "machine office" in which the smallest parts of the single-seater were made.*

I santuari del team

A Witney i primi romantici passi
A Enstone la nuova cultura

Per capire come la Formula 1 sia cambiata nel corso degli ultimi 25 anni, non c'è esempio migliore di quello offerto dall'evoluzione delle fabbriche Benetton, quelle dentro le quali un gruppo di tecnici di belle speranze ha potuto maturare le esperienze e le competenze per arrivare alla conquista di tre titoli mondiali. Tutto si è svolto nella pittoresca contea inglese dell'Oxfordshire. La squadra Toleman, divenuta più tardi Benetton, era partita con un programma di gare di Formula 2, condividendo lo spazio delle officine situate a Kidlington, alle porte di Oxford, dove operava l'ancor giovane Tom Walkinshaw, asceso più tardi alla gloria delle gare di corse automobilistiche mondiali con la Jaguar e successivamente divenuto socio della stessa Benetton e quindi proprietario di un'altra squadra di Formula 1, la Arrows, oggi scomparsa.
Nel 1981, quando la Toleman decise di fare il salto in F.1, si trasferì in una sede propria a Witney, un piccolo centro un po' più lontano dalla città universitaria. In effetti, la zona intorno a Oxford diventava sempre più una specie di Silicon Valley della Formula 1, a mano a mano che le squadre approfittavano sempre più della vicinanza all'aeroporto di Heathrow e del circuito di Silverstone. L'officina di Witney aveva una superficie di 560 metri quadrati e impiegava circa 35 persone; per l'epoca erano dimensioni notevoli, ma la Toleman si faceva un vanto di provvedere dall'interno alla produzione di gran parte delle componenti della macchina. Col tempo la squadra si sviluppò e furono acquistate nuove officine adiacenti, anzi si dovettero allestire al piano ammezzato spazi adeguati per ospitare una quantità crescente di manodopera e di attrezzature.
John Mardle ricorda con tenerezza quel periodo iniziale. Era entrato alla Toleman dopo la sua primissima gara di F.1 e lavorava nel dipartimento del pre-montaggio, dove si fabbricavano le scatole del cambio e le sospensioni. "Rispetto agli standard di oggi era tutto piuttosto primitivo – ricorda –. In fabbrica ci saranno stati tre o quattro macchinari, e per vedere un computer in officina, un Amstrad, abbiamo aspettato fino al 1983. Nell'ufficio progetti c'era un computer, ma i disegni si facevano tutti a mano, a matita, su un tavolo da disegno! Arrivati al 1984 avevamo una dozzina di computer, oggi ogni tavolo ha il suo."
A quei tempi si lavorava in maniera molto diversa: il progettista disegnava la componente di una sospensione ma toccava ai meccanici e ai montatori trovare poi il modo di collegarlo al corpo della macchina. "I CAD attuali sono di gran lunga superiori, ma, nonostante questo, disegnare un pezzo a mano e provarlo poi sulla macchina era una maniera molto veloce per introdurre delle novità", dice Mardle. Aggiungendo: "Prima che me lo chieda, le dirò subito che non avevamo una galleria del vento, però a metà degli anni ottanta abbiamo cominciato a usarne una che si trovava a Southampton".
Allora la fabbrica era poco più di un garage ben fornito. Non c'era un dipartimento di tecnologie informatiche, né un settore marketing o pubbliche relazioni. Nei fine settimana dei Gran Premi l'officina era deserta perché, tranne un paio di segretarie, il personale al completo andava a lavorare sulle piste. "Però riuscivamo a fare una seduta di collaudo con quattro persone soltanto – racconta Mardle –, quando adesso ci vogliono 15 ingegneri solo per avviare il motore!" All'inizio degli anni novanta, quando la Benetton divenne una squadra di prima grandezza, la fabbrica di Witney divenne davvero troppo piccola. Ci fu qualche breve esitazione circa il progetto di sistemare parte del team in uno stabilimento di Godalming, di proprietà del guru tecnico della squadra, John Barnard, ma furono solo alcuni elementi del gruppo dei progettisti e dell'amministrazione a trasferirsi in quella sede, a sud di Londra e poco lontano dall'officina del team della Tyrrell.
Finalmente, nel 1993, tutti si ritrovarono insieme sotto lo stesso tetto, quando la Benetton si trasferì in una sede appositamente costruita, in piena campagna, alla periferia di un minuscolo villaggio che si chiama Enstone. Allora era semplicemente la factory di Formula 1 più grande e più moderna del mondo e gli operai si aggiravano in quegli spazi immensi, perdendosi quasi nella miriade di corridoi.
Fu l'avvio di una nuova epoca, di una nuova cultura: da un semplice garage, dove a fine giornata i meccanici pulivano i pavimenti, a uno stabilimento bellissimo, dall'architettura mozzafiato, con giardini, cascate e perfino una galleria del vento scavata sotto una collina, con le pecore che pascolavano sul tetto. La factory stessa era diventata uno strumento di marketing, un luogo destinato a impressionare i potenziali finanziatori oltre che adatto a progettare e costruire le automobili da corsa.
Oggi la sede della squadra della Renault, subentrata alla Benetton, vanta una superficie di 6500 metri quadrati, circa dieci volte rispetto all'officina originaria, e ha circa 500 addetti. Di questi ultimi, 14 almeno, oltre a parecchi fornitori esterni, non hanno nessuna influenza diretta sul programma di F.1: la loro funzione è semplicemente di fare in modo che la vita in quello che dopo tutto è un villaggio in miniatura scorra in modo pulito e senza intoppi. I dipendenti hanno la loro mensa e se vogliono possono passare l'intervallo del pranzo in una palestra costruita apposta, dove ogni tanto si ritrovano gomito a gomito con i piloti; oppure possono godersi lo splendido paesaggio rurale che sembra coronare il matrimonio fra natura e tecnologia d'avanguardia. E tutto questo, solo per fare in modo che due tizi possano fare una gara automobilistica la domenica pomeriggio!
"In 25 anni c'è stato un cambiamento stupefacente – conclude Mardle, che dopo Toleman e Benetton oggi è il direttore delle operazioni del team Renault –. La Benetton aveva sempre avuto un grande spirito di squadra, ma non si può negare che quando ci siamo trasferiti a Enstone in parte è andata perduta quella certa atmosfera 'di famiglia'. A Witney, alla fine della giornata, verso le sette e mezza di sera, in estate, tutto il personale delle varie unità si riuniva nello spazio centrale fra gli stabilimenti e giocava un po' a pallone. Oggi è più facile che ci si incontri nel parcheggio mentre si torna a casa, ma che vuole farci, è il progresso."

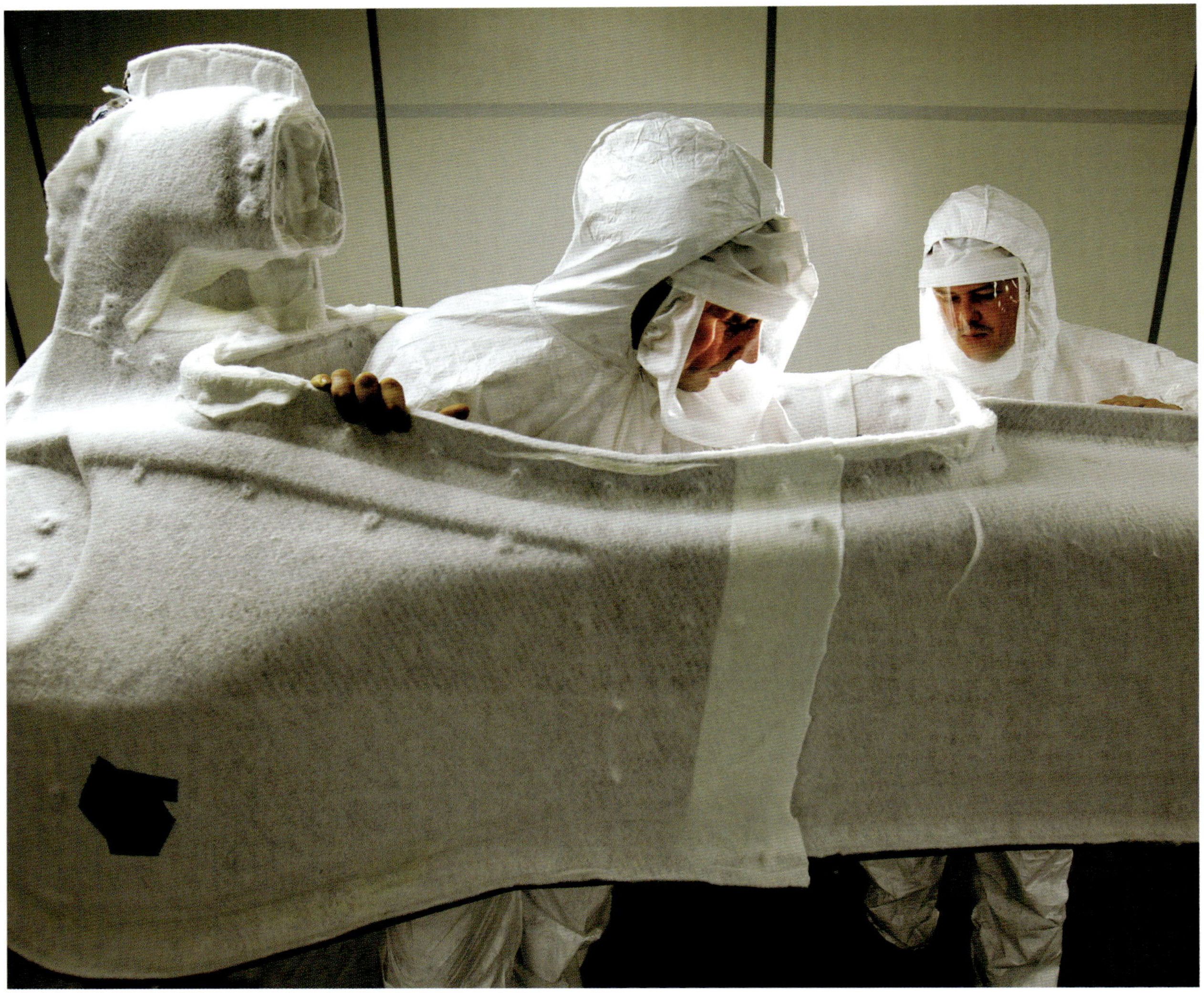

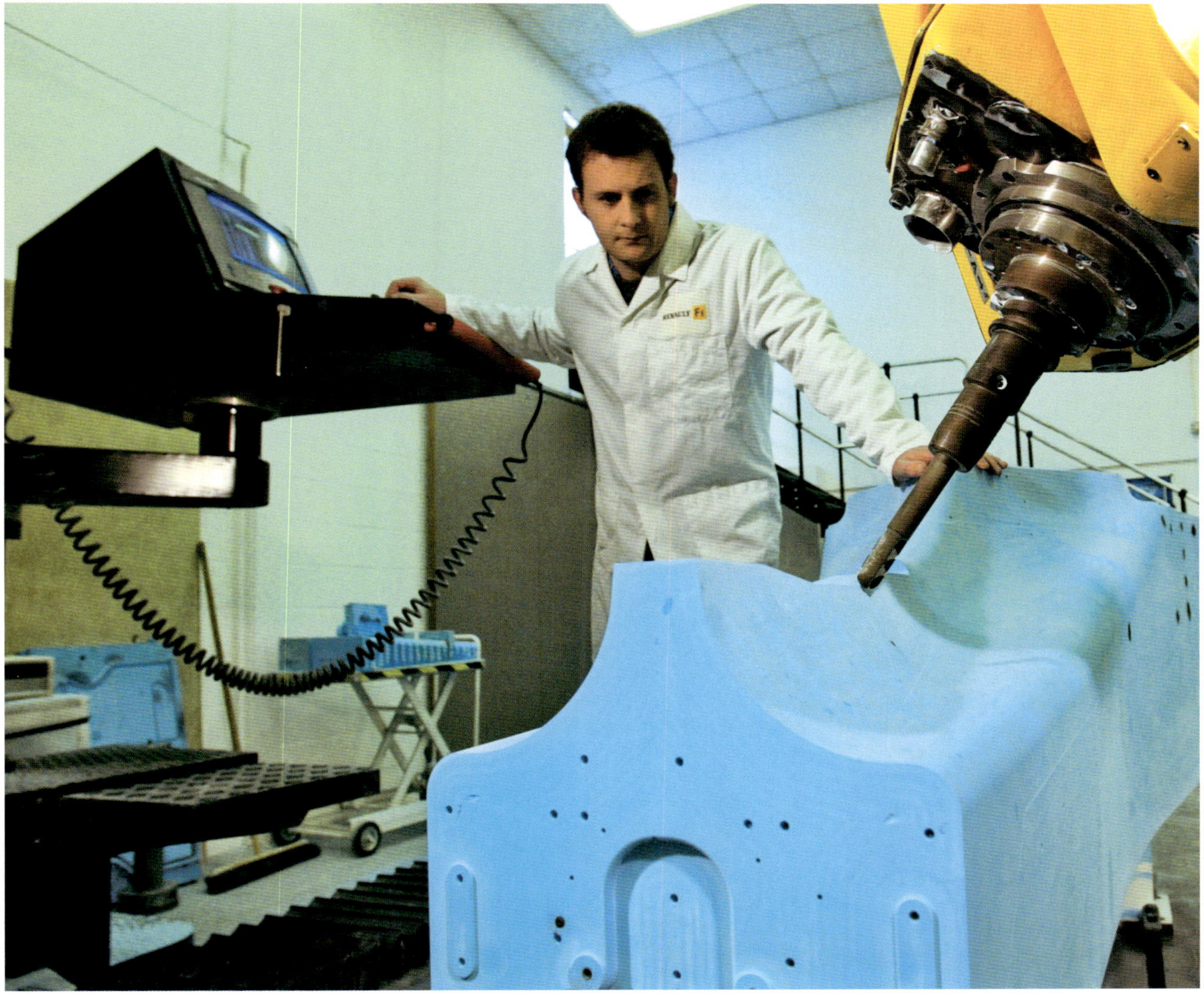

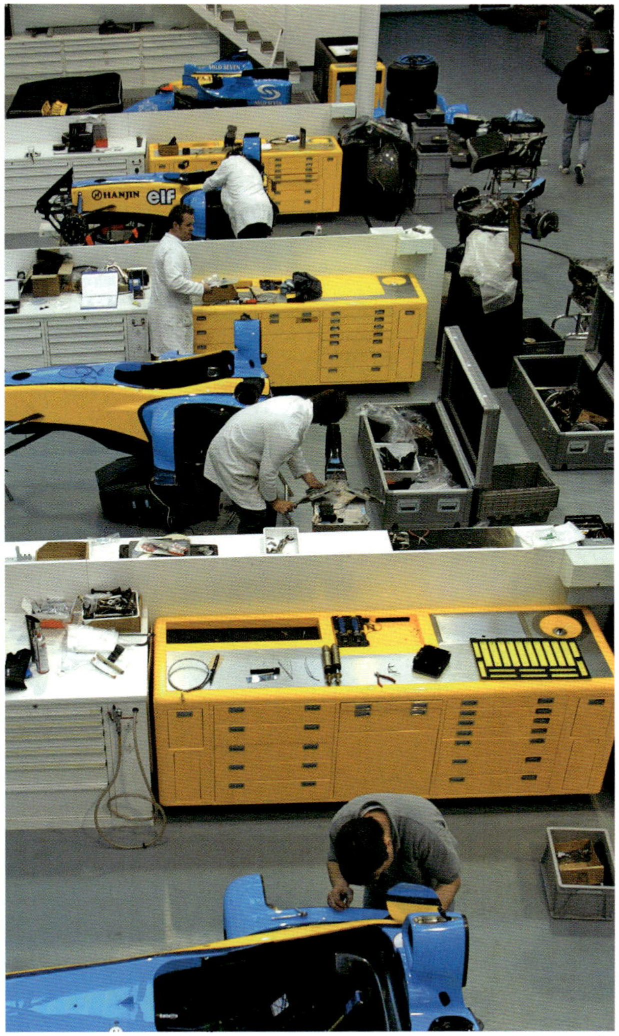

Una fabbrica di automobili per la Formula 1 è come una piccola industria spaziale. In questa pagina, la lavorazione del modello, le zone di montaggio delle macchine e l'autoclave.
Nella pagina accanto, il modellino di una vettura nella galleria del vento, uomini che lavorano i materiali compositi nella "clean room" e l'area di assemblaggio.

A factory for Formula 1 cars is like a little space industry. On this page, working on the model, the assembly area for the cars and the autoclave.
Opposite page, the model of a car in the wind tunnel, men working on composite materials in the "clean room" and the assembly area.

The team's sanctuaries

The first romantic steps at Witney
The new culture at Enstone

There is no better instant example of how Formula 1 has evolved over the past quarter century than to look at the evolution of the Benetton factories, where a promising team of technicians was able to mature experiences and abilities that eventually brought them to win three world championships.
Everything took place in the picturesque English county of Oxfordshire. The Toleman team, which later metamorphosed into Benetton, began running a Formula 2 race programme, sharing workshop space in Kidlington, just outside Oxford, with a young Tom Walkinshaw, who later went on to glory in World Sports Cars with Jaguar, then became a partner in Benetton, and more recently was the owner of the now defunct Arrows F1 team. Toleman stepped up to Formula 1 in 1981 and with that came a move into its own premises in Witney, a small country town, a bit further outside the university town. In fact, the Oxford area grew into an F1 version of Silicone Valley, as teams took advantage of its proximity to Heathrow Airport and Silverstone Circuit. The Witney factory had 560 square metres and employed a staff of about 35; quite big in those days, but Toleman prided itself on doing the bulk of the car build in-house. Gradually, the team grew and acquired further workshop units next door, even having to put in mezzanine floors to accommodate the growing workforce and equipment. John Mardle remembers those early days with affection. He joined Toleman after its very first F1 race and worked in the sub-assembly department, building gearboxes and suspension. "By today's standards, it was all quite primitive," he recalls. "The machine shop only had about three or four machines and we did not see a computer in the workshop, an Amstrad, until 1983. There had been a computer in the design office, but all the drawings were done by hand in pencil on a drawing board! By 1984, we had a dozen computers, and today, every desk has its own computer…"
Working practices were very different then and a designer would draw up a suspension component, but it was left to the mechanics and fabricators to work out how to attach it to the car. "Although the modern Computer Aided Design is vastly superior, drawing a part by hand and trying it on the car was a very quick way of developing new bits," says Mardle. "And before you ask, no, we did not have a wind tunnel at first, although we began using one in Southampton in the mid-Eighties."
In those days, the factory was little more than a smart garage. There was no IT department, marketing or public relations. And come race weekend, the factory was deserted, as, apart from a couple of secretaries, the entire workforce went to the Grands Prix. "However, we could do a test session with just four people," adds Mardle. "Today, it needs 15 engineers just to start the engine!"
As Benetton became a major player at the start of the Nineties, the Witney factory was just too small. There was a brief dalliance with moving part of the team to a facility in Godalming, owned by the team's technical guru John Barnard, but only some elements of the design team and management ever went to this facility to the south of London, not far from the Tyrrell team factory. Eventually, everyone came back under the same roof in 1993, as Benetton moved into its purpose-built home, deep in the countryside, outside a tiny village called Enstone. At the time, it was quite simply the biggest and most modern F1 factory in the world and the workforce rattled around in the huge spaces, getting lost in the myriad corridors.
It was the beginning of a new era, and a major culture change: from a simple garage, where mechanics swept up their mess at the end of the day, to a beautiful architecturally stunning facility, with gardens, waterfalls and its own wind-tunnel, buried under a hill with sheep grazing the grass on its roof. The factory itself had become a marketing tool and a place to impress potential sponsors as well as design and build the cars.
Now, the home to the Renault team, which took over Benetton, boasts a surface area of 6,500 square metres, about ten times the size of the original workshop and has a staff of around 500. At least 14 of those employees, along with several outside contractors, have no direct influence on the F1 programme and are there simply to keep what amounts to a small village running smoothly and cleanly. The staff have their own canteen, they can spend their lunch time in a purpose-built gym, occasionally rubbing shoulders with the race drivers or enjoy the beautiful countryside that completes this marriage of nature and high-tech. And all this is just so that two guys can go racing on a Sunday afternoon!
"The change over 25 years has been amazing," concludes Mardle, who is now, after Toleman and Benetton, Operations Director for the Renault team. "Benetton always had great team spirit, but certainly some of the 'family' atmosphere was lost when we moved to Enstone. At Witney, at the end of the day, at about half past seven on a summer's evening, the staff from all the different units would meet up in the middle of the buildings and kick a football around. Now, it is more common to meet in the car park on the way home, but that's progress for you."

Una fabbrica campione del mondo: ieri Benetton, oggi Renault.

A world champion factory: yesterday Benetton, today Renault.

L’innovazione tecnica

Technical innovation

Pat Symonds, l'anima della Benetton.

Pat Symonds, Benetton' soul.

AKAI
AKAI
AKAI
AKAI
sparco
Agip
SEVEN
BRIDGESTONE
UNITED COLORS
OF BENETTON

benetton
Agip
20
UNITED COLORS OF BENETTON
il Girasole
UNITED COLORS OF BENETTON
benetton
CHAMPION
20
Girasole
PIRELLI
Girasole
PIRELLI
PIRELLI

È uno dei punti cardine della Renault che ha vinto con Fernando Alonso il suo primo campionato mondiale di Formula 1 nel 2005. Ed è stato il punto di riferimento di quasi tutta la storia della Benetton. Pat Symonds è un tecnico-simbolo oltre che il direttore esecutivo del settore progettazione nella sede di Enstone, che venne costruita dalla stessa Benetton e nella quale oggi lavorano gli uomini della Renault. La sua qualità di maggior spicco? Un'inventiva tecnica raffinatissima. Che ha consentito alla Benetton di entrare nel circolo ristretto delle squadre vincenti della Formula 1.
Symonds, che è inglese ed è nato nel 1953, ha un curriculum di studi multidisciplinare, perfetto per la posizione che da sempre ricopre. Dopo aver studiato ingegneria meccanica a Londra, ha infatti ottenuto un master in ingegneria degli autoveicoli presso il Cranfield Institute of Technology. Quindi ha cominciato il suo percorso di progettista di vetture da competizione, che dopo le prime esperienze alla Hawke (1976) e alla Royale (1978) lo ha fatto approdare nel 1981 alla Toleman, dove tre anni dopo ha assistito come ingegnere di pista il grande Ayrton Senna nella sua prima annata di F.1. Sette anni più tardi è divenuto il tecnico di riferimento di Schumacher alla Benetton, dimostrandosi in ogni circostanza dotato di autorevolezza e di intuito, elementi che hanno apportato immensi vantaggi alla capacità di tenuta della squadra. Fra lui e Schumacher si instaurò un rapporto che spiega bene il carattere di Pat. Fin dai primissimi momenti del suo lavoro con il team, Symonds aveva infatti capito che, di per sé, l'abilità progettuale non era del tutto sufficiente. Pat doveva riuscire a costruire e a configurare una macchina capace di permettere al pilota non solo di essere veloce in senso tecnico, ma anche di sfruttare al massimo le caratteristiche del suo stile di guida.
"Alla Benetton ho lavorato con Schumacher dalla fine del 1991 fino al momento in cui lui è passato alla Ferrari – ricorda Symonds –. La tentazione di paragonarlo ad altri grandi con i quali avevo lavorato era inevitabile e il primo fra tutti era Senna. Certo, Michael aveva la stessa capacità di guidare veloce, ma in qualche modo era un pochino più maturo di quanto lo fosse Ayrton nei primi tempi. Nel suo primo anno alla Toleman, Ayrton accettava praticamente tutto, mentre Michael ha sempre avuto qualche esigenza in più. Di certo, con lui bisognava dimostrare di essere all'altezza. E io sono sicuro che alla Benetton lo abbiamo dimostrato."
Poi fa un'osservazione di carattere generale: "I grandi piloti hanno anche un cervello di prim'ordine. In questo campo, con l'intelligenza e lavorando sodo, si va molto avanti. Ma Michael era un esempio del fatto che un pilota con doti intellettuali notevoli riesce a progredire più dei suoi coetanei. E non intendo dire solo con le macchine. Fin dall'inizio si capiva che anche quando non era al volante continuava sempre a pensare, a riflettere sulla prossima mossa. Credo anche che Schumacher sia stato il primo pilota di F.1 a rendersi conto davvero che quanto migliore fosse stata la sua forma fisica, tanto meglio sarebbe riuscito a correre. In quel periodo ha avuto una enorme maturazione. I primi tempi era il tipo che nel giro di avviamento tendeva sempre a imballare il motore e ogni tanto andava fuori strada senza un motivo apparente. Ma presto si è capito che difficilmente ripeteva gli stessi errori. Per riassumere, doveva ancora essere sgrossato un po', ma secondo me durante gli anni della Benetton noi siamo riusciti ad affinarlo per bene".
Rapporto stretto con i campioni. E poi innovazione tecnologica. Con la sua firma: "Nel 1985, con la Toleman appena acquistata dalla Benetton, realizzammo un raffinato controllo di trazione che teneva conto delle esigenze delle gomme e non solo del fatto che occorreva semplicemente parzializzare la potenza che mettevano a terra le ruote. Nei primi anni novanta introducemmo poi sulle Benetton un sistema molto sofisticato di sospensioni attive, per mantenere costante l'altezza da terra della vettura e consentire così all'aerodinamica di lavorare in modo ottimale, a vantaggio della guidabilità e della stabilità in generale. Ma il progetto più avanzato fu quello delle quattro ruote sterzanti, chiamato FTT, che debuttò nella seconda metà della stagione sulla Benetton del 1993. Fu lo sbocco di un mio studio, lungo e complesso, che era partito due anni prima. Dotato di due semiassi anteriori e di una piccola frizione idraulica che nulla aveva a che fare con quella del motore, il sistema FTT presentava una risposta velocissima nelle chicane e rendeva facile sia il controllo del sovrasterzo, sia quello del sottosterzo. Le ruote posteriori giravano con una angolazione di tre gradi soltanto. Nessuno delle altre squadre se ne accorse, fino a quando qualche pilota, seguendo da vicino le nostre macchine, cominciò a capire. E la voce si diffuse nel paddock. Patrese apprezzò poco il sistema, a differenza di Schumacher che ci vinse la terz'ultima gara della stagione, il GP del Portogallo all'Estoril. Su alcuni tracciati avevamo addirittura un vantaggio di tre decimi al giro, su altri invece no. Poi nel 1994 la Fia vietò le quattro ruote sterzanti".
Symonds sorride pensando a quante cose sono nate dall'inventiva degli uomini della Benetton, "compreso il frontale col naso alto del 1991 che fu una svolta radicale imitata poi da tutti e la doppia frizione del 1999 che però non fu mai portata in gara". Spiega: "Le cose nascono meglio quando c'è l'armonia. E in quegli anni ce n'era tanta, perché la Benetton era come una famiglia".

Pat Symonds: così la Benetton ha saputo cavalcare il progresso

Michael Schumacher trionfa in Portogallo nel 1993 con la Benetton dotata del sofisticato sistema a quattro ruote sterzanti, che vediamo accanto.

Michael Schumacher celebrates in Portugal in 1993 with the Benetton fitted with a sophisticated system of four steerable wheels, seen opposite.

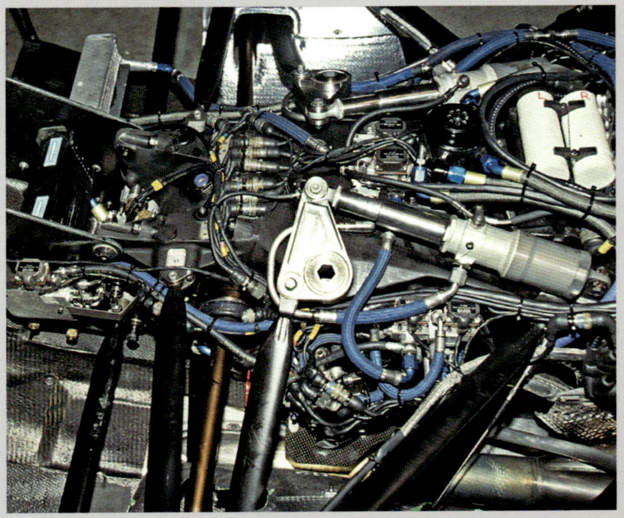

Pat Symonds: this is how Benetton succeeded in making the most of progress

He is one of the anchors of Renault which won its first Formula 1 world championship in 2005 with Fernando Alonso. And he was a point of reference for almost the whole of Benetton's history. Pat Symonds was an engineer-cum-symbol, as well as executive director for the design division at the Enstone base, built by Benetton and used today by the men from Renault. His greatest quality? A highly-refined and inventive approach to engineering which enabled Benetton to join the small circle of winning teams in Formula 1.
Symonds, who is English and was born in 1953, has a multi-discipline background which has been perfect for his current role. After studying mechanical engineering in London, he gained a master's degree in automotive engineering at Cranfield Institute of Technology, then worked as a racing car designer for Hawke (1976) and Royale (1978) before moving to Toleman in 1981 where he would be race engineer to the great Ayrton Senna during his maiden F1 season three years later.
Seven years later Pat became Schumacher's race engineer at Benetton and, by all accounts, at all times conveying a sense of authority and intuitiveness, elements that have given enormous benefits as regards the team's spirit. His relationship with Schumacher on the pit wall was indicative of Pat's character. Very early on in his relationship with the team he came to understand that clever engineering in itself was not quite enough. He needed to build and configure a car which would allow the driver not only to be technically quick, but also to exploit the driving style he felt most comfortable with.
"I worked with Schumacher at Benetton from the end of 1991 up to his departure for Ferrari," remembers Symonds. "Inevitably there was a temptation to compare him with other great drivers you've worked for, in this case the most obvious being Senna. Michael obviously shared Ayrton's ability to drive fast, but in a way he was a little bit more mature than Ayrton had been in his early days. Ayrton was quite accepting during that first year at Toleman, but Michael was always a little more questioning. You certainly had to prove yourself to him, which I am sure we did at Benetton."
He continued with a general observation: "These top guys have brain power to spare. Intelligence and hard work get you a long way in this business. But Michael was an example of how a driver with a high intellect can progress that much more than their contemporaries. And by that I don't just mean in the car. It became clear from very early on that when he was out of the cockpit he was thinking all the time, thinking over his next step. I also think that Schumacher was the first F.1 driver who seriously appreciated that the fitter he was physically, the better he would be able to drive. He also matured enormously over that period. Early on he was a real culprit for over-revving his engine on installation or out laps, and he also occasionally went off the road for no apparent reason. But it also quickly became apparent that he would seldom make the same mistakes twice. In summary, he had a few rough edges, but I think we managed to help him smooth them all off during his years at Benetton".
A close relationship with the champions. Plus technological innovation. With his signature: "In 1985, with the Toleman just bought by Benetton, we made a refined drive control that took into account the requirements of the tyres rather than simply the fact that we had to divide the power passed to the track by the wheels. In the early 1990s, we introduced a highly sophisticated active suspension system into the Benettons, to keep the vehicle's height off the ground constant and so enable the aerodynamics to work in an optimal manner. This in turn made the car better to drive and more stable generally. But the most advanced project was the system that made all four wheels steer. This was called FTT. It was first used in the second half of the 1993 season on the Benetton car. It was the result of a long complex study I had undertaken, which had begun two years earlier. Equipped with two front axle-shafts and a small hydraulic clutch that had nothing to do with the one on the engine, the FTT system presented exceptionally fast response in the chicanes and made the control of both over and understeering easy. The rear wheels turned only 3°. None of the other teams noticed, until some driver, following our cars from close to, began to understand. News of the system began to spread around the paddock. Patrese didn't appreciate the system much, unlike Schumacher who won the third from last race of the season, the Portuguese GP at Estoril. On some tracks, we had an advantage of no less than 3/10, and on others nothing. Then in 1994, the FIA prohibited having four steerable wheels".
Symonds smiles about how many things sprang from the inventiveness of Benetton's men, "including the front spoiler with raised nose of 1991, which was a radical change soon copied by all the others, and the double clutch of 1999 which was never, however, used in a race". He explains: "Things come out better when there is harmony. And in those years there was lots of that, because Benetton was like a family".

La comunicazione

Communication

Patrizia Spinelli.

Patrizia Spinelli e la terapia-shock "Non ci capivano neppure nel team"

C'è una rivoluzione che ha segnato la Formula 1 a partire da metà degli anni ottanta e che, pur non passando attraverso i consueti e periodici ribaltamenti regolamentari, ne ha stravolto l'immagine, la percezione, la personalità.
È proprio in quel periodo che un mondo assordante, spettacolare, ruvido passa infatti dall'asetticità del "bianco e nero" al glamour del "colore" con la medesima dirompenza che segnò la fine della televisione in bianco e nero. Come spesso accade nelle svolte epocali, anche questa ha avuto un protagonista fuori dal coro, un soggetto che la tecnologia l'applicava soprattutto alla produzione di maglieria. Morbida, di qualità, colorata: Benetton. Luciano Benetton e poi il figlio Alessandro aderiscono all'idea della Formula 1 con piglio creativo e imprenditoriale, riversandovi pari pari la loro straordinaria capacità di comunicare, di porsi, di interpretare la vita.
"Ci guardavano come se fossimo pazzi", ricorda Patrizia Spinelli, al tempo responsabile relazioni esterne del Gruppo per gli Stati Uniti e fatta rientrare da New York per dedicarsi alla nuova avventura. "Paradossalmente i primi problemi li avevamo proprio all'interno del team: ricordo la fatica per far accettare a uomini legati ai decimi di secondo, alle prestazioni, al miglioramento da raggiungere con fatica e lavoro immensi, gente come Walkinshaw o Barnard, di fare buon viso all'invasione di modelle, a clienti della moda, a sponsor veri e potenziali, con le loro domande e la loro presenza che talvolta era davvero ingombrante."
È il momento dello spettacolo nello spettacolo, del ribaltamento dei ruoli, con il titolare-sponsor che non rimane passivo ad accettare la vita del paddock cercando il suo momento di visibilità ma che, al contrario, diventa protagonista dell'happening, con feste, eventi, sorprese. I fine settimana di corse, inizialmente scanditi dal lavoro e dalle prove con l'unico bagliore di mondanità relegato al Principato di Monaco, diventano il culmine dell'attesa e dello spettacolo, sportivo e insieme mediatico.
"Facevamo tutto da soli, senza agenzie e creativi e a budget zero, lasciando andare la fantasia." Così, in un attimo, in Formula 1 arriva la stampa extra settore, quella che le corse non sa neppure cosa siano, con servizi di moda realizzati nei box del team, come quello del GP di Phoenix, con le modelle che, curiosamente, non vestono capi Benetton tra le monoposto ben in evidenza.
Leggere la realtà della F.1, la sua trasversalità capace di coinvolgere allo stesso modo persone e paesi profondamente diversi, i suoi contenuti etici e passionali è affare di Flavio Briatore, che i Benetton mettono sul ponte di comando di questa agile nave da combattimento. Lui e Patrizia Spinelli costituiscono un'agguerrita task force, pronta a ribaltare una situazione, a renderla gradevole e utile al proprio obiettivo, al modo in cui far percepire la squadra.
Anche dei piloti, prima di allora lasciati a se stessi, viene creata e curata l'immagine, con l'idea di abbinare un prodotto fuori dal ristretto campo di gara. E, come succede nella comunicazione istituzionale, anche Benetton Formula identifica nei suoi piloti più giovani la tipologia caratteriale da proporre: ai tratti algidi dei nordici Lehto e Verstappen si alterna la comunicativa latina di Alesi e il pudore di uno Schumacher che, a 21 anni, accetta con professionalità anche ruoli che non gli vengono particolarmente naturali. Facce diverse, stessa passione. United Colors.
L'iniziativa di Benetton dilaga, crea adepti, imitazioni, parodie e in breve la Formula 1 si trasforma nel "circus" colorato dove Flavio Briatore, dettando i tempi e i modi di comunicare, vuole comunque alzare il livello tecnico e competitivo di una squadra che, per i detrattori, resta sempre un outsider poco convincente. Ci riesce nel 1994, con il primo titolo piloti, e nel 1995, conquistando la fiducia Renault per i motori e agguantando i due allori, piloti e costruttori.
A scandire gli alti e bassi della vicenda sportiva provvedono gli eventi, destinati a creare ricordi, impressioni, a marcare il territorio in modo definitivo. Le prime iniziative vanno di pari

passo a un'altra idea rivoluzionaria: quella di cambiare lo sponsor ogni due Gran Premi, utilizzando i vari marchi che si ritrovano sotto l'ombrello della Sportsystem, la società di Benetton che produce e distribuisce attrezzature sportive di alta qualità. Approdano sui circuiti Nordica, Prince, Killer Loop e tutta una serie di manifestazioni collaterali, studiate per esaltare la caratteristica dinamica dei prodotti: corse in mountain bike e tornei di tennis coinvolgono regolarmente piloti, tecnici, giornalisti, ospiti, in una sorta di "Giochi senza Frontiere" da paddock, atteso a ogni Gran Premio come un momento di relax e di coesione. E poi le feste, memorabili, come il match di polo in Argentina, o il rodeo a Phoenix, con tanto di toro meccanico per gli ospiti più coraggiosi, o, ancora, l'incontro di calcio di Jerez, antesignano, con 6000 spettatori, delle "partite del cuore" di oggi.
Anche le presentazioni della nuova monoposto costituiscono un'occasione di comunicazione: su tutte, quella della stagione '96, la prima del "dopo Schumacher", su un palcoscenico prezioso e inarrivabile come il teatro greco di Taormina, con il "siciliano" Alesi a percorrere le viuzze della cittadina in un improbabile Gran Premio della Trinacria.
Come chi, dopo il buio, viene inondato dalla luce, dall'arrivo di Benetton la Formula 1 ha cambiato aspetto, è diventata accessibile, divertente, "amica". Il modo di comunicare è stato funzionale al team ma anche all'ambiente, fino a quel momento alleggerito solo dalle boutade dei piloti più guasconi e scanzonati, che conferivano allegria a un mondo dove la tecnica era l'unica religione da professare in pista. Il ricordo più bello di Patrizia Spinelli? "Luciano Benetton a Suzuka, nel 1995, alla festa per il doppio titolo conquistato in anticipo: vederlo lasciarsi andare, commosso, a ballare ed esultare, è stata una delle cose più appaganti di tutta la mia vita."

Buenos Aires 1995: il presidente argentino Carlos Menem fa visita ai box Benetton.

Buenos Aires 1995: the Argentinian president, Carlos Menem, visits the Benetton pit.

BENETTON
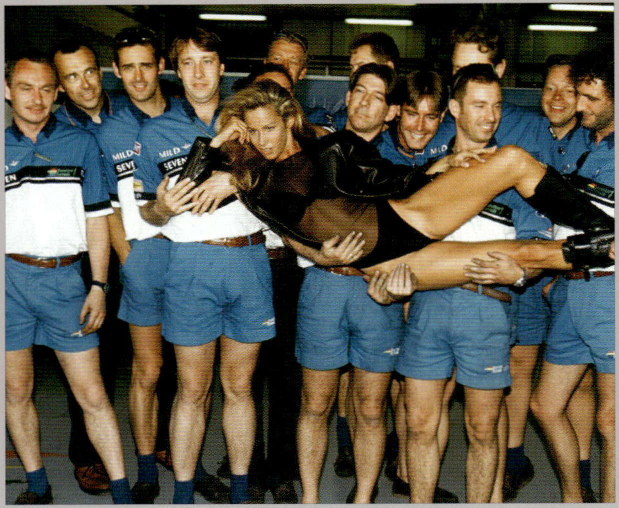

Benetton
Formula1

elf
Kickers

CAMEL

Agip
MILD
SEVEN

Patrizia Spinelli and the shock therapy
"Even within the team, they didn't understand us"

There is a revolution that affected Formula 1 from the middle of the 1980s and which overturned its image, perception and character, although not involving any of the usual periodical changes in regulations.

It was in that period that a deafening, spectacular, rough world passed from the asceticism of "black-and-white" to the glamour of "colour", with the same explosive force as the end of black-and-white television. As often happens with epoch-making changes, this too had as its protagonist someone from outside the pack, a subject who used technology above all to produce knitwear, soft, high-quality, colourful knitwear: Benetton.

Luciano Benetton and then his son, Alessandro, took to the idea of Formula 1 with a creative, entrepreneurial approach, pouring into it their extraordinary capacity to communicate, to present themselves, to interpret life.

"Everybody looked at us as though we were mad", recalls Patrizia Spinelli, at the time head of public relations for the group for the United States, and who was asked to return from New York to dedicate herself to the new adventure. "Paradoxically, the first problems occurred within the team: I recall the effort needed to get men dedicated to tenths of a second, performance and improvements achieved through enormous effort and work – men like Walkinshaw or Barnard – to accept the invasion of models, fashion clients, actual and potential sponsors, with all their questions and their presence, which was sometimes really bothersome."

This was the time for a show within the show, of the upsetting of roles, with the owner-sponsor remaining not statically passive, accepting the life of the paddock and seeking a moment of visibility, but on the contrary, becoming a protagonist of the happening, with parties, events, surprises. The weekends of races, initially marked by work and tests with only the Principality of Monaco providing a bit of razzle-dazzle, soon became the culmination of expectations and show, at once a sporting and a media event.

"We did everything by ourselves, without agencies or creative staff and with a zero budget, letting our fantasy run riot." Thus, in an instant, Formula 1 reached the non-specialised media, those that know nothing about racing, with fashion photos taken in the team's box, such as that at the Phoenix GP, with the models (curiously, not dressed in Benetton) with the Benetton car clearly in evidence.

Seeing F1 for what it was, its ability to draw in profoundly different people and countries, its ethical and passionate contents, was the business of Flavio Briatore, placed in charge of this agile combat ship by the Benettons. He and Patrizia Spinelli constituted a hardened task force, ready to overturn any situation, to make it pleasant and useful for their aims, the way in which the team was to be perceived. The drivers too, were involved. Hitherto left to their own devices, their image was now created and massaged, with the idea of associating a product outside the close circle of the circuit to them.

And, as happens with institutional advertising, also Benetton Formula identified in its youngest drivers the type of character to propose: the cold features of the North European Lehto and Verstappen alternated with the Latin communicativeness of Alesi and the modesty of a Schumacher who, at the age of 21, accepted roles that did not come particularly naturally to him with professionalism. Different faces, the same passion. United Colors.

Benetton's initiative spread, created adepts, imitations and parodies and in a short while Formula 1 was transformed into a coloured "circus". Setting the pace and methods of communication, it was one in which Flavio Briatore wished to raise the technical and competitive levels of a team which, for its detractors, remained a rather unconvincing outsider. He succeeded in 1994 with the first drivers' title, and in 1995, conquering the trust of Renault for the engines and adding both titles: drivers' and constructors'.

What marked the ups and downs of the sports arena were the events, destined to set up a series of memories, impressions, which staked out the territory in a definitive manner. The first initiatives went hand in hand with another revolutionary idea: that of changing sponsor every two Grands Prix, using the various brands under the Sportsystem umbrella, the Benetton company that produces and distributes high-quality sporting equipment. The circuit thus saw the arrival of Nordica, Prince, Killer Loop and a whole series of collateral events, planned to highlight the dynamic quality of the products: races in mountain bikes and tennis tournaments regularly drew in drivers, engineers, journalists and guests in a sort of "It's a knockout" paddock. It was an eagerly awaited moment at every Grand Prix as it provided a moment of relaxation and cohesion. And then the memorable parties, such as the polo match in Argentina, or the rodeo in Phoenix, including a mechanical bull for the boldest. Then there was the football match in Jerez, with 6000 spectators, the forerunner of today's "solidarity" matches.

The presentations of the new car also provided an advertising opportunity. To take just one example, that of the 1996 season, the first of the "post-Schumacher", with the precious Greek theatre of Taormina as stage, with the "Sicilian" Alesi driving through the lanes of the little town in an improbable Trinacria Grand Prix.

As though inundated by Benetton's light after a period of darkness, Formula 1 changed look and became accessible, fun, "user-friendly". The form of publicity adopted was important for the team but also for the circuit, hitherto rendered less serious only by the japes of the most easy-going drivers, who used to bring some light-heartedness to a world in which engineering was the only religion allowed on the track. Patrizia Spinelli's favourite memory? "Luciano Benetton at Suzuka in 1995 at the party for the championship which we'd won early: seeing him let himself go, emotional, dancing and cheering; that was one of the most satisfying moments in my life."

Altri sponsor

Other sponsors

BENETTON
RENAULT
elf
prince
Typhoon
COMPAQ

La Benetton da sponsor a… sponsorizzata. Un percorso che non era mai stato sperimentato da nessuno, prima. E che si è concretizzato, spesso, in una serie di partnership che hanno contribuito a creare un meccanismo vincente. Perché non si trionfa mai da soli, soprattutto in uno sport che ha la tecnologia come base e richiede investimenti cospicui.
I nomi che si sono voluti associare all'avventura della Benetton sono tantissimi. Piccoli ed enormi. Tutti ugualmente importanti. Tutti indispensabili. Tutti parte di un progetto irripetibile.

Benetton from sponsor to… sponsored. A direction never taken by anyone else beforehand. And which often took the form of a series of partnerships helping to create a winning mechanism. Because victory never comes to one person alone, especially in a sport that is technology-based and requires large investments. The list of names of those wishing to associate themselves with the Benetton adventure is an extremely long one and includes small and large companies. All equally important. All indispensable. All part of an unrepeatable project.

MAGNETI MARELLI
MAGNETI MARELLI

Mobil 1
Mobil 1

ROLLERBLADE
COMPAQ
Typhoon

UNITED COLORS OF BENETTON
Ford
Mobil 1
AUTOPOLIS

PIRELLI

BULOVA
SANYO

BMW
MPower

Power By
Ford

elf
MINOL
NORDICA
BENETTON SPORTSYSTEM

FISHER
M LAGER BEER

Marconi
MICHELIN
ILLES

Vaporetto
by Polti

7UP

Ford
Gillette
GEL

BRIDGESTONE
BLACK&DECKER
Informix

SLEY
Agip
Agip

LONGINES
olivetti

DENIM
UNITED COLORS
OF BENETTON.

TECHNOGYM
osama
Lpr
GAMEL
Sulá
SUGARFREE

elf
MINOL
SCHUMACHER
AMEL
Power By
Ford
KILLER LOOP
Moments before detonation
BENETTON
SPORTSYSTEM
GOODYEAR
USAG
fami
DENIM

Il diario 1983/2001

Diary 1983/2001

hollywood

benett
012 benetton
SISLEY 3
GOODYEAR

Agip
EAGLE

Mobil 1
RIELLO
Heating Equipment
SANYO
benetton

CAMEL

Benetton
Formula 1
olivetti
CAMEL
UNITED COLORS OF BENETTON
P2
19-2

Mobil
BENETTON
DEKRA
HOTELTERRASSE
Mobil 1

MILD SEVEN
KINGFISHER

KINGFISHER
BENETTON

MAGNETI MARELLI

EUROBAGS
SISLEY
Mobil 1
Ford

RIDUTTO
MAGNETI MARELLI
CHAMPION
CAMEL

CAMEL
CHRYSLER
Lamborghini
NANNINI
SANYO
RIELLO

Benetton Formula 1 RACING TEAM
RENAULT
MILD SEVEN
RENAULT F1
MILD SEVEN
GOODYEAR

ENETTON
RENAULT elf
BENETTON
MAGNETI MARELLI

elf
KOREAN AIR
MICHELIN
UNITED COLORS OF BENETTON.

“La bravura di un campione come Sch
Ricordo l’anno del suo primo mondiale
stava per diventare grande, tuttavia la
Ma dove non arrivava il mezzo ci pen
Grandissimo.”

“The skill of a champion like Schumac
I remember the year of his first world
was about to become a major one, alth
best. But where the car couldn’t rea
difference. A real champion.” *Niki Lauda, Vienna*

umacher prescinde dalle vittorie.
con la Benetton-Ford: la squadra
macchina non sempre era la migliore.
sava lui, facendo la differenza.

her goes beyond the victories.
title with Benetton-Ford: the team
ough the car was not always the
ch, he could, and that made the

febbraio / February 2003

Una scuderia storica, un pilota italiano molto promettente e una monoposto interamente verde, il classico colore britannico nei Gran Premi: comincia così, con la sponsorizzazione della Tyrrell all'inizio del 1983, l'avventura della Benetton in Formula 1, nelle vesti di sponsor. La squadra del vecchio Ken, che aveva vissuto un periodo glorioso grazie ai mondiali conquistati dallo scozzese Jackie Stewart e ai successi di Patrick Depailler, François Cevert e Jody Scheckter, era piombata a poco a poco in una crisi profonda per la mancanza di fondi e poi era tornata a stupire. Grazie anche al giovane Michele Alboreto che, un anno prima, con Luciano Benetton come spettatore, aveva riportato le monoposto motorizzate dal Ford-Cosworth 8 cilindri al successo nella gara di Las Vegas, decisiva per la lotta al titolo tra il finlandese Keke Rosberg con la Williams (che diventò campione) e il nordirlandese John Watson con la McLaren.
Nel 1983 il team riparte per rispettare il ruolo di outsider, in grado di pungere non appena si presenti l'occasione. Al volante ancora Alboreto e lo statunitense Danny Sullivan. Il gruppo non delude. Michele vince ancora, nel GP Usa Est a Detroit, regalando al V8 inglese l'ultimo successo per un lungo periodo (un propulsore Ford tornerà a vincere solo sei anni dopo e proprio con la Benetton pilotata da Nannini). Comunque in quel 1983 Alboreto chiude il campionato – conquistato nell'ultima corsa in Sudafrica da Nelson Piquet con la Brabham-BMW – in dodicesima posizione con dieci punti. Sullivan finisce diciassettesimo con due punti. La scuderia si piazza settima nel mondiale costruttori a quota 12, gli stessi punti della Lotus. La stella è chiaramente Alboreto, troppo bravo per non essere notato dai team di vertice. Tanto bravo da indurre Enzo Ferrari a rompere l'embargo nei confronti dei piloti italiani che durava da una decina d'anni. Così, atteso, arriva l'annuncio ufficiale di Maranello: Alboreto nel 1984 avrebbe pilotato una "rossa" affiancando René Arnoux. Tanti saluti e in bocca al lupo a lui, e addio anche alla Benetton. L'azienda veneta lascia la Tyrrell dopo una prima esperienza nei GP che può definirsi felice.

1983

Con Michele Alboreto nel rilancio della Tyrrell

ALBORETO
boeri
benetto
WORLD'S LARGEST KNITWEAR PRODUCE
CHAMP

An historic team, a highly promising Italian driver and an entirely green single-seater car, the classic British racing green of the Grand Prix. This is how Benetton's adventure in Formula 1 began at the start of 1983, as sponsors of Tyrrell. Ken Tyrrell's team had lived through a glorious period thanks to the world titles won by the Scott Jackie Stewart and the successes of Patrick Depailler, François Cevert and Jody Scheckter, but it had fallen into a profound crisis because of the lack of funds. However, it made a sudden recovery thanks to the young Michele Alboreto when, a year before and with Luciano Benetton as spectator, he had won the Las Vegas Grand Prix in the 8-cylinder Ford Cosworth-engined car. This was a decisive race in the struggle for the world title between the Finnish Keke Rosberg with the Williams (eventual winner), and the Northern Irish John Watson with McLaren.
In 1983, the team began with the intention of playing the role of outsider, hiding a sting in itself for when the occasion presented itself. Behind the wheel, again, were Alboreto and Danny Sullivan of the United States. The team lived up to expectations: Michele won once more, at the GP USA East in Detroit, giving the British V8 its last victory for a long time (a Ford engine would win once more only six years later, in the Benetton driven by Nannini). In this year, Alboreto closed the championship in 12th place with ten points – snatched from Nelson Piquet with Brabham-BMW in the last race in South Africa. Sullivan finished 17th with two points. The team came 7th in the constructors' championship with 12 points, the same as Lotus.
The star of the show was clearly Michele Alboreto, who was too good not to be noted by the leading teams. Good enough to induce Enzo Ferrari to break his ten-year embargo on Italian drivers. As expected, Maranello issued an official release: Michele Alboreto would drive a "rossa" as of 1984 alongside René Arnoux. Cheerio and the best of luck to him, and good bye to Benetton. The Italian company left Tyrrell after an initial taste of GP that had proved to be a successful one.

1983

With Michele Alboreto at the relaunch of Tyrrell

Michele Alboreto impegnato in una fase del Gran Premio di Gran Bretagna.
A fianco, Ken Tyrrell sorridente con Danny Sullivan.
A sinistra, Sullivan sul circuito di Spa-Francorchamps.

Michele Alboreto in the British Grand Prix.
Alongside, Ken Tyrrell smiles with Danny Sullivan.
Left, Sullivan on the Spa-Francorchamps circuit.

"Sì, credo proprio di essere stato io a convincere Luciano Benetton a entrare in Formula 1", dice Nanni Galli, titolare di un'industria di filati a Prato con un notevolissimo passato di pilota che l'ha portato a vincere con le Alfa Romeo ufficiali e poi a guidare persino la Ferrari in Formula 1.
"Erano gli anni settanta, un secolo fa", commenta sorridendo con un pizzico di nostalgia e finta modesta. Poi passa a raccontare: "Conobbi Luciano Benetton per lavoro. Ero uno dei fornitori di filati per le sue maglie. E siccome non avevo perso il vizio di guardare i Gran Premi, gli suggerii di pensare alla Formula 1 come veicolo promozionale. La Benetton negli anni ottanta stava espandendosi, apriva negozi in tutto il mondo e le corse, a mio avviso, sarebbero state un mezzo eccezionale per promuovere il marchio. Luciano conosceva la F.1 dai giornali, ma non sapeva nulla dell'ambiente, dell'atmosfera, dei possibili ritorni".
Luciano Benetton pensa, medita. E si rende conto che la cosa potrebbe funzionare. Si reca con Nanni Galli ad assistere al Gran Premio degli Stati Uniti a Detroit, capisce che la Formula 1 potrebbe essere davvero qualcosa di straordinario, anche perché il costo-contatto è vantaggioso. "Qualche mese dopo – prosegue Galli – telefonai a Ken Tyrrell, la cui squadra aveva secondo me le caratteristiche ideali per abbinarsi a Benetton, anche in funzione del fatto che il pilota di punta per il 1983 sarebbe stato un giovane italiano molto promettente, Michele Alboreto. Tyrrell era un grande personaggio, aveva avuto piloti famosi come Jackie Stewart, Patrick Depailler, Ronnie Peterson, intratteneva rapporti privilegiati con la Ford. Andammo in Inghilterra, era il mese di settembre del 1982, faceva già freddo. Luciano Benetton e Ken Tyrrell si piacquero. E venne firmato un contratto di sponsorizzazione."
Il resto fu una felice sorpresa: "Alboreto vinse a Las Vegas e successivamente a Detroit e noi eravamo lì, a trepidare al box. Luciano, che non si lascia mai trasportare dagli entusiasmi, era al settimo cielo. Il suo istinto nel lasciarsi coinvolgere dalla Formula 1 non aveva sbagliato. E io ero contento con lui".

1983

Nanni Galli
"Così Luciano decise di entrare in Formula 1"

benetton
COURTAULDS
GOODYEAR
benetton
012
SISLEY

"Yes, I think it was me who convinced Luciano Benetton to go into Formula 1", says Nanni Galli, proprietor of a yarn factory in Prato. Galli has a past as a successful racing driver, winning with the official Alfa Romeos and even driving a Ferrari in Formula 1.

"It was the 1970s, a century ago", he comments, smiling with a touch of nostalgia and fake modesty. Then he goes on: "I met Luciano Benetton through work. I was one of the suppliers of yarns for his knitwear. And since I hadn't lost the habit of watching the Grand Prix, I suggested he consider Formula 1 as a promotional vehicle. In the 1980s, Benetton was expanding, opening shops throughout the world, and the races in my opinion could prove an exceptional medium for promoting the brand. Luciano knew of F1 from the newspapers, but he knew nothing about the setting, the atmosphere, the possible returns".

Luciano Benetton pondered and thought, and he realised that the thing could work. He went with Nanni Galli to the US Grand Prix in Detroit, and understood that Formula 1 could truly be something extraordinary, because the cost per contact was advantageous. "A few months later", continues Galli, "I phoned Ken Tyrrell, whose team I thought had the ideal characteristics for joining up with Benetton, in part thanks to the fact that their star driver for 1983 would be a highly promising young Italian: Michele Alboreto. Tyrrell was a great character, and had had famous drivers such as Jackie Stewart, Patrick Depailler and Ronnie Peterson, plus he had close links with Ford. We went to England; it was September 1982 and already cold. Luciano Benetton and Ken Tyrrell got on well, and a sponsorship contract was signed."

The rest was a happy surprise: "Alboreto won at Las Vegas and then at Detroit, and we were there, fidgeting in the pit. Luciano, who never gets carried away by enthusiasm, was in seventh heaven. His instinct about letting himself get drawn into Formula 1 had not been wrong. And I was happy with him".

1983

Nanni Galli

"Here's how Luciano decided to join Formula 1"

PACIF
LE SANS ALCOOL DE R
benetton
benetton
GOODYEAR
Tyrrell

1984

Con l’Alfa Romeo tra entusiasmi e difficoltà

L’addio della Benetton alla Tyrrell è motivato dalla volontà di legarsi a un glorioso marchio italiano, l’Alfa Romeo, nonostante la sua presenza nei GP non sia più in forma diretta ma attraverso la gestione della Euroracing. L’Alfa, che aveva scritto pagine indimenticabili conquistando i primi due titoli iridati nella storia del mondiale (con Farina nel 1950 e con Fangio l’anno seguente), si era ritirata dai GP per farvi ritorno negli anni settanta fornendo i suoi motori a March, McLaren e soprattutto Brabham. Poi era rientrata in modo ufficiale con la cosiddetta Alfa-Alfa pilotata nelle ultime gare del 1979 da Vittorio Brambilla. E l’anno dopo con un team di due vetture per Bruno Giacomelli e Patrick Depailler, francese che scomparve tragicamente in un test a Hockenheim nell’estate 1980.

Chiusa l’esperienza in prima persona a fine ’83, senza essere riuscita a vincere un GP, l’Alfa Romeo si presenta al via del mondiale successivo con il nome di Euroracing-Alfa. Colore: verde Benetton. Al comando della gestione c’è Gianpaolo Pavanello, con lo storico ingegner Carlo Chiti a occuparsi dei motori e questioni politiche. I piloti sono Riccardo Patrese, che arriva dalla Brabham, e l’italo-americano Eddie Cheever, che ha lasciato la Renault. Sulla carta, un’ottima accoppiata. Ma la stagione non si rivela molto felice. Ci sono parecchi problemi con il propulsore e la nuova formula, legata ai consumi, vede i due piloti perdere spesso solidi piazzamenti per essere rimasti senza benzina nelle battute finali di gara. A poco vale l’arrivo di Gianni Tonti a gestire il settore propulsori, con i poteri di Chiti limitati dalla Casa del Biscione.

A fine campionato il miglior risultato è il terzo posto di Patrese nel GP d’Italia a Monza. Il padovano è anche quarto a Kyalami e sesto nel GP d’Europa al Nürburgring. Una quarta piazza, nella corsa inaugurale del mondiale in Brasile, è anche il miglior piazzamento di Cheever. Riccardo chiude il campionato tredicesimo con otto punti, Eddie sedicesimo con tre. E la scuderia è solo ottava tra i costruttori. Poco, per le ambizioni iniziali.

A sinistra, Riccardo Patrese ed Eddie Cheever, compagni di colori con la Euroracing-Alfa Romeo.

Left, Riccardo Patrese and Eddie Cheever, team-mates with Euroracing-Alfa Romeo.

Benetton's departure from Tyrrell was motivated by a desire to link up with a glorious Italian marque, Alfa Romeo, despite the fact that its presence in the GP was no longer direct one but effected through the Euroracing operation. Alfa Romeo, which had contributed so much to racing history and had conquered the first two titles in the championship's history (with Farina in 1950 and with Fangio the following year), had retired from the GPs to return in the 1970s, supplying engines to March, McLaren and, above all, Brabham. It then re-entered officially with the so-called Alfa-Alfa driven in the last races of 1979 by Vittorio Brambilla. The next year saw it taking part with two cars driven by Bruno Giacomelli and Patrick Depailler, the Frenchman who tragically died in a test at Hockenheim in the summer of 1980. With this initial first-hand experience coming to an end at the close of 1983 without winning a GP, Alfa Romeo started the following season's championship under the name Euroracing-Alfa. Colour: Benetton green. Heading the operation was Gianpaolo Pavanello, with the historic engineer, Carlo Chiti, handling the engines and political questions. The drivers were Riccardo Patrese, who came from Brabham, and the Italo-American Eddie Cheever, who left Renault. On paper, this was a winning combination, but the season proved not to be a happy one. There were a lot of problems with the engine and the new regulations regarding consumption saw the two pilots frequently losing good rankings through running out of petrol in the final laps. The arrival of Gianni Tonti to take charge of the engine division, with Chiti's powers limited to Alfa Romeo did little to alter the situation.
By the end of the championship, the best result was Patrese's third place at the Italian GP of Monza. Patrese also came fourth at Kyalami and sixth in the Europe Grand Prix at Nürburgring.
A fourth place in the inaugural world championship race of Brazil was also Cheever's best position. Riccardo closed the championship 13th with eight points, Eddie 16th with three.
The team overall came only 8th in the constructors' championship.
This was little enough, given the initial ambitions.

1984

With the Alfa Romeo, amid enthusiasm and difficulties

Il passaggio di Riccardo Patrese al Gran Premio della Germania.
A sinistra, Eddie Cheever in Brasile.

Riccardo Patrese in the German Grand Prix.
Left, Eddie Cheever in Brazil.

1985

L'acquisto della Toleman Benetton diventa team

Pochi risultati e difficoltà politiche. Non può durare. Così la Benetton – mantenendo comunque la sponsorizzazione dell'Alfa-Euroracing gestita dalla struttura dell'anno precedente con la sola aggiunta della leggenda dei rally Sandro Munari come direttore sportivo – inizia a guardarsi intorno per trovare una strada diretta e più felice per essere protagonista in F.1. L'occasione si materializza nelle vesti della Toleman. Il team inglese, approdato in F.1 nel 1981, era cresciuto e aveva vissuto nel 1984 la sua stagione migliore facendo esordire un certo Ayrton Senna. Ma la partenza del brasiliano verso la Lotus e un problema di gomme costringono la scuderia che usava i motori Hart a restare ferma mentre inizia il campionato 1985. La Toleman è infatti passata alle Michelin rompendo con la Pirelli. Ma a fine 1984 la Michelin abbandona i GP e la squadra – avendo indispettito la Pirelli – si ritrova senza una fornitura di pneumatici.
La Benetton si fa avanti e a maggio, dopo una rapida trattativa, acquista la Toleman e fa il suo esordio nell'appuntamento di Montecarlo, quarta gara della stagione in scena il 19 di quello stesso mese, con una sola vettura pilotata da Teo Fabi. E suscita subito stupore, per la colorazione della macchina (bellissima: bianca con le bandierine di diverse nazioni e la scritta "United Colors of Benetton") e per altre iniziative sconvolgenti per la F.1 dell'epoca. Su tutte, la colorazione della spalla delle gomme Pirelli. La sede è a Witney, in Inghilterra, e dal GP d'Austria di agosto arriva anche la seconda macchina per Piercarlo Ghinzani. Dal punto di vista strettamente aritmetico non si può dire che per l'azienda veneta quello del 1985 rappresenti un mondiale memorabile. Pur giocando su due tavoli, con le squadre a lei legate, la Benetton non porta a casa nemmeno un punto. In particolare il campionato dell'Alfa Romeo è disastroso, tanto che a fine anno la casa milanese si ritira definitivamente dalla F.1. Al contrario, la Toleman-Hart nobilita la sua stagione conquistando una bellissima pole nel GP di Germania sulla veloce pista di Hockenheim con Teo Fabi. Il dado è tratto: da qui in avanti la Benetton camminerà con le proprie gambe.

Eddie Cheever (Euroracing-Alfa Romeo) e Teo Fabi (Toleman-Hart):
la Benetton è presente su due macchine diverse.

Eddie Cheever (Euroracing-Alfa Romeo) and Teo Fabi (Toleman-Hart):
Benetton is present on two different cars.

1985

The acquisition of Toleman
Benetton becomes a team

Little in the way of results, and political difficulties. The situation could not go on like this. While continuing its sponsorship of Alfa-Euroracing, run by the same operation as the year before, with the sole addition of legendary rally driver Sandro Munari as race director, Benetton began looking around to find a more direct and effective way to become a protagonist of F1. The chance came up in the guise of Toleman. The English team, which had entered F1 in 1981, had grown and enjoyed its best season yet in 1984, with the debut of a certain Ayrton Senna. But the departure of the Brazilian for Lotus and a problem with tyres had forced the team, which used Hart engines, to a standstill while the 1985 championship started without them. Toleman had done away with Pirelli in favour of Michelin, but at the end of 1984, Michelin abandoned the GP circuit and the team – having irritated Pirelli – found itself without a company to supply them with tyres. Benetton stepped forward and in May, after some rapid negotiation, purchased Toleman and made its debut at Monte Carlo, the fourth race in the season, held on the 19th of the same month. It fielded a single car, driven by Teo Fabi. It immediately caused a sensation because of the colouring of the car (beautiful: white with the flags of different colours and emblazoned with the text "United Colors of Benetton") and for a series of other initiatives that were totally new to the F1 world of the time. On all, the rims of the Pirelli tyres were coloured. The headquarters was at Witney in England. The team's second car, for Piercarlo Ghinzani, was available from the time of the Austrian GP in August. From a strictly arithmetical point of view, it cannot be said that the 1985 season was one to remember for the Veneto-based company. Despite hedging its bets on the two teams with which it was associated, Benetton did not win a single point. Alfa Romeo's season was particularly disastrous, and at the end of the year, indeed, the group decided to pull out of F1 definitively. On the other hand, Toleman-Hart made its mark in the season with a fine pole position at the German Grand Prix on the fast track of Hockenheim with Teo Fabi. The die was cast: from here on, Benetton would walk on its own two legs.

Piercarlo Ghinzani sulla Toleman-Hart.

Piercarlo Ghinzani in the Toleman-Hart.

1986

E finalmente arriva la prima vittoria

Finalmente è solo Benetton. Tre anni dopo l'ingresso in Formula 1, il gruppo di Ponzano Veneto si presenta al via di un mondiale tra i più intensi che si ricordino con un team che porta il proprio nome. Scompare la Toleman, scende in pista la Benetton B186 per il confermato Teo Fabi e il nuovo acquisto, il giovane austriaco Gerhard Berger. Il motore è BMW e gli pneumatici ancora Pirelli. L'organigramma della scuderia vede Davide Paolini come amministratore delegato, il sudafricano Rory Byrne sempre al suo posto come direttore tecnico e Peter Collins, un passato prestigioso alla Lotus e alla Williams, come team manager.
Quella del 1986 è una stagione particolarmente drammatica per la F.1. L'8 marzo Frank Williams, tornando in macchina da un test della sua squadra al Castellet, nel sud della Francia, incappa in uno spaventoso incidente stradale che lo renderà tetraplegico. Il 14 maggio, per le conseguenze di un tremendo impatto dovuto alla rottura dell'alettone posteriore sulla sua Brabham-BMW, sempre al Castellet, muore il romano Elio De Angelis. Il mondiale manda in scena un'irripetibile sfida a quattro con protagoniste le Williams di Nigel Mansell e Nelson Piquet, la McLaren di Alain Prost e la Lotus di Ayrton Senna. La spunta il francese nell'ultima gara di Adelaide, in Australia, dopo l'esplosione della gomma di Mansell in pieno rettilineo nel finale.
La Benetton si comporta benissimo. Conquista due pole position – in Austria e a Monza – con Fabi. Ma soprattutto, grazie a una grande giornata delle gomme Pirelli, vince il GP del Messico con Berger. Gerhard domina e chiude con più di 25" sulla McLaren di Prost. A fine stagione Berger è settimo con 17 punti, Fabi quindicesimo con due e la squadra sesta tra i costruttori. C'è tutto per provare a spiccare il volo. Ma sul più bello vengono a mancare due pilastri della struttura Benetton. Berger viene infatti ingaggiato dalla Ferrari, confermando la tendenza iniziata con Alboreto (che nell'87 sarà il compagno di squadra di Gerhard con la rossa) e che proseguirà con Schumacher: i piloti Benetton piacciono a Maranello. Mentre la BMW, già dal GP di Francia di luglio, annuncia il suo addio alla F.1. Serve un motore, bisogna ricominciare daccapo.

A sinistra, Gran Premio del Messico: Gerhard Berger festeggia la prima vittoria della Benetton. Alla sua sinistra, Ayrton Senna.

Left, Mexican Grand Prix: Gerhard Berger celebrates the first victory of the Benetton. At his left, Ayrton Senna.

1986

The first victory finally arrives

At last it was just Benetton. Three years after first joining Formula 1, the group from Ponzano Veneto was at the start of one of the most intense championships in living memory with a team bearing its own name. Toleman disappeared and was replaced by the Benetton B186 for the confirmed Teo Fabi and the new acquisition, the young Austrian, Gerhard Berger. The motor was a BMW and the tyres once more Pirelli. The team structure saw Davide Paolini as managing director, South African Rory Byrne in his post of technical director, and Peter Collins, with a prestigious past with Lotus and Williams, as team manager. The 1986 season was a particularly dramatic one for F1. On 8 March, Frank Williams, returning in his car from a test with his team at Le Castellet in the south of France, was involved in a terrible car crash that would leave him tetraplegic. On 14 May, as a result of a tremendous impact caused by the breakage of the rear spoiler on his Brabham-BMW, again at Le Castellet, Elio De Angelis was killed. The championship saw the unrepeatable staging of a four-way challenge with the Williams of Nigel Mansell and Nelson Piquet, Alain Prost's McLaren and Ayrton Senna's Lotus. The title was won by the Frenchman in the last race at Adelaide, Australia, after Mansell burst a tyre on the straight in the final. The Benetton car responded extremely well. It took two pole positions – in Austria and at Monza – with Fabi. But above all, thanks to a great day with Pirelli tyres, it won the Mexican GP with Berger. Gerhard dominated and finished the race with a 25" advantage over Prost's McLaren. At the end of the season, Berger was seventh with 17 points, Fabi 15th with two and the team sixth in the constructors' championship. All the elements were in place to head for the top. But just as things were looking good, two pilasters in the Benetton structure went missing: Berger was taken on by Ferrari, confirming the trend started by Alboreto (who would be Gerhard's team-mate with Ferrari in 1987), and continued by Michael Schumacher. Benetton drivers were much favoured at Maranello. Secondly, BMW announced its withdrawal from F1 at the French Grand Prix in July. Benetton now needed a new engine and had to start from the drawing board.

Benetton
Formula
Benetton
Formula
UNITED COLORS
OF BENETTON
benetton
20

1986

Peter Collins
"Il successo di Gerhard fu il segno della svolta"

È stato il primo responsabile delegato del team, poche settimane dopo che la Toleman era stata acquistata dalla Benetton. Ed è sulle sue spalle e su quelle di Davide Paolini che è ricaduto il peso delle prime fasi dell'organizzazione.
Peter Collins, omonimo ma niente più di quel Peter Collins che corse con la Ferrari negli anni cinquanta, oggi è un distinto signore australiano che resta appassionato di corse e ha ancora legami stretti con la Formula 1, occupandosi di varie cose tra cui la gestione di piloti: "Cominciai il mio lavoro di general manager del team col Gran Premio di Francia del 1985, avevo lasciato la Williams ed era stato un susseguirsi di domande da parte di tutti: 'Perché hai mollato Frank?'. In realtà l'idea di ripartire su basi nuove e di mettere a frutto l'esperienza fatta prima con la Lotus e poi con la Williams mi affascinava e mi dava un sacco di motivazioni. Credo di aver fatto la mia parte nel gettare le basi di quello che poi è diventato un grande team".
Chiamato in Benetton dall'amico Rory Byrne, si è occupato della gestione interna della fabbrica, dei rapporti con la famiglia Benetton ma anche dei contatti con la Fia, con i piloti, con i fornitori di motori. "Ho vissuto un momento meraviglioso quando Berger ha vinto con la nostra macchina il GP del Messico del 1986. In quel momento capii che stavamo crescendo e che saremmo diventati grandi. Così è stato."
Australiano di Sydney, suadente nel parlare ma anche estremamente diretto se il caso, Peter Collins ha lasciato la squadra Benetton nel 1989.

A sinistra, Peter Collins tra Davide Paolini e Gerhard Berger.

Left, Peter Collins between Davide Paolini and Gerhard Berger.

He was the team's first managing director, from a few weeks after Toleman was purchased by Benetton. The weight of the early phases of the organisation fell to him and Davide Paolini. Peter Collins shares a name but nothing else with that Peter Collins who used to race with Ferrari in the 1950s. Today, he is a distinguished Australian gentleman who remains a racing enthusiast and still has close contacts with Formula 1, handling various aspects, including the management of drivers: "I began my job as the team's general manager with the French Grand Prix of 1985. I had left Williams and everyone kept asking me: 'Why did you leave Frank?' In reality, the idea of starting from a new basis and to bring to bear the experience I had gained first with Lotus and then with Williams fascinated me and gave me a great deal of motivation. I think I played my part in laying the foundations for what subsequently became a great team" . Brought into Benetton by his friend, Rory Byrne, he was responsible for the internal management of the factory, of contacts with the Benetton family and also with the Fia, drivers and suppliers of engines. "I had a marvellous moment when Berger won the Mexican Grand Prix with our car in 1986. In that moment, I understood that we were growing and would become great. And so it was."
An Australian of Sydney, Peter Collins is persuasive in speech but also extremely direct if necessary. He left the Benetton team in 1989.

1986

Peter Collins
"Gerhard's success marked the turning point"

benetton
benetton
benetton
RIELLO
burners
19

1987

Accordo con la Ford C'è il turbo di Detroit

La Benetton non si perde d'animo. Per la fornitura dei suoi motori turbo trova un accordo con la Ford, che segna l'inizio di una collaborazione felice e proficua, che regalerà grandi soddisfazioni a entrambe le parti. Per sostituire Gerhard Berger viene ingaggiato il belga Thierry Boutsen, che ha già disputato quattro stagioni in F.1 con la Arrows. Un pilota poco appariscente ma molto solido che affianca il confermato Teo Fabi, formando una coppia ben assortita e pronta a sacrifici per far crescere il team.
La macchina è la B187 che, come già detto, monta un propulsore Ford V6 con angolo di bancata a 120°. Unità alla quale i nuovi regolamenti – che permettono ai motori aspirati di tornare nel Mondiale – impongono una valvola di limitazione. La struttura del propulsore, usato l'anno prima dalla Lola Haas e non potentissimo, permette una buona sistemazione nel telaio con grossi benefici aerodinamici. E la vettura fa il suo dovere.
Il mondiale è però una faccenda privata in casa Williams, con la sola Lotus di Senna a contrastare un dominio netto. Alla fine il titolo, il terzo della sua carriera, viene conquistato da Nelson Piquet che ha ragione del velocissimo ma poco fortunato Nigel Mansell. L'epilogo quando, nelle prove del GP del Giappone a Suzuka, l'inglese ha un incidente che lo manda dritto in ospedale, facendogli così abbandonare ogni speranza di rimonta.
Per la Benetton i numeri parlano di un passo avanti rispetto al 1986. La squadra chiude il mondiale costruttori al quinto posto con 28 punti, mentre tra i piloti Boutsen è ottavo a quota 16 e Fabi nono a 12. Ma nel confronto manca la vittoria che l'anno prima era arrivata. I migliori risultati del 1987 sono due terzi posti: quello del milanese a Zeltweg in Austria e quello del belga ad Adelaide in Australia, nell'ultima gara della stagione. Pochino, ma la struttura è sempre più solida e la strada per provare a raggiungere il vertice è tracciata. A creare ancora discontinuità arriva un cambio di regolamento, che per il 1989 consentirà la presenza di soli motori 3.5 aspirati. La Benetton decide di anticipare l'operazione: dal 1988 avrà un Ford-Cosworth DFR otto cilindri.

Due momenti della stagione di Teo Fabi: in Messico e a Monza.

Two moments from Teo Fabi's season: in Mexico and at Monza.

Benetton did not lose heart. It drew up an agreement with Ford for the provision of turbo engines. This was the start of a successful collaboration providing ample satisfaction to both sides. To replace Gerhard Berger, the team took on Thierry Boutsen from Belgium, who had already had four seasons in F1 with the Arrows. He was a driver who did not make much of a splash but he was solid and reliable, working alongside Teo Fabi. The two formed a well-matched pair, ready to make sacrifices to ensure the team's growing success. The car was a B187 with, as mentioned, a Ford V6 engine with a 120° block. The new regulations, which now allowed the return of aspirated engines to the championship, imposed a limitation valve on these engines. The structure of the engine, used the preceding year by Lola Haas, and not particularly powerful, slotted snugly into the chassis, thereby enabling considerable aerodynamic benefits. And the car responded.

However, this championship was to prove a family affair for Williams, with only Senna's Lotus challenging their clear dominance. At the end of the season, the world title went, for the third time, to Nelson Piquet, who pipped the fast but unlucky Nigel Mansell at the post. This bad luck continued in an epilogue: during the GP trials at Suzuka in Japan, the Englishman was involved in a crash that sent him straight to hospital, forcing him to abandon any hope of attaining the title in future.

As far as Benetton was concerned, the numbers showed a net improvement on 1986. The team closed the constructors' championship in fifth place with 28 points, Boutsen finished eighth of the drivers with 16 points and Fabi ninth with 12. On the other hand, a clear win as occurred the year before was missing. The best results of 1987 were two third places: that of the Milanese at Zeltweg in Austria, and that of the Belgian at Adelaide in Australia in the last race of the season. This was a little thin, but the structure was increasingly solid

1987

Agreement with Ford The Detroit turbo

and the road leading to the top already marked out. Further discontinuity was caused, however, by a change in the regulations, which in 1989 would only allow aspirated 3.5 litre engines. Benetton decided to anticipate the operation: from 1988, it would have an eight-cylinder Ford-Cosworth DFR.

Thierry Boutsen pensieroso.
A sinistra, la tristezza di Fabi, bloccato in pista a Monza.

A thoughtful Thierry Boutsen.
Left, Fabi's sadness, blocked on the track at Monza.

RIELLO
burners
benetton
Mobil 1
SISLEY
EAGLE
GOODYEAR
FABI
19

benetton
CAMEL
BOUTSEN
Ford

benetton

CAMPARI
CAMPARI
LONGINES
CHAMP
benetton

È l'anno in cui muore Enzo Ferrari, che scompare a Modena il 14 agosto. Ma, per la Benetton, è anche l'anno in cui approda nel team il veloce e simpaticissimo Alessandro Nannini, una vera scoperta. E soprattutto si intrecciano i primi contatti con Flavio Briatore, manager di Cuneo, per un ruolo dirigenziale. La nuova B188, progettata ancora una volta da Rory Byrne, torna a montare il propulsore Ford V8 aspirato. Quarto cambio di motore in quattro anni, un esercizio ingegneristico in grado di mettere a dura prova chiunque. Le gomme diventano Goodyear, dopo gli anni con la Pirelli. Per la formazione piloti, insieme al toscano viene confermato Thierry Boutsen. Se ne va Teo Fabi, dopo tre stagioni tutto sommato felici passate insieme alla squadra.

Il bilancio finale della stagione è positivo. La Benetton conquista il terzo posto nel mondiale costruttori, mettendo insieme 39 punti che le consentono di piazzarsi alle spalle dell'imbattibile McLaren (che vince con Senna e Prost addirittura 15 gare su 16 e ovviamente i due titoli iridati, quello piloti con Ayrton) e della Ferrari. In classifica Boutsen chiude ottimo quarto con 27 punti grazie a cinque terzi posti e altri quattro arrivi a punti. Nannini, che a Hockenheim ospita ai box la sorella rockstar Gianna, ne porta a casa 12 (con due terzi posti) e si piazza nono.

Nell'ultimo Gran Premio dell'anno, ad Adelaide, si presenta come ospite lo sconosciuto Flavio Briatore. "Mi ero preso un anno sabbatico e da due settimane ero tornato nella mia casa alle Isole Vergini – spiega più tardi il manager di Cuneo –. Mi telefonò Luciano, voleva che lo incontrassi a New York per andare a seguire una gara in Australia. Gli chiesi che tipo di gara e mi rispose: quella di F.1." Briatore viene da sette anni spesi per avviare le attività Benetton negli Stati Uniti. Non è dell'ambiente, non ha esperienza e non conosce il mondo dei GP. Ma il tempo, l'entusiasmo e la mancanza di pregiudizi in grado di omologarlo e condizionarlo sono dalla sua parte. Lascerà il segno.

1988

Un osservatore ai box Il suo nome è Briatore

A sinistra, Thierry Boutsen e Alessandro Nannini accanto al "pilota" Luciano Benetton.

Left, Thierry Boutsen and Alessandro Nannini alongside "driver" Luciano Benetton.

benetton

benetton

Thierry Boutsen alle prese col bagnato.

Thierry Boutsen tackles a wet track.

1988

An observer in the pits
His name is Briatore

This was the year in which Enzo Ferrari died, at Modena on 14th August. But for Benetton, it was also the year in which the fast and friendly Alessandro Nannini, a true discovery, joined the team. Above all, the first contacts were made with Flavio Briatore, manager of Cuneo, to offer him a managerial role.

The new B188, once again designed by Rory Byrne, fitted the aspirated Ford V8 engine once more. This was the fourth change of engines in four years, an engineering exercise that would have tested any team. Goodyear tyres were now fitted, following the Pirelli years. The drivers saw the arrival of not just Nannini, but also Thierry Boutsen. Teo Fabi left, after three overall happy years with the team.

The final results of the season were positive. Benetton won third place in the constructors' championship, gaining 39 points and coming immediately behind the unbeatable McLaren (which won 15 out of 16 races with Senna and Prost and the two world titles, the driver's championship with Ayrton) and Ferrari. In the drivers' rankings, Boutsen closed an excellent fourth with 27 points, thanks to five third places and another four finishes with points. Nannini, who welcomed his rockstar sister Gianna in the pits at Hockenheim, brought home 12 points (with two third places) and finished ninth.

In the last Grand Prix of the year, at Adelaide, the unknown Flavio Briatore appeared as a guest. "I had taken a sabbatical year and two weeks before had returned to my home on the Virgin Islands", explained the Cuneo manager subsequently. "I was called by Luciano, who wanted to meet me in New York to go and see a race in Australia. I asked him what type of race and he replied: Formula 1." Briatore had just spent seven years launching Benetton's business in the United States. He was not from the sector, had no experience and knew nothing of the world of Grands Prix. But time, enthusiasm and the lack of prejudice to condition him worked in his favour. He would leave his mark.

Macchine, piste, motori, ma non solo: la Formula 1 è anche mondanità, con la cantante Gianna Nannini, sorella di Alessandro, il flamenco e le corride di Jerez de la Frontera. A sinistra, un'accesa fase di gara tra Nannini e Nelson Piquet.

Cars, tracks, engines and more: Formula 1 is also worldliness, with the singer Gianna Nannini, Alessandro's sister, the flamenco and corrida *of Jerez de la Frontera. Left, a lively moment in a race between Nannini and Nelson Piquet.*

1989

Nannini show in Giappone
L'aggancio con Barnard

Una stagione di grandi cambiamenti. Dopo la prima fase di studio, arriva il piano di sviluppo per puntare al vertice. Alessandro Benetton, figlio secondogenito di Luciano, classe 1964, diventa presidente. Davide Paolini ricopre il ruolo di amministratore delegato, il neoassunto Flavio Briatore quello di direttore commerciale. Direttori tecnico e sportivo sono ancora Rory Byrne e Peter Collins.
Al confermatissimo Nannini viene affiancato Johnny Herbert. Ma l'inglese, una vera promessa in F.3000, è reduce da un incidente nell'estate precedente a Brands Hatch che gli ha procurato fratture multiple alle gambe. Johnny si presenta al primo GP in Brasile senza essere in grado di camminare: si muove per il paddock solo in bicicletta e ogni volta che entra nell'abitacolo sono sofferenze inaudite. Ma non molla. E proprio in quel GP, che vede l'incredibile successo di Nigel Mansell all'esordio con la Ferrari, lui chiude quarto. Ma i problemi fisici sono troppi, l'inglese non riesce a confermarsi e dopo sei gare, dal GP di Francia di inizio luglio, viene sostituito dall'italiano Emanuele Pirro.
La macchina, la B189 che monta il Ford V8 in esclusiva, è buona e consente di togliersi diverse soddisfazioni. Al punto da chiudere il mondiale costruttori, che vede al via ben 20 team, al quarto posto. Con Nannini ottimo sesto dopo aver conquistato 32 punti, Herbert quattordicesimo con cinque e Pirro ventitreesimo con due punti. In tutto questo la perla, anche se arrivata a tavolino, è rappresentata dalla vittoria di Nannini nel GP del Giappone. Dopo il contatto tra le McLaren di Senna e Prost in chicane, il francese si ritira, il brasiliano riparte e finisce davanti a tutti ma più tardi viene squalificato: titolo ad Alain tra mille polemiche e successo a Suzuka, il primo e purtroppo unico nella sua carriera, al toscano. Ma alla squadra la buona stagione non basta. Il 29 settembre, tre settimane prima della gioia giapponese, viene annunciato l'ingaggio come direttore tecnico di John Barnard, il "mago" che aveva lasciato la Ferrari. Per uno che arriva, un altro che se ne va: a fine stagione c'è l'addio di Davide Paolini.

A sinistra, Alessandro Nannini sul podio del Gran Premio del Giappone.

Left, Alessandro Nannini on the podium of the Japanese Grand Prix.

1989

Nannini's performance in Japan Linking up with Barnard

This was a season of great change. After the initial study phase, the development plan to head for the top was implemented. Alessandro Benetton, Luciano's second son, born in 1964, became president. Davide Paolini became managing director and the newly employed Flavio Briatore sales director. Technical and race director were still Rory Byrne and Peter Collins.
The highly regarded Nannini was flanked by Johnny Herbert. But the Englishman, a promising driver in F3000, had had a crash the summer before at Brands Hatch, which had caused multiple fractures to his legs. Johnny turned up for the first GP in Brazil unable to walk: he could only move around the paddock on a bicycle, and every time he climbed into his seat he suffered great pain. But he did not give up. And in that GP, which saw the incredible success of Nigel Mansell in his first race with Ferrari, he finished fourth. However, his physical problems were overwhelming and the Englishman was unable to make a mark. After six races, from the French GP at the beginning of July, he was replaced by Emanuele Pirro of Italy.
The car, the B189 which was the only one to fit the Ford V8, was good and provided considerable satisfaction. To the point of closing the constructors' championship, which included no less than 20 teams, in fourth place. With Nannini in an excellent sixth place after winning 32 points, Herbert 14th with five and Pirro 23rd with two. The icing on the cake was Nannini's win at the Japan GP, even though this was an 'artificial' one. Following a contact between the McLarens of Senna and Prost in the chicane, the Frenchman pulled out, the Brazilian restarted and finished first but was later disqualified. The championship went to Alain amid controversy, and success came to Nannini, his first and, unfortunately, only win. However, a good season was not enough for the team. On 29 September, three weeks before the joy of the Japanese win, the hiring was announced of John Barnard as technical director, the 'wizard' who had just left Ferrari. For each arrival, there was a departure: at the season's end, Davide Paolini left the team.

Johnny Herbert e, a sinistra, Alessandro Nannini.

Johnny Herbert and, on the left, Alessandro Nannini.

VAUXHALL
PIRELLI
OPEL
7up
RIELLO
Mobil
SANYO
19
20

7up
Mobil
RIELLO
20
SANYO

A destra in basso, Nigel Wollheim, Flavio Briatore, John Barnard all'annuncio del passaggio del progettista inglese alla Benetton nel corso del Gran Premio di Spagna. A sinistra in basso, Alessandro Nannini e Gerhard Herbert con la Benetton-Ford.

Below right, Nigel Wollheim, Flavio Briatore, John Barnard at the announcement of the move of the English designer to Benetton during the Spanish Grand Prix. Left, below, Alessandro Nannini and Gerhard Herbert with the Benetton-Ford.

1990

Piquet un tanto a punto è terzo nel campionato

Con l'accoppiata Barnard-Byrne (quest'ultimo progetta anche la nuova B190) al timone della gestione tecnica, viene affrontata una stagione che sulla carta si annuncia molto promettente e che terrà tutto il veleno e la dolcezza nella coda. Non c'è più Peter Collins, sostituito come direttore sportivo da Gordon Message, suo assistente. Ad affiancare Nannini arriva il tre volte campione del mondo Nelson Piquet, reduce da anni poco felici in Lotus. Per Briatore è il primo colpaccio in tema di piloti, soprattutto per la modalità: il brasiliano viene pagato 50 mila dollari a punto, senza alcuna base fissa di ingaggio. E rende al massimo, soprattutto nel finale di campionato.
Ma con la monoposto motorizzata Ford V8 e gommata Goodyear si mette parecchio in luce anche Nannini. Per il toscano è un anno importante, al punto da finire sul taccuino della Ferrari che cerca un pilota per sostituire il partente Mansell. Ma, proprio sul più bello, i sogni di Alessandro si spezzano. Alla vigilia di Monza, quando molti danno per fatto il matrimonio con il Cavallino, Nannini dice no e decide di restare alla Benetton anche nel 1991.
Però il destino è in agguato. Il 12 ottobre Nannini è protagonista di un incidente mentre tenta di atterrare nei pressi di casa con l'elicottero. Il mezzo s'imbarca, poi si capotta. Una pala impazzita gli taglia di netto l'avambraccio destro: i medici del Cto di Firenze riattaccano l'arto con una lunghissima e delicata operazione, ma la carriera del toscano in F.1 è finita. Per le ultime gare della stagione lo sostituisce il brasiliano Roberto Moreno. E, ironia della sorte, arrivano due successi targati Benetton e Piquet. Il primo, dopo lo scontro al via di Suzuka tra Senna e Prost, "vendetta" del brasiliano per l'anno precedente e scintilla per altre poderose polemiche, è addirittura una doppietta. La prima della Benetton in F.1. Il mondiale, vinto da Ayrton, vede Piquet terzo con 43 punti validi (e 44 conquistati), Nannini ottavo (con 21) e Moreno decimo con sei. La squadra è terza tra i costruttori. Ma non c'è pace: a ottobre se ne va Rory Byrne, sostituito come progettista da Gordon Kimball. A fine anno l'annuncio che nella stagione seguente le macchine saranno di nuovo gommate Pirelli.

Alessandro Nannini.
Accanto, due piloti della Benetton sul podio del Gran Premio del Giappone: sono il vincitore Nelson Piquet e Roberto Moreno, secondo.
A sinistra, si abbassa la bandiera a scacchi del Gran Premio d'Australia davanti a Nelson Piquet con la Benetton: è la penultima vittoria in F.1 del campione brasiliano.

Alessandro Nannini.
Alongside, two Benetton drivers on the podium of the Japanese Grand Prix: the winner, Nelson Piquet and Roberto Moreno, second.
Left, the chequered flag comes down at the Australian Grand Prix in front of Nelson Piquet with the Benetton: this is the penultimate F1 victory for the Brazilian champion.

1990

Piquet at so much per point is third in the championship

With the Barnard-Byrne pair at the helm of the technical operation (Byrne designed the new B190), a season began which, on paper, would be highly promising and bear a sting in the tail. Peter Collins had left and been replaced by Gordon Message, his assistant, as race director. Flanking Nannini came the thrice world champion Nelson Piquet, emerging from some fruitless years with Lotus. For Briatore, this was the first of several coups as regards drivers, especially in terms of how they were accomplished: the Brazilian was paid $50,000 a point, without any basic retainer. He gave his best, especially in the championship final. But with the Ford V8 car with Goodyear tyres, Nannini also carved a significant place for himself. For the Tuscan driver, this was an important year, to the point of finishing up in the list of potentials drawn up by Ferrari, which was looking for a driver to replace the departing Mansell. However, just as things were looking at their best, the dreams of Alessandro were shattered. On the eve of Monza, just as many were sure he was heading for Ferrari, Nannini turned them down and decided to stay with Benetton in 1991. But destiny was just around the corner. On 12 October, Nannini was involved in an accident as he tried to land his helicopter near his home. The helicopter tilted, then overturned. A snapped rotor sheared off his right forearm: the doctors at the CTO in Florence reattached the arm in a lengthy, delicate operation, but Nannini's career in F1 was over. For the last races in the season, he was replaced by the Brazilian Roberto Moreno. And, irony of ironies, two successes followed for Benetton and Piquet. The first, a double, came after the clash between Senna and Prost at the start at Suzuka, the Brazilian's "revenge" which sparked off more lengthy controversies. Benetton's first double in F1. The championship, won by Ayrton, saw Piquet third with 43 valid points (and 44 won). Nannini finished eighth (with 21) and Moreno tenth with six. The team was third in the constructors' championship. Events never stood still, however: in October, Rory Byrne left and was replaced by Gordon Kimball as designer. At the end of the year came the announcement that the cars would once again have Pirelli tyres in the following season.

Una sola vittoria, firmata ancora da Nelson Piquet, ma per la storia della Benetton il 1991 – al di là dei risultati, che non sono memorabili – è un anno di semina fondamentale. La gestione di Gordon Message dura poco e a inizio campionato come team manager viene nominato Joan Villadelprat. E, per guadagnare forza ed esperienza nel settore ingegneristico, il 35% della squadra viene ceduto alla TWR del britannico Tom Walkinshaw, un passato da pilota nel Turismo e famoso soprattutto come artefice dei successi della Jaguar nei Prototipi.

Il mondiale inizia con la B190, poi arriva la B191 sempre motorizzata Ford V8. Per due terzi di campionato i piloti sono ancora il tre volte iridato brasiliano e il suo connazionale Moreno. Ma nel GP del Belgio a Spa, per sostituire Gachot finito in carcere a Londra dopo l'aggressione a un taxista, fa il suo esordio sulla Jordan un certo Michael Schumacher. Il duo Briatore-Walkinshaw, intuito il potenziale del tedesco, indaga nelle pieghe del contratto con il team britannico e prima della gara successiva (a Monza) strappa Schumi alla Jordan e lo porta sulla Benetton al posto di Moreno. Tra discussioni, minacce legali e carte bollate, il tedesco alla fine può correre il GP d'Italia (mettendosi subito dietro Piquet) e inizia la sua carriera con il team anglo-italiano. A fine stagione – a parte il successo di Piquet in Canada, conquistato all'ultimo giro per lo stop della Williams di Mansell – in carniere ci sono solo altri due podi. La Benetton chiude quarta tra i costruttori con 38,5 punti. Tra i piloti, invece, Piquet finisce sesto, Moreno decimo e Schumacher dodicesimo. Un bilancio peggiore del precedente. E soprattutto una situazione tecnica bisognosa di una scossa. Che arriva puntuale. Prima con la partenza di John Barnard. Poi, risultato delle pressioni di Walkinshaw, viene scaricato anche il progettista Gordon Kimball. Tom ha un piano e lo mette subito in atto. La direzione tecnica è affidata a Ross Brawn, mente strategica dei successi Jaguar-TWR nei Prototipi. Poi viene convinto a rientrare, con mansioni di capo della divisione ricerca e sviluppo, l'ingegnere sudafricano Rory Byrne. Le basi per i trionfi del futuro sono gettate.

1991

La rivoluzione dei tecnici A Monza l'esordio di Michael

CAMEL
SCHUMACHER
VIVIL
UNITED COLORS
OF BENETTON.
I.F.I.P.
IMIT
Diavia
OMGE

1991

Technicians' revolution Michael's debut at Monza

A single victory in the year, again from Nelson Piquet, but 1991 for Benetton was of fundamental importance, notwithstanding the forgettable results. The management of Gordon Message lasted only a short while and at the start of the championship Joan Villadelprat was nominated team manager. And to gain in strength and experience in the engineering sector, 35% of the team was sold to TWR, owned by Tom Walkinshaw of Britain, who had formerly been a Tourism circuit driver and was famous above all as the artificer of Jaguar's successes in the Prototypes.
The championship began with the B190, and then came the B191, still with the Ford V8. For two thirds of the season, the drivers were the thrice-champion Brazilian and his fellow countryman Moreno. But in the Belgian GP at Spa, a certain Michael Schumacher stepped in to replace Gachot who was in a London jail for assaulting a taxi-driver, and so made his F1 debut in a Jordan. The Briatore-Walkinshaw duo, sensing the

German's potential, investigated the small print of the contract with the British team and before the next race (at Monza) snatched Schumi from Jordan and put him in Moreno's seat with Benetton. Amidst arguments, legal threats and notices, the German was able to race in the Italian GP (finishing immediately behind Piquet) and so began his career with the Anglo-Italian team.
At the end of the season – apart from Piquet's win in Canada, conquered in the last lap because Mansell in his Williams was forced to pull out – there were two other positions up for grabs. Benetton finished fourth in the constructors' title with 38.5 points. In the drivers' championship, Piquet finished sixth, Moreno tenth and Schumacher twelfth. This was worse than the year before. Above all, it revealed a technical situation that needed shaking up. And which soon followed. Firstly, with the departure of John Barnard. Then, as a result of pressure from Walkinshaw, the designer Gordon Kimball was also shown the door. Tom had a plan and he immediately implemented it. The technical direction was given to Ross Brawn, the strategic brains behind the Jaguar-TWR successes in the Prototypes. Then the South African engineer, Rory Byrne, was convinced to come back into the fold, with duties as the head of research and development. The groundwork for the future triumphs had been laid.

La Benetton di Nelson Piquet fa scintille al Gran Premio del Belgio.
A sinistra, Piquet impegnato a Montreal e poi sul gradino più alto del podio.

Nelson Piquet's Benetton makes sparks at the Belgian Grand Prix.
Left, Piquet at Montreal and later on the top step of the podium.

1992

Brundle uomo prezioso Schumi prodigio a Spa

La strada, nel confronto con Williams e McLaren, resta in salita. Ma alle spalle dei due colossi trascinati dai "cannibali" Mansell e Senna, la Benetton si mette in luce con autorità diventando la terza forza della Formula 1. La formazione piloti vede, accanto all'emergente Michael Schumacher, l'approdo nel team di Martin Brundle. L'inglese, generalmente sottovalutato, è invece protagonista solido e sufficientemente veloce. La coppia, ben assortita, aiuta lo sviluppo e la crescita della squadra, supportata da uno staff tecnico senza più prime donne ma omogeneo e robusto. Verso fine marzo viene annunciato anche l'ingaggio di Alex Zanardi, reduce da un'ottima stagione in F.3000, per il ruolo di collaudatore e lo sviluppo del motore Ford V12 che peraltro non si vedrà mai al via di un Gran Premio.

Per le prime tre gare di campionato va in pista la B191 modificata, che torna a utilizzare gomme Goodyear. Poi a Barcellona, in occasione del GP di Spagna, che rappresenta anche la corsa numero 100 della Benetton in F.1, fa il suo esordio la B192 dotata del solito affidabile propulsore Ford HB V8. È una stagione che tocca il punto massimo in occasione del GP del Belgio, corso a Spa su un asfalto che passa da bagnato ad asciutto dopo un forte acquazzone. A un anno esatto dal suo stupefacente esordio in F.1, Schumacher conquista il primo successo della carriera mettendosi alle spalle nientemeno che le Williams di Mansell e Patrese, autentiche dominatrici del campionato.

L'exploit belga non è certo casuale: si somma, a fine campionato, ai tre secondi e quattro terzi posti ottenuti da Michael e al secondo posto (a Monza) e ai quattro terzi di Brundle. Più una serie di altri piazzamenti a punti che portano la Benetton squadra – come abbiamo detto – in terza posizione nel mondiale costruttori e consentono a Schumacher e a Brundle di chiudere rispettivamente terzo e sesto nella classifica piloti. Ma il risultato più importante della stagione non entra negli albi d'oro: è la costruzione della nuova sede di Enstone, nell'Oxfordshire, che va a sostituire quella di Witney. Un investimento costoso ma lungimirante. Sarà il centro da cui nasceranno i successi più grandi.

A sinistra, Luciano Benetton con Michael Schumacher.

Left, Luciano Benetton with Michael Schumacher.

1992

Brundle, a valuable man Schumi, a prodigy at Spa

There was still much to do to prove to be a match for Williams and McLaren, But behind these two colossi propelled by 'the cannibals' Mansell and Senna, Benetton began to stand out, becoming the third force in Formula 1. The drivers' set-up saw the arrival in the team of Martin Brundle alongside the emerging Michael Schumacher. Generally underestimated, the Englishman was actually a solid protagonist and sufficiently fast. The well-matched pair helped the development and growth of the team. They were supported by a technical staff now free of primadonnas but closely-meshed and robust. Towards the end of March, the hiring of Alex Zanardi, who had just emerged from a successful F3000 season, was announced. He would be a test-driver and help develop the Ford V12. This engine, however, was never used in a Grand Prix.
For the first three races in the championship, the modified B191 was used, which went back to using Goodyear tyres. Then the B192 made its debut in Barcelona for the Spanish GP, fitted with

the usual reliable Ford HB V8 engine. This marked Benetton's 100th race in F1. It was a season that reached a climax at the Belgian Grand Prix, raced at Spa on asphalt that varied from wet to dry after a heavy shower. One year exactly after his astonishing entry in F1, Schumacher won the first victory of his career, leaving behind none other than Mansell's and Patrese's Williams, who had hitherto dominated the championship. This Belgian exploit was no one-off: at the end of the championship, it was added to the three second places and four thirds achieved by Michael, and the second place (at Monza) and four thirds of Brundle. Plus a series of other point-gaining positions that led the Benetton team – as stated above – to third place in the constructors' contest, and enabled Schumacher and Brundle to close third and sixth respectively in the drivers' rankings. But the most important result of the season did not appear in any gilded register: this was the construction of the new headquarters at Enstone in Oxfordshire, which replaced that of Witney. This was an expensive but farsighted investment. It would be the centre from which emerged the greatest successes.

1993

Mentre Michael cresce Patrese e Prost chiudono

Il gruppo formato da Alessandro Benetton, Briatore, Walkinshaw, Brawn, Byrne e Villadelprat può lavorare insieme e cementare l'intesa. Il 9 febbraio c'è l'inaugurazione ufficiale della struttura di Enstone. E il 14 marzo a Kyalami, in Sudafrica, c'è il via della nuova stagione. Dopo un anno sabbatico torna a correre Alain Prost al volante della Williams. Come ormai consuetudine, la Benetton si presenta al via con la B192 modificata, che verrà sostituita alla terza gara – il GP d'Europa a Donington in Inghilterra – dalla nuova B193. Il motore Ford HB V8 è lo stesso che utilizza anche la McLaren, orfana dei propulsori Honda. L'unica grande novità nella Benetton è rappresentata dall'arrivo di Riccardo Patrese, strappato alla Williams, che sostituisce Martin Brundle.

Per il padovano non è un anno facile: il confermato Schumacher è velocissimo e lui è alla diciassettesima (e ultima) stagione in F.1. A fine campionato, che per la squadra si può definire tranquillamente di transizione, Riccardo otterrà come miglior risultato un secondo posto in Ungheria e solo un altro podio, a Silverstone. Nel mondiale risulterà quinto con 20 punti, contro i 52 di Schumi. E dopo la cifra record di 256 Gran Premi, Patrese saluterà tutti, chiudendo la carriera.

Michael Schumacher, invece, continua la crescita verso il ruolo di campione indiscusso. Cinque volte secondo e tre volte terzo, anche in questa occasione riesce a concludere il mondiale con una vittoria all'attivo. Il tedesco la conquista sul circuito di Estoril, in Portogallo, nel giorno che laurea Prost campione del mondo per la quarta volta. A fine stagione Schumi è quarto nella classifica iridata, mentre la Benetton si conferma al terzo posto alle spalle di Williams e McLaren.

Proprio in Portogallo, il giorno in cui ottiene il suo alloro, il fuoriclasse francese annuncia al mondo il suo ritiro definitivo dalle corse. Per la stagione seguente la Williams pigliatutto ha ingaggiato il fenomenale Ayrton Senna, già tre volte campione del mondo con la McLaren. Sembra sulla carta un'accoppiata imbattibile.

È pronta la nuova sede di Enstone, nell'Oxfordshire: per la Benetton è un grande passo avanti.
A sinistra, Gran Premio del Portogallo, una tappa storica: vince Schumacher con la Benetton e Prost diventa campione del mondo per la quarta volta.

The new base at Enstone in Oxfordshire is ready: a major step forward for Benetton.
Left, Portuguese Grand Prix and a historic moment: Schumacher wins with the Benetton and Prost becomes world champion for the fourth time.

1993

While Michael grows Patrese and Prost close

The group put together by Alessandro Benetton, Briatore, Walkinshaw, Brawn, Byrne and Villadelprat worked hard to pull together. February 9 saw the official inauguration of the Enstone headquarters. On 14 March, at Kyalami in South Africa, the new season began. After a year's sabbatical, Alain Prost was back behind the wheel of the Williams. As was by now usual, Benetton presented itself on the starting grid with a modified B192, which would be replaced in the third race – the European GP at Donington in the UK – by the new B193. The Ford HB V8 was the same as that used by McLaren, left without its original Honda engines. The only major new change in Benetton was the arrival of Riccardo Patrese, snatched from Williams, to replace Martin Brundle.
For Patrese, a native of Padua, this was not an easy year: Schumacher was now well-established and fast, while he was on his 17th (and last) season in F1. At the end of the championship, which may be termed a transitional one for the team, Riccardo obtained his best result with a second place in Hungary and only one other podium position, at Silverstone. He came fifth in the drivers' championship with 20 points, against Schumi's 52. After a record 256 Grands Prix, Patrese brought his career to a close and said goodbye to the circuit.
Michael Schumacher, instead, continued his rise towards the position of undisputed champion. Five times second and three times third, this year he once again succeeded in closing the championship with a victory. The German won his first place on the Estoril circuit in Portugal, on the same day that Prost won his fourth world title. By the end of the season, Schumi was fourth in the world rankings, while Benetton confirmed its third place behind Williams and McLaren.
On the same day he won his title in Portugal, the French driver announced to the word that he was retiring definitively from racing. For the following season, the Williams take-all team hired the phenomenal Ayrton Senna, who had already won the world championship three times with McLaren. On paper, the combination of Senna and Williams seemed unbeatable.

Una stagione indimenticabile. Nel male: è un anno tragico per la Formula 1. E nel bene, con il mondiale che arriva finalmente nella bacheca della Benetton. Al via del campionato, che vede la reintroduzione dei rifornimenti in gara, la squadra si presenta con Schumacher affiancato da J.J. Lehto al volante della B194 motorizzata Ford Z-R V8. Ma un incidente nei test invernali, con danni al collo, impedisce al finlandese di essere al via iridato a Interlagos. Lo sostituisce l'olandese Jos Verstappen. Nessuno alla vigilia scommetterebbe sul team di Enstone. Favoritissima è la Williams di Ayrton Senna. Ma Schumi vince in Brasile e nel GP del Pacifico, ad Aida. Il brasiliano, che ha problemi di adattamento alla nuova vettura, si ritira in entrambe le occasioni. Finché arriva Imola e si consuma la tragedia: il sabato muore Roland Ratzenberger, la domenica Ayrton. In una domenica tristissima, angosciante, Schumacher vince e di colpo si ritrova a gestire il mondiale, mentre tutto intorno il caos e il panico regnano sovrani. Nelle prove di Montecarlo, dove Michael è ancora primo, si schianta e rischia di morire l'austriaco Karl Wendlinger. A Barcellona tocca ad Andrea Montermini, che si frattura le caviglie in un'uscita di pista. Dopo sette gare Schumi ha messo insieme sei successi e un secondo posto. Ma da lì inizia un periodo duro. A Silverstone Michael è squalificato (dopo aver chiuso secondo) con l'accusa di aver sorpassato la Williams di Damon Hill nel giro di ricognizione. In Germania si ritira mentre, al rifornimento, la Benetton di Verstappen (che ha di nuovo sostituito Lehto dalla Francia) s'incendia in modo spettacolare ma per fortuna quasi incruento. A Spa il tedesco perde il primo posto per il consumo eccessivo dello scalino del fondo piatto. In più, l'udienza Fia che giudica il tedesco e il team per non aver rispettato la bandiera nera in Gran Bretagna porta alla squalifica per due GP di Schumi, che salta così Monza ed Estoril. Hill in rimonta arriva a un punto e decisiva è l'ultima corsa di Adelaide: una collisione tra i due rivali mette entrambi fuori gioco. Schumi e la Benetton sono campioni del mondo. È l'apoteosi. Una gioia grandissima dopo un'annata molto difficile.

1994

Schumacher campione La F.1 piange Senna

Michael Schumacher vince il Gran Premio del Brasile che inaugura la stagione e, a sinistra, festeggia con Flavio Briatore il suo primo successo a Montecarlo.

Michael Schumacher wins the Brazilian Grand Prix inaugurating the season and, left, celebrates his first success at Monte Carlo with Flavio Briatore.

MILD SEVEN
MILD SEVEN
MILD SEVEN
MILD SEVEN
MILD SEVEN

La Formula 1 è gioia, ma il rischio è sempre in agguato, come il dramma che si sfiora a Hockenheim, nel pit stop di Jos Verstappen.

Formula 1 is fun, but danger always lies around the corner as in the unfolding drama during Jos Verstappen's pit stop at Hockenheim.

This was an unforgettable season. For worse, because this was a tragic year for F1. And for better, with a world championship finally going Benetton's way. At the start of the championship, which saw the reintroduction of refuelling stops during a race, the team was fronted by Schumacher with J.J. Lehto at the wheel of the B194 with Ford Z-R V8 engine. However, an accident in the winter tests resulting in neck injury prevented the Finn from participating at the start at Interlagos. He was replaced by Jos Verstappen. Nobody at the outset would have bet on the Enstone team. Favourites by far were Williams with Ayrton Senna. But Schumi won in Brazil, and at the Pacific GP at Aida. The Brazilian, who had problems adapting to the new car, had to retire on both occasions. Until Imola, and the tragedy: Saturday saw the death of Roland Ratzenberger, and Sunday that of Ayrton. On a sad, terrible day, Schumacher won and suddenly found himself topping the championship league, while chaos and panic reigned all around him. At the Monte Carlo trials, where Schumacher was again first, Karl Wendlinger crashed and was nearly killed. At Barcelona, it was the turn of Andrea Montermini, who broke his ankles after spinning off the track. After seven races, Schumi had won six first places and one second. But a difficult period was just around the corner. At Silverstone, Michael was disqualified (after coming second), accused of having overtaken Damon Hill's Williams during the warm-up circuit. In Germany, he had to retire, and Verstappen's Benetton (who had again replaced Lehto since the French GP) caught fire in a spectacular manner during a pitstop refuelling, although luckily no serious damage was done. At Spa, the German lost first place through excessive consumption of the car's ballast box. Moreover, the FIA commission judged that the driver and team had not respected the black flag in Britain, and this led to Schumacher being disqualified for two races, thereby missing Monza and Estoril. Hill started clocking up points and was soon just a point behind the German. The last race at Adelaide was decisive: a collision between the two caused both of them to retire. Schumacher and Benetton were world champions. At last, the apotheosis and much joy after a difficult year.

1994

Schumacher champion
F1 mourns Senna

La strada per il mondiale passa dal pit stop di Interlagos alle glorie monegasche, all'incidente in Australia, nella gara decisiva che darà a Schumacher il titolo.

The road to the world championshio passes from the Interlagos pit stop to the Monegasque glory, and the accident in Australia in the decisive race that won Schumacher the title.

È una nuova cavalcata trionfale, per la Benetton, che legittima clamorosamente il titolo del 1995. La squadra ha abbandonato i motori Ford, che l'hanno felicemente accompagnata per diversi anni ed è passata ai Renault V10 da 3000 cmc come vogliono le nuove regole tecniche. Ad affiancare Schumacher, che sarà autore di prestazioni straordinarie, c'è l'inglese Johnny Herbert, già utilizzato al posto di Verstappen nelle ultime due corse decisive dell'anno precedente.
La nuova B195 viene presentata nella fabbrica di Ponzano Veneto e si rivela una monoposto eccezionale. Questo nonostante la difficile sfida tecnica rappresentata dal passaggio da un motore a otto cilindri a uno a dieci, che non va a discapito delle caratteristiche di maneggevolezza che possedeva la B194. Schumacher si riconferma campione del mondo sul circuito giapponese di Aida – dove a festeggiare c'è anche Luciano Benetton – con due gare di anticipo sulla conclusione e in tutto vince ben nove Gran Premi. Un record, pari solo a quello di Mansell nel 1992. Due prestigiosi (Silverstone e Monza) li porta invece a casa il suo compagno di squadra Herbert. E così per la prima volta nella sua storia la Benetton conquista anche il mondiale costruttori. Un dominio assoluto o quasi. Ed è lo stesso presidente della Fiat in occasione di una sua visita al GP di Ungheria a lasciarsi scappare – quasi di sicuro volontariamente – lo scoop dell'anno: "Sembra che abbiamo preso il tedesco", dice ai giornalisti con una certa nonchalance. Naturalmente è vero, e il 16 agosto arriva l'annuncio ufficiale. Schumacher, a caccia di nuove sfide, si trasferisce alla Ferrari. Ma questo non può togliere nulla al fantastico 1995 del team, chiuso con 137 punti e ben 11 successi su 17 all'attivo. Flavio Briatore comunque non perde tempo, giocando una carta a sorpresa e potenzialmente geniale: il 9 settembre la Benetton annuncia l'ingaggio per la stagione 1996 di Jean Alesi e Gerhard Berger. Proprio i due ex piloti della Ferrari.

1995

Benetton padrona assoluta
Arrivano altri due mondiali

Michael Schumacher sul podio del Gran Premio della Germania.
A sinistra, dopo la conquista del titolo mondiale viene abbracciato da Luciano Benetton.

Michael Schumacher on the podium at the German Grand Prix.
Left, after winning the world championship title, he is embraced by Luciano Benetton.

ENERVIT
seal's system
KicKers
BENETTON
SPORTSYSTEM
MILD
SEVEN
GOODYEAR
elf

MILD
SEVEN
elf
RENAULT
USAG
sikkens
ORACLE

This year marked a triumphal new season for Benetton which more than legitimised the 1995 title. The team abandoned Ford engines with which it had successfully worked for a number of years, and moved to Renault's 3 litre V10, as required by the new technical regulations. Alongside Schumacher, who was to bring home further successes, was the Englishman Johnny Herbert, who had already taken the place of Verstappen in the decisive final two races of the previous season.
The new B195 was presented in the Ponzano Veneto factory and proved to be an exceptional racer. This despite the difficult technical challenge of changing from an eight-cylinder to a ten-cylinder engine without affecting the agility of the B194. Schumacher reconfirmed his position as champion at the Japanese circuit of Aida – where Luciano Benetton was also on hand to celebrate – with two races still in hand before the end of the season. In all, he won no less than nine Grands Prix. A record equalled only by Mansell in 1992. Two prestigious races (Silverstone and Monza) were instead put in the bag by his team-mate, Herbert. And so, for the first time in its history, Benetton also won the constructors' title. An absolute command, or almost.
It was the president of Fiat himself who, on a visit to the Hungarian GP, let slip – almost certainly on purpose – the scoop of the year. "It would appear that we've hired the German", he said to the journalists around with a certain nonchalance. Naturally, it was true, and the official announcement came on 16 August. Aiming for new challenges, Schumacher moved to Ferrari. But this did not detract from the team's performance this year, which closed with 137 points and 11 wins out of 17 races. However, Flavio Briatore lost no time, and played a surprise card that could turn out a winner: on 9 September, Benetton announced the hiring of Jean Alesi and Gerhard Berger for the 1996 season. Ferrari's two former drivers.

1995

Benetton absolute master
Two more world titles on the way

Da sinistra, Alessandro Benetton, Christian Contzen, Luciano Benetton, Michael Schumacher, Johnny Herbert, Jos Verstappen, Flavio Briatore, Patrick Faure alla presentazione della nuova Benetton B195 a Villa Minelli di Ponzano.

From the left, Alessandro Benetton, Christian Contzen, Luciano Benetton, Michael Schumacher, Johnny Herbert, Jos Verstappen, Flavio Briatore, Patrick Faure at the presentation of the new Benetton B195 at Villa Minelli in Ponzano.

1996

La svolta di Taormina al Teatro greco

Schumi non c'è più e la sua mancanza si sentirà. Ma Briatore e i suoi uomini cercano di lottare in tutti i modi. Anche tramite un accordo con la struttura Fondmetal di Casumaro, vicino a Ferrara, con una galleria del vento all'avanguardia che curerà lo sviluppo aerodinamico. Il grande colpo mediatico è la presentazione della Benetton e dei piloti a Taormina, in Sicilia. La B196, ancora motorizzata Renault, viene svelata nella magia del Teatro greco con l'Etna sullo sfondo e poi fatta girare tra le stradine della città vecchia. L'altro colpo è l'ottenimento della licenza italiana, con la possibilità di suonare l'inno di Mameli sul podio in caso di vittoria. Purtroppo non succederà. È una stagione – nella quale si firma il nuovo Patto della Concordia, con il fiume di soldi in arrivo dalla tv digitale – dominata in lungo e in largo dalla Williams, con Damon Hill che diventa campione battendo la rivelazione Jacques Villeneuve, suo fresco compagno di squadra proveniente dalle corse Usa. Michael, con la Ferrari, riesce a vincere tre gare. Mentre la Benetton resta a quota zero. Alesi mette insieme quattro secondi e quattro terzi posti. Mentre Berger si deve accontentare di un secondo e un terzo. A fine anno Jean si piazza quarto nel mondiale e Gerhard sesto: per soli due punti, la Benetton non riesce a battere la Ferrari per piazzarsi alle spalle della Williams nel mondiale costruttori. Ma il 1996 è un anno di grandi movimenti in casa Benetton, soprattutto nel finale di stagione. Prima Flavio Briatore, ormai uomo d'affari a 360° più che dirigente legato a una singola realtà, compra e poi rivende Ligier e Minardi. E qualcosa accade anche a livello gestionale. Rory Byrne, che non aveva mai fatto mistero di sognare un futuro lontano dalle piste, lascia la F.1 e si trasferisce con la moglie thailandese sulle spiagge di Phuket. Ross Brawn, accompagnato dall'elettronico Tad Czapski e dall'aerodinamico Willem Toet, passa invece armi e bagagli alla Ferrari. Che nel 1998 riuscirà a "recuperare" alla progettazione anche Byrne, strappato alle amate spiagge asiatiche.

Anno nuovo, vita nuova. E scenari antichi: per la presentazione della B196 si sceglie la straordinaria cornice del Teatro greco di Taormina.
A sinistra, Gerhard Berger nel backstage di un Gran Premio.

New year, new life. And old scenarios: for the presentation of the B196, the extraordinary setting of the Greek Theatre at Taormina was chosen.
Left, Gerhard Berger backstage during a Grand Prix.

1996

The Taormina presentation at the Greek Theatre

Schumi was no longer around and his absence was to be felt. But Briatore and his men sought to move ahead in every way possible. Including via an agreement with Fondmetal of Casumaro, near Ferrara, which had a cutting-edge wind tunnel to handle the issue of aerodynamics. The media coup was the presentation of the Benetton car and drivers at Taormina in Sicily. The B196, again with a Renault engine, was unveiled in the magical setting of the Greek Theatre with Etna in the background, and then driven around the little roads of the old town. The other coup was obtaining the official licence to play the Italian national anthem on the podium in the case of victory. But unfortunately, this did not occur.
This season, which saw the signing of the new Concorde Agreement and a river of cash arriving from digital TV, was dominated throughout by Williams, with Damon Hill behind the wheel. Hill became world champion ahead of the revelation that was Jacques Villeneuve, his new team-mate originating from the US racing circuit. Michael Schumacher, with Ferrari, managed to win three races. While Benetton was stuck on zero. Alesi managed to gain four second places and four third places, while Berger had to make do with a second and a third. At the end of the year, Jean came fourth in the world championship and Gerhard sixth; Benetton was beaten by Ferrari by just two points in the constructors' championship, and came third with Williams taking the title.
1996 was a year of great change in Benetton, especially towards the end of the season. First of all, Flavio Briatore, now more than ever a businessman with a universal view, bought and then sold Ligier and Minardi. And things changed at an operational level too. Rory Byrne, who had never hidden his desire to plan a life one day away from F1, left the circuit and moved with his Thai wife to the beaches of Phuket. Ross Brawn, accompanied by the 'electronic' Tad Czapski and 'aerodynamic' Willem Toet, moved his bags to Ferrari. Which in 1998 also managed to 'recover' Byrne for the design division, tearing him away from his beloved Asian beaches.

La Formula 1 come taxi, sulla pista di Hockenheim: al volante Jean Alesi, il passeggero è il suo compagno di squadra Gerhard Berger.
A fianco, il motore Renault V10 al vaglio dei tecnici.
A sinistra, una visita molto speciale ai box, quella del presidente della Renault Louis Schweitzer.

Formula 1 as taxi on the track at Hockenheim: Jean Alesi at the wheel with his team-mate Gerhard Berger as passenger.
Alongside, the Renault V10 engine examined by the technicians.
Left, a very special visit to the pits: Renault's president, Louis Schweitzer.

SAP SAP
TAG HEUER
SAP

TAG HEU

1997

Il miracolo di Gerhard in memoria del padre

Flavio Briatore, che è sempre il direttore generale con Alessandro Benetton presidente, cerca il rilancio di un settore che si è chiaramente indebolito promuovendo a direttore tecnico Pat Symonds, uno degli uomini cardine sin dalle origini del team, e puntando come progettista a Nick Wirth, che aveva lavorato per la Fia e aveva creato dal nulla la Symtec, avventura finita male per problemi di budget e per i troppi incidenti (uno dei quali costò la vita a Imola all'austriaco Roland Ratzenberger). Confermati Jean Alesi e Gerhard Berger, collaudatore è sempre l'italiano Vincenzo Sospiri, che aveva già ricoperto il ruolo nella stagione precedente.

La macchina è la B197 che, per il terzo anno consecutivo, monta il propulsore Renault V10. Complessivamente va peggio del '96. A fine campionato Alesi è terzo (con gli stessi punti, 36, di David Coulthard) ma a onor del vero ha guadagnato una posizione per l'esclusione dal mondiale di Michael Schumacher, punito per l'incidente di Jerez con Jacques Villeneuve. Berger è quinto e la Benetton è ancora terza tra i costruttori, però molto più lontana dal secondo posto rispetto al '96.

In un anno davvero duro, la perla è il successo quasi miracoloso di Gerhard Berger nel GP di Germania a Hockenheim. L'austriaco, che aveva saltato le tre corse precedenti prima per un'infezione a un dente e poi per la tragica morte del padre (scomparso per un incidente mentre era alla guida del suo aereo privato), batte tutti mettendosi alle spalle Michael Schumacher e Mika Hakkinen. La gioia non impedisce a Gerhard di appendere a fine anno il casco al chiodo dopo ben 210 GP in Formula 1. E sempre nel finale di stagione si conclude il giro di valzer iniziato con la partenza di Schumacher verso la Ferrari: se ne va Flavio Briatore, che affronta l'ultimo weekend come responsabile della squadra nel Gran Premio di Lussemburgo al Nürburgring. Dal 25 settembre il britannico David Richards, anima della Prodrive vincente nei rally iridati, diventa amministratore delegato. Rocco Benetton, classe 1969, il più giovane dei figli di Luciano, è il nuovo direttore commerciale.

27 luglio 1997: una data indimenticabile per Gerhard Berger che vince con la Benetton il Gran Premio della Germania; è il suo ultimo successo in Formula 1.

27 July 1997: an unforgettable date for Gerhard Berger who won the German Grand Prix with Benetton; his last win in Formula 1.

1997

The miracle of Gerhard in memory of his father

Flavio Briatore, who was still director general, with Alessandro Benetton as president, sought to boost a sector that had clearly been weakened, by promoting Pat Symonds to technical director. Symonds had been one of the key figures in the team since the outset. Nick Wirth was promoted to designer; he had worked with the FIA and had created Symtec out of nothing, although the adventure had fizzled out as a result of budget problems and high incidence of accidents (one of which cost the life of the Austrian Roland Ratzenberger at Imola). Jean Alesi and Gerhard Berger were confirmed as drivers, while the tester, as usual, was the Italian Vincenzo Sospiri, who had filled this same post the previous season. The car was the B197 which for the third consecutive year fitted the Renault V10 engine. Overall, the season was worse than 1996. At the end of the championship, Alesi was third (with the same number of points, 36, as David Coulthard), although it has to be said that he gained one position through the exclusion from the championship of Schumacher, punished for the accident involving Villeneuve at Jerez. Berger was fifth and Benetton was once again third in the constructors' competition, but much further from second place than in 1996. In a truly difficult year, the best moment was the almost miraculous win of Berger at the German GP at Hockenheim. The Austrian, who had missed the previous three races because of an infected tooth and then the tragic death of his father (who died while at the controls of his private plane), beat everyone, leaving Schumacher and Hakkinen behind. The joy of this success did not prevent Gerhard hanging up his helmet at the end of the season after no less than 210 GPs in Formula 1. The last steps in the musical chairs that started with the departure of Schumacher for Ferrari finally came to a close towards the end of the season: Flavio Briatore worked his last weekend as team manager at the Luxemburg GP at the Nürburgring. From 25 September, the post of managing director would be taken by David Richards, the guiding force in the winning Prodrive team in the rally championships. Rocco Benetton, born in 1969 and Luciano's youngest son, became the new sales director.

1998

Fisichella e Wurz la linea giovane

David Richards, che ha preso le redini della situazione, impone una robusta sterzata nella formazione piloti. Addio ad Alesi e Berger e largo ai giovani: i due nuovi titolari sono Alex Wurz e Giancarlo Fisichella. L'austriaco ha già disputato con la scuderia di Enstone tre GP (Canada, Francia e Gran Bretagna), quelli in cui ha sostituito l'assente Berger nel 1997. Il romano viene da una stagione molto felice con la Jordan, dopo aver esordito l'anno precedente con la Minardi.
È l'anno che vede Mika Hakkinen conquistare con la McLaren il suo primo titolo, battendo la Ferrari di Michael Schumacher. La Benetton manda in pista la B198 progettata da Nick Wirth: la Renault si è ritirata ufficialmente dalla F.1 ma il suo reparto motori prosegue l'attività con il nome Mecachrome. E le macchine anglo-trevigiane utilizzano proprio il V10 costruito vicino a Parigi che ovviamente non ha l'intensità di sviluppo dei propulsori rivali.
A fine campionato il bilancio è piuttosto magro. La squadra chiude il mondiale costruttori al quinto posto a quota 33, un solo punto dietro la Jordan e con cinque lunghezze di ritardo dalla Williams. Il terzo posto era a portata di mano, ma a distanza abissale da McLaren e Ferrari che hanno accumulato rispettivamente 156 e 133 punti. Tra i piloti, Wurz chiude ottavo con 17 punti, Fisichella nono con 16. I migliori risultati li porta a casa Giancarlo con i due secondi posti di Montreal e Montecarlo e la sorprendente pole position, sul bagnato, sulla micidiale pista di Spa. La gara del Principato rappresenta per il team l'acuto della stagione: Fisichella conquista la prima fila, accanto ad Hakkinen, e chiude la corsa alle spalle del finlandese. Wurz è protagonista di un duello senza esclusione di colpi con sua maestà Schumi, nel quale Alex non mostra la minima sudditanza e, anzi, regala un paio di sorpassi da ricordare.
Le basi per un investimento a medio termine sembrano gettate. Ma non c'è pace: il 19 ottobre David Richards annuncia le sue dimissioni e per l'anno successivo Rocco Benetton assume anche il ruolo di amministratore delegato.

*Rocco Benetton tra Giancarlo Fisichella e Alexander Wurz.
A sinistra, scontro acceso a Montecarlo tra Wurz con la Benetton e Michael Schumacher con la Ferrari.*

*Rocco Benetton between Giancarlo Fisichella and Alexander Wurz.
Left, an open clash at Monte Carlo between Wurz in the Benetton and Michael Schumacher in the Ferrari.*

1998

Fisichella and Wurz the young collection

David Richards, who had taken the situation in hand, imposed a robust about turn in the team of drivers. Goodbye to Alesi and Berger and bring on the young: the two new drivers were Alex Wurz and Giancarlo Fisichella. The Austrian had already raced three GPs on behalf of Benetton (Canada, France and Great Britain), in which he had replaced the absent Berger in 1997. The Roman, instead, came from a successful season with Jordan, having had his debut the year before with Minardi. This was the year that saw Mika Hakkinen win his first title with McLaren, beating the Ferrari of Michael Schumacher. Benetton fielded the B198 designed by Nick Wirth: Renault had officially retired from Formula 1 but its engines division was still active under the name of Mecachrome. The Anglo-Italian team used the V10s made near Paris, but these did not develop as much power as their rivals.

The tally at season's end was rather bleak. The team closed the constructors' championship in fifth place with 33 points, just one point behind Jordan and five positions behind Williams. Third place was within reach, but there was an abyss between this and McLaren and Ferrari, which had collected 156 and 133 points respectively. In the drivers' contest, Wurz closed eighth with 17 points and Fisichella ninth with 16. The best results were brought home by Giancarlo, with two second places at Montreal and Monte Carlo, and the surprising pole position on the wet on the murderous circuit of Spa. The Monte Carlo race represented the high point of the season for the team: Fisichella was in a pole position alongside Hakkinen and finished the race behind the Finn. Wurz was the protagonist of a no-holds-barred duel with his majesty Schumi, in which Alex showed no subservience; indeed, he overtook in a couple of memorable moves.

The foundations for a medium-term investment seem to have been laid. But there was to be no peace: on 19 October, David Richards handed in his resignation and, for the following year, Rocco Benetton also filled the post of managing director.

La "passeggiata" di Giancarlo Fisichella a Montecarlo.
A sinistra, la prima curva dopo il via è sempre quella più critica: Alexander Wurz ne fa le spese a Montreal.

Giancarlo Fisichella's "procession" at Monte Carlo.
Left, the first bend after the start is always the most critical: Alexander Wurz comes off worst at Montreal.

Dopo lo "scossone" dell'ottobre precedente, la Benetton riparte privilegiando la continuità a livello dirigenziale e di piloti. Giancarlo Fisichella e Alex Wurz sono confermati. Rocco Benetton è il responsabile della gestione manageriale, Pat Symonds di quella tecnica con Nick Wirth che progetta anche la B199. La novità, non tanto tecnica quanto formale, arriva dal settore motori. Il propulsore per il mondiale è ancora il V10 ex-Renault. Ma adesso è costruito e sviluppato con il nome Supertec da una società di proprietà di Flavio Briatore, che nel frattempo si è fidanzato con Naomi Campbell. Così, in modo indiretto, il manager piemontese rimette un piede in Benetton. Anche se la Supertec fornisce contemporaneamente i motori alla Williams.

Il 1999 vede ancora Mika Hakkinen con la McLaren conquistare il mondiale piloti. Il finlandese batte di nuovo una Ferrari, ma stavolta è quella di Eddie Irvine. Michael Schumacher, infatti, è protagonista di un brutto incidente al primo giro del GP di Gran Bretagna a Silverstone: nel dritto contro le barriere il tedesco si procura la frattura di una gamba che lo costringe a saltare sei gare.

Il campionato della Benetton è peggiore di quello precedente. La squadra chiude al sesto posto nella classifica costruttori, con 16 punti all'attivo: nel mondiale piloti Fisichella si piazza nono con 13 punti conquistati e l'acuto di un secondo posto, ancora in Canada; Wurz, da parte sua, riesce a mettere insieme solo tre punti.

A settembre, coscienti del declino del settore tecnico, indebolito dalle numerose partenze, i vertici della Benetton decidono l'ingaggio di tre uomini sino a poco prima legati all'operazione per una squadra tutta Honda in F.1. Anche per l'improvvisa, tragica, scomparsa di Harvey Postlethwaite, il progetto nipponico è abortito. Così in settembre vengono ingaggiati il capo progettista Tim Densham, l'aerodinamico Ben Agathangelou e l'altro progettista Chris Radage, provenienti dalla Honda. Purtroppo va segnalata un'altra pesante partenza: a fine stagione, dopo dieci anni di Benetton, se ne va Joan Villadelprat.

1999

Motore Supertec
Nuovi tecnici Honda

A sinistra, Mika Hakkinen in Canada festeggia con Giancarlo Fisichella ed Eddie Irvine.

Left, Mika Hakkinen in Canada celebrates with Giancarlo Fisichella and Eddie Irvine.

1999

Supertec engine
New Honda engineers

Following the "shock" of the preceding October, Benetton began the season by aiming for continuity at a managerial and driver level. Giancarlo Fisichella and Alex Wurz were confirmed in their positions. Rocco Benetton was responsible for the managerial side of things, Pat Symonds for the technical aspects, with Nick Wirth designing the B199. The novelty, which was not so much technical as formal, came from the engine division. The engine was still the same V10 from the ex-Renault works. But it was now developed and built under the name Supertec by a company owned by Flavio Briatore, who in the meantime had become engaged to Naomi Campbell. Thus, indirectly, the Piedmontese manager was once again involved with Benetton. Even though Supertec was at the same time supplying engines to Williams. 1999 saw Mika Hakkinen once again winning the drivers' championship with McLaren. The Finn again beat a Ferrari, but this time one driven by Eddie Irvine. Michael Schumacher was involved in a serious accident on the first lap of the British Grand Prix at Silverstone: in crashing against the barriers, the German broke a leg, which caused him to miss six races. Benetton's championship was worse than the previous one. The team closed in sixth place in the constructors' championship, with 16 points to its name. In the driver's competition, Fisichella finished ninth with 13 points and a high point of one second place, again in Canada. For his part, Wurz managed to gain only three points.
In September, conscious of the decline in the technical sector and weakened by the numerous departures of key staff, the directors of Benetton decided to hire three men until shortly before linked to a plan for a totally Honda team for F1. In part because of the tragic and sudden death of Harvey Postlethwaite, the Japanese project was shelved. Thus September saw the arrival of Tim Densham, chief designer, Ben Agathangelou for aerodynamics and Chris Radage, another designer, all from Honda. Unfortunately, another key figure left at the end of the season after ten years with Benetton: Joan Villadelprat.

L'inverno tra la stagione '99 e quella 2000 non produce cambiamenti di rilievo. I piloti sono ancora Giancarlo Fisichella e Alex Wurz, confermati. E la nuova B200, presentata nel Museo d'Arte Nazionale della Catalogna a Barcellona il 17 gennaio e subito in pista sul vicino tracciato di Montmeló, è frutto delle matite già all'opera nei due anni precedenti insieme ai nuovi arrivi Honda. La monoposto è parecchio ridotta nelle dimensioni – soprattutto per quanto riguarda la lunghezza – e volutamente sottopeso per piazzare le zavorre dove serve, come ormai è pratica comune in F.1.
Il campionato, a livello strettamente numerico, rappresenta un buon passo avanti rispetto al recente passato. Tanto per cominciare, nel mondiale costruttori la squadra risale e conquista il quarto posto finale con 20 punti all'attivo. Fisichella è sesto tra i piloti con 18 lunghezze, un secondo posto in Brasile e due terzi a Montecarlo e ancora in Canada. Non altrettanto concreto Wurz: per lui solo due punti grazie al quinto posto di Monza. Il suo rendimento, poco soddisfacente, alla fine della stagione gli costerà il posto.
Ma nell'anno in cui Schumacher riporta il mondiale piloti a Maranello dopo ben 21 anni, l'evento più importante per l'industria di Treviso non si verifica in pista. Quattro giorni dopo la prima gara della stagione, in Australia, la Renault acquista per circa 240 miliardi di lire la Benetton e affida il mandato per la sua gestione a Flavio Briatore. L'annuncio ufficiale arriva, a Milano, il 16 marzo e dice anche che la Benetton mantiene "per due anni il ruolo di sponsor ufficiale della squadra" (compreso quello in corso, nda*). L'organigramma del futuro prevede Briatore team manager e responsabile della sede di Enstone, mentre Christian Contzen sarà direttore generale della Renault Sport in Francia. Gli ultimi ritocchi alla struttura arrivano invece a fine anno. Il 1° settembre viene ingaggiato come direttore tecnico Mike Gascoyne, proveniente dalla Jordan. A ottobre Pat Symonds viene nominato direttore esecutivo del reparto ingegneristico.*

2000

Barcellona scenario della B200 "mini"

La nuova Benetton B200 viene presentata nel suggestivo scenario del Museu Nacional d'Art de Catalunya a Barcellona.

The new Benetton B200 is presented in the charming setting of the Museu Nacional d'Art de Catalunya at Barcelona.

The winter between the 1999 and 2000 seasons brought no significant changes. The drivers were still Giancarlo Fisichella and Alex Wurz. And the new B200, presented at the National Gallery of Art of Catalonia in Barcelona on 17th January, and immediately tested on the nearby track of Montmeló, was the result of minds already at work for the past two years together with the new arrivals from Honda. The car was considerably smaller – especially as regards its length – and deliberately underweight to place ballast wherever needed, as was by now common practice in F1.
Strictly in terms of numbers, this championship represented a definite step forward with respect to the recent past. To start with, in the constructors' competition, the team rose to fourth place with 20 points. Fisichella came sixth in the drivers' contest with 18 points, a second place in Brazil and two thirds in Monte Carlo and Canada. Wurz was not as successful: for him, just two points, thanks to his fifth place at Monza. His unsatisfactory tally would cost him his seat at the end of the season.
But in the year Schumacher brought the drivers' championship to Maranello after no less than 21 years, the most important event for Benetton did not take place on the circuit. Four days after the first race of the season in Australia, Renault bought Benetton for about lire 240 billion and entrusted the mandate for its operation to Flavio Briatore. The official announcement reached Milan on 16 March and also stated that Benetton will "maintain its role as official sponsor of the team for two years" (including the one under way). The future structure foresaw Briatore as team manager and director of the Enstone headquarters, while Christian Contzen would be director general of Renault Sport in France. The last touches to the structure took place at the end of the year.
On 1 September, Mike Gascoyne from Jordan, was taken on as technical director. In October, Pat Symonds was nominated executive director of the engineering department.

2000

Barcelona forms the backdrop of the B200 "mini"

In alto, Bernard Dudot e Christian Contzen, ovvero la Renault.
Sotto, Mike Gascoyne e Flavio Briatore, la Benetton.
A destra, Giancarlo Fisichella esulta sul podio del Gran Premio del Brasile dove si è piazzato alle spalle di Michael Schumacher.

Above, Bernard Dudot and Christian Contzen, or the Renault.
Below, Mike Gascoyne and Flavio Briatore, the Benetton.
Right, Giancarlo Fisichella exultant on the podium of the Brazilian Grand Prix where he finished second behind Michael Schumacher.

Ponzano, 16 marzo 2000. Benetton e Renault hanno concluso un accordo secondo il quale il gruppo automobilistico francese rileverà il team Benetton di Formula 1 per un importo complessivo di 120 milioni di dollari. L'intesa, siglata ieri, prevede che il Gruppo Benetton mantenga per due anni il ruolo di sponsor ufficiale della squadra.
Dopo più di 15 anni, nel corso dei quali Benetton ha rappresentato l'eccezione innovativa e vincente nel mondo della Formula 1, questo accordo costituisce una naturale evoluzione del rapporto di partnership con Renault, che ha dato a entrambi grandi soddisfazioni sportive, un patrimonio tecnologico d'eccellenza e un forte ritorno di immagine a livello mondiale.
Dal suo ingresso in Formula 1, nel gennaio 1983, il team Benetton ha vinto il Campionato del mondo piloti nel 1994 e, l'anno successivo, sia il titolo piloti sia quello costruttori, consacrando Michael Schumacher come pilota di valore assoluto. Dal 1992 al 1997, inoltre, il team Benetton è sempre salito sul podio finale del campionato mondiale costruttori. Complessivamente ha conquistato 27 vittorie, 96 podi e ha ottenuto 16 pole position. Questi importanti risultati sono stati ottenuti grazie, anche, all'impegno costante dei prestigiosi sponsor che hanno seguito il team in questi anni con passione e professionalità.
Nel nuovo scenario della Formula 1, dove stanno sempre più riaffermandosi come protagonisti diretti i grandi costruttori automobilistici, la scelta di Benetton di passare il testimone a Renault rappresenta anche un significativo riconoscimento al gruppo francese che, con il suo know-how tecnologico, ha contribuito a fare entrare il team Benetton nella storia della Formula 1.
Commentando l'accordo, Luciano Benetton, presidente del Gruppo, ha dichiarato: "La globalizzazione oggi necessariamente impone che siano gli specialisti dei vari settori a competere sui loro mercati di riferimento. Alla Formula 1 abbiamo dedicato un grande impegno che ci ha portato soddisfazioni al di là dell'immaginabile, ma ora proprio per garantire alla squadra lo sviluppo che si merita in questo nuovo contesto è opportuno passare il testimone. Colgo l'occasione per ringraziare tutti gli sponsor che ci hanno seguito con grande passione in questa straordinaria avventura e in modo particolare sono grato a Mild Seven e al Gruppo Japan Tobacco per il fondamentale sostegno che ci hanno sempre garantito".

16 marzo 2000

Benetton passa a Renault il testimone della Formula 1

Ponzano, 16 March 2000. Benetton and Renault have signed an agreement by which the French car manufacturer will buy Benetton's Formula 1 team for a total sum of $120 million. The agreement was signed yesterday and allows for Group Benetton maintaining its role as official sponsor of the team for two years.
After more than 15 years, during which Benetton has represented the innovative, winning exception in the world of Formula 1, this agreement constitutes a natural development of the partnership with Renault, which has given both sides great sporting satisfaction, an excellent technological heritage and a rich return in terms of image world-wide.
Since its entry into Formula 1 in January 1983, team Benetton has won the Drivers' world championship in 1994 and both the drivers' and the constructors' titles the following year, confirming Michael Schumacher as an absolute champion. From 1992 to 1997, moreover, team Benetton has always stepped up to the final podium of the Constructors' world championship. Overall, it has celebrated 27 wins, 96 podium positions and 16 pole positions. These important results have been obtained thanks also to the constant commitment of the prestigious sponsors which have supported the team in these years with passion and professionalism.
In the new scenario of Formula 1, in which the major car manufacturers are increasingly playing the part of direct protagonists, the decision of Benetton to pass the baton to Renault also represents a significant recognition of the French group, which with its technological know-how, has contributed to team Benetton's success in the history of Formula 1.
Discussing the agreement, Luciano Benetton, president of the group, has declared: "The globalisation under way today necessarily requires that it be the specialists in the various sectors to hold sway in their reference markets. We have dedicated major commitment to Formula 1, and this has given us cause for satisfaction way beyond what we might have imagined. However, in order to guarantee the development the team deserves within this new context, it is appropriate that we pass on the baton. I wish to take this opportunity to thank all the sponsors who have worked alongside us in this extraordinary adventure. I am especially grateful to Mild Seven and the Japan Tobacco Group for the fundamental support they have always given us".

16 March 2000

Benetton passes its Formula 1 experience to Renault

È l'ultima stagione dei colori Benetton in Formula 1. La struttura – che ufficialmente si chiama Benetton-Renault Sport – è divisa tra Renault UK a Enstone, con Flavio Briatore amministratore delegato e Mike Gascoyne direttore tecnico, con il compito di progettare e costruire i telai e gestire la squadra, e Renault France, con Christian Contzen amministratore delegato e Jean-Jacques His (tornato dopo una parentesi in Ferrari) come direttore tecnico, che si occupa della parte motoristica.

Proprio il propulsore V10 della marca francese rappresenta la più grande novità della B201: l'angolo di bancata a 111° ha lo scopo di abbassare il baricentro e permettere un'aerodinamica migliore per il cofano motore. Intenzioni ottime, frustrate però dalla poca potenza prodotta rispetto ai rivali. La monoposto, omaggio all'azienda di Ponzano Veneto, viene presentata il 6 febbraio a Venezia. Ed è suggestivo il contrasto tra la macchina da corsa, piazza San Marco e i canali della città.

È cambiata anche la formazione dei piloti: Alex Wurz è partito, mentre è stato confermato Giancarlo Fisichella. Al romano si affianca Jenson Button, inglese giovane e promettentissimo che ha esordito l'anno prima a soli 20 anni con la Williams-BMW.

La stagione non si rivela troppo felice. In un campionato dominato dalla Ferrari – Schumacher si laurea campione con 123 punti, il secondo (Coulthard con la McLaren) ne mette insieme 65 – la Benetton-Renault chiude al settimo posto tra i costruttori con soli dieci punti all'attivo. E di conseguenza non va meglio ai piloti: Fisichella si piazza undicesimo con otto punti, Button diciassettesimo con due. L'unico podio lo porta a casa Giancarlo, grazie a un bellissimo terzo posto sul circuito di Spa in Belgio.

A fine campionato "Fisico" se ne va alla Jordan. Ma soprattutto c'è l'addio della Benetton alla Formula 1. Dopo 19 anni dedicati ai Gran Premi, con un contributo straordinario per generosità, entusiasmo e intuito commerciale, la famiglia veneta saluta la compagnia. In punta di piedi e con stile, come era arrivata. Lasciando una struttura che, con lo sforzo Renault, qualche ritocco e l'arrivo di un fenomeno come Alonso, quattro anni dopo ritorna in cima al mondo.

2001

La stagione dell'addio
Il passaggio di consegne

L'ennesimo confronto tra Benetton e Ferrari.
A sinistra, la formazione al completo: Patrick Faure, Fernando Alonso, Mark Webber, Jenson Button, Giancarlo Fisichella e Flavio Briatore.

Just one in the many clashes between Benetton and Ferrari
Left, the complete team: Patrick Faure, Fernando Alonso, Mark Webber, Jenson Button, Giancarlo Fisichella and Flavio Briatore.

This was the last season of Benetton colours in Formula 1. The structure, now officially called Benetton-Renault Sport, was divided between Renault UK at Enstone, with Briatore as managing director and Mike Gascoyne as tecnical director, with the task of designing and building the chassis and managing the team, and Renault France, with Christian Contzen as managing director and Jean-Jacques His (back in the fold after a period with Ferrari) as technical director, handling the engines. The V10 engine from the French factory was the newest feature of the B201: the angle of the engine block was at 111° to lower the centre of gravity and permit an improved aerodynamism to the engine bonnet. The intentions were excellent but these were frustrated by the lack of power delivered in comparison to the rivals. The car, in homage to Benetton, was presented on 6 February in Venice, providing an appealing contrast between the racing car, St Mark's Square and the canals of the city. The team of drivers had also changed: Wurz had gone, while Fisichella was confirmed. The Roman was now flanked by Button, a young and highly promising English driver who had had his debut the year before with Williams-BMW. But the season did not prove to be a very happy one. In a championship dominated by Ferrari – Schumacher won the championship with 123 points, with the second place holder (Coulthard with McLaren) racking up just 65 points – Benetton-Renault came 7th in the constructors' championship with only ten points. Consequently, the numbers were no rosier for the drivers individually: Fisichella finished 11th with eight points, Button 17th with two. The only podium position was that of Fisichella, thanks to a fine third place on the Spa circuit in Belgium. At the end of the championship, "Fisico" left for Jordan. And above all, Benetton said goodbye to Formula 1. After 19 years dedicated to Grands Prix and an extraordinary contribution in terms of generosity, enthusiasm and commercial intuition, the Veneto family said goodbye to the team. On tiptoe and with style, just as it had arrived. Leaving behind an organisation which with the efforts of Renault, a few minor changes and the arrival of a phenomenon such as Alonso, would four years later once more become world champion.

2001

The farewell season
Swapping places

Jean Jacques His, col telefonino, è il progettista del nuovo motore Renault a 111°.
A sinistra, in piazza San Marco a Venezia non circolano le automobili, ma nulla impedisce che una Formula 1 si mostri come un oggetto d'arte fra altri capolavori.

Jean Jacques His, on the phone, is the designer of the new 111° Renault.
Left, in piazza San Marco, Venice, there is usually little in the way of traffic, but there is nothing to stop a Formula 1 car being presented as a work of art amidst all the other masterpieces.

I risultati

The results

Nel seguente elenco si è tenuto conto solamente delle presenze Benetton in Formula 1 dal 1986 al 2001, quando la marca trevigiana ha corso come "concorrente", o "entrant".
Per ogni campionato, in alto, come premessa, sono precisati: l'anno, la denominazione del team, che varia nel tempo, il tipo, o i tipi, di monoposto Benetton impiegati, i numeri di gara, nome e cognome dei piloti (che possono essere più di due per anno), nonché la marca del motore adottato.
Nell'elenco vero e proprio, il primo numero riguarda l'ordine del Gran Premio dall'inizio del campionato passando da 421 a 680 per il periodo considerato (1986-2001); il secondo numero è relativo alle presenze della Benetton e va da uno a 260. Poi, con una sigla a tre lettere, è precisato il Gran Premio; seguono le sole iniziali dei piloti, il cui nome completo e il numero di gara sono in alto. Subito dopo, l'identificazione della monoposto: solo il numero di telaio se in quell'anno è stato usato un solo tipo di vettura, indicato in alto; anche il tipo nei cinque anni in cui sono stati impiegati due tipi di monoposto. Seguono il risultato conseguito nella qualifica e il risultato della corsa, con la precisazione del motivo del mancato piazzamento; con GV è indicato il giro veloce in gara.
L'ultima pagina riassume le prestazioni della Benetton e dei suoi piloti in tutte le stagioni.

The following list only takes into account the participation of Benetton in Formula 1 between 1986 and 2001, during which years the Italian company raced as "competitor" or "entrant".
For every championship as above, the following is shown: year, name of team (which varied over time), type or types of Benetton single-seater raced, race numbers, name and surname of drivers (which may be more than two per year), as well as the make of the engine used.
In the actual list, the first number concerns the order of the Grand Prix from the start of the championship, passing from 421 to 680 in the period under consideration (1986-2001); the second number concerns the participations of Benetton, and ranges from 1 to 260. The three-letter code that follows indicates the Grand Prix; after this come the initials of the drivers, whose full name and race number are shown above. Immediately after comes the identification of the single-seater: only the chassis number if just a single type of vehicle was used in that year, as indicated above; the type is shown in the five years in which two types of single-seater were used. After this comes the result obtained in the qualifiers and the actual race result, with a motive for failure to finish; GV indicates the fastest race lap.
The last page summarises the performance of Benetton and of its drivers in every season.

Legenda

(giallo / yellow)	*Numero Gran Premi disputati / Presenze Benetton in F.1* *Number of Grands Prix raced / Benetton presences in F1*
(verde / green)	*Sigla del Gran Premio* *The Grand Prix code*
(rosa / pink)	*Iniziali del pilota* *Driver's initials*
(rosso / red)	*Tipo di monoposto* *Type of single-seater*
(azzurro / light blue)	*N. telaio* *Chassis no.*
(arancione / orange)	*Risultato ottenuto in qualifica* *Result achieved in qualifications*
(blu / blue)	*Risultato in corsa o motivo mancato piazzamento* *Race result or reason for lack of placement*
r	*Ritirato / retired*
GV	*Giro veloce / the fastest lap*

1986

concorrente (entrant) Benetton Formula Ltd - monoposto tipo B186 - "19" Teo Fabi - "20" Gerhard Berger - motore BMW

421/1	BRA	TF	3	12°	10°
		GB	2	16°	6°
422/2	SPA	TF	3	9°	5°
		GB	1	7°	6°
423/3	RSM	TF	3	10°	r motore / engine
		GB	2	9°	3°
424/4	MON	TF	1	16°	r freni / brakes
		GB	2	5°	r mozzo ruota / wheel hub
425/5	BEL	TF	4	6°	7°
		GB	2	2°	10°
426/6	CAN	TF	1	15°	r batteria / battery
		GB	5	7°	r turbo
427/7	USA	TF	2	17°	r cambio / gearbox
		GB	5	12°	r motore / engine
428/8	FRA	TF	6	9°	r turbo
		GB	5	8°	r motore / engine
429/9	GBR	TF	6	7°	r alimentazione / alimentation
		GB	5	4°	r impianto elettrico / electric system
430/10	GER	TF	6	9°	r incidente / accident
		GB	5	4°	10° GV
431/11	UNG	TF	6	13°	r trasmissione / transmission
		GB	5	11°	r trasmissione / transmission
432/12	AUS	TF	6	POLE	r motore / engine
		GB	5	2°	7° GV
433/13	ITA	TF	6	POLE	r foratura / puncture GV
		GB	5	4°	5°
434/14	POR	TF	6	5°	8°
		GB	7	4°	r incidente / accident
435/15	MES	TF	6	9°	r motore / engine
		GB	7	4°	1°
436/16	AUL	TF	2	13°	10°
		GB	7	6°	r frizione / clutch

1987

concorrente (entrant) Benetton Formula Ltd - monoposto tipo B187 - "19" Teo Fabi" - "20" Thierry Boutsen - motore Ford

437/17	BRA	TF	4	4°	r turbo
		TB	3	6°	5°
438/18	RSM	TF	4	4°	r turbo GV
		TB	3	11°	r motore / engine
439/19	BEL	TF	4	9°	r pompa olio / oil pump
		TB	5	7°	r trasmissione / transmission
440/20	MON	TF	4	12°	8°
		TB	6	9°	r trasmissione / transmission
441/21	USA	TF	2	8°	r incidente / accident
		TB	6	4°	r freni / brakes
442/22	FRA	TF	7	7°	5°
		TB	6	5°	r distribuzione / timing system
443/23	GBR	TF	7	6°	6°
		TB	6	5°	7°
444/24	GER	TF	7	9°	r motore / engine
		TB	6	6°	r motore / engine
445/25	UNG	TF	7	12°	r cambio / gearbox
		TB	6	7°	4°
446/26	AUS	TF	7	5°	3°
		TB	6	4°	4°
447/27	ITA	TF	8	7°	7°
		TB	6	6°	5°
448/28	POR	TF	8	10°	4°
		TB	6	9°	14°
449/29	SPA	TF	8	6°	r motore / engine
		TB	6	8°	16°
450/30	MES	TF	8	6°	5°
		TB	9	4°	r elettronica / electronics
451/31	GIA	TF	4	6°	r motore / engine
		TB	9	3°	5°
452/32	AUL	TF	4	9°	r freni / brakes
		TB	9	5°	3°

1988

concorrente (entrant) Benetton Formula Ltd - monoposto tipo B188 - "19" Alessandro Nannini - "20" Thierry Boutsen - motore Ford

453/33	BRA	AN	3	12°	r motore / engine
		TB	2	7°	7°
454/34	RSM	AN	3	4°	6°
		TB	4	8°	4°
455/35	MON	AN	3	6°	r cambio / gearbox
		TB	4	16°	8°
456/36	MES	AN	3	8°	7°
		TB	4	11°	8°
457/37	CAN	AN	3	5°	r motore / engine
		TB	5	7°	3°
458/38	USA	AN	3	7°	r sospensione / suspension
		TB	5	5°	3°
459/39	FRA	AN	3	6°	6°
		TB	5	5°	r impianto elettrico / electric system
460/40	GBR	AN	3	8°	3°
		TB	5	12°	r trasmissione / transmission
461/41	GER	AN	6	6°	18° GV
		TB	5	9°	6°
462/42	UNG	AN	6	5°	r motore / engine
		TB	2	3°	3°
463/43	BEL	AN	6	7°	squal. (benzina) / disqualification (petrol)
		TB	2	6°	squal. (benzina) / disqualification (petrol)
464/44	ITA	AN	6	9°	9°
		TB	2	8°	6°
465/45	POR	AN	7	9°	r malore pilota / driver ill
		TB	2	13°	3°
466/46	SPA	AN	7	5°	3°
		TB	5	3°	9°
467/47	GIA	AN	7	12°	5°
		TB	8	10°	3°
468/48	AUL	AN	7	8°	r incidente / accident
		TB	8	10°	5°

1989

concorrente (entrant) Benetton Formula Ltd - monoposto tipo B188 e B189 - "19" Alessandro Nannini - "20" Johnny Herbert, Emanuele Pirro - motore Ford

469/49	BRA	AN	B188	9	11°	6°
		JH	B188	8	10°	4°
470/50	RSM	AN	B188	9	7°	3°
		JH	B188	8	23°	11°
471/51	MON	AN	B188	9	15°	8°
		JH	B188	8	24°	14°
472/52	MES	AN	B188	9	13°	4°
		JH	B188	8	18°	15°
473/53	USA	AN	B188	7	3°	r malore pilota / driver ill
		JH	B188	8	25°	5°
474/54	CAN	AN	B188	9	13°	squal. (partenza irreg.)
		JH	B188	7	non qual. / non-qualified	
475/55	FRA	AN	B189	3	4°	r sospensioni / suspension
		EP	B188	9	24°	9°
476/56	GBR	AN	B189	2	9°	3°
		EP	B188	9	26°	11°
477/57	GER	AN	B189	4	7°	r imp. elettr. / electric system
		EP	B188	2	9°	r incidente / accident
478/58	UNG	AN	B189	4	7°	r cambio / gearbox
		EP	B189	1	25°	8°
479/59	BEL	AN	B189	4	7°	5°
		EP	B189	5	13°	10°
480/60	ITA	AN	B189	6	8°	r sterzo / steering
		EP	B189	5	9°	r frizione / clutch
481/61	POR	AN	B189	6	13°	4°
		EP	B189	5	16°	r ammortiz. / shock absorbers
482/62	SPA	AN	B189	6	14°	r incidente / accident
		EP	B189	5	10°	r incidente / accident
483/63	GIA	AN	B189	6	6°	1°
		EP	B189	5	22°	r incidente / accident
484/64	AUL	AN	B189	4	4°	2°
		EP	B189	5	13°	5°

1990

concorrente (entrant) Benetton Formula Ltd - monoposto tipo B189 e B190 - "19" Alessandro Nannini, Roberto Moreno - "20" Nelson Piquet - motore Ford

485/65	USA	AN	B189	6	22°	4°
		NP	B189	5	6°	11°
486/66	BRA	AN	B189	6	15°	10°
		NP	B189	5	13°	6°
487/67	RSM	AN	B190	2	9°	3° GV
		NP	B190	3	8°	5°
488/68	MON	AN	B190	4	16°	r motore / engine
		NP	B190	3	10°	squal. (partenza irreg.)
489/69	CAN	AN	B190	1	4°	2°
		NP	B190	3	5°	r incidente / accident
490/70	MES	AN	B190	5	14°	4°
		NP	B190	3	8°	6°
491/71	FRA	AN	B190	5	5°	17°
		NP	B190	3	9°	4°
492/72	GBR	AN	B190	5	13°	r incidente / accident
		NP	B190	3	11°	5°
493/73	GER	AN	B190	5	9°	2°
		NP	B190	3	7°	r motore / engine
494/74	UNG	AN	B190	7	7°	r incidente / accident
		NP	B190	3	9°	3°
495/75	BEL	AN	B190	7	6°	4°
		NP	B190	8	8°	5°
496/76	ITA	AN	B190	7	8°	8°
		NP	B190	8	9°	7°
497/77	POR	AN	B190	7	9°	6°
		NP	B190	8	6°	5°
498/78	SPA	AN	B190	7	9°	3°
		NP	B190	8	8°	r batteria / battery
499/79	GIA	RM	B190	7	9°	2°
		NP	B190	8	6°	1°
500/80	AUL	RM	B190	7	7°	7°
		NP	B190	8	8°	1°

1991

concorrente (entrant) Camel Benetton Ford - monoposto tipo B190 e B191 - "19" Roberto Moreno, Michael Schumacher - "20" Nelson Piquet - motore Ford

501/81	USA	RM	B190	9	8°	r incidente / accident
		NP	B190	8	5°	3°
502/82	BRA	RM	B190	7	14°	7°
		NP	B190	8	7°	5°
503/83	RSM	RM	B191	1	13°	13°
		NP	B191	2	14°	r incidente / accident
504/84	MON	RM	B191	1	8°	4°
		NP	B191	2	4°	r incidente / accident
505/85	CAN	RM	B191	1	5°	r incidente / accident
		NP	B191	2	8°	1°
506/86	MES	RM	B191	4	9°	5°
		NP	B191	2	6°	r cuscin. ruota / bearing
507/87	FRA	RM	B191	5	8°	r malore pilota / driver ill
		NP	B191	2	7°	8°
508/88	GBR	RM	B191	5	7°	r cambio / gearbox
		NP	B191	2	8°	5°
509/89	GER	RM	B191	5	9°	8°
		NP	B191	2	8°	r motore / engine
510/90	UNG	RM	B191	5	15°	8°
		NP	B191	6	11°	r cambio / gearbox
511/91	BEL	RM	B191	5	8°	4° GV
		NP	B191	4	6°	3°
512/92	ITA	MS	B191	5	7°	5°
		NP	B191	4	8°	6°
513/93	POR	MS	B191	5	10°	6°
		NP	B191	6	11°	5°
514/94	SPA	MS	B191	2	5°	6°
		NP	B191	6	10°	11°
515/95	GIA	MS	B191	2	9°	r motore / engine
		NP	B191	6	10°	7°
516/96	AUL	MS	B191	2	6°	r incidente / accident
		NP	B191	6	5°	4°

1992

concorrente (entrant) Camel Benetton Ford - monoposto tipo B191b e B192 -
"19" Michael Schumacher - "20" Martin Brundle - motore Ford

517/97	SAF	MS	B191b	8	6°	4°
		MB	B191b	6	8°	r frizione / clutch
518/98	MES	MS	B191b	6	3°	3°
		MB	B191b	8	4°	r motore / engine
519/99	BRA	MS	B191b	6	5°	3°
		MB	B191b	8	7°	r incidente / accident
520/100	SPA	MS	B192	1	2°	2°
		MB	B192	2	6°	r incidente / accident
521/101	RSM	MS	B192	2	5°	r incidente / accident
		MB	B192	4	6°	4°
522/102	MON	MS	B192	2	6°	4°
		MB	B192	4	7°	5°
523/103	CAN	MS	B192	5	5°	2°
		MB	B192	4	7°	r trasmiss. / transmission
524/104	FRA	MS	B192	5	5°	r incidente / accident
		MB	B192	4	7°	3°
525/105	GBR	MS	B192	6	4°	4°
		MB	B192	4	6°	3°
526/106	GER	MS	B192	6	6°	3°
		MB	B192	4	9°	4°
527/107	UNG	MS	B192	5	4°	r alettone / spoiler
		MB	B192	4	6°	5°
528/108	BEL	MS	B192	5	3°	1° GV
		MB	B192	2	9°	4°
529/109	ITA	MS	B192	6	6°	3°
		MB	B192	2	9°	2°
530/110	POR	MS	B192	5	5°	7°
		MB	B192	4	6°	4°
531/111	GIA	MS	B192	8	5°	r cambio / gearbox
		MB	B192	4	13°	3°
532/112	AUL	MS	B192	8	5°	2° GV
		MB	B192	4	8°	3°

1993

concorrente (entrant) Camel Benetton Ford - monoposto tipo B193a e B193b -
"5" Michael Schumacher - "6" Riccardo Patrese - motore Ford

533/113	SAF	MS	B193a	8	3°	r incidente / accident
		RP	B193a	7	7°	r incidente / accident
534/114	BRA	MS	B193a	8	4°	3° GV
		RP	B193a	7	6°	r sospensioni / suspension
535/115	EUR	MS	B193b	3	3°	r incidente / accident
		RP	B193b	1	10°	5°
536/116	RSM	MS	B193b	3	3°	2°
		RP	B193b	1	11°	r incidente / accident
537/117	SPA	MS	B193b	3	4°	3° GV
		RP	B193b	4	5°	4°
538/118	MON	MS	B193b	3	2°	r sospensioni / suspension
		RP	B193b	4	6°	r motore / engine
539/119	CAN	MS	B193b	5	3°	2° GV
		RP	B193b	4	4°	r malore pilota / driver ill
540/120	FRA	MS	B193b	5	7°	3° GV
		RP	B193b	4	12°	10°
541/121	GBR	MS	B193b	5	3°	2°
		RP	B193b	4	5°	3°
542/122	GER	MS	B193b	5	3°	2° GV
		RP	B193b	2	7°	5°
543/123	UNG	MS	B193b	5	3°	r pompa benzina / fuel pump
		RP	B193b	2	5°	2°
544/124	BEL	MS	B193b	5	3°	2°
		RP	B193b	2	8°	6°
545/125	ITA	MS	B193b	5	5°	r motore / engine
		RP	B193b	2	10°	5°
546/126	POR	MS	B193b	5	6°	1°
		RP	B193b	2	7°	16°
547/127	GIA	MS	B193b	5	4°	r incidente / accident
		RP	B193b	6	10°	r incidente / accident
548/128	AUL	MS	B193b	5	4°	r motore / engine
		RP	B193b	6	9°	8°

1994

concorrente (entrant) Mild Seven Benetton Ford - monoposto tipo B194 - "5" Michael Schumacher, J.J. Lehto - "6" Jos Verstappen, J.J. Lehto, Johnny Herbert - motore Ford

549/129	BRA	MS	2	2°	1° GV
		JV	1	9°	r incidente / accident
550/130	PAC	MS	3	2°	1° GV
		JV	4	10°	r incidente / accident
551/131	RSM	MS	5	2°	1°
		JJL	4	5°	r incidente / accident
552/132	MON	MS	5	POLE	1° GV
		JJL	6	17°	7°
553/133	SPA	MS	5	POLE	2° GV
		JJL	4	4°	r motore / engine
554/134	CAN	MS	5	POLE	1° GV
		JJL	4	20°	6°
555/135	FRA	MS	5	3°	1°
		JV	7	8°	r incidente / accident
556/136	GBR	MS	5	2°	squal. (part. irreg.) / disqual. (incorrect start)
		JV	6	10°	8°
557/137	GER	MS	5	4°	r motore / engine
		JV	4	19°	r incendio / fire
558/138	UNG	MS	8	POLE	1° GV
		JV	6	12°	3°
559/139	BEL	MS	8	2°	squal. (irreg. tecn.) / disq. (techn. irreg.)
		JV	4	6°	3°
560/140	ITA	JJL	5	20°	9°
		JV	4	10°	r foratura / puncture
561/141	POR	JJL	5	14°	r incidente / accident
		JV	4	10°	5°
562/142	EUR	MS	8	POLE	1° GV
		JV	4	12°	r incidente / accident
563/143	GIA	MS	8	POLE	2°
		JH	4	5°	r incidente / accident
564/144	AUL	MS	8	2°	r incidente / accident GV
		JH	4	7°	r cambio / gearbox

Michael Schumacher campione del mondo
Michael Schumacher world champion

1995

concorrente (entrant) Mild Seven Benetton Renault - monoposto tipo B195 - "1" Michael Schumacher - "2" Johnny Herbert - motore Renault

565/145	BRA	MS	4	2°	1° GV
		JH	1	4°	r incidente / accident
566/146	ARG	MS	4	4°	3° GV
		JH	3	11°	4°
567/147	RSM	MS	4	POLE	r incidente / accident
		JH	5	8°	7°
568/148	SPA	MS	1	POLE	1°
		JH	5	7°	2°
569/149	MON	MS	6	2°	1°
		JH	3	7°	4°
570/150	CAN	MS	6	POLE	5° GV
		JH	5	6°	r incidente / accident
571/151	FRA	MS	6	2°	1° GV
		JH	3	10°	r incidente / accident
572/152	GBR	MS	6	2°	r incidente / accident
		JH	5	5°	1°
573/153	GER	MS	6	2°	1° GV
		JH	5	9°	4°
574/154	UNG	MS	6	3°	11°
		JH	5	9°	4°
575/155	BEL	MS	6	16°	1°
		JH	5	4°	7°
576/156	ITA	MS	6	2°	r incidente / accident
		JH	5	8°	1°
577/157	POR	MS	6	3°	2°
		JH	5	6°	7°
578/158	EUR	MS	6	3°	1° GV
		JH	5	7°	5°
579/159	PAC	MS	6	3°	1° GV
		JH	5	7°	6°
580/160	GIA	MS	6	POLE	1° GV
		JH	5	9°	3°
581/161	AUL	MS	6	3°	r incidente / accident
		JH	5	8°	r trasmissione / transmission

Michael Schumacher campione del mondo, Benetton Renault campione del mondo
Michael Schumacher world champion, Benetton Renault world champion

1996

concorrente (entrant) Mild Seven Benetton Renault - monoposto tipo B196 - "3" Jean Alesi - "4" Gerhard Berger - motore Renault

582/162	AUL	JA	2	6°	r incidente / accident
		GB	3	7°	4°
583/163	BRA	JA	2	5°	2°
		GB	5	8°	r cambio / gearbox
584/164	ARG	JA	2	4°	3° GV
		GB	5	5°	r sospensioni / suspension
585/165	EUR	JA	2	4°	r incidente / accident
		GB	5	8°	9°
586/166	RSM	JA	2	5°	6°
		GB	5	7°	3°
587/167	MON	JA	2	3°	r sospensioni / suspension GV
		GB	5	4°	r cambio / gearbox
588/168	SPA	JA	2	4°	2°
		GB	5	5°	r incidente / accident
589/169	CAN	JA	2	4°	3°
		GB	5	7°	r incidente / accident
590/170	FRA	JA	2	3°	3°
		GB	5	4°	4°
591/171	GBR	JA	2	5°	r fissaggio ruota / fixing of wheel
		GB	5	7°	2°
592/172	GER	JA	2	2°	2°
		GB	7	5°	13°
593/173	UNG	JA	2	5°	3°
		GB	7	6°	r motore / engine
594/174	BEL	JA	2	7°	4°
		GB	7	5°	6° GV
595/175	ITA	JA	5	6°	2°
		GB	7	8°	r impianto idraulico / hydraulic system
596/176	POR	JA	5	3°	4°
		GB	7	5°	6°
597/177	GIA	JA	5	9°	r incidente / accident
		GB	4	4°	4°

1997

concorrente (entrant) Mild Seven Benetton Renault - monoposto tipo B197 - "7" Jean Alesi - "8" Gerhard Berger, Alexander Wurz - motore Renault

598/178	AUL	JA	5	8°	r senza benzina / out of fuel
		GB	4	10°	4°
599/179	BRA	JA	5	6°	6°
		GB	4	3°	2°
600/180	ARG	JA	5	11°	7°
		GB	4	12°	6° GV
601/181	RSM	JA	5	14°	5°
		GB	4	11°	r incidente / accident
602/182	MON	JA	5	9°	r incidente / accident
		GB	4	17°	9°
603/183	SPA	JA	5	4°	3°
		GB	2	6°	10°
604/184	CAN	JA	5	8°	2°
		AW	4	11°	r trasmissione / transmission
605/185	FRA	JA	5	8°	5°
		AW	2	7°	r incidente / accident
606/186	GBR	JA	5	11°	2°
		AW	4	8°	3°
607/187	GER	JA	2	6°	6°
		GB	4	POLE	1° GV
608/188	UNG	JA	2	9°	11°
		GB	4	7°	8°
609/189	BEL	JA	2	2°	8°
		GB	4	15°	6°
610/190	ITA	JA	2	POLE	2°
		GB	4	7°	7°
611/191	AUS	JA	2	15°	r incidente / accident
		GB	4	18°	10°
612/192	LUS	JA	2	10°	2°
		GB	4	7°	4°
613/193	GIA	JA	2	7°	5°
		GB	4	5°	8°
614/194	EUR	JA	2	10°	13°
		GB	5	8°	4°

1998

concorrente (entrant) Mild Seven Benetton Playlife - monoposto tipo B198 - "5" Giancarlo Fisichella - "6" Alexander Wurz - motore Mecachrome

615/195	AUL	GF	5	7°	r alettone / spoiler
		AW	4	11°	7°
616/196	BRA	GF	5	5°	6°
		AW	4	7°	4°
617/197	ARG	GF	5	10°	7°
		AW	4	8°	4° GV
618/198	RSM	GF	5	10°	r incidente / accident
		AW	4	5°	r motore / engine
619/199	SPA	GF	6	4°	r incidente / accident
		AW	4	5°	4°
620/200	MON	GF	6	3°	2°
		AW	1	6°	r incidente / accident
621/201	CAN	GF	6	4°	2°
		AW	4	11°	4°
622/202	FRA	GF	2	9°	9°
		AW	6	10°	5°
623/203	GBR	GF	6	10°	5°
		AW	7	11°	4°
624/204	AUS	GF	6	POLE	r incidente / accident
		AW	7	17°	9°
625/205	GER	GF	6	8°	7°
		AW	7	7°	11°
626/206	UNG	GF	4	8°	8°
		AW	7	9°	r cambio / gearbox
627/207	BEL	GF	3	7°	r incidente / accident
		AW	7	11°	r incidente / accident
628/208	ITA	GF	6	11°	8°
		AW	4	7°	r cambio / gearbox
629/209	LUS	GF	6	4°	6°
		AW	4	8°	7°
630/210	GIA	GF	6	10°	8°
		AW	4	9°	9°

1999

concorrente (entrant) Mild Seven Benetton Playlife - monoposto tipo B199 - "9" Giancarlo Fisichella - "10" Alexander Wurz - motore Supertec Playlife

631/211	AUL	GF	4	7°	4°
		AW	2	10°	r sospensioni / suspension
632/212	BRA	GF	4	5°	r frizione / clutch
		AW	5	9°	7°
633/213	RSM	GF	6	16°	5°
		AW	5	17°	r incidente / accident
634/214	MON	GF	6	9°	5°
		AW	5	10°	6°
635/215	SPA	GF	6	13°	9°
		AW	5	18°	10°
636/216	CAN	GF	6	7°	2°
		AW	5	11°	r trasmissione / transmission
637/217	FRA	GF	3	7°	r incidente / accident
		AW	5	13°	r incidente / accident
638/218	GBR	GF	7	17°	7°
		AW	5	18°	10°
639/219	AUS	GF	7	12°	12°
		AW	5	10°	5°
640/220	GER	GF	7	10°	r sospensioni / suspension
		AW	5	13°	7°
641/221	UNG	GF	7	4°	r pressione benzina / fuel pressure
		AW	5	7°	7°
642/222	BEL	GF	7	4°	11°
		AW	5	7°	14°
643/223	ITA	GF	7	17°	r incidente / accident
		AW	4	14°	r impianto elettrico / electric system
644/224	EUR	GF	7	6°	r incidente / accident
		AW	4	11°	r incidente / accident
645/225	MAL	GF	7	11°	11°
		AW	4	7°	8°
646/226	GIA	GF	7	14°	14°
		AW	4	15°	10°

2000

concorrente (entrant) Mild Seven Benetton Playlife - monoposto tipo B200 - "11" Giancarlo Fisichella - "12" Alexander Wurz - motore Supertec Playlife

647/227	AUL	GF	2	9°	5°
		AW	3	14°	7°
648/228	BRA	GF	2	5°	2°
		AW	3	13°	r cambio / gearbox
649/229	RSM	GF	2	19°	11°
		AW	5	11°	9°
650/230	GBR	GF	5	12°	7°
		AW	3	20°	9°
651/231	SPA	GF	5	13°	9°
		AW	2	18°	10°
652/232	EUR	GF	4	7°	5°
		AW	2	14°	12°
653/233	MON	GF	4	8°	3°
		AW	2	12°	r incidente / accident
654/234	CAN	GF	4	10°	3°
		AW	2	14°	9°
655/235	FRA	GF	4	14°	9°
		AW	2	17°	r incidente / accident
656/236	AUS	GF	4	8°	r incidente / accident
		AW	2	14°	10°
657/237	GER	GF	4	3°	r incidente / accident
		AW	2	7°	r cambio / gearbox
658/238	UNG	GF	5	7°	r freni / brakes
		AW	2	11°	11°
659/239	BEL	GF	5	11°	r impianto / system
		AW	2	19°	13°
660/240	ITA	GF	5	9°	11°
		AW	2	13°	5°
661/241	USA	GF	5	15°	r motore / engine
		AW	3	11°	10°
662/242	GIA	GF	5	12°	14°
		AW	3	11°	r incidente / accident
663/243	MAL	GF	5	13°	9°
		AW	3	5°	7°

2001

concorrente (entrant) Mild Seven Benetton Renault - monoposto tipo B201 - "7" Giancarlo Fisichella - "8" Jenson Button - motore Renault

664/244	AUL	GF	3	17°	13°
		JB	1	16°	14°
665/245	MAL	GF	3	16°	r pressione benzina / fuel pressure
		JB	1	17°	11°
666/246	BRA	GF	3	18°	6°
		JB	1	20°	10°
667/247	RSM	GF	3	19°	r motore / engine
		JB	5	21°	12°
668/248	SPA	GF	3	19°	14°
		JB	5	21°	15°
669/249	AUS	GF	3	19°	r motore / engine
		JB	5	21°	r motore / engine
670/250	MON	GF	6	10°	r incidente / accident
		JB	5	17°	7°
671/251	CAN	GF	6	18°	r incidente / accident
		JB	5	20°	r perdita olio / oil leak
672/252	EUR	GF	6	15°	11°
		JB	5	20°	13°
673/253	FRA	GF	6	16°	11°
		JB	5	17°	16°
674/254	GBR	GF	6	19°	13°
		JB	5	18°	15°
675/255	GER	GF	6	17°	4°
		JB	5	18°	5°
676/256	UNG	GF	6	15°	r motore / engine
		JB	5	17°	r incidente / accident
677/257	BEL	GF	6	6°	3°
		JB	5	10°	r incidente / accident
678/258	ITA	GF	6	14°	10°
		JB	5	11°	r motore / engine
679/259	USA	GF	6	12°	8°
		JB	5	10°	9°
680/260	GIA	GF	6	6°	17°
		JB	5	9°	7°

La Benetton nel campionato - 1986/2001

La Benetton ha preso parte a 260 Gran Premi, con un totale di 519 presenze in gara e una mancata qualificazione.
Nella classifica piloti del 1990, a Piquet sono stati assegnati 43 punti e non 44 perché si doveva tener conto solo di 11 risultati su 16 Gran Premi; nella classifica costruttori alla Benetton sono stati conteggiati 44 punti, come nella tabella.
Al termine del GP del Brasile 1995, verifiche tecniche hanno definito la "non conformità" della benzina usata dalla Benetton: a Schumacher sono però rimasti la vittoria e i relativi dieci punti che non sono invece stati accreditati alla Benetton nella graduatoria costruttori. Il totale del punteggio ottenuto dai piloti della Benetton indicato nella tabella tiene conto anche di questi dieci punti.
I piloti che la Benetton ha fatto esordire in Formula 1 sono: J. Herbert (Bra '89), E. Pirro (Fra '89), J. Verstappen (Bra '94) e A. Wurz (Can '97).

Benetton in the championship - 1986/2001

Benetton took part in 260 Grands Prix, with a total of 519 race participations and one failed qualification.
In the 1990 drivers' rankings, Piquet gained 43 points and not 44 because account was only taken of 11 results out of 16 Grands Prix; in the constructors' rankings, Benetton was awarded 44 points, as per the table.
At the end of the 1995 Brazilian Grand Prix, technical inspections deemed that the fuel used by Benetton did "not conform": Schumacher, however, was allowed to keep his victory and associated ten points which were instead not accredited to Benetton in the constructors' championship. The total points won by Benetton drivers indicated in the table includes these ten points.
The drivers who had their first taste of Formula 1 in the colours of Benetton are: J. Herbert (Bra '89), E. Pirro (Fra '89), J. Verstappen (Bra '94) and A. Wurz (Can '97).

Pilota	Nazionalità	Presenze	Pole	GV	Vittorie	Punti
J. Alesi	Fra	33	1	2	—	83
G. Berger	Aus	46	1	5	2	65
T. Boutsen	Bel	32	—	—	—	43
M. Brundle	GBr	16	—	—	—	38
J. Button	GBr	17	—	—	—	2
T. Fabi	Ita	32	2	2	—	14
G. Fisichella	Ita	66	1	—	—	55
J. Herbert	GBr	24	—	—	2	50
J.J. Lehto	Fin	6	—	—	—	1
R. Moreno	Bra	13	—	1	—	14
A. Nannini	Ita	46	—	2	1	65
R. Patrese	Ita	16	—	—	—	20
N. Piquet	Bra	32	—	—	3	70,5
E. Pirro	Ita	10	—	—	—	2
M. Schumacher	Ger	68	10	23	19	303
J. Verstappen	Ola	10	—	—	—	10
A. Wurz	Aus	52	—	1	—	26
Totale		**519**	**15**	**36**	**27**	**861,5**

Quand Benetton fit son entrée dans le monde de la Formule 1, je me suis dit que une vague de fraîcheur était arrivée.
Des tas de couleurs sont apparues tout à coup. Il s'est instauré une ambiance mondaine et un air de fête qui ont fait du bien à tout le monde, en obligeant les autres à changer, eux aussi. Telle a été la grande révolution que Benetton a apportée. Toutefois, tout cela n'aurait pas été crédible si les victoires et les titres mondiaux n'étaient pas venus couronner un effort qui était également technique et industriel.
Dans les courses comme dans la vie, on ne gagne jamais par hasard.
Bernie Ecclestone

Luciano Benetton
« Le jour où, au Sénat, Giovanni Agnelli m'adressa ses félicitations »

Dans la salle qui se trouve à côté de son bureau, il y a une vitrine qui couvre tout un mur, pleine de coupes et de trophées. Certains sont en argent, d'autres sont en cristal et d'autres encore sont forgés dans des matériaux pauvres. Ils font belle impression, tous ensemble, bien rangés et bien reluisants. C'est un résumé des 19 années que Benetton a passées dans les courses automobiles, une aventure dont les points culminants ont été les deux titres mondiaux remportés par Michael Schumacher et un championnat du monde des constructeurs. Un passé toujours présent à deux pas du bureau du président Luciano Benetton qui est dans la pièce d'à côté, ornée de de fresques aux murs et avec de grandes baies vitrées donnant sur le vert intense et apaisant des pelouses de la Villa Minelli à Ponzano. D'une part, toutes ces coupes expriment la satisfaction d'avoir gagné un pari dans un milieu complètement étranger au monde originel de Benetton. De l'autre, elles représentent le symbole du défi que Benetton continue de lancer dans d'autres domaines, avec le même courage et la même envie de l'emporter.

Monsieur Benetton, d'où vient votre passion pour l'automobile ?
« D'une Lancia Ardea qui fut ma première voiture, en 1957. Elle avait les portières qui s'ouvraient au milieu et elle faisait même un peu snob. Dans les courses, je me suis retrouvé impliqué dans d'autres parcours grâce à un partenaire industriel de Benetton, Nanni Galli. Il avait été pilote bien des années auparavant et il me donna l'idée d'aborder le monde de la Formule 1. J'ai rencontré Ken Tyrrell et nous avons décidé de sponsoriser son équipe en 1983. L'opération se révéla tout de suite des plus heureuses, puisque, au volant de la voiture qui portait nos couleurs, Michele Alboreto remporta le Grand Prix de Las Vegas. Les Etats-Unis étaient un marché important pour nous. Et puis, une victoire crée de l'émotion, de l'emphase, de l'enthousiasme. Après quoi, Tyrrell, qui était quelqu'un de bien, me proposa de rester avec lui l'année suivante, en gérant ensemble le budget de l'équipe. Cela n'a pas abouti, mais j'avais attrapé le virus de la gestion. »

Et Benetton se mit à sponsoriser Alfa Romeo.
« Un symbole italien. Pourtant, aucun résultat ! Puis, au printemps 1985, il se présenta la possibilité d'acheter Toleman qui avait des difficultés. Nous conclûmes l'accord pour deux millions de livres sterling, une somme raisonnable. D'un moment à l'autre, au mois de mai de cette année-là, nous étions devenus à la fois constructeurs de Formule 1 et sponsors, puisque l'accord avec Alfa Romeo était encore en vigueur. Les débuts de notre Toleman, qui étonna tout le monde par ses couleurs, eurent lieu à Monte-Carlo où le pilote était Teo Fabi. Puis, il y eut deux voitures et l'arrivée de Piercarlo Ghinzani. Nos points de référence dans l'équipe étaient Peter Collins et Rory Byrne qui possédaient tous deux une profonde culture technique. L'administrateur des courses de Benetton était Davide Paolini. »

Benetton avait fait le grand plongeon en pénétrant dans un univers aussi nouveau qu'inexploré.
« On peut faire des affaires au sens vulgaire du terme et l'on peut faire de la publicité à son propre nom et à sa propre marque d'une manière plus gratifiante. L'opération Toleman était un moyen de véhiculer le nom Benetton dans le monde entier et elle rentrait dans le 4% du chiffre d'affaires que nous dépensions pour nos activités de promotion. Aujourd'hui encore, le pourcentage est resté le même. »

Et vous avez dû traiter des choses nouvelles pour vous, par exemple la fourniture de moteurs Ford turbo pour la saison 1987, après que BMW s'en est allé en vous laissant le goût agréable des deux pole positions de Fabi en Autriche et à Monza, l'année précédente.
« Oui, j'ai reçu l'un des héritiers de la famille Ford ici même, à Ponzano. Et nous nous sommes mis d'accord. »

Il fallait également prendre un technicien de haut niveau et vous avez mis votre dévolu sur John Barnard que vous avez arraché à Ferrari.
« Barnard était quelqu'un de sophistiqué. Il travaillait pour Ferrari, mais en restant dans son atelier en Angleterre. C'était le meilleur du moment et il nous a permis de faire un pas en avant dans une structure qui était en train de parachever ses atouts. »

Et, en effet, on engagea Nelson Piquet, trois fois champion du monde. Mais vous aviez aussi pensé à Senna.
« Barnard et nous, nous voulions des gens ayant de l'expérience. Piquet se révéla le champion qu'il était et, en 1990, il gagna au

Japon et en Australie. L'année précédente, avec le très sympathique Alessandro Nannini, nous avions gagné à Suzuka. Notre stratégie commençait à donner des résultats, nous nous développions et notre réputation grandissait. Senna a été un conseil de Rory Byrne, qui avait travaillé avec lui pour Toleman. " Prenez-le, ce sera un as ! " – m'avait-il dit. Ayrton est venu deux ou trois fois à Ponzano avec l'un de nos collaborateurs, Gino Pilota. Mais il n'était déjà plus dans nos moyens financiers. »

En revanche, Nannini était en train de s'affirmer parmi les plus forts.
« Excellent et, je le répète, on ne peut plus sympathique. Un gars qui donnait vraiment envie de s'arrêter pour l'écouter. Comme son père d'ailleurs qui le suivait incognito sur les pistes, souvent déguisé, pour ne pas l'importuner. Je n'oublierai jamais le moment où Alessandro a dit non à Ferrari pour rester avec notre équipe. L'accident en hélicoptère a été un choc pour moi et pour nous tous. La semaine d'avant, j'étais allé déjeuner chez sa famille à Sienne. Chez les Nannini, il y avait toujours un air de fête. »

L'époque de Nannini correspond à l'arrivée de Flavio Briatore.
« Flavio était l'un de nos agents aux Caraïbes. Il en avait assez de ce travail-là et il me le dit ouvertement. Pour le provoquer et curieux de la réponse qu'il m'aurait donnée, je lui dis que j'avais besoin de quelqu'un qui s'occupe de l'équipe de Formule 1 et je lui demandai si ça pouvait l'intéresser. Imperturbable, il me répondit : " Pourquoi pas ? Essayons donc ! " . Une de ses caractéristiques a toujours été de ne jamais refuser quand quelque chose pouvait lui convenir, ne serait-ce que vaguement. Ça m'a fait plaisir que Flavio accepte, parce que c'était un innovateur, quelqu'un qui sait toujours créer de la valeur ajoutée. Et il en est allé ainsi. Sa réussite n'a donc pas

été, pour moi, une vraie surprise. Briatore est quelqu'un qui sait résoudre les problèmes. C'est un optimiste qui accepte de se remettre en question, même là où il est sans expérience. En plus, c'est un gros bûcheur et quand il s'attelle à un projet, il le porte à terme comme personne d'autre. C'est aussi quelqu'un qui sait s'enrichir des refus des autres, c'est une éponge qui absorbe les raisons des autres et qui les approprie à sa propre culture. Il a obtenu des résultats extraordinaires. »

De Briatore à Michael Schumacher, le pas fut vite franchi.
« C'est mon fils Alessandro qui s'est directement occupé de la chose, poussé par Briatore et par Tom Walkinshaw. J'ai rencontré Michael tout de suite après et je me suis vite rendu compte que ce garçon de 22 ans avait déjà une grande maturité, un goût du concret sans pareil. Puis, sur la piste, il nous a confirmé ces impressions, parce qu'il conduisait toujours la voiture au but. Il connaissait ses limites et celles du véhicule. J'étais au Portugal en 1993 quand il remporta sa deuxième course avec nous. Juste derrière lui, il y avait Prost qui ne l'a pas attaqué car, de toute évidence, il était conscient de la force du garçon qui était devant lui. Ce fut un signal important, une grande émotion. »

Puis les deux titres mondiaux.
« Ce fut le couronnement d'un travail soigné. La victoire est un phénomène quasiment chimique, tous les éléments doivent s'enchaîner les uns aux autres : pilote, voiture, pneus, moteur, le reste. Aujourd'hui, je repense à ces deux championnats absolument magiques et uniques de 1994 et 1995, et je les perçois dans leur ensemble. Le monde nous a regardés comme un phénomène extraordinaire. Pour moi, c'était une preuve de plus que le travail et la bonne gestion finissent toujours par être récompensés. Je veux dire par là que nous avons été capables d'aller au-delà de ce qui, pour tout le monde, ne semblait être qu'un hobby du dimanche. Nous pouvons vraiment dire que nous avons vécu de grandes années. »

Un souvenir ?
« Quand Frank Williams, à la fin du très tourmenté Grand Prix d'Australie, qui nous valut le premier titre pour un seul point, dans une course qui avait très bien marché pour nous et très mal pour lui, s'approcha de moi pour me dire : " Félicitations, ce fut une année vraiment enthousiasmante ! ". Son esprit sportif hors du commun m'a vraiment touché. »

Quelques années auparavant, vous aviez connu Enzo Ferrari.
« J'étais allé chez lui, à Maranello. Nous nous sommes présentés et je lui ai demandé conseil, étant donné que nous étions des néophytes. Il était déjà très âgé, mais il restait un point de référence pour son usine. Une légende. »

Vous n'avez jamais pensé à transférer le siège de Benetton F.1 en Italie ?
« Non, absolument jamais. Un tel transfert serait allé contre toute logique. La culture des courses est en Angleterre ! »

Avec le temps, dans quelle mesure la Formule 1 a-t-elle soutenu la communication et l'image de Benetton ?
« Il m'arrive de sourire quand je pense qu'à cette époque-là nous avions beaucoup de procès en cours dans des pays minuscules où, parfois, nous n'étions même pas présents, parce que des entreprises imitaient notre marque. Grâce à la popularité dont nous jouissions alors, nous avons gagné tous les procès. Les juges qui devaient démêler nos affaires nous connaissaient à travers la Formule 1. Mais à part ça, avec les courses, nous transmettions l'idée de la passion, de la ténacité et du courage. Tout cela était accueilli avec sympathie aux quatre coins du monde, parce que les gens comprenaient nos efforts. Seule la Formule 1 offre une notoriété aussi universelle. »

Q'est-ce que la Formule 1 a représenté pour vos fils Alessandro et Rocco ?
« Alessandro s'est intéressé à l'affaire des courses dès le début et il l'a fait jusqu'en 1997. Rocco, lui, a fait un passage plus bref, deux saisons à peine. Pour tous les deux, la Formule 1 a constitué une source d'enrichissement et une parfaite école de management, car il fallait s'occuper de l'engagement des pilotes, des techniciens, des sponsorisations, des règles de gestion. Ils ont dû développer des talents d'entrepreneurs. Alessandro a vécu la prospérité et Rocco, le moment où nous envisagions de nous retirer parce qu'avec l'avènement des grandes marques automobiles nous savions bien qu'il n'y aurait bientôt plus de place pour nous. »

Avez-vous le sentiment que le « phénomène Benetton » a dérangé ?
« Bien sûr ! Nous étions des concurrents différents de tous les autres, nous parlions une autre langue. Il y a eu bien des pressions sur la fédération, des protestations inacceptables et inopportunes qui n'aboutirent à rien. Oui, nous avons sûrement dérangé certains. »

La plus haute consécration vous a été donnée par une phrase que Giovanni Agnelli vous a dite en tête-à-tête, avant de la dire en public. Un spot exceptionnel pour Benetton !
« Nous étions en 1992, au Sénat. Giovanni Agnelli s'approcha de moi en souriant et me murmura à l'oreille : " J'ai dit aux hommes de Ferrari qu'il est impossible que Benetton fasse des voitures meilleures que les nôtres. C'est comme si Fiat se mettait à produire des pull-overs et à les faire mieux que Benetton ! " . Un compliment qui me fit le plus grand plaisir. Ces années-là, Ferrari avait de grosses difficultés, mais la maison demeurait toutefois un morceau d'histoire sans égal. Alors que nous, nous n'étions, pour ainsi dire, que de passage. Nous ne nous sommes jamais pris trop au sérieux, mais en tant qu'amateurs nous avons vraiment fait du bon travail ! »

LES PERSONNAGES

« Quand Benetton m'a engagé, je n'étais qu'un tout jeune homme qui ne savait pas grand-chose des courses internationales. Puis tout a changé rapidement. Les victoires sont arrivées, les titres mondiaux, la gloire. Je dois affection et gratitude à Benetton. J'ai essayé de les lui rendre par mes efforts, mon sérieux et les risques que j'ai pris. »
Michael Schumacher, Suzuka, octobre 1995

Alessandro Benetton
« Je travaillais à Londres quand j'ai reçu un message

de mon père : « Il faut donner un coup d'œil à la gestion de la Formule 1 »

Je travaillais à Londres chez Goldman Sachs quand, un jour, j'ai reçu un message de mon père, l'un de ceux qui n'admettaient aucune réplique : « Il faut donner un coup d'œil à la gestion de la Formule 1 ». Une chose en entraîne une autre et, sans savoir ni lire, ni écrire, à 22 ans, je me retrouve président d'une équipe de Formule 1.
C'est ainsi que commence mon histoire dans le monde magique des quatre roues, même si, en réalité, le baptême avait eu lieu quelques années auparavant, en 1983, dans le bureau de Ken Tyrrell. La scène est encore bien nette dans mon esprit : avec lui et son fils, il y a aussi l'ancien pilote Nanni Galli qui, entre autres, était aussi un partenaire de Benetton. L'enjeu est la sponsorisation de Tyrrell pour l'année suivante et c'est la première fois que j'assiste à quelque chose qui me deviendra familier au fil des ans : voir mon père prendre une décision importante en moins de deux. C'est ainsi que, grâce aussi à l'apport de Nanni, l'on trouve un accord pour sponsoriser Tyrrell. Les pilotes seront Danny Sullivan et Michele Alboreto.
La page suivante de l'histoire est écrite à la Villa Minelli, avec la présentation de l'équipe. Par la suite, on sponsorisera également Alfa Romeo, mais deux ans plus tard, on prend la décision courageuse de faire un pas en avant et de devenir propriétaires d'une équipe. A l'époque, cette affaire fit grand bruit et l'on se demandait ce que les pull-overs avaient à voir avec une écurie de Formule 1 ! On le comprit par la suite.
Ceci dit, la vision du projet m'est apparue d'emblée à la fois simple et complexe. Simple parce que l'objectif était de donner à l'équipe un budget plus important grâce à de nouvelles sponsorisations. Complexe, puisque notre capacité à donner un jugement technique sur le travail des gérants de l'équipe était plus ou moins égale à zéro.
C'est alors que commence l'ère de Briatore. Son approche peut se résumer dans un épisode dont je me souviens encore avec sympathie. Dès qu'il vient s'installer dans ma maison de Londres, Flavio commence à se plaindre parce que la maison a trop d'escaliers et qu'elle se trouve à Notting Hill, loin du centre de Londres. Je lui explique que j'ai choisi ce quartier parce qu'il va bientôt devenir à la mode, mais il me répond que nous n'avons pas le temps d'attendre. Je suis obligé d'aller m'installer dans le centre !
Après une première phase d'adaptation, nous trouvons un équilibre entre son tempérament volcanique et transgressif et les nécessités d'une entreprise cotée qui veut atteindre l'objectif de communiquer sa marque dans le monde entier et de la manière la plus efficace possible.
A son arrivée, le directeur Peter Collins vit immédiatement en lui l'incarnation du nouveau diable (« peut-être même pire que le vieux ! »), ce qui montre bien que même un grand professionnel comme Collins faisait partie d'un monde qui n'aimait guère le changement.
Comme on le dit souvent, à partir de ce jour-là, rien ne fut plus comme avant. Le fait de redistribuer les cartes était pratiquement devenu une affaire de tous les jours. John Barnard, Tom Walkinshaw, TWR, Johnny Herbert, Moreno, J.J. Lehto, Emanuele Pirro, Ligier, Renault, pour ne citer que quelques-unes des différentes phases que Benetton Formule 1 commença à vivre, parmi lesquelles, il y eut également les périodes où, par le biais de TWR, nous nous retrouvâmes copropriétaires d'une petite partie de Jaguar, c'est-à-dire de la société à laquelle participait Tom Walkinshaw qui avait conçu et fabriqué un supercar extrêmement coûteux et réalisé seulement en 200 exemplaires. Walkinshaw était un grand personnage, qui nous accompagna au moment où nous voulions construire une usine de compétitions en nous donnant l'infrastructure de base, c'est-à-dire l'organisation de l'usine, la logistique, le personnel. Un homme très très important, courageux et loyal dans les rapports humains.
Ce furent des changements continuels et soudains, avec la difficulté d'équilibrer la force propulsive de Briatore et l'expérience de gestion du Groupe Benetton dans ce secteur. Après tant de changements et de réorganisations, le puzzle fut enfin terminé : la dernière pièce de ce puzzle s'appelait Michael Schumacher.
Puis vinrent les championnats du monde de 1994 et 1995 et l'efficience économique de la gestion de l'écurie. Bref, les années de gloire. De fortes émotions et des trophées conquis parfois au prix de disqualifications incompréhensibles. Une période extraordinaire au cours de laquelle j'ai eu l'occasion de nouer des rapports humains et professionnels de grande qualité, avec des personnages comme Alessandro Nannini et Nelson Piquet.
Au cours du cycle qui suivit, malgré d'autres satisfactions, nous nous sommes rendu compte que la voie de la Formule 1 devait suivre une nouvelle configuration. Les grands constructeurs automobiles avaient décidé que la Formule 1 devait redevenir un élément intégrant de leur stratégie. Il n'y avait donc plus guère de place pour les équipes indépendantes.
L'objectif principal de l'entreprise avait pourtant été atteint, brillamment. La marque avait acquis une grande visibilité dans le monde entier, avec des coûts de gestion très réduits, mais surtout une grande crédibilité obtenue par notre groupe et par notre famille qui avaient prouvé qu'ils étaient capables d'entrer dans la compétition, dans un secteur qui, comme celui de la Formule 1, avait une technologie extrêmement sophistiquée. Sans parler de la cerise sur le gâteau : une plus-value considérable découlant de la cession de l'équipe et la satisfaction de voir que l'équipe que nous avions créée continuait d'être compétitive et gagnante.
Aujourd'hui, il nous reste le souvenir agréable d'avoir fait les choses comme il faut, toujours ! Je n'oublierai jamais la fête du premier titre mondial que nous avons remporté au Australie, avec la femme de Michael qui embrassait tout le monde dans l'euphorie. Quant à lui, je l'ai admiré dans les premiers beaux moments de sa carrière. C'était déjà un garçon concentré sur son travail, insensible à tout ce qui gravitait autour de lui. Dans son esprit libre, il n'y avait qu'une seule pensée : gagner !

Flavio Briatore
Le géomètre, qui a le sens des affaires, se retrouve directeur des courses

L'histoire de Flavio Briatore est l'histoire tout à fait exceptionnelle d'un géomètre qui devient champion du monde de Formule 1. Flavio tient tellement à son diplôme scolaire que la colère qu'il a piquée en direct, devant les caméras de télévision, à cause de son diplôme, est devenue légendaire, comme s'il s'agissait d'un gag. Les archives de la RAI doivent avoir encore la cassette enregistrée pour le journal télévisé d'un soir où le présentateur parlait du titre mondial que l'équipe italienne Benetton venait de remporter, avant d'en parler en direct avec Briatore qui était à Londres : « Bonsoir Maître Briatore … ». Il n'a pas le temps de finir sa phrase que la réponse arrive sèche comme un coup de cravache : « …Ecoutez, je ne suis pas avocat, mais géomètre … Vous aviez promis de m'appeler Géomètre ! ». Le présentateur, gêné, coupa net : « D'accord, Monsieur Briatore ! … ».
« En somme », raconte aujourd'hui le géomètre, « à l'école, je n'étais pas du genre de ceux qui font la fierté de leur père, mais j'ai quand même décroché un diplôme. Je suis devenu géomètre et j'aime bien que ça se sache ! Pardi ! ». Le rapport entre la géométrie et une équipe de Formule 1 n'est pas évident, pas même pour Briatore, mais le fait est là et la corporation des géomètres ne peut qu'en être fière.
En effet, Briatore ne débarqua pas chez Benetton pour ses compétences de géomètre, mais en tant que directeur commercial : « Je suis arrivé en 1989 et mon rôle était de trouver de l'argent, c'est-à-dire des sponsors, parce que Benetton ne pouvait pas faire face à la totalité des investissements. C'est justement ça qui, paradoxalement, a été notre gros handicap au début. Quand nous allions frapper à la porte de différentes entreprises, nous nous rendions bien compte que nos interlocuteurs étaient plutôt perplexes : " Quoi ? Benetton donne son nom à l'équipe et à la voiture et c'est nous qui devrions donner de l'argent ? ". Cela n'a pas été facile. En réalité, j'ai dû sélectionner une équipe de vendeurs sur un grand nombre de candidats ».
« Les choses marchaient comme ça. Je donnais à mes vendeurs un beau dépliant plein de chiffres, de données, de programmes, de noms, de photos, de pourcentages, et ainsi de suite. Je mettais le tout dans une belle mallette et je leur disais : " Bien les enfants ! Allez-y ! ". Et je ne les ai pas envoyés dans les petites villes de province, mais en Amérique, au Japon, en France et même en Afrique du Sud. Une entreprise difficile, parce qu'ils ne se baladaient pas avec des échantillons de marchandise, mais avec du bagout, des

hypothèses, des rêves parfois convaincants, mais toujours aléatoires. L'équipe Benetton dans laquelle j'étais entré avait Peter Collins comme manager d'équipe et David Paolini comme directeur. Je ne comprenais rien à la Formule 1 et toutes les décisions etaient donc de leur ressort. Mais j'ai quand même fini par y mettre mon grain de sel. Aujourd'hui, je me rappelle que la première chose qui m'a frappé et que j'ai dit à haute voix pendant une réunion a été : " Je ne comprends pas ! Les autres équipes ont des pilotes qui ont deux jambes. Pourquoi faudrait-il que nous allions de l'avant avec un pilote qui n'a qu'une seule jambe ? ". Vous vous souvenez de Johnny Herbert ? Il s'était cassé une jambe et pratiquement n'en avait plus qu'une. Dans le paddock, il se déplaçait à bicyclette parce qu'il avait du mal à marcher. Il était excellent, mais pas à sa place ! ».
« Je n'aurais jamais dû dire ça ! Je les avais vexés ! Mais, j'ai commencé à regarder autour de moi. Par exemple, ils m'ont déconseillé de prendre Piquet et, au contraire, je l'ai pris. Au bout du compte, ils avaient peut-être raison, mais ce qui m'avait frappé et qui m'avait plu, c'était que Piquet était un beau personnage. Nous avions aussi besoin de moyens médiatiques à cette époque-là. Déjà alors, comme aujourd'hui, il n'était pas facile de trouver de bons pilotes sans dépenser beaucoup d'argent. Que devais-je faire ? Faire la cour à Senna ou à Prost ? Mais ces gars-là ne répondent même pas quand on leur dit bonjour ! Ils continuent tout droit sans même vous regarder. Alors, un peu plus tard, j'ai trouvé un gars absolument inconnu, un certain Michael Schumacher. Et nous sommes devenus champions du monde ».
Schumacher, un nom qui est une garantie. Une ère nouvelle pour la Formule 1. Mais comment diable un géomètre qui envoyait dans le monde entier une armada de vendeurs, mallette en main, réussit-il à le découvrir ? « C'est Eddie Jordan qui m'en avait parlé – raconte Briatore –. Je ne l'avais jamais vu, ni sur la piste, ni hors de piste. Mais Jordan voulait
 le prendre à condition qu'il apporte un sponsor prêt à bien payer. Et il le prit, il lui fit faire une course, puis le sponsor se retira. Pas de sponsor, pas de contrat. C'est alors que je l'ai convoqué immédiatement à Londres, où j'ai fait sa connaissance. Il était venu avec son manager, Willi Weber et tous les deux m'ont semblé des personnes très sérieuses, préparées et motivées. J'ai appris que Michael avait déjà un contrat avec Mercedes et qu'il aurait pu se libérer à condition de trouver une place de libre dans une équipe de Formule 1. Pas dans n'importe quelle équipe pourtant, mais dans une équipe offrant des garanties. Et je les lui ai données. J'ai été très clair avec lui : " Les gages sont maigres, mais si tu veux devenir champion du monde, on peut y arriver ! ".»
Schumacher signa et courut à Monza avec la Benetton : « Mais, disons tout de suite une chose : Schumacher m'a coûté très peu. Je ne dirais pas un morceau de pain, mais deux croissants et une mandarine ! Il était très motivé et l'argent ne l'intéressait pas. Il le dit très clairement : " Je veux devenir champion du monde ! ". D'ailleurs, on m'avait raconté un épisode qui en dit long sur le personnage qu'il était. Je ne sais plus lors de quelle course, les commissaires l'appelèrent pour lui reprocher un dépassement incorrect qu'il avait fait. Il les écouta et répondit très calmement. " Dites à ces pilotes de débarrasser le plancher quand j'arrive et cela ne se reproduira plus ! " ».
Pour prendre Schumacher, Briatore avait été obligé de licencier séance tenante le Brésilien Roberto Moreno. Celui-ci le cita en justice par-devant le tribunal de Monza où l'on raconte que Briatore, pour convaincre le magistrat du bien-fondé de son geste, aurait dit, en bluffant impunément : « Allons donc, Monsieur le juge, un gars comme lui, vous le feriez courir en Formule 1 ? Regardez bien la tête qu'il a ! ».
« Mais non, ce n'est pas vrai ! – dit Briatore en riant – Peut-être bien que je l'ai pensé, aussi parce que, à cette époque-là, Moreno avait des problèmes et ça m'embêtait de le renvoyer, mais si je ne l'avais pas fait, d'autres auraient pris Schumacher. Peut-être que je l'ai pensé, mais je ne l'ai sûrement pas dit ! »
En conclusion, en quinze ans de Formule 1, le géomètre Briatore a donc eu des satisfactions. « Deux titres mondiaux avec Schumacher, puis la fin de l'écurie Benetton en 1997. J'ai beaucoup regretté parce que j'étais très lié à l'équipe et à la famille Benetton. J'avais connu Luciano en 1976, mais ce n'est que quelesques années plus tard que je ai commencé à travailler pour lui. Un autre travail commercial : j'étais chargé de promouvoir les magasins Benetton et j'en avais une trentaine dans la région des Caraïbes. Benetton avait des points de vente dans le monde entier et la Formule 1 était le seul moyen de promotion vraiment valable. Quand Luciano m'a demandé : " A ton avis, peut-on faire de la Formule 1 sans perdre de l'argent ? ". Je lui ai tout de suite dit oui. Puis il m'a remis entre les mains de son fils Alessandro qui m'a donné confiance. Les choses fonctionnaient de la façon suivante : quand j'avais une idée, je la transmettais à Alessandro qui, à son tour, en parlait à Luciano. Il a fallu quatre ans pour remporter le Mondial. Puis, je suis revenu en 2001, dans l'équipe qui n'était plus la Benetton, mais la Renault : une autre histoire fascinante. Je ne peux pas me plaindre. J'ai découvert aussi beaucoup de nouveaux pilotes dont de nombreux italiens : Schumacher, Alonso, Fisichella, Trulli. J'ai essayé de bien faire mon travail. Si seulement j'arrivais à secouer un peu le milieu de la Formule 1, je serais encore plus content. »
Naturellement, tout n'a pas été facile, surtout en 1994 quand on a accusé Benetton tous azimuts : « Le problème – explique Briatore – était que bien des gens ne supportaient pas que l'écurie gagnante soit une équipe qui, au lieu de construire des voitures, fabriquait des t-shirts et des pull-overs. Nous étions devenus une pierre de touche embarrassante, parce que nous avions réalisé en peu de temps ce que d'autres n'avaient pas réussi à obtenir pendant toute une vie. Nous avions ébranlé un milieu figé. Ça n'allait pas. Dans la Formule 1, quand on roule fort, il y a toujours quelqu'un qui déclare que la voiture n'est pas régulière. Au cours de cette année 1994, ils l'ont épluchée pièce par pièce, nous étions dans le collimateur de la FIA. Ils n'ont rien trouvé qui ne soit pas réglementaire. Nous gagnions parce que nous étions les plus forts. Et cela a duré longtemps ». Une histoire qui continue, de Benetton à Renault qui, en 2005, a remporté les championnats du monde des pilotes et des constructeurs : la même âme, le même Briatore.

Ross Brawn
Le grand orchestrateur de stratégies et de victoires ne craignait pas la méfiance des gens

Il y a des souvenirs qui restent gravés pour toujours dans la mémoire d'un homme. Parmi les souvenirs que Ross Brawn a de sa vie – pas seulement professionnelle –, c'est la période qu'il a passée chez Benetton qui reste la plus marquante. « Le milieu était très stimulant – raconte l'aimable technicien né à Manchester le 23 novembre 1954 –. Au cours de ces années-là, de l'automne 1991 à la fin 1996, j'ai eu l'occasion de faire mon expérience au sein d'une équipe jeune et très motivée et de me lier d'amitié avec des personnages de l'envergure de Flavio Briator, d'établir des rapports de collaboration avec un concepteur aussi éclectique que Rory Byrne et avec de nombreux autres qui, aujourd'hui encore, comptent au nombre de mes meilleurs amis. »
Son arrivée chez Benetton n'est pas le fruit du hasard : « L'histoire est très simple. J'avais travaillé avec Tom Walkinshaw chez Jaguar pour les courses d'endurance. Tom avait en tête un projet pour faire entrer l'écurie en Formule 1. Il y eut pas mal de problèmes. En premier lieu, nous avons dû relever le défi jeté par le constructeur italien qui avait repris les activités de Toleman. Après une saison avec les moteurs BMW, Benetton avait opté pour les Ford. En 1991, Tom avait acheté une partie des actions de l'écurie et, étant donné que John Barnard s'en était allé, il m'appela pour pour organiser l'ingénierie de l'écurie. Cela ne m'étonna guère parce qu'il ne s'agissait que d'un changement de direction. C'est ainsi que commença mon aventure dans le monde des Grand Prix en tant que directeur technique, après avoir mes débuts dans le rôle de préposé aux machines-outils. Un beau pas en avant. Tout n'a pas été facile. Il y avait un peu de confusion dans l'équipe, le directeur précédent n'avait pas eu de bons rapports avec Cosworth. J'avais beaucoup de responsabilités, trop pour un seul homme. C'est ainsi que j'ai pensé à Byrne. Nous avions besoin d'un designer en chef. Nous avions été des adversaires sur les pistes, mais je l'appréciais. Rory était parti l'année d'avant et nous l'avons repris, parce qu'il était libre. Comme cela eut lieu bien des années plus tard avec Ferrari, quand il est parti pour la Thaïlande en quittant la Formule 1 ».
D'après ce que Brawn raconte, l'engagement de Michael Schumacher pour les dernières courses de la saison a été voulu par Walkinshaw : « Tom et moi, nous le connaissions bien parce qu'il avait piloté la Sauber-Mercedes au Championnat du Monde d'endurance. C'était le seul qui nous avait donné

du fil à retordre. Lui et ses deux coéquipiers, Heinz-Harald Frentzen et Karl Wendlinger, se partageaient équitablement les temps de pilotage. Les autres étaient de bons pilotes mais quand Michael était au volant, il nous faisait vraiment forte impression. Quand il apprit qu'il était sur le point d'entrer chez Jordan, Walkinshaw fit des pieds et des mains pour l'engager et poussa Briatore, qui ne le connaissait pas du tout et qui ne savait même pas quelle tête il avait, à lui proposer un contrat. Et il y réussit ».
Chez Benetton, on comprit immédiatement qu'il avait l'étoffe du champion : « Avant de faire débuter Schumacher à Monza – fait remarquer Brawn –, nous lui avions préparé un test à Silverstone. Il fut tout de suite très rapide. Pendant les qualifications du Grand Prix d'Italie, il était très excité, mais pas tendu. Il fut impressionnant, doté d'une grande forme physique et d'une grande détermination. Il affichait une sûreté qui lui donnait même un air arrogant. Mais quand on le connaissait bien, on comprenait que c'était seulement de la confiance en lui. Il ne connaissait pas très bien les voitures de course, mais dans l'habitacle, c'était un as. En plus, il apprit tout très vite ».
L'équipe aussi allait dans la bonne direction : « Benetton comprit rapidement comment il fallait se comporter dans ce domaine tout nouveau. Les gens nous regardaient avec méfiance. Au fond, nous ne représentions qu'un fabricant de bonneterie et nous devions déjà nous mesurer aux noms les plus prestigieux du sport automobile. Et pas seulement. Nous avions les moyens et la volonté d'aller de l'avant. Walkinshaw était un homme très ambitieux. Nous avions donc l'ambition, mais il nous manquait encore certains ingrédients. Pourtant, nous savions que notre objectif était d'arriver au sommet. La chose la plus importante était de comprendre ce dont nous avions besoin pour gagner. Et je crois qu'à la fin, les résultats ont montré que nous ne nous étions pas trompés. Au tout début, je n'avais pas eu l'occasion d'approfondir mes rapports avec Briatore, parce qu'il y avait Tom. Puis il a dû s'occuper d'autres choses et, alors, j'ai commencé à travailler avec Flavio ».
Au cours de ces cinq années de direction technique, Ross a connu des jours très heureux et d'autres plus difficiles : « En ce qui me concerne, ma plus grande satisfaction a été la victoire de Spa en 1992. Notre premier succès. La première voiture à franchir la ligne d'arrivée était une Benetton et l'organisation du projet portait ma signature. Bien que cela puisse sembler bizarre, voire un contresens, l'année la plus difficile a été 1994, celle où nous avons remporté notre premier championnat du monde. Il y a eu les tragédies d'Imola et l'accident de Wendlinger à Monte-Carlo. Ce fut un championnat très disputé et pleins d'événements " politiques " – les polémiques entre Walkinshaw, Briatore et Mosley – et s'il y a une chose qui ne me plaît pas dans les courses, c'est bien la politique. Ce fut donc une saison fantastique au niveau sportif, mais en partie gâchée par des situations négatives ou désagréables. Je préfère ne pas entrer dans les détails. Disons que c'est peut-être moi qui n'étais pas comme les autres. On nous prenait probablement pour des intrus et j'étais peut-être un peu trop naïf pour ce milieu. J'aimerais bien que la Formule 1 ne soit qu'un sport. Malheureusement, il n'en est pas ainsi. Mais j'ai eu l'occasion de nouer des rapports forts et importants. Je suis encore un grand ami de Flavio et, avec Rory, on est presque en famille. Je ne crois pas qu'il y ait beaucoup de mariages qui durent aussi longtemps ».
Côté pilotes, chez Benetton, il n'y a pas eu que Schumacher. « C'est vrai – conclut Brawn. Nous avons eu des gars à la hauteur qui ont donné le meilleur d'eux-mêmes, même lorsque nos voitures n'étaient pas les plus rapides. Malheureusement, je n'ai pas eu l'occasion d'apprécier les qualités d'un champion comme Nelson Piquet, parce qu'il était en fin de carrière. De toute manière, le plus gros problème avec nos pilotes était de leur remonter le moral. Il n'est pas facile de courir aux côtés de Michael Schumacher. C'est comme avoir un rival impossible. Malgré tout, je ne garde que de très beaux souvenirs. Mon seul regret est de ne pas avoir fait davantage. A cette époque-là, je croyais savoir un tas de choses. Aujourd'hui, après tant d'années, je n'ai plus la même impression. Et je suis convaincu que, dans dix ans, quand je repenserai à cette période, il me semblera que j'aurais pu mieux faire ».

Rory Byrne
Ce concepteur qui, dans sa jeunesse, n'aimait guère l'ordinateur, était un champion d'aéromodèles

Il a l'air d'un grand garçon, le sourire aux lèvres, vif. Il écoute beaucoup et ses yeux scrutent attentivement. C'est l'un des concepteurs dont les voitures ont le plus souvent gagné et pourtant, c'est une personne simple, disponible, affable. Et il a même le temps de penser à autre chose qu'aux circuits. Né en janvier 1944, Rory Byrne est un morceau d'histoire de la Formule 1, voire de l'automobilisme. De son esprit ont jailli les idées qui ont permis de réaliser les Benetton championnes du monde. Beaucoup de gloire aujourd'hui, beaucoup de mal au départ. En effet, sa carrière commence modestement avec une société plus ou moins inconnue, Royale, avant de passer à Toleman qui, en 1976 (quand Umberto Tozzi chantait « Ti amo »), courait en Formule 2 et de se consacrer au projet F.1. Il a donc réalisé les premières monoplaces de Grand Prix d'Ayrton Senna. Puis celles de Michael Schumacher, tant pour la marque Benetton, qu'après, pour le petit cheval cabré.
Diplômé de l'Université de Witwatersrand, Rory Byrne a donné naissance à quantité de légendes et d'anecdotes. Par exemple, sa passion pour les aéromodèles de planeurs qui l'a poussé à créer les modèles réduits gagnants les plus prestigieux, au point de conquérir (lui aussi !) des titres mondiaux « mini ». Puis la sieste sacrée et impérative qu'il fait dans son bureau à volets fermés. Jusqu'au moment où il se réveille pour esquisser au crayon des idées géniales, sur le premier morceau de papier qui lui tombe sous la main.
Un de ses collègues des premières années de Benetton raconte : « Rory était un génie de la conception. Pourtant, de temps en temps, il fallait lui dire : " C'est très beau tout ça, mais le pilote et le moteur, on les met où ? " ». Ce qui est vrai et confirmé est son aversion pour les schémas sur ordinateur : « Je n'ai jamais vraiment appris à me servir de la CAO, même si je pense que j'en aurai besoin ».
Une vie passée sur la planche à dessin. En y donnant son âme et ses idées. Il aurait pu s'accorder une digression quand, au cours de l'automne 1990, Rory quitta Benetton, pour se joindre au projet Reynard, où il resta jusqu'en 1991, avant de regagner le bercail. Le bruit avait couru qu'il en serait devenu actionnaire. « En revanche – raconte-t-il – je ne me suis occupé que de technique. Certaines choses ne sont pas faites pour moi. L'argent ne m'a jamais intéressé. »
Pour lui, dans l'idéal, les voitures de course représentaient une poursuite des planeurs. Une étude d'aérodynamique pure, de science des mouvements de l'air. Il avait quitté l'Afrique du Sud en 1973 pour suivre et aider un ami et, depuis lors, il est resté en Europe. Royale commença à fournir ses projets à Toleman et, en 1977, Rory entra définitivement dans l'équipe. Son premier véritable projet, la TG280, fut un succès au niveau européen, avec le titre de Formule 2 remporté par Henton. Avec la Formule 1, les choses n'allèrent pas tout de suite si bien. Mais lorsque Senna s'imposa aux yeux du monde entier, en traquant Alain Prost sous le déluge de Monte-Carlo, jusqu'à ce qu'une main charitable (pour Alain) ne décrète la fin de la course, Toleman et Byrne acquirent tout à coup une grande popularité.
Des années étranges où il pouvait arriver – et cela arriva – qu'Ayrton et son équipe se retrouvent sans voitures à Imola à cause d'un « problème de fourniture de pneus », ne pouvant même pas se qualifier pour le Grand Prix. Ce furent aussi des années aventureuses où l'on pouvait créer, grâce à un règlement plus permissif que celui d'aujourd'hui. « Je me souviens bien de ces moments-là. Pirelli et Michelin n'avaient pas envie de donner leurs pneus à Toleman. Donc, au début de 1985, nous avions des voitures prêtes à courir mais qui, une fois emportées sur les lieux des compétitions, ne pouvaient pas descendre sur la piste parce qu'elles étaient sans pneus. Au Grand Prix du Brésil, je me suis donc retrouvé à expliquer nos problèmes à Eddie Cheever. Après avoir réfléchi un instant, celui-ci dit : " Je connais peut-être quelqu'un qui pourrait vous donner un coup de main ". C'est alors que naquit l'opération qui aboutit à l'achat de Toleman de la part de Luciano Benetton. Au moins, c'est l'idée que je me suis faite. Ainsi, nous avons fait nos débuts à Monaco avec Teo Fabi. Et, en 1986, la même équipe a pris le nom de Benetton. Je suis heureux, aujourd'hui, d'avoir participé à la naissance de ce qui a été un phénomène important et nouveau dans le monde des courses. »
L'opération Benetton offrit finalement la sécurité financière à l'équipe. L'ambiance idéale donc, pour le fanatique du travail qu'était Rory. Présent pendant de nombreuses années à ses

côtés, Willem Toet se rappelle : « Il était toujours le premier à entrer à l'usine le matin et le dernier à en sortir le soir. On se moquait un peu, sans malice, de sa manière de s'habiller et de son allure toujours négligée. Mais c'était un homme qui savait mettre en valeur ses collaborateurs. Il vous laissait libre, n'essayait pas de s'imposer à tout prix et ne perdait jamais son calme. Une fois, pour aller aux essais en soufflerie, il m'a prêté sa Sierra Cosworth de 400 chevaux. J'ai heurté un trottoir et j'ai abîmé l'essieu arrière. Je lui ai rapporté la voiture, un peu mal fichue, mais Rory ne fit pas une grimace. " Pas de problème ! – dit-il – Reprenons le travail ". Il n'y avait que ça qui comptait ».
Le projet Reynard n'aboutit pas et Tom Walkinshaw transféra le personnel le plus qualifié, Rory compris, vers l'équipe Benetton désormais bien ancrée aux plus hauts niveaux de la Formule 1.
Byrne raconte : « Au mois août 1991, Tom Walkinshaw acheta une partie de Benetton et il emporta Ross Brawn qui s'était occupé, toujours dans le contexte de la Tom Walkinshaw Racing, du projet gagnant de Jaguar dans l'Endurance. Avec l'avènement de la nouvelle gestion, Barnard s'en alla et le nouveau directeur technique de Benetton devint l'Américain Gordon Kimball. J'avais quitté Benetton au mois de novembre de l'année précédente et ils faisaient tout pour me récupérer. J'en ai été très heureux. J'ai rencontré Ross Brawn et c'est ainsi que commença une très profitable collaboration qui dure depuis des années et qui s'est même transformée en une belle amitié sincère ».
Le retour « à la maison » représenta pour Byrne, désormais âgé de près de 50 ans, une nouvelle jeunesse professionnelle : « Une période fantastique – se rappelle-t-il – où nous avons appris à travailler ensemble, moi, Schumacher, Ross Brawn et des gens comme Tad Czapski, le grand gourou de l'électronique appliquée à la Formule 1, avec quantité d'autres excellents techniciens. Avec Schumacher au volant, la croissance a été rapide ».
La B194, équipée d'un moteur Ford, est la première Benetton à remporter le championnat du monde des pilotes et elle compte, en tout honneur, au nombre des voitures les plus performantes de toute l'histoire de la Formule 1. Rory explique : « L'envie de battre les grands classiques de l'automobile, ceux qui en avaient écrit l'histoire, comme Ferrari, Williams, McLaren étaient une motivation exceptionnelle pour nous qui défendions les couleurs d'une maison d'habillement. Dans la B194, nous avions donné la priorité à la stabilité aérodynamique et à l'abaissement du centre de gravité, parce que l'on était enfin revenu aux suspensions traditionnelles, après l'expérience des actives. Le résultat consistait en une voiture à la conduite extraordinaire par rapport aux autres véhicules qui avaient plus de chevaux que nous ».
Jan Villadelprat, manager d'équipe de ces années-là, ajoute : « Après les accidents mortels de Senna et de Ratzenberger et le grave accident de Wendlinger, la Fédération a imposé des modifications radicales aux voitures. Notre Ford V8 avait près de 100 chevaux de moins que le 10 cylindres de Renault et nous devions renoncer à une grande partie de l'efficience aérodynamique de la voiture, en coupant le diffuseur arrière. Rory a réussi à faire un miracle : notre monoplace est restée la meilleure ».
Ce fut un triomphe que Byrne vécut presque par procuration, parce qu'il n'allait presque jamais sur les circuits. La B195 de l'année suivante, équipée d'un moteur Renault, était, en revanche, un projet plus audacieux, une voiture plus difficile à piloter. Et pourtant, Schumacher et Johnny Herbert gagnèrent et, au Japon, Benetton remporta également le Championnat du Monde des Constructeurs. A la fin de 1996, lors d'une fête colossale organisée au siège de Witney, Rory fit ses adieux à l'équipe et à la Formule 1.
Aujourd'hui encore, pour les « vétérans » de chez Benetton, son départ a un arrière-goût un peu amer.

Davide Paolini
Le début avec les sponsorisations de Tyrrell et d'Alfa Romeo
Puis la décision d'acheter l'écurie Toleman, au Harry's Dolci

J'étais arrivé à la Villa Minelli quelques jours auparavant, en janvier 1983, où j'avais la charge de directeur des relations publiques du groupe, une fonction dont dépendaient tous les secteurs de la communication, sponsorisations comprises.
Sur ma table de travail, la première décision importante à prendre était l'entrée du groupe dans la Formule 1 avec l'équipe anglaise Tyrrell-Ford et Michele Alboreto comme premier pilote, et, en raison de l'intérêt que Benetton portait au marché des Etats-Unis, l'Américain Danny Sullivan fut choisi comme second pilote.
Après l'accord pour la Formule 1, conditionné par la sponsorisation globale des voitures, des pilotes et de toute l'organisation. Tyrrell avec la couleur verte dominante (cela n'avait jamais eu lieu dans la Formule 1), une aventure extrêmement importante commença, pour la pénétration de la marque dans les marchés étrangers. En effet, l'entreprise allait parvenir à toucher quelque 60 marchés, en dépensant une somme vraiment dérisoire (la publicité faite dans tous ces pays aurait coûté dix, vingt fois plus). Sur chaque pays, on reversait un soixantième de l'investissement d'environ 3,5 milliards de lires.
Le championnat 1983 nous offrit une extraordinaire victoire, justement sur le marché américain, à Detroit, avec Alboreto qui apporta huit minutes de publicité à une heure de grande écoute sur le réseau CBS, avec la présence d'un moteur Ford et du pilote italien portant les couleurs et la combinaison Benetton. Et c'est justement cette combinaison qui, quelques semaines plus tard, provoqua un incident avec le légendaire Enzo Ferrari qui avait mis son dévolu sur le regretté Michele, pour le championnat suivant. Ce n'est pas tout, même les managers de Ferrari, pressés par le sponsor Marlboro, prétendaient faire monter Alboreto dans les voitures rouges de Maranello, avec la combinaison déjà blanche et rouge de la marque de cigarettes, alors que le contrat d'exclusivité tout à fait régulier signé entre Benetton et le pilote et la sponsorisation avec la Tyrrell comprenait tout. Tout cela était naturellement dû à des raisons publicitaires se basant sur le fait que, en 1984, un pilote italien aurait enfin repris le volant des Ferrari après de très nombreuses années.
Et l'ironie du sort avait voulu que l'un des derniers pilotes italiennes soit un homme de Prato, Nanni Galli, qui avait encouragé l'alliance entre Tyrrell et Benetton.
Ces jours-là, les conversations téléphoniques avec le légendaire Enzo furent enflammées. Ce dernier alla même jusqu'à faire des déclarations polémiques sur mon manque de sens national. Ces coups de téléphone eurent une suite lors de la saison 1986 quand, toujours au cours du championnat, Ferrari vola Gerhard Berger à l'équipe, aussitôt après le Grand Prix d'Imola. Dans le cas d'Alboreto, on aboutit à un compromis, en partie à cause du fait que l'on reçut des appels téléphoniques plutôt préoccupés des magasins Benetton de la région de Modène, à propos de l'attitude menaçante des fans du cheval cabré vis-à-vis de l'entreprise. Même les médias qui, comme toujours, ralliés autour de Maranello, attaquèrent notre comportement qui, pourtant, était absolument correct.
A la fin de la saison 1983, l'on décida de rompre avec Ken Tyrrell parce qu'il ne voulait pas adopter les moteurs turbo plus performants. Ce furent donc les adieux aux mécaniciens anglais que j'avais obligé à porter une chemise rose, de façon à attirer l'attention des photographes.
C'est ainsi que naquit une union malheureuse avec Alfa Romeo qui dura deux championnats. L'idée de base de l'accord était de se présenter au monde comme le « made in Italy » de la Formule 1, surtout parce qu'une recherche faite alors indiquait que la marque d'Arese était la plus connue dans les pays qui nous intéressaient plus particulièrement, comme l'Australie, les Etats-Unis, l'Afrique du Sud et l'Amérique du Sud. Ce furent deux années désastreuses. En effet, Alfa Romeo connaissait une période de crise, au niveau de son management et du fait que la vente de l'entreprise de la part de l'IRI était déjà dans l'air.
A la tête de l'écurie, il y avait Riccardo Patrese et Eddy Cheever, l'Américain « de Rome » qui devait servir pour les relations publiques dans son pays de naissance.
Le seul résultat positif, au niveau de la sponsorisation, en l'absence des résultats sportifs (les deux voitures ne finissaient pas la course à cause de la forte consommation des moteurs turbo), a été une de mes trouvailles qui a beaucoup fait parler. A quelques minutes du départ du Grand Prix de Detroit, j'ai décidé de peindre avec des atomiseurs de peinture les pneus du bolide de Cheever de quatre couleurs différentes. Les voitures ne terminèrent pas la course, mais le lendemain, la photo parut sur tous les journaux et sur les principales chaînes de télévision des Etats-Unis. De même, un grand succès couronna une soirée organisée à Dallas, dans le ranch où l'on tournait le feuilleton télévisé de J.R.

En revanche, au niveau sportif, toutes les courses se transformaient en un calvaire. Toute l'équipe reprenait toujours l'avion en avance. Au cours de cette période du mariage avec Alfa Romeo, nous avons également connu des épisodes tout à fait « pittoresques », comme la lettre de recommandation d'un sous-secrétaire d'Etat au Trésor en faveur d'un pilote ou les insistances du père aisé d'un pilote en herbe prêt à investir des sommes colossales pour faire conduire l'équipe par son fils.
Pendant le championnat 1985, face aux maigres résultats d'Alfa Romeo, dès que le bruit se mit à courir que l'écurie anglaise Toleman allait être obligée de fermer ses portes parce qu'aucun fabricant de pneus ne voulait plus lui en fournir, on eut tout de suite l'idée de l'acheter. La motivation est née de l'examen du règlement qui n'empêchait pas un sponsor, devenu propriétaire d'au moins 80% du capital, de pouvoir donner à l'écurie le nom de sa propre marque. C'était un cas qui ne s'était jamais présenté dans la Formule 1 et que l'on accueillit même avec un certain scepticisme. En réalité, après avoir analysé les résultats pour les sponsors (principaux ou mineurs), nous nous sommes rendu compte que les noms de marques écrits sur les caisses et les ailerons des bolides, ne donnaient pas de grands résultats. En effet, c'est la marque de l'écurie qui frappe l'esprit du consommateur parce que c'est elle qui paraît sur les journaux et qui est citée à la radio et à la télévision.
Ma proposition d'achat fut approuvée par Luciano et Gilberto Benetton, un dimanche matin à Trévise dans ce qui était alors le Harry's Dolci. C'est ainsi que, par un bel après-midi du mois de mai, je pris l'avion à destination de Witney (Grande-Bretagne) où commencèrent de longs pourparlers pour l'achat de l'équipe anglaise, surtout à cause de la difficulté de garder Rory Byrne qui était l'un des techniciens les plus estimés du monde de la Formule 1. Devant quatre bières, servies en une seule fois, comme il plaisait à Rory, j'ai réussi à le convaincre de rester, malgré les mille et un doutes qu'il avait vis-à-vis des Italiens et une requête que j'ai immédiatement repoussée : le Britannique Watson comme pilote.
C'est ainsi que commença l'aventure de la Toleman, avec des moteurs Hart qui se cassaient comme des biscuits, au début avec une seule voiture qui, au prix de gros efforts, fut suivie d'une deuxième vers la fin du championnat. Puis il y eut un miracle : la pole position de Teo Fabi au Grand Prix à Nürburgring.
L'année suivante, l'équipe Benetton, dont le motor home, dessiné par Tobia Scarpa, devint un point de référence à cause de la présence des meilleurs chefs italiens, équipa ses voitures de moteurs BMW et imposa, aux côtés de Teo Fabi, un pilote autrichien, Berger.
Les pressions pour imposer ce pilote furent vraiment nombreuses, au point que quelqu'un écrivit que l'on avait demandé des pots-de-vin pour cette place. La vérité est que le pilote choisi fut Gerhard Berger, un homme voulu par BMW et dont l'engagement était gratuit. Ce fut un coup de chance car, à Mexico, Gerhard remporta le premier Grand Prix de l'écurie qui venait de naître. A deux tours de la fin, Luciano Benetton, saisi par l'émotion, quitta l'autodrome. Il avait du mal à y croire ou bien il partit pour conjurer le mauvais sort. Je l'ai averti à l'aéroport.
Puis, à la grande surprise générale, Teo conquit encore une pole position à Monza avec un record de vitesse qui résista pendant plusieurs années.
Il aurait pu y avoir deux victoires mais, à Zeltweg en Autriche, Fabi et Berger se révélèrent très « égoïstes ». A quelques tours de la fin, ils étaient en tête, avec Prost à un tour, mais ils se tirèrent la bourre car chacun voulait absolument gagner, ce qui leur valut de se retrouver largement en avance aux stands plutôt que sur le podium.
Une bonne saison, mais l'évidente préférence des techniciens BMW pour Gerhard provoquèrent bien des frictions dans l'équipe, au point qu'après Mexico, les moteurs étaient tirés au sort. Au cours de cette saison-là, l'équipe participa à l'extraordinaire opération de bienfaisance « Usa for Africa » du chanteur Bob Geldof. Les monoplaces avaient le nom de l'opération sur la caisse, tandis que, pendant la période des grands prix, les magasins Benetton des Etats-Unis devaient verser à « Usa for Africa » un pourcentage sur la vente de leurs produits.
Au cours de la saison 1988, équipée par Ford, l'écurie italo-anglaise fut surnommée la « reine des monoplaces à moteurs atmosphériques ». En effet, elle arriva en troisième position au championnat du monde des constructeurs, juste derrière McLaren et Ferrari qui avaient des voitures propulsées par des moteurs turbo.
Le pilote de pointe fut, indéniablement, Alessandro Nannini. Et, après des années, je dois révéler un secret que même la famille Benetton ignore. Avant le lancement du championnat, nous avions décidé de choisir un jeune pilote pour épauler Thierry Boutsen après quelques essais à effectuer sur le circuit d'Imola. La place de pilote de Benetton se jouait entre Alessandro Nannini, Stefano Modena et Johnny Herbert. Cette véritable compétition fut remportée par Herbert, le poulain du directeur sportif Collins (tandis que Byrne avait un faible pour Modena). Pourtant, grâce à la complicité d'un ingénieur chargé de prendre les temps et de faire les évaluations finales, j'ai réussi à imposer Nannini, le pilote que la famille voulait. Et ce fut bien le meilleur choix grâce aux qualités du nouveau pilote siennois, à sa sympathie et à sa popularité. L'accord pour son contrat fut signé, la veille d'un Palio de Sienne, dans la villa de son père où se cachait le jockey qui, le lendemain, remporta cette course, une des plus populaires du monde.
Herbert est arrivé l'année suivante, puis il a été remplacé par Emanuele Pirro dans le courant même de la saison, à la suite des séquelles d'un accident grave qu'il avait eu pendant une course de F.3000.
Nannini obtint d'excellents résultats non seulement en 1988, mais, en 1989, au-delà de toute attente, il remporta le Grand Prix du Japon.
Le seul gros problème de Nannini est qu'il fumait des Marlboro, ce qui a bien failli provoquer à plusieurs reprises la rupture du contrat Camel, un problème résolu par la suite en lui faisant mettre ses cigarettes préférées dans le paquet du sponsor.
Pendant les années de la Formule 1, il y a eu aussi un projet important qui n'a pas abouti. C'était l'idée de créer une équipe Benetton pour gagner avec Porsche à Indianapolis. Ce projet, promu par Jacky Icx, avait vu impliqué aussi Michael Jackson.

Tom Walkinshaw
« J'avais vu un Allemand vraiment fort qui courait sur des prototypes
J'ai téléphoné chez Mercedes et je leur ai demandé si il était libre et si on pouvait l'engager »

C'est un homme qui ne s'arrête jamais. Quelqu'un qui sait passer des courses à la production de voitures de série et vice versa. Tout en s'occupant, le reste du temps, de mille et une autres choses, à condition qu'elles aient quelque chose à voir avec la mécanique. Parce que, pour lui, l'automobile est un fait global, pas seulement une raison de vivre. Un seul dérivatif : le rugby. Mais c'est une autre histoire !
*Tom Walkinshaw, Ecossais à cent pour cent, est né en 1946. Actuellement, il travaille dans l'*automotive design & engineering *en Australie, en Chine et en Inde et il a été l'un des personnages les plus importants de l'aventure sportive de Benetton. En effet, il a été l'un des artisans des principaux changements qui ont marqué l'équipe au début des années quatre-vingt-dix en matière de technique et d'organisation.*
Le nom de Tom Walkinshaw était déjà depuis longtemps lié à toute une série de brillantes opérations dans le sport, pour des marques aussi importantes que Rover, Mazda et Jaguar. Donc, en 1991, lorsque Ford voulut intensifier ses efforts avec Benetton, dans le but de remporter un titre mondial, on pensa à lui. Après une réunion organisée à Londres avec Mike Kranefuss, chef des compétitions de Detroit en Europe, avec Luciano Benetton et Flavio Briatore, il releva le défi avec enthousiasme. « Les objectifs – raconte Tom – étaient essentiellement au nombre de deux : former une équipe compétitive et resserrer les liens avec Ford qui nous fournissait les moteurs par le biais de Cosworth. Il fallait également concentrer les forces à Witney en pensant à un nouveau siège qui, par la suite, allait être celui d'Enstone. Il y avait un tas de choses à faire. L'effervescence et l'enthousiasme régnaient au sein de l'équipe. »
L'une des premières manœuvres de Walkinshaw fut de s'assurer la collaboration de Ross Brawn (qui avait conçu la Jaguar XJR 15 équipée d'un moteur Ford-Cosworth, championne du monde des Sport Prototypes défendant les couleurs de la TWR, Tom Walkinshaw Racing) en tant que directeur technique, en toute harmonie avec le concepteur en chef Rory Byrne, que Tom avait pris à la Reynard Racing avec Pat Symonds.

Trois personnalités-phare, fondamentales, avec Briatore concentré parallèlement sur la partie commerciale. Puis vint un autre élément crucial. Michael Schumacher. Le récit de Walkinshaw est plein d'emphase : « Quand Schumacher fit ses débuts à Spa avec Jordan, je suis allé le suivre de près, dans les virages, pour voir comment il se serait comporté sur une Formule 1, dans la mesure où il m'avait impressionné lors des Prototypes, où il était notre rival, quand je gérais l'équipe Jaguar et qu'il était dans celle de Mercedes. L'impression qu'il me fit dans les virages comme l'Eau Rouge et le Radillon fut grande, il conduisait d'une manière fantastique. Et les temps qu'il réalisa sur le tour des essais le confirmèrent. Je dis immédiatement à Flavio qu'il fallait le prendre. Et je poussai Ecclestone à faire pression sur Briatore pour qu'il engage Schumacher à la place de Moreno. Il décida d'essayer. Quelques jours après le Grand Prix de Belgique, j'appelai Jochen Neerpasch, qui était le responsable de Mercedes Motorsport, pour lui demander si Schumacher était contractuellement libre pour la Formule 1. Il me répondit que Mercedes avait donné deux cent 50 mille dollars à Eddie Jordan pour le faire débuter à Spa, et qu'il n'y avait aucune autre contrainte. Il me demanda combien Benetton voulait pour le faire courir. Je lui répondis que nous n'avions aucune prétention, à part une option pour les trois prochaines années. Le mardi suivant, nous nous sommes tous rencontrés à Londres pour conclure l'affaire. Le lendemain, Schumacher était déjà sur la piste de Silverstone avec notre voiture. Et nous sommes partis ... ».
Walkinshaw affrontait toutes les situations de façon pratique et concrète. Il avait la capacité de faire un pas en arrière et de laisser ses collaborateurs accomplir leurs tâches sans s'en mêler si cela n'était pas nécessaire. Après la gestion de Barnard, ses capacités d'organisateur étaient justement ce dont Benetton avait besoin. C'est Tom qui a pris l'initiative de doter l'équipe de toutes les technologies les plus modernes, tant à l'usine que sur la piste, comme le contrôle de la traction et de la transmission semi-automatique. « Lorsque l'on se met à utiliser certaines choses, au début, il faut accepter le fait qu'une dose limitée de manque de confiance est inévitable – disait Walkinshaw – mais, une fois que cette phase est passée, il est évident que l'on acquiert plus de force. »
Après la sensationnelle prédominance de Williams-Renault en 1992, Benetton répliqua en introduisant les suspensions actives et la transmission semi-automatique dans la voiture de 1993, mais, en attendant, une nouvelle B193B était en cours de préparation.
« Pour bien gérer un groupe de personnes, il faut être dur et intransigeant, mais honnête avec soi-même. Il faut savoir reconnaître ses points forts et ses points faibles. C'est ce que j'ai essayé de faire pendant toute ma vie. Et c'est aussi ce que je prétends de mes collaborateurs. Nous nous asseyons tous à une même table et, ensemble, nous essayons de tracer la route que nous voulons suivre, les embûches et nos manières de les surmonter, et puis je les défends avec acharnement jusqu'à ce que nous obtenions ce que nous voulions. Ceci dit, si quelqu'un ne donne pas ce qu'on lui avait demandé ou qu'il n'exécute pas ce qu'il s'était engagé à faire, il faut alors prendre les mesures qui s'imposent. J'ai toujours travaillé dans des entreprises où il faut donner le maximum pour obtenir des résultats, respecter les échéances fixées, qu'il s'agisse de conception mécanique, de programmes de gestion des courses ou de toutes autres choses. Il faut donc être intransigeant. Sous cet aspect, je ne vois aucune différence entre les mécaniciens et les pilotes. On fait partie d'une équipe, peu importe que ce soit une équipe commerciale ou une équipe sportive, et il faut accomplir sa tâche à fond. Parfois, il faut obliger les gens en les saisissant à la gorge. Et je crois que c'est pour ça que, à la fin, ils vous prennent pour un dur. Pourtant, je n'ai jamais demandé à qui que ce soit de faire quelque chose que je ne sois pas prêt à faire moi-même. »
Une espèce de document programmatique de l'homme et de ses méthodes, qui a servi de base aux succès qui sont venus en grand nombre par la suite : « Des années fantastiques – dit Walkinshaw. Si je regarde en arrière, je me dis que rien ne donne un enthousiasme aussi fort qu'une victoire à un championnat du monde. Et le fait d'avoir réussi, avec Benetton, à l'emporter sur les équipes qui occupaient les premières places depuis toujours n'a fait que rendre le succès encore plus agréable ».

David Richards et Rocco Benetton
L'aventure de l'homme qui venait des rallyes
Les contacts secrets pour l'opération Renault

Même les plus belles histoires ont une fin. C'est en septembre 1997 que Flavio Briatore s'en va et que l'Anglais David Richards, propriétaire de Prodrive qui court dans les rallyes avec des voitures Subaru, est désigné administrateur délégué de Benetton Formule 1. Dans le même temps, Rocco Benetton devient directeur commercial de l'équipe. Des hommes nouveaux pour une équipe qui est sur le point de perdre également Gerhard Berger, lequel vient de décider de se retirer après avoir remporté le Grand Prix d'Allemagne. Les nouveaux venus font l'objet d'une grande curiosité.
David Richards nous raconte lui-même son histoire : « J'ai reçu un coup de fil de Bernie Ecclestone qui, au nom de la famille Benetton, me demandait si j'étais intéressé à entrer dans leur équipe. J'ai rencontré Alessandro et, après toute une série d'entretiens, j'ai décidé d'accepter, en confiant à d'autres certaines de mes fonctions dans Prodrive dont, entre parenthèses, le siège n'était qu'à une quinzaine de kilomètres d'Enstone. La Formule 1 était en train de changer et la Benetton aussi, après les triomphes de Schumacher. Pour moi, c'était un vrai plaisir que de travailler avec Alessandro et Luciano Benetton ainsi qu'avec d'autres dirigeants de Ponzano, avec lesquels j'avais un contact privilégié. Je me suis engagé à fond pour entreprendre un véritable processus de planification de l'entreprise et une nouvelle stratégie pour l'avenir. Bien sûr, mes propositions étaient radicales et supposaient que l'on noue un accord avec une marque automobile, de façon à assurer la compétitivité dans le temps. J'ai alors proposé de prendre contact avec Ford, étant donné que j'étais un ami de Jac Nasser, le président... ».
Le rapport entre Richards et Benetton s'acheva le 19 octobre 1998. Il n'avait donc durée qu'un peu plus d'un an. « Je me suis rendu compte que mes idées étaient très éloignées de celles de la direction et j'ai donc donné ma démission. Cela n'empêche pas qu'il s'est agi d'une phase particulièrement importante de ma vie professionnelle. En effet, cette expérience m'a permis de mieux comprendre comment on peut bien faire fonctionner une équipe de Formule 1, et m'a ouvert le chemin vers le travail que j'ai ensuite accepté de faire avec Bar. »
Rocco, le plus jeune des enfants de Luciano Benetton, est né en 1969. Il a repris la fonction de PDG lorsque Richards s'en est allé et l'a gardée jusqu'au moment où Renault a acheté Benetton, le 16 mars 2000. En réalité, c'est lui qui a servi d'intermédiaire : « Nous avons entamé les premiers contacts avec Renault en 1999, mais nous étions concurrencés par Jordan qui avait connu une année 1998 tout à fait exceptionnelle et qui était en quête d'un acquéreur. Finalement, c'est nous qui avons été choisis par Renault. Nous avions déjà remporté ensemble le championnat du monde en 1995 et nous étions en train de collaborer avec eux, indirectement il est vrai, par le biais d'une de leurs sociétés, Supertech, qui nous fournissait les moteurs ».
Puis il parle des difficultés qui furent loin d'être négligeables : « En 1997, l'équipe était forte et nous avions une grande renommée. Or, l'année d'avant, nous avions perdu non seulement Schumacher, mais aussi de nombreux techniciens. Nous étions conscients qu'un nouveau défi nous attendait. Nous avons assez bien géré les choses et nous sommes parvenus à rester la première équipe parmi celles dont les moteurs n'étaient pas fournis officiellement par les constructeurs automobiles. Rien n'était facile, mais nous avons réussi à former une équipe d'ingénieurs très compétents, dont ceux qui travaillaient dans la structure de Gian Paolo Dallara et Varano de' Melegari, sur le projet Honda F.1 qui n'aboutit pas. Cela me fait plaisir que, des années plus tard, Renault ait remporté le titre mondial avec Alonso, en ayant encore une partie de ces techniciens et comme concepteur, Tim Densham, que nous avions engagés pour Benetton ».
Toutefois, à partir de 1996, les années furent avares de satisfactions. « Parfois, avec un peu plus de chance, nous aurions pu obtenir quelques résultats en plus – commente Rocco –, comme quand Fisichella a manqué la victoire au Grand Prix de Hongrie, après être sorti du circuit quelques tours seulement avant la fin. Pourtant, nous avions fait ce que nous devions faire ! »
L'expérience du management d'alors lui a toutefois été très

utile dans les différentes activités que Rocco Benetton a entreprises par la suite. Certaines dans le cadre de sa famille, d'autres totalement siennes. Et lorsqu'on lui demande quelle sensation il a gardé de la gestion de la cession de cet extraordinaire morceau d'histoire de Benetton, Rocco répond : « Une sensation tout à fait positive. J'ai eu conscience de participer à un moment important qui devait permettre à une équipe de valeur de pouvoir continuer à atteindre les plus grands succès. Et c'est ce qui s'est produit. Sans parler de la grande valeur ajoutée financière que l'opération a engendrée ».

LES PILOTES

« Lorsque je courais, il mourait un pilote par semaine. L'automobilisme était un sport périlleux et l'on ne savait jamais si l'on rentrerait chez soi. Malgré tout, les courses m'ont permis de voyager de par le monde, de rencontrer des gens importants et même de gagner de l'argent. Qu'aurais-je pu désirer de plus ? »
Juan Manuel Fangio, Adélaïde, mars 1990

Michael Schumacher

Après son premier succès au Grand Prix de Belgique, il murmura : « C'est bien de gagner, mais je ne peux pas m'arrêter là ! »

A son début dans la Formule 1, à Spa en 1991, Michael Schumacher n'est resté dans la course même pas 30 secondes. En effet, l'embrayage de sa Jordan brûla dès qu'il s'éloigna de la grille de départ. Une déception certes mais, en réalité, sans importance. Lors des qualifications de son premier Grand Prix, sur un circuit qu'il n'avait encore jamais vu, Schumacher s'était qualifié en septième position. Cela nous suffisait !
Si Eddie Jordan avait été un peu plus attentif, Schumacher aurait également conduit l'une de ses voitures à Monza, en achevant le reste de la saison 1991 avec son équipe. En revanche, dès les jours qui précédèrent le Grand Prix d'Italie, l'agent de Michael commença à traiter avec Benetton. Pendant toute la nuit de ce jeudi de Monza, on discuta âprement de l'avenir de Schumacher, en présence également de Bernie Ecclestone.
« Les hommes de Benetton ont eu de la chance – rappelle le patron de la Formule 1 avec une pointe d'ironie – parce que, à Monza, je suis resté debout toute la nuit pour convaincre Michael à devenir un de leurs pilotes. Mais avant, j'avais aussi dû convaincre Briatore et Walkinshaw. Tom voulait Brundle ou je ne sais plus qui, tandis que Flavio ne voulait rien entendre parce qu'il y avait un contrat avec Roberto Moreno. Schumacher en était à ses débuts et n'avait pas l'intention de se disputer. Même son agent ne comprenait pas ce qui se passait. A la fin, j'ai conseillé à Michael de se taire et d'aller se coucher… Je lui ai dit : " Demain, quand tu te réveilleras, tu seras un pilote de Benetton ". Et, en effet… »
Le lendemain matin, Schumacher et Moreno échangèrent leurs combinaisons et leurs voitures. Et Michael donna une nouvelle preuve de ses dons en se qualifiant à une meilleure position que le premier pilote de l'équipe Benetton, Nelson Piquet, trois fois champion du monde. Il en alla de même lors de la course : Schumacher cinquième, Piquet sixième.
C'est ainsi que commença la très belle histoire de Schumacher et de Benetton. A l'Estoril, il se classa de nouveau parmi les six premiers et il en fit de même à Jerez. Pourtant, certains s'inquiétaient pour cet Allemand maigre qui, décidé comme aucun autre, conduisait comme un fou. A Suzuka, lors des qualifications finales, Michael eut un terrible accident. Le professeur Sid Watkins, pendant des années médecin officiel de la Formule 1, se souvient parfaitement de ce jour-là : « Après le choc, Schumacher se plaignait d'un léger mal au dos, mais j'étais très inquiet pour lui. Je lui dis : " Michael, assieds-toi et écoute-moi bien ! Tu es un beau gars… mais si tu continues comme ça, tu risques de devenir un beau cadavre… ". Je lui expliquai qu'il fallait qu'il se calme, qu'il avait tout le temps devant lui. Il m'écouta en silence et me serra la main. Puis il monta sur la voiture de réserve de Benetton qu'il conduisit encore plus vite qu'avant ! Tout cela ne signifiait qu'une chose. Cela voulait dire qu'il était un futur champion du monde ».
En effet, c'est ce qui est arrivé l'année suivante. En 1992, Williams-Renault l'emporta sur tout le monde, mais Schumacher devenait toujours davantage un pilote de premier plan et, dans les conditions météorologiques incertaines de Spa, il ne manqua pas de décrocher son premier Grand Prix, tout juste un an après son entrée dans la Formule 1.
Après la course, le commentaire de Michael fut des plus synthétiques : « Je remercie Benetton de m'avoir donné cette grande possibilité. Remporter un Grand Prix, c'est quelque chose de merveilleux, mais je n'ai pas l'intention de m'arrêter là ! ».
Il arriva troisième au championnat du monde, après les pilotes de Williams, Nigel Mansell et Riccardo Patrese, mais avant Ayrton Senna, chose déjà fort remarquable.
En 1993, il y eut une autre victoire, au Portugal, mais encore une fois le titre de champion du monde revint à un pilote de la Williams, Alain Prost. A la fin de l'année, ce dernier se retira et sa place dans l'équipe fut prise par Senna.
Il était évident que Schumacher était considéré non seulement comme le rival le plus important d'Ayrton, mais aussi comme son héritier naturel. La Benetton B194 commença vite les essais et, dès le début, Michael fut absolument fasciné par le moteur Ford Zetec-R V8, nouveau et nettement plus puissant que celui qu'il avait eu jusqu'alors.
Quand arriva enfin la course qui ouvrait la saison, à Interlagos, au Brésil, la Benetton-Ford B194 avait subi un cycle d'essais tout à fait probants et complets, contrairement à sa rivale, la Williams-Renault FW16. La seule menace pour Schumacher pouvait être Senna, mais, dans de telles conditions, même un Ayrton au sommet de son inspiration ne pouvait constituer un problème pour la Benetton.
Michael triompha à Interlagos. Il gagna aussi comme il voulut au Grand Prix qui suivit à Aida, au Japon. Puis il s'imposa à Imola, lors de ce tragique 1er mai qui marqua l'une des pages les plus tristes de l'histoire de la Formule 1, avec l'accident mortel de Senna survenu lorsque le champion brésilien poursuivait la Benetton qui était en tête de la course.
Ce fut une nouvelle page, une ère nouvelle. Ayrton disparu, Schumacher était devenu pratiquement invincible. Après le Grand Prix de France, il avait totalisé 66 points, tandis que Damon Hill, au volant de la Williams, était en deuxième position avec 29 points. Le championnat du monde était déjà pratiquement fini. Mais tout était à rejouer à la suite de l'exclusion de Michael du Grand Prix de Grande-Bretagne (qu'il avait achevé en deuxième position), pour avoir ignoré un drapeau noir. Une infraction que la FIA punit également avec la disqualification pour deux autres courses. Schumacher étant absent, Hill réussit à combler son retard aux points et quand Michael fut privé du succès au Grand Prix de Belgique, pour une infraction technique de peu d'importance, la scène était prête pour un tête-à-tête aux dernières courses du championnat du monde.
Dans la course finale d'Adélaïde, en Australie, Schumacher eut un fameux accrochage avec Hill qui leur valut l'exclusion à tous deux, mais il ne fut pas puni. C'est ainsi qu'il remporta son premier titre mondial avec un seul point d'avance sur son rival britannique. « Je ne pense pas avoir volé quoi que ce soit – dit Michael dès qu'il descendit du podium –, j'ai mérité mon titre pour tout ce que j'ai fait jusqu'à maintenant. Certes, je l'ai conquis d'une manière étrange et la bataille avec Hill a été dure. Quand je suis rentré aux stands et que j'ai vu les hommes de Benetton qui hurlaient de joie, j'ai demandé : " Alors, je suis vraiment champion du monde ? ". La réponse allait de soi… »
Allant au-delà des polémiques qui avaient fait rage pendant toute la saison, Frank Williams déclara en haussant les épaules : « De toute manière, il est maintenant clair que Michael est le meilleur. En plus, en 1995, il aura un moteur Renault V10 exactement comme le nôtre. Je crois que personne ne réussira plus à le voir ! … ».
En réalité, au moins sur cela, Williams se trompait. Bien que Schumacher eût désormais le même moteur que ses pilotes, la Benetton-Renault B195 n'était pas aussi rapide que la Williams-Renault FW17. A la fin, Schumacher parvint à remporter son deuxième championnat du monde sans trop de mal, mais ce qui fit souvent pencher la balance de son côté, ce furent les meilleures stratégies d'équipe que Benetton adopta, ainsi qu'une meilleure organisation aux stands. Schumacher fut le premier à le reconnaître : « Je ne me souviens pas d'une seule erreur que les gars ait commise au cours de cette année. Même de la part de Ross Brawn en matière de tactique … ».

Normalement, pendant les arrêts aux stands, Michael gagnait du temps sur Hill et David Coulthard, tout en faisant très bien sa part de travail. « Ce n'est pas seulement le meilleur – observait Ecclestone –, c'est aussi le plus chanceux. Deux atouts imbattables. »
A la fin de 1994, Tom Walkinshaw, qui était alors avec Benetton, dit : « Michael a une très belle qualité. Il fait confiance aux autres. Nous avons gagné des tas de courses que nous n'aurions jamais dû remporter, seulement parce qu'il a fait tout ce qu'on lui disait de faire. Il a une capacité incroyable d'analyser chaque chose, il est beaucoup plus intelligent que les autres. Il est exactement comme Senna, dans le sens où il sait toujours ce qui se passe, il est toujours prêt à profiter de la moindre opportunité et il sait que toute l'équipe est avec lui. Ce n'est pas par hasard que Senna, Prost et Schumacher ont empoché tant de victoires. Je crois que la différence entre un grand pilote et un pilote tout simplement " bon " repose sur le fait que les véritables géants sont toujours concentrés à cent pour cent sur chaque chose ».
Un an plus tard, alors que Michael se préparait à passer à Ferrari (suivi ensuite par Brawn et par Rory Byrne), Flavio Briatore savait ce qu'il était sur le point de perdre : « Michael a un talent fantastique, c'est clair, mais il le développe constamment et c'est ce qui fait la différence avec les autres. C'est le premier pilote qui pense sérieusement à maintenir sa forme physique, par exemple. Il passe deux ou trois heures par jour au gymnase à faire de la gymnastique. Faites donc la comparaison avec des gars comme Piquet ou Nannini ! Il a des capacités incroyables et il les exploite au maximum. Comme Senna et Prost, il ne fait rien d'autre que de travailler plus dur que les autres pilotes. Il va transformer Ferrari, je vous le garantis ! Tout comme il a été déterminant pour Benetton ».

Gerhard Berger et Jean Alesi
Le terrible tandem des ex-ferraristes
Entre blagues, éclats de rire et prouesses sur la piste

Berger, Alesi et Benetton. Le clown blanc, l'auguste et le directeur. Trois figures historiques typiques du cirque. Le clown blanc est le pitre qui joue de la trompette, qui essaye de faire raisonner l'autre, son compère, le clown auguste au nez rouge et aux chaussures énormes, au milieu de blagues et de fous rires. Les deux font le spectacle, ils amusent et exagèrent. Et, de fait, ils font intervenir le directeur sur la scène. C'est lui qui doit clore le spectacle, les faire marcher droit, les envoyer se coucher et baisser le rideau, en feignant d'être d'une sévérité qui, en réalité, ne lui appartient pas. Ce sont des personnages capables d'offrir une image tendre et amusante, mélancolique et définie. D'une certaine manière, ils rappellent trois personnes, réunies pendant deux ans sous un autre chapiteau, dans un autre cirque. La Formule 1, le Team Benetton 1996, 1997. Gerhard Berger, Jean Alesi et Flavio Briatore.
L'époque était dense dans la mémoire, elle l'était pour Berger et Alesi qui étaient ensemble depuis un bon bout de temps : trois ans ensemble chez Ferrari (1993-1995) avant d'arriver, toujours ensemble, chez Benetton avec un peu trop d'amertume, déclinée selon les différences de caractère. Parce que Ferrari était bloquée dans son évolution, frustrée de ne pouvoir obtenir les résultats attendus depuis trop longtemps. Dernier titre mondial : 1979, Jody Scheckter. Cette date était souvent évoquée comme une lourde dette, un refrain, un chef d'accusation vu les échecs. Jean, qui avait le diable au corps et une grande ténacité, était resté cinq ans chez Ferrari. Au cours de cette période, il ne connut qu'un seul vrai jour de joie (le seul Grand Prix, remporté au Canada en 1995). Encore plein d'illusions, Alesi nourrissait une haine contre Jean Todt, qu'il exprima publiquement, dans le meilleur style sincère et dévastateur qui lui était propre. Pour Berger la question était quelque peu différente. Ces trois années représentaient un retour – il avait déjà couru pour le cheval cabré de 1987 à 1989 – mais pas un changement de signe. Au contraire : une seule victoire (Allemagne 1994), contre les quatre qu'il avait remportées lors de son premier séjour chez Ferrari (Japon et Australie 1987 ; Italie 1988 ; Portugal 1989). Il avait beaucoup et bien travaillé dans l'équipe, il avait même évité les polémiques dans un groupe souvent confus et angoissé. En plus, aux yeux de tous, les deux pilotes formaient un bon tandem. Capables de parler et de tenir la scène dans les tempêtes chroniques qui accompagnaient les mésaventures de Ferrari.
Mais leur époque était finie. C'est surtout Berger qui souffrit de la fin du rapport et qui accueillit avec une certaine froideur l'arrivée de Schumacher (qui explosa dans une pole position enragée et impressionnante à Spa, en 1995), tandis qu'Alesi affichait une déception plus complexe : Ferrari avait été son rêve, sa vie et il devait tourner la page avec un bilan bien au-dessous de ses attentes.
Le fait de rester unis et de passer, ensemble, à l'équipe qui avait lancé et couronné Schumacher offrait, à eux comme à nous, de nombreux éléments intéressants. Avec Briatore à la barre, prêt lui aussi à donner des signes et à déranger, capable lui aussi de communiquer avec le style explicite qui lui était propre. Deux années. Les dernières de la carrière de Berger, absolument mémorables sous de nombreux aspects. En bon fou qu'il était, il s'accorda même quelques licences en lançant des flèches envenimées sur Schumi, avec un week-end d'adieu émouvant à Hockenheim 1997, peu après la disparition de son père. Jean, lui aussi, tira le meilleur de lui-même : une pole position à Monza en 1997, huit deuxièmes positions, sa fureur et sa sueur. Bref, Jean, toujours le même.
Par surcroît, il y avait toujours quelque chose à recueillir auprès d'eux. Ironie et auto-ironie, une sorte d'esprit estudiantin des pistes que Briatore attisait en maniant, lui aussi, le bâton et la carotte, à la grande satisfaction de celui qui devait écrire et raconter cette famille peu ordinaire et brillante.
C'étaient les années de Williams, du phénomène Jacques Villeneuve, des années chaudes et intenses. Au cours desquelles se dirigeait vers le crépuscule un duo que nous allions bien vite regretter. Parce que Berger et Alesi représentaient une race à part, une espèce en voie d'extinction. Des pilotes liés à des temps révolus, aux années du turbo, à la lumière stellaire d'Ayrton Senna, à l'envie de s'exposer sans filtres. Des pilotes à l'ancienne, plongés dans une génération différente, beaucoup plus froide et impénétrable. Voilà pourquoi nous avons espéré que Gerhard change d'avis, qu'il recompose son tandem avec Jean qui allait de l'avant avec ses exubérances, ses coups de colère et sa jeunesse intacte. Avec eux, l'ennui n'était pas de mise. C'étaient des prises de bec théâtrales et des confidences intimes, des disputes publiques et des farces atroces. C'était très beau, romantique et authentique.
Un soir, alors qu'il était désormais évident que nous n'aurions plus de courses avec Berger et Alesi sur la grille, nous avons essayé de les convaincre tous les deux à faire des adieux époustouflants. Ensemble aux 24 Heures du Mans, avec nous tous en guise d'assistants aux stands. Berger dit : « Tu parles ! Il est capable de partir et de me rendre la voiture au bout de 23 heures et demie. Avec la boîte de vitesses en miettes, naturellement ! ». Alesi rétorqua : « Laissez tomber ! Je le vois déjà faire le départ et l'arrivée et me laisser conduire comme un imbécile pendant toute la nuit qu'il passera à draguer ! ». Le fait est qu'il devrait en aller ainsi et qu'aucun de nous, peut-être pas même eux, n'a vraiment perdu l'espoir que, tôt ou tard, quelque chose de ce genre arrive vraiment encore une fois, une seule. En attendant, merci ! Avec orgueil. Par bonheur, l'important n'est pas seulement ce qui est écrit sur les livres d'or.

Alessandro Nannini
Il battait les grands champions et pourtant ses amis lui disaient : « Pourquoi ne roules-tu pas plus vite ? On dirait une tortue ! »

Il a été, dans un certain sens, le pilote le plus représentatif de Benetton, avec son air très casual, sa manière transgressive de voir les choses et d'interpréter les courses. Très casual mais engagé à fond ! Et avec un talent exceptionnel qu'il n'a peut-être pas assez développé. Par paresse. Puis, à 38 ans, il a arrêté de courir, du jour au lendemain. Aujourd'hui, si on lui parle de nostalgie ou même d'éventuels retours passagers ou de choses de ce genre-là, sa réponse est précise et sèche : « Plus jamais ! ». Alessandro Nannini est né à Sienne en 1959, soixante-dix-sept participations et une victoire au Grand Prix de Formule 1. En 1997, il a mis le volant au clou et il a tourné la page, tranquillement, sans les troubles et les regrets qui accompagnent souvent l'adieu aux armes, quelles qu'elles soient. Il a même coupé les ponts avec l'écurie qu'il avait fondée avec Nicola Larini, un autre Toscan des pistes qui a longtemps partagé avec lui les aléas de la classe Tourisme Alfa Romeo.

Aujourd'hui, le « Nano » (le nain, en italien, c'est ainsi que tout le monde l'a surnommé) est un industriel affirmé dans le secteur du café et de la confiserie, une vieille tradition de famille. Il s'est séparé de sa femme Paola (« mais nous sommes restés bons amis »), il s'est refait une famille et a deux enfants, une fillette de six ans et un garçon de trois. « Le seul problème, depuis que je ne conduis plus, est qu'avant, je pesais 72 kilos, alors que maintenant, je frôle les 90 ». Même quand il se plaint, Nannini ne perd jamais la légèreté et l'ironie qui sont typiques de son caractère désinvolte, apparemment superficiel et cynique, peut-être une barrière contre les intrusions des autres dans son ego. Dans le milieu, on se souvient de lui comme d'un beau garçon, grand, mince et à l'air un peu effronté. En tant que pilote, il n'a jamais été très technique, mais son audace et sa vitesse n'étaient nullement inférieures à celles des plus grands conducteurs de l'époque. Il avait parfois du mal à se souvenir du nom de ces derniers car, pour certaines choses, le Nano était distrait et fait à sa manière. Ne parlons pas des grands champions d'autres époques ! Quand, en 1988, sa première année dans l'équipe Benetton, il participa au gala de Monte-Carlo, on lui présenta une dame distinguée et souriante : « Voici Madame Bette Hill ». « Enchanté ! » – répondit-il gauchement. Puis, son hôte ajouta : « Vous savez, son mari a gagné cinq fois le Grand Prix de Monaco… ». Et le Nano : « Ah oui ? Mais il ne vous a pas accompagnée ce soir ? ». Bette ne put s'empêcher de sourire en pensant qu'un tel phénomène aurait beaucoup amusé son mari, mort treize ans auparavant.

Comme presque tous les Italiens, Sandro avait abordé la Formule 1 avec Minardi en 1986, deux saisons sans un seul point au championnat du monde, « mais en revanche, avec des moteurs qui se cassaient sans arrêt ». C'étaient les moteurs modernes du regretté Carlo Chiti, un autre Toscan, plein de sympathie mais pauvre en ressources pour affronter la Formule 1.

A la fin de 1987, la Benetton s'intéresse à Nannini parce qu'elle perd Teo Fabi qu'elle veut remplacer par un autre Italien : « C'était le bon train qui passait et j'ai sauté sur l'occasion – se souvient Sandro – non sans un gros coup de chance, parce que le saut de qualité était vraiment important. Je veux dire, aussi bien au niveau technique qu'au niveau humain. Je me sentais à l'aise, je m'entendais parfaitement avec les mécaniciens anglais, je parlais bien la langue, on allait aux mêmes fêtes. C'était une écurie joyeuse, jeune et moderne, très tendance en somme ! Et même un peu étrange dans un certain sens. En 1989, mon camarade de course était Johnny Herbert, qui buvait sec même de bon matin. Moi, en revanche, je ne bois pas, incroyable pour un Toscan ! C'était vraiment la bonne équipe pour moi ! ».

Un café après l'autre, une cigarette après l'autre, Sandro ne perdait pas de temps et atteignait déjà les plus hauts niveaux de la Formule 1, bien que les héros de l'époque fussent Senna, Prost, Piquet, Mansell qui, pour tous les autres, constituaient un barrage très difficile à franchir. Nannini y parvint le 22 octobre 1989 à Suzuka, au Japon, le jour même de la grande bagarre entre Senna et Prost qui, bien qu'ils fussent tous deux pilotes de McLaren se battirent en ennemis mortels pour décrocher le titre mondial. Dans une courbe, Alain coupa la trajectoire d'Ayrton, les voitures entrèrent en collision, celle du Français resta sur le terrain, tandis que celle du Brésilien reprit la course poussée par les commissaires en coupant le virage tout droit. Pour ces deux raisons, premier sur la ligne d'arrivée, Senna fut disqualifié. Titre à Prost, victoire de la course à Nannini qui était un bon troisième et qui, aujourd'hui, affirme : « J'aurais peut-être même pu gagner sans la disqualification d'Ayrton parce que j'étais vraiment près d'eux ». Mais, avant de monter sur le podium, il n'arrêtait pas de demander à tout le monde : « J'ai vraiment gagné ? Vous êtes sûrs qu'il n'y a pas d'erreur ? Mince alors ! Je suis devenu vraiment bon ! ».

Alessandro pensait à ses retours chez lui à Sienne, à ses copains du bar avec lesquels il restait volontiers jusqu'à deux heures du matin et qui, immanquablement, lui demandaient : « Mais tu n'arrives vraiment pas à aller plus vite ? Tu ne bouges pas ! Tu roules comme une tortue ! Retourne à tes petits-fours ! ». En Toscane, la raillerie est une affaire de tous les jours. Et Nannini était le premier à s'y adonner avec les autres. L'histoire des petits-fours est due à l'entreprise dont son père s'était toujours occupé. La confiserie et une série de cafés du centre de Sienne. Nannini avait travaillé dans l'un de ces derniers : « Une très belle année, je passais le plus clair de mon temps à faire la cour aux serveuses… ». Puis la passion des courses a eu le dessus. Les débuts avec la Formule Abarth. La carrière.

Le fait est que, dans l'album du Championnat du Monde, à côté de la date du Grand Prix du Japon de 1989 et de ce lieu, ne figure qu'un seul nom, Alessandro Nannini, et cela lui suffit largement. Chez Benetton de 1988 à 1990, avec la monoplace anglo-vénitienne, Sandro a disputé 45 compétitions, et récolté 65 points au championnat du monde grâce au succès de Suzuka et à deux deuxièmes positions, six troisièmes, quatre quatrièmes, deux cinquièmes et quatre sixièmes. « De gros mérites reviennent à Briatore – admet Alessandro –, Flavio donnait l'impression de ne rien comprendre à la Formule 1 et, pourtant, c'était un organisateur formidable, vraiment le maximum des capacités. Je me souviens qu'il ne buvait pas de café, mais question tabac, la guerre entre lui et moi était des plus serrées ! »

C'était un problème. L'équipe Benetton était sponsorisée par Camel et, rituellement, devant les caméras, Nannini ouvrait son éternel paquet de Marlboro : « J'ai bien failli le tuer de rage – a raconté Briatore –, il risquait de me mettre en difficulté avec ceux qui nous donnaient de l'argent. Nous avons fini par trouver un compromis. Il pouvait fumer, mais d'abord, il fallait qu'il mette ses Marlboro dans un paquet de Camel ! ».

En réalité, Briatore était impuissant devant les excès de Nannini. Les jours de courses, au moins au début de la période Benetton, il mangeait comme s'il était chez lui (« Je ne voulais pas perdre mes bonnes habitudes et, puis, il n'y a pas de mal à bien manger ! »). Le soir, il allait souvent se coucher très tard, ne serait-ce que pour passer la soirée devant la télé : « J'attendais que ma femme s'endorme puis, s'il y avait un film porno, je le regardais … ».

Un caractère extravagant dans une famille extravagante. Une famille d'artistes. Comme sa sœur, célèbre star du rock : « Je crois qu'elle est venue deux ou trois fois me voir courir. Elle a une mentalité d'Allemande. Si j'avais eu sa cervelle, sûr que je serais devenu champion du monde de Formule 1 ! ».

Après l'accident d'hélicoptère qui a mis un terme à sa carrière dans la Formule 1, Nannini n'a rien fait pendant toute l'année 1991 : « Une période de réflexion et de colère. Cela me dérangeait d'avoir dû abandonner pour une pareille bêtise. Mais j'ai quand même compris qu'il y avait des tas de gens qui m'aimaient bien. Parmi les premiers qui m'ont appelé à l'hôpital, il y a eu Senna et puis, naturellement, Patrese et les autres Italiens, Herbert et même John Barnard, à qui j'ai demandé de me faire une voiture avec une boîte de vitesses automatique qui, alors, n'existait pas dans la Formule 1. Maintenant que j'y pense, c'est peut-être moi qui ai donné l'idée aux techniciens ! ».

Revenu à la compétition, Nannini a conduit l'Alfa Romeo pendant cinq ans en classe Tourisme et il a terminé avec quelques courses pour Mercedes. Aujourd'hui, aucune nostalgie et aucun intérêt pour les courses « à moins d'avoir un travail continu, un rôle, une charge précise dans le milieu. Il m'arrive parfois d'aller voir une course parce qu'on m'y invite ou pour une raison ou pour une autre. Mais je dois avouer qu'au bout d'une demi-heure, je me casse tellement les pieds que je m'enfuis ! ». Incontrôlable et rebelle aujourd'hui comme hier. Pour lui, le temps s'est arrêté !

Johnny Herbert
Il marchait à peine, mais il pouvait conduire et, au début, il remporta une incroyable quatrième position

Johnny Herbert et Benetton, un rapport franchement aigre-doux. Fait de hauts et de bas. Et de bien d'autres choses qui, aujourd'hui encore, font réfléchir et discuter. Au mois d'août 1988, Benetton avait offert à Johnny la grande occasion d'entrer dans la Formule 1 et, quand vinrent les difficultés, elle resta valable. C'est en effet au mois d'août 1989 qu'Herbert, astre naissant de la Formule 3000, signa le contrat pour devenir pilote officiel de Benetton. Mais le destin était aux aguets : le lendemain, pendant la course de F. 3000 à Brands Hatch, il y eut un terrible carambolage au cours duquel Herbert subit de très graves fractures aux jambes, des genoux aux pieds. Johnny et le pilote suisse Gregor Foitek luttaient pour la première place, quand ils se fracassèrent tous les deux contre les protections. Un choc épouvantable, dévastateur. Au cours

du premier impact, l'avant-train de la voiture de Johnny se détacha, tandis que le reste de l'automobile rebondit, traversa la piste avant de heurter une autre barrière de protection. Un accident effroyable.
Pourtant, quelques mois après, Herbert était de nouveau au volant, avec tout le soutien et les encouragements de Peter Collins, directeur d'équipe de Benetton. A Rio de Janeiro, quand il fit ses débuts en Formule 1, en mars 1989, Johnny n'arrivait pas encore à marcher, ce qui ne l'empêcha pas d'arriver en quatrième position, à onze secondes à peine du vainqueur, Nigel Mansell. Une nouvelle étoile était née.
Toutefois, les rapports avec Benetton ne tardèrent pas à se gâter. A cette époque-là, Flavio Briatore commençait à se faire valoir. Herbert ne réussit pas à se qualifier au Canada et Briatore décida de se passer de lui en disant : « Il n'est pas en forme. Il a une jambe sans muscles… ».
Après une longue parenthèse de six ans, voici que, redevenu intéressant, Johnny Herbert retrouve les faveurs de Benetton, après avoir démontré qu'il avait retrouvé toute sa compétitivité et toute sa forme physique au volant de la Lotus. Au point de retrouver la plus grande crédibilité et de décrocher un contrat pour piloter la Benetton-Renault en 1995, aux côtés de Michael Schumacher, nouveau champion du monde. Tout en sachant bien que cela ne serait pas une simple partie de plaisir. « Il est difficile de réussir à le battre – admettait Johnny –. D'un côté, c'est une bonne chose, parce que ça me permet d'avoir un objectif important. Parfois, il m'est arrivé de m'approcher de son rythme et il n'y a pas de raison que je n'arrive pas à m'en approcher encore plus, lorsque j'aurai davantage d'expérience. »
Mais il n'en alla pas ainsi ! Rivaliser avec Michael Schumacher s'avéra beaucoup plus difficile que tout ce qu'il avait pu imaginer. Johnny conserva presque toujours un comportement bien élevé, en utilisant toujours les expressions correctes. Mais à la fin de l'année, il fut de nouveau expulsé de l'équipe. Il avait remporté le Grand Prix de Grande-Bretagne mais, entre temps, l'équipe avait signé un contrat avec Gerhard Berger. A Monza, Herbert gagna encore et, comme il n'avait plus rien à perdre, il exprima clairement sa pensée sur les rapports aigres-doux qu'il avait avec Benetton. L'équipe lui avait offert ses premières victoires en Formule 1 mais, dans le même temps, le fait qu'on le laisse tomber pouvait faire penser que Johnny n'avait pas assez de talent pour battre Schumacher. Et cela lui faisait mal. Très mal ! « Les gens voient Michael qui gagne sur une Benetton, puis ils me voient deux secondes après, en retard d'un tour. Ils pensent donc que je n'arriverai jamais à entrer dans le groupe des pilotes de tête – commenta Johnny à cette occasion –. Tout ce que je peux dire c'est qu'ils m'ont toujours présenté comme un pilote de deuxième catégorie. J'ai eu de la chance et j'ai gagné deux courses avec une voiture qui ne me satisfaisait pas, mais je me suis trouvé au bon endroit et au bon moment. J'ai donc profité de l'occasion. Je pourrais gagner beaucoup plus souvent si je pouvais régler la voiture selon mon style de conduite. Je suis sûr que je pourrais même battre Michael, parce que, lui, sa voiture est telle qu'il la veut…mais pas comme je la veux moi. Comme pilote, Schumacher est un égoïste, comme l'ont été d'ailleurs Alain Prost et Ayrton Senna, qui voulaient que tout soit à leur disposition. Quand je suis entré chez Benetton, je m'attendais un peu à ce que les choses aillent comme ça, mais je ne pensais pas que la différence aurait été si grande. Le public ne regarde que les résultats et l'impression est négative. Le fait est que l'on ne m'a pas donné les mêmes possibilités qu'à Michael. »
Des mots très durs. Néanmoins, Herbert a encore quelques beaux souvenirs de cette saison-là. En effet, c'est avec l'équipe Benetton qu'il obtint sa première consécration en Formule 1, dans son pays, devant un public britannique en délire. Ce sont des moments qu'il n'a pas oubliés, surtout après la dure bataille qu'il a dû mener pour émerger : « Dans les deux ou trois derniers tours, j'avais une très belle sensation – raconta Johnny –. Je voyais les drapeaux se déployer tout autour de la piste et je savais que c'était moi qu'on applaudissait. Cela me faisait du bien. Quand je gagnais, j'avais l'habitude de saluer en levant un bras. Je m'étais toujours dit que si jamais j'arrivais à gagner un Grand Prix, je saluerais en levant les deux bras et c'est ce que j'ai fait ! ».

Nelson Piquet
Après sa victoire en Australie, il commença à se dire que le moment de se retirer était peut-être venu

Nelson Piquet Souto Maior a aujourd'hui plus de 50 ans (il est né à Rio de Janeiro le 17 août 1952) et c'est un homme heureux. Son passé, c'est trois titres mondiaux en Formule 1. Son présent, c'est une famille nombreuse, plusieurs femmes, sept enfants, sa vieille mère Clotilde et une florissante activité d'entrepreneur. Il a encore les courses dans le sang et il a passé son virus à son fils Nelsinho qui, en 2005, a affronté la GP2, la catégorie préparatoire à l'olympe des moteurs : la Formule 1. Les autres membres de la famille Piquet – qui se retrouvent tous, plus ou moins, rassemblés pendant une longue période de l'année dans la belle maison qui se trouve dans la banlieue de Brasilia – sont l'aîné Geraldo, Kelly, Lazlo, Júlia, Pedro et Marco, le plus petit, le dernier-né de sa compagne, Viviane Leão. Les autres mères, dit Nelson avec un sourire, « je préfère ne pas les rappeler, il y en a trop ! ». Parmi les nombreux flirts que l'on attribue au pilote, vrai Don Juan de l'automobilisme, il y a même celui qu'il eut avec la princesse Stéphanie de Monaco et avec bien d'autres femmes célèbres. Mais ici, on est vraiment entre la légende et la réalité. Et surtout, tout ça appartient au passé !
Piquet, qui à ses débuts se faisait également appeler Piket (c'est ce qui était écrit sur son premier casque), car il avait décidé de porter le nom de sa mère, n'a pas oublié les deux championnats qu'il a disputés avec Benetton. 32 compétitions et trois des 24 victoires qu'il a remportées dans sa carrière. Une période que Nelson a passée, partagé entre deux sentiments contraires. D'une part, le plaisir d'être dans une équipe jeune, joyeuse et en pleine croissance ; de l'autre, le fait de savoir que, tôt ou tard, il devrait abandonner les courses, inévitablement. « J'étais arrivé chez Benetton plein d'enthousiasme – raconte-t-il –, parce que j'avais eu deux saisons très difficiles avec Lotus. Le moment le pire de 1989 fut quand, avec mon camarade d'équipe Nakajima, je n'ai pas réussi à me qualifier à Spa, un de mes circuits préférés. C'était le déclin progressif de l'une des écuries les plus aimées et les plus prestigieuses de la Formule 1. C'était aussi la faute de cet ingénieur français qui, je crois…, s'appelait Ducarouge. Il ne comprenait pas grand chose et il était devenu impossible de conduire la voiture. »
Arrivé chez Benetton en 1990, Nelson devait accompagner Alessandro Nannini. « Sandrino – rappelle Piquet – était un pilote rapide, un gars doux et bon mais, sur les pistes, il devenait un lion. Il ne semblait pas très intéressé par la mécanique et, côté voitures, il avait des connaissances plutôt limitées. Mais on s'entendait bien et notre monoplace progressait toujours de course en course. Dehors, on s'amusait beaucoup parce que la pression à notre égard était raisonnable. Puis il a eu ce terrible accident d'hélicoptère. Ce furent des jours très tristes pour nous tous parce qu'on l'aimait bien et on avait vraiment peur pour lui. Il n'a pas eu de chance, parce qu'il aurait pu avoir d'autres satisfactions. Il s'en est quand même sorti. Comme je l'ai fait, moi aussi, quelque temps après, en 1992. Je m'entraînais pour la 500 Milles d'Indianapolis et, au volant de ma Menard Lola-Buick, je me suis fracassé contre un mur et me suis cassé les deux chevilles. Pratiquement, cet accident a mis un terme à ma carrière même si, pour m'amuser, je suis encore monté dans une Formule Indy, j'ai participé aux 24 Heures du Mans et j'ai même couru dans la Formule 3 brésilienne. »
Lors de la deuxième année avec la Benetton, après avoir remporté les deux dernières courses au Japon et en Australie, Nelson décrocha une autre victoire au Canada : « A Adélaïde, avec l'équipe, ce fut la fête. La Formule 1 célébrait un fait historique, les 500 Grands Prix. Et c'est nous qui sommes montés sur la marche la plus haute du podium. Fantastique, vraiment fantastique ! ».
Dans le même temps, quelque chose était en train de mûrir chez Piquet : « J'étais à la fois très content et confus, je me sentais fatigué, après 14 saisons en Formule 1 passées au volant, en commençant par le kart à l'âge de 14 ans. Et dire que quand j'étais jeune, je voulais être tennisman… Le coup de pouce pour arrêter, c'est un certain Michael Schumacher qui me l'a donné. Il est arrivé dans l'équipe pour prendre la place de Roberto Moreno et j'ai compris qu'avec lui je ne pouvais plus lutter. On voyait bien que c'était un phénomène, le meilleur de tous, le nec plus ultra de la nouvelle génération. Pourtant, en toute honnêteté, je dois dire que je n'aurais jamais cru que, quelques années plus tard, Benetton allait remporter deux

titres mondiaux. Il me semblait que les autres équipes avaient plus de possibilités et une plus grande tradition. Nous avions le moteur Ford 8 cylindres, mais nos rivaux en avaient de plus puissants. Même si le retour chez Benetton d'un concepteur aussi génial que Rory Byrne pouvait laisser prévoir que l'on aurait fait encore des progrès. Ainsi, quand j'ai décidé d'abandonner la Formule 1, j'étais en paix avec moi-même. Certes, je regrettais de mettre un trait sur une période splendide et intense de ma vie, mais j'étais très heureux d'être à nouveau libre de choisir ».
Depuis lors, Nelson Piquet est devenu propriétaire d'une entreprise, la société Autotrac, qui contrôle par satellite les mouvements et la sécurité des camions dans toute l'Amérique du Sud. En outre, en personne intelligente qu'il est, il a également mis sur pied une société qui distribue des cours universitaires via Internet. « J'essaye de passer le temps de la meilleure manière possible – dit-il –. Mon fils Geraldo se délecte de courses de camions. Il n'est pas exclu que je suive son exemple, histoire de retrouver l'esprit de la compétition, comme avant ! Mais les jours de Grand Prix, je reste le nez collé devant la télévision. Ils me manquent toujours et je n'arrive pas à oublier Benetton qui m'a permis d'obtenir ma dernière victoire, le 2 juin 1991 à Montréal. Cette journée-là est restée dans mon cœur. »
Aujourd'hui, il est poussé par les nouveaux défis qu'il se lance chaque jour. Piquet ne veut pas vivre de souvenirs. Mais ces souvenirs-là l'aident à vivre mieux.

Les autres « verts »
La prouesse de Teo Fabi au Grand Prix d'Allemagne
Les nombreuses bonnes places collectionnées par Fisichella

Leur nom ne figure pas au nombre de ceux qui ont remporté un Grand Prix de Formule 1 avec les monoplaces colorées de Benetton, mais il ne fait aucun doute qu'ils ont lié leurs exploits et, dans certains cas, une bonne partie de leur carrière, au nom et au charisme de l'entreprise de Vénétie. L'histoire de ces pilotes peut se diviser en deux parties. Celle où la marque apparaissait en tant que sponsor-partenaire de Toleman et d'Alfa Romeo-Euroracing. Et puis, une deuxième phase où l'équipe était en tout et pour tout Benetton.
Par exemple, c'est à la première partie de cette histoire qu'appartient Teo Fabi, le premier pilote dans l'absolu de Benetton, celui qui débuta avec les couleurs de Ponzano Veneto sur la Toleman à Monte-Carlo en 1985, alors que l'équipe anglaise venait tout juste d'être achetée par Benetton et qu'elle connaissait une situation vraiment pleine d'enthousiasme, mais nullement stable. Une équipe dans laquelle, avec son calme et son pragmatisme, Fabi s'inséra avec un naturel réconfortant. Tant et si bien que, six courses plus tard, il obtint la première pole position de Benetton, au Grand Prix d'Allemagne de Nürburgring. Un événement exceptionnel que le pilote milanais, aujourd'hui actif dans l'immobilier, rappelle avec emphase : « Je fis un tour parfait et bien que nous eussions un moteur Hart avec moins de chevaux que les autres, j'ai réussi. Personne n'y croyait dans les stands, l'équipe était jeune et il y a avait beaucoup de nouveaux. Un enthousiasme formidable, irrésistible ». L'année suivante, Fabi connut deux autres moments heureux : les « poles » dans les Grand Prix d'Autriche et d'Italie et, en 1987, ce fut le premier podium à Zeltweg, au Grand Prix d'Autriche, avec la Benetton-Ford turbo.
Au cours de cette première phase, il faut également rappeler un autre grand pilote italien : Riccardo Patrese. Il avait déjà couru avec l'Alfa Romeo verte de Benetton en 1984 et en 1985. Puis, il disputa sa dernière saison de Formule 1, en 1993, aux côtés de Michael Schumacher dans l'équipe de Ponzano Veneto. Une année pleine d'excellents résultats, même si le succès vint à manquer. Après avoir remporté six Grands Prix, avec la Brabham et la Williams, Patrese dut se contenter de la deuxième position en Hongrie, de la troisième au Grand Prix d'Angleterre, de la quatrième en Espagne et de la cinquième à Donington, en Allemagne et en Italie. « Je garde quand même un beau souvenir des moments de l'époque Benetton – dit le pilote de Padoue qui s'est ensuite adonné aux courses d'équitation –, de la bonne ambiance qui y régnait. Il était évident que l'équipe était sur le point de faire le saut de qualité qui lui a permis de conquérir les titres mondiaux. Et Schumacher était déjà un champion prêt à prendre son envol. Excellent, inégalable. »
Le deuxième pilote de Benetton, avec les voitures Toleman-Hart, fut Piercarlo Ghinzani qui courut aux côtés de Teo Fabi en 1985, à partir du Grand Prix d'Autriche. Il disputa sept Grand Prix, puis à la fin de l'année, il retourna à la marque qui l'avait lancé : Osella.
Pourtant, les saisons du grand tournant furent celles de 1987 et de 1988. Une écurie affamée de succès avec des pilotes jeunes et prestigieux. Par exemple, au cours de ces deux années, le Belge Thierry Boutsen gravit le podium en Autriche avec une troisième position et il le refit cinq autres fois l'année suivante. En 1989, il y eut aussi une courte parenthèse avec Emanuele Pirro qui ne disputa que dix Grand Prix avec, comme meilleur résultat, une cinquième position en Australie. Mais c'est en 1990 que l'écurie se déchaîna avec des as du volant : le tandem Piquet et Nannini fit des ravages, mais après le dramatique accident d'hélicoptère, au cours duquel Alessandro perdit un avant-bras, c'est un autre Brésilien, Roberto Moreno, qui recueillit l'héritage du « Nano » et il le fit le mieux du monde puisqu'il monta tout de suite sur le podium du Grand Prix du Japon de 1990, derrière son coéquipier Piquet. « Ce fut le plus beau moment de ma vie – raconte Moreno – parce que je montrai ma valeur au monde entier et parce que, sur le podium, j'étais avec mon ami Nelson qui m'avait beaucoup aidé au début de ma carrière et qui m'a toujours été très proche, même par la suite. »
L'histoire de Moreno est, d'une certaine manière, liée à celle de Schumacher. En effet, au cours de la saison 1991, le Brésilien fut remercié à la veille du Grand Prix d'Italie, mais au cours de la course précédente, en Belgique, lors de l'entrée en scène de Schumacher dans la Formule 1, l'ironie du sort avait voulu que Moreno réalise le record du tour en course. Ce fut sa meilleure prestation chronométrique en course au volant d'une Benetton, mais ce fut aussi la dernière pour céder la place au pilote qui devait marquer l'histoire du championnat du monde de Formule 1 des dernières années.
En 1992, le jeune Schumacher fut flanqué de Martin Brundle qui est aujourd'hui un journaliste de télévision renommé, un pilote coriace, dur et rapide qui, en Formule 3 avait rendu la vie difficile à Ayrton Senna. Avec la Benetton, il obtint, cette année-là, une deuxième position à Monza et il arriva quatre fois troisième, ce qui lui permit de monter sur le podium en France, en Grande-Bretagne, au Japon et en Australie, en achevant ainsi la saison à la sixième position au championnat du monde avec un total de 38 points.
Des histoires qui finissent bien, d'autres histoires amères. Comme celle du Finlandais J.J. Lehto qui, lors des essais de la Benetton en vue de la saison 1994 se fractura les vertèbres cervicales à Silverstone et fut naturellement obligé de céder la place à un Néerlandais, le jeune Jos Verstappen, débutant dans la Formule 1. Jos se distingua en décrochant deux troisièmes places en Hongrie et en Belgique. Il connut également le terrible incendie de Hockenheim, au pit-stop pour le ravitaillement en carburant. Pris dans les flammes, il en sortit miraculeusement indemne. Depuis l'époque de Benetton, Verstappen n'est plus jamais monté sur le podium. Lehto reprit le volant et acheva la saison sans grands exploits.
Après Schumacher, l'équipe Benetton des années 1996 et 1997 était décidément aguerrie et spectaculaire, avec Jean Alesi et Gerhard Berger, tous deux ex-pilotes Ferrari. Lors des dernières années de Benetton dans la Formule 1, il faut également signaler Giancarlo Fisichella qui a disputé 66 Grand Prix et obtenu plusieurs deuxièmes places en 1998 (Canada et Monte-Carlo), en 1999 (Canada) et en 2000 (Brésil), année qui le vit en sixième position au championnat du monde des pilotes, avec 18 points. Enfin, deux autres pilotes de talent : Alexander Wurz et Jenson Button.
De nombreux pilotes, de nombreuses histoires, une contribution remarquable à l'aventure de Benetton dans la Formule 1. Quelle que soit la place sur le podium.

LES ÉTABLISSEMENTS

Les sanctuaires de l'équipe
Les premiers pas romantiques à Witney
La nouvelle culture à Enstone

Pour comprendre comment la Formule 1 a changé au cours des 25 dernières années, il n'est pas de meilleur exemple que celui qui nous est donné par l'évolution des ateliers Benetton. Ce

sont les ateliers où un groupe de techniciens prometteurs a su développer les expériences et ses compétences pour arriver à la conquête de trois titres mondiaux.
Tout s'est accompli dans le pittoresque comté anglais de l'Oxfordshire. L'équipe Toleman, devenue par la suite Benetton, avait commencé avec un programme de compétitions de Formule 2, en occupant une partie des ateliers situés à Kidlington, aux portes d'Oxford. C'est dans ces ateliers que travaillait déjà le jeune Tom Walkinshaw, devenu plus tard l'un des as de la course automobile mondiale chez Jaguar, avant de devenir l'un des associés de Benetton, puis enfin le propriétaire d'une autre équipe de Formule 1, Arrows, aujourd'hui disparue.
En 1981, quand Toleman décida de faire le pas et d'accéder à la Formule 1, elle acquit son propre siège à Witney, un petit centre un peu plus éloigné de la ville universitaire. En effet, la région qui entourait Oxford devenait de plus en plus une espèce de Silicon Valley de la Formule 1, car les écuries voulaient profiter toujours davantage de la proximité de l'aéroport d'Heathrow et du circuit de Silverstone.
L'atelier de Witney avait une superficie de 560 mètres carrés et employait environ 35 personnes. Pour l'époque, c'étaient des dimensions considérables et Toleman s'enorgueillissait de produire elle-même une grande partie des composants de la voiture. Avec le temps, l'équipe se développa et acheta de nouveaux ateliers adjacents. Il fallut même aménager l'entresol pour accueillir une main-d'œuvre toujours croissante et des équipements de plus en plus nombreux.
John Mardle se souvient avec tendresse de cette période initiale. Il était entré chez Toleman après sa toute première course de Formule 1 et travaillait au service du prémontage, où l'on fabriquait les boîtes de vitesses et les suspensions. « Par rapport aux standards d'aujourd'hui, tout était plutôt primitif – rappelle-t-il –. Dans l'usine, il devait y avoir trois ou quatre machines et pour avoir notre premier ordinateur dans l'atelier,

un Amstrad, il a fallu attendre 1983. Au bureau des projets, il y avait bien un ordinateur, mais tous les dessins étaient faits encore à la main, au crayon, sur une table à dessin ! En 1984, nous avions une douzaine d'ordinateurs. Aujourd'hui, il y en a un sur chaque bureau… »
Alors, on travaillait d'une manière vraiment différente. Le concepteur dessinait la pièce d'une suspension, et c'était ensuite aux mécaniciens et aux monteurs que revenait la tâche de trouver la meilleure implantation sur la voiture. « Les CAO d'aujourd'hui sont nettement supérieures mais, malgré tout, le fait de dessiner une pièce à la main et de l'essayer ensuite sur la voiture était une manière très rapide d'introduire des nouveautés » – dit Mardle, qui ajoute : « Avant que vous ne me le demandiez, je vous dirais tout de suite que nous n'avions pas de soufflerie aérodynamique. Pourtant, dès le milieu des années quatre-vingt, nous avons commencé à en utiliser une qui se trouvait à Southampton ».
Alors, l'usine n'était guère plus qu'un garage bien équipé. Il n'y avait pas de département de technologies informatiques, ni de secteur marketing ou de relations publiques. Pendant les week-ends où il y avait des Grand Prix, l'atelier était désert parce que, à part deux ou trois secrétaires, tout le personnel au grand complet allait travailler sur les circuits. « Pourtant, on arrivait à faire une séance d'essai à quatre personnes seulement – raconte Mardle –, alors qu'aujourd'hui, il faut 15 ingénieurs rien que pour démarrer le moteur ! »
Au début des années quatre-vingt-dix, quand Benetton devint une équipe de première importance, les ateliers de Witney devinrent vraiment trop petits. Il y eut bien quelques hésitations à propos du projet d'installer une partie de l'équipe dans un établissement de Godalming qui appartenait au gourou technique de l'équipe, John Barnard. Toutefois, seuls quelques membres du groupe des concepteurs et de l'administration se transférèrent dans ce siège, au sud de Londres et pas très loin des ateliers de l'équipe Tyrrell.
Tout le monde se réunit de nouveau sous le même toit, en 1993, quand Benetton s'installa dans un établissement spécialement construit pour l'équipe, en pleine campagne, à deux pas d'un minuscule village portant le nom d'Enstone. Alors, il s'agissait tout simplement de l'usine de Formule 1 la plus grande et la plus moderne du monde et les ouvriers déambulaient dans ces espaces immenses, en se perdant dans un labyrinthe de couloirs.
Ce fut le début d'une nouvelle époque, d'une nouvelle culture. Du simple garage où, à la fin de la journée, les mécaniciens nettoyaient eux-mêmes le sol, on était passé à un très bel établissement d'une forme architecturale à couper le souffle, avec des jardins, des cascades et même un tunnel de soufflerie, creusé sous une colline et sur le toit duquel paissaient les brebis. Non contente d'être le lieu où l'on concevait et fabriquait les voitures de course, l'usine était même devenue un outil de marketing, un lieu destiné à impressionner les éventuels sponsors.
Aujourd'hui le siège de l'équipe de Renault, qui a remplacé celle de Benetton, a une superficie de 6 500 mètres carrés, environ dix fois celle des ateliers d'origine et il emploie quelque 500 personnes. Parmi ces salariés, en dehors des nombreux fournisseurs externes, au moins 14 personnes n'ont aucun rôle direct dans le programme de Formule 1, dans la mesure où leur fonction consiste tout simplement à faire en sorte que la vie de ce village en miniature s'écoule sans problèmes et que tout y soit propre. Les salariés ont un restaurant d'entreprise et, s'ils le veulent, ils peuvent disposer d'un gymnase pendant la pause de midi où ils se retrouvent de temps à autre coude à coude avec les pilotes. Ils peuvent également jouir d'un admirable paysage rural qui semble couronner l'alliance entre la nature et la technologie d'avant-garde. Et tout cela, uniquement pour faire en sorte que deux hommes puissent faire une course automobile le dimanche après-midi !
« En 25 ans, le changement a été stupéfiant – conclut Mardle qui, après Toleman et Benetton est aujourd'hui le directeur des opérations de l'équipe Renault –. La Benetton avait toujours eu un grand esprit d'équipe, mais il est indéniable que, lorsque nous nous sommes installés à Enstone, nous avons en partie perdu cette ambiance " de famille ". A Witney, en été, à la fin de la journée, vers sept heures et demie du soir, tout le personnel des différentes unités se réunissait dans l'espace central entre les bâtiments pour jouer un peu au ballon. Aujourd'hui, il est plus fréquent que l'on se rencontre au parking, avant de rentrer chez soi. Mais, que voulez-vous ? C'est le progrès ! »

L'INNOVATION TECHNIQUE

Pat Symonds : ainsi, Benetton a su chevaucher le progrès

C'est l'un des hommes clé de Renault qui, avec Fernando Alonso, a remporté son premier championnat du monde de Formule 1 en 2005. Il fut un point de repère pendant presque toute l'histoire de Benetton. Pat Symonds est un technicien-symbole et le directeur exécutif du secteur conception au siège d'Enstone construit par Benetton. C'est en ce lieu qu'opèrent aujourd'hui les hommes de Renault. Sa principale qualité ? Une imagination technique des plus raffinées qui a permis à Benetton d'entrer dans le cercle très restreint des équipes championnes du monde de la Formule 1.
Né en Angleterre en 1953, Symonds possède un curriculum vitæ d'études multidisciplinaires absolument parfait pour la position qu'il occupe depuis toujours. En effet, il a étudié l'ingénierie mécanique à Londres et a décroché un master en ingénierie des véhicules automobiles au Cranfield Institute of Technology. Puis il a entrepris son parcours de concepteur de voitures de course qui, après les premières expériences dans les écuries Hawke (1976) et Royale (1978), l'a conduit à la Toleman en 1981 où, trois ans plus tard, il a assisté comme ingénieur de piste le grand Ayrton Senna lors de sa première année de Formule 1.
Sept ans plus tard, il est devenu le technicien de référence de Schumacher chez Benetton, où il a fait preuve en toutes circonstances de maîtrise de son domaine et d'une grande intuition, deux éléments qui ont donné des avantages énormes à la capacité de tenue de l'équipe. Entre Schumacher et lui, il s'instaura un rapport qui explique bien le caractère de Pat. En effet, dès les tout premiers moments de son travail avec l'équipe, Symonds avait compris que l'habileté conceptuelle ne suffisait pas à elle seule. Pat devait réussir à construire et à configurer une voiture capable de permettre au pilote non seulement d'être rapide au sens technique du terme, mais aussi d'exploiter au maximum les caractéristiques de son style de conduite.
« Chez Benetton, j'ai travaillé avec Schumacher depuis la fin de 1991 jusqu'au moment où il est passé chez Ferrari – rappelle Symonds –. La tentation de le comparer avec les autres géants pour lesquels j'avais travaillé était inévitable, le premier entre tous étant Senna. Certes, Michael avait la même capacité de

conduire vite mais, dans un certain sens, il était un petit peu plus mûr qu'Ayrton à ses débuts. Au cours de sa première année chez Toleman, Ayrton acceptait pratiquement tout, tandis que Michael a toujours eu quelques exigences en plus. Avec lui, il fallait vraiment prouver qu'on était à la hauteur. Et je suis sûr que, chez Benetton, on le lui a démontré. »
Puis il fait une observation de nature générale : « Les grands pilotes ont aussi une intelligence de premier ordre. Dans ce domaine, avec un peu de cervelle et en travaillant dur, on peut aller très loin. Mais Michael était la preuve même qu'un pilote ayant des dons intellectuels remarquables parvient à progresser plus que les autres du même âge. Et pas seulement avec les voitures. Dès le début, on comprenait que, même quand il n'était pas au volant, il n'arrêtait pas de penser et de réfléchir à sa prochaine manœuvre. Je crois aussi que Schumacher a été le premier pilote de Formule 1 à se rendre vraiment compte que plus il était en bonne forme physique, mieux il pouvait courir. En cette période-là, il a énormément mûri. Au début, il était du genre à emballer le moteur dans le tour de démarrage et il lui arrivait de temps en temps de sortir de la piste sans raison apparente. Mais on n'a pas tardé à comprendre que difficilement il répétait les mêmes erreurs. Bref, il fallait encore le dégrossir un peu et, à mon avis, pendant ses années chez Benetton, nous avons réussi à l'affiner comme il le fallait ».
Ce sont les rapports étroits avec les pilotes, l'innovation technologique « et le rachat de Toleman en 1985 qui ont permis à Benetton de maîtriser parfaitement le contrôle de la motricité en tenant compte de la qualité des pneus et pas seulement de la répartition du couple appliqué aux roues motrices. Au début des années quatre-vingt-dix, nous avons équipé les Benetton d'un système très sophistiqué de suspensions actives, pour maintenir constante la garde au sol de la voiture et permettre ainsi à l'aérodynamique de travailler d'une manière optimale, en améliorant la maniabilité et la stabilité en général. Mais le projet le plus pointu fut celui des quatre roues directrices, appelé FTT, inauguré sur la Benetton dans la deuxième moitié de la saison 1993. Ce fut le résultat d'une étude longue et complexe que j'avais déjà entamée deux ans auparavant. Muni de deux demi-essieux avant et d'un petit embrayage hydraulique qui n'avait rien à voir avec celui du moteur, le système FTT avait une réponse extrêmement rapide dans les chicanes et facilitait aussi bien le contrôle du survirage, que celui du sous-virage. L'angle de braquage des roues arrière ne dépassait pas trois degrés. Aucune autre équipe ne s'en aperçut, jusqu'à ce que quelques pilotes commencèrent à comprendre en suivant nos voitures de près. Le bruit commença à courir dans le paddock. Patrese n'appréciait guère le système, contrairement à Schumacher qui nous offrit alors la troisième victoire de la saison, le Grand Prix du Portugal à l'Estoril. Sur certains circuits, nous avions même un avantage de trois dixièmes au tour, sur d'autres, en revanche, c'était le contraire. Puis, en 1994, la FIA interdit les quatre roues directrices ».
Symonds sourit en pensant à tout ce que l'esprit inventif des hommes de Benetton avait permis de créer « y compris l'avant rehaussé de 1991 qui fut un changement radical que tout le monde a imité par la suite et le double embrayage de 1999 qui ne fut pourtant jamais adopté sur les pistes ». Symonds avoue : « Les choses vont mieux quand l'harmonie règne. Et pendant ces années-là, on en avait à revendre, parce que Benetton, c'était une vraie famille ».

LA COMMUNICATION

Patrizia Spinelli et la thérapie de choc
« Même ceux de l'équipe ne nous comprenaient pas ! »

Il y a une révolution qui a marqué la Formule 1 à partir du milieu des années quatre-vingt et qui, bien qu'elle ne soit pas passée par les habituels bouleversements réglementaires périodiques, en a profondément changé l'image, la perception et la personnalité.
En effet, c'est à cette époque-là qu'un monde assourdissant, spectaculaire et rude passe du « noir et blanc » aseptique à la « couleur » glamour, avec la même vigueur que celle qui marqua la fin de la télévision en noir et blanc. Comme cela arrive souvent dans les grands tournants, cette révolution a également eu un acteur qui appliquait la technologie surtout à la production de la bonneterie, de qualité, douce et colorée : Benetton.
Luciano Benetton, puis son fils Alessandro adhérèrent à l'idée de la Formule 1 dans un esprit créatif et d'entreprise en y mettant leur extraordinaire capacité de communiquer, de se présenter et d'interpréter les événements.
« On nous regardait comme si nous étions devenus fous » – se rappelle Patrizia Spinelli, responsable à l'époque des relations publiques du Groupe pour les Etats-Unis que l'on avait fait rentrer de New York pour s'occuper de la nouvelle aventure. « Paradoxalement, les premiers problèmes, nous les avons eus au sein même de l'équipe. Je me rappelle le mal que nous avons eu pour faire cohabiter les hommes attachés aux dixièmes de seconde, aux performances et aux améliorations techniques à obtenir, qui nécessitaient un travail et une persévérance hors du commun, des gars comme Walkinshaw ou Barnard, avec les mannequins, les clients de la mode et les sponsors véritables et potentiels, dont la présence devenait parfois encombrante avec toutes leurs questions. »
Ce fut le moment où le spectacle entra dans le spectacle, avec le renversement des rôles, le titulaire-sponsor ne restait pas inactif, en acceptant la vie du paddock et en attendant une opportunité. Au contraire, il devint un protagoniste de l'happening, en organisant des fêtes, des manifestations et des surprises. Les week-ends des courses, rythmés d'abord par le travail et par les essais, avec la seule lueur de mondanité reléguée à la Principauté de Monaco, deviennent le point culminant de l'attente et du spectacle à la fois sportif et médiatique.
« Nous faisions tout nous-mêmes, sans agences, sans créateurs et sans argent. Nous n'avions que notre imagination. » Ainsi, en un clin d'œil, la Formule 1 fut envahie par la presse généraliste, ignorée par le monde des courses, avec des reportages de mode réalisés dans les stands de l'équipe, comme au Grand Prix de Phœnix, où les mannequins qui, fort curieusement, ne portaient pas de vêtements Benetton et défilaient entre les monoplaces bien mises en évidence.
Lire la réalité de la Formule 1, son caractère transversal capable d'impliquer en même temps des gens et des pays profondément différents, tout autant que ses valeurs éthiques et passionnelles est l'affaire de Flavio Briatore que les Benetton mettent à la barre de cet agile navire de guerre. Briatore et Patrizia Spinelli constituent une force de frappe aguerrie prête à renverser une situation, à la rendre agréable et utile à l'objectif et à la manière dont ils veulent que l'équipe soit perçue. L'on crée et l'on soigne même l'image des pilotes, jusque-là abandonnés à eux-mêmes, dans le but d'y associer un produit hors du domaine restreint des pistes. Et, comme souvent dans la communication institutionnelle, c'est dans ses pilotes les plus jeunes que Benetton Formule 1 identifie le type d'homme à proposer. Aux traits froids des nordiques Lehto et Verstappen, on oppose l'expansivité latine d'Alesi et la pudeur de Schumacher qui, à 21 ans, accepte avec professionnalisme des rôles qui ne lui sont pas particulièrement appropriés. Visages différents, même passion. United Colors.
L'initiative de Benetton se répand, crée des adeptes, des imitations et des parodies. Bref, la Formule 1 se transforme en un « cirque » bariolé où Flavio Briatore, en dictant les temps et les modes de communication, veut malgré tout élever le niveau technique et compétitif d'une équipe qui, pour ses détracteurs, reste toujours un « outsider » peu convaincant. Il y parvient en 1994, avec le premier titre des pilotes et, en 1995, en conquérant la confiance de Renault pour les moteurs et en remportant les deux championnats, celui des pilotes et celui des constructeurs.

Les hauts et les bas de l'aventure sportive sont rythmés par les événements qui ont généré des souvenirs, des impressions et ont marqué le territoire de manière définitive. Les premières initiatives vont de pair avec une autre idée révolutionnaire qui consistait à changer de sponsor tous les deux Grand Prix, en utilisant les différentes marques regroupées sous le nom de Sportsystem. C'est la société de Benetton qui produit et distribue des équipements sportifs de haute qualité. C'est ainsi qu'arrivent sur les circuits : Nordica, Prince, Killer Loop et toutes les manifestations collatérales conçues pour souligner la dynamique caractéristique des produits. Les courses de VTT et les tournois de tennis impliquèrent régulièrement les pilotes, les techniciens, les journalistes et les invités, dans une sorte de « Jeux sans Frontières » de paddock, que l'on attendait à chaque Grand Prix comme un moment de détente et de cohésion. Et puis les fêtes, mémorables, comme le match de polo en Argentine ou le rodéo de Phœnix, avec le taureau

mécanique pour les invités les plus courageux, le match de football de Jerez, précurseur, avec ses 6000 spectateurs, des « matches du cœur » actuels. Les présentations de la nouvelle monoplace constituent, elles aussi, une occasion de communication. La plus belle a été celle de la saison 1996, la première de l'« après Schumacher » dans le cadre prestigieux et extraordinaire du théâtre grec de Taormina, avec Alesi le « Sicilien » parcourant les ruelles de la petite ville en simulant un improbable Grand Prix de la Trinacria.
Comme quelqu'un qui est inondé de lumière après les ténèbres, avec l'arrivée de Benetton, la Formule 1 a changé d'aspect, elle est devenue accessible, divertissante, « amicale ». La manière de communiquer a concerné l'équipe mais aussi le milieu qui, jusqu'alors, n'était distrait que par les boutades des pilotes les plus gaillards et les plus désinvoltes qui donnaient un peu de gaieté à un monde où la technique était la seule religion à professer sur les pistes. Le souvenir le plus beau de Patrizia Spinelli ? « Luciano Benetton à Suzuka, en 1995, lors de la fête organisée pour les deux titres conquis à l'avance : Je l'ai vu si ému, se laisser aller, danser et exulter que ce fut l'une des choses les plus bouleversantes de toute ma vie. »

LES SPONSORS

Benetton : de société sponsor à... écurie sponsorisée. Un chemin que personne n'avait emprunté auparavant. Chemin qui a souvent débouché sur une série de partenariats qui ont contribué à créer un mécanisme gagnant. Parce que l'on ne triomphe jamais tout seul, surtout dans un sport qui a pour base la technologie et qui exige des investissements considérables. Les noms qui ont voulu s'associer à l'aventure de Benetton sont très nombreux. Petits ou énormes. Tous ont la même importance. Tous sont indispensables. Tous font partie d'un projet unique.

JOURNAL 1983/2001

« Le talent d'un champion comme Schumacher va au-delà des victoires. Je me rappelle l'année de son premier titre mondial avec la Benetton-Ford. L'équipe était sur le point de prendre son essor, même si les voitures n'étaient pas toujours des meilleures. Pourtant, il savait compenser les déficiences des véhicules. Sensationnel ! »
Niki Lauda, Vienne, février 2003

1983
Avec Michele Alboreto pour la relance de Tyrrell

Une écurie légendaire, un pilote italien très prometteur et une monoplace entièrement verte, la couleur typiquement britannique des Grands Prix. C'est donc avec la sponsorisation de l'écurie Tyrrell que l'aventure de Benetton dans la Formule 1 commence au début de 1983. L'équipe du vieux Ken, qui avait vécu sa période de gloire grâce aux championnats du monde qu'avait remportés l'Ecossais Stewart et aux succès de Patrick Depailler, François Cevert et Jody Scheckter, s'était peu à peu enfoncée dans une crise profonde par le manque de moyens financiers. Puis elle avait étonné de nouveau, grâce au jeune Michele Alboreto qui, un an plus tôt, avec Luciano Benetton comme spectateur, avait remis les monoplaces équipées de moteurs Ford-Cosworth V 8 sur la voie du succès lors de la compétition de Las Vegas. Cette épreuve fut décisive dans la lutte pour le titre entre le Finlandais Keke Rosberg au volant de la Williams et l'Irlandais du Nord John Watson avec la McLaren. A la fin, le champion fut Keke Rosberg.
En 1983, l'équipe repart dans son rôle d'outsider, prête à percer dès que l'occasion s'en présenterait. Au volant, encore Alboreto et l'Américain Danny Sullivan. Le groupe ne déçoit pas. Michele gagne encore, au Grand Prix USA Est à Detroit, en offrant au V 8 anglais le dernier succès d'une longue période (un moteur Ford ne gagnera de nouveau que six ans plus tard, justement avec la Benetton pilotée par Nannini). Ceci dit, en 1983, Alboreto achève le championnat – remporté en Afrique du Sud par Nelson Piquet au volant de la Brabham-BMW – en douzième position avec dix points. Sullivan finit dix-huitième à deux points. L'écurie se place septième au championnat du monde des constructeurs avec 12 points, comme la Lotus.
La star est naturellement Michele Alboreto, trop brillant pour ne pas être remarqué par les meilleures écuries. Si brillant qu'il poussa Enzo Ferrari à lever l'interdit qu'il avait jeté sur les pilotes italiens une dizaine d'années auparavant. Très attendue, la nouvelle est enfin communiquée officiellement par Maranello. En 1984, Michele Alboreto allait piloter une « rouge » aux côtés de René Arnoux. Au revoir et bonne chance ! C'est son adieu aussi à Benetton. L'entreprise de Vénétie se sépare de la Tyrrell après une première expérience dans les Grands Prix tout à fait heureuse.

Nanni Galli
« Ainsi, Luciano décida d'entrer dans la Formule 1 »

« Oui, je crois bien que c'est moi qui ai convaincu Luciano Benetton à se lancer dans la Formule 1 » – affirme Nanni Galli, propriétaire d'une filature de Prato avec, à son actif, un remarquable passé de pilote qui lui a permis de gagner avec les Alfa Romeo officielles et même de piloter des Ferrari en Formule 1.
« C'étaient les années soixante-dix, il y a un siècle ! » – dit-il en souriant avec une pointe de nostalgie et un peu de fausse modestie. Puis il se met à raconter : « J'ai rencontré Luciano Benetton pour des questions de travail. J'étais l'un de ses fournisseurs de filés pour ses produits de bonneterie. Comme nous avions perdu le vice de regarder les Grand Prix, je lui ai conseillé de penser à la Formule 1 comme moyen de promotion. Dans les années quatre-vingt, Benetton était en pleine expansion et ouvrait des magasins partout dans le monde. A mon avis, les courses constituaient un moyen exceptionnel de promouvoir la marque. Luciano connaissait la Formule 1 à travers les journaux. Il ignorait tout du milieu, de l'ambiance et des éventuels avantages ».
Luciano Benetton pense, médite et se rend compte que la chose pourrait marcher. Il se rend à Detroit avec Nanni Galli, voir le Grand Prix des États-Unis et il comprend que la Formule 1 pourrait être vraiment quelque chose d'extraordinaire, en raison du fait également que le coût-contact est avantageux. « Quelques mois plus tard – poursuit Galli – j'ai téléphoné à Ken Tyrrell, dont l'équipe avait, à mon avis, les caractéristiques idéales pour s'associer à Benetton, grâce au fait aussi que le pilote de pointe de 1983 devait être un jeune Italien très prometteur, Michele Alboreto. Tyrrell était un personnage important, il avait eu des pilotes aussi célèbres que Jackie Stewart, Patrick Depailler, Ronnie Peterson et il avait des rapports privilégiés avec Ford. Au mois de septembre 1982, nous sommes donc allés en Angleterre où il faisait déjà froid. Luciano Benetton et Ken Tyrrell se sont immédiatement plus. Et ils ont alors signé un contrat de sponsorisation. »
Le reste fut une heureuse surprise. « Alboreto a gagné à Las Vegas et par la suite à Detroit et nous étions là, anxieux, dans le stand. Luciano, qui ne se laisse jamais transporter par l'enthousiasme, était au septième ciel. Son instinct qui l'avait poussé vers le monde de la Formule 1 ne l'avait pas trompé. J'étais content pour lui. »

1984
Avec Alfa Romeo, entre l'enthousiasme et les difficultés

La raison pour laquelle Benetton décide de renoncer à Tyrrell vient de son désir de se lier à une marque italienne glorieuse, Alfa Romeo, qui n'est pourtant plus présente directement dans les Grand Prix mais seulement par le biais de la gestion de l'écurie Euroracing. Alfa Romeo avait écrit des pages inoubliables du championnat du monde en remportant les deux premiers titres de son histoire avec Farina en 1950 et Fangio l'année suivante. Ensuite, elle s'était retirée des Grands Prix pour y revenir dans les années soixante-dix en fournissant ses moteurs à March, à McLaren et surtout à Brabham. Puis elle avait fait un retour officiel avec la fameuse Alfa-Alfa pilotée par Vittorio Brambilla dans les dernières courses de 1979. L'année suivante, Alfa avait deux voitures pour Bruno Giacomelli et Patrick Depailler, le Français qui disparut tragiquement au cours de l'été de 1980, lors d'un essai sur le circuit de Hockenheim.
Ayant décidé de ne plus participer aux courses sous son propre nom à la fin de 1983, sans avoir réussi à remporter un seul Grand Prix, Alfa Romeo se présente au départ du Championnat du Monde suivant sous le nom d'Euroracing-Alfa, avec la

couleur vert Benetton. Gianpaolo Pavanello est à la tête de la gestion, avec le légendaire ingénieur Carlo Chiti qui s'occupe des moteurs et des questions stratégiques. Les pilotes sont Riccardo Patrese, qui vient de chez Brabham, et l'Italo-Américain Eddie Cheever qui a quitté Renault. Sur le papier, il s'agit d'un excellent tandem. Pourtant, la saison n'est pas des plus heureuses. Le moteur a de nombreux problèmes et la nouvelle réglementation liée à la consommation voit souvent les deux pilotes perdre d'excellentes positions parce qu'ils tombent en panne d'essence lors des derniers tours de la course.
Appelé à la rescousse pour gérer la conception des moteurs, Gianni Tonti ne parvient pas à résoudre les problèmes, les moyens accordés par la maison mère n'étant pas suffisants. A la fin du championnat, le meilleur résultat est la troisième position de Patrese au Grand Prix d'Italie à Monza. Le pilote de Padoue est également quatrième à Kyalami et sixième au Grand Prix d'Europe au Nürburgring. La meilleure position remportée par Cheever est une quatrième position lors de la course inaugurale du Championnat du Monde au Brésil. Riccardo termine le championnat à la treizième place avec huit points et Eddie est seizième avec trois points. L'écurie n'arrive qu'en huitième position au championnat du monde des constructeurs. Des résultats bien maigres par rapport aux ambitions initiales.

1985
L'achat de Toleman
Benetton devient une équipe

En l'absence de résultats et compte tenu des problèmes politiques, la situation devient insupportable. Ainsi, tout en maintenant la sponsorisation d'Alfa-Euroracing, gérée par la même structure que celle de l'année précédente, avec en plus, l'homme des rallyes, Sandro Munari, en tant que directeur sportif, Benetton commence à rechercher une autre solution pour trouver une voie plus directe et plus heureuse afin de devenir l'un des protagonistes de la Formule 1.
L'occasion se présente et elle s'appelle Toleman. Après avoir abordé le monde de la Formule 1 en 1981, l'équipe anglaise avait grandi et elle avait connu sa meilleure saison en 1984 en faisant débuter un certain Ayrton Senna. Mais le départ du Brésilien qui passe à Lotus et un problème de pneus empêchent l'écurie qui utilisait des moteurs Hart de courir lorsque commence le championnat de 1985. En effet, Toleman a opté pour Michelin et rompu avec Pirelli. Mais à la fin de 1984, Michelin abandonne les Grand Prix et l'équipe – ayant irrité Pirelli – se retrouve sans fournisseur de pneumatiques. Benetton frappe à la porte et, en mai, après des négociations rapides, achète Toleman et fait ses débuts au rendez-vous de Monte-Carlo, quatrième course de la saison, le 19 mai, avec une seule voiture pilotée par Teo Fabi. L'écurie fait immédiatement beaucoup parler d'elle en raison de la couleur de la voiture (très belle, blanche avec les drapeaux de plusieurs pays et le slogan « United Colors of Benetton ») et d'autres initiatives tout à fait nouvelles pour la Formule 1 de l'époque. Une entre toutes : la couleur des flans de pneus Pirelli. Le siège est à Witney, en Angleterre, et dès le Grand Prix d'Autriche du mois d'août, la deuxième voiture est destinée à Piercarlo Ghinzani.
Au niveau purement arithmétique, on ne peut pas dire que le Championnat du Monde de 1985 ait été particulièrement mémorable pour l'entreprise de Vénétie. Bien qu'elle joue sur deux fronts, avec les équipes qui lui sont liées, Benetton ne gagne pas un seul point. En particulier, le championnat d'Alfa Romeo est désastreux, tant et si bien que, à la fin de l'année, le constructeur milanais se retire définitivement de la Formule 1. En revanche, Toleman-Hart embellit sa saison en remportant une très belle pole position au Grand Prix d'Allemagne, sur le très rapide circuit de Hockenheim, avec Teo Fabi. Les dés sont jetés et dès lors, Benetton doit se débrouiller toute seule.

1986
La première victoire arrive enfin

L'écurie est enfin exclusivement Benetton. Trois ans après l'entrée dans la Formule 1, le groupe de Ponzano Veneto se présente au départ de l'un des plus fameux championnats du monde dont on se souvienne, avec une équipe qui porte son nom. La Toleman disparaît et les circuits accueillent la Benetton B186 pour Teo Fabi, pilote déjà bien affirmé, et pour un nouveau venu, le jeune Autrichien Gerhard Berger. Le moteur est un BMW et les pneumatiques sont encore des Pirelli. L'organigramme de l'écurie voit Davide Paolini au poste d'administrateur délégué, le Sud-Africain Rory Byrne toujours au poste de directeur technique, tandis qu'après un prestigieux passé chez Lotus et Williams, Peter Collins est directeur d'équipe.
La saison 1986 est particulièrement dramatique pour la Formule 1. Le 8 mars, en revenant en voiture d'un essai que son équipe avait effectué au Castellet, dans le sud de la France, Frank Williams subit un terrible accident de la route qui le rendra tétraplégique. Le 14 mai, toujours au Castellet, le Romain Elio De Angelis meurt des suites d'un choc terrible dû à la rupture de l'aileron arrière de sa Brabham-BMW. Le championnat du monde propose un défi à trois écuries et à quatre pilotes. Les protagonistes en sont les Williams de Nigel Mansell et Nelson Piquet, la McLaren d'Alain Prost et la Lotus d'Ayrton Senna. C'est le Français qui finit par l'emporter lors de la dernière course d'Adélaïde, en Australie, après l'explosion du pneu de Mansell en pleine ligne droite finale.
L'écurie Benetton se comporte fort bien. Elle remporte deux pole positions – en Autriche et à Monza – avec Fabi. Mais surtout, grâce à une grande journée des pneus Pirelli, elle remporte le Grand Prix du Mexique avec Berger. Gerhard domine et il finit la course avec plus de 25 secondes sur la McLaren de Prost. A la fin de la saison, Berger est septième avec 17 points, Fabi est quinzième avec deux points et l'équipe est en sixième position au classement des constructeurs.
Tout est prêt pour le grand jeu ! Pourtant, au plus beau moment, deux des piliers de la structure de Benetton viennent à manquer. En effet, Berger est engagé par Ferrari, qui confirme ainsi la tendance entreprise avec Alboreto (qui, en 87, sera le camarade d'équipe de Gerhard avec la Rouge) et qui se poursuivra avec Michael Schumacher. Les pilotes Benetton plaisent à Maranello. En plus, dès le Grand Prix de France du mois de juillet, BMW annonce ses adieux à la Formule 1. Benetton a donc besoin d'un moteur et il faut repartir de zéro.

Peter Collins
« Le succès de Gerhard marqua le grand tournant »

Il a été le premier responsable délégué de l'équipe, quelques semaines après l'achat de Toleman part Benetton. C'est sur ses épaules et sur celles de Davide Paolini qu'est tombé le poids des premières phases de l'organisation.
Peter Collins, homonyme – mais rien de plus – du Peter Collins qui courut pour Ferrari dans les années cinquante est, aujourd'hui, un très distingué monsieur australien qui reste passionné par les courses et qui a encore des liens étroits avec la Formule 1, en s'occupant de pas mal de choses, dont la gestion des pilotes. « J'ai commencé mon travail de directeur général de l'équipe avec le Grand Prix de France de 1985, j'avais quitté Williams et tout le monde me demandait sans arrêt pourquoi j'avais quitté Frank ? En réalité, l'idée de repartir sur de nouvelles bases et de mettre à profit l'expérience acquise d'abord avec Lotus, puis chez Williams, me fascinait et me donnait bien des motivations. Je crois que j'ai participé à la construction des bases de celle qui allait devenir une grande équipe. »
Appelé chez Benetton par son ami Rory Byrne, il s'est occupé de la gestion interne de l'usine, des rapports avec la famille Benetton, mais aussi des contacts avec la FIA, avec les pilotes, avec les fournisseurs de moteurs. « J'ai vécu un moment magique quand Berger a remporté le Grand Prix du Mexique de 1986 avec notre voiture. A ce moment-là, j'ai compris que nous étions en train de grandir et que nous allions devenir encore plus grands. C'est ce qui s'est passé ! »
Australien de Sydney, d'une éloquence persuasive mais sachant aussi être extrêmement direct le cas échéant, Peter Collins a quitté l'équipe Benetton en 1989.

1987
Accord avec Ford
Il y a le turbo de Detroit

Benetton ne perd pas courage. Pour la fourniture de ses moteurs turbo, l'écurie trouve un accord avec Ford.
Cette entente marque le début d'une collaboration heureuse et

profitable qui offrira de grandes satisfactions aux deux parties. Pour remplacer Gerhard Berger, on engage le Belge Thierry Boutsen qui a déjà disputé quatre saisons en Formule 1 avec Arrows. Un pilote plutôt discret mais très solide qui accompagne Teo Fabi, avec lequel il forme un tandem bien assorti et prêt à faire des sacrifices pour le bien de l'équipe.
La voiture est la B187 qui, comme nous l'avons déjà dit, est équipée d'un moteur Ford V6 avec le V à 120°. Une unité à laquelle les nouveaux règlements – qui permettent aux moteurs atmosphériques de revenir au championnat du monde – imposent un limiteur de surrégime. La structure du moteur utilisé l'année précédente par l'écurie Lola Haas ne délivre pas une grande puissance mais elle permet une bonne implantation dans le châssis, ce qui apporte de gros avantages en matière d'aérodynamisme. Cette voiture remplit bien son rôle.
Le championnat du monde est toutefois l'affaire privée de Williams dont la nette supériorité n'est contrecarrée que par la Lotus de Senna. A la fin, le titre, le troisième de sa carrière, est remporté par Nelson Piquet qui a raison du très rapide mais malchanceux Nigel Mansell.
L'épilogue a lieu lorsque, au cours des essais du Grand Prix du Japon à Suzuka, l'Anglais a un accident qui l'envoie directement à l'hôpital et lui fait ainsi renoncer à tout espoir de remontée.
Pour Benetton, les chiffres sont meilleurs que ceux de 1986. L'équipe achève le championnat du monde des constructeurs à la cinquième position avec 28 points. Chez les pilotes, Boutsen est huitième avec 16 points et Fabi, neuvième, avec 12 points. Il manque pourtant la victoire de l'année précédente.
Les meilleurs résultats de 1987 sont deux troisièmes positions : celle du Milanais à Zeltweg en Autriche et celle du Belge à Adélaïde en Australie, lors de la dernière course de la saison. C'est peu, mais la structure est de plus en plus solide et la route qui permettra d'arriver au sommet est déjà tracée. Une nouvelle exigence provient d'un changement du règlement qui, pour 1989, permet uniquement la présence des moteurs 3.5 atmosphériques. Benetton décide d'anticiper l'opération : dès 1988, elle a un Ford-Cosworth DFR 8 cylindres.

1988
Un observateur aux stands
Il s'appelle Briatore

C'est l'année de la mort d'Enzo Ferrari qui s'éteint à Modène le 14 août. Mais, pour Benetton, c'est l'année de l'arrivée dans l'équipe du rapide et très sympathique Alessandro Nannini, une véritable découverte. C'est aussi l'année où sont pris les premiers contacts avec Flavio Briatore, manager de Coni, en vue de le faire entrer dans la direction. La nouvelle B188, conçue encore une fois par Rory Byrne, est de nouveau équipée d'un Ford V8 atmosphérique. C'est le quatrième changement de moteur en quatre ans, un exercice d'ingénierie qui mettrait qui que ce soit à dure épreuve. Après les années Pirelli, les pneus sont maintenant fournis par Goodyear. Pour ce qui est des pilotes, Thierry Boutsen est confirmé aux côtés du Toscan. Teo Fabi quitte l'écurie, après trois saisons qui se sont, tout compte fait, passées d'une manière heureuse.
Le bilan final de la saison est positif. Benetton atteint la troisième position au championnat du monde des constructeurs, en accumulant 39 points qui lui permettent de se placer tout de suite après les imbattables McLaren et Ferrari. Senna et Prost remportent 15 courses sur 16 et, naturellement, les deux titres du championnat, Ayrton est champion du monde des pilotes.
Au classement, Boutsen est un bon quatrième avec 27 points grâce aux cinq troisièmes positions et aux quatre autres arrivées dans les points. Nannini qui, à Hockenheim accueille aux stands sa sœur Gianna, star du rock, en empoche douze (avec deux troisièmes positions), arrivant ainsi neuvième.
Au cours du dernier Grand Prix de l'année, à Adélaïde, un inconnu est invité. C'est Flavio Briatore. « Je m'étais accordé une année sabbatique et, depuis deux semaines, j'étais rentré dans ma maison des îles Vierges – expliquera plus tard le manager de Coni –. Luciano m'a téléphoné. Il voulait que je le rencontre à New York pour aller suivre une course en Australie. Je lui ai demandé de quel genre de course il s'agissait et il m'a répondu que c'était une compétition de Formule 1. » Briatore vient de consacrer sept ans au lancement des activités de Benetton aux Etats-Unis. Il n'est pas du milieu, il n'a pas d'expérience et il ne connaît pas le monde des Grands Prix. Mais le temps, l'enthousiasme et l'absence de préjugés susceptibles de l'homologuer et de le conditionner sont de son côté. Il laissera son empreinte.

1989
Show de Nannini au Japon
L'accrochage avec Barnard

Une saison de grands changements. Après la première phase d'étude, c'est le tour du plan de développement qui devra permettre d'atteindre le sommet. Alessandro Benetton, fils cadet de Luciano, né en 1964, devient Président. Davide Paolini est administrateur délégué, tandis que le directeur commercial est le fraîchement recruté Flavio Briatore. Les directeurs technique et sportif restent Rory Byrne et Peter Collins.
Le désormais très affirmé Nannini est assisté de Johnny Herbert. Mais l'Anglais, un véritable espoir de la F. 3000, a subi, lors de l'été précédent, à Brands Hatch, un accident qui lui a causé des fractures multiples aux jambes. Johnny se présente au premier Grand Prix du Brésil sans être à même de marcher. Dans le paddock, il ne se déplace qu'à bicyclette et chaque fois qu'il entre dans l'habitacle, ce sont des souffrances atroces. Mais il ne cède pas. C'est justement lors de ce grand prix, où l'on assiste à l'incroyable succès de Nigel Mansell qui vient de débuter chez Ferrari, qu'il arrive en quatrième position. Mais ses problèmes physiques sont trop graves, il n'arrive pas à se confirmer et au bout de six courses, à partir du Grand Prix de France du début du mois de juillet, il est remplacé par l'Italien Emanuele Pirro.
La voiture, la B189 équipée en exclusivité d'un Ford V8, est bonne et elle donne plusieurs satisfactions. En particulier, la quatrième position à la fin du championnat du monde des constructeurs qui est disputé par 20 équipes. Nannini est brillant sixième avec un score de 32 points, Herbert est quatorzième avec cinq points et Pirro vingt-troisième avec deux points. Tout cela est couronné par la victoire que Nannini remporte au Grand Prix du Japon, par disqualification de l'adversaire. Après le choc entre les McLaren de Senna et Prost dans la chicane, le Français abandonne tandis que le Brésilien repart et arrive le premier, avant d'être disqualifié. Le titre est décerné à Alain au milieu de mille et une polémiques. Et le Toscan remporte la première place de ce Grand Prix qui sera malheureusement la seule de sa carrière. Mais pour l'équipe, cette bonne saison ne suffit pas. Le 29 septembre, trois semaines avant la victoire japonaise, on annonce l'arrivée au poste de directeur technique de John Barnard, le « magicien » qui avait quitté Ferrari. Un homme arrive, un autre s'en va. En effet, à la fin de la saison, ce sont les adieux de Davide Paolini.

1990
Payé aux points, Piquet est troisième au championnat

Avec le tandem Barnard-Byrne (ce dernier conçoit également la nouvelle B190) à la tête de la gestion technique, on aborde une saison qui, sur le papier, s'annonce très prometteuse et qui garde toutes ses joies et ses douleurs pour la fin. Peter Collins n'est plus là et le nouveau directeur sportif est son ancien assistant, Gordon Message. Nannini est flanqué de Nelson Piquet, trois fois champion du monde et venant des années peu heureuses qu'il a passées à l'écurie Lotus. Pour Briatore, c'est le premier grand coup en matière de pilotes, surtout côté finance. Le Brésilien est payé 50 mille dollars au point, sans aucune rémunération de base fixe. Alors, il donne le maximum, surtout en fin de championnat.
Au volant de la monoplace équipée du moteur Ford V8 et chaussée de pneus Goodyear, Nannini se fait très bien remarquer lui aussi. Pour le Toscan, c'est une année très importante, au point qu'il finit dans le carnet d'adresses de Ferrari qui est la recherche d'un pilote pour remplacer Mansell. Mais les rêves de gloire d'Alessandro se brisent au plus beau moment. La veille du Grand Prix de Monza, alors que nombreux sont ceux qui estiment que le mariage avec le Cheval Cabré est déjà scellé, Nannini refuse et décide de rester chez Benetton encore pour 1991.
Mais le destin est aux aguets. Le 12 octobre, Nannini subit un accident en tentant d'atterrir près de chez lui en hélicoptère qui perd l'équilibre et se renverse. Une pale lui coupe d'un coup l'avant-bras droit que les chirurgiens du Centre Hospitalier de

Florence réussissent à lui remettre en place à la suite d'un très longue et très délicate opération. Pourtant, la carrière du Toscan dans la Formule 1 est finie. Pour les dernières courses de la saison, il est remplacé par le Brésilien Roberto Moreno. Et, ironie du sort, deux succès signés par Benetton et Piquet arrivent.
Le premier, après l'accrochage entre Senna et Prost sur la ligne de départ à Suzuka – la « vengeance » du Brésilien pour l'année précédente et l'étincelle qui devait être à l'origine d'autres lourdes polémiques – est, en réalité une double victoire. La première de Benetton dans la Formule 1. Le championnat du monde, remporté par Ayrton, voit Piquet arriver en troisième position avec 43 points valables (et 44 gagnés), Nannini huitième (avec 21 points) et Moreno dixième avec six. L'équipe est troisième au classement des constructeurs. Mais la tranquillité ne dure jamais car, en octobre, Rory Byrne s'en va, remplacé par le nouveau concepteur Gordon Kimball. A la fin de l'année, on annonce que, pour la saison suivante, les voitures chausseront de nouveau Pirelli.

1991
La révolution des techniciens
Michael fait ses débuts à Monza

Une seule victoire, signée encore une fois par Nelson Piquet. Pourtant, au-delà des résultats qui ne sont pas encore formidables, pour Benetton, 1991 est une année de gestation fondamentale. La gestion de Gordon Message ne dure pas longtemps et, au début du championnat, Joan Villadelprat est nommé directeur d'équipe. Pour gagner de la force et de l'expérience dans le secteur de l'ingénierie, 35% de l'équipe est cédé à l'écurie TWR du Britannique Tom Walkinshaw, un grand passé de pilote en classe Tourisme, très connu comme étant l'artisan des succès de Jaguar dans les Prototypes.
Le championnat du monde commence avec la B190 qui est suivie de la B191 équipée, elle aussi, d'un moteur Ford V8. Pour les deux tiers du championnat, les pilotes sont encore le triple champion du monde brésilien et son compatriote Moreno. Mais, lors du Grand Prix de Belgique à Spa, pour remplacer Gachot emprisonné à Londres, coupable d'une agression commise contre un chauffeur de taxi, un certain Michael Schumacher fait ses débuts au volant d'une Jordan. Comprenant les potentialités de l'Allemand, Briatore et Walkinshaw analysent à la loupe le contrat avec l'équipe britannique et avant la course qui suivit (à Monza), ils arrachèrent Schumi à Jordan et le mirent au volant d'une Benetton à la place de Moreno. Au milieu des discussions, des menaces légales et des papiers timbrés, l'Allemand finit par courir le Grand Prix d'Italie (en se plaçant juste derrière Piquet) et entreprit ainsi sa carrière avec l'équipe anglo-italienne.
A la fin de la saison – à part le succès de Piquet au Canada, remporté au dernier tour à la suite de l'abandon de la Williams de Mansell – il n'y a au palmarès que deux podiums. Benetton achève le championnat des constructeurs en quatrième position avec 38,5 points. En revanche, chez les pilotes, Piquet finit en sixième position, tandis que Moreno est dixième et Schumacher douzième. Un bilan moins bon que le précédent. En particulier, la situation technique a besoin d'un coup de fouet. Celui-ci ne se fait pas attendre. C'est d'abord le départ de John Barnard. Puis, sous les pressions de Walkinshaw, le concepteur Gordon Kimball est, lui aussi, remercié. Tom a un plan et il le met tout de suite en œuvre. La direction technique est confiée à Ross Brawn, cerveau stratégique des succès de Jaguar-TWR dans les Prototypes. Puis l'on convainc l'ingénieur sud-africain Rory Byrne de revenir, en tant que chef de la division Recherche et Développement. Les bases pour les triomphes du futur sont jetées.

1992
Brundle, un homme précieux
Schumi, prodige à Spa

Vis-à-vis de Williams et de McLaren, la route reste très difficile. Derrière les deux colosses remorqués par les « cannibales » Mansell et Senna, Benetton se met bien en valeur en devenant la troisième force de la Formule 1. La formation de pilotes voit, aux côtés de l'astre naissant Michael Schumacher, l'arrivée dans l'équipe de Martin Brundle. Généralement sous-évalué, cet Anglais est en revanche un protagoniste solide et suffisamment rapide. Bien assorti, ce tandem stimule le développement et la croissance de l'équipe. Cette dernière est désormais épaulée par un staff technique sans vedettes, mais homogène et robuste. Vers la fin du mois de mars, on annonce également l'engagement d'Alex Zanardi, qui vient de réaliser une excellente saison en F. 3000, pour le rôle de pilote d'essais, et le développement du moteur Ford V12. Un moteur qui, par ailleurs, ne sera jamais utilisé lors d'un Grand Prix.
Pour les trois premières courses du championnat, la voiture est une B191 modifiée, de nouveau équipée de pneus Goodyear. A Barcelone, à l'occasion du Grand Prix d'Espagne qui est également la centième course que Benetton effectue en Formule 1, l'écurie lance la B192 équipée du très fiable moteur Ford HB V8 habituel. Cette saison atteint son point culminant à l'occasion du Grand Prix de Belgique que l'on court à Spa sur un asphalte qui passe du mouillé au sec après une violente averse. A un an exactement de son époustouflant début dans la Formule 1, Schumacher remporte le premier succès de sa carrière en devançant tout simplement les Williams de Mansell et Patrese, véritables dominatrices du championnat.
L'exploit belge n'est certainement pas un hasard. Il s'ajoute, à la fin du championnat, aux trois deuxièmes et aux quatre troisièmes positions obtenues par Michael et à la deuxième position (à Monza), ainsi qu'aux quatre troisièmes positions de Brundle. Plus une série d'autres positions aux points qui – comme nous l'avons vu – donne à Benetton la troisième position au championnat du monde des constructeurs et permet à Schumacher et à Brundle d'arriver respectivement en troisième et en sixième position au classement des pilotes. Or, le résultat le plus important de la saison n'est pas de ceux que l'on écrit dans les livres d'or. Il s'agit de la construction du nouveau siège d'Enstone, dans l'Oxfordshire, qui doit remplacer les ateliers de Witney. Des investissements coûteux mais avisés. Ce sera le centre où naîtront les succès les plus importants.

1993
Tandis que Michael mûrit,
Patrese et Prost s'en vont

Le groupe constitué par Alessandro Benetton, Briatore, Walkinshaw, Brawn, Byrne et Villadelprat peut travailler ensemble et cimenter l'entente. Le 9 février est le jour de l'inauguration officielle de la structure d'Enstone. Le 14 mars, la nouvelle saison est lancée à Kyalami, en Afrique du Sud. Après une année sabbatique, Alain Prost reprend le volant de la Williams. Comme à l'accoutumée, Benetton se présente sur la grille de départ avec une B192 modifiée qui, à la troisième course – le Grand Prix d'Europe de Donington en Angleterre – sera remplacée par la nouvelle B193. Le moteur Ford HB V8 est le même que celui de la McLaren, qui a perdu les moteurs Honda. Chez Benetton, la seule grande nouveauté est représentée par l'arrivée de Riccardo Patrese, arraché à Williams, pour remplacer Martin Brundle.
Pour le pilote de Padoue, ce n'est pas une année facile. Il en est à sa dix-septième (et dernière) saison en Formule 1 et Schumacher est très rapide. A la fin du championnat qui, pour l'équipe, est clairement un championnat de transition, le meilleur résultat de Riccardo est une deuxième position en Hongrie, accompagnée seulement d'un autre podium, à Silverstone. Au classement général, il est cinquième avec 20 points, contre les 52 de Schumi. Et après le nombre record de 256 Grands Prix, Patrese fait ses adieux à la carrière.
En revanche, Michael Schumacher poursuit son ascension à la conquête du rôle de champion indiscuté. Cinq fois deuxième et trois fois troisième, même à cette occasion, il réussit à achever le championnat du monde avec une victoire. L'Allemand la remporte sur le circuit de l'Estoril, au Portugal, le jour où Prost est couronné champion du monde pour la quatrième fois. A la fin de la saison, Schumacher est quatrième au classement du championnat, tandis que Benetton se confirme en troisième position derrière Williams et McLaren.
C'est justement au Portugal, le jour même de la remise des lauriers, que l'as français annonce au monde entier qu'il se retire définitivement des courses. Pour la saison suivante, la toujours gagnante écurie Williams a engagé le phénoménal Ayrton Senna, trois fois champion du monde avec McLaren. Théoriquement, cette alliance semblait absolument imbattable.

1994
Schumacher champion
La Formule 1 pleure Senna

Une saison inoubliable. Dans le mal, une année tragique pour la Formule 1. Et dans le bien, avec le championnat du monde qui arrive enfin dans la vitrine de Benetton. Au début du championnat, qui connaît la réintroduction des ravitaillements en course, l'équipe se présente avec Schumacher flanqué de J.J. Lehto au volant de la B194 équipée d'un moteur Ford Z-R V8. Malheureusement, un accident blesse par contusion le Finlandais au cou lors des essais d'hiver et l'empêche d'être présent au départ de la première course du championnat à Interlagos. Il est remplacé par le Néerlandais Jos Verstappen.
A la veille du départ, personne n'aurait parié sur l'équipe d'Enstone. La super favorite est la Williams d'Ayrton Senna. Mais Schumi gagne au Brésil et dans le Grand Prix du Pacifique, à Aida. Le Brésilien, qui a des problèmes d'adaptation avec la nouvelle voiture, se retire des deux courses. Puis la tragédie se consomme à Imola : Roland Ratzenberger meurt le samedi et Ayrton, le dimanche. Dans un dimanche très triste et angoissant, Schumacher gagne et doit, tout à coup, gérer le championnat du monde alors que le chaos et la panique règnent en maîtres absolus autour de lui. Lors des essais de Monte-Carlo, où Michael est encore le premier, l'Autrichien Karl Wendlinger risque de mourir lors d'un autre accident. A Barcelone, c'est le tour d'Andrea Montermini qui se fracture les chevilles lors d'une sortie de piste.
Après sept courses, Schumi a collectionné six succès et une deuxième position. Mais une période difficile commence. A Silverstone, Michael est disqualifié (après être arrivé deuxième) avec l'accusation d'avoir doublé la Williams de Damon Hill pendant le tour de reconnaissance. En Allemagne, il abandonne tandis que, au ravitaillement, la Benetton de Verstappen (qui a remplacé de nouveau Lehto depuis le Grand Prix de France) prend feu de façon spectaculaire mais, par bonheur, personne n'est blessé. A Spa, l'Allemand perd la première place à cause de l'usure excessive des protections du fond plat. En plus, le verdict de l'audience de la FIA qui juge le pilote allemand et l'équipe pour ne pas avoir respecté le drapeau noir en Grande-Bretagne aboutit à la disqualification de Schumacher pour deux Grand Prix, qui ne court donc ni à Monza, ni à l'Estoril. Hill récupère son retard et arrive à un point. La dernière course d'Adélaïde est donc décisive : une collision entre les deux rivaux les met tous deux hors jeu. Schumi et Benetton sont champions du monde. C'est l'apothéose. Une joie immense après une année très difficile.

1995
Benetton maître absolu
Deux autres championnats du monde arrivent

C'est une nouvelle chevauchée triomphale pour Benetton qui légitime ainsi clairement le titre de 1995. L'équipe a abandonné les moteurs Ford qui l'ont heureusement accompagnée pendant plusieurs années et elle a adopté les Renault V10 de 3 000 cm² comme l'exigent les nouvelles règles techniques. Schumacher, qui enregistrera des performances extraordinaires, est flanqué de l'Anglais Johnny Herbert, qui avait déjà remplacé Verstappen au cours des deux dernières courses décisives de l'année précédente.
La nouvelle B195 est présentée à l'usine de Ponzano Veneto et s'avère être une monoplace exceptionnelle. Cela malgré le très difficile défi technique représenté par le passage d'un moteur de huit cylindres à un de dix, sans nuire pour autant aux caractéristiques de maniabilité que possédait la B194.
Schumacher se confirme champion sur le circuit japonais d'Aida – où Luciano Benetton est, lui aussi, de la fête – deux courses avant la fin de saison et il remporte donc neuf Grand Prix en tout. Un record, que seul Mansell avait déjà réalisé, en 1992. En revanche, deux victoires prestigieuses (Silverstone et Monza) sont remportées par son coéquipier Herbert. Ainsi, pour la première fois de son histoire, Benetton remporte également le championnat du monde des constructeurs. Une domination absolue ou presque.
Et c'est le président de la Fiat en personne qui, à l'occasion de sa visite au Grand Prix de Hongrie laisse échapper – très probablement volontairement – le scoop de l'année. « Il paraît que nous avons recruté l'Allemand » – dit-il aux journalistes avec une certaine nonchalance. Naturellement cette nouvelle est vraie et elle est confirmée officiellement le 16 août. Schumacher est donc transféré chez Ferrari en quête de nouveaux défis. Mais cela n'enlève rien à cette fantastique année 1995 de l'équipe, achevée avec 137 points et 11 succès sur 17. Toutefois, Flavio Briatore ne perd pas de temps et il joue un atout surprenant et potentiellement génial. En effet, le 9 septembre, Benetton annonce l'engagement pour la saison 1996 de Jean Alesi et de Gerhard Berger. Précisément les deux ex-pilotes Ferrari.

1996
Le tournant de Taormina au théâtre grec

Schumi n'est plus là et son absence se fera sentir. Mais Briatore et ses hommes tentent de lutter de toutes les manières possibles. Même par le biais d'un accord avec la structure Fondmetal de Casumaro, près de Ferrare, avec une soufflerie à l'avant-garde qui s'occupera du développement aérodynamique.
Le grand coup médiatique est la présentation de Benetton et des pilotes à Taormina, en Sicile. La B196, encore équipée d'un moteur Renault, est dévoilée dans la magie du théâtre grec avec l'Etna en guise de toile de fond, puis on la fait se balader dans les ruelles de la vieille ville. L'autre succès est l'obtention de la licence italienne qui donne la possibilité de faire retentir l'hymne national italien sur le podium en cas de victoire. Malheureusement, cela ne se produira pas.
C'est une saison – au cours de laquelle on signe le nouveau Pacte de la Concorde, avec des torrents d'argent provenant de la télévision numérique – dominée en long et en large par Williams, avec Damon Hill qui devient champion du monde en battant la révélation, Jacques Villeneuve, son coéquipier qui arrive tout frais des courses des Etats-Unis. Avec Ferrari, Michael réussit à gagner trois courses. Tandis que Benetton reste les mains vides. Alesi compte quatre deuxièmes et quatre troisièmes positions, tandis que Berger doit se contenter d'une deuxième et d'une troisième position. A la fin de l'année, Jean se place en quatrième position du championnat du Monde et Gerhard, à la sixième. Pour deux points seulement, Benetton ne réussit pas à battre Ferrari pour arriver juste derrière Williams au championnat du monde des constructeurs.
Chez Benetton, 1996 est une année de grandes manœuvres, surtout à la fin de la saison. D'abord, Flavio Briatore qui est désormais plus un homme d'affaires tous azimuts qu'un dirigeant lié à une seule entreprise. Il achète et revend Ligier et Minardi. Il se produit également quelque chose au niveau de la gestion. Rory Byrne, qui n'avait jamais caché qu'il rêvait d'un futur loin des pistes, quitte le monde de la Formule 1 pour se transférer avec sa femme thaïlandaise sur les plages de Phuket. Ross Brawn, accompagné de l'électronicien Tad Czapski et de l'aérodynamicien Willem Toet, passe à Ferrari avec armes et bagages. En 1998, il réussira également à arracher Byrne à ses adorées plages asiatiques et à le « récupérer » à la conception.

1997
Le miracle de Gerhard en mémoire de son père

Flavio Briatore, qui est toujours directeur général, avec Alessandro Benetton comme président, tente de relancer un secteur qui s'est clairement affaibli, en confiant la direction technique à Pat Symonds, un des hommes clé dès les origines de l'équipe. Pour la conception, il mise sur Nick Wirth qui avait travaillé pour la FIA et avait créé la Symtec à partir de zéro, une aventure qui s'était mal terminée à cause de problèmes financiers et d'un trop grand nombre d'accidents (dont un coûta la vie de l'Autrichien Roland Ratzenberger à Imola). Jean Alesi et Gerhard Berger restaient pilotes et le pilote d'essais était toujours l'Italien Vincenzo Sospiri qui avait déjà joué ce rôle lors de la saison précédente.
La voiture est la B197 qui, pour la troisième année consécutive, est équipée d'un moteur Renault V10. Dans l'ensemble, les choses vont moins bien qu'en 1996. A la fin du championnat, Alesi est troisième (avec 36 points, le même nombre que David Coulthard), mais il faut bien avouer qu'il a gagné une position grâce à l'exclusion du championnat du monde de Michael Schumacher qui est puni pour l'accident de Jerez avec Jacques Villeneuve. Berger est cinquième et Benetton est encore troisième au classement des constructeurs, mais beaucoup plus loin de la deuxième position qu'en 1996.
Au cours d'une année vraiment difficile, la perle est le succès

presque miraculeux de Gerhard Berger au Grand Prix d'Allemagne de Hockenheim. L'Autrichien, qui avait manqué les trois courses précédentes, d'abord à cause d'un abcès dentaire, puis à la suite de la mort tragique de son père (disparu dans un accident qui eut lieu alors qu'il pilotait son avion privé), bat tous les autres, Michael Schumacher et Mika Hakkinen compris. La joie n'empêche pas Gerhard de mettre son casque au clou à la fin de l'année, après 210 Grand Prix de Formule 1. C'est aussi vers la fin de la saison que s'achève le tour de valse qui avait commencé par le départ de Schumacher chez Ferrari. Flavio Briatore s'en va lui aussi et le dernier week-end qu'il affronte en tant que responsable de l'équipe est celui du Grand Prix de Luxembourg au Nürburgring. A partir du 25 septembre, le Britannique David Richards, l'âme de l'écurie Prodrive qui avait remporté le championnat du monde des rallyes, devient administrateur délégué. Né en 1969, Rocco Benetton, le plus jeune des enfants de Luciano, est le nouveau directeur commercial.

1998
Fisichella et Wurz, la ligne jeune

David Richards, qui tient désormais les rênes de l'écurie, impose un brusque revirement dans l'équipe de pilotes. Ce sont donc les adieux à Alesi et Berger qui cèdent la place aux jeunes. Les deux nouveaux titulaires sont Alex Wurz et Giancarlo Fisichella. L'Autrichien a déjà disputé trois Grand Prix (Canada, France et Grande-Bretagne) avec l'écurie d'Enstone, lors des absences de Berger en 1997. Le Romain vient d'une heureuse saison avec Jordan, après avoir débuté l'année précédente chez Minardi. C'est l'année qui voit Mika Hakkinen remporter son premier titre avec McLaren en battant la Ferrari de Michael Schumacher. Benetton met sur la piste la B198 conçue par Nick Wirth. Renault a quitté officiellement la Formule 1, mais son département Moteurs poursuit ses activités sous le nom de Mecachrome. Et les voitures anglo-italiennes utilisent justement le V10 qui est fabriqué près de Paris. Naturellement, il n'a pas le même potentiel que les moteurs concurrents.
A la fin du championnat, le bilan est plutôt maigre. L'équipe termine le championnat du monde des constructeurs en cinquième position avec 33 points, un seul point derrière Jordan et avec cinq points de retard par rapport à Williams. La troisième position était à portée de la main, mais avec un écart énorme sur McLaren et Ferrari qui ont accumulé respectivement 156 et 133 points. Chez les pilotes, Wurz termine huitième avec 17 points, tandis que Fisichella est neuvième avec 16. Les meilleurs résultats sont ceux de Giancarlo, avec les deux deuxièmes positions de Montréal et de Monte-Carlo et la surprenante pole position sur la terrible piste mouillée de Spa. La course de la Principauté constitue pour l'équipe le clou de la saison : Fisichella conquiert la première ligne, à côté de Hakkinen, et termine la course juste derrière le Finlandais. Wurz fut protagoniste d'un duel avec Sa Majesté Schumi, un duel sans ménagements au cours duquel Wurz ne montre aucun sens d'inférioritéet effectue même quelques dépassements mémorables. Les bases pour un investissement à moyen terme semblent donc posées. Mais la trêve est vite interrompue, car David Richards annonce sa démission le 19 octobre et, l'année suivante, Rocco Benetton assume également la fonction d'administrateur délégué.

1999
Moteur Supertec
Nouveaux techniciens Honda

Après le « tremblement de terre » du mois d'octobre précédent, Benetton repart en mettant l'accent sur la continuité au niveau du management et des pilotes. Giancarlo Fisichella et Alex Wurz sont confirmés. Rocco Benetton est le responsable de la gestion de direction. Pat Symonds est à la direction technique avec Nick Wirth qui conçoit également la B199.
La nouveauté, plus formelle que technique, vient du secteur des moteurs. Le moteur utilisé pour le championnat du monde est encore le V10 ex-Renault. Pourtant, à présent, il est fabriqué et développé sous le nom de Supertec par une société appartenant à Flavio Briatore qui, sur ces entrefaites, s'est fiancé avec Naomi Campbell. Ainsi, indirectement, le manager Piémontais remet les pieds chez Benetton. Même si Supertec fournit les moteurs également à Williams.
En 1999, Mika Hakkinen remporte encore une fois le championnat du monde des pilotes avec McLaren. Le Finlandais bat de nouveau une Ferrari, mais cette fois, c'est celle d'Eddie Irvine. En effet, Michael Schumacher est impliqué dans un méchant accident au premier tour du Grand Prix de Grande-Bretagne de Silverstone. Dans le choc contre les barrières, le pilote allemand se casse une jambe ce qui l'oblige à sauter six courses.
Le championnat de Benetton est plus mauvais que le précédent. L'équipe n'est qu'en sixième position du classement des constructeurs avec 16 point à son actif. Au championnat des pilotes, Fisichella se place neuvième avec treize points conquis notamment lors d'une deuxième position, encore au Canada. De son côté, Wurz ne totalise que trois longueurs.
En septembre, consciente du déclin du secteur technique, affaibli par les nombreux départs, la direction de Benetton décide d'engager trois hommes liés jusqu'à présent à l'opération visant à créer une équipe entièrement Honda en Formule 1. En partie à cause de la disparition aussi soudaine que tragique de Harvey Postlethwaite, le projet japonais avorte. Ainsi, en septembre, on engage le concepteur en chef Tim Densham, l'aérodynamicien Ben Agathangelou et l'autre concepteur Chris Radage, provenant tous deux de Honda. Malheureusement, l'on enregistre un autre départ important. En effet, à la fin de la saison, Joan Villadelprat quitte Benetton après dix ans de loyaux services.

2000
Barcelone, cadre de la B200 « mini »

L'hiver 1999-2000 ne produit pas de changements majeurs. Les pilotes sont encore Giancarlo Fisichella et Alex Wurz. La nouvelle B200, présentée au musée d'Art national de la Catalogne de Barcelone le 17 janvier est immédiatement mise sur la piste du circuit peu distant de Montmeló. Elle est l'œuvre des concepteurs qui y travaillaient déjà au cours des deux années précédentes, avec les nouveaux venus de chez Honda. La monoplace est extrêmement réduite dans ses dimensions, surtout pour ce qui est de la longueur. En plus, elle est volontairement allégée de façon a laisser la possibilité de placer les lests là où il le faut, comme on le fait désormais couramment dans la Formule 1.
Au niveau des résultats strictement numériques, le championnat fait accomplir un pas en avant par rapport au passé récent. En premier lieu, au classement des constructeurs, l'équipe remonte à la quatrième position avec 20 points à son actif. Fisichella est sixième au championnat des pilotes avec 18 points, une deuxième position au Brésil et deux troisièmes à Monte-Carlo et au Canada. Les résultats de Wurz sont beaucoup moins tangibles dans la mesure où il ne remporte que deux points grâce à la cinquième position de Monza. Son rendement peu satisfaisant lui coûtera la place en fin de saison. Au cours de l'année où Schumacher redonne le championnat du monde des pilotes à Maranello après 21 ans, l'événement le plus important pour la maison de Trévise n'a pourtant pas lieu sur les pistes. Quatre jours après la première course de la saison, en Australie, Renault achète Benetton pour quelque 240 milliards de lires et confie sa gestion à Flavio Briatore. L'annonce officielle en est donnée le 16 mars à Milan et précise que « le groupe Benetton conservera pendant deux ans le rôle de sponsor officiel de l'équipe » (année en cours comprise, n.d.a.). L'organigramme du futur prévoit que Briatore sera le directeur d'équipe et responsable du siège d'Enstone, tandis que Christian Contzen sera directeur général de Renault Sport en France. En revanche, les dernières retouches de la structure arrivent à la fin de l'année. Le 1er septembre, Mike Gascoyne, qui vient de chez Jordan, est engagé en qualité de directeur technique. En octobre, Pat Symonds est désigné directeur exécutif du département Ingénierie.

16 MARS 2000
Benetton passe le relais de la Formule 1 a Renault

Ponzano, le 16 mars 2000. Benetton et Renault ont conclu un accord selon lequel le groupe automobile français acquerra l'équipe de Formule 1 Benetton pour un montant global de 120 millions de dollars. L'accord signé hier prévoit que le groupe Benetton conservera pendant deux ans le rôle de sponsor officiel de l'équipe.
Depuis plus de 15 ans, au cours desquels Benetton a représenté

une exception novatrice et gagnante dans le monde de la Formule 1, cet accord constitue une évolution naturelle du rapport de partenariat avec Renault, qui a donné de grandes satisfactions aux deux constructeurs, un patrimoine technologique excellent et un forte image de marque au niveau mondial.
Depuis son entrée dans le monde de la Formule 1, en janvier 1983, l'équipe Benetton a remporté le Championnat du monde des pilotes en 1994 et, l'année suivante, le titre des pilotes et celui des constructeurs, en consacrant Michael Schumacher en tant que pilote d'une valeur absolue. En outre, de 1992 à 1997, l'équipe Benetton a toujours gravi les marches du podium final du Championnat du monde des constructeurs. Au total, elle s'est adjugé 27 victoires, 96 podiums et obtenu 16 pole positions. Ces importants résultats ont été obtenus aussi grâce à l'engagement constant des prestigieux sponsors qui ont suivi l'équipe avec passion et professionnalisme tout au long de ces années.
Dans le nouveau contexte de la Formule 1, où les grands constructeurs automobiles s'affirment de plus en plus comme étant les protagonistes directs, le choix de Benetton de passer le relais à Renault constitue également une reconnaissance significative du groupe français qui, avec son savoir-faire technologique, a contribué à faire entrer l'équipe Benetton dans l'histoire de la Formule 1.
Commentant l'accord, Luciano Benetton, Président du Groupe, a déclaré : « Aujourd'hui, la globalisation impose nécessairement que seuls les spécialistes des différents secteurs peuvent rivaliser sur leurs marchés de référence. Nous avons consacré beaucoup d'énergie à la Formule 1 qui nous a donné nombre de satisfactions, bien au-delà de tout ce que nous pouvions imaginer. Maintenant, justement pour garantir à l'équipe le développement qu'elle mérite dans ce nouveau contexte, il nous faut passer le relais. Je tiens à remercier tous les sponsors qui nous ont suivis avec passion tout au long de cette extraordinaire aventure et, plus particulièrement, je sais gré à Mild Seven et au Groupe Japan Tobacco pour le soutien fondamental qu'ils nous ont toujours assuré ».

2001
La saison des adieux
Le passage des consignes

C'est la dernière saison des couleurs de Benetton dans la Formule 1. La structure – qui, officiellement, s'appelle Benetton-Renault Sport – se partage entre Renault UK à Enstone, avec Flavio Briatore administrateur délégué et Mike Gascoyne directeur technique, chargé de concevoir et de construire les châssis et de gérer l'équipe ; et Renault France, avec Christian Contzen PDG et Jean-Jacques His (revenu après une parenthèse chez Ferrari) au poste de directeur technique, qui s'occupe de la partie relative aux moteurs.
C'est justement le moteur V10 du constructeur français qui représente la plus grande nouveauté de la B201. Il a un V à 111° pour abaisser le centre de gravité et donner un meilleur aérodynamisme au capot moteur. Certes, les intentions sont excellentes mais elles sont pénalisées par la faible puissance que le moteur fournit par rapport à ses rivaux. La monoplace, un hommage à l'entreprise de Ponzano Veneto, est présentée le 6 février à Venise où la voiture de course crée un contraste suggestif avec la place Saint-Marc et les canaux de la ville.
La formation des pilotes aussi a changé. Alex Wurz est parti, tandis que Giancarlo Fisichella a été confirmé. Le pilote romain est accompagné de Jenson Button, un jeune Anglais très prometteur qui a fait ses débuts l'année d'avant, à 20 ans à peine, au volant de la Williams-BMW.
La saison n'est pas des plus heureuses. Le championnat est dominé par Ferrari et Schumacher est couronné champion avec 123 points, tandis que le deuxième (Coulthard avec McLaren) en compte 65. La Benetton-Renault n'arrive qu'en septième position au classement des constructeurs avec seulement dix points à son actif. Par voie de conséquence, il n'en va guère mieux pour les pilotes : Fisichella n'est que onzième avec huit points et Button est dix-septième avec deux points. La seule marche du podium est occupée par Giancarlo grâce à la très belle troisième position qu'il conquiert sur le circuit belge de Spa.
A la fin du championnat, « Fisico » s'en va chez Jordan. Mais, c'est surtout l'année des adieux de Benetton à la Formule 1. Après 19 ans consacrés aux Grand Prix, avec une contribution extraordinaire pour ce qui est de la générosité, de l'enthousiasme et de l'intuition commerciale, la famille Benetton salue la compagnie. Sur la pointe des pieds et dans le plus grand style, exactement comme elle était arrivée. Elle a laissé une structure qui, avec les efforts de Renault, quelques retouches et l'arrivée d'un phénomène de l'envergure d'Alonso, reconquiert le titre mondial quatre ans plus tard.

Cuando la Benetton entró en la Fórmula 1, me dije que había entrado una ráfaga de aire nuevo. De repente aparecieron los colores, muchos colores. Y se creó un clima frívolo y de fiesta que benefició a todos y obligó a cambiar también a los demás. Fue ésta la gran revolución que aportó la Benetton. Pero no sería plausible sin las victorias y los títulos mundiales que sellaron un empeño a la vez técnico e industrial. En las carreras, como en la vida, nunca se gana por casualidad.

Bernie Ecclestone

Luciano Benetton
"Aquel día cuando en el Senado el abogado Agnelli me dio la enhorabuena"

En la sala contigua a su oficina hay una vitrina que ocupa toda la pared, llena de copas y trofeos. Algunos de plata, otros de cristal, otros hechos con materiales simples. Dan una buena impresión, todos juntos, en orden, brillantes: resumen los 19 años de la Benetton en las carreras de automóviles, que culminaron con la conquista de dos títulos mundiales de pilotos con Michael Schumacher y de un campeonato mundial de constructores. Un pasado siempre presente a un paso de la oficina del presidente Luciano Benetton, que está en la habitación de al lado, con frescos en las paredes y amplias vidrieras que dan al verde intenso y tranquilizador de los prados de Villa Minelli en Ponzano. Todos estos trofeos deportivos representan por un lado la satisfacción de una apuesta ganada en un ambiente totalmente diverso del original de la Benetton. Y por otro lado, el símbolo de un reto que la Benetton continúa en otros campos con igual empeño y con las mismas ganas de predominar.

Señor Benetton, ¿de dónde nace su pasión por los automóviles?

"De una Lancia Ardea, que fue mi primer coche, en 1957. Las puertas se abrían en el centro y era también un poco esnob. Me encontré envuelto en el mundo de las carreras gracias a un socio industrial de Benetton, Nanni Galli, que había sido piloto muchos años atrás, él me dio la idea de tantear el tema de la Fórmula 1. Conocí a Ken Tyrrell, decidimos patrocinar su equipo en 1983 y fue una operación con un resultado satisfactorio de inmediato, porque Michele Alboreto, con el bólido que llevaba nuestros colores, ganó el Gran Premio de Las Vegas. Los Estados Unidos eran un mercado importante para nosotros. Y una victoria suscita emoción, energía, entusiasmo. Después de esto, Tyrrell, que era una bellísima persona, me propuso continuar con él al año siguiente, administrando juntos el presupuesto del equipo. No nos pusimos de acuerdo, pero el gusanillo se me quedó dentro."

Y Benetton pasó a patrocinar la Alfa Romeo.

"Un símbolo italiano. Pero no llegaron los resultados. Luego, en la primavera de 1985, se presentó la posibilidad de adquirir la Toleman, que tenía algunas dificultades. Cerramos el acuerdo en dos millones de libras, una cifra razonable. Y de repente, en mayo de aquel año, nos encontramos siendo constructores de Fórmula 1 y al mismo tiempo patrocinadores, porque el acuerdo con el Alfa Romeo todavía seguía vigente. El debut de nuestra Toleman, que sorprendió a todos por sus colores, se produjo en Montecarlo, con Teo Fabi al volante. Luego, los autos pasaron a ser dos y llegó Piercarlo Ghinzani. Nuestros puntos de referencia en el equipo eran Peter Collins y Rory Byrne, ambos dotados de una profunda cultura técnica. El administrador delegado de las carreras en Benetton era Davide Paolini."

Benetton había dado el gran salto entrando en un terreno nuevo, inexplorado.

"Se pueden hacer negocios en el sentido lato del término y se puede dar publicidad al propio nombre, a la propia marca, en un modo más satisfactorio. La Toleman era una operación de comunicación de Benetton en todo el mundo, y formaba parte de aquel 4% del volumen de ventas que destinábamos a nuestras iniciativas promocionales. Incluso hoy, el porcentaje sigue siendo el mismo."

Y usted se vio obligado a tratar cosas nuevas, por ejemplo el suministro de motores Ford turbo para la temporada 1987, después que se marchara la BMW, dejándole el sabor dulce de las dos pole position de Fabi en Austria y en Monza, el año anterior.

"Sí, uno de los herederos de la familia Ford vino a verme a mi oficina de Ponzano. Y nos pusimos de acuerdo."

Se trató también de buscar un técnico de renombre y usted pensó en John Barnard, quitándoselo a la Ferrari.

"Barnard era una persona sofisticada, que trabajaba para la Ferrari, pero seguía estando en su taller, en Inglaterra. En aquel momento era el non plus ultra. Con él dimos un paso más en una estructura que estaba perfeccionando sus puntos fuertes."

Efectivamente ficharon a Nelson Piquet, tres veces campeón del mundo, pero usted había pensado también en Senna.

"Barnard y nosotros queríamos gente con experiencia. Piquet demostró ser el campeón que era, ganando en 1990 en Japón y en Australia. El año antes, con el simpático Alessandro Nannini, habíamos vencido en Suzuka. Nuestra política empezaba a dar resultados, estábamos creciendo, forjándonos una reputación. Rory Byrne nos sugirió a Senna, que había trabajado con él en la Toleman. 'Contrátalo, será un campeón', me dijo. Ayrton vino a Ponzano un par de veces con un colaborador nuestro, Gino Pilota. Pero ya estaba fuera de nuestras posibilidades económicas."

Por otro lado Nannini estaba demostrando que era uno de los mejores pilotos.
"Excelente, y además simpatiquísimo; uno se quedaba parado escuchándolo, como hacía su padre, que lo seguía de incógnito en las pistas, a menudo disfrazándose para no molestarle. Nunca olvidaré cuando Alessandro dijo que no a la Ferrari para quedarse en nuestro equipo. El accidente con el helicóptero fue un shock para mí, para todos nosotros. Había comido en Siena con su familia, la semana antes. En casa de los Nannini se respiraba alegría."

El momento de Nannini coincide con la llegada de Flavio Briatore.
"Flavio era un agente nuestro en el Caribe. Se había cansado de aquel trabajo y me lo dijo sin rodeos. Yo, para provocarle y por la curiosidad de saber que respuesta me daría, le dije que me hacía falta alguien que se ocupara del equipo de F.1 y le pregunté si podía estar interesado. Él, imperturbable, respondió: '¿Por qué no? Probemos'. Una característica suya fue siempre el no decir nunca que no, si algo le apetecía. Y yo quedé encantado de aquel sí, porque Flavio poseía las características de un innovador, de uno que crea siempre valor añadido. Así fue. Su éxito para mí no fue una completa sorpresa. Briatore es el típico que resuelve problemas. Es un optimista que acepta entrar en juego incluso en campos donde no tiene experiencia y es un tremendo trabajador: cuando se dedica a algo, sigue todo como ningún otro. Y es una persona que también se enriquece cuando alguien le responde que no, porque es una esponja que absorbe las razones del otro y las convierte en cultura propia. Obtuvo resultados extraordinarios."

De Briatore a Michael Schumacher el paso fue brevísimo.
"Fue mi hijo Alessandro quien se ocupó directamente del asunto, empujado por Briatore y Tom Walkinshaw. Yo conocí a Michael inmediatamente después, descubriendo a un chico de 22 años muy maduro, sorprendentemente concreto. Luego, en la pista, nos confirmó aquellas impresiones porque era una persona que siempre llevaba el auto a la meta. Conocía sus límites y los del coche. Estaba en Portugal en 1993 cuando él ganó con nosotros su segunda carrera. Detrás de él estaba Prost que no lo atacó porque evidentemente era consciente de la fuerza de aquel muchacho que estaba delante de él. Fue una señal importante. Y una gran emoción."

Luego los dos títulos mundiales.
"Representaron la coronación de un trabajo concienzudo. La victoria es un hecho casi químico, donde todos los elementos deben estar concatenados: piloto, coche, neumáticos, motor y todo el resto. Hoy recuerdo aquellos dos mágicos e irrepetibles campeonatos, en 1994 y 1995, captándolos en su conjunto. El mundo nos vio como un hecho extraordinario, pero para mí era la confirmación de que el trabajo y la buena gestión al final terminan siempre por dar su recompensa. Quiero decir que fuimos capaces de ir más allá de lo que algunos consideraban nuestra afición dominguera. Podemos decir que vivimos años grandiosos."

¿Un recuerdo?
"Cuando Frank Williams, al terminar el atormentado GP de Australia que nos proporcionó nuestro primer título por un solo punto, en una carrera en la cual a nosotros nos había ido todo estupendamente y a él malísimo, se acercó a mí y me dijo: 'Enhorabuena, fue un año apasionante'. Me conmovió su gran espíritu deportivo."

Usted años atrás había conocido a Enzo Ferrari.
"Estuve con él en Maranello, nos presentamos y le pedí algunos consejos, visto que éramos novatos. Era ya muy anciano, pero seguía siendo un punto de referencia para su fábrica. Un mito."

¿Nunca pensó en trasladar a Italia la sede de la Benetton Fórmula 1?
"No, realmente nunca. Un traslado no sería lógico. La cultura de las carreras está en Inglaterra."

¿De qué modo la Fórmula 1 ha prestado su apoyo a la comunicación y la imagen de la Benetton?
"Me entra la risa si pienso que en aquel período teníamos muchos procesos en marcha, en países diminutos, donde a lo mejor ni siquiera estábamos presentes, porque había empresas que imitaban nuestra marca. Gracias a la popularidad de aquellos momentos ganamos todos los pleitos: los jueces encargados de dirimir las cuestiones, nos conocían a través de la Fórmula 1. Pero, aparte de esto, con las carreras transmitíamos entusiasmo, apego, arrojo. Y nos acogían en todos los rincones del mundo con simpatía porque la gente comprendía nuestros esfuerzos. Sólo la F.1 proporciona una exposición tan global."

¿Qué significó la Fórmula 1 para sus hijos Alessandro y Rocco?
"Alessandro entró inmediatamente en el tema de las carreras y se quedó hasta 1997; el paréntesis de Rocco fue más breve, sólo dos temporadas. Para ambos la F.1 representó un enriquecimiento y una escuela de management total, visto que había que ocuparse de fichajes de pilotos, de técnicos, de patrocinios, de normas de gestión. Les ha tocado expresar evaluaciones empresariales. Alessandro vivió el momento radiante, Rocco aquel en el cual pensábamos marcharnos porque, con la llegada de las grandes marcas automovilísticas, sabíamos que ya no habría espacio para nosotros."

¿Tuvo la impresión de que el "fenómeno Benetton" molestara?
"Bueno, sí. Nosotros éramos competidores diversos de todos los demás, hablábamos otro lenguaje. Hubo muchas presiones en la federación, protestas inaceptables e inoportunas que quedaron en agua de borrajas. Sí, a algunos les dimos molestamos realmente..."

La máxima consagración nos llegó con una frase que dijo el abogado Giovanni Agnelli primero a usted y luego públicamente. Un spot excepcional, para la Benetton.
"Era 1992, estábamos en el Senado. El abogado Agnelli se acercó a mí, sonriendo y me susurró: 'He dicho a los hombres de la Ferrari que no es posible que la Benetton haga coches mejores que los nuestros. Es como si Fiat se pusiera a hacer jerseis ¡y le salieran mejor que a Benetton!'. Fue un cumplido que me agradó enormemente. La Ferrari en aquellos años tenía problemas, pero seguía siendo un pedazo de historia sin igual, mientras nosotros estábamos de paso, por así decir. Nunca exageramos en sentirnos buenos. Aunque, como novatos, cumplimos muy bien nuestro papel."

PERSONAJES

"Cuando la Benetton me fichó, yo era un chico que no sabía mucho de las grandes carreras. Luego todo se transformó velozmente. Llegaron las victorias, los mundiales, la gloria. Con la Benetton tengo una deuda de afecto y gratitud. He tratado de corresponder con mi empeño, mi seriedad y mis riesgos."
Michael Schumacher, Suzuka, octubre de 1995

Alessandro Benetton
"Estaba trabajando en Londres cuando me llegó un mensaje de mi padre: 'Hay que dar una ojeada a las cifras de la Fórmula 1'"

Estaba trabajando en Londres, en Goldman Sachs, cuando un día recibí uno de esos mensajes paternos que no admiten réplica: "Es necesario echar una ojeada a las cifras de la Fórmula 1". Una cosa lleva a otra y sin arte ni parte, así por las buenas, heme ahí, a mis 22 años, presidente de un equipo de Fórmula 1.
Así empezó mi historia en el mágico mundo de las cuatro ruedas, aunque, en realidad, el bautismo tuvo lugar algunos años atrás, en 1983, en la oficina de Ken Tyrrell. La fotografía todavía está nítida en mi memoria: además de él y de su hijo nos acompañaba el ex piloto Nanni Galli, que por otro lado era también socio de la Benetton. El tema sobre el tapete era el patrocinio de la Tyrrell para el año siguiente y por primera vez asistí a lo que, en el transcurso de los años, se convertiría para mí en algo habitual: ver que mi padre tomaba una decisión importante en poquísimos minutos. Y así, gracias también a la aportación de Nanni, se estableció un acuerdo para patrocinar a la Tyrrell: los pilotos eran Danny Sullivan y Michele Alboreto.

La página siguiente de la historia se escribe en Villa Minelli, con la presentación del equipo. Seguidamente también Alfa Romeo contará con el patrocinio, pero tras dos años se toma la valerosa decisión de dar un paso más y pasar a ser propietarios de un equipo. Las reacciones en aquella época fueron clamorosas: ¿qué tiene que ver uno que hace jerseis con una escudería de Fórmula 1? Esto se entendió después. Dicho esto, la visión del proyecto me pareció de inmediato sencilla y compleja al mismo tiempo: sencilla porque el objetivo era dotar al equipo de un mayor presupuesto mediante nuevos patrocinios; compleja porque nuestra capacidad de juicio técnico sobre la actuación de los gestores del equipo era prácticamente igual a cero.

Y en este momento empieza la era Briatore. Su planteamiento se puede resumir en un episodio que recuerdo siempre con simpatía: en cuanto se trasladó a mi casa, en Londres, Flavio empezó a quejarse porque la casa tenía demasiadas escaleras y estaba en Notting Hill, fuera del centro de Londres. Le expliqué que la elegí porque estaba seguro de que se convertiría en una zona de moda, pero él me respondió que no teníamos tiempo para esperar. ¡No me quedó más remedio que trasladarme al centro!

Tras una primera fase de adaptación, encontramos un equilibrio entre su temperamento frenético y transgresivo y las necesidades de una empresa cotizada que quiere cumplir el objetivo de comunicar su propia marca en todo el mundo de la manera más eficaz posible.

Cuando llegó, el director Peter Collins lo definió inmediatamente como el nuevo diablo ("quizás peor que el viejo"), lo que demuestra que incluso un gran profesional como Collins formaba parte de un mundo reluctante al cambio.

Como se suele decir, desde aquel día ya nada fue como antes: barajar las cartas pasó a ser un factor cotidiano. John Barnard, Tom Walkinshaw, TWR, Johnny Herbert, Moreno, J.J. Lehto, Emanuele Pirro, Ligier, Renault, para citar sólo algunas de las diversas fases que Benetton Formula empezó a vivir. Entre las cuales aquella en la cual, a través de la TWR, nos encontramos siendo copropietarios de un trocito de Jaguar, o sea aquella sociedad en la cual participaba Tom Walkinshaw, que había proyectado y construido un supercar costosísimo, de la cual se hicieron sólo 200 ejemplares. Gran personaje, Walkinshaw, que nos acompañó en el momento en que queríamos construir una fábrica de carreras creando una infraestructura de base, o sea la organización de la fábrica, la logística, el personal. Un hombre importantísimo, valiente y leal en las relaciones humanas.

Hubo cambios continuos y repentinos con la dificultad de equilibrar la fuerza propulsora de Briatore con la experiencia de gestión del Grupo Benetton en este sector. Con la última pieza después de tanto barajar se completó el puzzle: el nombre de esta pieza era Michael Schumacher.

Llegaron los mundiales de 1994 y 1995 y la eficiencia económica en la gestión de la escudería: años de gloria, en dos palabras. Trofeos y fuertes emociones conquistadas también pasando por las fatigas de descalificaciones incomprensibles. Un período extraordinario en el cual mantuve igualmente relaciones humanas y profesionales de enorme calidad, como las que estreché con Alessandro Nannini y Nelson Piquet.

En el ciclo siguiente, pese a la llegada de otras satisfacciones, comprendimos que la vía de la Fórmula 1 se encaminaba a una nueva configuración. Las grandes casas de automóviles habían decidido nuevamente elegir la Fórmula 1 como elemento integrante de la propia estrategia, o sea que a un equipo independiente le quedaba un espacio harto limitado.

El objetivo principal de la empresa, con todo, se había cumplido brillantemente: gran visibilidad de la marca en todo el mundo, costes de gestión muy reducidos, pero sobre todo una gran credibilidad conseguida por nuestro grupo y nuestra familia por haber demostrado que podía competir también en un sector con una tecnología tan sofisticada como la de la Fórmula 1. Y lo que es más: una importante plusvalía derivada de la cesión del equipo y la satisfacción de ver que tal equipo creado por nosotros seguía siendo competitivo y triunfador.

Hoy nos queda el agradable recuerdo de haber hecho siempre las cosas como se debe. Nunca olvidaré la fiesta del primer título mundial, que conquistamos en Australia; recuerdo que la esposa de Michael, con la euforia del momento, abrazaba a todo el mundo. En lo tocante a él, tuve ocasión de admirarlo desde los magníficos primeros momentos de su carrera, y ya en aquel entonces era un muchacho exclusivamente concentrado en su trabajo, insensible a todo lo que pasaba a su alrededor. En su cabeza la idea fija era una sola: ganar.

Flavio Briatore
El aparejador con intuición para los negocios que debuta como manager de las carreras

La singular historia de Flavio Briatore habla de un aparejador que se convierte en campeón del mundo de Fórmula 1. Flavio está tan orgulloso de su título de estudio que ha pasado a la historia, como si fuera un chiste, el enfado que se agarró en una transmisión televisiva en directo a causa de tal título. En algún archivo de la Rai debe estar guardada todavía la casete grabada en un telediario de la noche donde el presentador habla del título mundial que acaba de conquistar el equipo italiano de la Benetton y se conecta luego con Briatore en Londres: "Buenas noches doctor Briatore…". Le interrumpe inmediatamente una pulla: "…mire que no soy doctor, sino aparejador… estábamos de acuerdo en que quería que me llamaran así…". El presentador, un poco cortado, abrevia: "Bueno, sí, está bien señor Briatore…".

"La verdad –comenta hoy el aparejador– es que como estudiante, no era exactamente el orgullo de mi padre, pero obtuve el título y me convertí en aparejador, y me gustaba que se supiera. ¡Caramba!." Qué tienen que ver sus estudios con un equipo de Fórmula 1 no lo tiene claro ni siquiera Briatore, pero los hechos son hechos y el colegio de aparejadores puede estar satisfecho.

Efectivamente Briatore no llegó a la Benetton por ser un buen aparejador, sino como director comercial: "Llegué en 1989 y mi trabajo consistía en encontrar dinero, o sea patrocinadores, porque Benetton no podía sostener toda la inversión. Y justo esto, paradójicamente, resultó nuestro problema inicial, porque cuando íbamos a hablar con empresas de todo tipo te dabas cuenta de que se quedaban confusos: '¿Pero cómo? Benetton da el nombre al equipo y al coche ¿y nosotros ponemos el dinero?'. No fue fácil. En práctica puse en pie un equipo de vendedores, tras seleccionar un buen número de ellos".

"La cosa funcionaba así. Le daba a mis vendedores un bonito folleto lleno de cifras, datos, programas, nombres, fotografías, porcentajes, etcétera, metía todo dentro de una bonita cartera y les decía: 'Muchachos, moveros y ¡hala!, empeñaros'. Y empecé a mandarlos no a las pequeñas ciudades de provincia, sino a América, Japón, Francia e incluso Sudáfrica. Una labor difícil. Porque íbamos por ahí no con un muestrario de mercancía, sino con un montón de chácharas, hipótesis y sueños. Quizás convincentes, pero siempre aleatorios. En el equipo de la Benetton en que entré, Peter Collins era el manager y Davide Paolini el director. Yo no entendía nada de Fórmula 1 y por lo tanto todas las decisiones les correspondían a ellos. Sin embargo, acabé por meter las narices también yo. Recuerdo que lo primero que me sorprendió y que dije en voz alta en una reunión fue: 'Perdonad un momento, los demás equipos tienen pilotos con dos piernas y nosotros tenemos que seguir con un piloto con una única pierna?'. ¿Se acuerda de Johnny Herbert? Se había roto una pierna y prácticamente utilizaba sólo la otra. Por el paddock se desplazaba en bicicleta porque le costaba trabajo andar. Era bueno, pero no estaba en forma."

"¡Ojalá no lo hubiera dicho!, porque se sintieron ofendidos. Sin embargo empecé a mirar a mi alrededor. Por ejemplo, me desaconsejaron contratar a Piquet y en cambio lo hice. A lo mejor ahora, volviendo la vista atrás, tenían razón ellos, pero a mí una cosa que me sorprendió y me gustó fue que Piquet era un estupendo personaje y nosotros en aquel momento teníamos necesidad también de los media. En aquel entonces no era fácil, como sigue siéndolo hoy, encontrar pilotos sin gastar mucho. ¿Qué podía hacer? ¿Cortejar a los Senna y a los Prost? Pero esos si les saludas ni te responden. Ni siquiera te miran. Siguen su camino. Y así un poco más tarde contraté a un chico absolutamente desconocido: Michael Schumacher. Y nos convertimos en campeones del mondo."

Schumacher, un nombre que es una garantía. Una nueva época de la F.1. ¿Cómo diablos consiguió encontrarlo un aparejador que mandó a recorrer el mundo a un ejército de vendedores con la cartera en la mano? "Me habló de él Eddie Jordan –cuenta Briatore–. Yo no lo había visto nunca ni en la pista ni fuera de ella. Pero Jordan quería contratarlo, siempre y cuando llevase un cierto patrocinador dispuesto a pagar bien. Y así fue,

le hizo hacer una carrera y luego el patrocinar se echó atrás. Sin patrocinador no había contrato. Fue entonces cuando le convoqué inmediatamente a Londres y le conocí. Vino con su manager, Willi Weber, y me parecieron dos personas muy serias, preparadas y motivadas. Así me enteré de que Michael ya tenía un contrato con la Mercedes y que podría quedar libre de encontrar un puesto en un equipo de F.1. Pero no un equipo cualquiera, sino uno que ofreciera garantías. Y yo se las dí. Dije claramente: 'El dinero no es mucho, pero si quieres llegar a ser campeón del mundo, bueno, podemos conseguirlo'."
Así que Schumacher firmó y corrió en Monza con la Benetton: "Mire, aclaremos inmediatamente una cosa: Schumacher me costó poquísimo. No quiero decir un pedazo de pan, pero sí dos croissants y una mandarina. Estaba muy motivado, a él el dinero no le importaba nada. Lo dijo claramente: 'Quiero convertirme en campeón del mundo'. Por lo demás, me habían contado un episodio que sirve de ejemplo para entender que tipo era. No sé en qué carrera, los comisarios le convocaron para llamarle la atención por un adelantamiento incorrecto que había hecho. Él escuchó y luego replicó con mucha calma: 'Díganle a esos pilotos que se quiten de en medio cuando llego y no volverá a pasar nada'".
Para hacerse con Schumacher, Briatore se vio obligado a despedir de inmediato al brasileño Roberto Moreno. El cual lo demandó en juicio ante el Tribunal de Monza donde se cuenta que Briatore, para convencer al magistrado de que había actuado correctamente dijo, marcándose un clamoroso farol: "Pero señor juez, ¿usted dejaría correr a uno así en F.1? Mire bien que cara tiene".
"¡Qué va, no es cierto! –dice Briatore riendo– a lo mejor lo pensé, pero Moreno en aquel momento tenía muchos problemas y realmente me fastidiaba despedirle, pero de no haberlo hecho, otros habrían contratado a Schumacher. Quizás lo pensé, pero no creo haberlo dicho."

Haciendo un balance, el aparejador Briatore en quince años de F.1 ha tenido sus satisfacciones. "Dos títulos mundiales con Schumacher, luego la Benetton terminó en 1997. Lo lamenté, porque estaba muy ligado al equipo y también a la familia Benetton. Conocí a Luciano en 1976, pero sólo algunos años después empecé a trabajar para él. Era también un trabajo de tipo comercial: estaba encargado de la promoción de las tiendas Benetton y había una treintena de éstas en mi zona del Caribe. Benetton tenía puntos de venta en todo el mundo y la F.1 era el único vehículo válido para promoverlos. Cuando Luciano me preguntó: 'En tu opinión, ¿se puede hacer la F.1 sin tirar el dinero?', inmediatamente le dije que sí. Luego me puso en manos de su hijo Alessandro que me otorgó su plena confianza. Las cosas funcionaban así: cuando se me ocurría una idea yo la contaba a Alessandro y luego Alessandro, a su vez, la transmitía a Luciano. Fueron necesarios cuatro años para ganar el título mundial. Luego volví en 2001, cuando la Benetton se había convertido en Renault: otra historia, también ésta fascinante. No me puedo quejar. Como tampoco del hecho de haber descubierto tantos pilotos nuevos, muchos de ellos italianos: Schumacher, Alonso, Fisichella, Trulli. He tratado de desempeñar bien mi trabajo. Si consiguiera darle también una sacudida al ambiente de la F.1 me sentiría todavía más contento."
Claro que no todo fue fácil, sobre todo en 1994 cuando a la Benetton se la acusó de todo: "El problema –explica Briatore– estribaba en el hecho de que daba fastidio que ganase un equipo que en vez de construir automóviles se dedicaba a las camisetas y los jerséis. Nos habíamos convertido en un término de parangón algo embarazoso, por haber conseguido en un breve espacio de tiempo lo que otros no alcanzaron en toda la vida. Habíamos propinado una sacudida a un ambiente muy tieso. No iba bien. Cuando vas fuerte en F.1, siempre hay alguien que empieza a murmurar que tu coche es irregular. En 1994 nos la desmontaron pieza a pieza; la Fia no nos perdía de vista. No encontraron nada porque no había nada irregular. Ganábamos porque corríamos más. Y así fue durante mucho tiempo".
Una historia que prosigue, de Benetton a Renault, que en 2005 ha conquistado los títulos mundiales de pilotos y constructores: el mismo espíritu, el mismo Briatore.

Ross Brawn
El gran realizador de estrategias y victorias no temía la desconfianza de la gente

Hay recuerdos que quedan grabados para siempre en la memoria del hombre. Entre los de Ross Brawn, respecto a su vida no sólo profesional, resulta inolvidable el período transcurrido en la Benetton. "El ambiente era muy estimulante –nos cuenta este técnico bonachón nacido en Manchester el 23 de noviembre de 1954–. En aquellos años, desde el otoño de 1991 hasta finales de 1996 tuve la oportunidad de madurar mi experiencia en un equipo joven y muy motivado, de estrechar lazos de amistad con personajes del calibre de Flavio Briatore, de empezar una relación de colaboración con un proyectista ecléctico como Rory Byrne y con otros muchos que hasta hoy siguen siendo mis mejores amigos."
Su llegada a la Benetton no fue casual: "La historia es muy sencilla. Había trabajado con Tom Walkinshaw en Jaguar para las carreras de duración. Pero él también tenía un programa para que el equipo entrara en Fórmula 1. Hubo problemas. Mientras tanto empezó el reto de la Casa italiana que había incorporado la actividad de la Toleman. Tras una temporada con los motores BMW se optó por los Ford. En 1991 Tom compró una parte de las acciones del equipo y, visto que John Barnard se había marchado, me llamó para que organizara el engineering del equipo. No fue una sorpresa para mí, porque se trataba sólo de un cambio de dirección. Y así, después de ser responsable de máquinas herramientas, inició mi aventura en el mundo de los Gran Premio como director técnico. Un buen progreso. Pero no fue fácil. En el equipo reinaba una cierta confusión y el manager precedente no había mantenido buenas relaciones con la Cosworth. Me tocaba desempeñar muchas tareas, demasiadas para una única persona. Y así pensé en Byrne. Necesitábamos un chief designer. Fuimos adversarios en la pista y le tenía un gran aprecio. Rory se había marchado el año anterior y nosotros lo recuperamos porque estaba libre. Como pasó muchos años después con la Ferrari, cuando él se trasladó a Tailandia abandonando la Fórmula 1".
El fichaje de Michael Schumacher para las últimas carreras de la temporada se debió a Walkinshaw, según explica Brawn: "Tom y yo le conocíamos bien por haber corrido con la Sauber-Mercedes en el Mundial Endurance. Era el único que nos había creado problemas. Él y sus dos compañeros de equipo, Heinz-Harald Frentzen y Karl Wendlinger, se dividían a la par los turnos de conducción. Los otros eran buenos, pero cuando entraba en la pista Michael temblábamos todos. Walkinshaw, al conocer su debut con la Jordan, hizo todo lo que podía para ficharlo y empujó a Briatore, que no sabía nada del piloto, ni siquiera qué cara tenía, a que lo contratara. Lo consiguió".
En la Benetton comprendieron inmediatamente que se trataba de un potencial campeón: "Antes de que Schumacher debutara en Monza -revela Brawn- se le preparó una prueba en Silverstone. Fue sumamente veloz desde el primer momento. En la calificación del Gran Premio de Italia se veía que estaba excitado pero no tenso. Y fue impresionante tanto por su excelente forma física como por su enorme determinación. Exteriorizaba una seguridad que le daba un aire arrogante, pero al conocerle se comprendía que era confianza en sí mismo. No sabía mucho de coches de carrera, pero en el habitáculo era un genio. Y aprendió todo rápidamente".
También el equipo se movía en la dirección justa: "La Benetton intuyó rápidamente como había que moverse en aquel campo completamente nuevo. La gente nos miraba con desconfianza; en el fondo representábamos sólo a un fabricante de prendas de punto y ya entonces nos enfrentábamos con los nombres más prestigiosos del automovilismo deportivo. Y no sólo eso. Disponíamos de medios y del deseo de lanzarnos. Walkinshaw era un hombre muy ambicioso, o sea que la ambición no nos faltaba, pero seguíamos careciendo de algunos ingredientes. Sabíamos que nuestro objetivo era apuntar a la cúspide. Lo más importante fue comprender qué necesitábamos para ganar. Y creo que al final los resultados nos dieron la razón. En los primeros tiempos no tuve la oportunidad de profundizar la relación con Briatore, porque estaba Tom. Luego él tuvo más cosas que hacer y empecé a trabajar con Flavio".
En cinco años de dirección técnica, Ross vivió días muy felices y otros difíciles: "En lo que me respecta, el momento de mayor satisfacción fue el de la victoria en Spa en 1992. Era el primer éxito, un auto Benetton fue el primero que llegó a la meta y la organización del proyecto llevaba mi nombre. El año peor, aunque parezca extraño y un contrasentido, fue 1994, cuando conquistamos el primer título: fue el año de la tragedia de Imola

y del accidente de Wendlinger en Montecarlo. El campeonato resultó muy duro también por toda una serie de eventos 'políticos' –las polémicas entre Walkinshaw, Briatore y Mosley– y si hay algo que no me gusta en las carreras es justo la política. A nivel deportivo fue una temporada magnífica, estropeada en parte por situaciones negativas o desagradables. No quisiera insistir en los detalles. Digamos que a lo mejor era yo el que era diverso. Probablemente nos veían como intrusos y quizás yo resultaba excesivamente ingenuo en aquel ambiente. Me gustaría que la Fórmula 1 fuera únicamente un deporte, pero no es así. Pero se me brindó la oportunidad de estrechar relaciones muy profundas e importantes. Sigo siendo amigo de Flavio y con Rory formamos una especie de familia. Creo que no hay muchos matrimonios que duren tanto".
En lo tocante a los pilotos, la Benetton no fue sólo Schumacher. "Es cierto –concluye Brawn–, contamos con chicos muy competentes, que pusieron el alma en todo, incluso cuando nuestros coches no eran los más veloces. Por desgracia no he tenido ocasión de apreciar las virtudes de un campeón como Nelson Piquet, porque estaba al final de su carrera. Y, en todo caso, el mayor problema con los pilotos estribaba en mantener alto su entusiasmo. No es fácil correr al lado de Michael Schumacher: es como tener en el equipo a un rival imposible. Sea como sea, guardo solamente recuerdos bellísimos. Y lamento no haber podido hacer todavía más. En aquel entonces creía saber muchas cosas, pero pensando en ello después de muchos años, mi impresión no es la misma. Estoy convencido de que si dentro de otros diez años vuelvo a pensar en aquel período, me perecerá que habría podido hacer algo más."

Rory Byrne
El proyectista al cual no le gustaba el ordenador, de pequeño era campeón de aeromodelos

Tiene el aspecto de un chico grandullón y una sonrisa espontánea, viva. Escucha con atención mientras sus ojos lo abarcan y escrutan todo. Es uno de los proyectistas cuyos vehículos han cosechado más victorias y sin embargo es una persona sencilla, abierta y afable. Que consigue pensar en muchas cosas, incluso al margen de los circuitos. Rory Byrne –nacido en enero de 1944– es un pedazo de la historia de la Fórmula 1, más aún, del automovilismo. Y es el hombre de cuya mente han salido las ideas que han llevado a la realización de las Benetton campeones del mundo. Mucha gloria hoy, mucha fatiga al principio. Porque su carrera empieza modestamente con la desconocida Royale antes de pasar a la Toleman que, en 1976 (cuando Umberto Tozzi cantaba "Ti amo"), corría en Fórmula 2 para dedicarse luego al proyecto F.1. Le tocó realizar los primeros monoplaza de Gran Premio de Ayrton Senna. Y luego los de Michael Schumacher: primero con la marca Benetton y más tarde con la Ferrari.
En torno a Rory Byrne, graduado en la Universidad de Witwatersrand, crecieron numerosas leyendas y anécdotas. Por ejemplo, su pasión por los modelos de planeador que lo llevó a proyectar los modelos más prestigiosos y triunfadores, hasta conquistar (¡también!) los títulos mundiales "mini". Sin olvidar su apacible y tranquila siesta en su oficina con las persianas bajas. Para despertarse de repente y bosquejar a lápiz ideas geniales en la primera hoja que tenía a mano.
Un compañero suyo de oficio durante los primeros años de Benetton cuenta: "Rory era un genio del proyecto. Sólo que de vez en cuando había que decirle: 'Perdona, todo estupendo, pero ¿dónde ponemos el piloto y el motor?'". Resulta absolutamente cierta y confirmada su idiosincrasia frente a los esquemas en el ordenador: "Nunca aprendí realmente a utilizar el CAD aunque creo que tengo necesidad de él".
Una vida pasada sentado ante la mesa de diseño. Trabajando con toda su alma, así como con sus ideas. Hubo un paréntesis entre el otoño de 1990, cuando Rory dejó la Benetton para unirse al proyecto Reynard, y 1991, cuando volvió al redil. Se había hablado de un rol suyo como accionista. "Y en cambio –cuenta– me ocupé sólo de técnica. Ciertos papeles no me van. Nunca me interesó el dinero."
Para él, idealmente, los automóviles de carrera representaban una continuación de los planeadores. Un estudio de aerodinámica pura, de ciencia de los flujos de aire. Había dejado Sudáfrica en 1973 para seguir y ayudar a un amigo: desde aquel momento se quedó en Europa. La Royale empezó a suministrar sus proyectos a la Toleman y, en 1977, Rory entró a formar parte del grupo de modo estable. Su primer proyecto verdadero, la TG280, fue un éxito a nivel continental, con el título de la segunda fórmula ganado por Henton. Con la F.1 no le fue igual de bien de inmediato. Pero cuando Senna se impuso a los ojos del mundo batiendo a Alain Prost en el diluvio de Montecarlo, hasta que una mano piadosa (para Alain) decretó la interrupción de la carrera, Toleman y Byrne adquirieron una repentina popularidad.
Años extraños, en los cuales podía pasar –y pasó– que Ayrton y su equipo se quedaran a pie en Imola por un "problema de suministro de neumáticos" y no se calificaran para el Gran Premio. Pero también años azarosos, en los cuales se podía inventar tanto, con un reglamento más permisivo que el actual. "Recuerdo muy bien aquellos momentos. Sea la Pirelli sea la Michelin no tenían ganas de dar sus neumáticos a la Toleman. Por lo cual nos encontramos a principios de 1985 con los coches listos para correr, que llegaban a la carrera pero que luego, sin neumáticos, no podían entrar en la pista. En el Gran Premio de Brasil me encontré hablando con Eddie Cheever explicándole justamente nuestros problemas. Él lo pensó un instante y luego me dijo: 'A lo mejor conozco a una persona que puede echaros una mano'. De allí nació la operación que llevó a Luciano Benetton a comprar la Toleman. Por lo menos ésta es la idea que me he hecho. Así debutamos con Teo Fabi en Mónaco. Y a partir de 1986 el mismo equipo cambió su nombre por el de Benetton. Estoy contento hoy de haber tomado parte en el nacimiento de lo que fue un grande y novedoso fenómeno de las carreras."
La operación Benetton puso por fin al equipo en una situación de seguridad financiera. El clima ideal para un fanático del trabajo, como Rory. Recuerda Willem Toet, que durante muchos años estuvo a su lado en el equipo: "Era siempre el primero que entraba en la fábrica por la mañana y el último que salía por la tarde. Le tomábamos un poco el pelo, afectuosamente, por su modo de vestir y su actitud descuidada; pero era un hombre que sabía valorizar a sus colaboradores. Te dejaba espacio libre, no prevaricaba, no perdía nunca la calma. Una vez, para ir al túnel del viento, me prestó su Sierra Cosworth de 400 caballos. Choqué con una acera y causé daños al eje posterior. Le devolví el automóvil un poco malparado y Rory ni se inmutó. 'Bueno –dijo– sigamos con el trabajo. Pensaba sólo en eso'".
El proyecto Reynard se quedó en agua de borrajas y Tom Walkinshaw trasladó al personal más calificado, comprendido Rory, a una Benetton ya estable en los puestos clave de la F.1. Cuenta Byrne: "En agosto de 1991 Tom Walkinshaw compró una parte de la Benetton, llevando consigo a Ross Brawn, que se había ocupado, siempre en el marco de la Tom Walkinshaw Racing, del proyecto triunfador de la Jaguar en la Endurance. Con el inicio de la nueva gestión, Barnard se marchó y a Benetton llegó, como director técnico, el americano Gordon Kimball. Yo había dejado la Benetton en noviembre del año precedente e hicieron todo lo posible por que volviera. Esto fue una gran satisfacción. Conocí a Ross Brawn y desde aquel momento empezó una colaboración laboral provechosa que dura desde hace años y que ha desembocado en una espléndida y sincera amistad".
El retorno a "casa" significó para Byrne, ya casi cincuentón, una nueva juventud profesional: "Un período fantástico –recuerda él– durante el cual aprendimos a trabajar juntos,
Schumacher, Ross Brawn y yo, con gente como Tad Czapski, gurú de la electrónica en F.1, junto con otros muchos técnicos magníficos. Con Schumacher al volante, el crecimiento fue rápido".
El B194, con motor Ford, el primer Benetton que ganó el mundial de los pilotos, entró a formar parte con pleno derecho de las F.1 más eficaces en la historia. Rory explica: "Las ganas de batir a equipos automovilistas clásicos, que habían hecho la historia, como Ferrari, Williams o Maclaren, era una motivación excepcional para nosotros, que defendíamos los colores de una industria de prendas de vestir. En el B194 subrayamos la estabilidad aerodinámica y redujimos el centro de gravedad, porque finalmente se había vuelto a las suspensiones tradicionales, tras la experiencia con las activas. El resultado fue un automóvil que se conducía de forma extraordinaria, respecto a otros que tenían más caballos que nosotros".
Añade Jan Villadelprat, team manager de aquellos años: "Tras los accidentes mortales de Senna y Ratzenberger y aquél tan

grave de Wendlinger, la Federación impuso modificaciones radicales a los bólidos. Nuestro Ford V8 tenía casi 100 caballos menos que el 10 cilindros Renault y nos tocó renunciar a gran parte de la eficiencia aerodinámica del vehículo, recortando el difusor posterior. Rory consiguió hacer el milagro: nuestro monoplaza resultó ganador".
Fue un triunfo que Byrne vivió casi de reflejo, porque él raramente asistía a las carreras. El B195 del año sucesivo, con motor Renault, era en cambio un proyecto más radical, un vehículol más difícil de conducir. Y sin embargo ganaron tanto Schumacher como Johnny Herbert, y en Japón la Benetton se aseguró también el mundial de los constructores. A fines de 1996, con una fiesta colosal en la sede de Witney, Rory se despidió del equipo y de la F.1.
Su decisión todavía hoy día suscita una cierta amargura en los "viejos" de la Benetton.

Davide Paolini
El inicio con los patrocinios de Tyrrell y Alfa Romeo
Luego la decisión de comprar la Toleman, en el "Harry's Dolci"

En enero de 1983, pocos días habían transcurrido desde mi llegada a Villa Minelli con el cargo de director de relaciones externas del grupo, función en la cual confluían todas las áreas de la comunicación, incluidos los patrocinios.
Sobre el tapete la primera decisión a tomar de una cierta trascendencia: la entrada en Fórmula 1 con el equipo inglés Tyrrell-Ford a cuya cabeza estaba Michele Alboreto, mientras como segundo piloto resultó elegido el americano Danny Sullivan sobre todo por el interés de Benetton en el mercado americano. Después del sí a la F.1, pero condicionado por el patrocinio global de los bólidos, de los pilotos y de toda la organización de Tyrrell con el color verde predominante (nunca había pasado en F.1), se puso en marcha la aventura, sumamente importante para la penetración de la marca en los mercados extranjeros. De este modo la empresa podría tocar unos 60 mercados de interés con una cifra realmente irrelevante (la publicidad en cada uno de los países habría costado diez o veinte veces más). En efecto, en cada país se recargaba una sexagésima parte de la inversión, casi 3,5 mil millones de liras.
El campeonato de 1983 nos regaló una extraordinaria victoria justo en el mercado estadounidense, en Detroit, con Alboreto, lo que para nosotros se tradujo en ocho minutos abundantes de prime time en la cadena Cbs con la presencia de un motor Ford y del piloto italiano que vestía el mono Benetton.
Justo aquel mono, pocas semanas más tarde, fue causa de un incidente con el legendario Enzo Ferrari que ya había puesto los ojos en el difunto Michele para el campeonato siguiente. Y hay más, incluso los manager de la Ferrari, espoleados por el patrocinio de Marlboro, pretendían que Alboreto entrara en la roja en Maranello con el mono ya blanco y rojo de la marca de cigarrillos, pese a que existía un contrato de exclusividad de Benetton con el piloto y pese a que el patrocinio de la Tyrrell era global. Todo esto por evidentes motivos publicitarios debidos al hecho de que por fin en 1984 un piloto italiano subiría a las rojas después de muchos años. Y, por una casualidad del destino, uno de los últimos había sido el oriundo de Prato Nanni Galli, que había fomentado el binomio Tyrrell-Benetton.
Fueron días de candentes intercambios de llamadas telefónicas con el legendario Enzo, que incluso hizo declaraciones polémicas sobre mi escasa "italianidad". Llamadas que prosiguieron en la temporada 1986 cuando, siempre durante el campeonato, la Ferrari "robó" a Gerhard Berger al equipo, después del Gran Premio de Imola.
En el caso de Alboreto se llegó a un acuerdo, entre otras cosas, porque de las tiendas Benetton de la zona de Módena empezaron a llegar llamadas bastante preocupadas por la posible actitud amenazadora de los hinchas de la Ferrari contra la empresa. Asimismo los medios de comunicación, partidarios como siempre de Maranello, criticaron ásperamente nuestro comportamiento, siempre correcto por otra parte.
Al final de la temporada 1983 se tomó la decisión de romper con Ken Tyrrell porque no quiso adoptar los motores turbo más competitivos. Esto llevó aparejado el decir adiós a los mecánicos ingleses a los cuales obligara a llevar puesto la camisa roja con tal de atraer la atención de los fotógrafos.
Nació así un desdichado connubio con Alfa Romeo que duró dos campeonatos. La idea básica del acuerdo era presentarse al mundo como el "made in Italy" de la F.1, sobre todo porque un estudio hecho ex profeso mostraba que la marca de Arese era la más conocida en zonas de interés como Australia, Usa, Sudáfrica y Sudamérica. Fueron dos años desastrosos debidos también a que Alfa Romeo estaba viviendo un período de crisis, sea de gestión sea porque empezaba a perfilarse una venta por parte del IRI (Instituto para la Reconstrucción Industrial). A la cabeza de la escudería estaban Riccardo Patrese y Eddy Cheever, el americano "de Roma" que debería ocuparse de las relaciones públicas en su tierra de origen.
El único resultado asombroso, desde el punto de vista del patrocinio, visto que los resultados deportivos nunca llegaron (ninguno de los dos bólidos acababa la carrera debido al elevado consumo de los motores turbo), fue una idea mía bastante discutida. Pues bien, durante el Gran Premio de Detroit, cuando faltaban pocos minutos a la salida, decidí pintar los neumáticos del bólido de Cheever con cuatro colores diversos utilizando barniz en spray. Los coches no terminaron la carrera, pero al día siguiente la foto apareció en todos los periódicos americanos más importantes y en televisión. No fue menor el éxito de una velada en Dallas en el rancho donde se rodaba el culebrón de J.R.
Desde el punto de vista deportivo, en cambio, cualquier carrera se convertía en un calvario: el equipo entero podía siempre subir al avión con antelación. En aquel período de asociación con Alfa Romeo se produjeron también algunos episodios realmente "pintorescos", como la carta de recomendación de un subsecretario de Hacienda en favor de un piloto o la insistencia del acaudalado padre de un aspirante a conductor dispuesto a invertir cantidades importantes para poder guiar el equipo.
Durante el campeonato de 1985, frente a los escasos resultados con Alfa Romeo, en cuanto circuló la noticia de que la escudería inglesa Toleman se veía obligada a renunciar porque ningún constructor de neumáticos quería aprovisionarla, por lo cual era posible que se pusiera a la venta, surgió la idea de comprarla. El motivo nació del examen del reglamento que no impedía que un patrocinador que fuera propietario por lo menos del 80% del capital pudiera llamar a la escudería con el nombre de su marca, un caso que nunca se presentara en F.1, visto incluso con escepticismo. En realidad, tras haber analizado los resultados para los patrocinadores (principales o secundarios), nos dimos cuenta de que los letreros por sí solos, aunque constaran en el capó, en los alerones o en cualquier otro sitio, no aportaban grandes beneficios, mientras que la marca en la escudería aparece y se cita en radio y televisión.
Mi propuesta de compra contó con la aprobación de Luciano y Gilberto Benetton, un domingo por la mañana en Treviso en el que entonces se llamaba "Harry's Dolci". Así, una tarde de mayo, subí a un avión con destino a Witney (en Gran Bretaña), donde empezó una larga negociación para la compra del equipo inglés, sobre todo por la dificultad de retener a Rory Byrne, uno de los técnicos más estimados del Barnum de F.1. Frente a cuatro cervezas, servidas todas juntas como le gustaba a Rory, conseguí convencerle de que se quedara, aunque tenía mil dudas sobre los italianos y una petición a la cual inmediatamente dije que no: el británico Watson como piloto.
Empezó así la aventura de la Toleman, motores Hart que se rompían como galletas, al principio con un único coche y luego al terminar el campeonato se puso en la pista otro con grandes esfuerzos. Pero se produjo un milagro; la pole position *de Teo Fabi en el Gran Premio en Nürburgring.*
Al año siguiente el equipo Benetton, cuyo motor home proyectado por Tobia Scarpa se convirtió en un punto de referencia por la presencia de los mejores maestros italianos, fue equipado con motores BMW que impusieron un piloto austriaco, Berger, que se unió a Teo Fabi.
Las presiones para aquel puesto fueron numerosas, hasta el punto de que alguien escribió que se pagaban sobornos para ocuparlo. La verdad es que se eligió como piloto a Gerhard Berger, que era el favorito de la BMW, y sin pagar ningún fichaje. Y fue un golpe de suerte porque Gerhard ganó en Ciudad del México el primer Gran Premio para la recién nacida escudería. Cuando faltaban dos vueltas para el final, Luciano Benetton, demasiado emocionado, se marchó del autódromo; a lo mejor no conseguía creerlo o bien lo hizo por mera superstición… le avisé cuando estaba en el aeropuerto.
Teo, después, con gran sorpresa, conquistó una vez más

la pole position en Monza con un récord de máxima velocidad que ha resistido diversos años.
Las victorias quizás podían ser también dos, pero Fabi y Berger, en Zeltweg, Austria, fueron muy "egoistas". Cuando faltaban pocas vueltas para el final estaban a la cabeza con Prost a una vuelta de distancia, pero con tal de ganar arriesgaban la muerte; así, ambos, en vez de subir al podio se encontraron en el box con gran antelación.
Una buena temporada, pero las evidentes preferencias de los técnicos de BMW por Gerhard provocaron no pocos roces en el equipo hasta el punto de que después de Ciudad del México los motores se sorteaban. En aquel período el equipo tomó parte en la extraordinaria operación de beneficencia "Usa for Africa" del cantante Bob Geldof. Los monoplaza llevaban dicho letrero en el capó, y al mismo tiempo las tiendas Benetton en los Estados Unidos, mientras se celebraban los Gran Premio, por cada prenda vendida destinaban un porcentaje a "Usa for Africa".
En la temporada de 1988 la escudería ítalo-inglesa fue definida "reina de los monoplaza con propulsores aspirados", equipada Ford, porque llegó tercera en el mundial de constructores detrás de McLaren y Ferrari, ambas movidas por motores turbo.
El piloto puntero sin duda fue Alessandro Nannini. Y ahora, después de años, quiero revelar un secreto que ni siquiera la familia Benetton conoce. Pues bien, antes de que empezara el campeonato habíamos decidido elegir un joven piloto que acompañara a Thierry Boutsen después de algunas pruebas a efectuar en el circuito de Imola. Estaban en juego Alessandro Nannini, Stefano Modena y Johnny Herbert. La carrera propiamente dicha la ganó Herbert, el favorito del director deportivo Collins (mientras Byrne se inclinaba por Modena), pero con la complicidad de un ingeniero encargado de cronometrar los tiempos y hacer las evaluaciones finales, conseguí imponer a Nannini, el piloto que el propietario quería. Y pensando en lo que pasó después ninguna decisión fue más oportuna vistas sus cualidades, su simpatía y su popularidad.
El acuerdo para su contrato se consiguió en vísperas de un "Palio" de Siena en el chalet de su padre, donde estaba escondido el "fantino" que al día siguiente ganó una de las carreras que suscitan más pasión en el mundo.
Herbert llegó al año siguiente, sustituido luego por Emanuele Pirro durante la temporada debido a las secuelas de un grave accidente sufrido durante una carrera de F.3000.
Nannini no sólo obtuvo óptimos resultados en 1988 sino que, inesperadamente, ganó un Gran Premio en Japón en 1989.
El único problema serio de Nannini era que fumaba demasiados cigarrillos Marlboro, y demasiadas veces estuvo a punto de obligarnos a anular el contrato con Camel. Esto se resolvió satisfactoriamente metiendo sus cigarrillos preferidos en el paquete del patrocinador.
Durante los años de la F.1 hubo también una historia importante que no tuvo un final feliz. Era la idea de crear un equipo Benetton para ganar en Indianápolis con la Porsche, un proyecto seguido por Jacky Icx y en el cual también estaba involucrado Michael Jackson.

Tom Walkinshaw
"Vi a un alemán increíble que corría en los Prototipos Llamé por teléfono a la Mercedes y pregunté: '¿Está libre? ¿Se puede fichar?'"

Es un hombre que nunca está quieto. Y que pasa tranquilamente de las carreras a la fabricación de automóviles de serie y viceversa. Ocupándose mientras tanto de otras mil cosas, con tal que tengan que ver con todo lo relacionado con la mecánica. Porque para él el automóvil es algo global, además de una razón de vida. Su único pasatiempo es el rugby. Pero éste es un tema aparte.
Tom Walkinshaw, escocés de pura cepa, nacido en 1946 y actualmente empeñado en actividades de automotive design & engineering *en Australia, China e India, fue un personaje importante en la aventura deportiva de la Benetton, por ser el artífice de algunos de los principales cambios técnicos y organizativos que caracterizaron al equipo a principios de los años noventa.*
El nombre de Tom Walkinshaw hacía tiempo que se venía relacionando con una serie de operaciones deportivas exitosas de grandes marcas como Rover, Mazda o Jaguar. Por eso, cuando en 1991 la Ford quiso intensificar sus esfuerzos con la Benetton, con el objetivo de conquistar un título mundial, pensó en él. Y él, tras una reunión en Londres con Mike Kranefuss, jefe de las competiciones de Detroit en Europa, con Luciano Benetton y con Flavio Briatore, aceptó el reto con entusiasmo. "Los objetivos –cuenta Tom– eran principalmente dos: crear un equipo competitivo y estrechar las relaciones con la Ford, que nos suministraba los motores a través de la Coworth. También resultaba necesario concentrar las fuerzas en Witney, pensando en una nueva sede que luego sería la de Enstone. Había un montón de cosas por hacer. El equipo estaba en fermento, lleno de entusiasmo."
Uno de los primeros pasos de Walkinshaw consistió en asegurarse la colaboración como director técnico de Ross Brawn (que había proyectado la Jaguar XJR 15 con motor Ford-Cosworth, campeón del mundo de los Prototipos Deportivos con los colores de la TWR, o sea Tom Walkinshaw Racing), que estaba en estrecha sintonía con el jefe de proyectos Rory Byrne, que el mismo Tom había contratado de la Reynard Racing junto con Pat Symonds.
Tres hombres de clave fundamentales, con Briatore concentrado en la parte comercial. Luego llegó otro elemento crucial: Michael Schumacher. El relato de Walkinshaw rebosa vehemencia: "Cuando Schumacher debutó en Spa con la Jordan, me dediqué a seguirlo de cerca, en las curvas, para ver cómo podría portarse con un Fórmula 1, porque me había impresionado en los Prototipos, donde era rival nuestro cuando yo me ocupaba de la Jaguar y él estaba con la Mercedes. Fue grande la impresión que me hizo en curvas como Eau Rouge y Radillon; conducía de un modo fantástico. Y los tiempos en las vueltas de las pruebas lo confirmaron. Dije inmediatamente a Flavio que era necesario contratarle. E incité a Ecclestone a que hiciera presión sobre Briatore para que fichara a Schumacher para el puesto de Moreno. Se tomó la decisión de probar. Pocos días después del GP de Bélgica llamé a Jochen Neerpasch, que era el manager de la Mercedes Motorsport, para preguntarle si Schumacher estaba libre contractualmente para la F.1. Me explicó que la Mercedes había dado 250.000 dólares a Eddie Jordan para que debutara en Spa, pero no había otros vínculos. Me preguntó cuanto querría la Benetton para dejarle correr. Le respondí que no pretendíamos nada, salvo una opción para los tres años siguientes. El martes siguiente nos encontramos todos en Londres y cerramos el asunto. Un día más tarde Schumacher ya estaba en la pista Silverstone con nuestro auto. Y nos pusimos en marcha...".
Walkinshaw afrontaba todas las situaciones de modo práctico y concreto y tenía la capacidad de saber retirarse, dejando que sus colaboradores desempeñaran sus respectivas funciones sin entrometerse si no era necesario. Después de la gestión Barnard, sus capacidades de organizador eran justo lo que necesitaba la Benetton. Fue Tom quién tomo la iniciativa de dotar al equipo de todas las tecnologías más modernas tanto en la fábrica como en la pista; entre éstas el control de tracción y la transmisión semiautomática. "Cuando empecé a usar estas cosas, en los primeros tiempos me tocó dar por descontado una dosis limitada de falta de fiabilidad –decía Walkinshaw– pero pasada aquella fase lógicamente se adquiere más fuerza."
Tras el sensacional predominio de la Williams-Renault en 1992, Benetton replicó introduciendo las suspensiones activas y la transmisión semiautomática en la máquina de 1993, pero mientras tanto ya se estaba preparando una nueva B193B.
"Para guiar apropiadamente un grupo de personas, debes ser duro e intransigente, pero sincero contigo mismo. Hay que saber reconocer los propios puntos fuertes y débiles. Durante toda mi vida siempre traté de hacerlo. Y es también esto lo que pretendo de mis colaboradores. Me siento a una mesa con ellos, juntos tratamos de identificar el recorrido que queremos seguir, las trampas y como se puede resolver todo; luego los sostengo contra viento y marea, hasta que logramos obtener lo que queríamos. Si después alguien no da lo que se le pide o no lleva a cabo lo que se había comprometido a hacer, en ese caso se deben tomar las medidas adecuadas. Yo me he encontrado siempre en estructuras empresariales en las cuales se debe hacer una enorme presión para obtener resultados, observando los plazos fijados, se trate de programas de proyecto mecánico, de gestión de las carreras o cualquier otro tema. O sea que hay que ser intransigentes. Desde este punto de vista, no veo ninguna diferencia entre mecánicos y pilotos. Formas

parte de un equipo, no importa si es comercial o deportivo, y debes cumplir tu labor hasta el fondo. A veces debes forzar a las personas y tenerlas acoquinadas. E imagino que sea por esto que al final te consideran un duro. Pero nunca le pedí a nadie que hiciera algo que yo no estuviera dispuesto a hacer."
Una especie de documento programático del hombre y de sus métodos, que ha servido de base a los éxitos que luego vinieron en cadena: "Fueron años estupendos –dice Walkinshaw–. Si miro hacia atrás, no hay nada que te dé una carga más intensa que la victoria en un campeonato del mundo. Y el hecho de haber conseguido superar con la Benetton escuadras que toda la vida estuvieron en la cumbre, hizo la victoria todavía más dulce".

David Richards y Rocco Benetton
La aventura del hombre que venía de los rallies
Los contactos secretos para la operación Renault

Incluso las historias más hermosas tienen un final. En septiembre de 1997 Flavio Briatore se marcha y David Richards, inglés, propietario de la Prodrive, que corre en los rallies con vehículos Subaru, pasa a ser administrador delegado de la Benetton, que corre en Fórmula 1. Al mismo tiempo, Rocco Benetton se convierte en director comercial del equipo. Gente nueva, para un equipo que está a punto de perder a Gerhard Berger, que ha tomado la decisión de abandonar tras su triunfo en el GP de Alemania. Los recién llegados suscitan una gran curiosidad.
El mismo David Richards nos cuenta su historia: "Recibí una llamada telefónica de Bernie Ecclestone, que en nombre de la familia Benetton me preguntaba si me interesaba desempeñar un cargo en su equipo. Hablé con Alessandro y, tras una serie de negociaciones, decidí empeñarme, delegando en otras personas algunas de mis funciones en la Prodrive, cuya sede, entre otras cosas, distaba sólo quince kilómetros de Enstone. La Fórmula 1 estaba cambiando, la Benetton también, tras los triunfos de Schumacher. Para mí era un placer trabajar al lado de Alessandro y Luciano Benetton y también con algunos directivos de Ponzano, con los cuales mantenía un estrecho contacto. Me empeñé a fondo para poner en marcha un verdadero proceso de planificación empresarial, así como una estrategia para el futuro. Está claro que mis propuestas eran radicales y preludiaban incluso un acuerdo con una marca automovilística para mantener la competitividad a lo largo del tiempo. Propuse establecer contactos con la Ford, teniendo en cuenta que era amigo de Jac Nasser, el presidente...".
La relación entre Richards y la Benetton se concluyó el 19 de octubre de 1998: había durado poco más de un año. "Me di cuenta de que había una cierta distancia entre mis puntos de vista y los de la dirección, por lo cual presenté mi dimisión. Pero esto no quita que fuera una parte de mi vida laboral sumamente importante. Porque me permitió comprender mejor como se consigue que funcione con éxito un equipo de Fórmula 1, abriéndome el camino al empeño que luego contraje con la Bar."
Rocco, el hijo más joven de Luciano Benetton, nacido en 1969, se encargó de las funciones de administrador delegado cuando Richads se marchó y ocupó el cargo hasta el momento en que se anunció la compra de la Benetton por parte de Renault, el 16 de marzo de 2000. En realidad fue él quien se encargó de las negociaciones: "Tomamos los primeros contactos con la Renault durante 1999, pero en competición con nosotros se encontraba también la Jordan que había tenido un año excepcional, el 1998, y buscaba un comprador. Al final Renault nos eligió a nosotros: habíamos conquistado juntos el mundial de 1995 y seguidamente colaboramos con ellos, aunque de forma indirecta, a través de su empresa Supertech, que nos suministraba los motores".
Luego habla de las dificultades, que no fueron de poca monta: "En 1997 el equipo era fuerte, su reputación era buena. Pero el año anterior habíamos perdido no sólo a Schumacher, sino también a muchos técnicos. Éramos conscientes de tener que partir de nuevo con un nuevo reto. Llevamos las cosas bastante bien, resultando siempre el primer equipo de aquellos que no tenían motores suministrados oficialmente por los constructores automovilísticos. Nada era fácil, pero conseguimos organizar una escuadra de ingenieros muy capaces entre los cuales también aquellos que trabajaban en la estructura de Gian Paolo Dallara y Varano de' Melegari, con proyecto Honda F.1 que más tarde se disolvió. Para mí es un placer que, a distancia de años, la Renault haya conquistado el título mundial con Alonso contando todavía con parte de aquellos técnicos y teniendo como proyectista a aquel Tim Densham que contratamos nosotros en la Benetton".
No fueron años de grandes satisfacciones, aquéllos a partir de 1996. "A veces, con un poco más de suerte, habríamos podido obtener algún resultado más –comenta Rocco–, como cuando Fisichella no consiguió la victoria en el GP de Hungría por salirse de pista a poquísimas vueltas de la meta. Pero de todos modos cumplimos con nuestro papel."
La experiencia empresarial de entonces le fue útil en las diversas actividades que Rocco Benetton emprendió después. Algunas en el marco de la familia, otras suyas. Y a la pregunta de qué sensación le dejara el haberse encargado de la cesión de este extraordinario pedazo de historia de la Benetton, Rocco responde: "Una sensación absolutamente positiva, era consciente de participar en un momento importante que permitiría a un equipo con calidad el poder seguir escalando la cumbre del éxito. Y así fue. Sin contar el gran valor añadido financiero que ha generado la operación".

PILOTOS

"Durante el período en que corrí, moría un piloto cada semana. El automovilismo era un deporte peligrosísimo, partías y no sabías si ibas a volver a casa. Pese a esto, a través de las carreras vi el mundo, conocí a gente famosa e incluso gané dinero. ¿Qué más podía desear?"
Juan Manuel Fangio, Adelaide, marzo de 1990

Michael Schumacher
Tras el primer éxito en el Gran Premio de Bélgica susurró: "Ganar es estupendo, pero no puedo pararme aquí..."

Cuando debutó en Fórmula 1, en Spa en 1991, Michael Schumacher permaneció en la carrera menos de medio minuto, porque el embrague de su Jordan se quemó en cuanto pasó la parrilla de salida. Algo descorazonador, se entiende, pero en realidad sin importancia. En la calificación de su primer Gran Premio, en un circuito que nunca viera antes, Schumacher consiguió el séptimo puesto. Ya habíamos visto bastante.
Si Eddie Jordan hubiera estado un poco más atento, también en Monza Schumacher habría conducido uno de sus coches, concluyendo con su escuadra el resto de la temporada 1991. En cambio, en los días precedentes al Gran Premio de Italia, el agente de Michael empezó a negociar con la Benetton. Durante toda la noche de aquel jueves, en Monza prosiguió una encarnizada discusión sobre el futuro de Schumacher, en la que también estuvo presente Bernie Ecclestone.
"Los hombres de la Benetton tuvieron suerte –recuerda con una pizca de ironía el patrón de la F.1– porque en Monza pasé la noche en blanco y convencí a Michael para que pasara a ser uno de sus pilotos. Pero antes me tocó convencer a Briatore y Walkinshaw de que le contrataran: a Tom le gustaba Brundle, o no sé quién, mientras Flavio no quería discutir porque existía un contrato con Roberto Moreno. Schumacher estaba empezando y no tenía intención de pelearse, y tampoco su agente comprendía lo que estaba pasando. Al final sugerí a Michael de que era mejor que estuviera callado y se fuera a la cama... Le dije: 'Mañana, cuando te despiertes, serás un piloto de la Benetton'. Así fue..."
A la mañana siguiente Schumacher y Moreno intercambiaron monos y coches. Y Michael dio una nueva prueba de sus dotes naturales, calificándose en una posición mejor respecto al primer piloto del equipo Benetton, Nelson Piquet, tres veces campeón del mundo. Lo mismo pasó en la carrera: Schumacher quinto, Piquet sexto.
Empezó así la bellísima historia de Schumacher con la Benetton. En Estoril se clasificó nuevamente entre los seis primeros y lo mismo hizo en Jerez. De todos modos, algunos estaban preocupados porque aquel alemán delgado y muy decidido, conducía "como un loco". En Suzuka en las calificaciones finales, Michael sufrió un tremendo accidente. El profesor Sid Watkins, médico oficial de Fórmula 1 durante años, recuerda bien aquel día: "Después del golpe, Schumacher tenía solamente un poco de dolor de espalda, pero yo estaba preocupado por él. Le dije: 'Michael, haz el favor de sentarte

y escúchame. Tu eres un buen muchacho... pero si sigues por ese camino, corres peligro de convertirte en un buen cadáver...'. Le expliqué que debía calmarse, que tenía todo el tiempo por delante. Él me escuchó en silencio y me estrechó la mano. Luego entró en el coche de reserva de la Benetton ¡y condujo todavía a mayor velocidad que antes! Una cosa así tenía un significado. Quería decir que él era un futuro campeón del mundo".
En efecto, lo era. Al año siguiente, en 1992, la Williams-Renault predominó sobre los demás, pero Schumacher fue convirtiéndose en un piloto de primer plano y en condiciones meteorológicas inciertas no dejó de ganar su primer Gran Premio, en Spa, a un año exacto de su debut en la Fórmula 1. Fue muy sintético el comentario de Michael al terminar la carrera: "Doy las gracias a la Benetton por haberme ofrecido esta gran posibilidad. Ganar un Gran Premio es algo magnífico, pero no tengo intención de limitarme a un único éxito".
En la clasificación del campeonato mundial ocupó el tercer puesto, detrás de los pilotos de la Williams Nigel Mansell y Riccardo Patrese, pero delante de Ayrton Senna, algo ya de por sí extraordinario.
En 1993 hubo otra victoria, esta vez en Portugal, pero de nuevo el título de campeón del mundo le tocó a un piloto de la Williams: Alain Prost, que a final de año se retiró, pasando Senna a ocupar su puesto en el equipo.
Era evidente que a Schumacher se le consideraba no sólo el rival más importante de Ayrton, sino incluso su heredero natural. La Benetton B194 empezó pronto las pruebas y ya desde el principio Michael se quedó encantado del motor Ford Zetec-R V8, nuevo y considerablemente más potente del que tuviera hasta ese momento.
Cuando se llegó a la carrera que inauguraba la temporada, en Interlagos, Brasil, la Benetton-Ford B194 había pasado un ciclo de pruebas realmente convincente y completo, al contrario de su rival Williams-Renault FW16. La única amenaza para Schumacher podía ser Senna, pero ni siquiera un Ayrton en la cumbre de la inspiración podía representar, en aquellas condiciones, un problema para la Benetton.
Michael triunfó en Interlagos. También en el sucesivo Gran Premio de Aida, en Japón, ganó como quería. Y luego se impuso en Imola, en aquel trágico 1° de mayo que marcó una de las páginas más tristes de la Fórmula 1, con el accidente mortal que sufrió Senna mientras trataba de remontar a la Benetton que estaba a la cabeza de la carrera. Fue como un borrón y cuenta nueva para entrar en una nueva era.
Al desaparecer Ayrton, Schumacher resultaba prácticamente imbatible. Después del Gran Premio de Francia había totalizado 66 puntos, mientras Damon Hill, con la Williams, se encontraba en el segundo puesto con 29. El campeonato ya estaba prácticamente terminado. Pero las cartas se mezclaron con la exclusión de Michael del Gran Premio de Gran Bretaña (que había concluido ocupando el segundo puesto), por haber ignorado una bandera negra. Una infracción que la Fia castigó con la descalificación adicional para otras dos carreras. Al faltar Schumacher, Hill consiguió colmar la diferencia de puntos y cuando luego Michael fue despojado del éxito en el Gran Premio de Bélgica, debido a una infracción técnica de poca monta, la escena estaba preparada para un frente a frente en las últimas carreras del campeonato del mundo.
En la carrera final de Adelaide, en Australia, Schumacher tuvo un acalorado choque con Hill que supuso la eliminación de la carrera para ambos, pero no sufrió un castigo: y ganó su primer título mundial con un único punto de ventaja sobre el rival británico. "No creo haber robado nada –dijo Michael en cuanto bajó del podio–, merezco el título por lo que he hecho desde el principio hasta ahora. Es verdad, lo conquisté de una manera extraña, la batalla con Hill fue dura. Cuando volví al box y vi que los hombres de la Benetton gritaban y estaban muy contentos, pregunté: 'Pero soy realmente campeón del mundo?'. La respuesta era evidente..."
Haciendo caso omiso de las polémicas que hubo durante toda la temporada, Frank Williams, encogiéndose de hombros comentó: "De todos modos está claro que ahora Michael es el mejor: y en 1995 tendrá un motor Renault V10 justo como el nuestro. Creo que nadie conseguirá ni siquiera verlo...".
En realidad en esto Williams se equivocaba. Si bien Schumacher tenía ya el mismo motor que sus pilotos, la Benetton-Renault B195 no resultó tan veloz como la Williams-Renault FW17. Al final Schumacher consiguió ganar el segundo campeonato del mundo sin excesiva fatiga, pero lo que inclinó la balànza a su favor fueron a menudo las mejores estrategias de equipo que puso en práctica la Benetton, junto con una mejor organización en el box. Como dijo el mismo Schumacher: "No podría recordar ni un error cometido por los chicos este año. Ni tampoco por Ross Brawn en lo que se refiere a tácticas...".
Por lo general, durante las paradas en el box, Michael ganaba tiempo respecto a Hill y David Coulthard, pero también él desempeñaba magníficamente su parte de trabajo. "No es sólo el mejor –observaba Ecclestone– es también el más afortunado. Es una combinación imbatible."
A finales de 1994 Tom Walkinshaw, que en aquel entonces estaba con la Benetton, dijo: "Michael tiene una cualidad bellísima: se fía de ti. Hemos ganado numerosas carreras que no habríamos debido ganar, sólo porque él hizo todo lo que se le decía que hiciera. Posee una estupenda capacidad de analizar todo, es mucho más inteligente que los otros. Es exactamente como Senna en el sentido de que siempre está al tanto lo que pasa, está siempre listo para aprovechar la mínima oportunidad, sabe que todo el equipo está con él. No es mera casualidad si Senna, Prost y Schumacher han conseguido tantas victorias. Creo que la diferencia entre un gran piloto y un piloto simplemente bueno estriba en el hecho de que los verdaderos grandes están siempre concentrados al cien por cien en cada una de las cosas".
Un año más tarde, mientras Michael se preparaba a pasar a la Ferrari (donde le seguirían luego tanto Brawn como Rory Byrne), Flavio Briatore sabía lo que iba a perder: "Michael tiene un talento extraordinario, esto es indudable, pero lo desarrolla continuamente y es ésta la diferencia respecto a los otros. Es el primer piloto que se dedica realmente a mantenerse en buena forma física, por ejemplo. Pasa dos o tres horas al día en el gimnasio, entrenándose: ¡comparadlo con tipos como Piquet o Nannini! Tiene capacidades increíbles, pero las utiliza al máximo. Como Senna y Prost, no hace más que trabajar duramente, más que los otros pilotos. Transformará la Ferrari, os lo aseguro. Del mismo modo que ha sido decisivo para la Benetton".

Gerhard Berger y Jean Alesi
La terrible pareja de ex-ferraristas
Entre bromas, carcajadas y proezas en la pista

Berger, Alesi y Benetton. Blanco, Augusto y el Director. Tres figuras tradicionales típicas del circo. Blanco es el payaso que toca la trompeta, el que trata de razonar y hacer razonar al otro, su compañero, el payaso Augusto: nariz roja, zapatos descomunales, bromas, carcajadas. Los dos hacen el show, divierten, exageran. Y de hecho llaman a escena al Director. Es a él a quien toca cerrar el espectáculo, llamarlos al orden, mandarlos a dormir y hacer de telón, fingiendo una severidad que, en realidad, no siente. Son personajes capaces de ofrecer una imagen tierna y divertida; melancólica y definida. Recuerdan, en cierta manera, a tres personas, reunidas durante dos años bajo otras carpas, otro circo. Fórmula 1, equipo Benetton 1996, 1997. Gerhard Berger, Jean Alesi, Flavio Briatore.
La época rebosa de recuerdos para Berger y Alesi, que llevaban algún tiempo emparejados: tres años juntos en la Ferrari (1993-95) antes de llegar, siempre juntos, a la Benetton con alguna amargura de más, manifestada según las diferencias de carácter. Porque la Ferrari, la de ellos, rebosaba frustraciones, con su evolución bloqueada, incapaz de procurarse y dar las satisfacciones esperadas desde hacía demasiado tiempo. Último título mundial: 1979, Jody Scheckter. La fecha resultaba un estribillo, una imputación y una deuda pesada. Jean, que llevaba encima su fuego, su cándida electricidad, incluso había estado cinco años en la Ferrari, disfrutando de un único día de alegría verdadera (único Gran Premio ganado: Canadá en 1995), tragándose su rabia y sus ilusiones y luego su profunda intolerancia frente a Jean Todt, que explotó públicamente, según el método sincero y destructor típico de Alesi. Para Berger la situación era un poco distinta. Aquel trienio en rojo representaba un retorno –con la Ferrari estuvo de 1987 a 1989– pero no un cambio profundo. Más aún: una única victoria (Alemania en 1994), contra las cuatro conseguidas durante su primera relación con los "bólidos rojos" (Japón y Australia en 1987; Italia en 1988; Portugal en 1989).
Había trabajado mucho y bien en el equipo; había evitado las

polémicas dentro de un grupo a menudo confuso y angustiado. Además, la pareja les parecía a todos perfecta. Capaz de hablar y actuar dentro del vendaval crónico que acompañaba las desaventuras de aquella Ferrari.
Para ellos se había agotado el tiempo. Fue Berger sobre todo el que sufrió con el final de la relación y quien acogió con un cierto malestar la llegada de Schumacher (que se desahogó en una pole rabiosa e impresionante en Spa, en 1995), mientras Alesi exhibía una desilusión más compleja: la Ferrari había sido su sueño, su vida y esto representaba cerrar el capítulo con un balance muy por debajo de sus esperanzas.
El hecho de seguir estando unidos y de pasar juntos al equipo que había lanzado y premiado justo a Schumacher les brindaba a ellos y a nosotros una cantidad de puntos de partida interesantes. Con Briatore al timón, también él listo a mandar señales e interferencias, capaz igualmente de comunicar de acuerdo con un estilo propio y explícito. Dos años, como se dijo. Los últimos de la carrera de Berger, en cierto sentido memorables. Se permitió algún lujo, extravagante como era, con algunas remontadas ante Schumi que dejaron a todos sin aliento y un fin de semana de despedida conmovedor en Hockenheim en 1997, poco después del fallecimiento de su padre. También Jean sacó a relucir lo mejor de sí mismo: una pole en Monza en 1997, ocho segundos puestos, furor y sudor. Es decir el Jean de siempre.
Por añadidura siempre tenía la posibilidad de recoger algo estando cerca de ellos. Ironía y autoironía; una especie de exuberancia en la pista que Briatore secundaba jugando también él, dando una de cal y otra de arena, con suma satisfacción de quien debía escribir y hablar de esta familia atípica y brillante.
Eran los años de la Williams, del boom Jacques Villeneuve, años "calientes" e intensos. Durante los cuales se encaminaba al ocaso una pareja que pronto echaríamos de menos. Porque Berger y Alesi constituían una raza aparte, una especie en vías de extinción. Pilotos ligados a un tiempo pasado, a los años del turbo, a la luz estelar de Ayrton Senna, al deseo de exponerse sin filtros. Pilotos antiguos sumergidos en una generación diversa, mucho más fría e impenetrable. Por esto esperábamos que Gerhard se volviera atrás, que formara de nuevo pareja con Jean el cual seguía teniendo sus salidas de tono, sus rabias, su innata juventud. Con ellos no existía el aburrimiento: eran gestos coléricos teatrales y confidencias íntimas; peleas públicas y burlas atroces. Era algo bellísimo, romántico, auténtico.
Una noche, cuando ya estaba claro que no habría otras carreras con Berger-Alesi en la parrilla de salida, tratamos de convencer a ambos a afrontar una despedida clamorosa. Juntos en las 24 horas de Le Mans, con todos nosotros que actuábamos de asistentes en el box. Berger dijo: "Bueno, ése sale disparado y me entrega el coche a las 23 horas y media. Con el cambio roto, claro". Alesi comentó: "Bueno, ése se encarga de la salida y de la llegada y a mí me toca conducir como un idiota durante toda la noche mientras hace el papanatas con alguna chica". De hecho sería realmente así y ninguno de nosotros, quizás tampoco ellos, ha perdido por completo la esperanza de que algo parecido pase realmente y de nuevo, una vez, una única vez antes o después. Mientras tanto, gracias. Con orgullo. Por suerte no cuentan sólo los nombres en el libro de oro.

Alessandro Nannini
Batía a los grandes campeones y los amigos le decían: "¿Por qué no vas más rápido? ¡Pareces una oveja!"

En cierto sentido fue el piloto más representativo de la Benetton, con su aire despreocupado, su modo transgresivo de ver las cosas, de interpretar las carreras. Despreocupado pero muy diligente, eso sí. Y con un talento excepcional que quizás ha desarrollado poco. Por pereza. Luego, a los 38 años puso punto final a las carreras y fue un adiós definitivo. Ahora, si le hablas de nostalgia o incluso de algunos posibles y breves retornos o algo por el estilo, la respuesta es lacónica y tajante: "Nunca más". Alessandro Nannini, de Siena, nacido en 1959, setenta y siete participaciones y una victoria en el Gran Premio de Fórmula 1, en 1997, se ha limitado a colgar el volante y hacer borrón y cuenta nueva sin los conflictos o añoranzas que a menudo acompañan el adiós a las armas, sean cuales sean. Incluso ha cortado la relación con la escudería que fundara junto con Nicola Larini, otro toscano de pura cepa amante de las pistas y compañero durante largo tiempo en las volubles vicisitudes del Turismo Alfa Romeo.
Ahora "Nano" (como siempre lo llamaron todos) es un afirmado industrial en el sector del café y de los dulces –antigua tradición de familia– se ha separado de su esposa, Paola ("pero seguimos manteniendo buenas relaciones"), ha formado una nueva familia y tiene dos hijos, una niña de seis años y un niño de tres. "El único problema, desde que no conduzco, es que antes pesaba 72 kilos, y ahora estoy rozando los 90." Incluso cuando se queja, Nannini no abandona la ligereza y la ironía típicas de su carácter despreocupado, aparentemente superficial y cínico, quizás una barrera contra cualquier intromisión ajena en su "ego". En el ambiente lo recuerdan como un chico guapo, algo, delgado y con un rostro descarado; como piloto, no fue muy técnico pero su audacia y su velocidad no eran inferiores a las de los mejores conductores de su época. De algunos de los cuales le costaba trabajo recordar el nombre, porque en ciertas cosas Nano era muy despistado, hecho a su manera. No hablemos luego de los grandes campeones de épocas fuera de la suya. Cuando en 1988, su primer año en Benetton, participó en el "gala" de Montecarlo, le presentaron a una señora distinguida y sonriente: "Esta es la señora Bette Hill". "Encantado", respondió él cortado. Luego el anfitrión añadió: "Sabe, su marido ganó cinco veces el Gran Premio de Mónaco…". Y Nano: "¿Ah sí? ¿No está aquí con usted, esta noche?". Bette no pudo evitar una sonrisa, pensando que también su marido, fallecido 13 años atrás, se habría divertido mucho con aquel tipo.
Como casi todos los italianos, Sandro empezó en F.1 con la Minardi en 1986, dos temporadas sin conquistar ni siquiera un punto, "pero como compensación, si así se puede decir, con motores que se rompían todo el tiempo". Eran los Motori Moderni del difunto ingeniero Carlo Chiti, otro toscano, mucha simpatía y pocos recursos para afrontar la Fórmula 1.
A fines de 1987 la Benetton se fijó en Nannini al perder a Teo Fabi porque quería reemplazarlo con otro italiano: "Era el tren adecuado que pasaba y lo tomé sin pensármelo dos veces –recuerda Sandro–, no sin un poco de suerte descarada, porque el salto de calidad era realmente importante. Quiero decir tanto a nivel técnico como a nivel humano. Me encontré muy bien, iba perfectamente de acuerdo con los mecánicos ingleses, hablaba bien su idioma, íbamos juntos a las fiestas. Era una escudería alegre, juvenil, moderna, es decir que estaba de moda. Y también un poco extraña en cierto sentido: en 1989 mi compañero era Johnny Herbert, que bebía como una esponja desde la mañana temprano, mientras yo, en cambio, soy abstemio, algo increíble siendo toscano. Pero sí, era el equipo adecuado para mí".
Un café tras otro, cigarrillo tras cigarrillo, Sandro non perdía tiempo en la subida a las altas esferas de la Fórmula 1, aunque los protagonistas de la época respondían a los nombres de Senna, Prost, Piquet, Mansell y por ello a todos los demás no les resultaba fácil superar una barrera de tal tipo. Nannini lo consiguió el 22 de octubre de 1989 en Suzuka, en Japón, el día de la clamorosa pelotera entre Senna y Prost que, si bien militaban ambos en Aclaren, se peleaban como enemigos despiadados para hacerse con el título mundial. Alain maniobró en la variante para cerrar a Ayrton, los coches chocaron, el del francés quedó en su sitio, el del brasileño prosiguió la carrera empujada por los comisarios, pero cortó la variante y por estos dos motivos, el primero que llegó a la meta, fue descalificado. Título a Prost, victoria de la carrera a Nannini que era un buen tercero y ahora sostiene que "a lo mejor hubiera ganado incluso sin la descalificación de Ayrton porque estaba realmente muy cerca de ellos dos". Pero antes de subir al podio preguntaba todo el tiempo a todos: "¿Realmente gané yo? ¿Estáis seguros de que no hay un error? ¡Caramba, o sea que soy bueno!". Volviendo a su casa, en Siena, Alessandro pensaba en los amigos del bar con los cuales se quedaba a menudo hasta las dos de la mañana, que incesantemente le decían: "¿Pero no consigues acelerar más? Estás siempre parado, eres tan rápido como una oveja. Es mejor que vuelvas a hacer pasteles". En Toscana la tomadura de pelo está a la orden del día. Y Nannini era el primero que lo hacía con los demás. La historia de los pasteles se debe a la empresa de la cual siempre se encargó su padre, una fábrica de dulces, así como una serie de bares en el centro de Siena. En uno de ellos Nano había trabajado de joven: "Un año estupendo, me dedicaba todo el tiempo a tirar los tejos a las camareras…".

Luego llegó la pasión por las carreras, el inicio con la Fórmula Abarth. La carrera.
El hecho es que en los libros sobre el Mundial, al lado de la fecha del Gran Premio del Japón de 1989, consta un único nombre: Alessandro Nannini, y él se siente ampliamente satisfecho con esto. En Benetton de 1988 a 1990 Sandro disputó 45 carreras con el monoplaza anglo-véneto, obteniendo un total de 65 puntos gracias al éxito de Suzuka y, también, a dos segundos puestos, seis terceros, cuatro cuartos, dos quintos y cuatro sextos. "Muchos méritos son de Briatore –admite Alessandro–; Flavio daba la idea de no entender mucho de Fórmula 1 y, en cambio, era un organizador formidable, realmente el número uno. Recuerdo que no bebía café pero en cuanto a fumar había una lucha encarnizada, entre él y yo." Había un problema. La Benetton era patrocinada por Camel y Nannini, ante las telecámaras, abría puntualmente su habitual paquete de Marlboro: "Faltó poco para que lo matara con la rabia que me daba –cuenta–, había peligro de que pusiera en crisis a quien nos daba dinero. Luego hicimos un acuerdo: podía fumar, pero ¡antes debía meter sus Marlboro en un paquete de Camel!".
Pero Briatore no podía hacer nada para controlar los excesos de Nannini. Que en los días de las carreras, por lo menos en los primeros tiempos con la Benetton, comía como si estuviera en su casa ("No quería perder mis buenas costumbres. Y además comer bien no hace daño") y por la noche a menudo se acostaba tarde, a lo mejor sólo para quedarse viendo la televisión: "Esperaba hasta que mi mujer se quedaba dormida y luego, si había una película porno, me entretenía viéndola…".
Un carácter extravagante en una familia extravagante. ¡Y de artistas!. Como su hermana Gianna, famosa rockstar: "Creo que vino un par de veces a ver mis carreras. Ella tiene una cabeza de alemana. Si hubiera tenido yo su cerebro, me habría convertido en campeón del mundo de Fórmula 1…".
Después del accidente con el helicóptero que puso fin a su carrera en F.1, Nannini estuvo parado durante todo 1991: "Un período de reflexión y de cabreo. Me fastidiaba haber plantado todo por una chorrada. Pero descubrí que había mucha gente que me tenía cariño. Entre los primeros a llamarme al hospital se encontraba Senna, luego obviamente Patrese y los otros italianos, Herbert, incluso John Barnard, al cual le pedí que me hiciera un coche con cambio automático, que en aquel entonces no existía en F.1. A lo mejor la idea a los técnicos se la di yo, ahora que lo pienso…".
Al volver a las carreras, Nannini estuvo en Alfa Romeo durante cinco años en el Turismo y cerró con algunas carreras en la Mercedes. Ahora no siente ninguna nostalgia y ningún interés por las carreras, "a no ser que tengas un trabajo continuo, un papel, un cargo específico en el ambiente. A veces pasa que voy a alguna carrera, porque me invitan o algo así, pero confieso que a la media hora me harto y me escapo". Incontrolable y rebelde hoy como ayer. Para él el tiempo se ha parado.

Johnny Herbert
Tenía dificultad para andar pero podía conducir y cuando debutó conquistó un increíble cuarto puesto

Johnny Herbert y la Benetton: una relación con un sabor decididamente dulce-amargo. Hecho de picos y precipicios. Y de muchas cosas que hasta este momento dan pie a discusiones y reflexiones. En agosto de 1988, la Benetton había ofrecido a Johnny la gran oportunidad de entrar en Fórmula 1 y cuando lo necesitó se puso de su parte. Efectivamente en aquel mes Herbert, astro naciente de la Fórmula 3000, firmó el contrato para convertirse en piloto oficial de la Benetton en 1989. Pero el destino estaba al acecho: al día siguiente, durante la carrera de F.3000 en Brands Hatch, se produjo un terrible accidente múltiple en el cual Herbert sufrió gravísimas fracturas en las piernas, de la rodilla hacia abajo. Johnny y el piloto suizo Gregor Foitek rivalizaban por el primer puesto cuando ambos entraron en colisión con las protecciones. Un choque tremendo, devastador. En el primer impacto, la parte delantera del automóvil de Johnny se desprendió mientras el resto del automóvil rebotó a través de la pista, estrellándose luego contra otra barrera de protección. Un accidente espantoso.
Pues bien, pocos meses más tarde, Herbert estaba de nuevo al volante plenamente respaldado por Peter Collins, team manager de la Benetton. En Rio de Janeiro, cuando debutó en F.1 en marzo de 1989, Johnny todavía no estaba en condiciones de andar, pero consiguió el cuarto puesto, a 11 segundos escasos del ganador, Nigel Mansell. Había nacido una nueva estrella.
Con todo, muy pronto las relaciones con la Benetton empezaron a deteriorarse. En aquel período Flavio Briatore empezaba a hacerse valer. Herbert no consiguió calificarse en Canadá y Briatore decidió prescindir de él. Explicando: "No está en buenas condiciones, le falta la musculatura en una pierna…".
Usemos la tecla "avanzar veloz" para llegar a seis años más tarde: y he aquí Johnny Herbert de nuevo apetecible, uno de los preferidos de la Benetton, tras haber demostrado una renovada competitividad y una plena recuperación física al volante de la Lotus. Hasta el punto de reconquistar una amplia credibilidad y ser contratado para conducir la Benetton-Renault en 1995, al lado de Michael Schumacher, nuevo campeón del mundo. Pese a saber que no sería pan comido. "Creo que será difícil batirle –reconocía Johnny–. Pero en cierto modo es algo positivo, porque me permite contar con un objetivo importante al cual apuntar. En alguna ocasión me aproximé a su ritmo y nada impide que consiga acercarme todavía más, cuando tenga más experiencia."
Pero no fue así. Competir con Michael Schumacher resultó mucho más difícil de lo que incluso él podía imaginarse. Casi siempre Johnny conservó una postura educada, usando siempre las expresiones justas. Pero al final de año se vio de nuevo excluido del equipo. Había ganado el Gran Premio de Gran Bretaña pero el equipo, mientras tanto, había firmado un contrato con Gerhard Berger. En Monza Herbert ganó de nuevo y, como no tenía nada que perder, dio rienda suelta a lo que pensaba respecto al clima agridulce de sus relaciones con la Benetton: el equipo le había dado sus primeras victorias en Fórmula 1, pero al mismo tiempo el hecho de que hubieran prescindido de él podía inducir a considerar que Johnny carecía del talento necesario para batir a Schumacher. Y esto le fastidiaba. Le mortificaba mucho. "La gente ve que Michael gana con la Benetton y me ve a mí un par de segundos más tarde, una vuelta más atrás, por lo cual piensa que nunca conseguiré entrar en el grupo de los pilotos en la cumbre –comentó Johnny en aquella ocasión–. No puedo decir nada más salvo que me han hecho aparecer como uno de serie B. Tuve suerte y gané dos carreras con un coche que no me satisfacía, pero me encontré en el sitio apropiado en el momento apropiado y aproveché la oportunidad. Podría ganar mucho más a menudo si pudiera ajustar el coche a mi estilo de conducción. Estoy seguro de que podría batir incluso a Michael, porque su coche es como él lo quiere… y como no va bien para mí. Como piloto, Schumacher es un egoísta del mismo modo que lo fueron Alain Prost y Ayrton Senna, que querían que todo estuviera a su disposición. Cuando entré en la Benetton, un poco me esperaba que las cosas marcharan de este modo, pero no creía que la diferencia sería tan grande. El público mira sólo los resultados y la impresión es negativa, pero la verdad es que a mí no me han dado las mismas oportunidades que a Michael."
Palabras duras, pero es cierto que al mismo tiempo Herbert conserva algunos recuerdos muy entrañables de aquella temporada. Con el equipo Benetton obtuvo su primera afirmación en F.1, en su país, con el público británico que enloquecía por él. Son momentos que no ha olvidado, sobre todo tras la dura batalla combatida por sobresalir: "En las dos ó tres últimas vueltas de la carrera tenía una sensación bellísima –contó Johnny–. Veía las banderas que ondeaban alrededor de la pista y sabía que me aplaudían a mí. Era algo sumamente agradable. Cuando ganaba, tenía la costumbre de saludar alzando un brazo. Me había prometido a mí mismo que si en alguna ocasión conseguía ganar un Gran Premio saludaría levantando los dos, ¡y justo eso es lo que hice!".

Nelson Piquet
Tras ganar en Australia empezó a pensar que a lo mejor era el momento de poner punto final

Nelson Piquet Souto Maior, que hoy cuenta más de 50 años de edad (nació en Rio de Janeiro el 17 de agosto de 1952) es un hombre feliz. En su pasado, tres títulos mundiales en Fórmula 1; en el presente, una familia numerosa, diversas esposas, siete hijos, su anciana madre Clotilde y una floreciente actividad de empresario. Todavía lleva las carreras en la sangre y ha transmitido su DNA a su hijo Nelsinho, que en 2005 afrontó la GP2, la categoría propedéutica para llegar al ruedo de los motores: la F.1. Los otros Piquet del clan –todos suelen reunirse cada año durante un largo período en la hermosa casa sita en los alrededores de Brasilia– son el primogénito Geraldo, Kelly, Lazlo, Júlia, Pedro y Marco, el más pequeño, el último nacido de su compañera, Viviane Leão. Las otras mamás, dice Nelson con una sonrisa, "prefiero no recordarlas, son demasiadas". Entre los muchos ligues atribuidos al piloto, auténtico jeque del automovilismo, recordamos aquél con la princesa Estefanía de Mónaco y muchas otras famosas. Pero aquí estamos a medias entre fantasía y realidad. Y sobre todo es algo que pertenece al pasado.

Piquet, que cuando debutó quería que le llamaran Piket (así estaba escrito en su primer casco), porque había decidido utilizar el apellido de su madre, no olvidó los dos campeonatos disputados con la Benetton. 32 carreras y tres de las 24 victorias obtenidas durante su carrera. Un período que Nelson transcurrió en medio de sentimientos contrapuestos. Por una parte el placer de formar parte de un grupo joven, alegre y en crecimiento, por otra la idea de estar inevitablemente próximo a abandonar las carreras. "Llegué a la Benetton lleno de entusiasmo –cuenta–, tras dos temporadas muy difíciles con la Lotus. El momento peor de 1989 fue cuando, junto con mi compañero de equipo Nakajima, no conseguí calificarme en Spa, una de mis pistas preferidas. Era el progresivo ocaso de una de las escuderías más apreciadas y prestigiosas de la F.1. Culpa también de aquel ingeniero francés, me parece que se llamaba... Ducarouge. Entendía poco y resultaba ya prácticamente imposible conducir el coche."

Al llegar a la Benetton en 1990, Nelson se encontró al lado de

Alessandro Nannini. "Sandrino –recuerda Piquet– era un piloto veloz, un chico amable y bueno, pero un león en la pista. No parecía que le interesara mucho la técnica, entendía poco de la puesta a punto del automóvil. Con todo, estábamos bien juntos y nuestro monoplaza iba mejorando. Fuera nos divertíamos mucho, porque no estábamos sometidos a excesiva presión. Luego él sufrió aquel terrible accidente con el helicóptero. Fueron días tristes para todos nosotros, porque le teníamos mucho cariño y temíamos por su suerte. Tuvo mala pata, porque habría podido tener otras satisfacciones. Con todo salió airoso. Como me pasó a mí algún tiempo más tarde, en 1992, cuando, mientras me entrenaba para la 500 Millas de Indianápolis fui a dar contra un muro con mi Menard Lola-Buick y me hice polvo ambos tobillos. El accidente puso prácticamente punto final a mi carrera, aunque luego para divertirme me subí de nuevo a una Fórmula Indy, corrí en la 24 horas de Le Mans e incluso en la Fórmula 3 brasileña."

Durante el segundo año con la Benetton, tras haber ganado las dos últimas carreras en Japón y Australia, Nelson ganó de nuevo en Canadá: "En Adelaide con el equipo fue un éxito. La Fórmula 1 conseguía una meta histórica, la de los 500 Grand Prix. Y fuimos justo nosotros los que subimos a la grada más alta del podio, algo realmente estupendo".

Pero al mismo tiempo, en Piquet estaba madurando algo: "Estaba contento y al mismo tiempo confuso, tras 14 temporadas al volante, habiendo empezado con los kart a la edad de 14 años, me sentía indeciso. ¡Y pensar que de chico quería ser tenista!... El empujón decisivo para decir basta me lo dio un tal Michael Schumacher. Llegó al equipo para ocupar el puesto de Roberto Moreno y comprendí que con él no volvería a salir airoso. Se veía que era un fenómeno, el mejor de todos, la punta de diamante de un cambio generacional. Pero la verdad es que nunca pensé que la Benetton ganaría algún año más tarde dos títulos mundiales. Me parecía que los otros equipos tenían más potencialidad y tradición. Nosotros teníamos el motor Ford 8 cilindros, los rivales podían contar con propulsores más potentes. Aunque con el retorno a la Benetton de un proyectista genial como Rory Byrne se podía prever que habría progresos. Así, cuando decidí dejar la F.1, me sentía en paz conmigo mismo. Lamentaba haber puesto punto final a un período espléndido e intenso de mi vida pero me alegraba ser libre para elegir algo nuevo".

Desde entonces Nelson Piquet se ha convertido en propietario de una empresa, la Autotrac, que controla vía satélite los movimientos y la seguridad de los camiones en toda Sudamérica. Asimismo, siendo una persona inteligente, el brasileño ha organizado igualmente una sociedad que vía Internet imparte cursos universitarios. "Trato de pasar el tiempo del mejor modo posible –cuenta–. Mi hijo Geraldo se divierte con las carreras de camiones. A lo mejor también yo lo sigo para afrontar de nuevo el espíritu de la competición, como tiempo atrás. Pero cuando se celebra un Gran Premio me quedo pegado a la televisión. Lo hecho siempre de menos y tampoco puedo olvidar la Benetton, que me permitió conseguir mi última victoria el 2 de junio de 1991 en Montreal. Aquella jornada ha quedado grabada en mi corazón."

Hoy lo espolean los nuevos retos que se crea cada día. Piquet no quiere vivir de recuerdos. Pero estos recuerdos le ayudan a vivir. Mejor.

Los otros "verdes"
La magia de Teo Fabi en el Gran Premio de Alemania
La colección de clasificaciones de Fisichella

Sus nombres no se mencionan entre aquellos que han ganado un Gran Premio de F.1 con los monoplaza de colores de la Benetton, pero no hay duda de que han unido sus gestas y, en algunos casos, buena parte de su carrera, al nombre y al carisma de la empresa véneta. La historia de estos pilotos se puede dividir en dos partes: aquella en la cual la marca aparecía como patrocinador-socio de la Toleman y de la Alfa Romeo-Euroracing, y luego una segunda fase en la cual el equipo era completamente Benetton.

A la primera parte de esta historia pertenece por ejemplo Teo Fabi, el primer piloto por excelencia de la Benetton, aquel que debutó con los colores de Ponzano Veneto en la Toleman en Montecarlo en 1985, con el equipo inglés recién comprado por la Benetton y que se encontraba en una situación decididamente llena de fervor, pero bien lejos de ser estable. A éste se incorporó Fabi, con su calma, su pragmatismo y su reconfortante naturalidad. Hasta tal punto que seis carreras más tarde llegó la primera pole position de la Benetton. Firmada por Fabi en el Gran Premio de Alemania en Nürburgring. Un evento excepcional que el piloto milanés, actualmente dedicado al sector inmobiliario, recuerda con orgullo: "Di una vuelta perfecta y pese a tener un motor Hart con menos caballos que los demás, salí airoso en la empresa. En el box nadie daba crédito a sus ojos: el equipo era joven, había mucha gente nueva. Un entusiasmo tremendo, incontenible". Al año siguiente, el mismo Fabi consiguió otras dos victorias especiales: las pole en los Gran Premio de Austria y de Italia, seguidas en 1987 del primer podio en Zeltweg, en el Gran Premio de Austria, con la Benetton-Ford turbo.

En aquella primera fase consta también el empeño de otro gran piloto italiano: Riccardo Patrese, que ya había corrido con la Alfa Romeo verde Benetton en 1984 y 1985, y que luego disputó su última temporada de F.1, en 1993, al lado de Michael Schumacher en el equipo de Ponzano Veneto. Un año donde abundaron los óptimos resultados, aunque faltó el éxito. Tras ganar seis Gran Premio, con la Brabham y la Williams, a Patrese le tocó darse por contento con el segundo puesto en Hungría, con el tercero en el GP de Inglaterra, el cuarto en España y el quinto en Europa, Alemania e Italia. "Guardo siempre un buen recuerdo del período pasado en la Benetton –comenta el piloto de Padua, que luego se dedicó a la equitación– y del clima nuevo que se respiraba. Era evidente que el equipo estaba a punto de pegar el salto de calidad que lo llevó a conquistar títulos mundiales. Y Schumacher era ya un campeón listo para despegar. Estupendo, inigualable."

El segundo piloto de la Benetton, con coches Toleman-Hart, era Piercarlo Ghinzani, que acompañó a Teo Fabi en 1985 partiendo del GP de Austria. Disputó siete Gran Premio y luego, al final del año, firmó nuevamente con la marca que lo lanzara, la Osella.

Pero las temporadas del cambio fueron las de 1987 y 1988. Una escudería hambrienta de éxitos, con pilotos jóvenes y prestigiosos. El belga Thierry Boutsen, por ejemplo, en los dos años en cuestión subió al podio en Austria con un tercer puesto y lo hizo otras cinco veces al año siguiente. En 1989 hubo también un breve paréntesis con Emanuele Pirro, que disputó sólo 10 Gran Premio obteniendo como mejor clasificación un quinto puesto en Australia. Pero fue en 1990 cuando la escudería se desencadenó con pilotos de renombre: la pareja Piquet y Nannini hizo estragos, pero tras el dramático accidente con el helicóptero, en el cual Alessandro perdió el antebrazo, le tocó a otro brasileño, Roberto Moreno, hacerse cargo de la herencia de "Nano" y lo hizo bien, visto que subió inmediatamente al podio en el GP del Japón de 1990, detrás del compañero de equipo Piquet. "Fue el momento más estupendo de mi vida –cuenta Moreno– sea porque demostré a todo el mundo mi valía, sea porque, en el podio, estaba con mi amigo Nelson, que me ayudó mucho al principio de mi carrera como corredor y que siempre me ha dado una mano."

La historia de Moreno está ligada en cierta manera a la de Schumacher. En la temporada de 1991 el brasileño quedó a pie en vísperas del GP de Italia, pero en la precedente carrera en Bélgica, donde debutara Schumacher en F.1, por una ironía del destino Moreno consiguió la vuelta más veloz de la carrera. Fue su mejor prestación cronometrada en la carrera al volante de la Benetton, pero fue también la última, porque le tocó ceder el puesto al piloto que marcó la historia del mundial F.1 de los últimos años.

En 1992, al lado del joven Schumacher, llegó Martin Brundle, hoy cronista famoso de la televisión, un piloto resistente, duro y veloz, que en F.3 había hecho la vida imposible a Ayrton Senna. Con la Benetton aquel año obtuvo un segundo puesto en Monza y terminó cuatro veces tercero, subiendo al podio en Francia, Gran Bretaña, Japón y Australia y concluyendo la temporada en el sexto puesto de la clasificación de campeón del mundo con 38 puntos.

Historias con final feliz, historias amargas. Como la del finlandés J.J. Lehto, que en las pruebas con la Benetton en vista de la temporada 1994 se rompió las vértebras cervicales en Silverstone y se vio obligado a ceder el puesto a un holandés, el joven Jos Verstappen, que debutaba en F.1. Jos se distinguió obteniendo dos terceros puestos en Hungría y Bélgica. Y vivió también el momento del terrible incendio en Hockenheim, en el pit-stop para el reabastecimiento de carburante, cuando se encontró envuelto en llamas y resultó milagrosamente ileso. Después de la época en la Benetton, Verstappen no volvió a subir al podio. Lehto volvió a tomar el volante y terminó la temporada sin pena ni gloria.

Decididamente aguerrido y espectacular, el equipo Benetton-post Schumacher de 1996 y 1997, con Jean Alesi y Gerhard Berger, ambos supervivientes de años en la Ferrari. En los últimos años de presencia de la Benetton hay que señalar a Giancarlo Fisichella, que disputó 66 Gran Premio obteniendo numerosos segundos puestos en 1998 (Canadá y Montecarlo), 1999 (Canadá) y en 2000 (Brasil), año éste que lo vio al sexto puesto en el mundial de pilotos con 18 puntos. Por último hay que señalar otros dos talentos: Alexander Wurz y Jenson Button.

Muchos pilotos, muchas historias, una valiosa aportación a la aventura de la Benetton en Fórmula 1. Prescindiendo de la grada más alta del podio.

SEDES

Los santuarios del equipo
En Witney los primeros pasos románticos
En Enstone la nueva cultura

Para entender los cambios en la Fórmula 1 a lo largo de los últimos 25 años, no hay mejor ejemplo que el que brinda la evolución de las plantas Benetton, aquéllas en cuyo interior un grupo de prometedores técnicos pudo madurar las experiencias y las competencias que llevaron a la conquista de tres títulos mundiales.

Todo tuvo como marco la pintoresca comarca inglesa de Oxfordshire. El equipo Toleman, que se convirtió más tarde en Benetton, empezó con un programa de carreras de Fórmula 2 compartiendo el espacio de los talleres situados en Kidlington, a las puertas de Oxford, donde operaba Tom Walkinshaw, muy joven en aquel entonces, que más tarde cosechó la gloria en las carreras automovilísticas mundiales con la Jaguar, pasando seguidamente a ser socio de la misma Benetton y seguidamente propietario de otro equipo de Fórmula 1, la Arrows, hoy desaparecida.

En 1981, cuando la Toleman decidió pegar el salto a la F.1, se trasladó a una sede propia en Witney, un pequeño centro un poco más distante de la ciudad universitaria. En efecto, la zona alrededor de Oxford cada vez iba pareciéndose más a una especie de Silicon Valley de la Fórmula 1, a medida que los equipos aprovechaban cada vez con mayor frecuencia las ventajas de la proximidad con el aeropuerto de Heathrow y con el circuito de Silverstone.

El taller de Witney contaba con una superficie de 560 metros cuadrados y allí trabajaban unas 35 personas. En aquella época estas dimensiones eran notables, pero la Toleman se enorgullecía de fabricar en su interior gran parte de los componentes de la máquina. Con el transcurso del tiempo el equipo se fue ampliando y se adquirieron nuevos talleres adyacentes. Incluso hubo que organizar en el entresuelo espacios adecuados para alojar una cantidad creciente de mano de obra y de equipos.

John Mardle recuerda con cariño aquel período inicial. Entró en la Toleman tras su primera carrera de F.1 y trabajaba en el departamento de pre-montaje, donde se fabricaban las cajas de cambio y las suspensiones. "Respecto a los estándares de hoy era todo más bien primitivo –recuerda–. En la planta había tres o cuatro máquinas, y para ver un ordenador en el taller, un Amstrad, nos tocó esperar hasta 1983. La oficina de proyectos contaba con un ordenador, pero los diseños se hacían todos a mano, a lápiz, ¡en una mesa de dibujo! En 1984 había una docena de ordenadores y hoy cada mesa tiene el suyo..."

En aquel entonces se trabajaba de modo muy distinto: el proyectista diseñaba el componente de una suspensión, pero tocaba luego a los mecánicos y a los montadores encontrar el modo de acoplarlo al cuerpo de la máquina. "Los CAD actuales son muy superiores, pero, pese a esto, diseñar una pieza a mano y probarla después en la máquina era un sistema sumamente veloz de introducir novedades", dice Mardle. Y añade: "Antes de que me lo pregunte, le diré que carecíamos de túnel de viento, pero a mediados de los años ochenta empezamos a utilizar uno que se encontraba en Southampton".

En aquella época la planta era poco más que un garaje bien surtido. No existía un departamento de tecnología informática, ni un sector de marketing o relaciones públicas. Durante los fines de semana de los Gran Premio el taller estaba vacío porque, salvo un par de secretarias, todo el personal se iba a trabajar a las pistas. "Pero conseguíamos hacer una sesión de pruebas con cuatro personas solamente –cuenta Mardle–, ¡cuando ahora se requieren 15 ingenieros sólo para poner en marcha el motor!"

A principios de los años noventa, al convertirse la Benetton en un equipo de primera magnitud, la planta de Witney resultaba excesivamente pequeña. Hubo alguna incertidumbre respecto al proyecto de situar parte del equipo en una plantas de Godalming, propiedad del gurú técnico de la escuadra, John Barnard, pero sólo algunos elementos del grupo de los proyectistas y de la administración se trasladaron a aquella sede, al sur de Londres y no muy distante del taller del equipo de la Tyrrell.

Por fin, en 1993, todos se encontraron juntos bajo el mismo techo, cuando la Benetton se desplazó a una sede construida ex profeso, en pleno campo, en los alrededores de una minúscula aldea llamada Enstone. En aquel momento era simplemente la planta de Fórmula 1 mayor y más moderna del mundo y los operadores se movían en aquellos espacios inmensos casi perdiéndose en la miríada de corredores.

Esto supuso el inicio de una nueva época, de una nueva cultura: de simple garaje, donde al final de la jornada los mecánicos se encargaban de la limpieza del suelo, pasó a ser una fábrica bellísima, con una arquitectura que dejaba sin aliento, con jardines, cascadas e incluso un túnel de viento excavado bajo una colina, y ovejas pastando encima del tejado. La planta misma era un instrumento de marketing, un lugar destinado a impresionar a los potenciales patrocinadores y al mismo tiempo adecuado para proyectar y construir los coches de carreras.

Hoy la sede del equipo de la Renault que sustituyó a la Benetton, se precia de una superficie de 6.500 metros cuadrados, casi diez veces mayor que la del taller original, y cuenta con una plantilla de unas 500 personas. De estas últimas, por lo menos 14, además de numerosos proveedores externos, no tienen ninguna influencia directa en los programas de F.1: su función consiste simplemente en hacer la vida transcurra de forma serena y sin problemas en la que, al fin y al cabo, es una aldea en miniatura. El personal dispone de un comedor, y si así lo desea, puede pasar el intervalo de la comida en un gimnasio construido expresamente, donde de vez en cuando se puede uno codear con los pilotos; o bien puede disfrutar del magnífico paisaje rural que parece coronar el connubio entre naturaleza y tecnología de vanguardia. ¡Y todo

esto sólo para que dos tipos puedan hacer una carrera automovilística el domingo por la tarde!
"En 25 años el cambio ha sido sorprendente –termina Mardle, que tras Toleman y Benetton es hoy director de las operaciones del equipo Renault–. La Benetton siempre tuvo un gran espíritu de equipo, pero no se puede negar que cuando nos trasladamos a Enstone en cierto sentido se perdió aquella atmósfera 'de familia'. En Witney, al final de la jornada, hacia las siete y media de la tarde, en verano, todo el personal de los diversos departamentos se reunía en el espacio central entre las instalaciones para dar unas cuantas patadas al balón. Hoy resulta más fácil que uno se encuentre en el aparcamiento, mientras regresa a casa. ¿Qué quiere?, es el progreso."

INNOVACIÓN TÉCNICA

Pat Symonds: así Benetton ha sabido estimular el progreso

Es uno de los puntos fundamentales de la Renault que con Fernando Alonso ha conquistado su primer campeonato mundial de Fórmula 1 en 2005. Y fue el punto de referencia de casi toda la historia de la Benetton. Pat Symonds es un técnico-símbolo, aparte de director ejecutivo del sector de proyecto en la sede de Enstone, construida por la misma Benetton y en la cual actualmente trabaja el personal de la Renault. ¿Su cualidad más destacada? Una inventiva técnica refinadísima, que permitió a la Benetton entrar en el círculo restringido de los equipos ganadores de la Fórmula 1.
Symonds, inglés nacido en 1953, cuenta con un curriculum multidisciplinar, perfecto para la posición que viene ocupando desde siempre. Terminados sus estudios en ingeniería mecánica en Londres, obtuvo un master en ingeniería de vehículos en el Cranfield Institute of Technology. Luego empezó su carrera como proyectista de coches de carrera, que tras sus primeras experiencias en la Hawke (1976) y la Royale (1978) le llevaron en 1981 a la Toleman, donde tres años más tarde acompañó como ingeniero de pista al gran Ayrton Senna en su primer año de F.1.
Siete años después se convirtió en el técnico de referencia de Schumacher en la Benetton, demostrando en todas las circunstancias su dominio e intuición, elementos que han aportado inmensas ventajas a la capacidad de estabilidad del equipo. Entre él y Schumacher se instauró una relación que explica perfectamente el carácter de Pat. Desde los momentos iniciales de su trabajo con el equipo, Symonds comprendió que la habilidad de proyectista, por sí misma, no bastaba. Pat debía construir y configurar una máquina capaz de permitir que el piloto no sólo fuera más veloz a nivel técnico, sino también que pudiera explotar al máximo las características de su estilo de conducción.
"En la Benetton trabajé con Schumacher desde finales de 1991 hasta el momento en que pasó a la Ferrari –recuerda Symonds–. La tentación de parangonarlo con otros grandes con los cuales había trabajado era inevitable y el primero de todos era Senna. Ciertamente, Michael tenía la misma capacidad de conducción veloz, pero en cierta manera era algo más maduro de lo que era Ayrton en los primeros tiempos. En su primer año en la Toleman, Ayrton aceptaba prácticamente todo, mientras Michael siempre tuvo alguna exigencia más. Ciertamente, con él había que demostrar que se estaba a la altura. Y yo estoy seguro de que en la Benetton lo hemos demostrado."
Luego hace una observación de carácter general: "Los grandes pilotos tienen también un cerebro de primer orden. En este campo, trabajando duramente y con inteligencia se avanza enormemente. Pero Michael era un ejemplo del hecho de que un piloto con dotes intelectuales notables consigue progresar más que sus coetáneos. Y no me refiero sólo con los coches. Ya desde el principio se comprendía que aunque no estuviera al volante, seguía siempre reflexionando sobre su próxima táctica. Creo también que Schumacher fue el primer piloto de F.1 que realmente cayó en la cuenta de que cuanto mejor fuera su forma física, mejores resultados conseguiría. En aquel período maduró enormemente. Los primeros tiempos era el tipo que en la vuelta de puesta en marcha tendía siempre a embalar el motor y de vez en cuando se salía de la pista sin un motivo aparente. Pero pronto se comprendió que raramente repetía los mismos errores. En resumen, había que limarlo un poco, pero en mi opinión durante los años de la Benetton conseguimos afinarlo perfectamente".
Relación estrecha con los campeones acompañada de innovación tecnológica que lleva su firma: "En 1985, con la Toleman recién adquirida por la Benetton, realizamos un refinado control de la tracción que tenía en cuenta las exigencias de los neumáticos y no sólo el hecho de que era necesario simplemente fraccionar la potencia que creaba problemas a las ruedas. En los primeros años noventa incorporamos a los Benetton un sistema muy sofisticado de suspensiones activas, para mantener constante la altura del suelo de los coches y permitir así que la aerodinámica trabajara de modo óptimo, en favor de la conducción y la estabilidad en general. Pero el proyecto más avanzado fue el de las cuatro ruedas con virador de dirección, llamado FTT, que debutó en la segunda mitad de la temporada en la Benetton de 1993. Era el resultado de un estudio mío, largo y complejo, iniciado dos años antes. El sistema FTT, dotado de dos semiejes anteriores y de un pequeño embrague hidráulico que no tenía nada que ver con el del motor, daba una respuesta velocísima en las chicanas y facilitaba tanto el control del sobreviraje, como el del subviraje. Las ruedas posteriores giraban con un ángulo de tres grados solamente. Ninguno de los otros equipos se dio cuenta de esto hasta que algún piloto, siguiendo de cerca nuestros coches, empezó a comprender. Y corrió la voz en el paddock. Patrese apreció poco el sistema, a diferencia de Schumacher que ganó con él la antepenúltima carrera de la temporada, el GP de Portugal en Estoril. En algunos trazados teníamos incluso una ventaja de tres décimas por vuelta, en otros en cambio no. Luego en 1994 la Fia prohibió las cuatro ruedas viradoras".
Symonds sonríe pensando en todas las cosas nacidas de la inventiva de los hombres de la Benetton "comprendido el frontal con capó alto de 1991 que supuso un cambio radical imitado luego por todos, o el doble embrague de 1999 que nunca se utilizó en una carrera". Explica: "Las cosas nacen mejor cuando hay armonía. Y en aquellos años había mucha, porque la Benetton era como una familia".

COMUNICACIÓN

Patrizia Spinelli y la terapia-shock "No nos entendían ni siquiera dentro del equipo"

Hay una revolución que ha marcado la Fórmula 1 a partir de mediados de los años ochenta y que, aún sin pasar a través de las habituales y periódicas transformaciones reglamentarias, ha cambiado su imagen, su percepción y su personalidad.
Durante ese período un mundo ensordecedor, espectacular y duro pasa de la frialdad del "blanco y negro" al glamour del "color" con el mismo ímpetu que marcó el final de la televisión en blanco y negro. Como a menudo pasa en los cambios extraordinarios, también éste ha contado con un protagonista inopinado, una persona que empleaba la tecnología sobre todo para fabricar prendas de punto suaves, de calidad y rebosantes de color: Benetton.
Luciano Benetton y luego su hijo Alessandro abrazan la idea de la Fórmula 1 con determinación creativa y empresarial, volcando en ella la extraordinaria capacidad de comunicar, de presentarse, de interpretar la vida.
"Nos miraban como si estuviéramos locos", recuerda Patrizia Spinelli, en aquel entonces responsable de relaciones externas del Grupo para los Estados Unidos y a la cual hicieron volver de Nueva York para que se dedicara a la nueva aventura.
"Paradójicamente los primeros problemas los teníamos en el interior del equipo: recuerdo el esfuerzo para que se aceptaran hombres que vivían atados a la décima de segundo, a las prestaciones, a la mejora que se consigue con enorme fatiga y trabajo, personas como Walkinshaw o Barnard, poner buena cara a la invasión de modelos, de clientes de la moda, a patrocinadores verdaderos o potenciales, con sus preguntas y su presencia que a veces resultaba realmente pesada."
Es el momento del espectáculo dentro del espectáculo, del cambio de los papeles, con el propietario-patrocinador que no acepta pasivamente la vida del paddock buscando su momento de visibilidad sino que, al contrario, se convierte en protagonista del acontecimiento, con fiestas, eventos, sorpresas. Los fines de semana de carreras, inicialmente marcados por el trabajo y por las pruebas con la única manifestación de frivolidad relegada al Principado de Mónaco,

se convierten en la cumbre de la espera y del espectáculo, deportivo y al mismo tiempo mediático.
"Lo hacíamos todo solos, sin agencias ni creativos y cero presupuesto, dando rienda suelta a la fantasía." Así, en un instante, llega la prensa fuera del sector a la Fórmula 1, aquélla que no tiene idea de lo que son las carreras, con reportajes de moda realizados en el box del equipo, como el del GP de Phoenix, con las modelos que, curiosamente, no llevan puestas prendas Benetton y se mueven entre los monoplaza en primer plano.
Le toca a Flavio Briatore, que la familia Benetton pone en el puente de mando de este ágil barco de combate, leer la realidad de la F.1, su carácter transversal capaz de involucrar del mismo modo a personas y países profundamente diversos, sus contenidos éticos y pasionales. Él y Patrizia Spinelli forman una aguerrida task force, lista para cambiar completamente la situación, convirtiéndola en agradable y útil para el propio objetivo, y dispuesta a modificar el modo en que se percibe el equipo. También se crea y cuida la imagen de los pilotos, que hasta entonces estaban abandonados a sí mismos, con la idea de combinar un producto fuera del restringido campo de la carrera. Y, como pasa en la comunicación institucional, también Benetton Fórmula identifica en sus pilotos más jóvenes la tipología a proponer: los rasgos glaciales de los nórdicos Lehto y Verstappen se alternan con la comunicativa latina de Alesi y el pudor de un Schumacher que, con 21 años, acepta con profesionalidad incluso roles que no le resultan particularmente naturales. Rostros diversos, la misma pasión. United Colors.
Cunde la iniciativa de Benetton, surgen seguidores, imitaciones, parodias y en poco tiempo la Fórmula 1 se transforma en el "circo" de colores donde Flavio Briatore, dictando tiempos y modos de comunicar, se propone elevar el nivel técnico y competitivo de un equipo que, para sus detractores, sigue siendo un outsider poco convincente. Lo consigue en 1994, con el primer título de pilotos, y en 1995, conquistando la confianza de Renault para los motores y haciéndose con los dos laureles, Pilotos y Constructores.
De medir los altibajos de las vicisitudes deportivas se encargan los acontecimientos destinados a crear recuerdos, impresiones, a marcar el territorio de modo definitivo. Las primeras iniciativas van al unísono de otra idea revolucionaria: la de cambiar patrocinador cada dos Gran Premio, utilizando las diversas marcas que se encuentran bajo el paraguas de la Sportsystem, la empresa de Benetton que fabrica y distribuye equipos deportivos de alta calidad. Llegan a los circuitos Nordica, Prince, Killer Loop y toda una serie de manifestaciones colaterales, estudiadas para realzar la característica dinámica de los productos: carreras de mountain bike y torneos de tenis involucran regularmente a pilotos, técnicos, periodistas e invitados, en una especie de "Juegos sin Fronteras" del paddock, que en cada Gran Premio se anuncia como un momento de relax y de cohesión. Y luego las fiestas, memorables, como el partido de polo en Argentina, o el rodeo en Phoenix, con el inevitable toro mecánico puesto a disposición de los invitados más valerosos o, también, el partido de fútbol en Jerez, pionero, con sus 6.000 espectadores, de los "partidos del corazón" de hoy.
También la presentación de los nuevos monoplaza constituye una oportunidad de comunicación. De todas las temporadas, destaca la de 1996, la primera "post-Schumacher", en un escenario magnífico e inenarrable como el teatro griego de Taormina, con el "siciliano" Alesi que recorría las callejuelas de la ciudad en un improbable Gran Premio de la Trinacria.
Así como después de la oscuridad llega la luz, con la llegada de Benetton la Fórmula 1 cambió de aspecto y pasó a ser accesible, divertida, "amiga". El modo de comunicar se adaptaba al equipo pero también al ambiente, hasta aquel momento alegrado sólo por las chanzas de los pilotos más fanfarrones y despreocupados, que aportaban alborozo a un mundo donde la técnica era la única religión que se profesaba en la pista. ¿El mejor recuerdo de Patrizia Spinelli? "Luciano Benetton en Suzuka, en 1995, durante la fiesta por el doble título conquistado con antelación: verlo exaltado bailando, arrastrado por la alegría y conmovido, fue una de las cosas más satisfactorias de toda mi vida."

PATROCINADORES

La Benetton de patrocinadora a… patrocinada. Un recorrido que nadie había experimentado antes. Y que a menudo se ha concretado en una serie de partnership que han contribuido a crear un mecanismo triunfador. Porque nunca se triunfa solos, sobre todo en un deporte que se basa en la tecnología y requiere inversiones ingentes.
Son numerosos los nombres que se han querido asociar a la aventura de la Benetton. Algunos pequeños y otros imponentes, pero todos igualmente importantes. Todos indispensables y todos parte de un proyecto irrepetible.

DIARIO 1983/2001

"La maestría de un campeón como Schumacher hace caso omiso de las victorias. Recuerdo el año de su primer mundial con la Benetton-Ford: el equipo estaba a punto de volverse importante, aunque el coche no siempre era el mejor. Pero si el éste no daba de sí, él se encargaba de todo, marcando la diferencia. Magnífico."
Niki Lauda, Viena, febrero de 2003

1983
Con Michele Alboreto en el relanzamiento de la Tyrrell

Una escudería histórica, un piloto italiano muy prometedor y un monoplaza totalmente verde, el clásico color británico en los Gran Premio: empieza así, con el patrocinio de la Tyrrell a principios de 1983, la aventura de Benetton en Fórmula 1 como patrocinador. La escuadra del viejo Ken, que viviera un período glorioso gracias a los mundiales conquistados por el escocés Jackie Stewart y a los éxitos de Patrick Depailler, François Cevert y Jody Scheckter, se había ido sumiendo poco a poco en una crisis profunda debido a la falta de fondos, pero luego volvió a sorprender. Gracias también al joven Michele Alboreto que, un año antes, con Luciano Benetton como espectador, al volante del monoplaza con motor Ford-Cosworth 8 cilindros cosechó el éxito en la carrera de Las Vegas, decisiva para la lucha por el título entre el finlandés Keke Rosberg con la Williams (que resultó campeón) y el irlandés del norte John Watson con la McLaren.
En 1983 el equipo parte de nuevo para hacer que se respete su papel de outsider, capaz de aguijonear en cuanto se presenta la oportunidad. Al volante siempre Alboreto y el estadounidense Danny Sullivan. El grupo no desilusiona.
Michele resulta vencedor de nuevo, en el GP Usa Est en Detroit, regalando al V8 inglés el último éxito de un largo período (un propulsor Ford volverá a ganar sólo 6 años más tarde y justo con la Benetton pilotada por Nannini). De todos modos, en 1983 Alboreto cierra el campeonato –conquistado en la última carrera en Sudáfrica por Nelson Piquet con la Brabham-BMW– en duodécima posición con 10 puntos. Sullivan termina en el puesto decimoséptimo con 2 puntos. La escudería se sitúa en el séptimo puesto en el mundial de constructores con 12 puntos, los mismos que la Lotus.
Naturalmente la estrella es Michele Alboreto, demasiado bueno para que no lo noten los equipos en la cumbre. Es tan bueno que Enzo Ferrari se sintió inclinado a romper el embargo contra los pilotos italianos que duraba desde hacía diez años. Así, esperado, llega el anuncio oficial de Maranello: Michele Alboreto en 1984 iba a pilotar una "roja" (apelativo de la Ferrari), al lado de René Arnoux. Muchos saludos a todos, buena suerte y adiós también a la Benetton. La empresa véneta deja la Tyrrell tras una primera experiencia en los GP que se puede considerar positiva.

Nanni Galli
"Así Luciano decidió entrar en Fórmula 1"

"Sí, creo que fui yo quien convenció a Luciano Benetton a entrar en Fórmula 1", dice Nanni Galli, propietario de una empresa de hilados en Prato, con un notable pasado como piloto que le llevó a ganar con los Alfa Romeo oficiales y luego a conducir incluso el Ferrari en Fórmula 1.
"Eran los años setenta, hace un siglo", comenta sonriendo con una pizca de nostalgia y falsa modestia. Luego cuenta: "Conocí a Luciano Benetton por motivos de trabajo. Yo era uno de sus proveedores de hilados. Y como no había perdido el vicio de ver los Gran Premio, le sugerí que pensara en la Fórmula 1 como vehículo promocional. La Benetton en los años ochenta se estaba expandiendo, abría tiendas en todo el mundo y las carreras, en mi opinión, podían ser un medio excepcional para

dar publicidad a la marca. Luciano conocía la F.1 por los periódicos, pero no sabía nada del ambiente, de la atmósfera, de los posibles beneficios".

Luciano Benetton piensa, medita. Y se da cuenta de que la cosa podría funcionar. Presencia con Nanni Galli el Gran Premio de los Estados Unidos en Detroit, comprende que la Fórmula 1 podía ser realmente algo extraordinario, porque además el coste-contacto resulta ventajoso. "Algún mes más tarde –prosigue Galli– llamé por teléfono a Ken Tyrrell, cuyo equipo, en mi opinión, reunía las características ideales para asociarse con Benetton, teniendo en cuenta el hecho de que el piloto puntero de 1983 iba a ser un joven italiano muy prometedor, Michele Alboreto. Tyrrell era un gran personaje, había contado con pilotos famosos como Jackie Stewart, Patrick Depailler, Ronnie Peterson, mantenía relaciones privilegiadas con la Ford. Nos marchamos a Inglaterra; era el mes de septiembre de 1982 y ya hacía frío. Luciano Benetton y Ken Tyrrell se agradaron. Y se firmó un contrato de patrocinio."

El resto fue una feliz sorpresa: "Alboreto ganó en Las Vegas y sucesivamente en Detroit y nosotros estábamos allí, en el box, muertos de ansia. Luciano, que nunca se deja arrastrar por el entusiasmo, estaba en el séptimo cielo. No le había fallado su instinto, cuando decidió meterse en la Fórmula 1. Y yo compartía su alegría".

1984
Con la Alfa Romeo entre entusiasmos y dificultades

El adiós de Benetton a la Tyrrell estaba motivado por el deseo de ligarse a una gloriosa marca italiana, la Alfa Romeo, pese a que su presencia en los GP ya no era directa sino a través de la gestión de la Euroracing. La Alfa, que escribiera páginas inolvidables conquistando los dos primeros campeonatos en la historia del mundial (con Farina en 1950 y con Fangio al año siguiente), se había retirado de los GP para volver en los años setenta suministrando sus motores a March, McLaren y sobre todo a Brabham. Luego retornó de modo oficial con la llamada Alfa-Alfa pilotada en las últimas carreras de 1979 por Vittorio Brambilla. Y al año siguiente con un equipo de dos coches con Bruno Giacomelli y Patrick Depailler, francés que desapareció trágicamente durante una prueba en Hockenheim en el verano de 1980.

Terminada la experiencia en primera persona a finales de 1983, sin conseguir ganar un GP, la Alfa Romeo se presenta al inicio del mundial sucesivo con el nombre de Euroracing-Alfa. Color: verde Benetton. A la cabeza de la gestión está Gianpaolo Pavanello, con su ingeniero de siempre, Carlo Chiti, que se ocupa de motores y cuestiones políticas. Los pilotos son Riccardo Patrese, que llega de la Brabham, y el ítalo-americano Eddie Cheever que he dejado la Renault. A primera vista una óptima combinación. Pero la temporada no resulta positiva. Hay bastantes problemas con el propulsor y la nueva fórmula, ligada a los consumos, ve que los dos pilotos pierden a menudo sólidos puestos por haberse quedado sin gasolina al final de la carrera. De poco sirve la llegada de Gianni Tonti para ocuparse de la gestión del sector propulsores, con los poderes de Chiti limitados por Alfa Romeo.

A finales del campeonato el mejor resultado es el tercer puesto de Patrese en el GP de Italia, en Monza. El paduano es también cuarto en Kyalami y sexto en el GP de Europa en el Nürburgring. Un cuarto puesto, en la carrera inaugural del mundial de Brasil, es también la mejor clasificación de Cheever. Riccardo cierra el campeonato en el puesto decimotercero con ocho puntos, Eddie decimosexto con tres. Y la escudería es sólo octava entre los constructores. Poco, para sus ambiciones iniciales.

1985
La compra de Toleman
Benetton se convierte en equipo

Pocos resultados y dificultades políticas. No puede durar. Así la Benetton –si bien manteniendo siempre el patrocinio de la Alfa-Euroracing administrada con la estructura del año precedente, con la única incorporación de la leyenda de los rallies Sandro Munari como director deportivo– empieza a buscar una vía directa y más positiva para ser protagonista en F.1.

La ocasión se presenta con la Toleman. El equipo inglés, que llegó a la F.1 en 1981, había crecido y en 1984 vivió su mejor temporada con el debut de un tal Ayrton Senna. Pero la marcha del brasileño a la Lotus y un problema de neumáticos obligan a la escudería, que utilizaba los motores Hart, a quedarse parada mientras empieza el campeonato de 1985. La Toleman, en efecto, pasa a los Michelin rompiendo con la Pirelli. Pero a finales de 1984 la Michelin abandona los GP y la escuadra –habiendo irritado a la Pirelli– se encuentra sin suministro de neumáticos.

En mayo la Benetton, tras una rápida negociación, compra la Toleman y debuta en la cita de Montecarlo, cuarta carrera de la temporada que se celebra el 19 del mismo mes, con un único coche pilotado por Teo Fabi. Suscitando de inmediato el estupor de todos, por los colores de la máquina (estupenda: blanca con las banderas de diversos países y el letrero "United Colors of Benetton") y por otras iniciativas increíbles para la F.1 de aquella época. La más significativa, los colores de los neumáticos Pirelli. La sede se encuentra en Witney, Inglaterra, y del GP de Austria de agosto llega también el segundo auto para Piercarlo Ghinzani. Desde el punto de vista estrictamente aritmético no se puede decir que el mundial de 1985 resultara memorable para la empresa véneta. Pese a jugar por partida doble con los equipos ligados a ella, la Benetton no se lleva a casa ni siquiera un punto. En especial resulta desastroso el campeonato de la Alfa Romeo, hasta tal punto que a final de año la casa milanesa se retira definitivamente de la F.1. Por el contrario, la Toleman-Hart realza su temporada conquistando una bellísima pole con Teo Fabi en el GP de Alemania en la veloz pista de Hockenheim. La suerte está echada: a partir de ese momento la Benetton caminará con sus propios pies.

1986
Y por fin llega la primera victoria

Finalmente es sólo Benetton. Tres años después de entrar en Fórmula 1, el grupo de Ponzano Veneto se presenta a la parrilla de salida de uno de los mundiales más intensos que se recuerdan con un equipo que lleva su nombre. Desaparece la Toleman y sale a la pista la Benetton B186 con el confirmado Teo Fabi y la nueva adquisición, el joven austriaco Gerhard Berger. El motor es BMW y los neumáticos son de nuevo Pirelli. En el organigrama de la escudería consta Davide Paolini como administrador delegado, el sudafricano Rory Byrne sigue ocupando su puesto de director técnico y Peter Collins, con un pasado prestigioso en la Lotus y en la Williams, es team manager.

La temporada de 1986 fue especialmente dramática para la F.1. El 8 de marzo Frank Williams, regresando en coche de una prueba de su equipo en Castellet, en el sur de Francia, sufre un espantoso accidente de tráfico que lo dejará tetrapléjico. El 14 de mayo, a consecuencia de un tremendo impacto debido a la rotura del alerón posterior de su Brabham-BMW, siempre en Castellet, muere el romano Elio De Angelis. El mundial ve un irrepetible desafío de cuatro protagonistas: Nigel Mansell y Nelson Piquet con la Williams, Alain Prost con la McLaren y Ayrton Senna con la Lotus. Resulta vencedor el francés en la última carrera de Adelaide, en Australia, después del reventón del neumático de Mansell en el rectilíneo final.

La Benetton se porta muy bien. Conquista dos pole position con Fabi en Austria y en Monza. Pero sobre todo, gracias a una gran jornada de los neumáticos Pirelli, gana el GP del México con Berger. Gerhard domina y cierra con más de 25" respecto a la McLaren de Prost. Al final de la temporada, Berger es séptimo con 17 puntos, Fabi decimoquinto con dos y la escuadra ocupa el sexto puesto de los constructores.

Todo está listo para que se pueda emprender el vuelo. Pero en el mejor momento desaparecen los dos pilares de la estructura Benetton. A Berger lo ficha la Ferrari, confirmando la tendencia iniciada con Alboreto (que en 1987 será el compañero de escuadra de Gerhard con la Ferrari) y que proseguirá con Michael Schumacher: los pilotos Benetton gustan en Maranello. Mientras la BMW, ya en el GP de Francia de julio, anuncia su adiós a la F.1. Hace falta un motor, Hay que empezar desde el principio.

Peter Collins
"El éxito de Gerhard marcó un cambio"

Fue el primer responsable delegado del equipo, pocas semanas después de que la Benetton comprara la Toleman. Y sobre sus

hombros y los de Davide Paolini recayó el peso de las primeras fases de la organización.
Peter Collins, homónimo –pero nada más– de aquel Peter Collins que corrió con la Ferrari en los años cincuenta, hoy es un distinguido señor australiano que sigue siendo un amante de las carreras y todavía mantiene relaciones estrechas con la Fórmula 1, ocupándose de varios temas entre los cuales se cuenta la gestión de los pilotos: "Empecé mi trabajo como director general del equipo con el Gran Premio de Francia de 1985; había dejado la Williams y hubo un subseguirse de preguntas por parte de todos: ¿por qué has plantado a Frank? En realidad me fascinaba y me motivaba un montón la idea de volver a empezar con bases nuevas y de aprovechar la experiencia vivida primero con la Lotus y luego con la Williams. Creo que cumplí mi parte sentando las bases de lo que después se convirtió en un gran equipo".
Llamado a la Benetton por su amigo Rory Byrne, se ocupó de la administración interna de la fábrica, de las relaciones con la familia Benetton, pero también de los contactos con la Fia, con los pilotos y con los proveedores de motores. "Viví un momento maravilloso cuando Berger ganó con nuestro coche el GP de México de 1986. En aquel momento comprendí que estábamos creciendo y que llegaríamos a ser grandes. Y así fue."
Australiano de Sydney, con un modo de hablar sugestivo pero también sumamente directo en caso necesario, Peter Collins dejó el equipo Benetton en 1989.

1987
Acuerdo con la Ford
El turbo de Detroit

La Benetton no se desanima. Para el suministro de sus motores turbo se pone de acuerdo con la Ford, y esto marca el inicio de una colaboración feliz y provechosa que dará grandes satisfacciones a ambas partes. Para sustituir a Gerhard Berger ficha al belga Thierry Boutsen, que ya disputara cuatro temporadas en F.1 con la Arrows. Un piloto poco vistoso, pero muy sólido que acompaña a Teo Fabi, formando una pareja bien armonizada y dispuesta a hacer sacrificios para crezca el equipo.
El coche es el B187 que, como se ha dicho, lleva un propulsor Ford V6 con ángulo de bancada a 120°. Unidad a la cual los nuevos reglamentos –que permiten que los motores aspirados vuelvan al Mundial– imponen una válvula de limitación.
La estructura del propulsor, usado el año antes por la Lola Haas y no muy potente, permite una buena disposición en el chasis con importantes beneficios aerodinámicos. Y el coche cumple su deber.
Pero el mundial es un asunto privado en la Williams, la Lotus de Senna es la única que disputa un dominio neto. Al final el título, el tercero de su carrera, lo conquista Nelson Piquet que domina frente al velocísimo, pero poco afortunado, Nigel Mansell. El epílogo se produce cuando, en las pruebas del GP del Japón en Suzuka, el inglés tiene un accidente que lo manda directamente al hospital, forzándolo así a abandonar cualquier esperanza de remontar.
Para la Benetton las cifras muestran que se ha dado un paso adelante respecto a 1986. La escuadra cierra el mundial de constructores ocupando el quinto puesto con 28 puntos, mientras en lo tocante a los pilotos, Boutsen es octavo con 16 y Fabi noveno con 12. Pero en la disputa falta la victoria que llegara el año anterior. Los mejores resultados de 1987 son dos terceros puestos: el del milanés en Zeltweg, Austria, y el del belga en Adelaide, Australia, en la última carrera de la temporada. No es mucho, pero la estructura resulta cada vez más sólida y la vía para tratar de alcanzar la cumbre ya está trazada. Para crear más discontinuidad llega un cambio de reglamento, que para 1989 permitirá la presencia sólo de motores 3.5 aspirados. La Benetton decide anticipar la operación: a partir de 1988 contará con un Ford-Cosworth DFR 8 cilindros.

1988
Un observador en los box
Se llama Briatore

El 14 de agosto de este año fallece en Módena Enzo Ferrari. Para la Benetton es también el año en que se incorpora al equipo el veloz y simpatiquísimo Alessandro Nannini, un verdadero descubrimiento. Y sobre todo se establecen los primeros contactos con Flavio Briatore, manager de Cuneo, para que ocupe un cargo directivo. La nueva B188, proyectada de nuevo por Rory Byrne, monta otra vez el propulsor Ford V8 aspirado. Cuarto cambio de motor en cuatro años, un ejercicio de ingeniería capaz de poner a dura prueba a cualquiera. Los neumáticos pasan a ser Goodyear, después de los años transcurridos con Pirelli. Para la formación de los pilotos, junto con el toscano, se confirma a Thierry Boutsen. Se marcha Teo Fabi, tras tres temporadas en el equipo, provechosas a fin de cuentas.
El balance final de la temporada resulta positivo. La Benetton conquista el tercer puesto en el mundial de constructores, acumulando 39 puntos que le permiten ubicarse detrás de la imbatible McLaren (que ganó con Senna y Prost incluso 15 de las 16 carreras y obviamente los dos títulos mundiales, el de pilotos con Ayrton) y de la Ferrari. En la clasificación Boutsen termina con un óptimo cuarto con 27 puntos gracias a cinco terceros puestos y otras cuatro llegadas con puntos. Nannini, que en Hockenheim recibe la visita en el box de su hermana la rockstar Gianna, conquista 12 (con dos terceros puestos) y se sitúa en el noveno puesto.
En el último Gran Premio del año, en Adelaide, se presenta como invitado el desconocido Flavio Briatore. "Me había tomado un año sabático y hacía dos semanas que había regresado a mi casa en las Islas Vírgenes –explica más tarde el manager de Cuneo–. Me llamó por teléfono Luciano, quería que me reuniera con él en Nueva York para seguir una carrera en Australia. Le pregunté qué tipo de carrera y me respondió: la de F.1." Briatore pasó siete años poniendo en marcha las actividades de Benetton en los Estados Unidos. No es del ambiente, no tiene experiencia y no conoce el mundo de los GP. Pero el tiempo, el entusiasmo y la falta de prejuicios capaz de homologarlo y condicionarlo están de su parte. Dejará huella.

1989
Show de Nannini en Japón
La conexión con Barnard

Una temporada de grandes cambios. Tras la primera fase de estudio, llega el plan de desarrollo para apuntar a la cumbre. Alessandro Benetton, el segundo hijo de Luciano, nacido en 1964, pasa a ser presidente. Davide Paolini desempeña el cargo de administrador delegado, el recién contratado Flavio Briatore es director comercial, mientras Rory Byrne y Peter Collins siguen siendo director técnico y director deportivo respectivamente.
Al confirmadísimo Nannini se une Johnny Herbert. Pero el inglés, una verdadera promesa en F.3000, está sufriendo las consecuencias de un accidente en Brands Hatch el verano precedente que le ha causado fracturas múltiples en las piernas. Johnny se presenta al primer GP de Brasil sin poder andar: se mueve por el paddock sólo en bicicleta y cada vez que entra en el habitáculo padece enormemente. Pero no se rinde. Y justo en aquel GP, que ve el increíble éxito de Nigel Mansell en su debut con la Ferrari, él llega cuarto. Pero los problemas físicos son demasiados, el inglés no consigue confirmarse y tras seis carreras, después del GP de Francia de principios de julio, pasa a ser sustituido por el italiano Emanuele Pirro.
La máquina, la B189 que lleva el Ford V8 en exclusiva, es buena y da muchas satisfacciones. Hasta el punto de cerrar en el cuarto puesto el mundial de constructores, empezado con 20 equipos. Con Nannini óptimo sexto tras conquistar 32 puntos, Herbert decimocuarto con cinco y Pirro en el puesto 23 con dos puntos. En todo esto se lleva la palma la victoria de Nannini en el GP del Japón, aunque fue fruto de la paciencia. Tras el roce entre las McLaren de Senna y Prost en chicane, el francés se retira, el brasileño parte de nuevo y termina delante de todos, pero luego es descalificado: el título va a Alain entre mil polémicas y el éxito en Suzuka, el primero y por desgracia el único de su carrera, lo obtiene el toscano. Pero al equipo no le basta la satisfactoria temporada. El 29 de septiembre, tres semanas antes de la parrilla de salida japonesa, se anuncia el fichaje como director técnico de John Barnard, el "mago" que lanzara a la Ferrari. Uno llega y otro se va: al final de la temporada Davide Paolini se despide.

1990
Piquet a tanto por punto ocupa el tercer puesto en el campeonato

Con la pareja Barnard-Byrne (este último proyecta también la nueva B190) al timón de la gestión técnica, se afronta una temporada que teóricamente parece muy prometedora y que dejará para el final todo lo positivo y lo negativo. Ya no está Peter Collins, sustituido como director deportivo por Gordon Message, su asistente. Al lado de Nannini aparece Nelson Piquet, tres veces campeón del mundo, que ha pasado años poco felices en Lotus. Para Briatore representa su estreno en tema de pilotos, sobre todo por la modalidad: al brasileño le pagan 50 mil dólares cada punto, sin ninguna base fija de fichaje. Y rinde al máximo, sobre todo al final del campeonato. Pero con el monoplaza con motor Ford V8 y neumáticos Goodyear también descuella Nannini. Para el toscano es un año importante, e incluso la Ferrari que busca un piloto para sustituir a Mansell que se está yendo, empieza a seguirlo con interés. Pero, justo en el mejor momento, los sueños se hacen añicos. En vísperas de Monza, cuando muchos dan por hecho el fichaje con la Ferrari, Nannini dice que no y decide quedarse en la Benetton también en 1991.
Pero el destino está al acecho. El 12 de octubre Nannini sufre un accidente mientras trata de aterrizar con su helicóptero en las proximidades de su casa. El vehículo se empina y luego capota. Una hélice le secciona el antebrazo derecho: los médicos del Centro de Traumatologia y Ortopedia de Florencia consiguen reimplantarlo tras una complicada y delicada operación, pero la carrera del toscano en F.1 ha llegado a su ocaso. En las últimas carreras de la temporada le sustituye el brasileño Roberto Moreno. E, ironía de la suerte, llegan dos éxitos que llevan el nombre de Benetton y Piquet. El primero, tras la colisión en el momento de la salida en Suzuka entre Senna y Prost, "venganza" del brasileño por el año precedente y, chispa para otras importantes polémicas, hay incluso un doble. El primero de la Benetton en F.1. El mundial, ganado por Ayrton, ve a Piquet en el tercer puesto con 43 puntos válidos (y 44 conquistados), Nannini octavo (con 21) y Moreno décimo con seis. El equipo ocupa el tercer puesto de los constructores. Pero no reina la tranquilidad: en octubre se marcha Rory Byrne, sustituido como proyectista por Gordon Kimball. A final de año se anuncia que en la temporada siguiente los coches llevarán de nuevo neumáticos Pirelli.

1991
La revolución de los técnicos En Monza debuta Michael

Una única victoria, que lleva de nuevo la firma de Nelson Piquet, pero para la historia de la Benetton el año 1991 –más allá de los resultados, que no son memorables– es un año en que sembrar resulta fundamental. La gestión de Gordon Message dura poco y al principio del campeonato Joan Villadelprat recibe el nombramiento de team manager. Y, para reforzar la experiencia en el sector de ingeniería, el 35% del equipo se cede a la TWR del británico Tom Walkinshaw, un pasado de piloto en el Turismo y famoso sobre todo como artífice de los éxitos de la Jaguar en los Prototipos.
El mundial inicia con la B190, luego llega la B191 siempre con motor Ford V8. Durante dos tercios del campeonato los pilotos son de nuevo el brasileño, tres veces campeón, y su compatriota Moreno. Pero en el GP de Bélgica en Spa, para sustituir a Gachot, que dio con sus huesos en la cárcel en Londres después de agredir a un taxista, debuta en la Jordan un cierto Michael Schumacher. El duo Briatore-Walkinshaw, intuyendo el potencial del alemán, examina a fondo el contrato con el equipo británico y antes de la carrera siguiente (en Monza) le quita Schumi a la Jordan y lo lleva a la Benetton para ocupar el puesto de Moreno. Entre discusiones, amenazas legales y papel timbrado, el alemán por fin puede correr el GP de Italia (situándose inmediatamente detrás de Piquet) e inicia su carrera con el equipo anglo-italiano. Al final de la temporada –aparte del éxito de Piquet en Canadá, conquistado en la última vuelta por la parada de la Williams de Mansell– en el morral hay otros dos podios. La Benetton cierra al cuarto puesto entre los constructores con 38,5 puntos. Entre los pilotos, en cambio, Piquet acaba sexto; Moreno, décimo y Schumacher, duodécimo. Un balance peor del precedente. Y sobre todo una situación técnica que requiere una sacudida. Que llega puntual. Primero con la marcha de John Barnard. Luego, como resultado de las presiones de Walkinshaw, se despide también al proyectista Gordon Kimball. Tom tiene un plan y lo pone en práctica inmediatamente. La dirección técnica se encomienda a Ross Brawn, cerebro estratégico de los éxitos de Jaguar-TWR en los Prototipos. Luego convencen al ingeniero sudafricano Rory Byrne a que regrese con el cargo de jefe de la división de estudio y desarrollo. Se han sentado las bases para los triunfos del futuro.

1992
Brundle, un hombre inestimable Schumi, prodigio en Spa

Frente a la Williams y la McLaren, el camino sigue siendo cuesta arriba. Pero a la espalda de los dos colosos, arrastrados por los "caníbales" Mansell y Senna, la Benetton se impone con fuerza convirtiéndose en la tercera potencia de la Fórmula 1. El equipo de los pilotos ve, al lado del emergente Michael Schumacher, la entrada en el equipo de Martin Brundle. El inglés, generalmente infravalorado es, en cambio, un protagonista tenaz y suficientemente veloz. La pareja, bien compaginada, fomenta el desarrollo y el crecimiento de la escuadra. Cuenta con el apoyo de un equipo técnico en el cual ya brillan por su ausencia las "prime donne" y resulta homogéneo y fuerte.
Hacia fines de marzo se anuncia el fichaje de Alex Zanardi, con una óptima temporada en F.3000 a sus espaldas, para dedicarlo a las pruebas y al desarrollo del motor Ford V12, que a pesar de todo nunca se verá en un Gran Premio.
Para las tres primeras carreras del campeonato sale a la pista la B191 modificada, que vuelve a utilizar los neumáticos Goodyear. Luego, en Barcelona, en ocasión del GP de España, que representa también la carrera número 100 de la Benetton en F.1, debuta la B192 dotada del habitual y fiable propulsor Ford HB V8. Es una temporada que alcanza su punto máximo en ocasión del GP de Bélgica, que se corre en Spa en un asfalto que pasa de mojado a seco después de un fuerte chaparrón.
A un año exacto de su admirable debut en F.1, Schumacher conquista el primer éxito de su carrera dejando a sus espaldas nada menos que las Williams de Mansell y Patrese, auténticas dominadoras del campeonato.
La hazaña belga no es ciertamente casual: se suma, a final del campeonato, a los tres segundos y cuatro terceros puestos obtenidos por Michael y al segundo puesto (en Monza) y a los cuatro terceros de Brundle. Además de una serie de otras clasificaciones de puntos que sitúan la escuadra de la Benetton –como hemos dicho– en la tercera posición en el mundial de los constructores y permiten que Schumacher y Brundle terminen en el tercer y sexto puesto respectivamente en la clasificación de los pilotos. Pero el resultado más importante de la temporada no entra en la lista de oro: es la construcción de la nueva sede de Enstone, en el Oxfordshire, que pasa a sustituir la de Witney. Una inversión costosa pero previsora. Será la planta donde nacerán los éxitos más importantes.

1993
Mientras Michael crece Patrese y Prost se marchan

El grupo formado por Alessandro Benetton, Briatore, Walkinshaw, Brawn, Byrne y Villadelprat puede trabajar al alimón, afianzando la colaboración. El 9 de febrero se inaugura oficialmente la planta de Enstone. Y el 14 de marzo en Kyalami, Sudáfrica, se pone en marcha la nueva temporada. Tras un año sabático vuelve a correr Alain Prost al volante de la Williams. Como es ya su costumbre, la Benetton se presenta a la salida con la B192 modificada, que será sustituida en la tercera carrera –el GP de Europa en Donington, en Inglaterra– con la nueva B193. El motor Ford HB V8 es el mismo que utiliza también la McLaren, huérfana de propulsores Honda. La única novedad de una cierta trascendencia en la Benetton está representada por la llegada de Riccardo Patrese, arrebatado a la Williams, que sustituye a Martin Brundle.
Para el paduano no es un año fácil: el confirmado Schumacher es velocísimo y él está viviendo su decimoséptima (y última) temporada en F.1. Al final de un campeonato, que para la escuadra se puede definir tranquilamente como de transición,

Riccardo obtendrá como mejor resultado un segundo puesto en Hungría y sólo otro podio, en Silverstone. En el mundial resultará quinto con 20 puntos, contra los 52 de Schumi. Y tras un récord de 256 Gran Premio, Patrese se despedirá de todos poniendo punto final a su carrera.
Michael Schumacher, en cambio, sigue creciendo en su papel de campeón indiscutible. Cinco veces segundo y tres veces tercero, también en esta ocasión consigue terminar el mundial con una victoria en su activo. El alemán la conquista en el circuito de Estoril, en Portugal, el día en el cual se diploma Prost como campeón del mundo por cuarta vez. Al final de la temporada Schumi es cuarto en la clasificación de campeones, mientras la Benetton se confirma en el tercer puesto detrás de Williams y McLaren.
Justo en Portugal, el día en que obtiene sus laureles, el as francés anuncia al mundo su retirada definitiva de las carreras. Para la temporada siguiente la Williams ha fichado al fenomenal Ayrton Senna, ya tres veces campeón del mundo con la McLaren. Teóricamente parece una pareja imbatible.

1994
Schumacher campeón
La Fórmula 1 llora a Senna

Una temporada inolvidable. En la faceta negativa, con un año trágico para la Fórmula 1. En la faceta positiva, con el mundial que por fin llega al tablero de la Benetton. Al empezar el campeonato, que ve la reintroducción del repostaje durante la carrera, la escuadra se presenta con Schumacher acompañado de J.J. Lehto al volante de la B194 con motor Ford Z-R V8. Pero un accidente en las pruebas invernales, que le causa daños en el cuello, impide que el finlandés esté presente al inicio del campeonato de Interlagos. Lo sustituye el holandés Jos Verstappen.
La víspera nadie hubiera apostado por el equipo de Enstone. La super favorita es la Williams de Ayrton Senna. Pero Schumi gana en Brasil y en el GP del Pacifico, en Aida. El brasileño, que tiene problemas de adaptación al nuevo vehículo, se retira en ambas ocasiones. Hasta que llega Imola y se produce la tragedia: el sábado muere Roland Ratzenberger, el domingo Ayrton. En un domingo tristísimo, angustioso, Schumacher gana y de repente se encuentra con que tiene en sus manos el mundial, mientras a su alrededor reinan el caos y el pánico. En las pruebas de Montecarlo, donde Michael sigue ocupando el primer puesto, el austriaco Kart Wendlinger se estrella y corre peligro de muerte. En Barcelona le toca a Andrea Montermini, que se fractura los tobillos saliendo de la pista.
Después de siete carreras Schumi ha cosechado seis éxitos y un segundo puesto. Pero a partir de este momento empieza un período duro. En Silverstone, Michael resulta descalificado (tras haber llegado segundo) acusado de superar a la Williams de Damon Hill durante la vuelta de reconocimiento. En Alemania se retira mientras, al repostar, la Benetton de Verstappen (que de nuevo sustituye a Lehto desde Francia) se incendia de modo espectacular aunque por suerte casi incruento. En Spa el alemán pierde el primer puesto por el consumo excesivo de la protección del fondo plano. Además, la Fia, que juzga al alemán y al equipo por no haber respetado la bandera negra en Gran Bretaña, sentencia la descalificación de dos GP de Schumi, que de este modo se salta Monza y Estoril. Hill remonta y llega a un punto de distancia y es decisiva la última carrera de Adelaide: una colisión entre los dos rivales elimina a ambos de la competición. Schumi y la Benetton son campeones del mundo. Es la apoteosis. Una enorme satisfacción tras un año muy difícil.

1995
Benetton señora absoluta
Llegan otros dos mundiales

Nueva cabalgata triunfal, para la Benetton, que legitima clamorosamente el título de 1995. El equipo ha abandonado los motores Ford, que la acompañaron positivamente durante diversos años y ha pasado a los Renault V10 de 3000 cm^3 como prescriben las nuevas reglas técnicas. Al lado de Schumacher, que será autor de prestaciones extraordinarias, se encuentra el inglés Johnny Herbert, que ya ha ocupado el puesto de Verstappen en las dos últimas carreras decisivas del año precedente.
La nueva B195 se presenta en la fábrica de Ponzano Veneto y demuestra ser un monoplaza excepcional. Esto, pese al difícil reto técnico representado por el paso de un motor de ocho cilindros a otro de diez, que no va en detrimento de las características de facilidad de conducción propias de la B194. Schumacher se reconfirma campeón en el circuito japonés de Aida –donde también Luciano Benetton participa en los festejos– con dos carreras de antelación respecto a la conclusión y en total gana nueve Gran Premio. Un récord equivalente sólo al de Mansell en 1992. Dos prestigiosos premios (Silverstone y Monza) los lleva en cambio a casa su compañero de equipo Herbert. Y así por primera vez en su historia la Benetton conquista también el mundial de constructores. Un dominio absoluto o casi.
Y al mismo presidente de la Fiat, en ocasión de una visita suya al GP de Hungría, se le escapa –casi seguro voluntariamente– el scoop del año. "Parece que el alemán es nuestro", dice a los periodistas con una cierta desenvoltura. Naturalmente es cierto, y el 16 de agosto llega el anuncio oficial. Schumacher, a la caza de nuevos retos, se traslada a la Ferrari. Pero esto nada quita al fantástico 1995 del equipo, que cerró con 137 puntos y 11 éxitos de los 17 en su activo. Flavio Briatore, de todos modos, no pierde el tiempo y juega una carta a sorpresa y potencialmente genial: el 9 de septiembre la Benetton anuncia el fichaje de Jean Alesi y Gerhard Berger para la temporada de 1996. Justo los dos ex pilotos de la Ferrari.

1996
El viraje de Taormina en el teatro griego

Schumi ya no está allí y se le echará de menos. Pero Briatore y sus hombres tratan de luchar de todos los modos posibles. Incluso estableciendo un acuerdo con la estructura Fondmetal de Casumaro, cerca de Ferrara, que dispone de un túnel de viento a la vanguardia, que se ocupará del desarrollo aerodinámico. El gran triunfo mediático es la presentación de la Benetton y de los pilotos en Taormina, en Sicilia. La B196, siempre con motor Renault, aparece en el escenario del teatro griego con el Etna al fondo y luego da unas vueltas por las callejuelas de la vieja ciudad. El triunfo lo marca la obtención de la licencia italiana, con la posibilidad de que se oiga el himno nacional italiano en el podio en caso de victoria. Desgraciadamente esto no pasará.
Es una temporada –en la cual se firma el nuevo Pacto de la Concordia, con el dinero que entra a chorros con la tv digital– dominada a lo largo y a lo ancho por la Williams, con Damon Hill que se convierte en campeón batiendo a la revelación Jacques Villeneuve, su nuevo compañero de equipo procedente de las carreras en Usa. Michael, con la Ferrari, consigue ganar tres carreras, mientras la Benetton queda a cero, Alesi consigue cuatro segundos puestos y cuatro terceros y Berger debe darse por contento con un segundo y un tercero. A final de año Jean se sitúa en el cuarto puesto en el mundial y Gerhard en el sexto: sólo por dos puntos, la Benetton no consigue batir a la Ferrari para situarse detrás de la Williams en el mundial de constructores.
Pero 1996 es un año de grande fermento en Benetton, sobre todo al final de la temporada. Primero Flavio Briatore, que ahora es realmente un hombre de negocios más que un directivo ligado a una única realidad, compra y luego revende a Ligier y Minardi. Y algo pasa también a nivel de gestión. Rory Byrne, que nunca había escondido su sueño de un futuro alejado de las pistas, deja la F.1 y se traslada con su esposa tailandesa a las playas de Phuket. Ross Brawn, acompañado del experto en electrónica Tad Czapski y del especialista en aerodinámica Willem Toet, pasa con armas y bagajes a la Ferrari, que en 1998 conseguirá "recuperar" para el proyecto incluso a Byrne, arrebatándolo a sus amadas playas asiáticas.

1997
El milagro de Gerhard en memoria de su padre

Flavio Briatore, que sigue siendo el director general con Alessandro Benetton como presidente, busca el relanzamiento de un sector que se ha debilitado claramente promoviendo como director técnico a Pat Symonds, uno de los hombres de punta ya desde los principios del equipo, y apuntando como proyectista a Nick Wirth, que había trabajado para la Fia y había creado la Symtec partiendo de cero, aventura terminada mal por

problemas de presupuesto y por demasiados accidentes (uno de los cuales costó la vida en Imola al austriaco Roland Ratzenberger). Confirmados Jean Alesi y Gerhard Berger, las pruebas las hace el italiano Vincenzo Sospiri que ya había desempeñado este papel en la temporada precedente.
El coche es el B197 que, por tercer año consecutivo, lleva el propulsor Renault V10. En conjunto va peor que en 1996. Al final del campeonato Alesi es tercero (con la misma puntuación de David Coulthard, 36) pero en honor de la verdad ha ganado una posición por la exclusión del mundial de Michael Schumacher, sancionado por el incidente en Jerez con Jacques Villeneuve. Berger es quinto y la Benetton sigue siendo tercera entre los constructores, pero mucho más lejos del segundo puesto respecto a 1996.
En un año realmente duro, el punto culminante de todo es el éxito casi milagroso de Gerhard Berger en el GP de Alemania, en Hockenheim. El austriaco, que saltara las tres carreras precedentes, primero por una infección de muelas y luego por la trágica muerte de su padre (fallecido en un accidente mientras estaba al timón de su avión particular), bate a todos situándose detrás de Michael Schumacher y Mika Hakkinen. La alegría no impide que Gerhard cuelgue su casco a final de año después de 210 GP en F.1. Y siempre al final de la temporada se llega a una conclusión. El drástico cambio empieza con la marcha de Schumacher a la Ferrari; se va Flavio Briatore, que afronta el último fin de semana como responsable del equipo en el GP de Luxemburgo, en Nürburgring. El 25 de septiembre el británico David Richards, alma de la Prodrive, ganadora en el rally de campeones, se convierte en administrador delegado. Rocco Benetton, nacido en 1969, el hijo más joven de Luciano pasa a ser el nuevo director comercial.

1998
Fisichella y Wurz, la línea joven

David Richards, que ha tomado las riendas de la situación, impone un fuerte cambio en el equipo de pilotos. Adiós a Alesi y Berger y pista libre a los jóvenes: los dos nuevos titulares son Alex Wurz y Giancarlo Fisichella. El austriaco ya ha disputado tres GP con la escudería de Enstone (Canadá, Francia y Gran Bretaña), aquellos en los que sustituyó al ausente Berger en 1997. El romano viene de una temporada muy positiva con la Jordan, tras debutar el año precedente con la Minardi.
Es el año en el cual Mika Hakkinen conquista con la McLaren su primer título, batiendo a la Ferrari de Michael Schumacher. La Benetton manda en pista la B198 proyectada por Nick Wirth; la Renault se retiró oficialmente de la F.1 pero su departamento de motores prosigue su actividad con el nombre Mecachrome. Y los coches anglo-trevisanos utilizan justo el V10 construido cerca de París, que obviamente no posee la intensidad de desarrollo de los propulsores rivales.
A finales del campeonato el balance es más bien escaso. La escuadra cierra el mundial de constructores en el quinto puesto a cuota 33, sólo un punto por detrás de la Jordan y cinco puntos por detrás de la Williams. El tercer puesto estaba al alcance de la mano, pero a una distancia abismal de McLaren y Ferrari que han acumulado 156 y 133 puntos respectivamente. Entre los pilotos, Wurz termina octavo con 17 puntos, Fisichella noveno con 16. Los mejores resultados los consigue Giancarlo con los dos segundos puestos de Montreal y Montecarlo y la sorprendente pole position, con el suelo mojado, en la tremenda pista de Spa. La carrera del Principado representa para el equipo el punto culminante de la temporada: Fisichella conquista la primera fila, al lado de Hakkinen, y cierra la carrera detrás del finlandés. Wurz es protagonista de un duelo sin exclusión de golpes con su majestad Schumi, frente al cual Alex no muestra la mínima sujeción y, más aún, le regala un par de adelantos memorables. Al parecer se han sentado las bases para una inversión a medio plazo. Pero no reina la paz: el 19 de octubre David Richards presenta su dimisión y al año siguiente Rocco Benetton pasa a ocupar también el cargo de administrador delegado.

1999
Motor Supertec
Nuevos técnicos Honda

Tras el "terremoto" del octubre precedente, la Benetton se pone de nuevo en marcha privilegiando la continuidad a nivel de dirección y de pilotos. Giancarlo Fisichella y Alex Wurz son confirmados. Rocco Benetton es el responsable de la gestión directiva, Pat Symonds, de la parte técnica con Nick Wirth que proyecta también la B199. La novedad, no tanto técnica como formal, llega del sector de los motores. El propulsor para el mundial sigue siendo el V10 ex-Renault. Pero ahora lo ha construido y desarrollado con el nombre de Supertec una empresa propiedad de Flavio Briatore, que en ese momento es novio de Naomi Campbell. Así, de modo indirecto, el manager piamontés entra de nuevo en Benetton, aunque la Supertec suministra también los motores a la Williams.
En el año 1999 Mika Hakkinen, con la McLaren, conquista de nuevo el mundial de pilotos. El finlandés bate otra vez a una Ferrari, pero en este caso es la de Eddie Irvine. Michael Schumacher, en efecto, es protagonista de un grave accidente en la primera vuelta del GP de Gran Bretaña en Silverstone: al chocar contra la barrera de contención, el alemán sufre la fracturan de una pierna y esto le obliga a saltar se seis carreras. El campeonato de la Benetton es peor que el precedente. El equipo termina en el sexto puesto en la clasificación de los constructores con 16 puntos en su activo. En el mundial de pilotos, Fisichella se sitúa en el noveno puesto con 13 puntos conquistados y un segundo puesto, de nuevo en Canadá. Wurz, por su parte, consigue reunir sólo tres puntos.
En septiembre, conscientes de la decadencia del sector técnico, debilitado por las numerosas defecciones, los directivos de la Benetton deciden contratar a tres hombres hasta entonces atados a la operación de crear un equipo completamente Honda en F.1. Pero debido en parte a la repentina y trágica desaparición de Harvey Postlethwaite, el proyecto nipón fracasa. En septiembre se ficha al jefe proyectista Tim Densham, al experto en aerodinámica Ben Agathangelou y a otro proyectista Chris Radage, procedentes de la Honda. Con todo, hay que señalar otra dura pérdida: a finales de la temporada, después de diez años en Benetton, se marcha Joan Villadelprat.

2000
Barcelona escenario de la B200 "mini"

El invierno entre la temporada de 1999 y la de 2000 no produce cambios de relieve. Los pilotos siguen siendo Giancarlo Fisichella y Alex Wurz, confirmados. Y la nueva B200, presentada en el Museo de Arte Nacional de Cataluña en Barcelona el 17 de enero y puesta inmediatamente en pista en el cercano circuito de Montmeló, es fruto del trabajo de los proyectos ya en marcha en los dos años precedentes junto con los nuevos llegados de la Honda. Las dimensiones del monoplaza se han reducido bastante –sobre todo en lo referente a la longitud– y esto se ha hecho adrede para poner el lastre donde sea necesario, como es habitual en F.1.
El campeonato, a nivel estrictamente numérico, representa un buen paso adelante respecto al reciente pasado. Tanto para empezar, en el mundial de constructores la escuadra remonta y conquista el cuarto puesto final con 20 puntos en su activo. Fisichella es el sexto entre los pilotos con 18 puntos, un segundo puesto en Brasil y dos terceros en Montecarlo y de nuevo en Canadá. No tan concreto es Wurz: para él sólo 2 puntos gracias al quinto puesto de Monza. Su rendimiento, poco satisfactorio, al final de la temporada le costará el puesto. Pero en el año en el cual Schumacher lleva de nuevo el mundial pilotos a Maranello después de 21 años, el evento más importante para la industria de Treviso no tiene lugar en la pista. Cuatro días después de la primera carrera de la temporada, en Australia, la Renault adquiere la Benetton al precio de casi 240 mil millones de liras y pone su gestión en manos de Flavio Briatore. El anuncio oficial se hace en Milán, el 16 de marzo donde se dice también que "el Grupo Benetton mantenga durante dos años el rol de patrocinador oficial del equipo" (comprendido aquel en curso, n.d.a.). El organigrama del futuro prevé a Briatore como team manager y responsable de la planta de Enstone, mientras Christian Contzen será director general de la Renault Sport en Francia. Los últimos toques a la estructura llegan a final de año. El 1 de septiembre se contrata como director técnico a Mike Gascoyne, que viene de la Jordan. En octubre, Pat Symonds es nombrado director ejecutivo del departamento de ingeniería.

16 DE MARZO DE 2000
Benetton pasa a Renault el testigo de la Fórmula 1

Ponzano, 16 de marzo de 2000. Benetton y Renault han llegado a un acuerdo según el cual el grupo automovilístico francés adquirirá el equipo de la Benetton de Fórmula 1 por un importe global de 120 millones de dólares. El acuerdo, firmado ayer, prevé que el Grupo Benetton mantenga durante dos años el rol de patrocinador oficial del equipo.
Después de más de 15 años, durante los cuales Benetton representó una excepción innovadora y triunfadora en el mundo de la Fórmula 1, este acuerdo constituye la natural evolución de la asociación con Renault, que ha dado a ambos grandes satisfacciones deportivas, un patrimonio tecnológico de excelencia y un fuerte beneficio de imagen a nivel mundial.
Desde su entrada en Fórmula 1, en enero de 1983, el equipo Benetton ganó el Campeonato del mundo de pilotos en 1994 y, al año siguiente, sea el título de pilotos sea el de constructores, consagrando a Michael Schumacher como piloto de valor absoluto. De 1992 a 1997, además, el equipo de la Benetton siempre subió al podio final del Campeonato mundial de constructores. En total consiguió 27 victorias, 96 podios y obtuvo 16 pole position. Estos importantes resultados se consiguieron gracias también al empeño constante de los prestigiosos patrocinadores que en estos años han seguido al equipo con pasión y profesionalidad.
En el nuevo panorama de la Fórmula 1, donde cada vez se van afirmando más como protagonistas directos los grandes constructores automovilísticos, la decisión de Benetton de pasar el testigo a Renault representa también un significativo reconocimiento al grupo francés que, con su know-how tecnológico, ha contribuido a que el equipo de la Benetton entrara a formar parte de la historia de la Fórmula 1.
Comentando el acuerdo, Luciano Bentton, presidente del Grupo, ha declarado: "La globalización hoy día impone que sean los especialistas de los distintos sectores los que compitan en sus mercados de referencia. En la Fórmula 1 hemos dedicado un gran empeño que nos ha aportado satisfacciones más allá de lo imaginable, pero ahora, justo para garantizar al equipo el desarrollo que se merece en este nuevo contexto, resulta oportuno pasar el relevo. Aprovecho la oportunidad para dar las gracias a todos los patrocinadores que nos han seguido con gran pasión en esta extraordinaria aventura y de modo especial le estoy agradecido a Mild Seven y al Grupo Japan Tobacco por el fundamental apoyo que siempre nos garantizaron".

2001
La temporada del adiós
El paso del testigo

Es la última temporada de los colores Benetton en Fórmula 1. La estructura –que oficialmente se llama Benetton-Renault Sport– se divide entre Renault UK en Enstone, con Flavio Briatore como administrador delegado y Mike Gascoyne director técnico, con el encargo de proyectar y construir chasis y administrar la escuadra, y Renault France, con Christian Contzen administrador delegado y Jean-Jacques His (que ha vuelto tras una paréntesis en Ferrari) como director técnico, que se ocupa del sector de los motores.
Justo el propulsor V10 de la marca francesa representa la mayor novedad de la B201: el ángulo de bancada a 111° tiene como finalidad bajar el baricentro y permitir una aerodinámica mejor para el capó. Intenciones óptimas, frustradas por la poca potencia producida respecto a sus rivales. El monoplaza, homenaje a la empresa de Ponzano Veneto, se presenta el 6 de febrero en Venecia. Y es sugestivo el contraste entre el coche de carreras, plaza San Marco y los canales de la ciudad.
También ha cambiado la formación de los pilotos: Alex Wurz se ha ido, mientras se ha confirmado a Giancarlo Fisichella. Al romano le acompaña Jenson Button, joven inglés muy prometedor que, a sus 20 años, ha debutado el año anterior con la Williams-BMW.
La temporada no resulta demasiado positiva. En un campeonato dominado por la Ferrari –Schumacher resulta campeón con 123 puntos, el segundo (Coulthard, con la McLaren) reúne 65– la Benetton-Renault ocupa el séptimo puesto de los constructores con solamente diez puntos en su activo. Y como consecuencia no les va mejor a los pilotos: Fisichella se coloca undécimo con ocho puntos, Button decimoséptimo con dos. El único podio lo consigue Giancarlo, gracias a un estupendo tercer puesto en el circuito de Spa, en Bélgica.
Al final del campeonato, "Fisico" se pasa a la Jordan. Pero sobre todo es el momento del adiós de la Benetton a la Fórmula 1. Tras 19 años dedicados a los Gran Premio, con una contribución extraordinaria por generosidad, entusiasmo e intuición comercial, la familia véneta se despide de todos y se marcha de puntillas y con elegancia, como llegara. Dejando a sus espaldas una estructura que, con el esfuerzo de Renault, algún retoque y la llegada de un fenómeno como Alonso, cuatro años más tarde vuelve a conquistar la cúspide mundial.

Als Benetton zum ersten Mal in der Formel 1 erschien, spürte ich, wie eine frische Brise hereinwehte. Plötzlich tauchten Farben auf, viele verschiedene Farben. Es entstand eine mondäne, festliche Atmosphäre, die allen gut getan hat und alle dazu brachte, sich einen neuen Auftritt zuzulegen. Das war die große Revolution, die Benetton einbrachte. Doch wäre diese Revolution sogleich unglaubwürdig geworden, wenn ihr nicht Siege und Weltmeistertitel gefolgt wären, die einem Unternehmen, das auch aus technischen und industriellen Aspekten bestand, das Siegel des Erfolgs aufdrückten. So ist es im Rennsport genau wie im Leben: Nichts gewinnt man aus Zufall!
Bernie Ecclestone

Luciano Benetton
„Jener Tag im Senat, als mir der Avvocato Agnelli seine Komplimente machte“

Im an sein Büro angrenzenden Saal steht eine mit Pokalen und Trophäen angefüllte Vitrine, die eine ganze Wand einnimmt. Einige dieser Pokale und Auszeichnungen sind aus Silber, andere aus Kristall, andere aus weniger edlen Materialien geschmiedet. Zusammen geben sie ein schönes, ordentliches und glanzvolles Bild ab, gleich einer Fotografie, die neunzehn Jahre der Rennsportgeschichte Benettons zusammenfasst, die in zwei Pilotenweltmeisterschaften für Michael Schumacher und einer Konstrukteurs-WM gipfeln sollte. Eine Vergangenheit, die gleich neben Luciano Benettons Büro mit seinen Freskos und einer auf das saftige, beruhigende Grün der Gärten der Villa Minelli in Ponzano blickenden Glaswand immer gegenwärtig ist.
Diese Pokalsammlung ist auf der einen Seite die Bestätigung eines Erfolges in einem vom eigentlichen Geschäftsbereich der Firma Benetton abweichenden Umfeld und andererseits das Symbol einer Herausforderung, der sich Benetton auf anderen Gebieten nach wie vor mit demselben Engagement und demselben unveränderten Willen, sich durchzusetzen, stellt.

Herr Benetton, womit genau begann Ihre Leidenschaft für Automobile?
„1957, mit meinem ersten Wagen, einem Lancia Ardea. Die Türen öffneten sich zur Mitte hin, und er war, das gebe ich zu, schon ein wenig snobistisch. Zu den Rennen dagegen kam ich durch einen Benetton-Geschäftspartner, Nanni Galli, der viele Jahre zuvor Pilot war und mich dazu anregte, mich der Welt der Formel 1 zu nähern. Dann lernte ich Ken Tyrrell kennen, und wir beschlossen, 1983 das Sponsoring für sein Team zu übernehmen, was sogleich ein großer Erfolg werden sollte, da Michele Alboreto mit seinem Wagen in den Benetton-Farben den Großen Preis von Las Vegas gewann. Die Staaten waren ein wichtiger Markt für uns, und dieser Sieg schuf Emotionen und Begeisterung und rückte uns in ein besonderes Licht. Anschließend schlug mir Tyrrell, eine ausgesprochen angenehme Person, vor, auch die folgende Saison zusammen zu bleiben und zusammen das Budget des Rennteams zu verwalten. Auch wenn es schließlich anders kam, war mir die fixe Idee der Leitung eines Rennstalls geblieben.“

Und Benetton wurde Sponsor von Alfa Romeo.
„… ein italienisches Symbol. Leider blieben die erhofften Ergebnisse aus. Dann, im Frühjahr 1985, bot sich die Gelegenheit, Toleman aufzukaufen, eine Firma mit einigen Schwierigkeiten. Wir haben sie zu einem Wert von zwei Millionen Pfund übernommen, ein durchaus annehmbarer Betrag. Und kurz darauf, im Mai desselben Jahres, waren wir plötzlich sowohl F1-Konstrukteurs als auch offizielle Sponsors von Alfa Romeo wieder, da der Vertrag mit Alfa nach wie vor gültig war. Das Debüt unseres Toleman, der mit seiner bunten Karosserie alle verblüffte, fand in Montecarlo mit Teo Fabi als Fahrer statt. Dann kamen ein zweiter Wagen und Piercarlo Ghinzani als zweiter Pilot hinzu. Die technische Leitung unseres Teams hatten Peter Collins und Rory Byrne übernommen, die sich beide durch ein langes Curriculum und ein großes Know-how auszeichneten. Davide Paolini schließlich wurde Geschäftsführer der Benetton-Rennabteilung.“

Benetton hatte den großen Sprung gewagt und war in ein neues, unerforschtes Territorium vorgedrungen.
„Man kann, im vulgären Sinne des Wortes, Business machen, und man kann auf eine angenehmere und erfolgreichere Art für seinen Namen und seine Marke werben. Mit Toleman hatte sich eine Möglichkeit der Benetton-Kommunikation in der ganzen Welt im Rahmen von 4% des Umsatzes aufgetan, die wir für unsere Promotionaktionen bereitgestellt hatten. Auch heute noch hat sich dieser Prozentsatz nicht verändert.“

Außerdem standen Sie vor neuen Aufgaben, wie zum Beispiel der Organisation der Belieferung mit Ford-Turbomotoren für die Saison 1987, nachdem BMW sich von Benetton getrennt und den süßen Nachgeschmack der beiden von Fabi in Österreich und Monza im Jahr zuvor eroberten Pole Positions hinterlassen hatte.
„Das stimmt, und so kam es, dass ich mich hier in meinem Büro in Ponzano mit einem der Erben der Familie Ford traf und wir einen Vertrag schlossen.“

Als es darum ging, für das Team einen Spitzentechniker zu suchen, fixierten Sie sich auf John Barnard, den Sie schließlich von Ferrari abwerben konnten.
„Barnard war ein ganz besonderer Typ; er arbeitete für Ferrari und wohnte weiterhin in seinem Studio in England. Er war der beste Techniker, den wir seinerzeit bekommen konnten, und mit ihm konnte unser Team, das noch in der Phase des Aufbaus steckte, einen großen Qualitätssprung nach vorne machen.“

Daher engagierten Sie schließlich den dreifachen Weltmeister Nelson Piquet, wobei man auch an Senna gedacht hatte.
„Barnard und wir wollten Leute mit Erfahrung. Piquet stellte sich mit seinen Siegen in Japan und Australien 1990 als der Champion heraus, der er war. Im Vorjahr hatte unser aller Liebling Alessandro Nannini in Suzuka gesiegt. Unsere Strategie begann, die ersten Früchte zu zeigen, wir machten Fortschritte und gewannen an Reputation. Rory Byrne schlug Senna vor, der bei Toleman mit ihm zusammengearbeitet hatte. ‚Nehmen Sie ihn, er wird ein Champion werden', sagte er mir. Tatsächlich traf sich Ayrton mehrmals mit Gino Pilota, einem unserer Mitarbeiter, in Ponzano, doch er kostete bereits mehr als wir ausgeben konnten."

Dafür sollte sich Nannini als einer der stärksten Fahrer herausstellen.
„Ein toller und absolut sympathischer Kerl, dem man zuhören konnte, übrigens wie auch seinem Vater, der ihn oft heimlich und manchmal sogar, um nicht zu stören, verkleidet auf der Piste beobachtete. Ich werde nie vergessen, als Alessandro Ferrari absagte, weil er bei uns bleiben wollte. Sein Hubschrauberabsturz war ein echter Schock für mich und für uns alle. Eine Woche vorher hatte ich mit ihm und seiner Familie in Siena zu Mittag gegessen. Bei den Nanninis herrschte immer gute Laune."

Mit Nannini kam auch Flavio Briatore zum Team.
„Flavio war unser Agent für die Karibik, doch er hatte an dieser Arbeit die Lust verloren, was er mir ganz offen gestand. Um ihn zu provozieren und weil ich auf seine Antwort gespannt war, sagte ich ihm, wir bräuchten jemanden, der sich um das F1-Team kümmern würde, und fragte ihn, ob er interessiert sei. Worauf er mir, ohne die Miene zu verziehen, antwortete: ‚Warum nicht? Versuchen wir es!' Er sagte niemals nein, wenn ihm etwas auch nur im Geringsten zusagte. Und ich freute mich über sein Ja, da Flavio immer auf Neuerungen aus ist und immer versucht, eine Wertsteigerung zu schaffen. Und genau so kam es, so dass mich sein Erfolg schließlich nicht groß erstaunte. Briatore ist einer, der es versteht, Probleme zu lösen. Ein Optimist, der sich auch dann auf ein Abenteuer einlässt, wenn er keine Erfahrung hat, und ein echtes Arbeitstier. Wenn er sich erst einmal auf etwas konzentriert, bringt er die Sache zum Laufen wie kein anderer. Zudem hat er die Gabe, auch aus einem Nein etwas für sich zu gewinnen, weil er die Begründungen des anderen wie ein Schwamm aufsaugt und immer etwas daraus lernt. Er hat vorzügliche Resultate erzielt."

Von Briatore zu Michael Schumacher war es nur ein kleiner Schritt...
„Auf Drängen von Briatore und Tom Walkinshaw war es mein Sohn Alessandro, der sich mit der Angelegenheit befasste. Ich selbst lernte Michael wenig später kennen und erkannte, dass der 22-jährige ein große Reife und einen unvorhersehbaren Pragmatismus besaß. Auf der Piste bestätigte er diesen Eindruck, da er zu den Piloten gehört, die ihren Wagen immer bis zur Zielgeraden bringen. Er kannte seine eigenen Grenzen und die seines Fahrzeugs. Ich war dabei, als er 1993 in Portugal mit uns sein zweites Rennen gewann. Prost lag dicht hinter ihm, wagte es jedoch nicht, ihn anzugreifen, da er sich bewusst war, was in diesem jungen Fahrer vor ihm steckte. Der Sieg war ein wichtiges Signal für alle. Und eine große Emotion."

Dann kamen zwei WM-Titel.
„Es war das Ergebnis einer gewissenhaften Arbeit. Jeder Sieg ist beinahe wie eine chemische Reaktion, alle Elemente müssen perfekt miteinander verkettet sein, Pilot, Wagen, Reifen, Motor und der Rest. Wenn ich heute an diese beiden sagenhaften und nicht wiederholbaren Weltmeisterschaften von 1994 und 1995 denke, kommen sie mir wie ein einziges Ereignis vor. Während unsere Siege für alle Außenstehenden eine Ausnahme darstellten, waren sie für mich die Bestätigung, dass sich harte Arbeit und eine gute Teamleitung schließlich immer bezahlt machen. Ich meine damit, dass es uns gelungen war, auch diejenigen zu überzeugen, die gemeint hatten, unser Engagement sei das eines Sonntagsfahrers. Wir können uns freuen, eine großartige Zeit erlebt zu haben."

Eine besondere Erinnerung?
„Als Frank Williams nach dem schwierigen GP von Australien, der uns mit nur einem Punkt Vorsprung den ersten Titel bescherte, nach einem Rennen, in dem für uns alles bestens, für ihn dagegen ausgesprochen schlecht gelaufen war, zu mir kam und meinte ‚Mein Kompliment, es war eine Saison, die Begeisterung erzeugt hat'. Diese sportliche Haltung hat mich sehr beeindruckt."

Einige Jahre zuvor hatten Sie Enzo Ferrari kennengelernt.
„Ich besuchte ihn in Maranello, wir stellten uns vor, und ich bat ihn, da wir Neulinge waren, um einige Ratschläge. Trotz seinen hohen Alters war er nach wie vor eine ausschlaggebende Person für die gesamte Belegschaft. Ein wahrer Mythos."

Haben Sie jemals daran gedacht, die Benetton F1-Zentrale nach Italien zu verlegen?
„Nein, wirklich nicht. Eine Verlegung wäre gegen jede Logik. Die Wiege der F1-Kultur liegt in England."

In welchem Umfang hat die Formel 1 im Laufe der Zeit der Publicity und dem Image von Benetton genützt?
„Ich muss lachen, wenn ich daran denke, dass damals, selbst in kleinsten Nationen, in denen wir vielleicht nicht einmal präsent waren, so viele Rechtsverfahren gegen Unternehmen anhängig waren, die unsere Marke imitierten. Dank unserer großen Popularität in dieser Zeit konnten wir alle diese Prozesse gewinnen, da die Richter uns aus der Formel 1 kannten. Doch davon abgesehen, gelang es uns, über die Rennen Werte wie Passion, Hartnäckigkeit und Mut zu vermitteln, die in jeder Ecke der Welt gerne angenommen wurden, da die Leute unser Engagement sehr schätzen. Allein die Formel 1 ist eine Bühne, auf die die ganze Welt schaut."

Was bedeutete die Formel 1 für Ihre Söhne Alessandro und Rocco?
„Alessandro war von Anfang an bis 1997 dabei, während sich Rocco nur eine kurze Zeit, lediglich zwei Saisons, um unser Abenteuer gekümmert hat. Für beide war die Formel 1 eine Bereicherung und eine optimale Schule des Management, da man sich um die Anstellung der Piloten und Techniker, um die Suche nach Sponsoren und um Regeln zur Leitung und Abwicklung kümmern muss. So standen sie vor der Aufgabe einer Beurteilung aus der Sicht eines Unternehmers. Alessandro hat die Glanzzeit miterlebt, während Rocco dazu kam, als wir uns überlegten, uns zurückzuziehen, da uns bewusst wurde, dass es mit dem Eintreffen der großen Automobilhäuser für uns keinen Raum mehr geben würde."

Hatten Sie den Eindruck, dass das „Phänomen Benetton" jemanden gestört haben könnte?
„Ich denke schon, wir waren eine Konkurrenz, die anders als alle anderen war und eine andere Sprache sprach. Auf die FIA wurde ein großer Druck ausgeübt, und es gab viele unangebrachte und unannehmbare Proteste, die sich schließlich in nichts auflösten. Kein Zweifel, dass sich irgend jemand schwer gestört fühlte."

Die größte Bestätigung waren die Worte, die Giovanni Agnelli zuerst Ihnen gegenüber und dann auch in der Öffentlichkeit äußerte, ein hervorragender Spot für Benetton.
„Das war 1992 im Senat. Der Avvocato Agnelli kam zu mir, lächelte und meinte: ‚Ich habe den Leuten von Ferrari gesagt, es sei unmöglich, dass Benetton bessere Wagen als wir baut. So, als würde Fiat anfangen, Pullis zu stricken und sie besser als Benetton machen!' Über dieses Kompliment habe ich mich sehr gefreut. Auch wenn Ferrari zu jener Zeit in Schwierigkeiten steckte, war das Haus nach wie vor ein Stück der italienischen Geschichte ohne jeden Vergleich, wogegen wir sozusagen nur eine vorübergehende Phase darstellten. Und wir haben in all unserem Stolz auf uns selbst niemals übertrieben. Auch wenn wir bei unserem Überraschungsangriff sicherlich eine gute Figur abgegeben haben."

DIE GROSSEN NAMEN

„Als Benetton mich einstellte, war ich noch jung und hatte von großen Rennen keine Ahnung. Doch bald kam alles wie auf einen Schlag. Die Siege, die WM-Titel, der Ruhm. Ich habe Benetton viel zu verdanken und

versucht, das Team mit Engagement, Seriosität und meiner Bereitschaft, Risiken in Kauf zu nehmen, zu belohnen."
Michael Schumacher, Suzuka, Oktober 1995

Alessandro Benetton
„Ich arbeitete in London, als die väterliche Order eintraf: ‚Wir brauchen jemanden, der sich um die Zahlen in der Formel 1 kümmert'"

Ich arbeitete damals in London bei Goldman Sachs, als eines Tages eine jener väterlichen Mitteilungen eintraf, die keinen Widerspruch dulden: „Wir brauchen jemanden, der ein Auge auf die Zahlen in der Formel 1 wirft". So nahm das Schicksal seinen Lauf, und ohne in diesem Gebiet lesen und schreiben gelernt zu haben, landete ich mit 22 Jahren als Vorsitzender beim F1-Team.
Das war der Anfang meiner Laufbahn in der magischen Welt der Rennsports, auch wenn ich, um ehrlich zu bleiben, bereits 1983, ein Jahr zuvor, im Büro von Ken Tyrrell die Feuertaufe hinter mich gebracht hatte. Ein Anfang, der sich mit fotografischer Genauigkeit fest in meinem Gedächtnis eingeprägt hat. Auch heute noch sehe ich neben Ken und seinem Sohn den Ex-Piloten und Benetton-Partner Nanni Galli vor mir. Auf der Tagesordnung stand das Tyrrell-Sponsorship für die kommende Saison, und zum ersten Mal erlebte ich genau das, was im Laufe der nächsten Jahre zu einer Gewohnheit werden sollte: Mein Vater, der in nur wenigen Minuten eine grundlegende Entscheidung trifft. So kam, auch durch Nannis Beitrag, ein Vertrag für das Tyrrell-Sponsoring mit den Piloten Danny Sullivan und Michele Alboreto zustande.
Die nächste Seite im Geschichtsbuch wurde in der Villa Minelli mit der offiziellen Präsentation des Teams eingeleitet. Später sollte auch Alfa Romeo gesponsort werden, doch nach zwei Jahren traf man die mutige Entscheidung, einen großen Schritt nach vorne zu machen und sich ein eigenes Rennteam zuzulegen. Die damalige Reaktion war allgemeine Verblüffung: Was hat einer, der Pullis strickt, in einem F1-Rennstall zu suchen? Eine Frage, die sich jedoch bald klären sollte.
Dies vorausgeschickt, erschien mir das Projekt einfach und schwierig zugleich. Einfach, weil das Ziel lautete, dem Team über neue Sponsoring-Initiativen ein größeres Budget zu geben, schwierig, weil unsere technischen Kompetenzen zur Beurteilung der Arbeit des Teams gleich Null waren.
Und hier beginnt nun die Ära Briatore. Seine Persönlichkeit wird vielleicht am besten in einer netten Episode deutlich, an die ich mich gerne erinnere: Gleich nachdem er in meine Wohnung in London umgezogen ist, beginnt er sich darüber zu beklagen, dass das Haus zu viel Treppen habe und in Notting Hill, also allzu weit außerhalb des Zentrums, läge. Ich erkläre ihm, dass ich es gerade deswegen ausgesucht habe, weil diese Gegend trendy werden wird, doch er antwortet mir, dass wir darauf nicht warten können und zwingt mich schließlich, ins Londoner Stadtzentrum umzuziehen!
Nach einer ersten Anpassungsphase finden wir ein Gleichgewicht zwischen seinem vulkanischen, alle Grenzen sprengenden Temperament und den Zielsetzungen eines quotierten Unternehmens, das sein Markenzeichen auf die möglichst wirksamste Weise in der ganzen Welt bekannt machen will.
Bei seiner Ankunft definiert ihn der neue Direktor Peter Collins sogleich als „neuen Teufel" („vielleicht noch schlimmer als der alte"), was zu beweisen scheint, dass selbst ein großer Profi wie Collins einer Schule angehört, die von Neuem und Änderungen zunächst nichts wissen will.
Seit jenem Tag war nichts mehr wie gehabt, und praktisch alltäglich mussten die Karten neu gemischt werden. John Barnard, Tom Walkinshaw, TWR, Johnny Herbert, Moreno, J.J. Lehto, Emanuele Pirro, Ligier und Renault, um nur einigen der verschiedenen Phasen, die nun für das Unternehmen Benetton Formel 1 begannen, einen Namen zu geben. Und zu diesen Phasen gehört auch die, in der wir dank TWR plötzlich Miteigentümer eines kleinen Teils von Jaguar bzw. der Gesellschaft wurden, an der Tom Walkinshaw Anteile hatte und für die er ein besonders teueres Eklusivfahrzeug entworfen hatte, das in nur 200 Exemplaren gebaut wurde. Walkinshaw, ein Mann mit einer großen Persönlichkeit, unterstützte unsere Ziele, nachdem wir beschlossen hatten, eine wahre Factory des Rennsports zu werden, indem er uns die grundlegende Infrastruktur, d.h. den Aufbau, die Logistik und das Personal dieser Fabrik gab. Ein für das Unternehmen überaus wichtiger Mann, mutig und ausgesprochen loyal in den zwischenmenschlichen Beziehungen.
Es war eine Zeit der ständigen Veränderungen und Kehrtwendungen, zu denen immer wieder die Schwierigkeit kam, zwischen dem überschäumenden Temperament Briatores und der Erfahrung der Benetton-Gruppe in diesem Bereich ein Gleichgewicht zu finden. Doch nachdem die Karten immer wieder neu verteilt worden waren, kam schließlich das Element ins Spiel, mit dem unser kniffliges Puzzle endlich vervollständigt werden konnte: Michael Schumacher.
Es begann die Ära der Weltmeisterschaften 1994 und 1995 und der wirtschaftlich effizienten Verwaltung des Rennstalls, kurz, die Epoche des Erfolgs, der Trophäen und der starken Emotionen, die zum Teil auch durch unbegreifliche Disqualifikationen entstanden. Eine aufregende Epoche, die mir in menschlicher wie beruflicher Hinsicht viel gegeben hat, wie etwa durch die Begegnungen mit Alessandro Nannini und Nelson Piquet.
In der darauf folgenden Phase begannen wir, auch wenn die Erfolge keinesfalls ausblieben, zu verstehen, dass die Formel 1 einen neuen Weg einschlagen würde. Die großen Automobilhäuser setzten den F1-Rennsport erneut als Bestandteil ihrer Imagestrategien ein, so dass für ein unabhängiges Team wenig Raum blieb. Dennoch hatte Benetton die wichtigsten Ziele auf wahrhaft glänzende Art verwirklicht: sichtbare Herausstellung der Marke in der ganzen Welt, starke Eindämmung der Verwaltungskosten, vor allem jedoch eine große Glaubwürdigkeit der Firmengruppe und unserer Familie, die darin bestand, sich in einem ausgesprochen technischen Bereich wie dem der Formel 1 mit Erfolg behauptet zu haben. Und die Kirsche auf der Torte: Ein erheblicher Veräußerungsgewinn, der aus dem Verkauf des Teams entstand, und die Genugtuung, zusehen zu können, wie die von uns geschaffene Mannschaft weiterhin wettbewerbsfähig und nach wie vor siegreich ist.
Was uns heute bleibt, ist die schöne Erinnerung und das Bewusstsein, alles stets richtig gemacht zu haben. Nie werde ich die Feier zum ersten WM-Titel in Australien mit Michaels Frau vergessen, die in ihrer Euphorie alle umarmen wollte. Und was ihren Gatten angeht, so habe ich es genossen, ihn in den ersten herrlichen Momenten seiner Karriere aus nächster Nähe zu erleben, als er noch ein Junge und dennoch ganz auf die Arbeit konzentriert war und alles andere einfach links liegen ließ, so dass es in seinem von allem Überflüssigen befreiten Kopf nur einen Gedanken gab: zu siegen!

Flavio Briatore
Der Vermessungstechniker mit besonderem Gespür für gute Geschäfte, der sein Talent zum Teammanager entdeckt

Die Geschichte von Flavio Briatore ist die wohl einmalige Geschichte eines Vermessungstechnikers, der F1-Weltmeister wird. Auf seinen Studientitel ist Flavio derart stolz, dass er einmal, in einer Live-Fernsehsendung, richtig böse wurde. Im Archiv der italienischen Fernsehanstalt RAI muss sich wohl noch die Aufzeichnung jener Spätnachrichten befinden, als der Moderator vom soeben von der italienischen Benetton-Mannschaft gewonnen WM-Titel berichtet und sich mit einem wohlgemeinten „Buonasera Dottor *Briatore…" mit Briatore in London verbinden lässt, worauf er barsch unterbrochen wird: „… hören Sie, ich bin kein Doktor sondern Vermessungstechniker … wir hatten doch vereinbart, dass Sie mich mit* Geometra *anreden würden…", was den verlegenen Sprecher dazu veranlasste, kurz und bündig weiter im Text zu verfahren: „… ok, also gut,* Signor *Briatore…".*
„In der Schule", so erzählt der Geometra *heute, „war ich nicht gerade Papas ganzer Stolz. Doch ich habe es trotzdem geschafft, als Vermessungstechniker abzuschließen, so dass ich auch heute noch auf diese Anrede Wert lege. Wär' ja noch schöner!" Was ein Vermessungstechniker in einem F1-Rennstall zu tun hat, ich nicht ganz klar, nicht einmal Briatore selbst, aber was er ist, ist er, und der Berufsstand der Vermessungstechniker kann nur stolz darauf sein.*
Allerdings landete Briatore nicht etwa wegen seiner Qualitäten als Landvermesser sondern als Verkaufsleiter bei Benetton: „Ich fing 1989 an, und meine Aufgabe war es, Geld aufzutreiben, das heißt, Sponsoren zu finden, da Benetton nicht die gesamte Investitionsmasse aufbringen konnte. So standen wir, als wir Kontakt mit Unternehmen verschiedenster Art aufnahmen, vor

einem Startproblem, mit dem wir nicht gerechnet hatten: ‚Wie? Benetton gibt dem Team und den Wagen seinen Namen, und wir sollen das Geld aufbringen…?‘ Es war keinesfalls einfach. Praktisch kam es dazu, dass ich ein stark ausgewähltes Team von Verkäufern bilden musste.“
„Das ganze funktionierte so: Ich drückte meinen Verkäufern einen schönen kleinen Koffer mit schönen Broschüren voller Zahlen, Daten, Plänen, Fotos, Prozentsätzen und so weiter in die Hand, und sagte ihnen: ‚Leute, tretet in die Pedale und auf geht's.‘ Und ich begann, sie nicht in die italienische Provinz, sondern nach Amerika, Japan, Frankreich und sogar nach Südafrika zu schicken. Kein einfaches Unternehmen, da sie ja anstelle von Warenmustern mit viel Geschwätz, Hypothesen und Träumen überzeugen mussten. Möglicherweise auf überzeugende, aber doch eher auf ungewisse Weise. Das Benetton-Team wurde damals von Davide Paolini und von Peter Collins als Teammanager geleitet. Ich hatte keinen Schimmer von der Formel 1, so dass alle Entscheidungen von ihnen gefällt werden mussten. Auch wenn ich schließlich anfing, hier und da mitzureden. So erinnere ich mich heute zum Beispiel daran, wie ich bei einem wichtigen Meeting laut die Frage stellte: ‚Sorry, aber die anderen Teams haben Piloten mit zwei Beinen, und wir, sollen wir mit einem Piloten mit einem einzigen Bein antreten? Erinnert ihr euch an Johnny Herbert? Er hat sich ein Bein gebrochen, und praktisch ist ihm nur ein einziges Bein geblieben. Im Paddock bewegte er sich mit einem Fahrrad voran, weil er nur mit Mühe gehen konnte. Ein guter Mann, aber am falschen Platz.‘“
„Ich hätte so etwas nie sagen sollen, alle fühlten sich auf den Schlips getreten. Ich jedoch begann, mich etwas umzuschauen. Beispielsweise hat man mir abgeraten, Piquet zu nehmen, und ich habe ihn trotzdem genommen. Aus heutiger Sicht betrachtet, hatten sie wohl Recht, aber was mir an Piquet gefiel, war, dass er eine Persönlichkeit war, und damals brauchten wir einen Köder für die Medien. Damals wie auch heute war es nicht einfach, für wenig Geld gute Piloten zu finden. Was also sollte ich tun? Den verschiedenen Sennas und Prosts den Hof machen? Alles Leute, die nicht mal reagieren, wenn man sie grüßt. Sie schauen einen nicht mal an und gehen stracks weiter auf ihrem Weg. So entschied ich mich schließlich, Michael Schumacher, einen absolut unbekannten Jungen, zu nehmen. Und wir wurden Weltmeister.“
Schumacher, ein Name, eine Garantie. Eine neue Epoche der Formel 1 brach an. Wie zum Teufel hatte es ein Vermessungstechniker, der eine ganze Mannschaft von Verkäufern mit kleinen Koffern durch die Welt schickte, geschafft, ihn aufzutreiben? „Eddie Jordan hatte von ihm geredet“ erzählt Briatore. „Ich hatte ihn nie zuvor gesehen, weder auf der Piste noch sonstwo. Jordan wollte ihn unter der Bedingung nehmen, dass er einen gewissen Sponsor mitbrächte, der gut Geld locker machen sollte. Schließlich nahm er den auch, doch schon nach dem ersten Rennen zog sich der Sponsor zurück. Kein Sponsor also, und auch kein Vertrag. So ließ ich Schumacher nach London kommen und lernte ihn kennen. Mit ihm kam auch sein Manager Willi Weber, und beide schienen mir sehr seriös, kompetent und motiviert zu sein. Ich erfuhr, dass Michael einen Vertrag mit Mercedes hatte, aus dem er herauskommen würde, wenn er einen Platz in einem F1-Team fände. Nicht bei irgendeinem Team allerdings, sondern bei einem Rennstall, der Sicherheiten garantieren sollte. Genau diese Sicherheiten gab ich ihm und sagte ihm ganz klar: ‚Geld haben wir wenig, aber wenn du Weltmeister werden willst, das können wir schon schaffen.‘“
So nahm ich Schumacher unter Vertrag, traf mich in Monza mit den Benettons und sagte ihnen: „Also, eines sollten wir gleich klarstellen: Schumacher hat mich so gut wie nichts gekostet. Ich will nicht sagen, so viel wie ein Stücken Brot, aber sagen wir etwa wie zwei Croissants und eine Mandarine. Er war sehr motiviert, und Geld war für ihn nicht wichtig. Er drückte sich ganz klar aus: ‚Ich will Weltmeister werden!‘ Zudem hat man mir eine Geschichte erzählt, die alles über ihn sagt. Während eines Rennens, ich weiß nicht bei welchem, wurde er von der Rennleitung wegen eines unerlaubten Überholmanövers getadelt. Er hörte zu und antworte dann in aller Ruhe: ‚Sagen Sie den Piloten, sie sollen sich aus dem Staub machen, wenn ich komme, und es wird nie wieder passieren‘“.
Um Schumacher engagieren zu können, musste Briatore dem Brasilianer Roberto Moreno von heute auf morgen kündigen. Welcher ihn daraufhin beim Gericht Monza verklagte. Man erzählt sich, Briatore habe vor Gericht wie folgt versucht, den Richter von seiner tadellosen Verfahrensweise zu überzeugen: „Herr Richter, schauen Sie ihn sich doch nur einmal an. Würden Sie jemanden, der so aussieht, in der Formel 1 fahren lassen?“ „Nein, das stimmt so nicht“, kommentiert Briatore lächelnd. „Es kann schon sein, dass ich so dachte, da Moreno damals mehrere Probleme hatte, und es mir auch leid tat, ihn wegzuschicken, aber hätte ich ihm nicht gekündigt, so wäre Schumacher bei einem anderen Team gelandet. Ich habe es vielleicht gedacht, aber ich glaube nicht, etwas derartiges gesagt zu haben.“
Wenn man eine Bilanz zieht, so hat der Vermessungstechniker Briatore seine Genugtuung in 15 Jahren der Formel 1 durchaus gehabt. „Zwei WM-Titel mit Schumacher, und 1997 war das Benetton-Abenteuer zu Ende. Es tat mir leid, da ich mich dem Team wie auch mit der Familie Benetton sehr verbunden fühlte. Ich hatte Luciano bereits 1976 kennengelernt, doch erst einige Jahre später damit begonnen, für ihn zu arbeiten, und zwar ebenfalls im Verkaufsbereich. Ich leitete die Promotion der Benetton-Läden und meiner eigenen etwa 30 Geschäfte in der Karibik. Benetton besaß Geschäfte in der ganzen Welt, und das einzige Promotioninstrument, das für uns in Frage kam, war die Formel 1. Als Luciano mich fragte: ‚Glaubst Du, man kann in der Formel 1 mitmischen, ohne viel Geld draufzulegen?‘, antwortete ich ihm mit einem Ja. Darauf stellte er mir seinen Sohn Alessandro zur Seite, der mir sein ganzes Vertrauen schenkte. So lief die Sache damals wie folgt ab: Wenn ich eine Idee hatte, trug ich sie zunächst Alessandro vor, der sie dann an Luciano weiterleitete. Vier Jahre brauchten wir, um den WM-Titel zu gewinnen. Dann, 2001, trat ich dem Rennstall, der nun nicht mehr Benetton sondern Renault hieß, wieder bei. Ein anderes, nicht weniger faszinierendes Abenteuer. Ich kann mich nicht beklagen. Zumal ich zahlreiche neue Piloten entdeckt habe, darunter auch viele Italiener: Schumacher, Alonso, Fisichella und Trulli. Ich habe versucht, meine Arbeit gut zu machen. Wenn es mir gelänge, der Formel 1 einen neuen Anstoß zu geben, dann wäre ich noch zufriedener.“ Sicher war nicht alles so einfach, vor allem nicht 1994, als Benetton rundum angegriffen wurde: „Das Problem“, erklärt Briatore, „war einfach, dass es viele störte, ein Team siegen zu sehen, das keine Fahrzeuge baute sondern T-Shirts und Pullover herstellte. Wir waren zu einem Fallbeispiel geworden, das die Formel 1 in Verlegenheit brachte, da uns in nur kurzer Zeit das gelungen war, von dem andere ein ganzes Leben lang nur träumen konnten. Wir hatten einem starren Ambiente eine Lektion erteilt, die keiner wahrhaben wollte. Wenn Du in der Formel 1 Erfolg hast, dann gibt es immer jemanden, der das Gerücht in die Welt setzt, deine Wagen seien nicht vorschriftsmäßig. Damals, 1994, waren wir das Lieblingskind der FIA, und sie ließen unsere Autos Teil für Teil auseinandernehmen. Doch konnten sie nichts Unvorschriftsmäßiges finden, da unsere Fahrzeuge in jeder Hinsicht OK waren. Wir siegten einfach, weil wir schneller fuhren. Und so ging das eine ganze Zeit lang“.
Eine Geschichte des Erfolgs, der von Benetton auf das Renault-Team überging, das 2005 Piloten- und Konstrukteurstitel gewinnen konnte. Ein Erfolg, hinter dem die gleiche Geisteshaltung steckt und der gleiche Briatore.

Ross Brawn
Dem großen Regisseur der erfolgreichen Strategien konnte das allgemeine Misstrauen nichts anhaben

Es gibt Erinnerungen, die unauslöschlich im Gedächtnis bleiben. Zu diesen Erinnerungen gehört die an Ross Brawn, an sein Privatleben und an seine Laufbahn als technischer Leiter des Benetton-Teams. „Das Ambiente“, so erinnert sich der ruhige, am 23. November 1954 in Manchester geborene Fahrzeugdesigner, „war äußerst anregend und bot mir damals, in der Zeit vom Herbst 1991 bis Ende 1996, eine ausgezeichnete Gelegenheit, in einem jungen und motivierten Team weitere Erfahrungen zu sammeln und mit bedeutenden Persönlichkeiten vom Kaliber eines Flavio Briatore Freundschaften zu knüpfen. Außerdem wollte ich die Chance einer Zusammenarbeit mit so herausragenden Fahrzeugdesignern wie Rory Byrne und vielen anderen nutzen, die auch heute noch zu meinen besten Freunden zählen.“
So war die Ankunft bei Benetton kein Zufall. „Die Geschichte ist denkbar einfach. Ich hatte mit Tom Walkinshaw bei Jaguar für die Endurance-Abteilung gearbeitet, und Tom hatte bereits einen Plan, um mit dem Team in der Formel 1 einzusteigen. Jerdoch gab es bald Probleme, und in der Zwischenzeit hatte

Benetton den Toleman-Rennstall aufgekauft. Nach einer Saison mit BMW-Motoren hatte sich das Team für Ford-Antriebe entschieden. 1991 hatte Tom einen Teil der Benetton-Aktien erworben und mich darum gebeten, mich um das Engineering zu kümmern, zumal John Barnard das Team verlassen hatte. Darüber war ich keinesfalls überrascht, denn schließlich handelte es sich lediglich um einen Kurswechsel. So begann, nach meinen Anfängen als Werkzeugmaschinenmeister, mein Abenteuer als technischer Leiter in der Welt der GPs. Ein schöner Schritt nach vorne, allerdings nicht gerade einfach. Die Situation des Teams war ein wenig chaotisch, und der ehemalige Teamleiter hatte keine guten Beziehungen zu Cosworth gehabt. So stand ich vor vielen, allzu vielen Aufgaben, und beschloss, Byrne anzurufen, da ich einen Chefdesigner brauchte. Auf der Piste waren wir Gegner gewesen, und ich hatte ihn schätzen gelernt. Rory hatte Benetton ein Jahr zuvor verlassen, war nun jedoch frei, so dass wir ihn wieder bei uns aufnehmen konnten. Ähnlich, wie es viele Jahre später mit Ferrari passiert war, als er sich nach Thailand abgesetzt hatte und mit der Formel 1 nichts mehr zu tun haben wollte."

Wie Brawn erzählt, war es Walkinshaws Idee, Michael Schumacher für die letzten Rennen der Saison zu engagieren. „Tom und ich kannten ihn sehr gut, da er bei der Endurance-WM für Sauber-Mercedes fuhr. Er war der einzige, der uns echte Probleme bereitet hatte. Zusammen mit seinen beiden Teamkollegen Heinz-Harald Frentzen und Karl Wendlinger hatte er sich an den Spitzenpositionen abgewechselt, und auch wenn es viele andere gute Piloten gab, zitterten wir, sobald sich Michael an den Start begab. Kurz nach seinem F1-Debüt bei Jordan tat Walkinshaw alles, um ihn zu uns ins Team zu holen, und überredete Briatore, der von Piloten keinen blassen Schimmer hatte, ihn unter Vertrag zu nehmen."

Das Benetton-Management war sich von Anfang an bewusst, einen potentiellen Champion engagiert zu haben. „Vor seinem ersten Rennen in Monza", verrät Brawn, „hatten wir ihn in Silverstone auf einen Probelauf geschickt, und er überzeugte sogleich als superschneller Pilot. Bei den Qualifikationen für den GP von Italien war er aufgeregt, aber nicht nervös. Doch beeindruckte er uns nicht nur durch seine optimale körperliche Form sondern auch durch seine enorme Entschlossenheit. Er legte eine Selbstsicherheit an den Tag, die ihn arrogant wirken ließ, doch wenn man ihn erst einmal kennt, weiß man, dass diese scheinbare Überheblichkeit nichts anderes ist als ein gesundes Selbstvetrauen. Auch wenn er von der Technik nicht allzuviel verstand, glich er dies durch sein großes Talent als Pilot aus. Zudem hat er die Gabe, alles in kürzester Zeit zu erlernen."

Doch auch das Team bewegte sich in der richtigen Richtung: „Das Benetton-Team ahnte sehr bald, wie man sich auf diesem völlig neuen Spielfeld verhalten musste. Die Leute betrachteten uns mit Misstrauen, schließlich war Benetton nichts anderes als ein Pulloverfabrikant, der es gewagt hatte, gegen die großen Namen im Automobilsport anzutreten. Allerdings verfügten wir über die Mittel und den Willen, um schnelle Fortschritte zu erzielen. Mit Walkinshaw hatten wir einen überaus ehrgeizigen Mann, so dass wir zum Erfolg nur noch ein paar weitere Zutaten brauchten. In jedem Falle waren wir uns unserer Zielsetzung, an die Spitze vorzudringen, sicher. Das Wichtigste war zu verstehen, was uns zum Sieg noch fehlte. Und ich denke, dass es schließlich die Ergebnisse waren, die beweisen sollten, dass wir uns nicht getäuscht hatten. Anfangs hatte ich keine Gelegenheit, meine Beziehungen zu Briatore zu vertiefen, da Tom sein Ansprechpartner war. Doch dann, als Tom sich um viele weitere Dinge kümmern musste, begann ich mit Flavio zu arbeiten".

In fünf Jahren technischer Leitung hat Ross Glanz und Gloria, aber auch Schwierigkeiten kennen gelernt. „Mein schönstes Erlebnis war der Sieg in Spa 1992. Es war mein erster Erfolg, zu sehen wie ein Benetton, der auch meine Unterschrift trug, allen voran als erster die Zielgerade erreichte. Das schlimmste Jahr dagegen war, auch wenn es seltsam und widersprüchlich erscheinen mag, die Saison 1994, als wir den ersten WM-Titel eroberten. Es war das Jahr der Tragödie von Imola, des Unfalls von Wendlinger in Montecarlo und einer äußerst schwierigen Weltmeisterschaft, die zudem von ‚politischen' Zwisten gekennzeichnet war. Ich spreche von den Polemiken zwischen Walkinshaw, Briatore und Mosley, und wenn ich etwas nicht ertragen kann, dann sind es genau diese Schwierigkeiten politischer Art. Folglich war es eine auf der sportlichen Ebene phantastische Saison, die jedoch durch negative oder bedauernswerte Situationen getrübt wurde. Wobei ich nicht auf Einzelheiten eingehen will. Vielleicht war ich es, der anders als alle anderen war. Vielleicht betrachtete man uns als Eindringlinge, und vielleicht war ich ein wenig zu naiv für das Ambiente. Ich wünschte mir, dass die Formel 1 nichts als Sport sei, doch leider ist dem nicht so. Dennoch habe ich eine Gelegenheit gehabt, enge und wichtige Beziehungen zu knüpfen. Auch heute noch bin ich mit Flavio gut befreundet, und zusammen mit Rory sind wir beinahe wie eine Familie. Ich denke, dass es nicht viele Ehen gibt, die so lange dauern wie unsere Beziehung."

Neben Schumacher erinnert sich Ross an viele weitere Benetton-Piloten: „Ein hervorragendes Team, das auch dann nicht aufgab, wenn unsere Wagen nicht zu den schnellsten gehörten. Leider hatte ich keine Gelegenheit, Nelson Piquet besser kennenzulernen, da er am Ende seiner Karriere stand. In jedem Falle bestand die wichtigste Aufgabe in meinen Beziehungen zu den Piloten darin, ihre Moral aufrecht zu halten, denn es ist nicht einfach, neben einem Michael Schumacher anzutreten, so, als hätte man einen Rivalen im Team, der einem stets überlegen ist. Doch alles in allem habe ich nur prächtige Erinnerungen. Und das einzige, was ich bedauere, ist, nicht noch mehr für das Team getan zu haben. Damals glaubte ich, alles zu wissen, doch wenn ich heute, nach vielen Jahren, zurückdenke, habe ich diesen Eindruck nicht mehr. Und ich bin überzeugt, dass ich in weiteren zehn Jahren denken werde, dass ich damals wesentlich mehr hätte leisten können".

Rory Byrne
Der Rennwagendesigner, der schon als Junge ein Ass im Bereich der Flugzeugmodelle war und die Arbeit am Computer nie geliebt hat

Mit seinem lebhaften Blick, immer zum Scherzen aufgelegt, wirkt er wie ein großer Junge. Er hört gerne zu, wobei sich seine Augen weit aufsperren und aufmerksam durch die Gegend schweifen. Er ist einer der Chefdesigner, dessen Wagen die meisten Siege eingefahren haben, und dennoch eine einfache, immer zuvorkommende und zuverlässige Person, die auch an etwas anderes als nur an Rennen und Rennwegen denken kann. Rory Byrne – geboren im Januar 1944 – ist nicht nur ein Teil der Geschichte der Formel 1 sondern er gehört zur Geschichte des Automobils. Aus dem Kopf dieses Mannes sind Ideen entsprungen, die Benetton mehrere WM-Titel einbrachten. Doch baut sein heutiger Ruhm auf einer langen und mühsamen Arbeit auf. Seine Laufbahn begann auf recht bescheidene Art zunächst beim allgemein diskreditierten Royal-Team und dann bei der Toleman-Gruppe, die 1976 noch in der Formel 2 fuhr und sich erst später der Formel 1 zuwandte. Dann entwarf er die ersten GP-Monoposti für Ayrton Senna und später, für Benetton wie auch anschließend im Auftrag von Ferrari, für Michael Schumacher.

Um Rory Byrne, der an der Universität von Witwatersrand studiert hatte, haben sich im Laufe der Zeit zahlreiche Legenden und Anekdoten gebildet. So zum Beispiel zu seiner Leidenschaft für den Modellbau, die schließlich dazu führte, dass er herausragende Gleitflugzeuge entwarf, die ihm mehrere Titel in der „Mini"-WM einbrachten. Oder zu seiner unumstößlichen Gewohnheit, nachmittags in seinem Büro bei heruntergelassenen Rolläden eine Siesta einzulegen, um dann, wie vom Blitz getroffen, aufzuspringen, und auf dem ersten Blatt Papier, das er findet, eine seiner genialen Ideen zu skizzieren. So erzählt einer seiner Mitarbeiter aus den ersten Jahren bei Benetton: „Rory war ein echtes Designergenie. Nur, dass man ihn manchmal fragen musste: ‚Alles schön und gut, aber bitte, wo sollen wir den Piloten und den Motor unterbringen?'". Wahr dagegen ist Byrnes belegte Abneigung gegen Computerzeichnungen: „... ich habe nie wirklich gelernt, mit einem CAD-Programm umzugehen, auch wenn ich denke, dass es mir nützen würde".

Ein Leben am Zeichenbrett also. Mit der ganzen Seele, abgesehen von den genialen Ideen. Als er Benetton im Herbst 1990 verließ, um bis zu seiner Rückkehr in den Benetton-Stall 1991 am Reynard-Projekt mitzuarbeiten, werteten viele dies als eine Abwendung von seiner Designerkarriere, und man sprach sogar davon, dass er Aktionär geworden sei. „Tatsächlich", so Rory Byrne, „habe ich mich nur mit technischen Fragen beschäftigt. Bestimmte Positionen sind nichts für mich, und Geld hat mich nie interessiert."

Für Byrne stellen die Rennwagen eine Fortsetzung seiner Segelfliegermodelle dar. Das wahre Studium der Aerodynamik, der Wissenschaft der Windströme. 1973 hatte er Südafrika

verlassen, um mit einem Freund zusammenzuarbeiten; seitdem sollte er Europa nicht mehr den Rücken kehren. Bei Royale begann er, für Toleman tätig zu werden, und 1977 trat er dem Team fest bei. Sein erstes wahres Projekt, der TG280, feierte in ganz Europa Erfolge und errang mit Henton den Meistertitel in der Formel 2. Was die erste Formel betraf, so liefen die Dinge anfangs nicht so glatt ab. Doch als Senna die Blicke der F1-Welt auf sich zog, indem er im strömenden Regen von Montecarlo so lange Alain Prost hetzte, bis eine (für Alain) barmherzige Seele schließlich das Rennen abbrach, hatten sich Toleman und Byrne unversehens eine große Popularität errungen.
Eine seltsame Zeit, in der es vorkommen konnte – und vorkam –, dass Ayrton und seine Männer in Imola wegen eines „Problems der Reifenlieferung" zu Fuß bleiben mussten und sich nicht für den GP qualifizieren konnten. Aber auch eine abenteuerliche Zeit, in der es dank eines weitaus großzügigeren Reglements als heute viel Freiraum für Erfindungen gab. „Ich erinnere mich bestens an diese Zeit. Weder Pirelli noch Michelin wollten Toleman mit ihren Reifen beliefern. So kam es Anfang 1985 dazu, dass wir mit unseren Wagen startbereit waren, ohne auf die Piste rollen zu können, da uns die Reifen fehlten. Beim GP in Brasilien sprach ich mit Eddie Cheever über unsere Probleme. Dieser dachte kurz nach und meinte dann: ‚Ich kenne da jemanden, die euch vielleicht helfen könnte.' Das war der Anfang einer Aktion, die schließlich dazu führte, dass Luciano Benetton die Toleman-Gruppe aufkaufte. Wenigstens hatte ich diesen Eindruck. So debütieren wir in Monaco mit Teo Fabi, und ab 1986 fuhr das gleiche Team unter der Flagge Benettons. Heute schätze ich mich glücklich, in der Geburtsstunde eines großen und neuen Phänomens im Rennsport dabei gewesen zu sein."
Die Aktion Benetton gab dem Team endlich finanzielle Sicherheit. Das ideale Klima für einen Arbeitsfanatiker wie Rory Byrne. Willem Toet, der dem Team lange Zeit angehörte, erinnert sich so an Byrne: „Morgens erschien er immer als einer der Ersten im Werk und war abends einer der Letzten, die nach Hause gingen. Wegen seiner nachlässigen Art sich zu kleiden, nahmen wir ihn immer gern auf die Schippe, aber er verstand sich bestens darauf, Mitarbeiter zu motivieren. Er gab ihnen den Freiraum, in dem sie sich ungehindert entfalten konnten, war immer freundlich und verlor niemals die Geduld. Einmal lieh er mir für einen Test im Windkanal seinen 400 PS-Sierra Cosworth aus, dabei stieß ich gegen einen Bordstein und beschädigte die Hinterachse. Doch als ich ihm den Wagen besorgt zurückgab, zuckte er nur mit den Achseln und meinte: ‚... kein Problem, machen wir mit der Arbeit weiter.' Das war das einzige, was ihm wichtig war".
Doch aus dem Projekt Reynard wurde nichts, und Tom Walkinshaw nahm die qualifiziertesten Techniker, darunter Rory, mit sich zum Benetton-Team, das sich inzwischen eine feste Spitzenposition in der Formel 1 gesichert hatte. Byrne erzählt: „Im August 1991 erwarb Tom Walkinshaw einen Teil des Benetton-Rennstalls und brachte Ross Brawn mit, der bei Tom Walkinshaw Racing am erfolgreichen Jaguar-Projekt für das Endurance Racing mitgearbeitet hatte. Als das neue Management die Leitung übernahm, verließ Barnard das Team, und technischer Direktor von Benetton wurde der Amerikaner Gordon Kimball. Ich selbst hatte Benetton ein Jahr zuvor, im November, verlassen, und nun setzten sie alles daran, mich zu überreden, erneut für sie zu arbeiten. Darüber war ich ausgesprochen glücklich. So lernte ich Ross Brawn kennen, und es begann eine erfolgreiche Zusammenarbeit, die viele Jahre dauern und in einer wahren Freundschaft münden sollte".
Diese „Heimkehr" war für den fast 50-jährigen Byrne wie eine neue Jugendzeit seiner Laufbahn: „Eine phantastische Zeit", erinnert er sich, „in der wir, das heißt ich, Schumacher, Ross Brawn und Leute wie Tad Czapski, der Elektronik-Guro der Formel 1, lernten, als Team mit vielen weiteren hervorragenden Technikern zusammenzuarbeiten. Und mit Schumacher am Steuer ging es rasch von einem Erfolg zum nächsten".
So wurde das mit einem Ford-Motor ausgestattete Modell B194 zum ersten Benetton-Wagen, der die Piloten-WM gewinnen sollte und bald zu Recht als eines der stärksten Fahrzeuge in der gesamten Formel-1-Geschichte galt. Dazu erklärt Rory: „Die feste Absicht, die ‚klassischen' Häuser wie Ferrari, Williams und McLaren zu schlagen, die die Geschichte der Formel 1 geschrieben hatten, war die Motivation für uns alle, die wir uns zur Aufgabe gemacht hatten, in der Formel 1 die Farben der Modeindustrie zu verteidigen. So legten wir bei der Entwicklung unseres B194 besonderen Wert auf eine optimale Aerodynamik und die Verlegung des Schwerpunkts weiter nach unten, zumal man nach den aktiven Radaufhängungen endlich wieder zur konventionellen Aufhängung zurückgekehrt war. So entstand ein Wagen mit einer Lenkbarkeit, die weitaus besser war als die anderer Fahrzeuge, die mehr PS als unser B194 unter der Haube hatten".
Und Jan Villadelprat, der damalige Teammanager, fügt hinzu: „Nach den tödlichen Unfällen von Senna und Ratzenberger und dem schweren Unfall von Wendlinger legte die FIA für die Fahrzeuge radikale Änderungen fest. Unser Ford V8 hatte fast 100 PS weniger als der 10-Zylinder Renault, und wir mussten auf wesentliche Kriterien der Aerodynamik verzichten und den hinteren Lufttrichter verkürzen. Doch Rory brachte ein wahres Wunder zustande, und unser Einsitzer konnte seine Siegerrolle weiterhin erfolgreich verteidigen".
Es war ein Triumph, den Byrne sozusagen nur indirekt erlebte, da er bei den Rennen so gut wie nie anwesend war. Der im Folgejahr entwickelte und diesmal mit einem Renault-Motor ausgestattete B195 dagegen war ein recht gewagtes Projekt und wesentlich schwerer zu fahren. Und dennoch bescherte er sowohl Schumacher als auch Johnny Herbert den Sieg, und in Japan konnte sich Benetton den WM-Konstrukteurstitel erobern. Ende 1996, bei einem im Hauptquartier in Witney eigens veranstalteten Megafest, verabschiedete sich Rory schließlich vom Team und von der Formel 1.
Bis heute hat sein Entschluss bei den Benetton-„Veteranen" einen leicht bitteren Nachgeschmack hinterlassen.

Davide Paolini
Der Beginn des Tyrrell- und Alfa Romeo-Sponsorings
Und dann, im Nobelrestaurant „Harry's Dolci", die Entscheidung, Toleman zu übernehmen

Es war Januar 1983, und ich war erst ein paar Tage zuvor in der Villa Minelli eingetroffen, um die Aufgabe des PR-Direktors zu übernehmen, zu der alle Initiativen der Kommunikation einschließlich der Sponsorisationen zählen würden.
Auf dem Tisch lag eine erste, keinesfalls unwichtige Entscheidung. Das Debüt in der Formel 1 mit dem englischen Tyrrell-Ford-Team und Michele Alboreto als erstem und dem Amerikaner Danny Sullivan als zweitem Pilot, der vor allem mit einem Blick der seitens Benetton auf dem amerikanischen Markt bestehenden Interessen engagiert wurde.
Nach dem Einzug in die Formel 1 unter der Bedingung eines gesamtheitlichen Sponsoring der Fahrzeuge, der Piloten und des gesamten Tyrrell-Teams in der dominierenden Farbe Grün (eine absolute Neuigkeit in der F1-Welt), stand einem Abenteuer, dem in Hinsicht auf die Verbreitung der Marke auf den Auslandsmärkten ein wichtiger Stellenwert beigemessen wurde, nichts mehr im Weg. In der Tat ermöglichte das Projekt, mit geradezu irrelevanten finanziellen Ressourcen (die Werbeaktionen hätten für jene einzelne Nation das Zehn-, wenn nicht gar Zwanzigfache gekostet) etwa sechzig Nationen zu erreichen. So wurde für jede Nation ein Sechzigstel der Gesamtinvestition im Höhe von ca. 3,5 Milliarden Lire bereitgestellt.
Die Weltmeisterschaft 1983 brachte uns gerade auf dem US-Markt einen großartigen Erfolg ein, da Alboreto in Detroit ganze acht Minuten Prime Time des CBS-Netzes nutzen konnte, um in seinem Benetton-Dress den Ford vorstellen zu können.
Derselbe Dress sollte wenige Wochen später zu einem Eklat mit Enzo Ferrari führen, der Michele für die bevorstehende Saison ausgeguckt hatte. Zudem bestand die Ferrari-Geschäftsleitung
unter dem Druck ihres Sponsors Marlboro darauf, dass Alboreto in Maranello, von Kopf bis Fuß in die weiß-roten Farben der Zigarettenmarke gekleidet, in einen Ferrari steigen sollte, obwohl mit dem Piloten ein regulärer Exklusivertrag mit Benetton bestand und das Tyrrell-Sponsoring allgegenwärtig war. All dies aus offensichtlichen Gründen einer Politik von Ferrari, die darauf abzielte, dass 1984 nach vielen Jahren endlich wieder ein italienischer Pilot einen Roten steuern sollte. Ironie des Schicksals: Einer der letzten italienischen Fahrer war Nanni Galli gewesen, der sich für das Zweigespann Tyrrell-Benetton eingesetzt hatte.
Es folgten heiße Telefonate mit dem mythischen Enzo, der sich gar zu polemischen Bemerkungen hinreißen ließ, die sich auf meine wenig ausgeprägte „Italianità" bezogen. Telefonate, die schließlich dazu führten, dass Ferrari in der laufenden Saison 1986, unmittelbar nach dem GP von Imola, Gerhard Berger abwerben sollte.
In Fall Alboreto wurde schließlich ein Kompromiss erzielt,

auch weil in den Benetton-Geschäften in der Gegend von Modena Telefonate eintrafen, in denen von möglichen Einschüchterungsaktionen seitens der Ferrari-Fans die Rede war. Auch in den Medien, die wie gewohnt auf der Seite des Hauses aus Maranello standen, wurde unsere wenngleich korrekte Haltung immer wieder angegriffen.
Gegen Ende der Saison 1983 entschied man, die Geschäftsbeziehungen zu Ken Tyrrell abzubrechen, da dieser sich gegen die Einführung der potenteren Turbomotoren sträubte. Das war das Ende der britischen Mechaniker, die ich in einigen Fällen sogar gezwungen hatte, einen roten Kittel anzuziehen, um so die Aufmerksamkeit der Fotografen auf sich zu ziehen. So entstand eine Zusammenarbeit mit Alfa Romeo, die zwei Weltmeisterschaften dauern sollte. Grundlage der Übereinkunft war die Vorstellung, sich der Welt als das „Made in Italy" der Formel 1 vorzustellen, zumal sich aus einer eigens angesetzten Markt- und Meinungsforschung ergeben hatte, dass der Hersteller aus Arese in wichtigen Erdteilen und Nationen wie Australien, den USA, Südafrika und Südamerika als bekannteste italienische Marke galt. Doch es sollte zwei Jahre der wahren Katastrophe werden, dies auch, weil Alfa in jener Zeit in einer tiefen Krise steckte, die einerseits das Management betraf und sich anderseits dadurch begründete, dass von einer Veräußerung des Unternehmens seitens des italienischen Staatskonzerns zum Wiederaufbau der Industrie (IRI) die Rede war.
Geleitet wurde der Benetton-Rennstall von Riccardo Patrese und Eddy Cheever, einem echten „Americano de Roma", welcher der PR in seiner Geburtsnation dienlich sein sollte. Das einzig erwähnenswerte Resultat unter dem Gesichtspunkt des Sponsoring (da die erhofften sportlichen Erfolge nach wie vor ausblieben und beide Fahrzeuge infolge des hohen Spritverbrauchs der Turbomotoren während der Rennen immer wieder auf der Strecke blieben) bestand in einem heftig umstrittenen Einfall meinerseits. Kurz vor dem Start beim GP von Detroit hatte ich beschlossen, die Reifen des Wagens von Cheever mit Spraylack in vier verschiedenen Farben zu besprühen. Auch selbst wenn die Wagen die Zielgerade nicht erreichen sollten, so war ihr Foto am nächsten Tage dennoch in allen maßgeblichen amerikanischen Zeitungen und Fernsehsendungen bestens zu sehen.
Unter sportlichem Aspekt dagegen verwandelte sich jede Rennstrecke in einen wahren Leidensweg, so dass das gesamte Team immer vor allen anderen ins Flugzeug steigen konnte. In jener Zeit der Zusammenarbeit mit Alfa Romeo sollten sich auch einige mehr als zweifelhafte Episoden ereignen, wie zum Beispiel die Vorlage eines von einem Untersekretär des Schatzministeriums ausgestellten Empfehlungsschreibens zu Gunsten eines bestimmten Piloten oder die hartnäckigen Versuche seitens des wohlbetuchten Vaters eines stellungslosen Piloten, für die Leitung des Teams beträchtliche Summen zur Verfügung zu stellen.
Während der Rennsaison 1985, in der die erhofften Ergebnisse seitens Alfa Romeo ausblieben, traf die Nachricht ein, dass sich die Männer des englischen Toleman-Teams gezwungen sähen, auf die Teilnahme an der WM zu verzichten, da sie niemand mit Reifen beliefern wollte. Dieser Umstand und die Möglichkeit, dass Toleman verkauft werden könnte, führte schließlich dazu, dass wir uns entschieden, die Gruppe zu übernehmen. Die Entscheidung fußte u.a. auf der Erkenntnis, dass das F1-Reglement einem Sponsoren, der wenigstens 80% des Kapitals des gesponsorten Unternehmens innehat, nicht verbietet, das Team auf seinen eigenen Namen zu taufen, ein Fall, der in der Formel 1 nie vorgekommen war und zudem mit einer gewissen Skepsis betrachtetet wurde. In der Tat hatten wir nach einer Auswertung der auf die (großen und kleineren) Sponsoren bezogenen Ergebnisse herausgefunden, dass allein mit Schriftzügen auf Bänken, Spoilern und wo auch immer keine große Wirkung erzielt werden konnte, wogegen das Markenzeichen eines Rennstalls auch im Radio genannt wird und im Fernsehen erscheint.
Mein Vorschlag zur Übernahme von Toleman wurde an einem Sonntag Vormittag in Treviso im damaligen Nobelrestaurant „Harry's Dolci" von Luciano und Gilberto Benetton abgesegnet. So nahm ich an einem Mainachmittag den Flieger in Richtung Witney (England), und es begannen die Verhandlungen zur Übernahme des englischen Rennstalls, die sich vor allem wegen der Schwierigkeit lange hinziehen sollten, Rory Byrne, einen der fähigsten Techniker im F1-Zirkus, zu behalten. Doch mit vier großen Bieren, die ganz entsprechend der Vorliebe Rorys zugleich serviert wurden, gelang es mir schließlich, ihn zum Bleiben zu überreden, auch wenn er gegenüber den Italienern tausend Zweifel hegte und auf dem britischen Piloten Watson bestand, was ich jedoch gleich mit einem trockenen „Nein" abwürgen konnte.
So nahm das Abenteuer Toleman seinen Lauf. Die Hart-Motoren barsten wie Zwieback, zunächst erst der Motor eines einzigen Wagens, doch gegen Ende der WM konnte auch das zweite Fahrzeug nur mit größter Mühe starten. Doch ein wahres Wunder passierte: Pole Position für Teo Fabi beim GP auf dem Nürburgring!
Im folgenden Jahr wurde das Benetton-Team mit seinem von Tobia Scarpa entworfenen Motor Home und den besten dort arbeitenden italienischen Chefs von BMW mit Motoren beliefert; das deutsche Haus bestand auf dem österreichischen Piloten Berger, der sich so zu Teo Fabi gesellte.
Der Druck, der in diesem Zusammenhang angesetzt wurde, war derart, dass einige Stimmen laut wurden, die gar von Schmiergeldforderungen für diesen Posten sprachen. Doch die Wahrheit ist, dass Gerhard Berger von BMW ausgesucht wurde, ohne dass Abstandszahlungen anfielen. Es war ein echter Glücksfall, und Gerhard gewann in Mexico City den ersten GP des frisch gebackenen Rennstalls. Zwei Runden vor dem Endspurt sah man, wie Luciano Benetton, sei es aus Aberglauben oder weil er den Schluss des Rennens in seiner Begeisterung einfach nicht ertragen konnte, das Autodrom verließ, so dass ich ihm die gute Nachricht erst am Flughafen überbrachte.
Teo dagegen gelang es zur Überraschung aller, eine Pole Position in Monza und einen Geschwindigkeitsrekord zu erzielen, der viele Jahre ungebrochen bleiben sollte.
Vielleicht hätte das Team gleich zwei Siege feiern können, wenn Fabi und Berger in Zeltweg, Österreich, weniger Egoismus gezeigt hätten. Auch wenn sie zwei Runden vor dem Ziel das Rennen führten und Prost eine ganze Runde abgeschlagen war, drehten sie derart auf, dass sie sich beide nicht auf dem Siegerpodest sondern in den Boxen wiederfanden.
Eine gute Saison, doch die offensichtlichen Präferenzen der BMW-Techniker für Gerhard führten immer wieder zu heißen Diskussionen im Team, die so weit gingen, dass die Motoren nach dem GP von Mexico City ausgelost werden mussten. In der gleichen Rennsaison nahm das Team zudem aktiv an der vom britischen Popsänger Bob Geldof ins Leben gerufenen Benefiz-Aktion „Usa for Africa" teil. Die Einsitzer wurden gut sichtbar mit dem Schriftzug der Aktion versehen, und die amerikanischen Benetton-Geschäfte verpflichteten sich, während der gesamten WM für jeden verkauften Artikel einen Teil des Gewinns für „Usa for Africa" zu spenden.
In der Saison 1988 wurde das italienisch-englische Team als „König unter den Einsitzern mit Saugmotor" bezeichnet, da ihm seine Ford-Antriebe gleich hinter McLaren und Ferrari, beide mit Turbomotoren, einen dritten Platz in der Konstrukteurs-WM bescherten.
Starpilot des Rennstalls war ohne jeden Zweifel Alessandro Nannini. An dieser Stelle möchte ich nach vielen Jahren ein Geheimnis verraten, das nicht einmal die Familie Benetton kannte: Vor Beginn der WM, nach einigen Testläufen in Imola, hatten wir beschlossen, Thierry Boutsen einen jungen Piloten an die Seite zu stellen. Auf dem Spiel stand die Leitung des Benetton-Teams. Alessandro Nannini, Stefano Modena oder Johnny Herbert. Schließlich wurde in einem wahren Dreierwettstreit Herbert, der Zögling des Teammanagers Peter Collins, ausgesucht (während Byrne Stefano Modena vorgezogen hätte), doch mit der Unterstützung eines Ingenieurs, der die Zeit für die letzten Wertungen stoppte, gelang es mir schließlich, mit Nannini den Piloten durchzusetzen, der auf der Wunschliste der Familie Benetton stand. Angesichts der bald belegten Qualitäten und der schellen Popularität des aus Siena stammenden Fahrers eine Wahl, die sich als mehr als treffend herausstellte.
Die Übereinkunft zu seinem Anstellungsvertrag kam in der väterlichen Villa am Abend vor der Austragung des Reiterwettkampfs „Palio di Siena" zustanden, in der sich der Jockey versteckt hielt, der am folgenden Tage eines der berühmtesten Turniere der Welt gewinnen sollte.
Herbert kam im nächsten Jahr zum Team, musste jedoch bald darauf während der laufenden Saison infolge der Nachwirkungen eines schweren Unfalls bei einem F3000-Rennen durch Emanuele Pirro ersetzt werden.
Nannini erzielte nicht nur in der Saison 1988 ausgezeichnete

Resultate, sondern siegte auch zur großen Überraschung aller im Jahr darauf beim GP in Japan.
Sein einziges Problem war, dass er eingeschworener Marlboro-Raucher war, was mehrmals zu einem Bruch des Camel-Vertrages führte; schließlich konnte jedoch auch dieses Problem auf geradezu geniale Weise gelöst werden, indem man seine Lieblingszigaretten diskret in einer Packung des Sponsors versteckte.
Doch gibt es ein wichtiges Projekt in jenen Jahren der Formel 1, das nicht verwirklicht werden konnte: Der Plan, ein Benetton-Team aus der Taufe zu heben, das mit einem Porsche den GP von Indianapolis gewinnen sollte, ein Projekt, das von Jacky Icx unterstützt wurde und in das auch Michael Jackson eingebunden war.

Tom Walkinshaw
„Ich hatte einen vielversprechenden Deutschen beobachtet, der Prototypen fuhr
Ich rief Mercedes an und fragte: ‚Ist er frei? Können wir ihn haben…?'"

Ein Mann, der keinen Stillstand kennt und problemlos von Rennveranstaltungen zur Produktion von Serienwagen und wieder zurück wechseln kann. Und sich zwischen diesem ständigen Wechsel mit tausend anderen Dingen befasst, solange sie nur etwas mit Mechanik und Maschinen zu tun haben. Für ihn ist das Automobil, mehr noch als ein zentrales Thema, die Motivation seines Lebens. In seiner Freizeit gibt es nur ein einziges anderes Hobby namens Rugby. Doch das ist ein anderes Thema.
Tom Walkinshaw, Vollblutschotte, geboren 1946, heute auf dem Gebiet Automotive Design & Engineering *in Australien, China und Indien beschäftigt, war im Rennsportabenteuer von Benetton eine wichtige Figur, da er bei der Einführung grundlegender Neuerungen im Bereich der Technik und der Organisation, welche Anfang der 1990er Jahre das Bild des Benetton-Rennstalls prägten, die Regie führte.*
Der Name Tom Walkinshaw war seit langem schon auf dem Gebiet des Rennsports fest mit erfolgreichen Aktionen so namhafter Marken wie Rover, Mazda und Jaguar verknüpft. So ist es kein Zufall, dass Ford 1991, als das Haus die Zusammenarbeit mit Benetton mit Blick auf den Weltmeistertitel intensivieren wollte, an ihn dachte. Eine Aufgabe, die Walkinshaw nach einem Meeting in London, bei dem Mike Kranefuss, Leiter der Detroit-Rennen in Europa, Luciano Benetton und Flavio Briatore zugegen waren, mit Begeisterung annahm. „Wir hatten im wesentlichen zwei Zielsetzungen", erinnert sich Tom. „Ein starkes Team aufzubauen und über die Belieferung mit Cosworth-Motoren die Partnerschaft mit Ford zu verstärken. Zudem mussten wir unsere Arbeit auf Witney konzentrieren und gleichzeitig an einen neuen Geschäftssitz denken, der später in Enstone entstehen sollte. Es gab jede Menge zu tun, und das Team zeichnete sich durch Motivation und eine große Begeisterung aus."
Einer der ersten Schritte Walkinshaws richtete sich auf die Gewährleistung einer Zusammenarbeit mit Ross Brawn (der den mit einem Ford-Cosworth-Motor ausgestatteten Jaguar XJR 15 entworfen hatte, welcher unter der Flagge des Tom Walkinshaw Racing Teams die Weltmeisterschaft der Sportwagenprototypen gewonnen hatte) als technischem Leiter und mit Rory Byrne als Leiter der Planungsabteilung, den Tom zusammen mit Pat Symonds von Reynard Racing ins Team holte.
Zu diesen drei Spitzenleuten von grundlegender Bedeutung kam Flavio Briatore hinzu, der sich um die Promotion kümmern sollte. Doch fehlte noch ein weiterer Mann von nicht weniger ausschlaggebender Bedeutung, der mit Michael Schumacher bald zum Team stoßen sollte. Walkinshaw erzählt voller Begeisterung: „Als Schumacher in Spa mit Jordan debütierte, folgte ich ihm auf Schritt und Tritt, um zu beobachten, wie er sich in der Formel 1 verhalten würde, da er mich bereits bei den Prototypen beeindruckt hatte, als er mit seinem Mercedes während meiner Zeit mit Jaguar unser direkter Rivale war. Der Eindruck, den ich in Kurven wie Eau Rouge und Radillon von ihm gewann, war vom Feinsten; Schumacher fuhr einfach phantastisch. Und seine Zeiten bei den Testläufen bestätigten diesen Eindruck nur. So ging ich sofort zu Flavio, um ihn überzeugen, dass wir Schumacher unbedingt haben müssten, und redete auf Ecclestone ein, Briatore dazu zu bewegen, ihn anstelle von Moreno zu engagieren. Man entschied, es zu versuchen. Wenige Tage nach dem GP von Belgien rief ich Jochen Neerpasch an, den Manager von Mercedes Motorsport, um ihn zu fragen, ob Schumacher vertraglich für die Formel 1 frei sei. Jochen erklärte mir, dass Mercedes 250 Tausend Dollar an Eddie Jordan gezahlt habe, damit Schumi in Spa starten konnte, dass es jedoch keine weiteren Hindernisse gäbe. Er fragte mich, was Benetton verlangen würde, um ihn zu übernehmen. Ich antwortete ihm, dass wir bis auf eine Option für die nächsten drei Jahre keine Forderungen stellen würden. Am Dienstag darauf trafen wir uns alle in London, und das Geschäft war unter Dach und Fach. Schon am nächsten Tag fuhr Schumacher mit unserem Wagen in Silverstone, und es konnte losgehen".
Walkinshaw ging alle Situationen auf eine pragmatische, konkrete Weise an und besaß zudem die Fähigkeit, auch einen Schritt zurückzutun, um so seinen Mitarbeitern die jeweiligen Aufgaben zu überlassen, wobei er sich nur wenn es nötig war einmischte. Nach der Leitung Barnards war er mit seinem großen Organisationstalent genau der richtige Mann für Benetton. In der Tat war es Tom, der dafür sorgte, dass das Team sowohl hinsichtlich der Ausrüstung des Werks als auch an der Piste moderne technische Systeme erhielt, wie etwa die Antriebskontrolle oder das Halbautomatikgetriebe. „Als wir diese neuen Systeme einführten, mussten wir anfangs einen gewissen Grad der Unsicherheit und Ausfälle in Kauf nehmen," gab Walkinshaw zu, „aber nach dieser Anlaufphase konnten wir auf deutliche Vorteile zählen."
Auf die sensationelle Vorherrschaft des Gespanns Williams/Renault im Jahre 1992 reagierte Benetton mit der Einführung der aktiven Aufhängungen und des Halbautomatikgetriebes im Wagen für die Saison 1993, auch wenn das Team bereits an einem neuen B193B arbeitete.
„Um eine Gruppe von Personen zu leiten, muss man hart und kompromisslos, aber auch ehrlich gegenüber sich selbst sein. Man muss seine eigenen Stärken und Schwächen erkennen können. Genau das habe ich mein ganzes Leben lang immer versucht, und das Gleiche erwarte ich auch von meinen Teamkollegen. Ich setze mich mit ihnen an einen Tisch, wir suchen gemeinsam nach einem Weg, den wir einschlagen wollen, und versuchen, die Schwierigkeiten und unsere Art, sie zu lösen, auszumachen, und dann verteidige ich mein Team mit gezogenem Schwert so lange, bis wir das erreicht haben, was wir uns vorgenommen hatten. Sollte jemand allerdings nicht das tun, wonach man ihn gefragt hat, oder nicht das ausführen, wozu er sich verpflichtet hatte, so muss ich die entsprechenden Maßnahmen ergreifen. Ich habe immer in Unternehmen und Teams gearbeitet, die maximalen Einsatz forderten, und immer die mir gesetzten Termine beachtet, egal, ob es sich um Projekte zur Planung von Maschinen, um Programme zur Durchführung von Rennen oder um gleich welche anderen Aufgaben handelte. Es bedeutet, dass man unnachgiebig sein muss. Unter diesem Aspekt sehe ich keinen Unterschied zwischen einem Mechaniker und einem Piloten. Beide gehören zu einem Team, und egal, ob dieses Team im Verkauf oder auf sportlicher Ebene tätig ist, muss jeder seine Aufgabe zu 100% erfüllen. Hin und wieder kann es vorkommen, dass man jemanden mit Gewalt zu etwas zwingen muss. Dann wird man, denke ich, als hart und unbeugsam bezeichnet. Doch ich habe nie gewagt, von jemandem irgend etwas zu verlangen, was ich nicht selbst zu tun bereit gewesen wäre."
Eine Art programmatisches Dokument des Mannes und seiner Methoden, der als Grundlage für die Erfolge gelten kann, die sich schließlich wie eine Kettenreaktion einstellen sollten. „Es war eine phantastische Zeit", bestätigt Walkinshaw. „Wenn ich zurückblicke, so gibt es nichts, was einen mehr motiviert als ein Sieg in einer Weltmeisterschaft. Und die Tatsache, dafür gesorgt zu haben, dass Benetton Teams schlagen konnte, die ein Leben lang an der Spitze lagen, hat den Erfolg noch süßer gemacht."

David Richards und Rocco Benetton
Das Abenteuer eines Mannes, der aus der Welt der Rallyes kam Die geheimen Kontakte, die in der Operation Renault münden sollten

Auch die schönsten Geschichten haben ein Ende. Im September 1997 verlässt Flavio Briatore den Rennstall, und der Brite David Richards, Besitzer des Prodrive-Teams, das bei den Rallyes mit Subaru antritt, kommt zum Benetton-F1-Rennteam und wird

geschäftsführendes Mitglied des Benetton-Verwaltungsrates. Rocco Benetton dagegen besetzt die frei gewordene Stelle in der Promotionleitung. Neue Gesichter für ein Team, das auf Gerhard Berger verzichten muss, der nach seinem in Deutschland errungenen GP-Sieg aufhören will, so dass alle gespannt auf Neueinstellungen warten.
David Richards erzählt uns seine Geschichte höchstpersönlich: „Ich erhielt einen Anruf von Bernie Ecclestone, der mich im Namen der Familie Benetton fragte, ob ich interessiert sei, zu ihrem Team zu kommen. Daraufhin setzte ich mich mit Alessandro in Verbindung, und nach mehreren Gesprächen beschloss ich, dem Rennstall beizutreten und einige meiner Aufgaben bei Prodrive, deren Sitz zudem nur etwa 15 km von Enstone entfernt war, an andere zu delegieren. Nach den Triumphen von Schumacher sollten in der Formel 1 wie auch im Benetton-Team Änderungen eintreten. Mir gefiel die Zusammenarbeit mit Alessandro und Luciano Benetton sowie mit einigen Geschäftsleitern aus Ponzano, mit denen ich einen engen Kontakt unterhielt. Mein ganzes Engagement richtete sich darauf, wichtige Fortschritte einzuführen, die sich auf den Aufbau des Unternehmens richteten, und eine Strategie für die Zukunft zu erarbeiten. So unterbreitete ich der Geschäftsleitung recht radikale Vorschläge, die zur langfristigen Beibehaltung unserer Wettbewerbsfähigkeit einen Vertrag mit einem Automobilhersteller vorsahen, und schlug vor, sich mit Ford in Kontakt zu setzen, da ich mit Jac Nasser, dem Vorsitzenden von Ford, befreundet war".
Doch die Geschäftsbeziehungen zwischen Richards und Benetton sollten am 19. Oktober 1998, nach kaum einem Jahr, enden. „Mir wurde bewußt, dass die Differenzen zwischen meinen Ansichten und denen der Geschäftsleitung zu groß waren, so dass ich kündigte. Dennoch betrachte ich diese Phase meiner Laufbahn heute als ausgesprochen wichtig, da sie mir ermöglichte, besser zu verstehen, wie ein erfolgreiches F1-Team funktionieren muss, und da diese Erfahrung die Voraussetzungen für meine anschließende Arbeit bei BAR darstellte."
Rocco, der jüngste Sohn Luciano Benettons, geboren 1969, übernahm die Stellung Richards als geschäftsführendes Mitglied des Verwaltungsrats und blieb bis zur Ankündigung der Übernahme Benettons durch Renault am 16. März 2000 im Amt. Praktisch war er es, der die Gleise für den Abschluss des Geschäfts stellte: „Die ersten Kontakte mit Renault bestanden schon im Jahre 1999, doch auch das Jordan-Team, das im Vorjahr eine herausragende Saison feiern konnte, suchte nach einem Käufer. Schließlich entschied sich Renault für uns, zumal wir gemeinsam die Weltmeisterschaft 1995 gewonnen und über die Renault-Firma Supertech, von der wir unsere Motoren bezogen, indirekt auch danach zusammengearbeitet hatten". Und Rocco berichtet uns auch von den damaligen Problemen, die keineswegs zu unterschätzen waren: „1997 war das Team stark und stand in einem optimalen Ruf. Allerdings hatten wir im Jahr zuvor nicht nur Schumacher, sondern auch viele Techniker verloren. Uns wurde bewusst, dass wir neu anfangen mussten. Die Arbeit lief recht gut, und wir waren immer das erste Team unter denen, deren Motoren nicht von einem großen Autohaus stammten. Nichts war einfach, doch es gelang uns, ein Team von fähigen Technikern auf die Beine zu stellen, zu denen auch diejenigen zählten, die im Betrieb von Gian Paolo Dallara und Varano de' Melegari am Honda-F1-Projekt arbeiteten, das später aufgegeben wurde. Heute, nach vielen Jahren, gibt es mir eine gewisse Genugtuung, dass Renault mit Alonso und vielen Technikern, darunter dem Designer Tim Densham, die bereits bei Benetton arbeiteten, die Weltmeisterschaft gewinnen konnte".
Leider brachten die Jahre nach 1996 keinen großen Anlass zur Zufriedenheit mit sich. „In einigen Fällen hätten wir mit etwas mehr Glück ein paar Erfolge mehr feiern können", kommentiert Rocco, „so zum Beispiel, als Fisichella auf den so gut wie sicheren Sieg beim GP von Ungarn verzichten musste, da er wenige Runden vor dem Ziel aus der Piste ausbrach. Dennoch können wir sagen, dass wir unseren Teil zur Formel 1 beigesteuert haben."
Seine damals gesammelten Erfahrungen als Manager sollten Rocco Benetton bei den verschiedenen Tätigkeiten, die später auf ihn warteten, davon einige innerhalb der Familie und andere im Alleingang, mehr als nützlich sein. Auf die Frage, was es heute für ihn bedeutet, das Schlusskapitel der ruhmreichen Geschichte des Benetton-Rennstalls verwaltet zu haben, antwortet Rocco: „... ein absolut positives Gefühl, ich bin mir bewusst, in einer wichtigen Phase dabei gewesen zu sein, die einem tüchtigen Team ermöglichen sollte, weiterhin erfolgreich zu sein. Was tatsächlich passierte. Ohne an den Profit zu denken, den wir aus dem Verkauf des Rennstalls bezogen haben".

DIE PILOTEN

„Während meiner F1-Laufbahn starb jede Woche ein Pilot auf der Piste. Der Automobilsport war eine ausgesprochen riskante Sache, man startete und war sich niemals gewiss, heil nach Hause zu kommen. Allerdings haben mir die Rennen ermöglicht, die Welt zu sehen, berühmte Leute kennenzulernen und zudem gutes Geld zu verdienen."
Juan Manuel Fangio, Adelaide, März 1990

Michael Schumacher
Nach seinem ersten GP-Sieg in Belgien meinte er trocken: „Der Sieg ist großartig, aber ich will es nicht dabei belassen..."

1991, bei seinem F1-Debüt in Spa, blieb Michael Schumacher nur eine halbe Minute im Rennen, da die Kupplung seines Jordan gleich nach dem Start durchbrannte. Ein enttäuschender Auftakt, auch wenn es Schlimmeres gibt. In den Qualifikation zu seinem ersten GP auf einem nie zuvor gesehenen Ring hatte Schumacher den siebten Platz erreicht. Kein schlechtes Ergebnis.
Hätte Eddie Jordan nur etwas mehr auf ihn geachtet, so hätte Schumacher in Monza mit einem seiner Wagen antreten können und wäre für den Rest der Saison 1991 für Jordan gefahren. Doch hatte Michaels Manager bereits in den Tagen vor dem Gran Premio d'Italia Verhandlungen mit Benetton aufgenommen und die ganze Nacht jenes Donnerstags in Monza mit einer heißen Diskussion zur Zukunft seines Schützlings verbracht, bei der auch Bernie Ecclestone anwesend war.
„Die Benetton-Leute haben Glück gehabt" – erinnert sich der F1-Patron nicht ohne eine gewisse Ironie, „denn in Monza blieb ich die ganze Nacht wach, um Michael zu überzeugen, für das Benetton-Team zu fahren. Schon zuvor hatte ich Briatore und Walkinshaw überreden müssen, Michael zu nehmen. Während Tom Brundle oder was weiß ich wen wollte, hatte Flavio keine Lust auf Diskussionen, da er an einen Vertrag mit Roberto Moreno gebunden war. Schumacher dagegen stand am Anfang seiner Karriere und wollte sich nicht zu diesem Thema äußern, auch wenn sein Manager nicht verstand, was genau ablief. Schließlich stimmte er Michael bei seiner Taktik, den Mund zu halten, bei, riet ihm, zu Bett zu gehen, und meinte: ‚Morgen, wenn du aufwachst, wirst du ein Benetton-Pilot sein'. Uns genauso war es..."
Am Morgen darauf tauschen Schumacher und Moreno Dress und Wagen. Und gleich darauf lieferte Michael einen erneuten Beweis seines Naturtalents, indem er in der Qualifikation eine bessere Position einfuhr als der erste Pilot des Benetton-Teams und dreimalige Weltmeister Nelson Piquet. Das Gleiche passierte beim Rennen: Schumacher wurde Fünfter, Piquet musste sich mit dem sechsten Platz begnügen.
So begann die glorreiche Geschichte Schumachers mit dem Benetton-Team. In Estoril und ebenso in Jerez plazierte sich Michael erneut unter den ersten sechs Fahren. Dennoch gab es Stimmen, die dem Deutschen mit der mageren Statur und dem entschiedenen Charakter misstrauten und meinten, er fahre „wie ein Verrückter". In der Tat hatte Schumacher bei den Endausscheidungen in Suzuka einen verheerenden Unfall. Professor Sid Watkins, der viele Jahre lang offizieller F1-Sportarzt war, erinnert sich auch heute noch gut an jenen Tag: „Nach dem Unfall gab Schumacher an, nur leichte Rückenschmerzen zu haben, ich jedoch sorgte mich sehr um ihn und riet ihm: ‚Michael, setz' dich und hör' mir gut zu. Du bist ein hübscher Junge, doch wenn du so weiter machst, riskierst du, ein hübscher Kadaver zu werden...' Ich erklärte ihm, dass er ruhiger werden müsse und dass alles noch vor ihm läge. Er hörte mir schweigend zu und drückte mir schließlich die Hand. Dann stieg er in seinen Benetton-Reservewagen und fuhr noch schneller als vorher! Damit wollte er etwas zum Ausdruck bringen. Er wollte allen mitteilen, dass er ein zukünftiger Weltmeister war".

In der Tat. Schon im Jahr darauf, 1992, schnitt Williams-Renault besser als alle anderen ab, doch Schumacher rückte als Pilot erster Klasse immer mehr ins Rampenlicht und fuhr trotz kritischer Witterungsbedingungen in Spa, genau ein Jahr nach seinem F1-Debüt, seinen ersten GP-Sieg ein. Nach dem Sieg kommentierte er kurz und bündig: „Ich danke dem Benetton-Team für diese großartige Gelegenheit. Einen GP zu gewinnen, ist eine herrliche Sache, doch ich denke nicht daran, mich mit einem Sieg zufriedenzugeben".
In der Rangliste der Weltmeisterschaft eroberte er sich schließlich, hinter den Williams-Piloten Nigel Mansell und Riccardo Patrese, aber immerhin noch vor Ayrton Senna, den dritten Platz.
1993, in Portugal, holte er sich einen neuen Sieg, auch wenn der Weltmeistertitel erneut auf einen Williams-Piloten, Alain Prost, wartete, der sich zum Jahresende jedoch aus dem Rennsport zurückzog, um seinen Platz im Team Senna zu überlassen.
Es war offensichtlich, dass Schumacher nicht nur als schärfster Rivale von Ayrton galt sondern auch als sein natürlicher Nachfolger betrachtet wurde. Der Benetton B194 lief schon bald seine ersten Tests, und von Anfang an blieb Michael vom neuen Ford-Motor Zetec-R V8 gebannt, der wesentlich potenter als der bisherige Motor war.
Beim ersten Rennen der Saison in Interlagos, Brasilien, hatte der Benetton-Ford B194 im Gegensatz zu seinem Rivalen Williams-Renault FW16 einen deutlich gründlicheren und umfassenderen Testzyklus hinter sich gebracht. Unter diesen Bedingungen konnte selbst Ayrton Senna, der als einzig wirklich ernster Konkurrent Schumachers galt, nicht zu einem Problem für das Benetton-Team werden. So siegte Michael nicht nur in Interlagos sondern ohne große Probleme auch beim nächsten GP auf dem Aida-Ring in Japan. Und schließlich in Imola, an jenem unglücklichen 1. Mai, der zu einem der tragischsten Tage in der F1-Geschichte wurde, als der brasilianische Weltmeister Senna im Versuch, den Wagen des Benetton-Teams, der an der Spitze des Rennens lag, einzuholen, tödlich verunglückte.
Es war, als würde eine neue Seite des Geschichtsbuchs umgeblättert und eine neue Ära beginnen. Nach dem Tode Sennas war Schumacher so gut wie unschlagbar geworden: Beim GP in Frankreich glänzte er mit 66 Punkten und lag somit weit vor Damon Hill und dem Williams-Team, das sich mit 29 Punkten und dem zweiten Platz zufriedengeben musste. In dieser Situation war die Meisterschaft so gut wie gelaufen. Doch für neu gemischte Karten sorgte der PG von Großbritannien, bei dem Schumacher den zweiten Platz erreicht hatte, jedoch wegen Nichtbeachtung der schwarzen Flagge disqualifiziert und von der FIA für zwei weitere Rennen gesperrt wurde. Ohne Schumacher gelang es Hill, seinen Punktnachteil aufzuholen, und als Michael beim GP von Belgien wegen eines recht unbedeutenden Verstoßes gegen die technischen Vorschriften um seinen Sieg gebracht wurde, war bei den letzten Rennen der WM die Voraussetzung für ein Kopf-an-Kopf-Duell geschaffen.
Beim Finale in Adelaide, Australien, hatten Schumacher und Hill eine umstrittene Kollision, die beide aus dem Rennen warf, für den deutschen Piloten jedoch keine Strafe vorsah, so dass er schließlich mit nur einem Punkt Vorsprung vor seinem englischen Konkurrenten seinen ersten Weltmeistertitel erhielt. „Ich denke, niemandem etwas gestohlen zu haben", kommentierte Michael gleich nachdem er vom Siegerpodium gestiegen war, „für alles, was ich von Anfang bis jetzt geleistet habe, habe ich mir den Titel verdient. Sicher, ich habe auf eine etwas merkwürdige Art gesiegt, und das Duell mit Hill war hart. Als ich wieder bei den Boxen eintraf und sah, wie das gesamte Benetton-Team jubelte, fragte ich als erstes ‚... bin ich wirklich Weltmeister?', eine Frage, die keine Antwort benötigte."
Zu den Polemiken, die die gesamte Saison begleitet hatten, meinte Frank Williams mit einem Schulterzucken: „Wie es auch sei, jetzt ist klar, dass Michael der beste Fahrer ist. 1995 wird er wie wir einen Renault V10-Motor haben. Ich denke, dass er dann allen davonfahren wird...".
Doch in dieser Hinsicht sollte sich Frank täuschen. Auch wenn Schumacher nun den gleichen Motor des Williams-Teams hatte, war der Benetton-Renault B195 nicht so schnell wie der Williams-Renault FW17. Und wenn es Michael schließlich gelang, ohne große Mühe zum zweiten Mal Weltmeister zu werden, dann war dies vor allem auf die oftmals besseren Strategien des Benetton-Teams und auf eine bessere Organisation an den Boxen zurückzuführen. Dies bestätigte Schumacher als Erster: „Ich kann mich nicht an einen einzigen Fehler erinnern, den sich unser Team in dieser Saison geleistet hätte. Das gleiche gilt auch für Ross Brawn und seine Taktiken".
In der Regel gelang es Michael, an den Boxen im Vergleich zu Hill und David Coulthard Zeit zu gewinnen, doch auch während des Rennens zeigte er sich von seiner besten Seite. „Er ist nicht nur der beste Pilot", meinte Ecclestone, „sondern auch der, der am meisten Glück hat. Eine unschlagbare Kombination."
Gegen Ende 1994 meinte Tom Walkinshaw, der damals noch zum Benetton-Team gehörte: „Michael hat eine wunderbare Eigenschaft: Er vertraut dir voll und ganz. So haben wir Rennen gewonnen, von denen es sich keiner vorgestellt hätte, nur weil er genau das getan hat, was man ihm gesagt hatte. Er besitzt eine ausgeprägte Fähigkeit, alles zu analysieren, und ist wesentlich intelligenter als die anderen. Er ist genau wie Senna: Er weiß immer, was abläuft, versteht sich darauf, auch die kleinste Chance zu nutzen und ist sich bewusst, dass das ganze Team hinter ihm steht. Es ist kein Zufall, dass Senna, Prost und Schumacher so viele Siege eingefahren haben. Ich denke, der Unterschied zwischen einem guten Fahrer und einem Klassepiloten besteht darin, dass sich alle wirklich großen Champions immer und in jeder Situation selbst auf Kleinigkeiten zu 100% konzentrieren".
Ein Jahr darauf, während Michael sich darauf vorbereitete, zu Ferrari überzuwechseln (ein Beispiel, dem Brawn und Rory Byrne wenig später folgen sollten), war sich Flavio Briatore genau bewusst, wen er verlieren würde: „Michael hat ein phantastisches Talent, das ist offensichtlich, doch er versteht es auch, dieses Talent kontinuierlich weiter zu entwickeln, und das unterscheidet ihn von anderen. Zum Beispiel ist er der erste Pilot, der alles tut, um sich körperlich in Form zu halten. Er verbringt jeden Tag zwei oder drei Stunden mit Fitnesstraining, was bei einem Piquet oder einem Nannini unvorstellbar wäre. Er besitzt unglaubliche Fähigkeiten und versteht sich darauf, diese auf bestmögliche Weise einzusetzen. Genau wie Senna und Prost tut er nichts anderes, als härter als alle anderen Piloten zu arbeiten. Er wird Ferrari zu einem anderen Team machen, da bin ich mir sicher. Genauso, wie er auch für Benetton ausschlaggebend war".

Gerhard Berger und Jean Alesi
Die* enfants terribles *von Ferrari
Immer für Scherze gut, immer zum Lachen und zu Glanzleistungen auf der Piste aufgelegt

Berger, Alesi und Benetton. Der Weiße, der August und der Direktor. Drei klassische Figuren des Zirkus. Der Weiße ist der Trompete spielende Clown, der versucht, logisch zu denken und seinen Partner, den August, mit seiner roten Pappnase, seinen riesigen Schuhen, seinen Scherzen und seinem Gelächter zum logischen Denken zu bringen. Zusammen ziehen sie ihre Nummer ab, sorgen für Spaß und Übertreibung. So dass der Zirkusdirektor einschreiten muss. Er ist es, der das Spektakel abbricht, sie zur Ordnung aufruft und sie vielleicht auch ins Bett oder hinter den Vorrang schickt und so eine Strenge vorgibt, die ihm in Wirklichkeit nicht eigen ist. Figuren, die ein zärtliches und lustiges, melancholisches und genau definiertes Bild heraufbeschwören. Irgendwie erinnern sie an drei Personen, die sich zwei Jahre lang unter dem Zelt eines anderen Zirkus versammelten, und zwar dem der Formel 1, dem des Teams Benetton von 1996 bis 1997: Gerhard Berger, Jean Alesi und Flavio Briatore.
Eine Epoche, die reich an Erinnerungen für Berger und Alesi ist, die bereits seit geraumer Zeit ein festes Zweigespann waren. Drei Jahre gemeinsam bei Ferrari (1993/95), bevor sie, immer schön zu zweit, bei Benetton eintrafen. Mit ein paar Verbitterungen zuviel vielleicht, die jeder, ganz nach seinem Charakter, auf unterschiedliche Weise lebte. Bei Ferrari hatten sie sich zum Schluss frustriert und in ihrer Entwicklung behindert gefühlt, seit langer Zeit unfähig, die eigenen und allgemeinen Erwartungen zu erfüllen. Letzter WM-Titel: 1979, Jody Scheckter. Ein Datum, das wie ein immer wieder kehrender Refrain wirkte, wie eine Anklage und eine schwere Last. Jean hatte es trotz seines vulkanischen Temperaments fünf Jahre bei Ferrari ausgehalten, wobei er immer wieder von jenem einzigen Tag der Freude zehrte (seinem einzigen GP-Sieg in Kanada 1995), ansonsten jedoch zwischen Wut und Illusionen lebte und vor allem schließlich eine tiefe Abneigung gegen Jean Todt hegte, welche auf die für Alesi typische, offene, wenig

diplomatische Art auch in der Öffentlichkeit explodieren sollte. Für Berger dagegen präsentierte sich die Frage etwas anders. Jene drei Jahre in Rot – bereits von 1987 bis 1989 war er für Ferrari gefahren – hatten für ihn keinen Richtungswechsel sondern eine Rückkehr dargestellt. Mehr noch: ein einziger Sieg (Deutschland 1994) gegenüber den vier Siegen in seiner ersten Zeit mit den roten Rennern (Japan und Australien 1987, Italien 1988 und Portugal 1989). Er hatte mit der Mannschaft gut und hart gearbeitet und jeden Streit in einem oft konfusen und von Ängsten gepeinigten Team vermieden. Dazu kam, dass alle von einem schönen Paar geredet hatten, das in der Lage war, zu sprechen und in jenem chronischen Sturm, den die Missgeschicke Ferraris auslösten, auf der Bühne zu bleiben. Doch ihre Zeit war abgelaufen. Vor allem Berger war es, der den Abbruch der Beziehungen beschloss, da er mit einem gewissen Leiden die Ankunft Schumachers miterlebte (wobei sich dieses Leiden 1995 in Spa in einer eindrucksvollen, grimmig eroberten Pol Position ausdrückte), wogegen Alesi aus seiner Enttäuschung keinen Hehl machte: Ferrari war sein Traum und sein Leben gewesen, und nun ging es darum, ein ganzes Kapitel mit einer Bilanz abschließen zu müssen, die weitaus unter den Erwartungen aller ausfiel.
Die Möglichkeit, zusammen zu bleiben und zusammen eben zu dem Team überzuwechseln, das Schumacher lanciert und prämiert hatte, bot ihnen und uns jede Menge interessanter Anregungen. Mit Briatore am Ruder, der ebenfalls bereit war, Zeichen und Störzeichen zu setzen, und der sich ebenfalls dadurch auszeichnete, sich auf seine ganz persönliche und deutliche Art mitzuteilen. Zwei Jahre lang, wie gesagt. Die letzten der Karriere Bergers, und unter vielen Aspekten durchaus erinnerungswürdig. Verrückt wie er war, leistete er sich hin und wieder den Luxus, Schumi auf spektakuläre Weise abzuhängen, und verabschiedete sich 1997 auf dem Hockenheimring, kurz nach dem Tode seines Vaters, mit einem Wochenende, das an Emotionen nicht sparte. Auch Jean zeigte sich noch einmal von seiner allerbesten Seite: Eine Pole Position in Monza 1997, acht zweite Plätze, erobert mit Leidenschaft und Schweiß. Eben ganz der alte.
In ihrer Nähe gab es stets etwas zu lernen und zu bewundern. Ironie und Selbstironie, eine unbeschwerte Überschwenglichkeit, ein Spiel, an dem auch Briatore, mit Zuckerbrot und Peitsche bewaffnet, gerne teilnahm, und das denen, die die Aufgabe hatten, diese atypische und brillante Familie zu beschreiben, immer wieder höchste Zufriedenheit bescherte.
Es war die Williams-Ära, die Zeit des Booms Jacques Villeneuve, zwei heiße und intensive Jahre. Ein Film, in dem man einem Paar zusehen konnte, das auf den Sonnenuntergang zuging und dem man schon bald nachweinen würde. Denn Berger und Alesi standen für eine ganz besondere Typologie, die im Aussterben begriffen war. Piloten, die mit ihrer Vergangenheit, mit der Turbo-Ära, mit dem leuchtenden Licht des Sterns Ayrton Senna und mit der festen Absicht, sich ohne Mundschellen ihrem Publikum zu stellen, verknüpft waren. Piloten der alten Schule, die einer anderen, deutlich kälteren und undurchdringlichen Generation angehörten. Daher auch hofften viele, dass Gerhard es sich noch einmal überlegen und erneut ein Team mit Jean bilden würde, welcher mit seinem ganzen überschäumenden Temperament, seinem Grimm und seiner unangetasteten Jugendlichkeit weitermachte. Mit diesem Paar und ihren aufbrausenden Ausbrüchen und intimen Vertraulichkeiten, mit ihren vor aller Augen ausgetragenen Streiten und ihren bissigen Scherzen gab es einfach keine Langeweile. Wunderbar, romantisch und authentisch.
Eines Abends, als längst klar war, dass wir das Team Berger-Alesi nicht mehr am Start sehen würden, versuchten wir, die beiden zu überzeugen, sich erneut auf ein spektakuläres Abenteuer einzulassen. Alle zusammen sollten wir uns beim 24-Stunden-Rennen von Le Mans in die Boxen begeben. Bergers Kommentar: „… ich kann mir kaum etwas Besseres vorstellen… der da wird losbrausen und mir nach 23 und einer halben Stunde endlich den Wagen überlassen, natürlich mit einem gebrochenen Getriebe…“, wogegen Alesi meinte: „… ich kann es kaum erwarten … der da wird beim Start wie am Ziel schön im Wagen sitzen, nachdem er mich die ganz Nacht lang wie einen Idioten die Piste hat kehren lassen, nur um in der Zwischenzeit irgendeinem Mädel hinterherzusteigen…“. Tatsache ist, dass es zu 100% genauso ablaufen würde, und keiner von uns, wahrscheinlich nicht einmal das Paar Berger-Alesi selbst, hat die Hoffnung wirklich ganz aufgegeben, dass etwas dieser Art früher oder später, vielleicht nur noch ein einziges Mal, passieren könnte. Bis dahin, danke für alles. Mit Stolz. Zum Glück sind es nicht allein die Namen im goldenen Buch, die zählen.

Alessandro Nannini
Er brachte es fertig, die großen Champions Staub schlucken zu lassen, und seine Freunde kommentierten: „Kannst Du nicht schneller fahren? Du bist gerade mal so schnell wie ein Schaf!“

In einem gewissen Sinne war er mit seiner lässigen und ausgefallenen Art, die Welt zu betrachten und die Rennen zu interpretieren, der repräsentativste aller Benetton-Piloten. Lässig, dafür aber um so engagierter. Ein außerordentliches Talent, das er vielleicht aus Trägheit nur wenig weiter entwickelte. Als er sich im Alter von 38 Jahren aus dem Rennsport zurückzog, war dies eine klare, unwiderrufliche Entscheidung. Auch heute noch fällt sein Kommentar, wenn man ihn nach nostalgischen Gefühlen fragt oder gar auf ein mögliches Comeback anspricht, eindeutig und endgültig aus: „Nie wieder.“ Der 1959 in Siena geborene Alessandro Nannini kann insgesamt 67 F1-Rennen und einen GP-Sieg vorweisen. 1997 hat er sein Lenkrad in aller Ruhe an den Nagel gehängt, ohne jemals Anzeichen von Reue oder Nostalgie gezeigt zu haben. Selbst dem eigenen Rennstall, den er zusammen mit Nicola Larini gründete, einem hochgewachsenen Toskaner, der langezeit sein Gefährte beim abwechslungsreichen Abenteuer in der Alfa Romeo-Tourenklasse war, hat er den Rücken zugekehrt. Heute ist „Nano“ (wie er stets von allen genannt wurde) ganz in der Tradition seiner Familie ein renommierter Industrieller in der Kaffee- und Süßwarenbranche und lebt nach der Scheidung von seiner Frau Paola („auch wenn wir weiterhin eine gute Beziehung haben“) mit einer neu gegründeten Familie mit zwei Kindern, einer sechsjährigen Tochter und einem drei Jahre alten Sohn, zusammen. „Das einzige Problem, das ich habe, seit ich nicht mehr fahre, ist, dass ich nun von 72 auf beinahe 90 Kilo gekommen bin.“ Auch wenn er sich beklagt, sind immer jene Leichtigkeit und jene Ironie zu spüren, die für seinen burschikosen, scheinbar oberflächlichen und zynischen Charakter typisch sind, der ihm vielleicht als Abwehr gegen Aufdringlichkeiten seitens Außenstehender dient. In seinem ehemaligen Ambiente erinnert man sich an ihn als einen hübschen Jungen, hochgewachsen, schlank, und frech. Auch wenn er vielleicht kein ausgesprochen „technischer“ Pilot gewesen sein mag, so stand er mit seinem Mut und mit seiner Schnelligkeit den besten Fahrern seiner Zeit keinesfalls nach. An deren Namen er sich nicht immer erinnert, denn in bestimmten Dingen ist er eben zerstreut, ganz auf seine Art gebacken. Von den großen Piloten, die nicht zu seiner Epoche gehören, erst gar nicht zu reden. 1988, in seinem ersten Jahr bei Benetton, wurde ihm bei einem Galaempfang in Montecarlo eine vornehme, freundlich lächelnde Dame präsentiert: „Wir möchten Ihnen die Signora *Bette Hill vorstellen“. Worauf er mit einem verlegenen und neutralen „… nett, Sie kennenzulernen“ antwortet, so dass der Gastgeber hinzufügt: „… ihr Mann hat fünf Mal den GP von Monaco gewonnen…“.*
Darauf „Nano“ zur Dame: „Oh, wirklich? Und warum haben Sie ihn heute abend nicht mitgebracht?“ Worauf Bette ihr Lächeln kaum verstecken konnte, da sie sich vorstellen musste, dass ihr vor 13 Jahren verstorbener Gatte mit diesem Typ sicher viel Spaß gehabt hätte.
Wie beinahe alle Italiener begann Sandro seine F1-Karriere 1986 mit Minardi; es folgten zwei Rennsaisons, die nicht einen einzigen Punkt in der WM-Liste einbrachten. „… zum Ausgleich, wenn ich mal so sagen darf, gab es dafür die Motoren, die pünktlich kaputt gingen.“ Gemeint sind die Moderni-Motoren des bedauernswerten Ingenieurs Carlo Chiti, eines anderen Manns aus der Toskana, der vielleicht durch seine Sympathie, weniger jedoch durch technische Fähigkeiten auf dem Gebiet der Formel 1 überzeugte.
Gegen Ende der Saison 1987 wird Benetton auf Nannini aufmerksam, da Teo Fabi das Team verlassen hat und durch einen anderen Italiener ersetzt werden soll. „Es war genau der richtige Zug, der einlief, und ich habe nicht gezögert, sofort aufs Trittbrett zu springen“, erinnert sich Sandro. „Auch wenn ein wenig von meinem unverschämten Glück dabei war, denn der Qualitätssprung war nicht zu übersehen. Ich meine, sowohl

auf technischer als auch auf menschlicher Ebene. Doch ich fühlte mich wohl, kam mit den britischen Mechanikern bestens zurecht und sprach bald gut genug Englisch, um mit ihnen zusammen feiern zu können. Wir waren ein ausgesprochen fröhliches, junges, modernes Team, das Tendenz machte. In gewisser Hinsicht vielleicht auch etwas seltsam: 1989 war mein Weggefährte Johnny Herbert, der schon früh morgens kräftig becherte, wogegen ich, für einen Toskaner unglaublich, keinen Alkohol anrühre. Trotzdem, genau die richtige Mannschaft für mich."

Zwischen einem Kaffee nach dem anderen, einer Zigarette und der nächsten, verlor Sandro keine Zeit, um auf der Leiter der Formel Eins beständig nach oben zu klettern, auch wenn die obersten Sprossen bereits mit Namen wie Senna, Prost, Piquet und Mansell besetzt waren und es sicher nicht einfach aussah, die Spitze des F1-Gipfels zu erreichen. Doch sollte Nannini dies am 22. Oktober 1989 in Suzuka in Japan gelingen, an jenem Tag, als sich Senna und Prost, obwohl sie zum gleichen Team gehörten, wie eingefleischte Feinde wilde Zweikämpfe lieferten, weil sich jeder den WM-Titel sichern wollte. In der Variante drängte Alain Ayrton ab, die Wagen kollidierten, der des Franzosen blieb auf der Piste, während der Brasilianer von der Rennleitung angeschoben werden musste, worauf Senna die Variante schnitt und aus diesen beiden Gründen, obgleich er als Erster an der Zielgerade ankam, disqualifiziert wurde. So ging der Titel an Prost und der Sieg im Rennen an Nannini, der an dritter Stelle lag und heute meint, er hätte „… vielleicht auch ohne die Disqualifikation Ayrtons gewonnen, weil ich wirklich dicht hinter beiden lag". Auch wenn er, bevor er auf das Siegerpodest stieg, alle und jeden fragte: „Habe ich wirklich gewonnen? Seid ihr sicher, dass kein Irrtum vorliegt? Verdammt noch mal, dann bin ich also richtig gut geworden!".

An seine Rückkehr nach Siena dachte Alessandro, an seine Freunde, mit denen er oft bis zwei Uhr nachts in der Bar sitzt, wobei sie ihn unausweichlich immer wieder provozieren: „Schaffst du es wirklich nicht, schneller zu fahren? Es sieht immer so aus, als ob man dich festgenagelt hätte, du bist genauso schnell wie ein Schaf. Geh' besser wieder zurück, deine Plätzchen backen!". In der Toskana steht scherzhaftes Provozieren nun mal auf der Tagesordnung. Und Nannini war stets der Erste, der sich über die anderen lustig macht. Mit den Plätzchen schließlich spielen seine Freunde auf den Betrieb seines Vaters an, der eine Fabrik für Süßwaren und mehrere Bars im Zentrum von Siena besitzt. In einer dieser Bars hatte Nano als Junge gearbeitet: „Ein wunderbares Jahr lang, den ganzen Tag verbrachte ich damit, den Kellnerinnen den Hof zu machen… ". Schließlich jedoch nahm die Leidenschaft für die Rennen überhand, und alles begann mit der Formel Abarth. Die Karriere.

In der Tat wird in Büchern zur Weltmeisterschaft neben dem Datum des Japan-Cups 1989 in Suzuka als einziger Name Alessandro Nannini aufgeführt, worauf er immens stolz ist. Während seiner Zeit bei Benetton von 1988 bis 1990 absolvierte Sandro mit seinem englisch-venetanischen Einsitzer insgesamt 45 Rennen und sammelte 65 WM-Punkte, die er seinem Sieg in Suzuka sowie zwei 2. Plätzen, sechs 3., vier 4., zwei 5. und vier 6. Plätzen verdankte. „Ein großer Verdienst kommt Briatore zu", gesteht Alessandro. „Auch wenn Flavio den Eindruck erweckte, von der Formel 1 keine Ahnung zu haben, so besaß er ein großartiges Organisationstalent und setzte sich für das Team mit seinem ganzen Engagement ein. Ich erinnere mich, dass er keinen Kaffee trank, doch was das Rauchen angeht, so gab es zwischen mir und ihm immer ein prächtiges Duell." Doch genau das wurde zu einem Problem. Benetton wurde von Camel sponsorisiert, und Nannini konnte es einfach nicht lassen, vor laufenden Fernsehkameras ein Päckchen mit seinen geliebten Marlboros aus der Tasche zu ziehen. „Ich hätte ihn aus Wut am liebsten erwürgt", berichtete Briatore, „mit seinen Marlboros konnte er mich in echte Krisen mit unserem Geldgeber bringen. Schließlich kamen wir zu einem Kompromiss: Er durfte weiterhin rauchen, musste aber versprechen, seine Marlboros vorher in ein Camel-Päckchen zu stecken!"

Die exzessive Art Nanninis konnte nicht einmal ein Briatore kontrollieren. In den Tagen vor den Rennen, wenigstens zu Beginn seiner Zeit bei Benetton, aß er, ohne sich Probleme zu machen, ganz so, als säße er zu Hause bei Tisch („Ich wollte meine schönen Gewohnheiten nicht aufgeben; außerdem hat gutes Essen noch niemandem geschadet"), und nachts ging er, manchmal auch nur, um fernzusehen, oft sehr spät zu Bett („Ich warte darauf, dass meine Frau einschläft, damit ich mir in aller Ruhe einen Porno anschauen kann… ").

Ein extravaganter Charakter in einer extravaganten Familie. Einer Familie von Künstlern. Wie seine Schwester Gianna, die eine bekannte Rocksängerin ist. „Ich glaube, dass sie ein paar Mal zu einem Rennen gekommen ist, um mich zu sehen. Gianna ist in ihrem Kopf eine ordentliche Deutsche. Wenn ich ihren Kopf gehabt hätte, wäre ich 100%ig F1-Weltmeister geworden… "

Nach dem bösen Hubschrauberabsturz, der seine F1-Karriere unvermittelt beendete, fiel Nannini die gesamte Saison 1991 aus. „Eine Zeit der Besinnung und der Wut auf mich selbst. Ich konnte es nicht ertragen, wegen eines dummen Einfalls meine Karriere aufgeben zu müssen. Doch habe ich auch bemerkt, wie viele Leute es in meinem Umkreis gibt, die es gut mit mir meinen. Zu den ersten, die mich im Krankenhaus anriefen, gehört Senna, und natürlich auch Patrese und die anderen Italiener, Herbert, und sogar John Barnard, den ich bat, mir einen Wagen mit Automatikschaltung zu bauen, was es damals in der Formel 1 noch nicht gab. Vielleicht habe ich den Technikern die Idee gegeben, wenn ich heute so darüber nachdenke… "

Nach dem Unfall fuhr Nannini fünf Jahre lang für Alfa Romeo in der Tourenwagenmeisterschaft und zum Schluss einige Rennen für Mercedes. Heute trauert er seiner Laufbahn nicht nach und zeigt nicht einmal Interesse an Rennen, „… nur, wenn sie eine kontinuierliche Arbeit darstellen und eine ganz bestimmte Rolle oder Aufgabe beinhalten. Manchmal schaue ich mir ein Rennen an, weil man mich eingeladen hat, aber ich bekenne, dass ich mich nach einer halben Stunde zu langweilen beginne und mich davon mache". Unkontrollierbar und rebellisch heute wie gestern. Für ihn ist die Zeit stehen geblieben.

Johnny Herbert
Er konnte kaum laufen, dafür jedoch fahren und bei seinem Debüt einen unglaublichen vierten Platz erobern

Johnny Herbert und das Benetton-Team, eine ausgesprochen süß-herbe Beziehung. Eine Beziehung, die Höhen wie Tiefen kannte und aus vielen Dingen bestand, die heute noch zur Diskussion und zum Überdenken veranlassen. Bereits im August 1988 hatte Benetton Johnny die große Gelegenheit angeboten, in der Formel einzusteigen, doch als er gebraucht wurde, musste das Team auf ihn verzichten. In der Tat hatte Herbert, der Shooting Star in der Formel 3000, im gleichen Monat einen Vertrag unterzeichnet, der ihn für die Saison 1989 als offiziellen Benetton-Piloten vorsah. Das böse Schicksal lag jedoch auf der Lauer, und einen Tag später, bei einem F3000-Lauf in Brands Hatch, hatte er einen schlimmen Unfall und zog sich einen schweren, mehrfachen Unterschenkelbruch zu. Im Duell um den ersten Platz waren Johnny und der Schweizer Pilot Gregor Foitek gegen die Leitplanken geprallt. Ein mehrmaliger Aufprall, bei dem sich der Vorderradantrieb von Johnnys Wagen löste und der Rest des Fahrzeugs quer über die Piste und schließlich gegen eine weitere Leitplanke geschleudert wurde. Ein wahrhaft schrecklicher Unfall.

Trotzdem schaffte es Herbert, auch dank der Unterstützung von Benettons Teammanager Peter Collins, bereits wenige Monate später wieder am Steuer zu sitzen. Bei seinem F1-Debüt im März 1989 in Rio de Janeiro konnte Johnny noch nicht gehen und erreichte dennoch, nur elf Sekunden hinter dem Sieger Nigel Mansell, einen vierten Platz. Ein neuer Star war geboren. Dennoch sollten sich in den Beziehungen zum Benetton-Team bald die ersten Risse bilden. In jener Zeit begann Flavio Briatore, seine Muskeln zu zeigen. Als Herbert sich in Kanada nicht qualifizieren konnte, entschied Briatore, ohne ihn auszukommen und erklärte trocken: „… er ist nicht auf der Höhe; ihm fehlt die Muskulatur eines Beins".

Doch drücken wir auf die Fastforward-Taste, und machen wir einen Sprung von sechs Jahren. Nachdem er am Steuer eines Lotus beweisen konnte, dass er sich körperlich voll erholt hatte und wieder ein ernstzunehmender Gegner war, wurde Johnny für das Benetton-Team erneut attraktiv. So attraktiv, dass man ihn unter Vertrag nahm, um in der Siason 1995 neben dem frisch gebackenen Weltmeister Michael Schumacher in einem Benetton-Renault zu fahren. Wobei er sich durchaus bewusst war, dass es wohl kaum eine Spazierfahrt werden würde. „Ich dachte, es wäre schwer, ihn zu schlagen", bestätigt Johnny, „doch genau diese Vorstellung war in einem gewissen Sinne hilfreich, weil sie mir ein konkretes Ziel vorgab. Manchmal ist

es mir gelungen, mit seinem Rhythmus mitzuhalten, und ich stellte mir vor, mit ein wenig mehr Erfahrung noch mehr herausholen zu können."
Doch sollte es anders kommen; gegen Michael Schumacher anzutreten, war weitaus schwieriger, als er jemals gedacht hätte. So wurde Johnny, der sich immer gut erzogen benahm und immer die richtige Ausdrucksweise wählte, am Ende des Jahres erneut aus dem Team verabschiedet. Obgleich er den GP von Großbritannien gewann, erfuhr er, dass das Team Gerhard Berger unter Vertrag genommen hatte. In Monza siegte Herbert aufs Neue, und da er nichts zu verlieren hatte, drückte er sich zum süßsaueren Verhältnis mit Benetton nun klar aus. Das Team hatte ihm seine ersten Siege in der Formel 1 beschert und ihm dennoch den Laufpass gegeben, was Johnny dazu brachte, sich vorzustellen, dass man von ihm glaube, er habe nicht genug Talent, um den großen Schumacher zu schlagen. Eine böse Vorstellung, die ihm schwer im Magen und auf der Seele lag. „Die Leute sehen, wie Michael in einem Benetton siegt, während ich ein paar Sekunden später und eine Runde hinter ihm ins Bild komme, so dass alle denken, dass es mir nie gelingen würde, in die Gruppe der Spitzenpiloten aufzurücken" kommentiere Johnny bitter. „Ich kann nur feststellen, dass man mich wie einen Fahrer der Serie B aussehen lässt. Ich habe Glück gehabt und mit einem Wagen, der mir nicht gefiel, zwei Rennen gewonnen, doch ich habe gedacht, zum richtigen Zeitpunkt am richtigen Platz zu sein und diese Chance genutzt. Könnte ich den Wagen ganz meinem Fahrstil entsprechend einstellen, so würde ich auch öfter siegen. Ich bin mir sicher, dass ich Michael schlagen könnte, aber sein Wagen ist genau so, wie er ihn haben will, was ich von meinem nicht behaupten kann. Als Pilot ist Schumacher ein Egoist wie es Alain Prost und Ayrton Senna waren, die alles zu ihrer freien Verfügung haben wollten. Als ich zu Benetton kam, hatte ich mich auf eine solche Situation eingestellt, doch ich hätte mir nicht gedacht, dass der Unterschied derart groß sein würde. Das Publikum blickt nur auf die Resultate und sieht bei mir keine Erfolge, doch es ist nicht zu bestreiten, dass man mir nicht die gleichen Möglichkeiten wie Michael gibt."
Harte Worte, und dennoch hat Johnny Herbert auch schöne Erinnerungen an diese Saison. Immerhin ermöglichte ihm das Benetton-Team, sich als F1-Fahrer in seiner Nation und vor seinem Publikum behaupten zu können, so dass die Briten mehr als stolz auf ihn waren. Augenblicke, die er nach dem harten Kampf, um an die Spitze zu gelangen, nicht vergessen hat: „In den letzten zwei oder drei Runden des Rennens kam ein wunderbares Gefühl in mir auf", erzählt Johnny. „Ich sah die Fahnen, die überall an der Piste geschwenkt wurden, und wusste, dass sie mir applaudierten. Das tat mir ausgesprochen gut. Ich war gewohnt, mein Publikum auf dem Siegerpodium zu grüßen, indem ich einen Arm hob, und hatte mir immer vorgenommen, beide Arme in die Luft zu strecken, wenn ich jemals einen GP gewinnen würde. Und genau das habe ich schließlich getan."

Nelson Piquet
Nach seinem Sieg in Australien begann er, sich zu überlegen, dass es vielleicht an der Zeit sei, den Rennsport an den Nagel zu hängen

Nelson Piquet Souto Maior, heute über die 50 (geboren in Rio de Janeiro am 17. August 1952), ist ein glücklicher Mann. In seiner Vergangenheit drei F1-Weltmeistertitel, heute, nach mehreren Ehefrauen, eine große Familie mit sieben Kindern, seiner alten Mutter Clotilde und eine prächtig laufende Aktivität als Unternehmer. Die Rennleidenschaft steckt ihm immer noch im Blut, und die DNS hat er seinem Sohn Nelsinho vererbt, der 2005 in der GP2 startete, der Schulklasse, die auf den Einstieg in die Formel 1, den Zirkus Maximus des Motorsports, vorbereitet. Die weiteren Mitglieder der Familie Piquet – alle leben den überwiegenden Teil des Jahres zusammen in einem schönen Haus an der Peripherie von Brasilia – sind seine Kinder Geraldo, Kelly, Lazlo, Júlia, Pedro und Marco, der Jüngste, Sohn seiner heutigen Frau Viviane Leão. Was die anderen Mütter angeht, so meint Nelson mit einem Lächeln: „... ich ziehe es vor, nicht an sie zu denken, es sind einfach zu viele". Zu den zahlreichen Flirts, die man dem Piloten zuschreibt, der als echter Scheich des Motorsports gelten kann, gehört auch der mit der Prinzessin Stephanie von Monaco sowie mit vielen Berühmtheiten mehr. Doch begeben wir uns auf ein Spielfeld, das auf halber Höhe zwischen Phantasie und Realität liegt, vor allem jedoch der Vergangenheit angehört.
Piquet, der sich bei seinem Debüt nach dem Familiennamen der Mutter auch Piket nennen ließ (so war es auf seinem ersten Fahrerhelm zu lesen), hat die beiden Weltmeisterschaften mit Benetton nicht vergessen. 32 Rennen und drei der 24 insgesamt in seiner Karriere errungenen Siege. Eine Zeit, an die er mit gemischten Gefühlen zurückdenkt. Auf der einen Seite die angenehme Erinnerung an das junge, unbefangene, immer besser werdende Team von damals, auf der anderen die unweigerliche Vorstellung, den Rennsport bald aufzugeben. „Ich war mit großem Enthusiasmus zu Benetton gekommen", erzählt Piquet, „da ich zwei ausgesprochen schwierige Saisons mit Lotus hinter mir hatte. Den schlimmsten Augenblick hatte ich 1989 erlebt, als es weder mir noch meinem Teamkollegen Nakajima gelang, uns in Spa, auf einer meiner Lieblingsstrecken, zu qualifizieren. So mussten wir dem langsamen Niedergang eines der beliebtesten und renommiertesten Rennteams der Formel 1 beiwohnen. Was unter anderem auch die Schuld eines französischen Ingenieurs, ich glaube namens Ducarouge, war, der wenig Ahnung hatte, was dazu führte, dass die Fahrzeuge zum Schluss praktisch nicht mehr lenkbar waren."
Bei seiner Ankunft im Jahre 1990 fuhr Nelson zusammen mit Alessandro Nannini für Benetton. „Sandrino", so erinnert sich Piquet, „war ein schneller Pilot, ein gutmütiger Junge und ein Löwe auf der Piste. Auch wenn ich glaube, dass ihn die Technik nicht sehr interessierte, weil er vom Fahrzeugbau recht wenig verstand. In jedem Falle kamen wir gut miteinander zurecht, und von Rennen zu Rennen wurde unser Einsitzer immer besser. Aber auch außerhalb der Piste hatten wir viel Spaß, zumal man uns gegenüber keinen besonderen Druck ausübte. Dann hatte Alessandro jenen bösen Unfall mit dem Hubschrauber. Es war eine traurige Zeit für uns alle, weil wir ihn alle mochten und für ihn zitterten. Echtes Pech, denn er hätte noch viele Erfolge feiern können. In jedem Falle ist er schließlich dem Schicksal davongekommen. Genauso, wie es mir einige Zeit später, 1992, passieren sollte, als ich bei einem Training für das 500-Meilenrennen von Indianapolis mit meinem Menard Lola-Buick gegen eine Mauer fuhr und beide Fußgelenke brach. Praktisch war meine Karriere damit beendet, auch wenn ich aus reinem Spaß später noch bei einer Formel Indy, beim 24-Stunden-Rennen von Le Mans und sogar bei der brasilianischen Formel 3 gefahren bin."
Im zweiten Jahr mit Benetton siegte Piquet bei den letzten beiden Rennen in Japan und Australien und dann in Kanada: „Adelaide war ein Fest für die ganze Mannschaft. Die Formel 1 hatte mit dem fünfhundertsten GP ein historisches Ziel erreicht. Und gerade wir sollten auf der obersten Stufe des Podiums stehen. Es war einfach phantastisch".
Doch in der Zwischenzeit war Piquet immer mehr zu einer festen Überzeugung gelangt: „Ich war zufrieden und gleichzeitig unsicher und fühlte mich nach 14 F1-Saisons am Steuer, die mit 14 Jahren mit einem Go-Kart begonnen hatte, abgekämpft. Wenn man bedenkt, dass ich als Junge Tennis spielen wollte... Doch den endgültigen Anstoß, meinen Job an den Nagel zu hängen, gab mir ein gewisser Michael Schumacher. Er kam anstelle von Roberto Moreno zu unserem Team, und ich war mir sofort bewusst, dass ich es mit einem wie ihm nie aufnehmen würde. Man sah sofort, dass man vor einem Phänomen, dem Besten von allen, vor der Diamantenspitze einer neuen Fahrergeneration stand. Dennoch hätte ich, um ehrlich zu sein, nicht gedacht, dass Benetton ein paar Jahre später zwei WM-Titel gewinnen würde; mir schien, dass die anderen Teams mehr Potentialitäten und Erfahrung hatten. Während wir mit unserem 8-Zylinder-Ford-Motor fuhren, konnten unsere Konkurrenten auf wesentlich potentere Triebwerke zählen. Auch wenn Benetton durch die Rückkehr eines genialen Designers wie Rory Byrne mit wichtigen Fortschritten rechnen konnte. So bereitete mir mein Entschluss, aus der Formel 1 auszusteigen, keine Gewissensprobleme. Es tat mir leid, dass eine glanzvolle und aufregende Zeit zu Ende ging, doch gleichzeitig war ich froh, frei zu sein und etwas Neues anfangen zu können".
Seit diesem Entschluss ist Nelson Piquet Besitzer der Firma Autotrac, die per Satellit in ganz Südamerika die Position und die Sicherheit von Lastwagen überwacht. Dazu hat der intelligente Brasilianer eine Firma gegründet, die per Internet Universitätskurse anbietet. „Ich versuche, meine Zeit so optimal wie möglich zu nutzen", meint er. „Mein Sohn Geraldo hat Spaß an Lastwagenrennen. Und es ist keinesfalls ausgeschlossen, dass ich mich ihm aus reinem Spaß an Rennen und aus Erinnerung an die alten Zeiten anschließe. Doch wenn die GPs übertragen werden,

dann klebe ich förmlich am Fernseher. Sie werden mir immer fehlen, wie könnte ich auch das Benetton-Team vergessen, das mir am 2. Juni 1991 in Montreal meinen letzten Sieg bescherte, ein Ereignis, das in meinem Herzen geblieben ist."
Doch heute bezieht Piquet seine Motivation aus den Herausforderungen, die jeder Tag aufs Neue mit sich bringt. Er will auf keinen Fall von Erinnerungen leben, auch wenn die Erinnerungen ihm helfen, jeden Tag aufs Neue und besser, zu leben.

Noch mehr „Grüne"
Die Zauberei von Teo Fabi beim GP von Deutschland
Die Kollektion der Plazierungen Fisichellas

Ihr Name erscheint nicht in der Liste derer, die jemals mit einem bunten Benetton-Einsitzer einen F1-GP gewinnen konnten. Dennoch sind sie durch ihre Taten und in einigen Fällen auch durch einen Großteil ihrer Karriere mit dem Namen und dem Ruf des Hauses aus dem Veneto eng verknüpft. Die Geschichte dieser Piloten lässt sich in zwei Kapitel gliedern.
Im ersten Kapitel erscheint das Benetton-Logo als Sponsor und Partner von Toleman und Alfa Romeo-Euroracing, wogegen der zweite Abschnitt ganz mit Benetton überschrieben ist.
Im ersten Teil unserer Geschichte tritt zum Beispiel Teo Fabi auf, der erste Benetton-Pilot, der in den Farben des Hauses aus Ponzano Veneto mit einem Toleman 1985 in Montecarlo debütierte, gleich nachdem der britische Rennstall von Benetton aufgekauft worden war und nun zwar ausgesprochen aufregende, doch ebenso unsichere Zeiten erlebte. In die sich Fabi mit seiner natürlichen Ruhe und seinem ausgeprägten Pragmatismus bestens einfügte. So gut, dass er nach sechs Rennen für Benetton die erste Pole Position gewann. Gezeichnet Fabi beim GP auf dem Nürburgring. Ein herausragendes Ereignis für den Mailänder Piloten, der heute in der Immobilienbranche tätig ist und sich an seinen Sieg so erinnert: „Es war ein perfektes Rennen, und auch wenn mein Hart-Motor weniger PS als die der anderen Wagen hatte, sollte ich die Zielgerade als Erster erreichen. In den Boxen wollte es keiner glauben, das Team war jung und bestand aus vielen neuen Leuten. Um so größer die unbeschreibliche Freude und allgemeine Begeisterung". Das Jahr darauf wartete mit zwei weiteren schönen Überraschungen auf Fabi: Pole-Position bei den GPs in Österreich und Italien, gefolgt vom ersten Siegerpodium in Zeltweg beim GP von Österreich 1987 mit einem Benetton-Ford-Turbo.
Ebenfalls zum ersten Kapitel gehört auch die Geschichte eines weiteren großen Italieners, Riccardo Patrese, der 1984 und 1985 mit einem Benetton-grünen Alfa Romeo fuhr und sein letztes F1-Rennen 1993 mit Michael Schumacher und dem Team des Hauses aus Ponzano Veneto antrat. Eine Saison, die viele ausgezeichnete Ergebnisse, wenn auch keinen Sieg brachte. Nach sechs GP-Siegen mit Brabham und Williams musste sich Patrese in Ungarn mit dem zweiten und beim GP von England mit einem vierten Platz zufriedengeben, während er in Donington, Deutschland und Italien Fünfter wurde. „Ich denke trotzdem gerne an die Zeit mit Benetton und an das frische Klima zurück", erinnert sich der Pilot aus Padua, der seinen Einsitzer später gegen einen Pferdesattel tauschen sollte. „Es war offensichtlich, dass das Team einen qualitativen Sprung nach vorne machen würde, der schließlich in einem Weltmeistertitel mündete. Und Schumacher war bereits ein Pilot, der alle Karte in der Hand hielt, ausgezeichnet, unschlagbar."
Der zweite Benetton-Pilot, mit einem Toleman-Hart, war Piercarlo Ghinzani, der 1985 beim GP von Österreich zusammen mit Teo Fabi startete. Es absolvierte sieben GPs, bevor er am Ende der Saison wieder in den gleichen Rennstall zurückkehrte, in dem seine Kariere begonnen hatte (Osella).
Doch die Ära, die eine große Kehrtwendung mit sich bringen sollte, waren die Jahre 1987 und 1988. Das Team verfügte über junge und namhafte Piloten und war erfolgshungrig. Der Belgier Thierry Boutsen beispielsweise konnte im Zeitraum 1987/88 in Österreich die dritte Stufe des Siegertreppchens betreten, was ihm in den nachfolgenden Jahren gleich fünfmal gelingen sollte. Die Rennsaison 1989 sieht auch einen kurzen Auftritt von Emanuele Pirro vor, der nur zehn GPs fuhr und als beste Plazierung in Australien auf den fünften Platz kam. Doch 1990 wurde zum Jahr, in dem Benetton mit Piloten ersten Rangs Aufsehen erregen sollte. Das Gespann Piquet/Nannini räumte so gut wie alles ab, doch Alessandro verlor bei einem schrecklichen Hubschrauberabsturz einen Vorderarm, so dass er durch Roberto Moreno, einem anderen Brasilianer, ersetzt werden musste, der ein würdiger Nachfolge Nanninis wurde und sogleich, beim GP in Japan 1990, hinter seinem Teamkollegen Piquet das Siegerpodium besteigen konnte. „Es war der schönste Augenblick meines Lebens", erinnert sich Moreno, „da ich allen beweisen konnte, wer ich war, aber auch, weil mein Freund Nelson neben mir auf dem Podium stand, der mir am Anfang meiner Karriere, aber auch später, immer sehr geholfen hat."
Die Geschichte Morenos ist unter bestimmten Aspekten eng mit der von Schumacher verknüpft. In der Saison 1991 musste der brasilianische Pilot den GP von Italien als Zuschauer erleben, auch wenn er im vorigen Rennen in Belgien, bei dem Schumacher sein Debüt in der Formel 1 feierte – Ironie des Schicksals – die beste Rundenzeit gefahren war. Es war seine beste Zeit am Steuer eines Benettons aber auch sein letztes Rennen vor dem Auftritt eines Piloten, der die jüngste Geschichte der Formel 1 schreiben sollte.
1992, neben dem jungen Schumacher, kam Martin Brundle, heute namhafter TV-Kommenator, zu Benetton. Ein hartgesottener, zäher und schneller Fahrer, der in der Formel 3 einem Ayrton Senna das Leben schwer gemacht hatte. Mit Benetton erzielte er in diesem Jahr einen zweiten Platz in Monza und vier Mal, in Frankreich, Großbritannien, Japan und Australien, den dritten Platz. Beim letzten Rennen der Saison hatte er mit 38 Punkten den sechsten Platz in der WM-Klassifikation erreicht.
Geschichten mit einem Happy End, aber auch bittere Geschichten. Wie die des Finnen J.J. Lehto, der sich in Silverstone bei einem Testlauf mit seinem Benetton vor der Saison 1994 die Halswirbel brach und so gezwungen war, seinen Platz an den jungen Holländer Jos Verstappen abzutreten, einem Neuling in der Formel 1, der dennoch in Ungarn und Belgien jeweils einen stolzen dritten Platz erlangen konnte. Jos sollte auch den fürchterlichen Brand auf dem Hockenheimring miterleben und sich beim Pit-Stop zum Nachtanken mitten in einem Flammenmeer wiederfinden, aus dem er sich wie durch ein Wunder ohne große Verletzungen retten konnte. Nach seiner Zeit mit Benetton hat Verstappen nie wieder ein Siegerpodium betreten. Als er wieder von Lehto abgelöst werden konnte, beendete dieser die Saison, ohne bemerkenswerte Erfolge feiern zu können.
Ausgesprochen kampfstark und spektakulär präsentierte sich das Benetton-Team der Post-Schumacher-Ära in den Jahren 1996 und 1997 mit Jean Alesi und Gerhard Berger, beide langjährige Ferarri-Piloten. Im letzten Kapitel der Benetton-F1-Präsenz schließlich wäre Giancarlo Fisichella zu vermerken, der bei 66 GPs mehrmals den zweiten Platz erringen konnte (1998 in Kanada und Montecarlo, 1999 in Kanada und 2000 in Brasilien); im letzten Jahr erreichte er mit 18 Punkten den sechsten Platz in der WM-Pilotenrangliste. Schließlich sollen zwei weitere Talente nicht unberücksichtigt bleiben: Alexander Wurz und Jenson Button.
Viele Piloten, viele Geschichten und – abgesehen von den Stufen auf dem Siegertreppchen – ein bemerkenswerter Beitrag Benettons zur Formel 1.

DIE WIEGEN DER WAGEN

Die geweihten Hallen des Teams
Die ersten romantischen Schritte in Witney
Die neue Kultur in Enstone

Wer sich ein Bild von der Entwicklung der Formel 1 in den letzten 25 Jahren machen will, für den gibt es wohl kaum ein besseres Beispiel als die Geschichte der Benetton-Fabriken, in denen eine Gruppe von motivierten Technikern die Erfahrungen und Kompetenzen sammeln konnte, die schließlich in drei WM-Titeln münden sollten.
Alles begann in der malerischen englischen Grafschaft Oxfordshire. Die Toleman-Gruppe, später von Benetton übernommen, hatte ihr Projekt zur Teilnahme an der Formel 2 gestartet und teilte ihre in Kidlington bei Oxford gelegene Werkstatt, in welcher der junge Tom Walkinshaw arbeitete, der später bei den WM-Rennen zu Glanz und Ehre kommen sollte, mit Jaguar. Anschließend wurde Walkinshaw Gesellschafter von Benetton und somit Eigentümer des heute nicht mehr bestehenden F1-Rennteams Arrows. 1981, als Toleman beschloss, in die Formel 1 einzusteigen, wurde das Werk nach Witney verlegt, einer kleinen Ortschaft unweit der Universitätsstadt. Die Gegend im Umkreis Oxfords war zu einer Art Silicon Valley der Formel 1 geworden, da sich

– angezogen durch die Nähe des Flughafens Heathrow und der Rennstrecke von Silverstone – nach und nach immer mehr Rennställe hier ansiedelten.
Im 560 qm großen Werk in Witney, in dem etwa 35 Personen arbeiteten und das für die damaligen Verhältnisse beträchtliche Dimensionen hatte, stellte die Toleman-Gruppe einen Großteil ihrer Fahrzeugkomponenten her. Im Laufe der Zeit musste das Personal erweitert werden, und es kamen neue, an das Werk angrenzende Betriebe hinzu, so dass im Zwischengeschoss Bereiche für das Personal und die Maschinen eingerichtet werden mussten.
John Mardle erinnert sich mit einer gewissen Sympathie an die Anfangszeit. Er war nach seinem allerersten F1-Rennen zu Toleman gekommen und arbeitete in der Vormontage, in der die Getriebegehäuse und die Aufhängungen gefertigt wurden. „Verglichen mit den heutigen Standards war bei uns alles recht primitiv. Im Werk gab es drei oder vier Maschinen, und auf den ersten Computer, einen Amstrad, mussten wir bis 1983 warten. In der Planungsabteilung dagegen besaßen sie bereits einen Computer, doch alle Zeichnungen wurden nach wie vor von Hand auf einem Zeichentisch erstellt. 1984 schließlich hatten wir etwa zwölf Rechner, während heute jeder Arbeitsplatz über seinen eigenen Computer verfügt."
Damals lief der Arbeitsprozess noch wesentlich anders ab als heute. Die Planer erstellten die Zeichnungen, zum Beispiel einer Komponente der Aufhängung, während die Mechaniker und Monteure die Aufgabe hatten, herauszufinden, wie das Teil an den Maschinenkörper angeschlossen werden konnte. „Die CAD-Programme von heute sind zwar wesentlich besser als früher, aber wenn wir damals eine Neuigkeit einführen wollten, so ging es viel schneller, das neue Teil von Hand zu zeichnen und es dann auf der Maschine zu testen", meint Mardle und fügt hinzu: „Bevor Sie danach fragen, will ich Ihnen gleich sagen, dass wir keinen Windtunnel hatten; erst viel später konnten wir einen Windkanal benutzen, der sich in Southampton befand."
Kurz: Das Werk war kaum mehr als eine gut ausgerüstete Garage. Es gab weder eine Abteilung für Computertechnik noch ein Büro für Marketing oder PR. An den Wochenenden vor den GP-Rennen war das Werk bis auf ein paar Sekretärinnen leer, da das komplette Personal an den Pisten arbeitete. „Dennoch kamen wir bei einer Test-Session mit gerade vier Personen aus", erzählt Mardle, „während heute allein für die Abnahme eines Motors 15 Ingenieure gebraucht werden."
Zu Beginn der 1990er Jahre, als sich Benetton zu den führenden Rennteams zählen konnte, war das Werk in Witney wirklich zu klein geworden. Zunächst zögerte man, einen Teil des Teams in den Betrieb in Godalming zu verlegen, der dem technischen Guru der Mannschaft John Barnard gehörte, und es zog lediglich ein Teil der Belegschaft der Planungs- und der Verwaltungsabteilung in das im Süden von London, unweit vom Werk des Tyrrell-Teams gelegene Gebäude um.
1993 schließlich konnte der gesamte Rennstall unter ein Dach gebracht werden, als Benetton in einen neuen, eigens gebauten Geschäftssitz umzog, der auf dem Lande an der Peripherie der kleinen Ortschaft Enstone lag. Nun konnte Benetton auf die größte und modernste F1-Factory der Welt stolz sein, und den Arbeitern stand ein Werk mit großzügigen Räumen und unzähligen Korridoren zur Verfügung, in denen man sich beinahe verlaufen konnte.
Es war der Auftakt zu einer neuen Ära und zu einer neuen Kultur. Aus einer einfachen Garage, in denen die Arbeiter jeden Abend eigenhändig den Fußboden reinigen mussten, war ein prächtiges Werk mit einer atemberaubenden Architektur, Gärten mit Wasserfällen, einem unter einem Hügel angelegten Windkanal und mit auf dem Dach des Gebäudes grasenden Schafen geworden. Neben einer großzügigen Stätte zur Planung und zum Bau der Rennwagen war die Factory aber auch ein ausgezeichnetes Mittel des Marketings und ein idealer Ort, um potentielle Geldgeber zu beeindrucken.
Der heutige, von der Firma Renault übernommene Geschäftssitz hat eine Fläche von insgesamt 6500 qm und ist somit etwa zehn Mal so groß wie das ursprüngliche Werk. Hier sind ca. 500 Angestellte beschäftigt, von denen, abgesehen von der großen Zahl der Lieferanten, zumindest 14 nichts mit den F1-Projekten zu tun haben sondern einfach dafür sorgen, dass das Leben in der Factory, die einem kleinen Dorf ähnelt, so angenehm und reibungslos wie möglich abläuft. Die Angestellten haben eine große Kantine und können in der Mittagspause zusammen mit den Piloten in einem eigens eingerichteten Fitness-Zentrum trainieren oder auch in einer herrlichen Landschaft spazieren gehen, die als Krönung der gelungenen Verbindung von Natur und Avantgardetechnologie gilt. All dies, nur um zwei Typen zu ermöglichen, Sonntag nachmittags ein Autorennen zu veranstalten!
„In 25 Jahren erlebten wir eine Entwicklung, die alle verblüffte", meint Mardle abschließend, der nach seiner Zeit bei Toleman und Benetton heute Leiter des Renault-Teams ist. „Zweifellos zeichnete sich Benetton immer schon durch einen ausgeprägten Sinn für die Zusammenarbeit im Team aus, auch wenn nicht zu leugnen ist, dass ein Teil dieser ausgesprochen familiären Atmosphäre verloren ging, als wir nach Enstone umzogen. In Witney versammelte sich die ganze Belegschaft nach Arbeitsschluss gegen halb acht abends im Sommer auf einem zwischen den Werksgebäuden liegenden Platz, um Fußball zu spielen. Heute ist es wahrscheinlicher, dass man sich, wenn man abends nach Hause fährt, vielleicht auf dem Parkplatz begegnet, aber was will man machen, das ist eben der Fortschritt."

DIE TECHNISCHE INNOVATION

Pat Symonds: Wie es Benetton gelang, sich den Fortschritt eigen zu machen

Er ist einer der Dreh- und Angelpunkte von Renault und gewann 2005 mit Fernando Alonso seine erste F1-Weltmeisterschaft. Er war ein fester Bezugspunkt in beinahe der gesamten Benetton-Geschichte. Pat Symonds ist nicht nur ein Techniker, der zu einem Symbol geworden ist, sondern auch Executive Director der Planungsabteilung im Hauptquartier bei Enstone, die von Benetton gebaut wurde und in der heute die Männer von Renault arbeiten. Seine herausragendste Eigenschaft ist zweifellos sein ausgeprägtes Gespür für technische Neuerungen. Ein Talent, das Benetton ermöglichen sollte, in den exklusiven Kreis der Siegerteams der Formel 1 aufgenommen zu werden.
Symonds, Brite, geboren 1953, kann ein Studien-Curriculum in verschiedenen Disziplinen aufweisen und sich somit auf die idealen Voraussetzungen für die Position stützen, die er immer schon bekleidete. Nachdem er in London Maschinenbau studiert hatte, machte er seinen Master im Bereich Fahrzeugbau am Cranfield Institute of Technology. Anschließend begann seine Laufbahn als Designer von Rennfahrzeugen, und nach den ersten Erfahrungen bei Hawke (1976) und Royale (1978) landete er 1981 beim Toleman-Team, wo er als technischer Leiter drei Jahre später den großen Ayrton Senna bei seiner ersten F1-Saison unterstützen sollte.
Sieben Jahre darauf wurde er bei Benetton der erste Techniker Schumachers und überzeugte in allen Situationen durch seine Kompetenz und seine Intuition, zwei Gaben, die wesentlich dazu beitrugen, das Team zusammenzuschweißen. Mit Schumacher stellte sich bald eine ganz besondere Beziehung ein, die Pats Charakter bestens beschreibt. Schon von den ersten Augenblicken seiner Arbeit mit dem Team an hatte Symonds verstanden, dass es nicht allein auf technische Fähigkeiten ankommen würde. Es musste ihm gelingen, ein Fahrzeug so zu planen und zu konfigurieren, dass es dem Piloten ermöglichen würde, nicht nur schnell zu sein, sondern darüber hinaus auf bestmögliche Weise seinen ganz persönlichen Fahrstil zu entfalten.
„Bei Benetton habe ich ab Ende 1991 solange mit Schumacher zusammengearbeitet, bis er schließlich zu Ferrari überwechselte", erinnert sich Symonds, „und der Vergleich mit anderen großen Piloten, die ich kennengelernt hatte, war unausweichlich, darunter vor allem mit Senna. Sicher, Michael hatte das gleiche Talent, das Beste aus seinem Wagen herauszuholen, war jedoch eine Spur reifer als Ayrton in seiner ersten Zeit. Im ersten Jahr bei Toleman akzeptierte Ayrton so gut wie alles, während Michael immer eine Forderung mehr stellte. So musste man bei ihm immer auf seiner Höhe sein, und ich bin sicher, dass wir genau dies dem Benetton-Team stets bewiesen haben."
Dem fügt Pat eine Anmerkung allgemeiner Art hinzu: „Alle großen Piloten stehen auch vom Intellekt her an der Spitze. Nur wer Intelligenz zeigt und bereit ist, hart an sich zu arbeiten, kann es wirklich zu etwas bringen. Michael jedoch war ein Beispiel für einen Fahrer, dessen Intelligenz derart war, dass er allen anderen weit voraus war. Und ich meine nicht nur im Bereich der Fahrzeuge. Von Anfang an war klar, dass er auch dann, wenn er nicht am Steuer saß, weiterhin über den

nächsten Schritt nachdachte. Meiner Meinung nach war Schumacher zudem der erste Pilot der Formel 1, der sich bewusst wurde, dass er besser fahren würde, je mehr er auch körperlich in Form war. In jener Zeit reifte er enorm. Anfangs gehörte er zu denen, die beim Warmlaufen dazu neigen, den Motor zu überfordern und auch schon mal ohne Grund über die Piste hinaus zu schießen. Schon bald jedoch bemerkten wir, dass es kaum vorkam, dass er den gleichen Fehler wiederholen würde. Alles in allem: Er musste vielleicht noch etwa erzogen werden, aber meiner Meinung nach ist uns genau dies während seiner Zeit bei Benetton bestens gelungen".

Eine enge Beziehung zu den Champions. Und dazu technische Innovationen, gezeichnet Pat Symonds: „1985, kurz nachdem Benetton Toleman übernommen hatte, realisierten wir ein raffiniertes System zur Kontrolle des Antriebs, das die Art der Reifen berücksichtigte und nicht nur davon ausging, einfach die Bodenandruckskraft der Räder zu partialisieren. Anfang der 1990er Jahre entwickelten wir für die Benetton-Wagen eine ausgesprochen komplexe aktive Aufhängung, die eine gleichbleibende Bodenhöhe und somit optimale aerodynamische Bedingungen gewährleistete, was wichtige Vorteile hinsichtlich der Lenkbarkeit und der allgemeinen Stabilität des Fahrzeugs beinhaltet. Doch das fortschrittlichste Projekt war das FTT-System der vier lenkbaren Räder, das erstmals in der zweiten Hälfte der Saison 1993 in einem Benetton-Wagen vorgestellt wurde. Das System war das Ergebnis einer langen und komplexen Arbeit, mit der ich zwei Jahre zuvor begonnen hatte. Es bestand aus zwei Halbachsen und einer kleinen Hydraulikkupplung, die von der Motorkupplung völlig unabhängig war; das FTT-System ermöglichte nicht nur eine ausgesprochen schnelle Reaktion auf die Schikanen, sondern auch eine Vereinfachung der Kontrolle bei Über- und Untersteuerung. Die Hinterräder drehten in einer Neigung von nur drei Grad. Keines der anderen Teams hatte etwas von diesem System bemerkt, und erst als sich ein Fahrer unsere Wagen aus der Nähe angeschaut hatte, begannen sie, etwa zu ahnen, und die Nachricht verbreitete sich wie ein Lauffeuer im ganzen Paddock. Patrese schätzte das System weniger, im Unterschied zu Schumacher, der das drittletzte Rennen der Saison, den GP von Portugal in Estoril, für uns gewann. Auf bestimmten Streckenabschnitten hatten wir einen deutlichen Vorsprung von drei Zehnteln pro Runde, auf anderen keinen. Schließlich, 1994, verbot die FIA die vier lenkbaren Räder".

Symonds muss lächeln, wenn er daran denkt, was nicht alles aus dem Erfindungsgeist der Benetton-Leute entsprungen ist: „... zum Beispiel die hochgezogene Fahrzeugnase von 1991, eine radikale Neuerung, die später von allen übernommen wurde, oder die Doppelkupplung von 1999, die allerdings nie ins Rennen gebracht wurde", und er erklärt: „... die besten Neuerungen entstehen aus der Harmonie. Und diese Harmonie war im Benetton-Rennstall, der wie eine große Familie war, überall zugegen".

DIE KOMMUNIKATION

Patrizia Spinelli und die Schocktherapie
„Nicht einmal die Leute des Teams verstanden uns"

Es gibt eine Revolution, die die Geschichte der Formel 1 seit Mitte der 1980er Jahre geprägt und ihr ohne die üblichen und periodischen Änderungen der Regeln ein neues Image und eine neue „Persönlichkeit" verliehen hat. In jener Zeit sollte die F1 von einem lärmenden, spektakelhaften und grobschlächtigen Image und von einem aseptischen Bild in Schwarzweiß mit der gleichen bahnbrechenden Macht zur Pracht der Farben überwechseln, die seinerzeit das Ende der Schwarzweißfernseher deklarierte. Wie es in vielen epochalen Kehrwenden vorkommt, so ging auch diese Wende von einem Outsider aus, der technische Neuerungen bis dato vor allem in der Produktion von Maschenwaren erster Qualität mit weichem Griff und bunten Farben eingesetzt hatte, die sich Benetton nannten.

Luciano Benetton und später sein Sohn Alessandro näherten sich der Formel 1 mit der für die Familie bekannte Kreativität und ihrem großen Unternehmensgeist und brachten ihre herausragende Fähigkeit der Kommunikation und der Interpretation einer Lebenshaltung in die Formel 1 ein. „Man schaute auf uns, als seien wir verrückt geworden", erinnert sich Patrizia Spinelli, seinerzeit Leiterin der Abteilung für Auslandsbeziehungen der Firmengruppe in den Vereinigten Staaten und eigens aus New York geholt, um sich ganz dem neuen Abenteuer zu widmen. „Paradoxerweise sollten die ersten Probleme das Team selbst betreffen. Ich erinnere mich noch gut an die Mühe, Leuten wie Walkinshaw oder Barnard, deren Leben an Zehntelsekunden, an sportliche Leistungen und an nur mit größten Anstrengungen und immenser Arbeit zu erreichende Schritte der Innovation geknüpft ist, dazu zu bringen, ein freundliches Gesicht aufzusetzen angesichts der Invasion von Fotomodellen, Modekunden und potentiellen Sponsoren, deren Fragen und Anwesenheit manchmal schon im Wege stehen konnten."

Es ist der Moment des Spektakels im Spektakel, der Umkehrung der Rollen, des Teamchefs und des Sponsors, die das Leben im Paddock nicht passiv hinnehmen, sondern in den Mittelpunkt einer allgemeinen Beachtung rücken wollen, indem sie es zu einem Happening, einem Fest und einem Event machen und für Überraschung sorgen. So werden die Wochenenden an der Piste, die bis zuvor durch harte Arbeit und Tests geprägt waren und in denen sich das einzig mondäne Moment auf das Fürstentum Monaco als Bühnenbild beschränkte, zum Höhepunkt der Erwartungen und eines Spektakels des Sports wie der Medien. „Wir machten alles im Alleingang, ohne Agenturen oder Kreative, mit einem Budget gleich Null, so dass es darauf ankam, unserer Phantasie freien Lauf zu lassen." So traf unvermittelt die bunte Presse in der Formel 1 ein, die nicht einmal wusste, was ein Rennen ist, um an den Boxen des Teams Modereportagen zu schießen, wie etwa beim GP von Phoenix, und Modelle mitbrachte, die zwischen den sorgsam in den Bildmittelpunkt gerückten Einsitzern seltsamerweise nicht einmal Benetton-Sachen trugen.

Die Welt der Formel 1 zu interpretieren und ihre Möglichkeiten auszumachen, auf gleiche Weise sich gänzlich unterscheidende Personentypologien und Nationen mit ihren verschiedenen Traditionen und Vorlieben anzusprechen, lautet die Aufgabe von Flavio Briatore, den die Benettons auf die Kommandobrücke ihres wendigen Kampfschiffes stellen. Zusammen mit Patrizia Spinelli bildet er eine Task-Force, die nur darauf wartet, die Situation auf den Kopf zu stellen, sie angenehm, den eigenen Zielen nützlich und dem beabsichtigten Image des Teams angemessen zu machen. Ein Projekt, das vor den bis zuvor allein und auf sich selbst gestellten Piloten keinesfalls Halt macht, die nun Teil eines sorgfältig studierten Images werden, das sie mit einem Produkt kombiniert, welches mit Autorennen nichts zu tun hat oder, besser, bisher nichts zu tun hatte. Und wie es bei Projekten der Image-Kommunikation oft vorkommt, so findet auch die Formel Benetton in ihren jüngsten Piloten genau die Charaktere, die sie für ihre Visuals benötigt. Von den eiskalten Gesichtszügen der aus dem Norden stammenden Piloten Lehto und Verstappen über die für Südländer typische, von Mitteilsamkeit geprägte Wesensart Alesis bis hin zu einem oft schüchtern oder gar leicht verschämt wirkenden Schumacher, der mit seinen 21 Jahren und in seiner großen Professionalität auch Rollen akzeptiert, die ihm eigentlich kaum liegen. Unterschiedliche Gesichter, die jedoch immer die gleiche Leidenschaft ausdrücken. United Colors.

Die von Benetton ins Leben gerufene Initiative breitet sich flutmäßig aus, schafft Mitläufer, Imitationen und Parodien, und in kurzer Zeit verwandelt sich die Formel 1 in einen bunten „Zirkus", in dem Flavio Briatore, der die Zeiten und Modalitäten der Kommunikation vorgibt, dennoch das technische Niveau anheben und die Stärke eines Teams steigern will, das nach Ansicht der Unverbesserlichen immer ein wenig überzeugender Outsider bleiben wird. Dies gelingt ihm 1994 mit dem ersten Pilotentitel und 1995, als er das Vertrauen von Renault für die Motoren und gleich zweimal Lorbeer, Fahrer und Konstrukteure, gewinnt. Für die Höhen und Tiefen des sportlichen Abenteuers sorgen Ereignisse, die Erinnerungen hinterlassen und Eindrücke erzeugen und dem Spielfeld definitive Umrisse geben. Die ersten Initiativen gehen Hand in Hand mit einer anderen revolutionären Idee. Nach jeweils zwei GPs wird der Sponsor gewechselt, wobei die Marken ausgeguckt werden, die unter dem großen Schirm von Sportsystem versammelt sind, der Gesellschaft der Benetton-Gruppe, die Sportzubehör erster Qualität produziert und vertreibt. So landen auf den Rennstrecken Marken wie Nordica, Prince und Killer Loop und jede Menge begleitender Veranstaltungen, die studiert werden, um die Lebhaftigkeit und Frische der Produkte herauszustellen. Mountainbike-Rennen und Tennisturniere, an denen Piloten, Techniker, Journalisten und Gäste teilnehmen, eine Art „Spiel ohne Grenzen" im Paddock, das jedem GP Momente der Entspannung und der Gemeinsamkeit schenkt. Dazu kommen erinnerungswürdige Feste, wie etwa das Polo-Match in

Argentinien oder das Rodeo in Phoenix mit einem mechanischen Bullen für die mutigsten Gäste oder das Fußballspiel von Jerez mit 6000 Zuschauern, das mit Recht als Vorläufer der heutigen „All Stars-Prominenten-Benefiz"-Spiele gelten kann. Auch die Präsentationen der neuen Einsitzer sind eine ausgezeichnete Gelegenheit für Publicity. Erinnerungswürdig ist vor allem 1996 die Präsentation des ersten neuen Wagens der Post-Schumacher-Ära vor dem Hintergrund des griechischen Theaters in Taormina, vor dem der „Sizilianer" Alesi wie in einem „Großen Preis von Trinakrien" durch die Gassen der Stadt braust.
Wie ein gleißendes Licht nach einer Fahrt durch einen Tunnel ist der Auftritt der Formel 1 nach dem Erscheinen Benettons zugänglicher, freundlicher und freudiger geworden. Diese neue Art der Kommunikation betraf nicht nur das Team sondern die gesamte Atmosphäre, die zuvor allein durch die Boutades der prahlerischsten Piloten aufgelockert wurde, die mit ihrem Aufschneiden eine gewisse bunte Note in die graue Welt der Technik einbrachten, in der die einzige religiöse Handlung auf der Piste ausgetragen wurde. Die schönste Erinnerung von Patrizia Spinelli? „Luciano Benetton in Suzuka, 1995, bei der Feier zum doppelten WM-Titel, den wir uns schon im Voraus sichern konnten. Ihn zu beobachten, wie er voller Begeisterung ganz aus sich herausging, tanzte und jubelte, war eines der schönsten Erlebnisse meines ganzen Lebens."

DIE SPONSOREN

Benetton, vom Sponsor zum... Gesponsorten. Ein Abenteuer, auf das sich bis zuvor niemand eingelassen hatte. Und das sich oft in einer Vielzahl von Partnerschaften konkretisierte, die dazu beitrugen, einen Mechanismus auf die Beine zu stellen, der zum Erfolg führen sollte. Denn Triumphe feiert man niemals alleine, vor allem nicht in einem Sport, der auf der Technik basiert und beträchtliche Investitionen erfordert.
Die Liste all derer, die beim Benetton-Abenteuer beteiligt waren, ist lang und besteht aus wohl- und weniger bekannten Namen, die jedoch alle einen gemeinsamen Nenner haben. Alle in gleicher Weise bedeutend, alle unerlässlich und alle Bestandteile eines nicht wiederholbaren Projekts.

LOGBUCH 1983/2001

„Die Leistung eines Champions wie Michael Schumacher hat mit der Anzahl der Siege nichts zu tun. Die Saison seines ersten WM-Titels für Benetton-Ford habe ich nie vergessen: Das Team wurde immer besser, auch wenn der Wagen nicht immer der schnellste war. Doch was der Wagen nicht schaffte, glich Michael durch sein Können aus und sorgte so für den Unterschied. Einfach großartig!"
Niki Lauda, Wien, Februar 2003

1983
Michele Alboreto und die Neulancierung von Tyrrell

Ein renommierter Rennstall, ein vielversprechender italienischer Pilot und ein Einsitzer ganz in Grün, der klassischen britischen GP-Farbe. So beginnt Anfang 1983 mit dem Tyrrell-Sponsoring das Benetton-Abenteuer in der Formel 1. Das Team des alten Ken, der mit den dank des Schotten Jackie Stewart gewonnenen Weltmeisterschaften und den Erfolgen von Patrick Depailler, François Cevert und Jody Scheckter eine wahrhaft glorreiche Zeit erlebt hatte, befindet sich nun infolge mangelnder Mittel in einer schweren Krise, auch wenn es ihm immer wieder gelingt, alle zu verblüffen. Dies auch dank des jungen Michele Alboreto, der ein Jahr zuvor (mit Luciano Benetton in der Zuschauerrolle) mit seinem Einsitzer und einem Ford-Cosworth 8-Zylinder-Motor beim Rennen in Las Vegas siegt und so die Voraussetzungen schafft, um beim WM-Endlauf gegen Williams mit dem Finnen Keke Rosberg (der schließlich Weltmeister wird) und dem aus Nordirland stammenden John Watson und seinen McLaren anzutreten.
1983 nimmt das Team einen neuen Anlauf, um sich als ernst zu nehmender Outsider Respekt zu verschaffen, der nur auf die richtige Gelegenheit wartet. Am Steuer erneut Alboreto und der Amerikaner Danny Sullivan. Und das Team enttäuscht keinesfalls. Michele siegt beim GP Ost-Usa in Detroit und sorgt mit seinem britischen V8-Motor für den vorläufig letzten Sieg (erst sechs Jahre später sollte mit Benetton und Nannini wieder ein Ford-Motor gewinnen). Im Kampf um den WM-Titel 1983 (der nach dem letzten Rennen in Südafrika an Nelson Piquet und seinen Brabham-BMW geht), landet Alboreto in der Endwertung mit zehn Punkten auf dem 12. Platz, während Sullivan mit zwei Punkten Siebzehnter wird. Das Team erobert sich in der Konstrukteurs-WM mit 12 Punkten (punktgleich mit Lotus) den 7. Platz.
Star der WM ist zweifellos Michele Alboreto, der einfach zu gut ist, als dass er von den führenden Teams nicht bemerkt wird. So gut, dass er Enzo Ferrari veranlasst, nach etwa zehn Jahren den Boykott der italienischen Piloten zu brechen. Und niemand ist sonderlich erstaunt über die offizielle Ankündigung des Rennstalls aus Maranello: Ab 1984 wird Michele Alboreto neben René Arnoux in einem „Roten" starten! Viele liebe Grüße und Glückwünsche also und ein Ciao von Benetton, dem Unternehmen mit Sitz im Veneto, das Tyrrell nach einer ersten, durchaus glücklichen GP-Erfahrung schließlich verlassen wird.

Nanni Galli
„So beschloss Luciano, bei der Formel 1 mitzumischen"

„Ja, ich glaube, dass ich es war, der Luciano Benetton überzeugte, in die Formel 1 einzusteigen", sagt Nanni Galli, Inhaber einer Garnfabrik in Prato und langjähriger Pilot, der Alfa Romeo zu offiziellen Siegen verhalf und später die F1-Abteilung von Ferrari leitete. „Es war in den 1970er Jahren, und es kommt mir fast wie ein Jahrhundert vor", kommentiert er lächelnd, nicht ohne eine Prise Ironie und falscher Bescheidenheit, bevor er zu erzählen beginnt: „Ich lernte Luciano Benetton im Zusammenhang mit der Arbeit kennen; ich lieferte ihm Garne für seine Strickwaren. Und da ich, wenn auch als Zuschauer, mein Faible für die GP-Rennen nie verloren habe, empfahl ich ihm, sich zu überlegen, die Formel 1 als Promotionmittel einzusetzen. Später, in den 1980er Jahren, erlebte Benetton eine starke Expansion, eröffnete Geschäfte in der ganzen Welt, und die Rennen waren meiner Meinung nach ein optimales Mittel zur Förderung des Images der Marke. Luciano kannte die Formel 1 nur aus den Zeitungen, so dass er vom Ambiente, von der Atmosphäre und den möglichen Gewinnen und Vorteilen keine Ahnung hatte".
Doch Luciano Benetton denkt über diese Möglichkeiten nach und wird sich bewusst, dass die Sache laufen könnte. So begibt er sich mit Nanni Galli zum GP der Vereinigten Staaten nach Detroit und versteht dort, dass die Formel 1 wirklich eine außerordentliche Gelegenheit darstellt, zumal die Kosten der Investition pro Kontakt ausgesprochen vorteilhaft sind. „Ein paar Monate später", fährt Galli fort, „rief ich Ken Tyrrell an, dessen Team meiner Meinung nach die idealen Voraussetzungen für eine Partnerschaft mit Benetton bot, dies auch, weil der erste Pilot des Teams für die Saison 1983 ein junger und vielversprechender Italiener, Michele Alboreto, sein sollte. Tyrrell ist eine große Persönlichkeit; für ihn waren so berühmte Piloten wie Jackie Stewart, Patrick Depailler und Ronnie Peterson gestartet, und er stand in besten Beziehungen zu Ford. So flogen wir schließlich nach England, es war im September 1982 und dort bereits sehr kalt. Luciano Benetton und Ken Tyrrell kamen gut miteinander klar und unterzeichneten einen Sponsorvertrag." Dieser Vertrag sollte mit einer allgemeinen Überraschung belohnt werden: „Alboreto siegte in Las Vegas und danach in Detroit, und wir standen alle an den Boxen und zitterten für ihn. Luciano, der bei aller Begeisterung immer mit beiden Füßen auf dem Boden bleibt, stieg in den siebten Himmel auf. In seinem Instinkt, in der Formel 1 mitzumischen, hatte er sich nicht getäuscht. Und ich freute mich zusammen mit ihm".

1984
Alfa Romeo zwischen Begeisterung und Schwierigkeiten

Grund für die Trennung Benettons von Tyrrell ist die Absicht, eine Bindung mit der glorreichen italienischen Marke Alfa Romeo einzugehen, auch wenn sich die Präsenz des Hauses bei den GP-Rennen auf die Euroracing-Leitung beschränkte. In der Tat hatte Alfa beschlossen, sich nach einer unvergesslichen Ära und den ersten beiden WM-Siegen der Geschichte (1950 mit Farina und 1951 mit Fangio) von den GPs zurückzuziehen, um erst in den 1970er Jahren mit seinen für March und McLaren, vor allem jedoch für Brabham entwickelten Motoren

wieder von sich reden zu machen. Offiziell nahm das Haus 1979 mit dem so genannten Alfa-Alfa wieder teil, der bei den letzen Rennen von Vittorio Brambilla gefahren wurde, und im Jahr darauf mit zwei Wagen, in denen Bruno Giacomelli und der Franzose Patrick Depailler saßen, welcher im Sommer 1980 bei einer Testfahrt auf dem Hockenheim-Ring tödlich verunglückte. Nach der direkten Teilnahme, die bis 1983 dauerte, ohne einen einzigen GP gewonnen zu haben, steht Alfa Romeo bei der WM 1984 nun unter dem Namen Euroracing-Alfa und in einem typischen Benetton-Grün am Start. Leiter des Teams ist Gianpaolo Pavanello, während der altbewährte Ingenieur Carlo Chiti sich um die Motoren sowie um strategische Fragen kümmert. Die Piloten: der von Brabham kommende Riccardo Patrese und der Italo-Amerikaner Eddie Cheever, vormals bei Renault. Auf dem Papier ein optimales Gespann. Doch die Saison läuft weniger optimal ab. Es gibt verschiedene, mit dem Kraftstoffverbrauch zusammenhängende Probleme mit dem Motor und der neuen Formel, und die beiden Piloten müssen mehrmals sichere Plazierungen aufgeben, da sie in den letzten Runden ohne Benzin liegen bleiben. Wenig nützt auch die Ankunft von Gianni Tonti, der sich nun um den Bereich Motoren kümmern soll, da das Haus aus Mailand die Befugnisse Chitis stark beschnitten hat.
Gegen Ende der WM ist das beste Ergebnis der dritte Platz von Patrese beim GP von Italien in Monza. Der aus Padua stammende Pilot wird schließlich in Kyalami Vierter und beim europäischen GP auf dem Nürburgring Sechster, während das WM-Eröffnungsrennen in Brasilien Cheever einen vierten Platz und somit seine beste Plazierung je beschert. Riccardo Patrese beendet die Weltmeisterschaft schließlich mit acht Punkten und dem 13. Platz, während Eddie Cheever mit drei Punkten Sechzehnter wird. Das Team dagegen muss sich in der Rangliste der Konstrukteure mit einem achten Platz zufriedengeben. Angesichts der anfänglichen Ambitionen ein recht bescheidenes Ergebnis.

1985
Die Übernahme von Toleman
Benetton wird ein Team

Resultate wenig, dafür jedoch um so offensichtliche Schwierigkeiten „politischer“ Art. Nichts hält ewig. So beginnt Benetton – in jedem Falle weiterhin durch das Sponsorship von Alfa-Euroracing an das Alfa-Team gebunden, dessen sportliche Leitung im Vorjahr die Rallyelegende Sandro Munari als sportlicher Leiter übernommen hatte – sich umzuschauen und nach einem direkten und günstigeren Weg zu suchen, um unter die Hauptdarsteller der Formel 1 eingereiht zu werden. Die Gelegenheit bietet sich mit Toleman, dem englischen Team, das seit 1981 zur Formel 1 gehört und mit dem Debüt eines gewissen Ayrton Senna 1984 seine erfolgreichste Saison feiern konnte. Doch hatten der Wechsel des Brasilianers zu Lotus sowie Reifenprobleme das Team, das mit Hart-Motoren fuhr, gezwungen, zu Beginn der WM 1985 auszusetzen, was dazu führte, dass Toleman schließlich anstelle Pirelli-Reifen Pneus von Michelin aufzog. Doch gegen Ende der Saison 1984 verlässt Michelin die GPs, so dass das Team nach dem Eklat mit Pirelli nun ohne Reifenlieferanten dasteht.
Dies ist der richtige Augenblick für Benetton. Im Mai, nach kurzen Verhandlungsgesprächen, ist der Aufkauf von Toleman vertraglich festgelegt, und Benetton debütiert noch im gleichen Monat in Montecarlo, beim vierten Rennen der Saison, mit einem einzigen, von Teo Fabi gesteuerten Fahrzeug. Nicht nur der optische Auftritt des Wagens (ganz in Weiß, dekoriert mit internationalen Flaggen und dem Schriftzug „United Colors of Benetton“) sondern auch weitere Details, wie vor allem die farbigen Pirelli-Reifen, sorgen für einen Showeffekt, wie ihn die F1-Welt niemals zuvor erlebt hat. Sitz des neu gegründeten Rennstalls ist Witney in England, und ab dem GP von Österreich kommt ein zweiter Wagen für den Piloten Piercarlo Ghinzani hinzu.
Rein arithmetisch betrachtet kann man allerdings nicht sagen, dass die WM-Saison 1985 dem Unternehmen aus dem Veneto große Erfolge beschert hätte. Auch wenn Benetton nun an zwei Spieltischen setzt, bringt keines der Teams auch nur einen einzigen Punkt nach Hause. Insbesonders für Alfa Romeo wird die WM zu einer derartigen Katastrophe, dass die Mailänder sich gegen Jahresende definitiv aus der Formel 1 zurückziehen. Toleman-Hart dagegen kann sich beim GP von Deutschland auf der schnellen Piste des Hockenheimrings mit Teo Fabi eine wichtige Pole Position sichern, und die Würfel sind gefallen. Benetton beschließt, von nun an auf eigenen Beinen zu stehen.

1986
Endlich der erste Sieg

Endlich nur Benetton. Drei Jahre nach ihrem Einzug in die Formel 1 präsentiert sich die Gruppe aus Ponzano Veneto beim Start einer Weltmeisterschaft, die zu einer der heißesten in der F1-Geschichte werden soll, mit einem eigenen Team. Anstelle des Tolemans treten der Benetton B186 mit Teo Fabi sowie ein neuer Fahrer, der junge Österreicher Gerhard Berger, an. Die Benetton-Flitzer haben BMW-Motoren und, wie gehabt, Pirelli-Reifen. Das Organigramm des Rennstalls besteht aus Davide Paolini als Vertreter der Geschäftsleitung, dem Südafrikaner Rory Byrne als technischer Leiter und aus Peter Collins, der bei Lotus und Williams reichlich Lorbeer geerntet hatte, als Teammanager.
1986 wird zu einer dramatischen Saison für die Formel 1. Am 8. März hat Frank Williams, als er von einem Test mit seinem Team in Le Castellet in Südfrankreich nach Hause fährt, einen schweren Verkehrsunfall, der ihn für den Rest seines Lebens an den Rollstuhl fesseln soll. Am 14. Mai, nach einem fürchterlichen Aufprall, der sich ebenfalls in Le Castellet infolge eines Bruchs des hinteren Spoilers seines Brabham-BMW ereignete, stirbt der römische Pilot Elio De Angelis. Die Weltmeisterschaft wird zu einem nie gesehenen Vierkampf zwischen Nigel Mansell und Nelson Piquet für Williams, Alain Prost für McLaren und Ayrton Senna für Lotus. Den Titel erobert sich schließlich beim letzten Lauf in Adelaide, Australien, der Franzose, nachdem Mansell in der letzten Runde auf einer perfekten Geraden ein Reifen platzte. Benetton kann ausgezeichnete Ergebnisse vorweisen: zwei Pole Positions (in Österreich und in Monza) mit Fabi, vor allem aber (dank der ausgezeichneten Haftung der Pirelli-Reifen) den Sieg beim GP von Mexiko mit Gerhard Berger, der während des gesamten Rennens an der Spitze liegt und schließlich 25 Sekunden vor Prost und seinem McLaren durch die Zielgerade braust. Zum Ende der Saison ist Berger mit 17 Punkten Siebter, Fabi mit zwei Punkten Fünfzehnter, und das Benetton-Team belegt den sechsten Platz in der Rangliste der Konstrukteure.
So scheinen alle Voraussetzungen für einen Erfolg ohnegleichen gegeben zu sein. Doch kurz vor dem Höhepunkt fehlen dem Haus Benetton zwei Grundpfeiler. Berger wird von Ferrari abgeworben, womit der rote Rennstall eine mit Alboreto (welcher 1987 gemeinsam mit Gerhard für Ferrari antreten wird) eingeleitete Strategie bekräftigt, die später mit Michael Schumacher weitergehen soll: Die Benetton-Piloten scheinen dem Rennstall aus Maranello zu gefallen. Dagegen kündigt BMW beim GP von Frankreich seinen Austritt aus der Formel 1 an. So braucht Benetton einen neuen Motor, und man muss erneut von vorne anfangen.

Peter Collins
„Der Erfolg von Gerhard war das Zeichen für die Kehrtwende“

Einige Wochen nach der Übernahme von Toleman wurde er der erste Geschäftsführer der Benetton-Rennsportabteilung und leitete zusammen mit Davide Paolini die ersten Schritte zum Aufbau des Teams.
Der Australier Peter Collins (trotz der Namensgleichheit nicht jener Peter Collins, der in den 1950er Jahren für Ferrari fuhr) ist heute ein bekannter und geschätzter Geschäftsmann, der seine Leidenschaft für den Rennsport keineswegs verloren hat. Auch heute noch unterhält er enge Beziehungen zur Formel 1 und kümmert sich u.a. um das Managing von F1-Piloten.
„Meine Arbeit als General Manager des Benetton-Rennstalls“, erzählt er, „begann mit dem Grand Prix de France 1985; ich hatte Williams verlassen, und von allen Seiten fragte man mich warum. Doch die Vorstellung, unter Nutzung meiner bei Lotus und dann bei Williams gesammelten Erfahrungen ganz neu anfangen zu können, faszinierte mich und gab mir eine große Motivation. Ich hoffe, dazu beigetragen zu haben, das Fundament für ein Team geschüttet zu haben, das in die Geschichte eingehen sollte.“
Von seinem Freund Rory Byrne zu Benetton geholt, kümmerte sich Collins um die Leitung der Fabrik und um die Beziehungen

zur Familie Benetton, aber auch zur FIA, zu den Piloten und den Motorherstellern. „Eines der schönsten Ereignisse war, als Berger mit unserem Wagen 1986 den GP von Mexiko gewann. Mir wurde bewusst, dass wir wuchsen und dass eine große Zukunft vor uns lag. Womit ich Recht behalten sollte."
Der in Sydney geborene Australier Peter Collins, der für seine freundliche, wenn es sein muss jedoch auch offene Art bekannt ist, verließ das Benetton-Team im Jahre 1989.

1987
Der Vertrag mit Ford
Der Turbo von Detroit

Doch Benetton gibt keinesfalls auf und schließt mit Ford einen Vertrag zur Lieferung eines Turbomotors, der den Auftakt für eine glückliche Zusammenarbeit darstellt, die beiden Partnern große Erfolge bescheren wird. Anstelle Gerhard Bergers wird der Belgier Thierry Boutsen engagiert, der zuvor für Arrows bereits in vier F1-Saisons aufgetreten war. Ein etwas blasser, aber ausgesprochen zuverlässiger Pilot, der sich zu Teo Fabi gesellt. Ein Zweigespann, das sich bestens ergänzt und nicht davor zurückscheut, sich ganz für das Team zu opfern.
Der Benetton B187 erhält einen Ford 120°-V6-Motor, für den das neue Reglement – das für die WM zu Saugmotoren zurückkehrt – eine Überdruckventil vorschreibt. Die Bauweise des nicht besonders starken Motors, der im Jahr zuvor von Lola Haas eingesetzt wurde, ermöglicht eine Unterbringung im Fahrzeugchassis, die unter dem Gesichtspunkt der Aerodynamik bedeutende Vorteile bietet. Ein Motor, der bei den Rennen durchaus seine Pflicht erfüllen wird.
Doch die WM wird zu einer Privatsache innerhalb des Williams-Rennstalls, dem lediglich der Lotus von Senna gefährlich werden kann. So geht der Titel, der dritte in seiner Laufbahn, schließlich an Nelson Piquet, der mehr Punkte als der schnelle, jedoch vom Glück verlassene Nigel Mansell erzielt hat. In der Tat hatte der Brite bei einem Testlauf zum GP von Japan in Suzuka einen bösen Unfall, so dass er ins Krankenhaus eingeliefert werden und jede Hoffnung, aufholen zu können, aufgeben musste.
Allerdings fallen die Zahlen für Benetton alles in allem besser aus als 1986. Das Team erreicht in der WM-Konstrukteursrangliste mit 28 Punkten den fünften Platz, während Boutsen mit 16 Punkten Achter und Fabi mit 12 Punkten Neunter wird. Auch wenn im Vergleich zum Vorjahr ein Sieg ausbleibt. Die besten Ergebnisse der Saison 1987 sind zwei dritte Plätze, und zwar der des Mailänders im österreichischen Zeltweg und der des Belgiers in Adelaide in Australien, dem letzten Rennen der WM. Ein vielleicht nicht gerade umwerfendes Resultat, das jedoch dazu beiträgt, das Team zusammenzuschweißen und einen Weg zum Gipfel aufzuzeichnen. Für eine weitere Kehrtwendung in der Benetton-Strategie schließlich sorgt das neue Reglement, das für die Saison 1989 ausschließlich 3,5 Liter-Saugmotoren zulässt. Benetton beschließt, dieser neuen Vorschrift zuvorzukommen und 1988 mit einem 8-Zylinder Ford-Cosworth DFR zu starten.

1988
Ein Zuschauer an den Boxen. Sein Name: Briatore

Enzo Ferrari stirbt am 14. August in Modena. Für Benetton ist es das Jahr, in dem der schnelle und sympathische Alessandro Nannini, eine wahre Neuentdeckung, zum Team stößt. Und das Jahr der ersten Kontakte mit Flavio Briatore, dem Manager aus Cuneo, der die Promotion des Rennstalls organisieren soll. Rory Byrne stellt seinen neuen B188 vor, der wieder zu einem V8-Saugmotor von Ford zurückkehrt. Der vierte Motor in vier Jahren, eine harte Arbeit und eine Meisterleistung des Engineering. Nach vielen Jahren werden die Pirelli-Reifen gegen Goodyear ausgetauscht. Neben dem Toskaner wird Thierry Boutsen erneut unter Vertrag genommen. Nach drei, gesamtheitlich gesehen, durchaus erfolgreichen Saisons sagt Teo Fabi dem Benetton-Team Adieu. Die Schlussbilanz der Saison fällt positiv aus. Benetton ergattert mit 39 Punkten den dritten Platz in der Konstrukteurs-WM und liegt somit gleich hinter dem unschlagbaren McLaren-Rennstall (der mit Senna und Prost 15 von 16 Rennen und zwei WM-Titel gewinnt, darunter die Piloten-WM mit Ayrton) und Ferrari. In der Rangliste der Piloten erobert sich Boutsen mit fünf dritten Plätzen und vier Finishes nach Punkten schließlich mit 27 Punkten einen optimalen vierten Platz. Nannini dagegen, der in Hockenheim von seiner Schwester und Rocksängern Gianna begleitet wird, bringt 12 Punkte nach Hause und plaziert sich (mit zwei dritten Plätzen) als Neunter.
Beim letzten GP der Siason in Adelaide präsentiert sich ein unbekannter Gast: Flavio Briatore. „Ich hatte mir ein freies Jahr genehmigt und war seit zwei Wochen in mein Haus auf den Virgin Islands zurückgekehrt", erzählt der Manager aus Cuneo. „Dort rief mich Luciano an und meinte, dass wir uns in New York treffen und von da aus nach Australien fliegen sollten, um uns dort ein Rennen anzusehen. Auf meine Frage, um was für eine Art Rennen es sich handele, antwortete er: Formel 1."
Briatore hatte sieben Jahre seines Lebens damit verbracht, Benetton in den Vereinigten Staaten zu lancieren. Er gehört somit nicht zum F1-Ambiente und hat auf diesem Gebiet keinerlei Erfahrung. Dafür zeichnet er sich durch die Fähigkeit zur Begeisterung, durch Vorurteilslosigkeit und durch eine Lust an allem Neuen aus, so dass es nur eine Frage der Zeit ist, bis er sein Zeichen in der Welt des Rennsports hinterlassen wird.

1989
Nannini-Show in Japan
Barnard macht mit

Die Saison der großen Neuigkeiten. Nach einer ersten Entwicklungsphase liegt endlich der Plan auf dem Tisch, der Benetton unter die führenden Rennställe einreihen soll. Alessandro Benetton, zweitältester Sohn Lucianos, Klasse 1964, wird zum Vorsitzenden ernannt, Davide Paolini wird Geschäftsführer und der frisch angeworbene Flavio Briatore Leiter der Promotionabteilung. Technischer Leiter und Teammanager sind nach wie vor Rory Byrne und Peter Collins. Dem mehr als bestätigten Nannini wird Johnny Herbert zur Seite gestellt. Doch der Brite, der als Shooting Star der F3000 angesehen wird, hat sich im Sommer des Vorjahres bei einem Unfall in Brands Hatch einen mehrfachen Beinbruch zugezogen, so dass er bei seinem ersten GP in Brasilien mit dem Fahrrad durch das Paddock fährt und nur unter größten Schmerzen in das Cockpit seines Wagens steigen kann. Jedoch, es scheint Schlimmeres zu geben, und so erobert er sich beim GP, bei dem Nigel Mansell bei seinem Debüt für Ferrari einen unglaublichen Erfolg feiern kann, schließlich einen würdigen vierten Platz. Leider nehmen seine körperlichen Probleme überhand, so dass dem Engländer gekündigt werden muss und nach sechs Läufen, ab dem GP in Frankreich Anfang Juli, durch den Italiener Emanuele Pirro ausgetauscht wird. Der B189 mit seinem im Exklusivauftrag gebauten Ford V8-Motor beschert dem Team mehrere gute Ergebnisse, so dass Benetton in der Konstrukteurs-WM schließlich Vierter von 20 Mannschaften wird. Nannini dagegen wird mit 32 Punkten Sechster in der Fahrer-WM, Herbert belegt mit fünf Punkten den 14. und Pirro mit zwei den 23. Platz. Doch die Perle im Lorbeerkranz ist, wenngleich nach einer Entscheidung am grünen Tisch, der Sieg Nanninis beim GP in Japan. Nachdem Senna und Prost in ihren McLarens in einer Schikane kollidieren, muss der Franzose aufgeben, wogegen der Brasilianer neu startet und als erster durch die Zielgerade braust, jedoch gleich darauf disqualifiziert wird. So geht der WM-Titel unter tausend Polemiken schließlich an Alain, während der Toskaner in Suzuka den ersten und leider einzigen GP-Sieg seiner Kariere feiern kann. Doch die gute Saison allein reicht dem Team nicht aus. Am 29. September, drei Wochen vor dem Erfolg in Japan, wird die Einstellung des „großen Zauberers" John Barnard, der Ferarri den Laufpass gibt, als technischer Leiter angekündigt. Und für einen, der kommt, geht ein anderer, in diesem Fall zum Saisonende Davide Paolini.

1990
Piquet, mit Punktevertrag, wird bei der WM Dritter

Mit dem Gespann Barnard/Byrne an der technischen Leitung des Rennstalls (letzterer entwirft den neuen B190) beginnt eine Saison, die zunächst mehr als vielversprechend aussieht, schließlich jedoch mit einer Mischung aus Süß und Bitter endet. Teammanager Peter Collins wird durch seinen Assistenten Gordon Message ersetzt, und an die Seite Nanninis kommt der dreifache Weltmeister Nelson Piquet, nach drei

wenig glücklichen Jahren bei Lotus. Für Briatore, besonders wegen der Konditionen, der erste große Streich zum Thema Piloten, da sich der Brasilianer ohne eine fixe Basis mit „gerade" 50 Tausend Dollar begnügt. Und vor allem im Endlauf der Weltmeisterschaft alles hält, was er verspricht.
Mit seinem Einsitzer mit Ford V8-Motor und Goodyear-Pneus gibt auch Nannini absolut keine schlechte Figur ab. Der Toskaner setzt sich ins denkbar beste Licht und landet schließlich auf dem Notizblock von Ferrari, die nach einen Ersatz für Mansell suchen. Doch soll es nur ein schöner Traum bleiben, und kurz vor dem GP in Monza, als ihn viele bereits in einem roten Renner sehen, sagt Nannini Nein und beschließt, auch in der Saison 1991 bei Benetton zu bleiben.
Doch liegt das Schicksal bereits auf der Lauer. Am 12. Oktober hat Nannini, als er versucht, mit dem Hubschrauber in der Nähe seines Hauses zu landen, einen schrecklichen Unfall. Der Hubschrauber stürzt ab, kippt um, und ein unbarmherziger Flügel trennt Alessandros rechten Vorderarm ab. Auch wenn es den Chirurgen des Zentrums für Traumatologie und Orthopädie Florenz nach einer langen und schwierigen Operation gelingt, das Gliedmaß wieder anzunähen, ist die F1-Karriere des Toskaners beendet. Bei den letzten Läufen der Saison fährt an Nanninis Stelle der Brasilianer Roberto Moreno. Und die WM, Ironie des Schicksals, hält zwei Erfolge bereit, die mit Benetton und Piquet überschrieben sind. Der erste: Nach einer Kollision beim Start in Suzuka, in die Senna und Prost verwickelt sind, „rächt sich" der Brasilianer für die vorige Saison, und es folgen eine heiße Polemik und ein Doppelsieg Piquets, erstmalig in der Benetton-F1-Geschichte. In der WM-Rangliste steht Ayrton an der ersten und Piquet mit 43 gültigen (und 44 eroberten) Punkten an der dritten Stelle. Nannini wird Achter (21 Punkte), Moreno Zehnter (sechs Punkte), das Team in der Konstrukteurwertung Dritter. Doch gibt es keine Ruhe im Rennstall. Im Oktober geht Rory Byrne und wird durch den Fahrzeugdesigner Gordon Kimball ersetzt. Gegen Ende des Jahres kündigt Benetton an, dass die Reifen in der nächsten Saison erneut von Pirelli geliefert werden.

1991
Die Revolution der Techniker
Michaels Debüt in Monza

Ein einziger Sieg, wieder steht Nelson Piquet auf dem Podium, doch für die Rennsportgeschichte Benettons bringt das Jahr 1991 – abgesehen von den recht mageren Resultaten – grundlegende Veränderungen mit sich. Die Ära Gordon Message ist von nur kurzer Dauer, und noch vor Beginn der Weltmeisterschaft wird Joan Villadelprat Teammanager. Um auf dem Gebiet des Fahrzeugbaus mehr Potenz und Kompetenz zu erlangen, wird 35% des Rennstalls an die Firma TWR des Briten Tom Walkinshaw verkauft, der eine Vergangenheit als Pilot in der Tourenklasse vorweisen kann, vor allem jedoch durch seine Erfolge für Jaguar mit den Prototypen bekannt wurde.
Die WM beginnt mit dem B190, der jedoch bald durch den B191, wieder mit einen Ford V8-Motor, ersetzt wird. Zwei Drittel der Meisterschaft fahren der dreifache brasilianische Weltmeister und sein Landsmann Moreno für Benetton. Doch sieht man am Start des belgischen GPs in Spa als Ersatz für Gachot, der in London im Knast sitzt, nachdem er einen Taxifahrer angefallen hat, in einem Jordan einen gewissen Michael Schumacher. Das Duo Briatore/Walkinshaw ahnt das Potential des Deutschen, nimmt den Vertrag mit dem britischen Rennstall genau unter die Lupe, und schon beim nächsten Rennen (in Monza) soll Schumi nicht mehr in einem Jordan sitzen, sondern an Stelle von Moreno Benetton fahren. Nach hitzigen Diskussionen, Anwaltsdrohungen und jeder Menge abgestempeltem Papier kann Michael schließlich beim GP von Italien starten (und gleich hinter Piquet durch die Zielgerade rauschen), und es beginnt seine Karriere unter britisch-italienischer Flagge.
Zum Ende der Saison kann Benetton – abgesehen von einem Sieg Piquets in Kanada, den er in der letzten Runde nach einem Stoppschild für Williams und Mansell erringen konnte – gerade zwei Plätze auf dem Podium vorweisen. Die Konstrukteurs-WM endet mit 38,5 Punkten und dem vierten Platz für Benetton. Unter den Piloten dagegen wird Piquet Sechster, Moreno Zehnter und Schumacher Zwölfter. Eine Bilanz, die schlechter als die des Vorjahres ausfällt, vor allem jedoch eine Situation, die unter technischen Aspekten offensichtlich neuen Auftrieb braucht. Welcher pünktlich wie die Uhr eintreffen soll. Zunächst verlässt John Barnard das Team, dann wird auf Drängen von Walkinshaw auch der Designer Gordon Kimball entlassen. Tom hat einen Plan und wird ihn sofort in die Tat umsetzen: Die technische Leitung geht an Ross Brawn, den Spiritus Rektor der Jaguar-TWR-Erfolge bei den Prototypen. Anschließend wird der südafrikanische Ingenieur Rory Byrne überredet, im Team die Leitung der Abteilung Forschung und Entwicklung zu übernehmen, und das Fundament für eine Zukunft der Triumphe ist geschüttet.

1992
Brundle, ein wertvoller Mann
Schumi, das Wunderkind von Spa

Der Wettkampf mit Williams und McLaren sorgt weiterhin für Spannung. Es gelingt Benetton, sich gegenüber den beiden Kolossen mit den „Allefressenden Kannibalen" Mansell und Senna mit Autorität ins Licht zu setzen und zum dritten Pfeiler der Formel 1 aufzurücken. Zum Pilotenteam gehört neben dem Shooting Star Michael Schumacher der neu hinzugekommene Martin Brundle. Der allgemein unterbewertete Brite behauptet sich als solider und ausreichend schneller Fahrer. Das gut zueinander passende Paar trägt dazu bei, dass das Team mit der Unterstützung einer gut geölten, zuverlässigen Mannschaft von Technikern, die nunmehr auch ohne eine „Primadonna" auskommt, weiter wachsen und reifen kann. Gegen Ende März kündigt Benetton die Ankunft von Alex Zanardi an, der nach einer optimalen Saison in der Formel 3000 die Rolle des Testfahrers übernehmen und für die Entwicklung des Ford V12-Motors sorgen soll, ein Projekt, das wir jedoch niemals am Start eines GPs sehen werden.
Bei den ersten drei Läufen der Meisterschaft tritt das Team mit einem modifizierten, erneut mit Goodyear bereiften B191 an. Beim GP von Spanien in Barcelona, dem 100. Rennen in der F1-Geschichte Benettons, debütiert der B192 mit einem soliden Ford HB V8. Höhepunkt der Saison ist der GP von Belgien in Spa auf einer Piste, die sich nach einem heftigen Regenschauer mal nass, mal trocken präsentiert. Genau ein Jahr nach seinem glanzvollen Erstauftritt in der Formel 1 gelingt es Schumacher, der keinen Geringeren als die unbestrittenen Könige der WM Mansell und Patrese und mit ihren Williams abhängt, den ersten Sieg seiner Karriere zu erobern.
Der Exploit in Belgien stellt keineswegs einen Zufall dar. Am Ende der WM kommen zu den drei zweiten und vier dritten Positionen Schumachers ein zweiter Platz (in Monza) und vier dritte Plätze für Brundle hinzu. Weiterhin mehrere Plazierungen nach Punkten, die dem Team – wie bereits erwähnt – den dritten Rang in der Konstrukteurs-WM bescheren und dafür sorgen, dass sich Schumacher und Brundle als Dritter und Sechster unter den Piloten plazieren können. Doch das wichtigste Resultat der Saison steht in keinem goldenen Album: Der Bau des neuen Werks in Enstone in der Grafschaft Oxfordshire, das Witney ablösen soll. Eine zwar kostspielige, aber ausgesprochen weitsichtige Investition und eine Fabrik, die zur Wiege für die größten Erfolge Benettons wird.

1993
Während Michael immer besser wird, machen Patrese und Prost Schluss

Das Team Alessandro Benetton, Briatore, Walkinshaw, Brawn, Byrne und Villadelprat versteht sich immer besser. Am 9. Februar wird die neue Fabrik in Enstone offiziell eingeweiht, während am 14. März in Kyalami, Südafrika, das erste Rennen der Saison startet. Nach einem freien Jahr sitzt Alain Prost erneut am Steuer eines Williams. Wie zur Gewohnheit geworden, präsentiert sich Benetton am Grid mit einem modifizierten B192, der jedoch beim dritten Rennen – dem europäischen GP im englischen Donington – durch einen neuen B193 ersetzt wird. Der Ford HB V8-Motor ist der gleiche, den nach den Honda-Antrieben auch McLaren einsetzt. Die einzige Neuigkeit im Hause Benetton ist der von Williams abgeworbene Riccardo Patrese, der im Wagen von Martin Brundle Platz nimmt.
Für den in Padua geborenen Piloten kein einfaches Jahr.

Schumacher ist nach seiner Vertragsverlängerung so schnell wie nie zuvor, und Patrese fährt seine siebzehnte (und letzte) F1-Saison. Am Ende der WM, die für das Team eine Übergangsphase darstellt, hat Riccardo sein bestes Ergebnis mit einem zweiten Rang in Ungarn und einem einzigen weiteren Platz auf dem Podium in Silverstone erzielt. In der Gesamtwertung muss er sich gegenüber den 52 Punkten Schumachers mit 20 Punkten und dem fünften Platz begnügen. Und nach dem Rekord von 256 GPs verabschiedet sich Patrese und hat mit seiner Karriere abgeschlossen.
Michael Schumacher dagegen steuert unbeirrt weiter auf seine Position als unbestrittener Champion zu. Nach fünf zweiten und drei dritten Plätzen soll er auch diese Saison mit einem Sieg abschließen. In Estoril, Portugal, am gleichen Tag, der Prost zum vierten Mal zum Weltmeister macht, wird der Deutsche Erster. Am Ende der WM landet Schumi auf dem vierten Rang der Piloten-WM, während sich Benetton in der Rangliste der Konstrukteure gleich hinter Williams und McLaren auf dem dritten Platz behaupten kann.
In Portugal, am gleichen Tag, der ihm erneuten Lorbeer beschert, kündigt der französische Champion seinen definitiven Rückzug aus der Formel 1 an. Für die nächste Saison hat sich Williams den phänomenalen und dreifachen Weltmeister mit McLaren Ayrton Senna gesichert. Auf dem Papier ein unschlagbares Gespann.

1994
Schumacher Champion
Die Formel 1 trauert um Senna

Eine Saison, die niemand vergessen wird. Leider auch im negativen Sinne, denn es soll ein tragisches Jahr für die Formel 1 werden. Aber auch mit guten Nachrichten für das Benetton-Team, das endlich einen WM-Pokal in seine Vitrine stellen kann.

Beim ersten Rennen der Meisterschaft, bei der das Nachtanken auf der Piste erneut erlaubt wird, präsentiert sich Benetton mit Schumacher und J.J. Lehto am Steuer eines B194 mit Ford Z-R V8-Motor. Doch ein Unfall bei den Wintertests, bei denen er sich Schäden am Hals zuzieht, verhindert dem Finnen den Start beim GP von Interlagos, so dass er dem Holländer Jos Verstappen von der Tribüne aus zuschauen muss.
Zum Auftakt der Saison scheint niemand auf das Team aus Enstone setzen zu wollen. Unbestrittener Favorit ist Williams mit Ayrton Senna. Doch Schumi siegt in Brasilien wie auch beim Pazifik-GP in Aida, da sich der Brasilianer mit seinem neuen Wagen schwertut und beide Läufe absagen muss. Bis Imola und die große Tragödie kommt: Am Samstag stirbt Roland Ratzenberger, am Sonntag Ayrton. Ein trauriger, schrecklicher Tag, der für Schumacher in einer Atmosphäre des Chaos und der Panik den Sieg bedeutet und ihn unvermittelt an die Spitze der Pilotenliste befördert. Bei den Testläufen zum GP von Montecarlo, bei dem Michael erneut als Erster durch die Zielgerade brausen wird, hat der Österreicher Karl Wendlinger einen schweren Unfall, der ihn für mehrere Wochen ins Koma schickt. In Barcelona dagegen lauert das böse Schicksal auf Andrea Montermini, der aus der Piste geworfen wird und sich die Fußgelenke bricht.
Nach sieben Läufen hat Schumi sechs Siege und einen zweiten Platz erobert. Doch soll eine harte Zeit für ihn beginnen. In Silverstone wird Michael (nachdem er Zweiter wurde) disqualifiziert, weil man ihn beschuldigt, in der Einführungsrunde den Williams von Damon Hill überholt zu haben. In Deutschland muss er sich vom Rennen zurückziehen, während der Benetton von Verstappen (der nach Frankreich wieder an der Stelle Lehtos fährt) beim Auftanken Feuer fängt, so dass ein fürchterlicher Brand entsteht, aus dem sich der Pilot zum Glück beinahe ohne Verletzungen retten kann. In Spa verliert der Deutsche seinen ersten Platz wegen einer abgehobelten, zu dünnen Unterbodenplatte. Zudem entscheidet die FIA, dass der Deutsche beim GP von England die schwarze Flagge nicht beachtet habe, so dass Schumi für zwei GPs gesperrt wird und weder in Monza noch in Estoril starten kann. So kann Hill, der einen einzigen aber alles entscheidenden Punkt hinter Michael zurückliegt, aufholen, doch beim letzten GP-Rennen in Adelaide kollidieren die beiden Rivalen und fallen aus. Weltmeister werden Schumi und Benetton, und eine mehr als schwierige Saison endet im allgemeinen Jubel.

1995
Benetton Herr über alles
Zwei neue WM-Titel

Eine neue triumphale Saison für Benetton, die den in diesem Jahr errungenen Titel auf eindrucksvolle Weise legitimieren wird. Das Team hat die Ford-Motoren nach vielen erfolgreichen Jahren gegen V10-Motoren von Renault mit Hubraum 3000 entsprechend des neuen Reglements ersetzt. Neben Schumacher, der sich erneut durch Glanzleistungen auszeichnen wird, startet der Brite Johnny Herbert, der Verstappen bereits bei den beiden letzten entscheidenden GPs im Vorjahr ersetzt hatte.
Der neue B195 wird in der Fabrik in Ponzano Veneto vorgestellt; es soll sich trotz des schwierigen Übergangs von einem Acht-Zylinder- zu einem Zehn-Zylinder-Motor, der die ausgezeichnete Lenkbarkeit des alten B194 nicht aufs Spiel setzt, als ein überragender Einsitzer herausstellen. Schumacher kann seine Position als WM-Champion beim japanischen GP in Aida – bei dem auch Luciano Benetton präsent ist – bereits zwei Läufe vor Ende der Weltmeisterschaft bestätigen und somit insgesamt neun GP-Siege vorzeigen. Ein Rekord, der nur mit dem von Mansell im Jahre 1992 zu vergleichen ist. Zwei weitere wichtige Siege (in Silverstone und Monza) dagegen bringt Teamkollege Herbert nach Hause. Und Benetton kann zum ersten Male in seiner Rennsportgeschichte den Weltmeistertitel der Konstrukteure feiern. Eine absolute, oder wenigstens beinahe absolute Vorrangstellung.
Beim GP von Ungarn, rutscht dem Fiat-Patron – mehr als sicher auf durchaus beabsichtigte Weise – eine Bemerkung heraus, die zum Scoop des Jahres wird: „Es sieht ganz so aus, als ob wir den Deutschen ins Team genommen hätten“ berichtet er mit einer gewissen Nonchalance den Journalisten. Eine Notiz, die ins Schwarze trifft und am 16. August mit der offiziellen Benachrichtigung bestätigt wird. Nach neuen Abenteuern ausschauend, hat Schumacher beschlossen, zu Ferrari überzuwechseln. Doch tut die Nachricht dem phantastischen Erfolg des Benetton-Teams in einer Saison, die mit 137 Punkten und elf Siegen in 17 Läufen endet, keinen Abbruch. Und Flavio Briatore reagiert sofort, indem er eine potentiell geniale und alle überraschende Karte ausspielt: Am 9. September meldet Benetton, dass in der Saison 1996 keine anderen als die Ex-Ferrari-Piloten Jean Alesi und Gerhard Berger für das Team fahren werden.

1996
Die Kehrtwende im griechischen Theater von Taormina

Schumi ist nicht mehr dabei, und man wird es spüren. Doch Briatore und seine Leute versuchen, sich auf jede mögliche Weise dem Kampf zu stellen. Auch über einen Vertrag mit der in Casumaro bei Ferrara gelegenen Firma Fondmetal, der dem Team zum Studium der Aerodynamik einen Windkanal der Avantgarde zur Verfügung stellt. Höhepunkt der Pressearbeit dagegen ist die Präsentation des Benetton-Teams und seiner Piloten in Taormina, Sizilien. Der B196 mit seinem Renault-Motor wird feierlich vor dem magischen Hintergrund des griechischen Theaters und dem Ätna enthüllt und anschließend durch die Gassen der malerischen Altstadt geschickt. Ein anderer Coup ist die offizielle Genehmigung, bei einem Sieg die italienische Nationalhymne erklingen zu lassen. Was leider nicht geschehen wird.
Die Saison – in der ein neuer „Concordia-Vertrag“ abgeschlossen wird, der dem Team einen immensen Geldfluss durch die Ankunft des digitalen Fernsehens sichert – wird, wo man auch hinschaut, von Williams und seinem Piloten Damon Hill dominiert, der sich schließlich den Weltmeistertitel erobert und so die Neuentdeckung Jacques Villeneuve, seinen frisch aus den USA-Rennen dazugekommenen Teamkollegen schlägt. Michael dagegen bringt für Ferrari drei Siege nach Hause, während Benetton sich mit einem Nullstand begnügen muss. Alesi gewinnt vier zweite und vier dritte Plätze, Berger muss sich mit einem zweiten und einem dritten Platz zufriedengeben. Am Ende des Jahres plazieren sich Jean als Vierter und Gerhard als Sechster in der Piloten-WM, während Benetton, um Ferrari zu schlagen und sich in der Konstrukteurs-WM hinter dem Williams zu plazieren, nur zwei Punkte fehlen. Doch 1996 ist auch das Jahr der großen Neuigkeiten im Hause

Benetton, die vor allem gegen Ende der Saison eintreten. Zunächst gelingt es Flavio Briatore, der sich inzwischen um so gut wie alles kümmert, Ligier und Minardi zu kaufen und dann wieder abzugeben. Und auch die Teamleitung wartet mit Neuigkeiten auf: Rory Byrne, der nie ein Geheimnis aus seinem Traum einer Zukunft weitab von der Piste machte, kehrt der Formel 1 schließlich den Rücken zu und zieht mit seiner thailändischen Frau auf den Strand von Phuket um. Ross Brawn dagegen wechselt, begleitet vom Elektroniker Tad Czapski und vom Aerodynamiker Willem Toet, ins Ferrari-Lager. Welchem es 1998 gelingen wird, Byrne für die Planungsabteilung von den asiatischen Stränden zurückzuholen.

1997
Die Wundertat Gerhards zum Andenken an den Vater

Flavio Briatore, nach wie vor Generaldirektor unter dem Vorsitzenden Alessandro Benetton, versucht sich in der Neulancierung des offensichtlich geschwächten Teams. Pat Symonds, einer der Pfeiler des Rennstalls und von Anfang an dabei, wird zum technischen Leiter befördert, während als Designer Nick Wirth engagiert wird, der für die FIA gearbeitet und aus dem Nichts die Firma Symtec geschaffen hatte, ein Abenteuer, das jedoch nach Budget-Problemen und zu vielen Unfällen ein schlechtes Ende fand (einer dieser Unfälle, in Imola, kostete dem österreichischen Piloten Roland Ratzenberger das Leben). Vertragsverlängerung dagegen für Jean Alesi und Gerhard Berger, Testfahrer nach wie vor der Italiener Vincenzo Sospiri, der dieses Amt bereits in der vorigen Saison bekleidete.
Benetton-Wagen ist weiterhin der B197, nunmehr in der dritten Saison mit einem Renault V10-Motor. Gesamtheitlich gesehen, fällt das Endergebnis 1997 leider noch schlechter als im Vorjahr aus: Alesi Dritter (36 Punkte, wie auch David Coulthard), wobei man der Wahrheit zuliebe erwähnen sollte, dass er sich eine Position angeln konnte, weil Michael Schumacher als Strafe für den Unfall mit Jacques Villeneuve in Jerez von der WM ausgeschlossen wurde. Berger wird Fünfter und Benetton erneut Dritter in der Liste der Konstrukteure, allerdings deutlich weiter entfernt vom zweiten Platz der Wertung von 1996.
In einen wahrhaft schwierigen Jahr ist das beste Ergebnis der beinahe wie ein Wunder wirkende Sieg Gerhard Bergers beim deutschen GP in Hockenheim. Der Österreicher, der wegen eines entzündeten Zahns und anschließend wegen des Todes seines Vater (nach einem Unfall mit seinem Privatflugzeug) die drei vorigen Läufe aussetzen musste, hängt alle ab, einschließlich Michael Schumacher und Mika Hakkinen. Doch veranlasst die Freunde an diesem Sieg Gerhard nicht, zum Jahresende nach 210 F1-GPs seinen Helm an den Nagel zu hängen. Ebenfalls gegen Ende der Saison findet der letzte Akt einer Aufführung statt, die mit dem Abgang Schumachers zu Ferrari begonnen hatte: Auch Flavio Briatore geht und ist das letzte Wochenende als Teamleiter beim GP von Luxemburg auf dem Nürburgring dabei. Ab dem 25. September wird der Brite David Richards, Geist und Seele des in den WM-Ralleys erfolgreichen Prodrive-Teams, Geschäftsführer. Rocco Benetton, Klasse 1969, der jüngste Sohn Lucianos, wird mit der Promotion beauftragt.

1998
Fisichella und Wurz, frischer Wind im Team

Gleich nachdem David Richards die Zügel übernommen hat, setzt er eine deutliche Kehrtwendung durch, die die neue Formation des Fahrerteams betrifft. Alesi und Berger gehen, um dem „Nachwuchs", besser Alex Wurz und Giancarlo Fisichella, Platz zu machen. Der Österreicher hatte bereits drei GPs für den Rennstall aus Enstone absolviert (Kanada, Frankreich und Großbritannien), bei denen er den 1997 abwesenden Berger ersetzte. Der Römer dagegen kommt von einer sehr erfolgreichen Saison mit Jordan, nachdem er im Jahr zuvor mit Minardi debütiert hatte.
1998 wird das Jahr für Mika Hakkinen, der mit seinem McLaren Michael Schumachers Ferrari schlägt und seinen ersten Titel einfahren kann. Benetton schickt den von Nick Wirth entworfenen B198 auf die Piste; Renault hat sich offiziell aus der Formel 1 zurückgezogen, doch die Motorabteilung macht unter dem Namen Mecachrome weiter. Und die Wagen des anglo-italienischen Teams treten eben mit einem in der Nähe von Paris gefertigten V10-Motor an, der offensichtlich nicht die gleichen Leistungen wie die Motoren der Konkurrenz bietet.
Am Ende der WM fällt die Bilanz recht mager aus. Das Team schließt die Weltmeisterschaft der Konstrukteure mit 33 Punkten und einem fünften Platz; lediglich einen Punkt hinter Jordan und fünf Punkte hinter Williams. Der dritte Platz wäre in Reichweite gewesen, aber der Abstand zu McLaren und Ferrari, die jeweils 156 und 133 Punkte sammeln konnten, war einfach zu groß. Unter den Piloten wird Wurz mit 17 Punkten Achter und Fisichella Neunter mit 16 Punkten. Die besten Ergebnisse bringt Giancarlo mit zwei zweiten Plätzen in Montreal und Montecarlo und einer überraschenden Pole Position auf der gefährlich nassen Piste von Spa nach Hause. Das Rennen im Fürstentum wird für Benetton zum Höhepunkt der Saison: Fisichella erobert sich neben Hakkinen einen Platz in der ersten Reihe und schließt das Rennen dicht hinter dem Finnen ab. Wurz dagegen liefert sich ein Duell, das auch vor Tiefschlägen nicht zurückschreckt, mit seiner Majestät Schumacher, in dem Alex keinesfalls die Demut eines Untertans an den Tag legt sondern, im Gegenteil, mit ein paar erinnerungswürdigen Überholmanövern glänzt. Die Grundlage für eine mittelfristige Investition scheint vorhanden zu sein, doch es gibt keine Ruhe im Team. Am 19. Oktober kündigt David Richards seinen Weggang an, und für die nächste Saison wird Rocco Benetton nun auch die Rolle des Managing Directors übernehmen.

1999
Der Supertec-Motor
Neue Techniker von Honda

Nach dem ersten Schock vom Oktober des Vorjahres beschließt Benetton, einen neuen Anlauf zu nehmen und dabei auf der Ebene der Geschäftsleitung sowie des Pilotenteams eine gewisse Kontinuität zu gewährleisten. Die Verträge von Giancarlo Fisichella und Alex Wurz werden auch für die bevorstehende Saison bestätigt. Rocco Benetton ist Managing Director und Pat Symonds arbeitet als technischer Leiter mit dem Designer des B199 Nick Wirth zusammen. Eine nicht so sehr technische wie formale Neuigkeit betrifft den Bereich Motoren. Der Antrieb für die WM wird weiterhin der Ex-Renault V10 sein, welcher nun jedoch von einer Firma namens Supertec entwickelt und gebaut wird, die Flavio Briatore gehört, welcher sich in der Zwischenzeit mit Naomi Campbell verlobt hat und über Supertec weiterhin mit einem Fuß im Hause Benetton steht. Auch wenn Supertec seine Motoren gleichzeitig an Williams liefert.
Die Weltmeisterschaft 1999 wird erneut an Mika Hakkinen und McLaren gehen. Erneut gelingt es dem Finnen, Ferrari zu schlagen, diesmal jedoch mit Eddie Irvine, da Michael Schumacher beim ersten Lauf der GP in Großbritannien in Silverstone ein böser Unfall zugestoßen ist. Auf einer Geraden ist der Deutsche gegen die Barrieren geprallt und hat sich ein Bein gebrochen, so dass er sechs GPs aussetzen muss. Für Benetton endet die WM noch schlechter als im Vorjahr. Mit gerade 16 Punkten landet das Team auf dem sechsten Platz der Rangliste. Unter den Piloten platziert sich Fisichella mit 13 Punkten auf dem neunten Rang; Höhepunkt seiner Saison ist ein zweiter Platz, den er erneut in Kanada einfährt. Wurz dagegen kommt über drei Punkte nicht hinaus.
Im September entscheidet die Benetton-Geschäftsleitung angesichts des negativen Trends in der von den zahllosen Kündigungen geschwächten Technikabteilung, drei Männer einzustellen, die bis dato für ein F1-Honda-Team an einem Projekt arbeiteten, das auch infolge des unvorhergesehenen und tragischen Todes von Harvey Postlethwaite aufgegeben wurde. So kommt im September als Chefdesigner Tim Densham zum Team, während Ben Agathangelou als Aerodynamiker und Chris Radage als Designer eingestellt werden, alle Ex-Honda. Doch muss das Haus einen weiteren Abgang einer wichtigen Figur hinnehmen: Am Ende der Saison, nach zehn Jahren Benetton, sagt Joan Villadelprat Goodbye.

2000
Barcelona und der B200 "Mini"

Der Winter zwischen der Saison 1999 und der von 2000 bringt keine erwähnenswerten Neuigkeiten mit sich, und die Piloten heißen wie gehabt Giancarlo Fisichella und Alex Wurz. Der neue, am 17. Januar in Barcelona im nationalen Kunstmuseum von

Katalonien vorgestellte B200, der gleich nach der Präsentation auf dem naheliegenden Ring von Montmeló startet, ist das Ergebnis der zweijährigen Arbeit der neu hinzugekommenen Honda-Leute. Der Einsitzer zeichnet sich – vor allem in der Länge – durch stark reduzierte Abmessungen und eine Reduzierung des Gewichts aus, die beabsichtigt ist, um die in der Formel 1 inzwischen üblichen Balaste unterzubringen.
Rein nach Zahlen betrachtet, stellt die WM gegenüber den Vorjahren einen guten Schritt nach vorne dar. Unter den Konstrukteuren kann das Team mit 20 Punkten einen vierten Platz vorzeigen. Fisichella wird mit 18 Punkten Sechster (ein zweiter Platz in Brasilien und zwei dritter Plätze in Montecarlo und erneut Kanada). Weniger beeindruckend fällt das Ergebnis von Wurz aus (gerade zwei Punkte dank einem fünften Platz in Monza), so dass er zum Ende der Saison gekündigt wird.
Doch das wichtigste Ereignis der Saison, in der Schumacher nach gut 21 Jahren den Pilotentitel wieder ins Haus von Maranello bringen wird, findet außerhalb der Piste statt. Vier Tage nach dem ersten Lauf der Saison in Australien erwirbt Renault für etwa 240 Milliarden Lire den Benetton-Rennstall, der erneut unter die Obhut von Flavio Briatore gestellt wird.
In der offiziellen Ankündigung in Mailand vom 16. März ist zu lesen, dass „die Gruppe Benetton weiterhin zwei Jahre lang als offizieller Sponsor des Teams auftreten“ wird (einschließlich der laufenden Saison, A.d.R.). Der Teammanager und Leiter des Betriebs in Enstone wird Briatore heißen, während Christian Contzen Geschäftsführer von Renault Sport mit Sitz in Frankreich sein wird. Die letzten Schritte zur Vervollständigung des neuen Unternehmens treffen gegen Ende des Jahres ein.
Am 1. September wird der von Jordan stammende Mike Gascoyne technischer Leiter, und im Oktober wird Pat Symonds zum Executive Director der Design-Abteilung ernannt.

16. MÄRZ 2000
Benetton übergibt das Steuer der Formel 1 an Renault

Ponzano, 16. März 2000. Benetton und Renault haben einen Vertrag unterzeichnet, der seitens der französischen Automobilgruppe die Übernahme des Benetton-F1-Teams zu einem Kaufpreis von insgesamt 120 Millionen Dollar vorsieht. Entsprechend des gestern geschlossenen Abkommens wird die Gruppe Benetton weiterhin zwei Jahre lang als offizieller Sponsor des Teams auftreten.
Nach mehr als 15 Jahren, in denen Benetton die von Erfolg gekrönte Ausnahme in der Welt der Formel 1 darstellte, trägt dieser Vertrag zur Fortsetzung und Weiterentwicklung einer Partnerschaft mit Renault bei, die beiden Partnern große sportliche Erfolge, ein außergewöhnliches technisches Know-how und ein herausragendes Image in der ganzen Welt eingebracht hat.
Seit seinem Eintritt in die Formel 1 im Januar 1983 hat das Benetton-Team die Pilotenweltmeisterschaft von 1994 und im folgenden Jahr sowohl die Piloten- als auch die Konstrukteurs-WM gewonnen und Michael Schumacher zu einem unbestrittenen Spitzenpiloten gemacht. Von 1992 bis 1997 war das Team zudem immer auf dem Siegerpodium der Konstrukteurs-WM vertreten. Insgesamt kann Benetton auf 27 Siege, 96 Podiumsplätze und 16 Pole Positions stolz sein. Dieser Erfolg konnte nicht zuletzt durch das konstante Engagement namhafter Sponsoren erzielt werden, die das Team in all diesen Jahren mit Leidenschaft und Professionalität unterstützt haben.
Im neuen Szenario der Formel 1, in dem immer mehr die großen Automobilhersteller dominieren, stellt die Entscheidung Benettons, das Steuer an Renault zu übergeben, eine wichtige Anerkennung der französischen Gruppe dar, die mit ihrem großen technologischen Know-how dazu beigetragen hat, dass das Benetton-Team in die Geschichte der Formel 1 eingegangen ist.
Luciano Benetton, Vorsitzender der Gruppe, kommentierte den Vertrag zur Übergabe wie folgt: „Durch die aktuelle Globalisierung wird es heute unumgänglich, dass es die Experten der verschiedenen Sparten sind, die auf ihrem jeweiligen Fachgebiet gegeneinander antreten. Wir haben uns mit großem Engagement der Formel 1 gewidmet, die uns Emotionen und Erfolge beschert hat, welche über jede Vorstellung hinausgehen; heute jedoch, gerade um dem Team jene Möglichkeiten der Weiterentwicklung zu garantieren, die es sich verdient, haben wir beschlossen, den Stafettenstab weiterzugeben. Ich möchte diesen Anlass wahrnehmen, um allen Sponsoren zu danken, die uns mit großer Leidenschaft in diesem außergewöhnlichen Abenteuer gefolgt sind; mein besonderer Dank gilt Mild Seven und der Gruppe Japan Tobacco für die grundlegende Unterstützung, die beide uns seit jeher zugesichert haben“.

2001
Die Saison des Abschieds
Die „Schlüsselübergabe“

Die letzte Saison der Benetton-Farben in der Formel 1. Der Rennstall, der sich nun Benetton-Renault Sport nennt, besteht aus Renault UK in Enstone mit Flavio Briatore als Geschäftsführer und Mike Gascoyne als technischem Leiter, der die Aufgabe der Entwicklung der Fahrzeugrahmen und der Leitung des Teams hat, und aus Renault France mit Christian Contzen als Geschäftsführer und Jean-Jacques His (der Ferrari nach einer kurzen Amtszeit verlassen hat) als technischer Leiter und Verantwortlicher für den Bereich Motoren.
Die wichtigste Neuigkeit im B201 ist ein französischer V10-Motor im 111°-Winkel, der eine Tieferlegung des Schwerpunkts sowie eine bessere Aerodynamik des Motorgehäuses ermöglicht. Eine optimale Idee, die jedoch leider eine deutlich geringere Potenz gegenüber den rivalisierenden Motoren beinhaltet. Der Einsitzer wird, in Hommage an das Haus mit Sitz in Ponzano Veneto, am 6. Februar in Venedig präsentiert. Ein eindrucksvoller Kontrast zwischen den Rennwagen, dem Markusplatz und den Kanälen der Stadt.
Auch die Formation des Piloten-Teams hat sich geändert: Alex Wurz ist nicht mehr dabei, während Giancarlo Fisichella bestätigt wird. An seiner Seite Jenson Button, ein junger, vielversprechender Brite, der im Vorjahr mit gerade 20 Jahren in einem Williams-BMW debütierte.
Die Saison stellt sich als wenig erfolgreich heraus. In einer ganz von Ferrari dominierten WM (Schumacher wird mit 123 Punkten Weltmeister, zweiter Platz für Coulthard mit McLaren und 65 Punkten) landet Benetton-Renault mit nur zehn Punkten auf dem siebten Rang unter den Konstrukteuren. Und die Piloten schneiden nicht besser ab: Fisichella wird mit acht Punkten Elfter, Button mit zwei Siebzehnter. Der einzige Podiumsplatz der Saison wird von Giancarlo besetzt, der im belgischen Spa einen schönen dritten Platz erobern konnte.
Am Ende der Weltmeisterschaft verlässt „Fisico“ das Team und wechselt zu Jordan. Für Benetton ist der Zeitpunkt gekommen, der Formel 1 Adieu zu sagen. Nach 19, ganz den GPs gewidmeten Jahren, und einem unter dem Aspekt der Großzügigkeit, der Leidenschaft und dem kaufmännischen Gespür außerordentlichen Beitrag verabschiedet sich die Familie aus dem Veneto von der Belegschaft, und zwar auf die gleiche dezente und stilvolle Weise, mit der sie sich auf das Abenteuer eingelassen hatte. Die Hinterlassenschaft ist ein Rennstall, der sich auf die Stärke von Renault stützen kann und nach einigen Korrekturmaßnahmen und der Ankunft eines Alonso genannten Phänomens vier Jahre später wieder den Gipfel der Welt erklimmen wird.

ベネトンがF1に参戦してきた時、これは新風が吹いてきたと思った。にわかに登場してきた、それは沢山の色、色。パーティー好きな華やかな社交生活の雰囲気が生まれ、皆に良い影響を与えた。周囲をも強制的に変化させたのだ。これがベネトンがもたらした大革命だった。しかし、製造技術をも含む努力を裏付ける、勝利やワールドタイトルがなければ信ずるに足るものはなかったろう。
サーキットでは、人生においても同様だが、偶然に勝利をつかむことはないのだ。
バーニー・エクレストン

ルチアーノ・ベネトン
アニェリ氏がほめてくれた上院でのあの日

彼のオフィスの隣にある広間には、壁一面を埋める陳列ケースがあり、そこには優勝カップやトロフィーがあふれている。銀製のものや、クリスタルのものもあるが、高価な材料を使用したものばかりではない。全部並べて見ると、目を見張らされる。ぴかぴかに磨かれ整然としている。モータースポーツ界におけるベネトンの、19年に及ぶ歴史を如実に物語っているのだ。その頂点と言えるのは、ドライバーズタイトルをミハエル・シューマッハが2度にわたって獲得し、更にコンストラクターズのタイトルを獲得したことだろう。それは常に現存する過去だ。壁にはフレスコ画が描かれ、大きなガラス窓からは、ポンツァーノにあるヴィラ・ミネリ敷地内の緑深く包みこまれるような草地が見渡せる、ルチアーノ・ベネトン会長のオフィスのすぐ隣の部屋に収められているのである。これら幾多の優勝カップは、一方で、ベネトン本来の環境とは完全に異なるところで賭けに勝った満足感を語り、また一方では、ベネトンが同等の努力と同等の負けん気で、他の分野においても常に仕掛け続ける挑戦のシンボルなのだ。

ベネトンさんが車に熱中するようになったのは、どういうきっかけからですか。
「私にとって最初の車がランチア・アルディアですから、1957年ですね。観音開きのドアで、ちょっときざっぽかったんです。レースにたどり着いたのはまた別経路で、ベネトンのビジネスパートナー、ナンニ・ガッリのおかげでした。彼は何年も前に活躍したドライバーで、F1参戦のアイデアを提供してくれたのです。ケン・ティレルと知り合って、1983年に彼のチームのスポンサーをすることになりました。それがすぐにいい結果につながったんです。というのもミケーレ・アルボレートが我々のカラーのマシンを駆って、ラスベガスGPで優勝したんですよ。合衆国は我々にとって大切な市場ですからね。それに勝利というのは感極まるものですよ。興奮するし夢中になります。ティレルというのはいい人だったんですがね、その後、翌年もひき続き一緒にチームの予算を組まないかと持ちかけられたんですが、話はまとまりませんでした。しかしその話のことは頭を離れなかったんです」

その次にベネトンはアルファロメオのスポンサーをすることになったわけですが。
「イタリアのシンボルですからね。だが結果がついてこなかった。その後、1985年の春のことでしたが、当時問題を抱えていたトールマンを買い取るチャンスが目の前に現われたんです。200万ポンドで合意しました。納得のいく額でした。そうしてあれよあれよという間に、その年の5月にはもう我々はF1のコンストラクター兼スポンサーになってしまったのです。アルファロメオとの取り決めはまだ途中でしたから。トールマンでのデビュー戦はテオ・ファビのドライブでした。モンテカルロでマシンのカラーが目を引きましたよ。それからマシンをもう1台増やし、ピエルカルロ・ギンザーニを入れました。チームの中心人物はピーター・コリンズとロリー・バーンで、2人とも技術について非常に精通した人物でした。ベネトンのF1部門の代表取締役はダビデ・パオリーニでした」

新境地に分け入って、ベネトンは急成長しました。
「より見返りの多い方法で、自社のブランドとネームの宣伝ができるということですよ。あからさまな意味でのビジネスができるということです。トールマン・チームは世界に向けてのベネトン・コミュニケーション活動の一環で、プロモーション企画に充てていた総売上高の4%に含まれていたのです。この割合は今日でも変わっていません」

こうしてベネトンさんにとっては、初めて扱わなければならない問題が出てきたのですね。例えば1987年シーズンに向けてのフォード・ターボエンジンの供給。BMWエンジンを失ったからですが、オーストリアとモンツァでファビがポール・ポジションを獲得するという、満足のゆく結果が残りましたね。
「そうです。あの時はフォード・ファミリーの跡取りの一人が、じきじき私のポンツァーノのオフィスに来られたのです。そして話がまとまったのです」

同時に腕のいい技術者を採用する問題がありましたね。ベネトンさんの頭にあったのはジョン・バーナード氏。フェラーリから奪う形になりました。
「バーナードは高度の技術を持つ熟練デザイナーで、フェラーリのマシンを造っていました。オフィスを構えていたのはイギリスでしたが。当時最高のマシンデザイナーでした。彼のおかげで、あともう一歩だった組織を完成する力を授かり、前進することができました」

それでネルソン・ピケと契約したのですね。3度もワールドタイトルに輝いたドライバーです。でも、セナに話を持ちかける計画もあった。

「バーナードも私も経験者がよかったのです。ピケはさすがチャンピオンだっただけあり、その実力を見せてくれましたよ。1990年日本とオーストラリアで優勝したのです。その前の年には、あの面白い奴アレッサンドロ・ナニーニと鈴鹿で優勝しましたよ。我々はどんどん成長していったのです、着々と評判を得ながらね。我々の採った政策は日の目を見始めたんです。セナを勧めたのはロリー・バーンでした。トールマンで一緒でしたからね。“セナになさい。チャンピオンになるのは彼ですよ”と言われました。アイルトンは我々の協力者ジーノ・ピロータと何度かポンツァーノに来ましたよ。でも彼との契約は当時すでに経済的に無理がありました」

その代わりにナニーニがトップ争いのできるドライバーに育っていた。

「非常に優秀でした。それにさっきも申し上げたように、それは面白い、いい奴でしてね、つい話に夢中になってしまう。彼の父上もそうでしたね。内緒でレースを見に来ていたんですが、息子の邪魔にならないようにと変装していたこともしばしばでした。うちのチームに残るためにアレッサンドロが、フェラーリの誘いを断った時のことは一生忘れませんよ。ヘリコプターの事故のことはショックでした。私だけじゃない、皆ショックを受けました。その前の週に、シエナの彼の家族のところで食事をご馳走になってたんですよ。ナニーニ家は皆さんほがらかで、楽しい雰囲気でした」

ナニーニのいた時期は、フラビオ・ブリアトーレが加わった時期と重なりますね。

「フラビオはカリブ海諸国の代理人でした。仕事に飽きたらしくて、それを臆面なく言ってきましたよ。そこで、挑発してやりたいのと、どんな返事が返ってくるのか興味があったのとで、F1チームを監督する者が要るが、やりたくないかと尋ねてみたのです。すると“へえ。やってみようか”と平然と答えたんです。彼は常にそうでしたが、ほんの少しでも面白いと思ったことに対しては、決して出来ないとは言わない性格なんです。私は彼が引き受けてくれて嬉しかったですよ。フラビオという人は、常に新風を吹き込み、常に何かしら新しい価値を生み出す人なんです。実際そうでしたよ。彼が達成した業績は、私にとって全く予想だにできなかったことではなかったのです。ブリアトーレは問題を解決する男なのです。それまで経験のない分野であっても、勝負に出てみようと考える楽観主義者で、何より恐ろしいくらいよく働く男です。まい進し始めると、あの人ほど仕事をやり遂げられる人はいませんよ。それに、自分とは合わない相手からも学ぶことのできる人です。まるでスポンジのように他人の言い分を吸収して、それを自分の資源にしてゆくんですから。彼が手にした成果は計り知れないです」

ブリアトーレが来てからシューマッハの登場まで。すぐでしたね。

「その件について直接関わったのは、息子のアレッサンドロです。ブリアトーレとトム・ウォーキンショーが後押ししました。それからすぐ私もミハエルと会いましたが、22歳の青年なのにかかわらず、すでに成熟していて、確たる目的を持っていました。その後レースで、私が受けた印象が正しかったのを認めました。完走しないことはなかったですからね。自分と車の限度を知っていました。1993年私はポルトガルで、彼が2戦目に優勝したのに居合わせました。後にはプロストが迫っていたのですが、攻撃しなかったのです。プロストが、前を走る若いドライバーの力量を知っていたのは明らかでした。よい兆しでした。感動しましたよ」

その後ワールドタイトルを2度獲得したのでしたね。

「周到に準備した仕事の成果です。勝利というのは、ほとんど化学反応のような出来事なんです。ドライバー、マシン、タイヤ、エンジンその他、全ての要素が連結していなくてはならない。当時のことを総合しますと、1994年と1995年の世界選手権は夢のような、かけがえのない思い出です。世間から見れば我々は別格だったのですよ。仕事に打ち込むことと、管理運営を上手く行うこと、それが最終的に報酬をもたらすのだと痛感しました。つまり、誰かが日曜の暇つぶし程度だと見なしていたことを、我々はそれ以上のものにしたということです。素晴らしい時期を経験できたと思っています」

思い出といえば。

「我々がたった1点差で初タイトルを獲得した、オーストラリアGPでのことです。レースは苦しかったのですが、我々にとってはよい方向に転び、フランク・ウィリアムズにとっては悪い方向に転んだわけです。ところがレース終了後私のところにやって来て、こう言ったんです。“おめでとう。素晴らしい年でしたね”と。ウィリアムズの偉大なスポーツマン精神に心をうたれましたよ」

ベネトンさんは何年か前にエンツォ・フェラーリと知り合いになられましたね。

「マラネロに訪ねて行ったんです。自己紹介をして、アドバイスを伺いました。会うのは初めてでしたから。もうかなり高齢でしたが、工場では相変わらず中心的存在でした。神のような存在ですからね」

ベネトンのF1部門本拠地をイタリアに移そうとお考えになったことは。

「いや、それはありませんね。引越しは道理に適いません。レース文化はイギリスにあるんですから」

F1に携わることが、どのようにベネトンのコミュニケーションやイメージの役に立ちましたか。

「あの当時、あちこちで裁判沙汰になっていたことを思い出すと可笑しくなりますね。例えば我々が行ったこともないような小さな町などでです。うちのブランドのイミテーションを作る会社があったからなのですが、当時得た評判のおかげで訴訟には全て勝つことができました。事案を処理する裁判官が、F1で我々のことを知っていたからなのです。しかしそれ以外にも、レースを通じて情熱とそれに執着すること、勇気を伝えていたのです。そしてそれは世界中の隅々まで好意を持って受入れられていたのです。人々は我々の努力を理解していたからです。F1以外にこれほどグローバルな宣伝効果を可能にするものは他にありません」

2人のご子息アレッサンドロとロッコにとってF1がもたらした意義とは。

「アレッサンドロの方はF1レースの話には最初から参加していまして、1997年まで続けました。ロッコが加わった期間はもっと短く、2シーズンだけです。F1はどちらにとってもいい勉強になりましたよ。マネージメントの学校のようなものです。ドライバーや技術者、スポンサーとの契約、運営に際する規則などを処理しなければならなかったし、実業家としての評定をしてゆかねばならなかったのですから。アレッサンドロは栄光を経験してきたが、ロッコの方は退陣を考えていた頃に入ってきました。大手の自動車メーカーの時代の到来を前にしては、我々の場所はもうないだろうと考えないわけにはいきませんでしたからね」

「ベネトン現象」が業界の邪魔になるという予感ですか。

「まあ、そういうことですね。我々はライバルとしては異色の存在でしたからね。全くの異業種ですから。FIA に対する圧迫、解決の糸口もつかめずうやむやになった不条理極まりない抗議などがありました。そうですね、目の上のたんこぶには本当に憤懣やるかたなかった人もいましたねえ・・」

極めつけが、ジョバンニ・アニェリ氏がまずベネトンさんに、それから公に放った一言でした。ベネトンにとってはよい宣伝になりましたね。

「1992年のことですよ。上院の会議場でのことです。アニェリ氏がにこにこしながら私のところにやって来て、小声で“フェラーリの社員に言いましたよ。ベネトンがうちよりいいマシンを造るのは不可能だとね。だってフィアットがセーターを作り始めて、ベネトンよりいい品物を作るようなものですからねえ！”このお世辞はよかったですよ。フェラーリは当時低迷期でしたが、いつだって比類なき歴史の一部だったのです。その点では、我々は、通りすがりの者と言ってよかった。自分のことを偉いと思うことを常に控えていました。闖入者の分際としては、非常によくやったつもりですがね」

主要人物

「ベネトンに雇われた時、僕は本格的なレースのことをまだよく知らなかった。あれから全てがもの凄いスピードで変化したよ。優勝、タイトル、栄光を手にした。ベネトン・チームには愛着を持ってるし、感謝せずにはいられない。精一杯努力して応えようとしたよ。僕の熱意も危険もかけて」
ミハエル・シューマッハ、1995年10月鈴鹿で

アレッサンドロ・ベネトン
ロンドンで仕事をしていた時のこと
「F1の勘定を見る者が要る」と父からのメッセージが

ロンドンのゴールドマン・サックスで仕事をしていたところ、ある日父からメッセージが届いた。父のメッセージというのはいつも有無を言わせないもので、「F1の勘定を見てもらう」とあった。どこからそんな話になったのか全く説明も受けず、何の前準備もなしに、22歳でF1チームの会長に祭り上げられてしまったのだ。こうしてマシンが繰りひろげる魅力の世界に足を踏み入れることとなったわけだが、事の始まりはその何年か前の1983年、ケン・ティレルのオフィスで起こったのだった。あの時の情景は今でも目の裏にくっきりと焼きついている。ケン・ティレルと彼の子息の他に、以前はドライバーとして活躍したナンニ・ガッリがいた。ちなみにナンニ・ガッリはベネトンのビジネス・パートナーでもあった。話し合いの内容は、その翌年に予定されていたティレルとのスポンサーシップに関してで、私は初めて、それからは日常茶飯事となる光景を目にした。つまり、父が数分も考えずに重要な決断を下すところを。こうしてナンニの助力もあり、ティレルのスポンサーをするという話は合意に達した。ドライバーはダニー・サリバンとミケーレ・アルボレートの予定だった。

この話の2ページ目はヴィラ・ミネリにて記される。それはチームの紹介だった。ひき続いてアルファロメオのスポンサーにもなることになったのだが、その２年後、もう少し冒険をして、チームのオーナーになるという勇気ある決断に至ったのだ。世間にとってはセンセーショナルなニュースだった。「セーターを作っている会社が、何でまたF1チームなんだ」というのがその反応だった。後になってその答えは出されたのだが。

それからプロジェクトを概観してみると、すぐさまそれが単純であり、同時に複雑である印象を受けた。単純というのは、目標が1つ、新たなスポンサーを探しチームに出来る限りの予算を割くことだったからで、複雑というのは、チームのマネージャー達の仕事を専門的に評価する私達の能力は、皆無に等しかったからである。

そこでブリアトーレの登場である。彼のアプローチの仕方は、今でも思い出すと楽しくなるあるエピソードに要約できる。フラビオはロンドンの私の家に引っ越してくるやいなや、やれ階段が多すぎるだとか、ロンドンの中心街から離れたノッティングヒルにあるだとかと文句をつけ始めたのだ。ノッティングヒルを選んだのは、これからトレンドな地区になるのが分かっているからだと説得しようとしたが、彼の返事は、これからなんて待ってる暇はない、の一点張り。結局中心街に引っ越すするはめになったのだ！

少し経って慣れてくると、彼の活火山のごとき無茶な気性と、自社ブランドのワールドワイドな宣伝を出来るだけ効率よく行う、という目的を達成したい企業側の需要とのバランスもとれてきた。

ブリアトーレが入ってきたとき、ディレクターのピーター・コリンズはすぐに彼を指して、「新しい鬼がやって来た」（「おそらく前のよりひどい」）と評した。これは、コリンズのような偉大な専門家でさえ、変化を嫌う業界の一端を担っているという事実を物語っている。

その日を境に全てが変わった。役者をトランプの札のようにかきまぜるのは当たり前の事となった。ジョン・バーナード、トム・ウォーキンショー、TWR、ジョニー・ハーバート、モレノ、J.J.レート、エマヌエレ・ピロ、リジェ、ルノー、これらはベネトン・フォーミュラが通過することになる様々な時期に登場する名前の一部に過ぎない。その中には、TWRを通じて、ほんの一部分だがジャガーの共同所有者になった時期も入っている。というのは、ジャガーはトム・ウォーキンショーが参加していた会社で、彼は200台限定の超高価スーパーカーをデザインし製造していたからであった。ウォーキンショーは大人物で、私たちが基礎設備、つまり工場、ロジスティック、人事を編成できるファクトリーを建設しようとしていた時期に付き合ってくれた。重要人物である彼は、勇気があり、人と接する時は公正だった。

推進力となるブリアトーレの能力と、この部門におけるベネトン・グループの運営経験とのバランスをとるのは難しく、怒涛のような毎日だった。カードを散々かき回した末に、パズルを完成するべく最後のピースが現われた。そのピースの名はミハエル・シューマッハ。

1994年と1995年の世界選手権の頃には、チーム経営は経済的効果を上げていた。栄光の年だったと言える。理解に苦しむ失格の裁定を受けたこともあったが、その分優勝カップと強い感動も得た。私にとっては、アレッサンドロ・ナニーニやネルソン・ピケのような一流のプロフェッショナルとの交流も経験できた、素晴らしい時期であった。

その次の周期には、満足できる結果を更に手に入れたにもかかわらず、私たちはF1の採るべき新しい道筋が形づくられてきているのを悟った。大手の自動車メーカーが再びF1を戦略の一環に組み入れる手はずを整えていた。つまり、独立したチームに参入する余地はまずないということだ。

とはいえ、会社の主な目的は見事にクリアしたのだ。ブランド名を世界各国に浸透させること、運営費を大幅に削減すること。とりわけ重要なのは、F1のように非常に高度なテクノロジーを必要とする分野にすら堂々参戦する能力があることを見せつけたことで、私達のグループ、私達のファミリーに対する多大な信用を勝ち取ったということだ。最高の締めくくりとなったのが、チームの譲渡が生んだ剰余価値であり、私達が創設したチームが存続し、勝つチームであり続けるのを見る喜びである。

今では、いい仕事をしたという嬉しい思い出が残っており、それはいつまでも残り続けるだろう。私達が初めて獲得した、オーストラリアでの世界選手権のタイトルを祝うパーティーのことは決して忘れられないだろう。ミハエル・シューマッハの夫人が喜びに我を忘れて出席者全員を抱きしめていた。そして彼、シューマッハを私は、そのキャリアをスタートさせた当時の輝かしい時期に、近くから尊敬のまなざしで見ていた。すでに当時から一心不乱に仕事をする青年で、それ以外のことには目もくれなかった。誰も命令できない彼の自由な頭にあること、それは勝利、その一言だけだった。

フラビオ・ブリアトーレ
ビジネスへの勘に恵まれ
レース・マネージャーに天職を見出した測量技師

ブリアトーレといえば、職業学校を出た測量技師からF1のワールドチャンピオンになったという、珍しいというよりユニークな経歴の持ち主だ。それはもう自分の学歴にこだわるものだから、まるで笑い話のようになってるエピソードがある。テレビの生放送で学歴のことに激怒したという話で、その時のニュースの録画は探せば放送局ライがどこかに保管しているに違いない。ある晩のニュースで、司会者がイタリアのベネトン・チームが獲得したばかりのワールドタイトルについて報道していた。中継はロンドンのブリアトーレへ。「ドットール・ブリアトーレ、こんばん・・」言い終わらせず、ムチのような返事が返ってきた。「・・おい、おれは大学でてないぞ、測量技師だ。そう呼ぶように、ちゃんと打ち合わせしておいただろ」あわてた司会者はすぐさま「はいっ、シニョール・ブリアトーレ。分かりました・・」

測量技師ブリアトーレは今日、「まあねえ、学校時代は親が自慢できるような息子じゃなかったよ、でも学校は出たんだから。試験に受かって測量技師になって、資格があるっていうのはいいことだ。だろ」と言う。F1チームと測量と何の関係があるのかは、本人にも不明だが、事実は事実だし、測量士会には嬉しい事実だ。

実際のところベネトンがブリアトーレに目をつけたのは、優秀な測量技師だったからじゃない。コマーシャル・ディレクターとしてであった。「1989年のことだ。おれの役目

は金集め、つまりスポンサーを連れてくることだった。ベネトンが全部投資するわけにはいかなかったから。矛盾してるが、これがわれわれの最初の壁だと分かったよ。あっちこっちの企業を訪ねては、会う人みんなに困惑顔で“ちょっと待ってくださいよ。チームにもマシンにもベネトンの名前がついてるのに、金はうちが出すんですか”なんて言われるんだからよ。そりゃ楽じゃなかった。でも結果的にはずいぶん取捨選択させてもらって売り手チームが成り立った」

「仕掛けはこういうこと。金額やらデータ、スケジュールやら名前、写真にパーセンテージやら何やらをいっぱい載せた豪華パンフレットを売り手に渡すんだよ。道具全部アタッシュケースにつめてやって言ったよ、“さあて行って来い。仕事仕事”。それも地方に送り込んだんじゃない、行き先はアメリカ、日本、フランス、果ては南アフリカ。大変だったよ。だって商品のサンプルを持って周るんじゃないんだぜ、あるのは口約束と予想と夢だよ。話だけ聞きゃ説得力あるけど、つまるところは一か八かの賭けだからさ。おれがベネトンに入った頃、チーム・マネージャーだったのはピーター・コリンズで、ディレクターがダビデ・パオリーニ。おれはF1のことを知らないし、決めるのは全部この2人だった。でもしまいにはしゃしゃりでさせてもらった。そうそう思い出すよ、一番はじめに気になったことで、ある日のミーティングで声を大にして主張したのがこれ。“いいけどさ、よそには2本足のレーサーがいるのに、何でうちは1本足のレーサーでやってくつもりなんだ”ジョニー・ハーバートのことを覚えてるだろ。骨折して1本足になったも同然だった。パドックを自転車で移動していた。普通には歩けなかったから。いいレーサーだったが、あれじゃ駄目だった」

「気を悪くしたから、驚いたよ。でもおれはおれでスカウトを始めたよ。例えば、彼らはピケはよせと言ったのに、おれが入れたこととか。多分今だったら、あの頃より賢くなってるし、彼らの言い分が正しいと聞き入れたろう。でもピケが気に入ったのは、彼がナイスガイだったからで、当時われわれは広告塔も必要だったんだ。今でもそうだけど、当時いいレーサーを金をおしんで雇うのは至難の業だった。どうすりゃよかったっていうんだ。セナやプロストを口説くか。奴ら声をかけたって、返事もしない。こっちなんか見向きもしないよ。わが道を一直線ってわけだ。そんなわけだから、しばらくして全く無名のお兄ちゃんを雇ったんだ。その名もミハエル・シューマッハ。これでワールドチャンピオンになったというわけだ」

シューマッハといえば今や勝つレーサーの代名詞。F1の新時代を築いた男。アタッシュケースをもたせた売り手チームと世界中を徘徊して、一介の測量技師がまったくどうやって見つけてきたものか。「エディ・ジョーダンから話を聞いたことはあったけど」ブリアトーレは言う。「おれ自信はお目にかかったことがなかった。トラックを走ってるのもそれ以外でも。それでもジョーダンはシューマッハを起用したくて、金払いのいいスポンサーを連れてくるように条件を付けた。そうやってレースに出場させたらスポンサーが降りてね。スポンサーなしでは契約成り立たず。そこをすかさずおれがロンドンに呼んで会ったんだ。マネージャーのウィリー・ウェーバーとやって来たよ。2人とも能力もやる気もあり、信用がおけると思った。それからシューマッハがすでにメルセデスと契約をしているが、F1チームに空きがあればすぐに移籍するつもりだということを知った。だがF1ならどこでもいいというわけじゃない、信頼に足るチームならと言う。信頼に応えると言った。“金は少ないが、きみがどうしてもワールドチャンピオンになりたいってんなら、一緒にやれるぞ”とはっきり言ってやったよ」

こうしてシューマッハは契約書にサインし、ベネトン・チームからモンツァで走った。「そう、これだけははっきり言えるが、シューマッハは安くついたよ。ただで出てくるパン同然とまではいわんが、クロワッサン2つにみかん1つ分だよ。やる気があって、金なんかどっちでもよかったのさ。“ワールドチャンピオンになりたい”と言ったよ。そういう奴さ。どんなタイプの男かがよく分かるエピソードを聞いたことがあった。どこのレースだったか知らないが、競技委員に呼び出されて、あの追い越しはいけないと注意を受けた。奴は話を聞いてから、落ち着き払ってこう答えたらしい。“あの人たちに言ってくださいよ。邪魔だからどけってね、僕が通るんだから。それで一件落着ですよ”って」

シューマッハを引き抜く代わりに、ブリアトーレはブラジル人レーサーのロベルト・モレノを即刻解雇しなければならず裁判沙汰になったのだが、モンツァの法廷でブリアトーレが、司法官を納得させようとして、こんなことまで言ったらしい。「あなただったら、こんなのをF1に出そうと思いますか。F1って顔ですか、F1って」

「まさか、嘘だよ」笑いながら取り消す。「言ってないよ、そう思ったかも知れんが。だいたいモレノはあの当時色んな問題を抱えていて、おれだってクビにしたくはなかったよ、でもそうしなければ、シューマッハは他に取られてた。あの台詞はおれの頭をよぎっただろうが、どう考えても言ったつもりはない」

とどのつまりが測量技師ブリアトーレがF1生活15年の間にしてきたことは満足のいくものだった。「シューマッハとワールドタイトルを2つ獲得してから、1997年にベネトン・チームは終わり。残念だったよ。チームとはもう気心知れてたし、ベネトン・ファミリーとは非常に親しくさせてもらってたし。ルチアーノと最初に会ったのは1976年のことだったが、彼のところで仕事をするようになったのは、それから何年も経ってなかった。営業だったね、あれも。ベネトン・ショップのプロモーションだよ。カリブ海諸国の30店ほどがおれの受け持ちだった。ベネトンは世界中に店を出してて、F1はプロモーションに使える唯一の手段だった。ルチアーノが“損をせずにF1が出来ると思うか”と聞いてきた時、出来ると即答したね。それから息子のアレッサンドロにおれをつけた。おれを信用してくれたよ。どうやったかって。アイデアがわくと、アレッサンドロに言った。それからアレッサンドロがそれを親父さんに伝える、とこうだ。ワールドタイトル獲得までに4年かかったよ。その後ルノーになった元ベネトン・チームに2001年に戻った。ベネトンとは違うが、面白いよ、これも。よかったよ。新しいドライバーを沢山見つけてきたこともね、イタリア人もおおぜいいるよ。シューマッハ、アロンソ、フィジケラにトゥルーリ。いつもいい仕事をしてやろうと思ってきた。F1界にもっと喝を入れることができればもっと嬉しいね」

全てが順風満帆だったかと言えば、当然そうではない。特に1994年、あらゆる嫌疑をかけられた時。「何が悪かったって」ブリアトーレは説明する。「車の代わりにTシャツやセーターを作っている会社のチームが勝つということが気に入らなかったのさ。邪魔なライバルの代名詞になったんだよ。他が一生かかっても出来ない事を、おれ達は短期間でやり遂げちまったからさ。がちがちに凝り固まった環境にパンチを食らわせたんだ。そりゃ気に食わないさ。F1で速いと、マシンに細工がしてあると噂が流すのがいるもんでね。あの1994年おれ達はFIAの疑いの的。マシンを解体されてパーツごとに調べられたよ。何も出て来やしなかったさ、おかしなことはしてなかったから。勝ったのは実力があったからで、それが長い間続いた」

ベネトンからルノーへと、話は続いてゆく。2005年にはドライバーズとコンストラクターズの両タイトルを獲得した。相変わらずの心意気、相変わらずのブリアトーレだ。

ロス・ブラウン
勝利と戦略の偉大な監督
周囲の不信も意に介さず

人の記憶には消し去れない思い出があるものだ。ロス・ブラウンにとってのそんな思い出の中でも忘れられないのが、ベネトン・チームで過ごした時期だ。それは従事した仕事にとどまらない。「とても刺激的な環境だったよ」と1954年11月23日マンチェスター生まれ、温厚な技術者ロス・ブラウンは語る。「あの時期、つまり1991年の秋から1996年の末までだったんだが、私にとっては、若くてモチベーションの高いチームで経験を積むいい機会だった。豪腕フラビオ・ブリアトーレのような人物と友達になり、ロリー・バーンのような鬼才デザイナーと一緒に仕事をする機会に恵まれたんだ。彼らだけじゃない、他にも今なお親友と呼べる人々と仕事をしたよ」

ベネトンに入ったのは偶然ではなかった。「話は至極簡単。ジャガーでトム・ウォーキンショーと耐久レースの仕事をしていたからね。ところが彼はF1にチームを入れる計画を温めていた。それには問題があったんだ。そうこうしているうちにトールマンの後を引き継いでF1参戦に打って出たイタリアのメーカーが浮上した。1シーズンBMWエンジンを積んでからフォードエンジンを獲得。1991年にはトムがチームの株一部を購入した。そこにジョン・バーナードが辞めたものだから、チームのエンジニアリングをまとめてゆくのに私が呼ばれたんだ。驚きはしなかった。ちょっと方向を転換するだけの話だったんだから。こうしてテクニカル・ディレクターの身分で私のF1界での冒険が始まったってわけだった。最初は工作機械を担当していたからね。随分な進歩だよ。どちらにせよ一筋縄ではいかなかった。チームは少々混乱していてね。前任のマネージャーはコスワースと上手くやってなかったし。課題は山積みで、1人には荷が重すぎた。そこでバーンを呼ぶことにしたんだよ。チーフ・デザイナーが必要だったから。私達はサーキットではライバルだったんだが、素晴らしいと思っていたんだ。ロリーは前年辞めて行ったんだが、戻ってもらった。どこにも所属していなかったからね。同じ事がフェラーリでもあったよ。何年も後のことだが、彼がF1をやめてタイに移住した時の話だよ」

シーズン終盤のレースにミハエル・シューマッハを起用したのは、ウォーキンショーの意向だったという。ブラウンの話を聞いてみよう。「世界耐久選手権にザウバー・メルセデスから出ていたから、トムと私は彼をよく知っていたんだ。手を焼いたよ。そんなのは彼だけだった。彼とチームメイトのハインツ－ハラルト・フレンツェンとカール・ヴェンドリンガーはドライブの当番を公平に決めていた。他の2人はそりゃ優秀だった。だがミハエルが出てくると手首が震えたよ。ジョーダンからデビューすると聞いたとき、ウォーキンショーは彼を雇うのに必死になったよ。ブリアトーレに彼と契約するようけしかけた。ブリアトーレはシューマッハのことを知らなかったばかりか、顔も見たことがなかったから。目論みは成功したよ」

ベネトン・チームはすぐさま彼がずば抜けたチャンピオンだと理解した。「シューマッハをモンツァでデビューさせる前、シルバーストーンでテストをしたんだ」とブラウンは明かす。「しょっぱなから速い、速い。イタリア・グランプリの予選では興奮していたが、緊張はしていなかった。感動的だったよ。彼は鍛え抜かれた肉体と恐るべき判断力を備えているんだ。自身満々なところは尊大な印象を与えるが、実際彼と知り合いになった者は、それが自己への信頼の表れだと悟るんだ。レーシングマシンについてはよく分かっていなかったが、モノコックに収まるとすごい才能だった。その後すぐに何でも覚えたよ」

チームもいい方向に進行していた。「ベネトン・チームはすぐさま新しい環境でどう出るべきなのか察した。信用がなかったからね。結局のところ、私達はニット製造会社に過ぎなかったし、当時はなからモータースポーツ界の名門と引き比べられた。いや彼らだけじゃない。さて資力もやる気もあった。ウォーキンショーは野心家だったから。私達には野心はあったが、材料が幾つか足りなかった。でも私達の目的が上を目指すことだということは分かっていたんだ。勝つためには何が必要なのか理解することが先決だった。最終的な成果を見れば、私達が行動を誤らなかったことは一目瞭然だと思ってるよ。最初の頃はブリアトーレと頭を突き合わせて何かをする機会はなかった。トムがいたからね。それからトムが他の仕事で忙しくなり、フラビオと仕事を始めたんだ」

テクニカル・ディレクターとしての5年間で、ロス・ブラウンは楽しい日も辛い日も経験した。「私に関して言えば、一番満足を感じたのは1992年、スパでの優勝の日だった。何と言っても最初の勝利だったし、他のマシンに抜きん出てゴールするのがベネトン・マシン、それにデザインの責任者は私だったんだ。最悪の年はねえ、奇妙に思われるだろうけど、初タイトルを取った1994年だよ。イモラでの悲劇、モンテカルロで起こったヴェンドリンガーの事故、それに“政治的”出来事にまみれた辛いシーズンだったんだよ。この出来事というのは、ウォーキンショー、ブリアトーレ、モズレー間の論戦のことで、レースで何が嫌いかって、政治ほど嫌な物はない。それで成果の方だけ見ればファンタスティックなシーズンだったが、不快でネガティブな状況のおかげで台無しにされたんだ。細部はもう思い出したくもないね。多分私が変わっているんだろう。私達は恐らく闖入者だと思われていたんだろうし、私自身がひょっとしたら、あの世界でやっていくには単純過ぎるのかも知れない。F1がただスポーツだけで成っているなら、と思うけど、残念ながらそうはいかない。まあそれでも、しっかりした人間関係を築いてきたつもりだよ。フラビオとは今でも友達だし、ロリーとは家族同然さ。長く続く付き合いというのはそうないと思うよ」

シューマッハだけがベネトン・ドライバーではない。「まさにそう」とブラウンは言う。「うちのマシンが最速でない時にも全力を尽くした有能なドライバー達がいる。残念だったのは、例えばネルソン・ピケのようなチャンピオンの才能を評価する機会がなかったこと。彼はキャリアを終えかけていたからね。しかしいずれにしても、チームのドライバー達と接するのに一番苦労したのは、彼らを意気消沈させないよう鼓舞しなければならないことだった。ミハエル・シューマッハのチームメイトとして走るのは容易なことじゃない。チーム内に手の届かないライバルがいるようなもの。でもこれら全てのことはともかくとして、いい思い出しか残っていない。悔いが残っているとしたら、もっと出来なかったかという心残りだ。当時は色んなことが出来ると自分で思っていたが、何年も経ってから考え直してみれば同じ印象は受けない。これから何年か先にまた当時のことを考え直すことがあれば、もっとやれたはずだと思うに決まっているよ」

ロリー・バーン
少年時代はグライダーのチャンピオン、コンピュータ嫌いのデザイナー

少年がそのまま大きくなったような雰囲気で、すぐに快活な笑顔がこぼれる。人の話を注意深く聞き、相手に話をさせながらよく動く目で観察する。勝つマシンをその手で幾つも造ってきたデザイナーの1人なのに、本人はいたって気さくで愛想良く、親切だ。サーキット以外のことも考えられる男。ロリー・バーンは1944年1月生まれ、F1の、いやモータースポーツ全体の歴史の一部だ。この男の頭から飛び出したアイデアが、ワールドチャンピオンになったベネトン・チームのマシンを造ったのである。現在の栄光の裏には苦難の過去がある。彼のキャリアは、その名はあまり知られていないロイヤルでの下積みから始まる。それから1972年には（ウンベルト・トッツィが“ティ・アーモ”を歌っていた年だ）F2で走っていたトールマンに移る。F1のプロジェクトに参加するようになったのはその後のことだ。そこでアイルトン・セナの初期グランプリ用マシン、更にミハエル・シューマッハのマシンをデザインした。ベネトンの名のもとに、後には「跳ね馬」のもとでも。

ウィットウォーターズランド大学を卒業したロリー・バーンだが、行く先々で次々に逸話や伝説が生まれた。例えばグライダーへの情熱。その情熱が彼をして模型の名作の数々を設計させ、しまいには「ミニ」ワールドタイトルを（彼にも！）獲得させたのだ。それにブラインドを下ろしての昼寝。オフィスでなんだが、そこは彼の聖域で誰も邪魔できないのだ。昼寝の後むっくり起き上がっては、最初に目についた紙に天才的アイデアを鉛筆で描きとめるのだから。

ベネトン時代の初期の同僚がこう言う。「ロリーは設計の天才だったよ。でも時々“おいおい。素晴らしい出来だけど、ドライバーとエンジンはどこにやるんだ”って言ってやらないといけなかったのが玉にきずだった」逸話でも何でもなく、本人も認めているのが、コンピュータの画面へのアレルギーだ。「CADの使い方をまともに学んだことがないんだ。必要だとは思っているんだがね」

ずっと図面台に懸けてきた人生。アイデアだけじゃない、精魂費やしてきた。1990年の秋、レイナードのプロジェクトに参加するためベネトンを後にした時、彼の道も変わるかに見えた。しかしそこで1991年まで仕事をしてから、後に古巣へ戻ったのだった。株主になるかという噂も流れたのに、「でもねえ」ロリーはこう言う。「技術の仕事にしか手を出さなかった。わたしには向かない役割があるから。お金が欲しいと思ったこともないしね」

レースマシンは彼にとってグライダーの延長だった。空気力学そのものの研究、流体の科学の研究だ。1973年に南アフリカから出てきて、先に来ていた友人の仕事を手伝い、それ以来ヨーロッパに残った。ロイヤルはバーンの設計を

トールマンに提供し始め、1977年には正式にチームに加わった。最初にデザインしたのがTG280で、F2シリーズのタイトルをヘントンが獲得、欧州レベルでの成功を収めた。F1に入ってからはすぐに調子を上げられなかった。しかし、セナが大雨のモンテカルロでアラン・プロストを捕らえようとして全世界にその才能を印象付けた時、トールマンとバーンの人気は急上昇した。レースでは結局（アランにとっての）救いの手がレース中止を命じたのだったが。

不穏な年が少し続き、最悪な事態も起きるところだった。アイルトンとチームが「タイヤ供給問題」のためイモラでマシンに乗れず立ち往生、グランプリに出場許可も出ないところだったのだ。これは実際に起こったことなのだが、そこは冒険の年でもあったので、機転を利かせたのだ。今日に比べればレギュレーションも甘かった。「あの時のことはよく覚えてるよ。ピレリもミシュランもトールマンにタイヤを出さないと言う。1985年初めのことだったが、マシンは完成、レース会場に運ばれて準備万全だったのに、タイヤがないのではサーキットは走れない。それでブラジルGPでエディ・チーバーに相談に行って陳情したんだ。彼はちょっと考えてからすぐに“何とかしてくれそうな人がいる”と言ってくれてね、そこからだった。ルチアーノ・ベネトンがトールマンを買い取る話になったのは。少なくとも私はそう解釈したよ。こうしてモナコでテオ・ファビとデビューした。その後1986年にはチーム編成はそのままで、ベネトンの名前をもらったんだ。振り返ってみると、よかったと思うよ。カーレース界にとって重要な一現象が生まれる瞬間に参加させてもらったんだからね」

ベネトンの買い取りによってチームの経済的安定がついに約束されたのだ。ロリーのような仕事の鬼には最高の舞台だ。長年チームで彼と仕事をしたウィレム・トエはこう語る。「朝は一番に仕事場に来て、晩に帰るのは最後でした。身なりには構わないし、だらしないってちょっとからかったりしたものです。しかしいい意味で一緒に仕事をする者の使い方を知っていた人です。やりたいようにやらせてくれたし、生かさせてくれた。それにいつも沈着冷静でした。一度ウィンド・トンネルのテストに行こうとした時のことだが、400馬力のシエラ・コスワースを貸してくれたんですよ。それが歩道にぶつけてリアアクスルを壊してしまったんです。ロリーにオンボロにしてしまった車を返しに行ったら、顔色ひとつ変えないで、“そうか”って言うんです。“仕事の続きをするぞ”って、その事しか考えてなかったんですね」

レイナードのプロジェクトは無に帰したので、トム・ウォーキンショーは勿論ロリーも含む有能な人物を引っさげて、いまやF1の頂点で不動の地を築いているベネトンのところへ行った。バーンは言う。「1991年の8月にトム・ウォーキンショーはベネトンの一部を買い取って、ロス・ブラウンを連れて行った。トム・ウォーキンショー・レーシングで常に活躍してきた人だ。耐久レースでジャガーを勝利に導いたプロジェクトのね。経営が変わって、バーナードが出て行った後、テクニカル・ディレクターとしてベネトンに入ってきたのが、アメリカのゴードン・キンボール。わたしは前年の11月にベネトンを辞めたのだが、戻ってくれと声がかかったんだ。嬉しかったよ。ロス・ブラウンと知り合い、それから何年も一緒に仕事をし、よい成果を出せたし、しまいには親友になったんだから」

「家」に帰ることは、そろそろ50に手が届こうとするバーンにとって、仕事の上での新たな青春を迎えることを意味していた。「あの時期は素晴らしかった」こう回想する。「皆が一丸となって仕事をすることを学んだ時期だから。私、シューマッハとロス・ブラウン、F1ではエレクトロニクスの大先生として通っているタッド・チャプスキのような人達、それに、それ以外にも数多くの非常に優秀な技術者が皆と一緒に努力した。ドライバーにシューマッハを擁していたし、成長は早かった」

フォードエンジンを搭載したB194は、ドライバーズタイトルを獲得した初めてのベネトン・マシンであり、歴代高性能のF1マシンへ堂々仲間入りをしたのである。ロリーはこう言う。「フェラーリ、ウィリアムズ、マクラーレンのような、F1の歴史を作ってきた老舗の自動車メーカーのグループに勝ちたいという思いは、服飾メーカーのために戦う私達にとっては最高のモチベーションだった。B194では空力安定性を得るのと、重心を下げるのに夢中になった。アクティブ・サスペンションの試行後、ついに伝統的サスペンションを使うようになったから。その結果、馬力は私達より大きい他のマシンに比べても、操縦性においては跳び抜けて優れたものができた」

当時のチーム・マネージャー、ジョアン・ビラデルプラットが付け加えて言うのは、「セナとラッツェンバーガーの死亡事故、ベンドリンガーが重傷を負ってから、FIAがマシンに対する徹底的な変更を義務付けました。私達のエンジン、フォードV8は、ルノーの10気筒エンジンより100馬力少ないのに、私達はマシンの空力効果の大部分を諦めなければならなかったのです。リアウィングも縮めなければならなかったし。しかしロリーは奇跡を起こしました。私達のマシンは相変わらず勝ち続けたんですから」

栄光の勝利。だがロリーはそれを目の当りにすることはなかった。というのもレースに行くことは滅多になかったからである。ルノーエンジンを積んだ翌年のB195は、更に極端な設計で、前より操縦が難しくなった。それでもシューマッハもジョニー・ハーバートも勝ち、日本ではベネトンがコンストラクターズタイトルを物にしたのだった。96年のシーズン終了後ウィットニーで行われた豪華パーティーで、ロリーはチームとF1に別れを告げた。

彼の決意については、ベネトンの「古株」にとって今日でも苦い経験となっている。

ダビデ・パオリーニ
ティレル、アルファロメオと始めたスポンサーシップ　それからHARRY'S　DOLCIでトールマン買収を決定

あれは1983年1月のこと、グループの渉外ディレクターとしてヴィラ・ミネリに来て数日経ってからのことだった。私の役目はコミュニケーション分野の仕事全域に渡り、その中にはスポンサー関係の業務も含まれていた。

私が最初に迫られた決断は、重大なんてものではなかった。ミケーレ・アルボレートをファーストドライバーとするイギリスのティレル - フォード・チームとF1に参戦する話だったのだ。セカンドドライバーはその後、アメリカ人ダニー・サリバンに決まった。ベネトンがアメリカの市場を重要視していたからだ。

マシン、ドライバー、ティレルの全組織と、広範囲に渡るスポンサーシップの条件のもと、F1へのゴーサインを出してからは目立つグリーンのカラー（F1界では前代未聞だった）をまとって冒険が始まった。外国市場にブランド名を浸透させるには、非常に重要なスタートであった。

実際の話、目算する約60もの市場を、全くもって取るに足りない額で印象づけることができるのだ（各国への宣伝費は通常10倍から20倍余計にかかるところ）。実際それぞれの国に対しては投資額の60分の1がかけられており、約35億リラに達していた。

1983年の選手権では、他でもないアメリカ市場で素晴らしい勝利を勝ち取った。デトロイトでアルボレートが優勝したのだ。CBSネットワークがゴールデンタイムに、ベネトンスーツを着たイタリア人ドライバーとフォードエンジンの出る放送を、8分にも渡って流したという結果がついてきた。

他でもない例のスーツが、数週間の後、あのエンツォ・フェラーリとの間に事件を起こす元凶となった。彼は今は亡きミケーレに目をつけており、次の選手権に欲しがっていたのだ。

彼だけではない。フェラーリのマネージャー達さえも、スポンサーであるマールボロに押されて、アルボレートにマールボロカラーの紅白のスーツを着せて、マラネロの赤いフェラーリに乗せようと目論んでいたのだ。アルボレートはベネトンと独占契約を法的に交わしており、またティレルとのスポンサーシップは、これら全てを含んでいたにもかかわらずである。

全ては、長年イタリア人ドライバーに欠いてきたフェラーリ・チームが、1984年には何としても彼らの赤いマシンにイタリア人を乗せたかったがために仕組まれた、明らかに宣伝目的の事件だった。運命のいたずらか、最後のイタリア人ドライバーの一人だったのは、プラート出身のナンニ・ガッリで、ティレルとベネトンの合議の後押しをした張本人であった。

あのエンツォ・フェラーリと電話で火花を散らす毎日が続いた。しまいには私が余りイタリア的でないとまで宣言

してたんかを切った。電話での争奪戦は1986年のシーズンまで持ち越され、またしても選手権開催中だったのに、イモラGP後すぐフェラーリにゲルハルト・ベルガーを奪われたのだった。

アルボレートの件については、和解策が講じられた。というのも、モデナとそのエリアにあるベネトンショップにフェラーリファンから脅迫電話がかかってきたりと不穏な雲行きだったからだ。またマスコミもいつもの通りマラネロの肩を持ち、正しいはずの私たちの出方を攻撃した。

1983年のシーズンの終わりには、ケン・ティレルとの関係を断つ決断がなされた。より強力な戦力となるターボエンジンを採用したがらなかったからである。そういうわけで、カメラマンの注意を引くためにピンクのシャツを着るよう強要することまでした、イギリス人メカニックともお別れだった。

そしてアルファロメオのスポンサーとなり、2シーズン提携が続いたが、不幸な時期であった。この提携のもとには、世界に向けてF1界の「メイド・イン・イタリー」を具現しようというアイデアがあった。統計調査によると、アレーゼのブランド、アルファロメオが、オーストラリアやアメリカ合衆国、南アフリカや南米などターゲットとなる国々で最も名が知られていることが分かったからである。

泥沼のような2年間だった。アルファロメオが経営危機に陥っていたせいもあった。マネージメントが難航していたのもあるが、IRI（イタリア産業復興公社）から売却されるのが差し迫っていたからでもあった。

スクーデリアのドライバーは、リッカルド・パトレーゼとエディ・チーバーの2人で、アメリカ生まれの「ローマっ子」チーバーについては生まれ故郷でのPRが目的であった。

レースで好成績に恵まれないのは仕方がないとして（マシン2台はターボエンジンが燃料を消費し過ぎるため完走できなかった）スポンサーの立場から唯一のポジティブな結果といえば、物議をかもしたとはいえ、私の思いつきが生んだ一件である。デトロイトGP開催中、スタートの数分前のことだが、チーバーのタイヤを、カラースプレーでそれぞれ4色に染めたのだ。

レースではリタイアしたものの、その写真は翌日の主要新聞やテレビ画面に踊った。これに勝るとも劣らない成功を収めたのが、ダラスであのJ.R.のテレビドラマが収録された牧場での一晩だった。

レース自体の方はどうかというと、回を重ねるごとに苦しくなってきた。レース終了前にチーム全員がそろって帰りの飛行機に乗り込めるような状態だった。アルファロメオのスポンサーだった当時は全く「脚色じみた」エピソードに事欠かなかった。某国庫省次官からの某ドライバーを売り込む推薦状だとか、ドライバー志望の息子にシートを与えんがために、大枚を投じる心づもりの裕福な父親だとかの類である。

1985年の選手権開催中、アルファロメオとは経済的収益が上がらないという事実を前に、イギリスのスクーデリア、トールマンがタイヤ供給をするコンストラクターを得られないため、存続の危機に瀕しているというニュースを耳にするや、チームを買収するアイデアが浮かんだ。

その動機となったのは、レギュレーションを検討したところ、資本の80%以上参加のオーナーであるスポンサーは、自社ブランドの名をスクーデリアに冠するのに何の障害もないことを知ってのことだった。F1ではかつてなかったことで、懐疑的に捉えられていた。しかし、スポンサー（メインにしろマイナーにしろ）の得た結果を分析してみると、ボディ・サイドであろうとウィングであろうとその他どこでもよいが、車体にスポンサーマークを載せるのは実は大した利益にならず、スクーデリアの名称自体がラジオやテレビに現われるということだった。

私の提案はルチアーノとジルベルト・ベネトンの同意を得た。ある日曜の朝のことで、トレヴィゾに当時あったHARRY'S DOLCIの店でのことだった。こうして5月のある午後ウィットニー（英国）に飛び、そこでイギリスのトールマン・チーム買い取りに向けての長い交渉に入ったのだった。殊に、F1界きっての評判を誇る技術者の1人ロリー・バーンを引き留められるかという点で難航したからだ。

ロリー・バーンは、彼の好みで同時に運ばせた4杯のビールを前にして、私の説得に応じた。ロリーはイタリア人を懐疑の目で見ていたし、英国人のワトソンをドライバーにするという要求を出してきたが、これはすぐにお断りした。

さてトールマンとの冒険が始まった。ビスケットのようにもろくも壊れるハートエンジン、最初はマシン1台だったが、選手権が終了する頃には、多大な苦労を払って2台目を走らせた。しかし奇跡が起こった。ニュルブルクリングGPでテオ・ファビがポール・ポジションを奪ったのだ。

翌年ベネトン・チームはトビア・スカルパの設計したモーターホームを得て、イタリア人シェフを抱えていたこともあって集まりの中心になった。BMWエンジンをマシンに搭載することにしたため、テオ・ファビのチームメイトになるべく、オーストリア人ベルガーを採用するようBMWから要求された。

このシートに対する圧力は数知れず、手にするには「その下」を用意するべしなどと何かに書かれたほどだった。本当のところは、BMWが望んだということもあるが、契約費ゼロのゲルハルト・ベルガーが選ばれたのだった。思いがけない幸運だったのは、新生チームにとって最初のグランプリ、メキシコシティーGPでゲルハルトが勝利に輝いたことだった。あと2周というところで、ルチアーノ・ベネトンは感極まってサーキットを出た。自分の目が信じられなかったのだ。もしくは縁起かつぎだったのかも知れない・・空港で私が結果報告したのだった。

テオはその後、驚いたことにモンツァでまたポール・ポジションを獲得し、同時にそれから何年も塗り変えられなかった最高速度を記録した。

ひょっとしたら2勝できたかもしれなかったのだが、ツェルトヴェクでのファビとベルガーは「エゴイスト」であった。あと数周残すところで、2人は一周遅れのプロストを従え先頭を走っていたのだが、優勝をかけて死ぬほどスピードを出したために、2人とも表彰台に上がる代わりに予定以上に早いピットインをしてしまったのだ。

実りのあるシーズンだったが、BMWの技術者のベルガーへのあからさまな贔屓は、チーム内での無視しがたい軋轢となってしまった。そのためメキシコシティーGP以降、エンジンはくじ引きで決められることになった。また歌手ボブ・ゲルドフの大規模なチャリティ活動「USA・フォー・アフリカ」に参加したシーズンでもあった。

マシンのボディ・サイドにロゴが入れられ、アメリカ合衆国内のベネトンショップでは、グランプリ開催中、1着販売するごとに売上の1パーセントを「USA・フォー・アフリカ」に当てるという内容だった。

1988年のシーズンには、私たちのチームはフォードを積んで「NAマシンの女王」と呼ばれた。ターボエンジンを搭載するマクラーレンとフェラーリに次いで、コンストラクターズ総合3位に到達したからである。

ファーストドライバーは文句なしにアレッサンドロ・ナニーニだった。ここで、何年も経った今、ベネトン・ファミリーですら知る人のいない秘密を明かそうと思う。選手権の開幕前、私たちはティエリー・ブーツェンのチームメイトとなる若いドライバーを選ぼうとしていた。そしてイモラ・サーキットでそのためのテストを実施した。

ベネトンのシートを争うのは、アレッサンドロ・ナニーニ、ステファノ・モデナ、ジョニー・ハーバートだった。実際に行われたレースで勝ったのはハーバートで、スポーツ・ディレクターであるコリンズのお気に入りだった（一方バーンはモデナを買っていた）。だがタイムを取り、最終判定を下す役目にあったエンジニアと共謀して、ナニーニを押すのに成功したのだった。オーナーが欲しがっていたドライバーだった。後になって考えてみると、これ以上の選択はなかったと思う。シエナ出身のナニーニは才能があり、また感じがよく人気を博したのだったから。

契約の取り決めは、シエナのパリオの前日、ナニーニの父親の屋敷で行われた。ちなみにその日そこにはパリオの騎手が1人身を隠しており、まさにその騎手が、翌日シエナが誇るあの世界でも有数なレースで優勝を飾ったのである。

ハーバートはその翌年チームに加わったが、その後F3000レースで起こった事故の後遺症のため、シーズン中エマヌエレ・ピロと交代した。

1988年ナニーニは、非常によい成績を残しただけではなく、1989年の日本グランプリでは思いがけない優勝に輝いた。

ナニーニの唯一の難点は、マールボロを吸っていることだった。キャメルとの契約がおかげで何度も危うくなりかけた。この問題については、スポンサー、つまりキャメルの箱にいつものマールボロを事前に入れておくというアイデアで解消した。

F1時代には、日の目を見なかった重要なプロジェクトもあった。ポルシェとインディアナポリスで競うベネトン・チームを編成しようというアイデアがあった。この話はジャッキー・イクスによって進められ、プロジェクトにはマイケル・ジャクソンも参加していた。

トム・ウォーキンショー
WSPCにもの凄いドイツ人が出ていたのを見たメルセデスに電話して「契約はどうなってる。うちがもらっていいか」

片時もじっとしていない男だ。それに平気な顔をして、レースから大量生産の車の製造に切り替えるし、そのまた逆も然り。それ以外にも、メカに関することならあちこちに手出ししていて大忙しである。というのも、彼にとって自動車は、生きがいだというだけでなく、全てを包括するものなのだ。唯一の気晴らしはラグビーだが、これは余談である。

トム・ウォーキンショーは生粋のスコットランド人で1946年生まれ。現在はオーストラリア、中国、インドのオートモーティブ・デザイン&エンジニアリングに従事しているが、ベネトンがレースに賭けた当時は活動の中心人物の1人であった。90年代初期にチームをサーキットで際立たせた、技術上、運営上の主要な変革を監督したのが彼だったのである。

トム・ウォーキンショーは、以前からスポーツ界における一連の仕事の成功で、ローバー、マツダ、ジャガーといった有名なメーカーと共にその名を知られていた。それで1991年にフォードがワールドタイトル獲得に向けて、ベネトン・チームと役々と営む仕事場の士気を高めようとした時に考えたのが彼だった。彼の方はと言えば、ヨーロッパ・フォード・モータースポーツ部門のマイク・クランファス、ルチアーノ・ベネトン、フラビオ・ブリアトーレとのミーティングの後、喜んで挑戦に参加すると申し出を受けた。トムは言う。「主な目標は2つだった。トップ争いが出来るチームを育て、コスワースを通して私達にエンジンを提供するフォードとの連結をより強めること。またウィットニーに主力部隊を集中させる必要があったから、新しい本拠地のことを考えなければならなかった。エンストンの施設ができたのはそのためだよ。やることは山ほどあった。チームは希望に湧いており、皆夢中だったね」

ウォーキンショーがまず手がけた仕事の1つに、ロス・ブラウン（フォード・コスワースを積むジャガーXJR15のデザイナー。このマシンはTWR、トム・ウォーキンショーレーシングのカラーでプロトタイプスポーツカー選手権でのワールドチャンピオン）と一緒に仕事をする手はずを調えることだった。そしてトム自身がレイナード・レーシングからパット・シモンズと共に雇ったチーフ・デザイナーのロリー・バーンと密着して仕事をすることだった。

素晴らしく腕のいいこの3人が基盤になり、ブリアトーレはそれに平行して営業方面に集中した。それからもう1つの要素がやってきた。決定的な要素。ミハエル・シューマッハだった。ウォーキンショーに彼の話をさせると力がこもる。「シューマッハがジョーダンからスパでデビューした時、近くに見に行ったんだよ。コーナーでね。F1ではどうドライブするのか見てみたかった。プロトタイプスポーツカー選手権で見たとき感動したからね。私はジャガーにおり、彼はメルセデスで、ライバルチームだったんだがね。オールージュやラディヨンのコーナーで見た彼の印象は大きかった。ファンタスティックなドライビングだった。テスト走行でのタイムがその裏付けとなっていたよ。すぐさまフラビオに、彼を手に入れなければと言ったよ。それからエクレストンに、ブリアトーレをけしかけて、モレノの代わりにシューマッハと契約するようにと言ったんだ。やってみようということになってね。ベルギーGPの数日後、メルセデス・モータースポーツのヨッヘン・ネールパッシュを呼んで、シューマッハがF1に移るのに契約上の支障がないか尋ねた。するとメルセデス側は、彼をスパでデビューさせるために、25万ドルをエディ・ジョーダンに渡したが、それ以外何の束縛もないと言う。ベネトン側が彼を走らせるのにいくら欲しいのか聞いてくるから、この先3年の優先権以外何も要求しないと答えてやった。次の火曜日に全員がロンドンに集まり、話がまとまったよ。その翌日すでにシューマッハはうちのマシンでシルバーストーンのサーキットを走ったんだ。こうしてスタートした・・」

ウォーキンショーは、どんな状況にも現実に即した実践的な方法で取り組んだ。また一歩さがってみる能力も持ち合わせており、必要がなければ職場の人々に口出しをせず、それぞれが各自の仕事を仕上げるのを見守った。バーナードの後、彼の監督としての能力は、ベネトンにとってまさに必要なものだったのだ。トラクション・コントロールやセミオートマチック・ギアボックスのような最新のテクノロジーを、製作所にしろトラックにしろ次々と率先してもたらしてくるのはトムだった。「ああいったものを使い始める時、最初のうちはある一定の不審な点があるのは想像しておかないといけない。でもその期間が過ぎれば、更にパワーアップできるのは当然のことなんだよ」とウォーキンショーは言ったものだ。

1992年ウィリアムズ・ルノーがセンセーショナルに覇権を手にした後、対するベネトンは1993年度のマシンにアクティブ・サスペンションとセミオートマチック・ギアボックスを導入して応戦した。その間には新B193Bの開発が進んでいた。

「グループの人間を管理し動かすには、厳しさと妥協しない態度を見せなければならないが、自分自身には正直であることだ。自分の長所と短所が何であるかよく知る必要りだよ。そして同じ事を私と一緒に働く者達に要求する。まず一緒にテーブルにつく。一緒になって取るべき進路、用意すべき策略、更にそれら全てを解決する方法を決めるのだ。その後は、最初に目ざしたものが手に入るまで、すでに決定したことをやみくもに押し進める。その間、任務を怠ったり、一度請け合ったことを遂行しない者が出てきたら、それなりの処置を施さなければならない。私はいつも期限厳守しながら、成果を出すために全速力で仕事をしなければいけない企業体系の中にいた。機械に関するプロジェクトのプランにせよ、レース運営のプランにせよ、その他諸々何に関しても同じ。だから妥協してはならないんだ。この点について言えば、メカニックとドライバーの差など、私にとっては存在しないんだよ。チームの一員であるなら、営業チームであろうと、スポーツチームであろうと関係ない、自分に与えられた課題を徹底的に遂行しないといけない。時には首根っこをつかまえて仕事させないといけない時もあるよ。このせいで厳しいと思われるのかも知れないね。しかし少なくとも私は、自分ができないようなことを他人に頼むことなどしたことがないね」

人としての、また仕事の流儀の綱領みたいだが、それが雨あられと降り注いだ成功の元となっているのだ。「ファンタスティックな時期だった」とウォーキンショーは言う。「振り返ってみても、世界選手権で勝利を掴むほど強い達成感を与えてくれるものは他にない。ベネトン・チームと一緒になって、昔からトップの座にいたチーム陣を超えられたということは、掴んだ成功を更に嬉しいものにしてくれたよ」

デビッド・リチャーズとロッコ・ベネトン
ラリー出身の男の冒険
ルノーへ譲渡するまでの極秘交渉

どんないい話にもお終いがある。1997年9月、フラビオ・ブリアトーレが辞任、イギリス人デビッド・リチャーズがF1参戦中のベネトンの代表取締役に任命される。スバルのマシンでラリーに参戦するプロドライブのオーナーだ。それと平行してロッコ・ベネトンがチームのコマーシャル・ディレクターになる。ゲルハルト・ベルガーはドイツGPで勝利を収めた後、引退を決意した。そのベルガーを失おうとするチームにとっては新しい顔ぶれが並んだのだ。先が非常に楽しみだった。

デビッド・リチャーズの話は彼自身に語ってもらおう。「バーニー・エクレストンから電話があってね、ベネトン・チームで仕事をしないかという、ベネトン・ファミリーからの伝言だと言うんだ。アレッサンドロと話をしてみたよ。何度も話し合って引き受けることに決めた。プロドライブでの職務の幾つかは他の者に任せたよ。ちなみにプロドライブの本部はエンストンから15キロも離れていないんだ。F1には変化が訪れていた。シューマッハが優勝するようになってからベネトン・チームにもね。アレッサンドロとルチアーノ・ベネトン、それにその他の幹部達と仕事をするのは楽しかったよ。彼らとは密接な関係を築くことができたし。将来への戦略を練るだけでなく、根本的な企業経営プランの発展を軌道に乗せるため骨を折った。時代の波に乗るために考えた、例えば某自動車メーカーと提携するためにした私の提案が過激だったのは当然さ。フォードとコンタクトを取るよう提案したのだ。勿論私が社長のジャック・ナッサーと友人だったこともあるが・・」

リチャーズとベネトンの関係は1998年10月19日に終結した。続いたのは1年弱だった。「私とベネトン幹部の物の考え方に隔たりがあることが分かったから、辞表を出した。だがこのせいで、当時が私の仕事人生において特別に重要な時期だったことが帳消しになるわけではない。F1チームを成功に導くにはどのように機能させるべきか、よりよく理解できたし、後々BARで始めた仕事への道を開いてくれた」

ルチアーノ・ベネトンの一番年下の息子、1969年生まれのロッコが、リチャーズが辞任した時、代表取締役の任務を引き継いだ。それは2000年3月16日、ルノーがベネトンを買収したとの発表があった瞬間まで続いた。彼が渡し守の役を演じたわけだ。「私達は1999年ルノーと最初の交渉の機会を持ってから、年間通して話を進めていました。私達の他にもジョーダンがいて、98年に素晴らしい成績を残して、買い手を探していたのです。最終的にルノーが選んだのは私達のチームでした。すでに1995年世界選手権タイトルを一緒に獲得していたし、その後も間接的ではありますが提携を続けていましたから。スーパーテックを通じて私達にエンジン供給をしていたのです」

次いで苦境を経験したことを語る。並大抵の苦労ではなかった。「1997年、チームは強かったし評判もありました。でもその前年に失ったのはシューマッハだけではなく、辞めていった技術者も沢山いたのです。新たなチャレンジへと再スタートしなくてはならないと、誰もが認めていました。私達の運営は悪くなく、自動車メーカーから正式にエンジン供給を受けていないチームの中では、常にトップでした。楽なことは何もありませんでしたが、非常に優秀なエンジニアのチームを形成することができました。その中にはジャンパオロ・ダラーラとバラーノ・デ・メレガリの組織下で、後に解散したホンダF1参戦プロジェクトの仕事をした者もいました。あれから何年か経った後、当時ベネトンに雇い入れたデザイナー、ティム・デンシャムのように、当時のメンバーの残るチームで、ルノーがアロンソとワールドタイトルを獲得したのは嬉しいことです」それでも当時、1996年以降は成績に恵まれなかった。ロッコは言う。「時にはもうちょっと運がよければ、リザルトもよくなるのにと思いました。例えばフィジケラが、あと数周のところでコースから外れ、ハンガリーGPでの優勝を逃したときとか。でもやれることはやったつもりです」

マネージャーとしての当時の経験は、ロッコ・ベネトンがその後着手した幾多の仕事の上で役に立った。ベネトン・ファミリーでの仕事もあれば、自分の仕事もあった。ベネトンの輝かしい歴史の一部となったチームを譲渡する交渉をした感想は、と聞くとロッコはこう答えるのだ。「絶対的にプラスの印象でした。優秀なチームに、トップを目指して登りつめる可能性を与える重要な瞬間に居合わせたと自覚していました。それからのチームは実際成功しましたからね。譲渡により加わった多大な財政的価値については、言うまでもありません」

ドライバーたち

「僕が走っていた頃は、1週間に1人の割合でドライバーが亡くなっていた。モータースポーツは危険なスポーツだったんだ。スタートする、それからその日無事に家へ帰れるかどうか分からない。そんなだったにかかわらず、レースを通じて世界を知り、有名人と知り合いになり、おまけに金まで稼いだんだ。これ以上何を望めって言うんだい？」

ホアン・マヌエル・ファンジオ、1990年3月アデレードで

ミハエル・シューマッハ

ベルギーGPでの初優勝後の一言。

「優勝は素晴らしい。でも立ち止まるわけにはいかない・・」

F1デビューの日、1991年スパでのことだが、ミハエル・シューマッハがレースに参加したのは30秒にも満たない。スターティンググリッドを離れるや、ジョーダンのクラッチが壊れたからだ。残念だったのは分かるが、それは重要なことではなかった。全く初めてのサーキットをドライブして、初グランプリの予選7位に食い込んだのだ。末恐ろしいばかりだった。

エディ・ジョーダンがもう少し目を光らせていれば、シューマッハはモンツァでもジョーダンのマシンを駆って、1991年度シーズン中、彼のチームで戦績を残しただろう。ところがイタリア・グランプリ開幕前夜、ミハエルのマネージャーはベネトンと交渉を始めていたのだ。あの日の木曜、モンツァでは、一晩中シューマッハの将来に関しての激しい議論が続いていた。その場にはバーニー・エクレストンもいた。

「ベネトンはついていたよ」とF1のボスは少しばかり皮肉を交えて回想する。「モンツァでは私も徹夜して、ミハエルにベネトンに入れと言い聞かせたよ。しかしその前には彼と契約するよう、ブリアトーレとウォーキンショーを説得しなければならなかった。トムはブランドルだったか誰だったか、他に目当てがいたし、フラビオはロベルト・モレノとの契約があるからと最初から取り合わなかった。シューマッハはまだ駆け出しだったから口論するつもりはなかったし、彼のマネージャーも状況を把握できないでいた。最後に私はミハエルに口を開かずに部屋へ戻るようアドバイスした・・“明日目を覚ましたら、君はベネトンのドライバーになってるよ”と言いながら。そして実際そうなった」

翌朝シューマッハとモレノはスーツとマシンを交換した。そしてミハエルはまたしても天性の才能を見せつけた。ベネトン・チームのファーストドライバー、3度のワールドチャンピオンに輝いた経歴を持つピケより予選で上位についたのだ。本戦レースでも同じで、シューマッハが5位、ピケは6位に甘んじた。

こうしてシューマッハはベネトンでの華々しいキャリアをスタートさせた。エストリルで再び6位以内に入り、更にヘレスでも同様の成績を上げた。だが痩身で意志の強いこのドイツ人が「クレイジーな」ドライブをすると心配する人もいた。鈴鹿の最終予選でミハエルがひどい事故を起こしたことがあった。長年F1専属医を務めたシド・ワトキンス博士は当時のことをはっきりと記憶している。「事故の後シューマッハは背中の痛みしか訴えていなかったが、彼のことが心配になってね。“おいミハエル、ちょっとそこに座って私の話を聞きなさい。今きみは立派な青年だ。だがこの調子で続けていれば立派な死体になるぞ・・”と、こう言ってやったんですよ。落ち着くように説得した。先はまだまだ長いんだからと。彼は私の言うことをおとなしく聞いてから、私に手を差し出した。それからベネトンのスペアカーに乗って、前よりスピードを出すんだから！このことが何を意味するのか答えは1つ、彼は未来のワールドチャンピオンだということだった」

実際その通りだった。その翌年1992年にはウィリアムズ・ルノーが勝利したが、シューマッハはトップドライバーとなる道を着々と歩んでいた。悪天候をものともせず、ちょうどF1デビューから1年後のスパで、初のグランプリ優勝を奪い取ったのである。レース終了後ミハエルのコメントはしごく簡潔だった。「このように大きなチャンスを与えてくれたベネトンに感謝します。グランプリで優勝することは素晴らしいことですが、たった1つの成功で立ち止まるつもりはありません」

世界選手権の順位は、ウィリアムズのナイジェル・マンセルとリッカルド・パトレーゼに次いで総合3位であった。が、セナより上位のポジションだった。それだけでも注目に値することだった。

1993年になると、今度はポルトガルで優勝を決めたが、ワールドチャンピオンのタイトルはまたしてもウィリアムズのドライバー、アラン・プロストの手に渡った。プロストはその年の終わりに引退し、彼のシートはセナが継いだ。

シューマッハはアイルトン・セナの一番のライバルというだけではなく、彼の才能の後継者であると見なされた。ベネトンB194はテストを始めており、これまで積んでい

たものより飛躍的に馬力アップできる、新しいフォードZetec-R V8エンジンにミハエルは当初から魅了されていた。
ブラジルのインテルラゴスで、シーズン開幕戦が始まる前には、ライバルのウィリアムズ・ルノーのFW16とは違って、ベネトン・フォードB194は一連のテストを完璧に済ませていた。シューマッハの唯一の脅威はセナのみであったが、いくらセナが絶好調の日でも、このような条件ではベネトンの敵にはなり得なかった。
ミハエルはインテルラゴスで勝利に輝いた。引き続く英田でのグランプリでも、有無を言わさず優勝をさらった。そしてイモラをも制覇したあの日。F１の歴史において最も悲劇的な1ページとなった、あの5月1日である。先頭を走るベネトンのマシンを追撃していたセナのマシンがクラッシュを起こし、ブラジルの名ドライバー、セナの命を奪った日である。
1つの時代が幕を下ろし、新しい時代へと突入してゆくかのようだった。セナ亡き後、シューマッハに太刀打ちできる者はいなかった。フランスGP終了の時点で総合得点は66ポイントに達しており、対するウィリアムズのデーモン・ヒルは2位で29ポイントだった。選手権は終了したも同然だった。が、予想外の展開が待ち受けていた。黒旗を無視したとして、イギリスGP（２位でチェッカーを受けていた）で失格の裁定を受けたのだ。レギュレーション違反でFIAから2レースの出場停止のペナルティを与えられる。
シューマッハの抜けたサーキットで、ヒルは遅れを取り戻し、ベルギーGPで、シューマッハが些細な技術上のレギュレーション違反から成果を剥奪された時、世界選手権の残りのレースでは一騎打ちが予想された。
オーストラリア、アデレードでの最終戦で、シューマッハはヒルと接触する。これは物議をかもし2人ともリタイアしたが、ペナルティは課せられなかった。こうしてシューマッハはイギリス人のライバル、ヒルと1点差で初のワールドタイトルを獲得したのである。「これは盗んだんじゃない」表彰台から降りたばかりのミハエルはこう語った。「この僕のタイトルは最初からここまでの積み重ねの成果なんだ。勿論通常のタイトル獲得とは違ったけどね。ヒルとのバトルは苦しかった。ピットに戻るとチームのみんなが叫んでいるんだ。喜んでいたんだ。それで“本当に僕がワールドチャンピオンなの”と尋ねてしまったよ。その答えは明らかだったけど・・」
シーズンを通して一向にやむ様子がなかった論争を通り越して、フランク・ウィリアムズは肩をすくめてコメントした。「何がどうであれ、現在ミハエルが一番だというのは公然の事実だ。1995年には我々と全く同じルノーV10エンジンを得る。これで彼に追いつける者はいなくなるだろう・・」
実際は、この点に関してはウィリアムズに誤算があった。シューマッハは確かにウィリアムズのドライバーと同じエンジンを手に入れてはいたが、ベネトン・ルノーB195は、ウィリアムズ・ルノーFW17ほど速くはなかったのだ。最終的にはシューマッハは大した苦労もせず2度目のワールドチャンピオンになったものの、彼が得点できるように運んだのは、ベネトン・チームが実施する優れたチーム戦略に負うところが大きかったし、ピットワークが優れている点も見逃せなかった。シューマッハ自身が言っている。
「今年度、クルーが犯したミスはただの1つも思い出せない。ロス・ブラウンの戦略についても同様だ」
ピットに入る時、ミハエルは通常ヒルやデビッド・クルサードに比べて時間をかせいでいたのだが、当然彼も自分の役割を十二分にこなしていた。エクレストンに言わせれば、「彼はトップだというだけじゃない。一番運がいい。これは最強のコンビネーションだ」
1994年度のシーズンが終わると、当時はベネトンのパートナーであったトム・ウォーキンショーが言った。「ミハエルのいいところは信頼するところだ。我々は勝ち目のないレースで勝利をおさめたこともかなりあったが、それもミハエルが他人の言い分を聞いて戦ったからだ。彼には物事を1つ1つ分析する傑出した能力があるんだ。他のドライバーよりずっと頭がいい。ちょうどセナのように、次に何が起きるか予測して、どんな些細なチャンスも逃さない。チームが協力してくれることを踏まえている。セナ、プロスト、シューマッハが何度も優勝したのは偶然じゃないよ。偉大なドライバーと、単に優秀なドライバーの差は、私が思うに、真に偉大なドライバーは常に100パーセント集中し切っているということじゃないだろうか」
1年後、ミハエルがフェラーリ移籍に備えている頃（ブラウンもロリー・バーンも後に続いた）、フラビオ・ブリアトーレには、逃がそうとしている魚が何者かよく分かっていた。「誰がどう見たってミハエルの才能は凄いよ。だが他のヤツと違うところは、彼はそれをどんどん伸ばしているってことさ。例えば、体調を整えることを真剣に考えるドライバーはあいつが初めてだぜ。1日に2時間も3時間もジムで身体を鍛えてるんだよ。ピケやナニーニみたいな奴らとちょっと比べてみろよ！ミハエルは驚異的な能力を持っているが、またそれを最大限に利用してるんだよ。セナやプロストがそうだったように、他の奴ら以上にがむしゃらに仕事するヤツさ。あいつはフェラーリを変えるぜ。言っておくよ。ベネトンにとって決定的だったようにな」

ゲルハルト・ベルガーとジャン・アレジ
元フェラーリの最強コンビ
冗談に大笑い、サーキットでの武勲

ベルガー、アレジ、ベネトン。ビヤンコ、オーギュスト、団長。サーカスに登場する伝統的な3人である。ビヤンコとはトランペットを吹くクラウンで、筋道立てて物を考え、相棒にもそうさせようとする。相棒とはオーギュスト、赤い鼻、巨大な靴の、冗談を飛ばし皆を笑わせるクラウン。ショーをするのはこの2人、面白おかしく騒いで、羽目を外す。そこへ彼らが舞台に呼ぶのは、団長だ。他でもない団長が、舞台をお開きにし、2人をおとなしくさせ、寝かせつけ、幕を降ろすのだ。その間団長は本当は柄でもないのに、厳しいふりをする。彼らを見ていると面白く、優しい気持ちになれる。が、同時に彼らのイメージは憂鬱で固定されたものだ。
どことなく似ている3人がいる。別のテント、別のサーカスでだが2年の間一緒にいた。F1の1996年、1997年ベネトン・チーム、ゲルハルト・ベルガー、ジャン・アレジ、フラビオ・ブリアトーレだ。
あの内容の濃い時期は誰の記憶にもよく残っている。それはチームメイト歴の長いベルガーとアレジにとってもそうだ。2人は常に一緒だった。フェラーリに在籍したのも（1993 - 95）、一緒にベネトンにやってくる前に、そこでたいがいの苦汁をなめたことも。勿論性格の違いから、その受止め方はそれぞれ違っていたけれども。確かに2人がいた頃のフェラーリは、フラストレーションのため過ぎで動きが鈍り、低迷していた。悲願の勝利を得られない時期が長くなりすぎていた。最後にワールドタイトルを手にしたのが1979年、ジョディ・シェクターとだった。それ以来常に過去の成績と言えばこれ、まるで前科の罪状、耐えられない負債だった。炎をその身にたぎらせるジャン、いつも火花を散らし一触即発のジャンだが、フェラーリには5年もいて、本物の歓喜は1日だけ（唯一の優勝は1995年のカナダGP）、怒りと幻想に悶々とした日々だった。更にジャン・トッドには我慢できず、それをいつものアレジ流で歯に衣着せず公言していた。ベルガーにとって問題は少し違った。フェラーリ在籍の3年間はベルガーにとって帰還を意味した。1987年から1989年まで跳ね馬マシンを駆ったからだ。しかし状況は好転しなかった。それどころか最初の在籍中4度優勝したのに比べ（1987年鈴鹿、オーストラリア、1988年イタリア、1989年ポルトガル）今度はたった1回だけ（1994年ドイツ）。当時ベルガーは大活躍したし、チーム内でも上手くやった。不安に打ちのめされ、混乱することがしょっちゅうなチームで波風立てるのを避けてきた。それに加えて、2人は誰の目にもいいコンビだった。不調にあえぐ当時のフェラーリには付き物だった修羅場の中で、彼らは自分の意見を言うこともできれば、場を収めることもできたのだ。
しかし彼らの時代は終わった。とりわけコンビの終焉に苦しんだのはベルガーの方で、シューマッハの到来にも我慢できなかった（95年スパでのポールで怒りをぶちまけたのは印象的だった）。一方のアレジの幻滅はもっと複雑であった。フェラーリは常にアレジにとって夢であり人生そのものだったのに、期待にはほど遠い成績で章を閉じることになったのである。
コンビを組んだまま移籍するということ、それも他でもないシューマッハを売り出し勝利させたチームに移籍する

ということは、彼ら本人だけでなく我々にとっても、面白いことになりそうだった。舵取りはブリアトーレで、彼一流のズケズケした物言いをして負けずにその存在感を見せつけていた。すでに書いたように、2年である。ベルガーにとってはキャリア最後の年であり、色んな意味で記念碑的な年であった。度が過ぎるくらいだった、全く。シューミに何度ももの凄いアウトブレーキをかけていったこと、父親を亡くしてすぐの、97年ホッケンハイムでの感動的だった最後のウィークエンド。ジャンも闘争心をむき出しにした。97年モンツァでのポール、２位8回、血と汗。これぞジャン、こうじゃなくちゃ。

それに加えて、彼らの周りにはいつも何かと話のタネになることがあった。皮肉に自虐、一種のF1式学生生活の中で、ブリアトーレもムチとニンジンを持って一役買ったから、人の目を引き付ける、この変わったファミリーをニュースにしなければならない者にとっては、それはもう嬉しい話だった。

当時はウィリアムズの時代だった。ジャック・ビルヌーブがブームを起こした。熱く激しい年だった。その中でキャリアを終えかけているコンビがいて、すぐに惜しくなることは分かっていた。ベルガーもアレジも別世界の人種、絶滅寸前の人種だったのだ。過去のドライバー、ターボエンジンの時代、アイルトン・セナのようなスターの輝きを持つ、フィルターを通さず自己主張する時代のドライバーなのだ。それに比べるとぐっと冷めていて、その分何を考えているのか分からない違う世代に埋もれた、旧式のドライバー。だからこそベルガーには考え直してもらいたかった。またジャンとコンビを組んでもらいたかった。ジャンは相変わらず青春のまま、猛烈な勢いで駆っているのだから。この2人がいれば退屈しなかった。派手にかんしゃくを起こすかと思えば、何でも話し合える仲になる。公衆の面前でけんかし、きつい冗談を言い合う。素晴らしかった。正統派、ロマン派のドライバーなのだ。

ベルガー&アレジの姿が、スターティンググリッドに見られるレースはもはやないことがはっきりしたある日の晩、2人にセンセーショナルなお別れレースをしないかと持ち掛けてみた。ル・マン24時間耐久レースで、我々全員がピットでアシスタントをするというもの。ところがベルガーは、「冗談じゃない、あいつは先に独りで23時間半ドライブして、その後おれにバトンタッチだろう。当然ギアは壊してるんだろうし」と言うし、アレジはアレジで、「冗談じゃない、あいつは最初と最後だけ出てきて、真ん中を僕にやらせる気だよ。馬鹿みたいにおれに一晩中走らせておいて、自分はナンパだろ」とのこと。問題は本当にこうなりそうだということで、そして誰もが、ひょっとしたら彼ら本人も、そうなって欲しいという希望を失っていないということだ。いつの日か、一度でいいから。それまで2人に感謝したい。誇りをもって。幸いなことに、優勝者リストに名前が載るだけが能じゃないんだから。

アレッサンドロ・ナニーニ
偉大なチャンピオンを抜いていたのに、
友達は「もっと速くなれないのかい、それじゃ羊だよ」

カジュアルな雰囲気、やんちゃな物の見方、レースの解釈の仕方。ある意味ベネトン・チームを最も象徴するドライバーだった。カジュアルだがやる時はやる、これは言える。秀でた才能を持っているのに、おそらくそれを伸ばしきらなかったのだと思う。怠け者だから。38歳、レースを捨てた。そして振り返りもしなかった。今彼に、レースが恋しくないか、もしかして、ちょっと軽く舞い戻ってみる気はないか、などと言ってみても、答えは決まって「もうやめたんだ」。シエナ出身のアレッサンドロ・ナニーニは1959年生まれ。F1グランプリ参戦77回、優勝1回、1997年にはさっさと引退した。武器にさらばする時は、それがどんな物であれ惜しんだり苦痛を感じるものだが、彼は何の苦もなく新しい生活を始めた。同時に、トラックにおけるもう1人のトスカナ人であり、アルファロメオのツーリングカーレースで長年苦楽を共にしたチームメイト、ニコラ・ラリーニと設立したスクーデリアも辞めた。

現在「ナノ」（みんなこう呼んでいた）は、コーヒーとペイストリーを扱う企業家として成功している。伝統ある家業を継いだのだ。パオラ夫人と別れ（「でも、よい関係を保っている」）、新しい家庭を築いた。子供は2人で、6歳の娘と3歳の息子がいる。「困ったことといえば1つだけ、マシンに乗らなくなってからというもの、前は72キロだったのが、今じゃ90キロ近い」と言う。ナニーニは、不平を述べる時も軽妙さとアイロニーを忘れない。それは彼の屈託のない性格のなせる技だが、見かけは軽率で皮肉屋といった印象を与えながらも、ひょっとしたら自我に他人を介入させない為のバリアかも知れない。レース界では、美男で長身痩躯の伊達男として通っていた。ドライバーとしては、技術面で劣るものの、大胆さとスピードにおいては当時のトップレーサーに引けを取らなかった。しかしトップといっても、彼はその名前が思い出せないこともあった。ナノには変わったところがあって、うかつな所はうかつだったのだ。見たこともない往年の名ドライバーだとなおさらである。1988年、ベネトンに入った最初の頃だ。モンテカルロのパーティーに参加した時、上品でにこやかな婦人を紹介された。「こちらがベット・ヒル夫人」ナニーニはとまどって「はじめまして」。仲介の者は鷹揚に、「御主人はモナコのグランプリで5回優勝されて・・」と続けた。するとナニーニは「ああ、そうなんですか。で今晩は一緒にいらっしゃらなかったんですか」。ベット夫人は笑いをこらえる事ができなかった。13年前に亡くなった夫も、こんな青年と会ったら面白がっただろうと思いながら。

イタリア人ドライバーはほぼ皆そうだったように、ナニーニも86年ミナルディでF1のキャリアを始めた。2シーズンのうち、ただの一度も世界選手権で得点を得られなかった。「でも、こう言っていいのか分からないけど、エンジンが壊れてばっかりだったんだから」エンジンは今は亡きエンジニア、カルロ・キティ設計のモトーリ・モデルニだった。彼もまたトスカナ出身で、それは感じのいい人だったが、F1でやっていくには、後押しする財力がなかったのだ。

87年度シーズン終了時にベネトンがナニーニに目を付ける。テオ・ファビの後任に別のイタリア人ドライバーを入れるつもりだったのだ。「ちょうどいい時に来た電車みたいなもの。飛び乗ったんだよ」とナニーニは回想する。「もちろん凄く運がよかったことも確かだよ。ステップアップするのは重要なことだから。それは技術面でも人間関係でもそう。チームでは上手くやっていけたよ。イギリス人メカとは完璧に仲良くなったし、言葉の問題もなかったし。パーティにも一緒に行ったよ。楽しいスクーデリアだったよ、みんな若くて、考え方も新しいし。要するにトレンディ。まあ、ちょっと変なところもあったけどね。例えば、89年の僕のチームメイトはジョニー・ハーバートだったんだけど、朝っぱらからもうしこたま飲んでるんだよ。対する僕の方は下戸なんだ、ってトスカナ人には考えられないことだろ。ああ、そりゃもう僕にはぴったりのチームだった」

次から次へとコーヒーを飲み、たばこを欠かさず、ナニーニは間断なくF1の階段を登りつめていった。当時の主人公といえば、セナ、プロスト、ピケ、マンセルら錚々たる面々で、要するにそれ以外の者にとっては、こんなハードルを越えるのは容易ではなかったが、ナニーニはそれをやってのけたのだ。1989年10月22日鈴鹿でのことで、セナとプロストが争ったあのセンセーショナルな事件の日だ。2人はマクラーレンで共に戦うチームメイトだったにもかかわらず、ワールドタイトルを争って死闘を繰りひろげていたのだ。プロストはシケインでセナにドアを閉ざし、両車は接触事故を起こした。プロストはその場に止まったが、セナはマーシャルにマシンを押してもらってレースに復帰、シケインをショートカットする。この2件でセナは1位でゴールしたものの、失格と裁定された。タイトルはプロストの手に、レースの勝利は悠々3位だったナニーニの手に。今になってみれば「アイルトンが失格にならなくても勝ってたかもしれない。本当に2人に迫ってたんだから」と主張するが、あの日表彰台に登る前、皆に「本当に僕が勝ったの。何かの間違いなんじゃないの」と聞きまくっていた。「えええっ、じゃあ僕も大したものじゃないか！」アレッサンドロ・ナニーニはシエナへの凱旋のことを考えていたのだ。夜2時過ぎまで一緒に遊ぶことも珍しくないバール仲間のことを。飽きもせずに「おい、もうちょっと速くなれないのかよ。それじゃ停まってるよ、羊の方がまだ速い。うちに帰ってケーキでも焼いてろよ」と言っていた仲間。

トスカナでは、冗談を言うのは日常茶飯事だ。またそれを率先して言うのがナニーニだった。ケーキの話が出てきたが、それは父親が経営する会社のことだ。ペイストリーの工場を持っていて、シエナの中心地にバールを何軒か出していたのだ。その中にナノが若い頃アルバイトしていたバールもある。「あの頃はよかったねえ。ウェイトレスを口説いてばっかりで・・」その後レースの方が大事になった。フォーミュラ・アバルトから出発、そしてキャリアを積んだ。

誰が何と言おうと、F1世界選手権のリストを見れば、あの1989年日本グランプリの日付の横にはアレッサンドロ・ナニーニその人の名前がただ1つ載っているだけなのだ。これには本人もいたく満足している。88年から90年のベネトン在籍期間に、英国・ベネト合作のマシンを駆って、45レースに参戦、鈴鹿での勝利、また2位2回、3位が6回、4位が4回、5位が2回、6位が4回という成績のおかげで、世界選手権で65点を獲得したのだ。「大きいといえば、ブリアトーレの功績だよ」とナニーニは言う。「フラビオはF1のことはいまいち分かってない風をしているけど、その実は敏腕オーガナイザー。あんな凄い人はいないよ。コーヒーは飲まなかったけど、ヘビースモーカーぶりにかけては僕に負けていなかったね」そこで問題があった。ベネトンのスポンサーはキャメルだったのだが、ナニーニはテレビカメラの前でここぞと言わんばかりに、いつものマールボロの箱を開けるのだった。「殺してやろかと思ったよ」当時ブリアトーレはこう語った。「金の出どころが台無しになるところだったんだぜ。それからお互いに妥協した。タバコは吸ってよし、ただしいつものマールボロは事前にキャメルの箱に入れること、とな」

ところがさすがのブリアトーレも、ナニーニの極端な行動に制限をもうけることは出来なかった。レースのある日でも、少なくともベネトンに入りたての頃は、自宅にでもいるかのように食事をしたし、(「いい習慣は維持したかったんだ。それにおいしいものを食べることに害はないよ」)また夜更かしすることも度々だった。それもテレビを見るだけのために。「家内が寝入るのを待ってから、ポルノ映画でもあればゆっくり楽しんだんだよ・・」

彼の性格が風変わりなら、家族も風変わりだ。芸術家の家族。姉は有名なロックスターだ。「何度か僕の出るレースに来てくれたと思う。姉貴は頭がドイツ人なんだ。あの脳味噌が僕にあれば、F1のワールドチャンピオンになれたのになあ・・」

F1界に別れを告げるもととなった、あのヘリコプターの事故の後、1991年はナニーニにとって停止の年となった。「考えるにはいい年だったけど、クソ面白くなかった。馬鹿なことで辞めたなんて腹がたった。でも、皆が僕を好いてくれるということが分かったよ。セナや、勿論パトレーゼや他のイタリア人ドライバー達、ハーバートらが一番に病院に電話をくれた。ジョン・バーナードもいて、僕のためにオートマのマシンを作ってくれと彼に頼んだよ。当時のF1にオートマはまだなくて、今考えてみれば、僕のアイデアだったのかな」

レースに戻ったナニーニは、ツーリングカーレースで5年アルファロメオをドライブした。それからメルセデスに所属した後辞めた。今ではもうレースを懐かしむこともないし、興味もなくなった。「レース界にいて、ずっと出来る仕事だとか、これといった役割だとかがないんじゃね。招待されたりするからレースに行くことはたまにあるけど、半時間もいれば嫌になって、帰ってしまう」手に負えない反逆児。全然変わっていない。ナニーニにとって時は止まったのだ。

ジョニー・ハーバート
歩くのもやっとだったがドライブはできた
そしてデビュー戦では堂々4位に

ジョニー・ハーバートとベネトンがビタースイートな関係にあったのは疑う余地がない。頂点とどん底が交差した。いまだ検討、見直しが必要な点は沢山ある。1988年8月に、ベネトンはジョニーにF1に足を踏み入れる大チャンスを提供し、彼を必要とする時にはずっと味方をした。実際その同じ月に、F3000の新星ハーバートは1989年度のベネトン・オフィシャルドライバーになる契約にサインするのだ。しかし残酷な運命が彼を待ち受けていた。その翌日ブランズハッチで参戦したF3000レースで、恐ろしい多重クラッシュに巻き込まれ、ハーバートはひざから下を複雑骨折した。重傷だった。ジョニーとスイス人ドライバー、グレゴル・フォイテックがトップ争いをしたあげく、2人そろってバリアに激突したのだ。衝撃は凄まじかった。最初の衝突で、ジョニーのフロントが外れ、車体のそれ以外はトラックの方へバウンドし、続いて反対側のバリアにぶつかった。ぞっとする事故だった。

それにも関わらず、ベネトンのチーム・マネージャー、ピーター・コリンズの支えと励ましを一身に受けて、数ヵ月後ハーバートは復帰を果たすのだ。1989年3月にリオデジャネイロでF1デビューを飾った時、ジョニーはまだ歩けない状態だったが、堂々4位に入ったのである。優勝したナイジェル・マンセルとはたった11秒差だった。新しいスターが誕生したのである。

それでもベネトンとの関係がぐらつき始めるのに時間はかからなかった。フラビオ・ブリアトーレが腕を見せ始めていた頃だった。ハーバートはカナダで予選を通過できず、ブリアトーレは彼を切ることに決めた。「あれじゃ駄目だよ。足の筋肉がないんじゃな・・」ここで「早送り」をして6年後に話を移そう。ロータスのステアリングを握る完全に回復したハーバートの身体、再びトップ争いのできる勢いを見せつけた時、ベネトンはまた食指を動かした。こうして再度の信用を得たハーバートは、1995年をベネトン・ルノーで走る契約をした。チームメイトは新しいチャンピオン、ミハエル・シューマッハであった。これはただのお散歩では済まないとすぐに分かった。

「彼を打ち負かすなんて思うのには無理があった」と、ジョニーは事実を認めていた。「でも、ある意味ではいい事だと思ったよ。目指す目標が持てたんだからね。彼のリズムに近づいたことが何度かあったから、経験を積みさえすれば、もっと近づけないという理由はないんだ」

しかしそう甘くはなかった。ミハエル・シューマッハと張り合うことは、彼が想像したよりはるかに難しいことが分かってきた。ジョニーはほとんどいつも礼儀正しく振る舞い、場違いなことを言うことは決してなかった。それでもその年のシーズンが終わると、またしてもチームから放り出されたのだ。ハーバートがイギリス・グランプリで優勝したのをそでにして、ゲルハルト・ベルガーとの契約にサインしていたのだ。ハーバートはモンツァでも勝利し、もう失うものもないとの思いから、ベネトンとの関係のほろ苦さについて意見を述べた。ベネトンはF1デビューしてから最初の優勝の機会を2度も与えてくれたこと、しかしそれと同時に、切り捨てられるという事実を思うと、シューマッハと戦う才能が彼には十分ないとチームが見なしたと考えられる、ということ。そうだとしたらはらわたが煮えくり返る。おさまらない。

「観客の目に入るのはベネトンのマシンをドライブするミハエル、それからその何秒か後に続く僕。1周遅れで。だから観客は、僕がどう頑張ってもトップドライバーのグループに入れないと思うんだ」その日ハーバートが語った言葉である。「僕をB級ドライバーに仕立て上げたとしか言えないよ。満足のいかないマシンで2度も優勝したことは運がよかったよ。でもそれは、いい時にいい場所に居合わせた、そのチャンスを利用したからだ。もし僕のドライビングスタイルに合うようにマシンを調整できるなら、もっと勝てるはずだ。ミハエルを負かすことだってできるはずなんだ。ミハエルのマシンは彼の言う通りにできてるんだから・・僕のはそうじゃない。ドライバーとしてのシューマッハはエゴイストだよ。アラン・プロストやアイルトン・セナがそうだったように、彼らは何でも自分の思い通りにしてもらわないと気が済まない。ベネトンに入った時、多少はこうなるだろうと予想していたよ。でもこれほどまでに差をつけられるとは思っていなかった。観客が見るのは結果だけで、なるほど僕の結果はよくないよ。でも、ミハエルに与えられた便宜が、僕には与えられなかったのは事実だ」

辛らつな言葉である。しかしハーバートは同時にあのシーズンのいい思い出も大切にしている。ベネトン・チームからF1に参戦し初優勝を飾ったのは真実だ。しかも、彼の応援に沸くイギリス人ファンに囲まれた母国でのことだった。忘れもしない瞬間だ。長い下積みを経験したハーバートだけになおさらである。「最後の2、3周は最高の気分だった。トラックを囲む応援席でみんな旗を振り回しているのが見えた。みんな僕を応援してくれていたんだ。優勝すると片腕を上げてファンに答えるのが僕の常だったけど、もしいつかF1グランプリで優勝することがあれば、両腕を上げて歓声に応えようとずっと思ってた。そしてその通りにしたんだ!」

ネルソン・ピケ
オーストラリアGPで勝利を収めてから
そろそろ潮時かなと思い始めた

ネルソン・ピケ・ソウト・マイオールは今や50歳を超えているが（1952年8月17日リオデジャネイロ生まれ）幸せな男だ。過去にはF1のワールドタイトルを3度獲得、現在は、何人もの妻、7人の子供、年老いたママのクロティルディ、という大家族に囲まれ、実業家として精力的に活躍しているのだ。レースドライバーの血は消せず、息子のネルシーニョがその遺伝子を受け継いだ。ネルシーニョは2005年、モータースポーツの頂点、F1への準備段階GP２に挑んだ。その他のピケ・カンパニーは、ブラジリア近郊にある豪邸に集合し、ほぼ全員が1年のうち長期間滞在する。長男ジェラウド、ケリー、ラースロ、ジュリア、ペドロ、それにパートナーであるビビアーニ・レアンとの間に生まれた一番小さいマルコ。他の子供のお母さんは、と聞くとネルソンは笑って、「思い出さない方がいいんだよ。多すぎるから」と言う。レース界の正統派ハーレムの王様ピケと、噂になった数多い女性の中にはモナコのステファニー王女も入っている。しかしこんな話は真実半分、想像半分というのが常だ。第一もう過去の話なのだ。

ピケは母方の姓を名乗ることにし、デビュー当時ピケットと呼ばれていた（ヘルメットにそう表記されていた）。ベネトンから参戦した2度の世界選手権のことを忘れたことはなかった。出走32回で、全キャリアで24回手にした勝利のうちの3回である。それはピケにとって、2つの相反する感情に引き裂かれた時期であった。1つは若く、朗らかで育ち盛りのチームに所属しているということ、もう1つはそろそろ引退が避けられなくなってきたということだった。「ベネトンに入った頃は喜び勇んでいたよ」と言う。「ロータスでの2シーズンは辛かったから。最悪だったのは1989年で、チームメイトの中嶋と一緒になってスパで参戦資格が得られなかったんだ、好きなトラックだったのに。F1界で歴史も人気もあるスクーデリアの1つだったのが、どんどん落ち目になっていってた。それというのも、あのフランス人エンジニア、えーと確か・・デュカルージュとかいったっけ、あいつのせいでもあったんだ。物分りが悪くて、走れないような代物を作った」

1990年にベネトンに入ったピケは、アレッサンドロ・ナニーニとコンビを組むことになった。ピケは「ああ、サンドロ。速かったねえ。いい奴だったよ、優しくて。それがレースでは獅子のごとしでね。でも技術の方は興味がなかったみたい。マシンの構造はあんまり分からなかったみたいだしね。それはそれとして、僕たちは仲良くやったし、マシンの方もレースごとに良くなっていった。サーキット外ではよく一緒に遊んだよ。僕たちに対する過剰な圧力もなかったから。それからあのヘリコプターの事故があったんだ。ひどい事故だった。みんな何日も悲しみに沈んだよ。奴はみんなに好かれていて、みんなが安否を気遣ってた。あんな事故さえなきゃ、まだまだこれからだったのに。ついてなかった。でも最終的にはそんな不運もなんとか乗り越えたよ。僕も同じような経験をした。1992年インディアナポリスでのことで、インディ500の予選プラクティスで、メナード・ローラ・ビュイックもろとも壁にぶち当たって両足首を骨折したんだよ。事実上はこの事故でレース人生は終わったはずだったんだが、現実には遊びでフォーミュラ・インディに乗ったりしたよ。ル・マンの24時間レースだとか、ブラジルF3にも参戦した」

ベネトン・チームに移籍してから2年目には、日本とオーストラリアで立て続けに2勝した。その後カナダでまた優勝。「アデレードでチームはお祭り騒ぎだったよ。F1はちょうどグランプリ500回目記念のレースを迎えていたんだ。そこへ他でもない僕たちが表彰台の一番上に登るんだったから。素晴らしかった、本当に素晴らしかったよ」

しかし同時にピケの中で何かが熟しかけていた。「嬉しかったよ。でも同時に混乱していた。F1人生14年、14歳の時カートを始めたからもう何年もステアリングを握ってきて、迷っていたのに決断が下せなかった。子供の頃はテニス選手になりたかったのになあ・・。ミハエル・シューマッハという名の男が、終わりだよと最終的に背中を押してくれたってことさ。ロベルト・モレノの代わりにチームにやって来た時、奴にはもう敵わないと思ったよ。けた外れだってことがすぐ見て取れたね。誰より凄い奴、次世代のナンバーワン。でもなあ、正直言って、あれから何年かしてベネトンがワールドタイトルを2度も手にするとは思ってもいなかったね。他のチームの方が伝統も能力もあると思っていた。だって僕らのエンジンは8気筒のフォード、ライバルチームのところはもっといいのが使えたんだよ。まあロリー・バーンのような天才デザイナーがベネトンに戻ったってことは、進歩が期待できたってことだけど。そういうわけで、F1界を去ろうと決めた時には、もう僕の心も落ち着いていた。人生のうちで内容の濃い、輝かしい時期を締めくくるのは残念だけど、新しい選択ができる自由に満足していたんだ」

それ以来ピケは、Autotracという、南米全域のトラックの移動状況と安全を衛星を使って管理する企業のオーナーをしている。それだけではない。頭のいいピケはインターネットを通じて大学のコースを提供する会社も組織した。「時間を上手く使いたいんだ」と言う。「息子のジェラウドはトラックレースをやってる。僕もやらないとは限らないよ♩ またちょっと昔のように競争心を燃やしてみたいからね。F1グランプリがある時はもうテレビにかじりついてるよ。懐かしいねえ、ベネトンのことも忘れられないし。1991年6月2日のモントリオールで、僕にとって最後の勝利を与えてくれたチームだよ。あの日のことはずっと僕の胸に残ってる」

今日、日々生まれる新たな挑戦がピケを前進させている。思い出だけに生きるつもりはないのだ。しかし思い出は生きる助けになっている。よりよく生きる助けに。

その他の「グリーン」ドライバー
ドイツGPでのテオ・ファビの魔力
フィジケラの表彰台コレクション

ベネトンカラーのマシンを駆りF1グランプリ優勝者になったドライバーの中に、名前こそ挙がらないものの、彼らがその功績や、また場合によってはその経歴の大部分を、このベネトの企業の名とカリスマに結びつけたことには疑いがない。このようなドライバー達のことを語るために、チームの歴史を2つに区分してみよう。最初はベネトンブランドがトールマンとアルファロメオ・ユーロレーシングのスポンサーでありパートナーであった時期。次にチームが完全にベネトンのものとなる第2の時期。

最初の時期に登場するのが、例えばテオ・ファビである。彼こそベネトンの一番最初のドライバーで、1985年モンテカルロでベネトンカラーのトールマンでデビューした。ベネトンはトールマンを買収したばかりで、上昇志向に燃えていた頃だが、まだ安定しているとはとても言えなかった。そんなチームの中へファビは、持ち前の落ち着きとプラグマティズムですんなり入っていった。頼もしいばかりで、レースで6戦した後ベネトン初のポール・ポジションを勝ち取ったのだ。ニュルブルクリングで開催されたドイツGPでのことだ。

予想以上の出来事だった。ミラノ出身のファビは今日不動産業界で活躍しているが、当時のこととなると熱狂する。「僕の走りは完璧だった。僕たちはハートエンジンで、よそより馬力は劣っていたが勝ったんだ。ピットではみんな自分の目を疑っていたよ。チームは若かったし、新しく来た人が多かった。喜びで我を忘れていたよ」その翌年には、またしてもファビの前年に続く快挙。オーストリア、イタリアGPでのポール、続いて1987年にはツェルトヴェクでのオーストリアGPで表彰台を獲得した。ベネトン・フォード、ターボエンジンだった。

この最初の時期には、もう1人の偉大なイタリア人ドライバーの功績も加えなければならない。その名はリッカルド・パトレーゼ。すでに1984年、1985年とベネトングリーンのアルファロメオを駆ったことがあるのだが、1993年、彼にとっては最後のF1シーズンを、ベネトン・チームからミハエル・シューマッハとコンビを組んで参戦した。優勝には一歩足りなかったとはいえ、次々によい成績を残した年だった。パトレーゼはブラバム、ウィリアムズ時代グランプリで6勝したが、その後はハンガリーで2位、イギリスGPで3位、スペインで4位、ドニントン、ドイツ、イタリアで5位という結果に甘んじなければならなかった。「それでもベネトンにいた頃のことはいい思い出になってるよ」と、語る。パドヴァ出身のパトレーゼはその後乗馬に転向した。「ベネトンでは新鮮な空気を吸えたからね。ワールドタイトルを獲得するため、レベルアップの前段階だったのは明らかだった。シューマッハはチャンピオンになるべくやって来た。彼はダントツだよ」

トールマン・ハートのマシンを駆ったベネトン２番目のドライバーは、ピエルカルロ・ギンザーニ。1985年のオーストリアGP以来テオ・ファビのチームメイトを務めた。グランプリに7回出走。その後F1デビューを果たしたチーム、オゼッラと再び契約した。

しかし転換期となったシーズンといえば、1987年と1988年だろう。若く優秀なドライバーを擁し、勝利に飢えていた。例えばベルギー人ティエリー・ブーツェンは、この2年の間にオーストリアで3位の表彰台に登り、その翌年5回もそれをやってのけた。89年は短い期間ながらエマヌエレ・ピロがいた年だ。グランプリへの参戦は10回のみ、最高位はオーストラリアでの5位だった。だがチームが疾走を始め、ドライバーが名声を得るようになったのは1990年のことだった。ピケとナニーニのコンビは人気を博したが、ナニーニが衝撃的なあのヘリコプターの事故で前腕を失ってからは、ロベルト・モレノというもう1人のブラジル人が「ナノ」の使命を継承した。モレノはそれによく応えた。90年の日本GPでは、早速チームメイトであるピケに続いて表彰台に立ったのだ。「人生で一番いい瞬間だった」とモレノは言う。「世界に僕の力を知らしめたということもあるけど、ネルソンと表彰台に上がったからだよ。ネルソンはレースを始めた頃とてもぼくの力になってくれた友人なんだ。あれからずっと励ましてくれたんだよ」

モレノとシューマッハの歴史は重なり合うところがある。1991年のシーズン中、イタリアGP前夜にモレノはマシンを降ろされた。しかしその前戦ベルギーでのレースで、シューマッハがF1デビューを飾った時、運命の皮肉か、モレノはファステストラップを記録したのだった。ベネトンのマシンで得た自己ベストのラップタイムだったのだが、同時に同チームでの最後の記録にもなった。ここ数年のF1の歴史に名を残したドライバーにシートを譲るためだった。

1992年には、若きシューマッハのチームメイトとしてマーティン・ブランドルがやって来る。今日ではテレビ・キャスターとして活躍しており、速く、辛抱強く、したたかなドライバーで、F3時代はアイルトン・セナの好敵手であった。ベネトン・チームに移籍した年にはモンツァで2位、フランス、イギリス、日本、オーストラリアで3位が4回、表彰台を獲得した。そして、38ポイント、総合6位という成績でシーズンを終えた。

苦あれば楽あり。ハッピーエンドもあれば、辛い話もある。例えばフィンランド人J.J.レート。ベネトン在籍中の1994年シルバーストーンで、シーズン直前のテスト中頚椎を骨折し、若きオランダ人ヨス・フェルスタッペンに活躍の場を譲ることを余儀なくされた。ヨスはこうしてF1デビューを果たし、ハンガリーとベルギーで2度3位を獲得し頭角を現した。それから彼もホッケンハイムで炎に包まれるという恐ろしい経験をする。ピットストップで給油中に火災が起こり火だるまになったのだが、奇跡的に無傷であった。ベネトン時代以来、フェルスタッペンが表彰台に上がることはついぞなかった。レートはステアリングを再び握ったものの、シーズン中これといった成績を残せずに終わった。

ベネトン・チームが勢い士気を高め、華々しい活躍をするようになったのは、96年、97年のシューマッハ以降、フェラーリから2人の帰還兵ジャン・アレジとゲルハルト・ベルガーを迎えてからだ。ベネトン・チーム最後の数年に所属したドライバーのうち名前を挙げておきたいのが、ジャンカルロ・フィジケラ。グランプリ出走66回、98年（カナダ、モンテカルロ）、99年（カナダ）、2000年（ブラジル）とあちこちで2位を獲得している。2000年にはまた世界選手権ドライバーズ部門で18ポイント獲得、ランキングは6位だった。最後に才能あるドライバー2人の名を挙げたい。アレクサンダー・ヴルツとジェンソン・バトンである。

ドライバーの数だけ歴史がある。数多くのドライバーが、ベネトンのF1参戦という冒険に多大の寄与をしてきた。表彰台の一番上の段を除いて。

本拠地

チームの聖地
ウィットニー、夢見る初期の歩み
エンストンでの新しいレース文化

F1がこの25年の間にいかにして変わったかを理解したいなら、ベネトン・ファクトリーの進化を見てみれば一目瞭然だ。これほどよい例はない。なにしろここで前途有望な技術者のチームが経験と技術を培い、後にワールドタイトルを3回も獲得したのだから。

全ての舞台は、オックスフォードシャー州の絵のように美しいイギリスの田舎である。トールマン・チームは後にベネトン・チームとなったのだが、当時はF2レースに参戦のつもりでスケジュールを組んでおり、オックスフォード近郊のキッドリングトンにある作業場のスペースをシェアしていた。そこで働いていたのが、まだ若きトム・ウォーキンショーだった。後にジャガーとワールド・スポーツカーレースで栄光を手にし、その後ベネトンの共同経営者となり、次いで今はもう存在しないF1チーム、アロウズのオーナーとなった男だ。

1981年トールマンがF1参戦に打って出ることにした時、ウィットニーに自分達だけの本拠地を構え移動した。大学町から少し離れた小さな田舎町である。実際のところ、チームがヒースロー空港やシルバーストーン・サーキットから近いのをいいことに、それを次第に利用するようになってから、オックスフォード周辺はますますF1界のシリコンバレーの様相を示してきた。ウィットニーの製作所は面積560平方メートル、従業員約35人であった。当時にしてはなかなか大規模だったのだが、トールマン・チームはマシンのコンポーネントを全部自分のところで製造し、組み立てることを自慢にしていたのだった。時の経つにつれてチームは成長し、隣接した製作所を新しく購入した。それだけでは済まず、膨らみ続ける従業員と機械の数に対応するために中2階を設置しなければならなかった。

ジョン・マードルは当時のことを懐かしそうに振り返る。F1レースに加わるようになってすぐトールマンに入り、当初はギアボックスやサスペンションを製作するサブアセンブリー部門にいた。「今日の基準に比べたら、何もかもかなり原始的だったね」と回想する。「製作所には機械が3台か4台あるだけ。パソコンの導入ときた日には、アムストラッドなんだけど、1983年にやっとだよ。デザイン室には1台あったけど、設計は全部手書きだったんだ、鉛筆で。図面台でだよ！1984年になると12台になり、今じゃどのデスクにも必ず1台・・」

当時は今と仕事の進め方が違った。デザイナーはサスペンションのコンポーネントを設計するのだが、それをマシンのシャシーに設置する役目はメカニックや組立工がしていた。「現在のCADが格段にいいのは確かだ。しかしそれにしたって手書きで部品をデザインして、それをマシンに取り付けてみる作業は、新製品を導入するには非常に手早く出来る方法なんだよ」とマードルは言う。そして「先に言っておくけど、当時はウィンドトンネルを持ってなかったよ。でも80年代の半ばにサウザンプトンにあるやつを使い始めた」と付け加える。

当時は要するに、ちょっと設備の整ったガレージに毛の生えたようなものだった。IT部門もなければ、マーケティング部門もパブリック・リレーションもなかった。グランプリの開催される週末になれば製作所はがらんとした。というのも秘書数人を除いては、従業員は総出でレースに出向いたからである。「でもねえ、テストセッションをするのにたった4人でできたんだよ」とマードルは語る。「今なんてエンジンをかけるだけで15人ものエンジニアが要るじゃないか！」

90年代の初めにベネトンがトップチームの仲間入りをした時、ウィットニーの製作所は本当に小さくなってきた。チームの尊敬を集める技術者ジョン・バーナードの所有にある、ゴダルミングの施設にチームの一部を置こうというプロジェクトに関しては、一時の迷いがあったものの、最終的にはデザイナーのグループと経理部門など少数のメンバーが、このロンドン南部、ティレル・チームのファクトリーからほど近い施設に移動した。

1993年にようやく全員が同じ屋根の下に集った。ベネトンがエンストンという小さな村の郊外にF1のための本拠地を建設したのだ。緑に囲まれた田舎である。オープン当時そこは世界で一番大きく、一番近代的なF1ファクトリーだったが、従業員にとってはだだっ広い敷地をうろうろして無数の廊下に迷い込むような場所だった。

だがそれは新しい時代、新しい文化の始まりであった。メカニックが1日の仕事の後、自分で床掃除をしていたようなただのガレージから、素晴らしい施設へと変化したのだ。そこには庭園や滝を備えた圧倒的な建築物があり、また丘を掘って作ったウィンドトンネルもあり、その上の屋根で羊が草をはんでいるのだ。レーシングマシンをデザインし製造するのに適しているだけでなく、財力のあるスポンサーの目を奪う役目を担うことになり、ファクトリー自体がマーケティング戦略の手段となった。

今日では、ベネトンの後を継いだルノー・チームの本拠地となっており、最初の製作所に比べると約10倍の表面積6500平方メートル、また500人の従業員数を誇る。そのうちの少なくとも14人ほどは、かなりの数の外部請負業者と共に、F1スケジュールには何の影響も及ぼさない。彼らの役目はただ、ミニチュア版の村とも言える彼らの生活環境が清潔であり、潤滑に進むよう気を配ることである。従業員のためには食堂があり、また専用に設置されたジムもあり、昼休みはそのジムで、時にはドライバーと隣り合わせになって過ごすこともできる。自然と先端技術の融合を祝福するかのような、素晴らしい景色を愛でるのもいい。

何もかもが、日曜日の午後、レースに出るお2人がいるからなのだ。「25年の間に目を見張るような変化があったよ」と、今日ではトールマンとベネトンを経て、ルノーのオペレーション・ディレクターの地位にあるマードルは結論する。「ベネトンには常に偉大なチームワークの精神があった。でも我々がエンストンに移った時、その"家庭的な"雰囲気が幾分か失われてしまったというのは否めないね。ウィットニーでは、仕事が終わってから晩の7時、7時半頃になると、夏なんかは色んな部署の者が、建物と建物の間のスペースに集まってサッカーをしたりしたものだったよ。今なんて帰り際に駐車場で会うくらいだよ。でもどうしようもないね、これが進歩したってことなんだから」

テクニカル・イノベーション

パット・シモンズが語る
ベネトンが進歩できた理由

2005年にフェルナンド・アロンソがF1世界選手権初優勝を決めたルノー・チームにとって、彼は必要不可欠な中心人物の1人である。またベネトン・チームの歴史のほぼ全体を通しても、彼は要となる人物であった。エンストンの施設を設立したのはベネトンで、現在はルノーの従業員が勤めているが、パット・シモンズはそこのデザイン部門のエグゼクティブ・ディレクターというだけでなく、技術者のシンボル的存在なのだ。

彼の際立った才能とは何か。精密極まりない技術の発明。ベネトンがF1のトップチームへの狭き門を通れたのはまさにそのおかげだった。

シモンズはイギリス人で1953年生まれ。多岐に渡る学歴を持つ彼は、常に引き受けてきたポジションにうってつけの人物だ。ロンドンで機械工学を修めた後、クランフィールド工科大学で、自動車工学のマスターを習得した。こうしてレーシングマシンデザイナーとしてのキャリアをスタートさせた。ホーク（1976年）、ロイヤル（1978年）で最初の経験を積んだ後、1981年にはトールマンに入り、その3年後には、あの偉大なアイルトン・セナがF1デビューしてまもない数年間、彼のレース・エンジニアを務めた。

7年後ベネトンでシューマッハのレース・エンジニアになった。いかなる状況でも、抜群の勘のよさと管理能力で事に当たった。彼のこれらの才能はチームの戦力に非常に有力に働いた。

シモンズとシューマッハはパートナーとしての関係を結んだのだが、これはシモンズの性格をよく表している。彼はチームで仕事を始めてすぐに、デザイナーとしての能力だけでは足りないと理解した。技術的に速いというだけでなく、ドライバー自身のスタイルの特徴を最大限に利用できるマシンを設計できるようにならなければと考えたのである。

「ベネトン時代はずっとシューマッハと仕事をしたよ。彼がフェラーリに移籍する直前まで」とシモンズは回想する。「それまで仕事をしたことのある、他のビッグネームとどうしても比べてしまった。特にセナと。勿論、ミハエルは速いという点ではセナと同じだったが、デビュー当時のアイルトンのことを考えると、ミハエルの方が少しばかり大人という感じだった。アイルトンはトールマンに入りたての頃、何でもオーケーだった。ミハエルはそこのところ色々要求してきたからね。勿論彼と仕事をするなら、それなりのことはしなくちゃならない。実際に私たちがそうしてきたのをベネトンは認めてくれているはず」

それから一般的な考察をする。「トップドライバーというのは、頭の方もトップクラス。この分野は、確かに頭がいいことと、がむしゃらに働くことでレベルアップする世界だよ。でもミハエルは秀でた頭脳を持つドライバーが、同世代でも抜きん出るという事実を語るいい証拠だ。マシンのことだけを言ってるんじゃないよ。ドライブしていない時も彼が常に考え事をしていて、次の作戦を練っていたことはすぐに見て取れた。シューマッハは、体調がよければ、その分走る時に有利になるということを理解した最初のドライバーだと思う」

「あの時期にぐっと成熟したんだよ。最初の頃はフォーメーションラップ中にエンジンを壊してしまう癖があったし、これといった理由もなくコースオフすることも時々あった。でも、同じ間違いを繰り返すヤツじゃないとすぐに分かったよ。要するに、まだ荒削りなところは多少あったにせよ、ベネトン時代に彼に磨きをかけてやれたと思ってるよ」

チャンピオンドライバーと密接してする仕事。それに技術上のイノベーション。シモンズ作の。「1985年、ベネトンに買収されたばかりのトールマンで、トラクション・コントロールを実現させたよ。単純にホイールが路面にかけるパワーを部分的にする必要があるという事だけではなく、タイヤの状態自体を考慮したシステムだ。90年代の初めには、ベネトン・チームにアクティブ・サスペンションという非常に精巧なシステムも導入した。これにより路面に対するマシンの位置を一定にすることで、空力効果を最高にすることができ、更にドライブのしやすさ、一般的な安定性という利点を得た。しかし最先端のプロジェクトと言えるのは、やはりFTTと呼ばれる4輪操舵システムだろうね。これは1993年シーズンの終盤にデビューさせた。２年に渡る長く複雑な研究の成果だった。フロントアクセルシャフトが2本、エンジンのそれとは全く無関係の小さな油圧クラッチを備え、FTTシステムは、シケインでの速度アップを可能にし、更にオーバーステア、アンダーステアともコントロールを容易にした。カーブ時のリアホイールの傾きはたったの3度。最初は他のどのチームも気が付かなかったが、我々のマシンを近くから見るドライバーが出てきて、仕組みを理解し始めた。うわさはパドック中に広がったよ。パトレーゼはこのシステムをそんなに喜ばなかったが、シューマッハは違った。シーズン最終戦から3戦前のエストリルのポルトガルGPで優勝したんだ。0.3秒も差を付けられたトラックもあれば、そうでない所もあった。それから1994年にはFIAが4輪操舵を禁止した」

ベネトン・チームのメンバーの創造力からいかに色んな物が飛び出してきたかを思うと、シモンズに笑みがこぼれる。「1991年の高いノーズを持つフロントスポイラーもそう。常識を覆すモデルだったけど、すぐに皆にコピーされた。それに1999年のダブルクラッチ。これはレースで使われたことはなかったけど」シモンズの感想はこうだ。「調和が取れているといい物が生まれるんだよ。あの当時の数年間、調和ならたっぷりあった。ベネトンはまるで家族みたいだったからね」

コミュニケーション

パトリツィア・スピネッリとショック療法
「チーム内でも意見が分かれていて」

80年代半ば頃からF1に革命がもたらされた。それは定期的に行われるいつものレギュレーション改定によってではなく、イメージ、その捉え方、そして性格を覆したのである。

派手で荒くれ、耳をつんざくような音響のあの「白黒」の世界が、「カラー」へと華麗に変身していった時期は、同じくらい衝撃的に白黒テレビの時代が終わりを告げたのと同じ時期である。時代の転換期にはしばしば見受けられるように、ここにも異色の主人公の存在があった。テクノロジーをとりわけニット製造に応用していた。柔らかな品質、色とりどりの主人公、それはベネトンだった。

ルチアーノ・ベネトンと息子のアレッサンドロは、クリエイティブさと企業家精神を持って、F1参戦というアイデアを受け入れたのだが、そこにも独自の優れたコミュニケーション能力、宣伝能力、ライフスタイル演出の能力を、同様にそそぎ込むつもりであった。

「気でも狂ったのかと思われていました」当時アメリカ合衆国向けグループの渉外担当だったパトリツィア・スピネッリはこう言う。彼女は新たな冒険に従事するため、ニューヨークから呼び戻された。「矛盾するようですが、最初に浮上したのはチーム内部の問題でした。ウォーキンショーやバーナードのように、10分の1秒の差を気にかけ、死にもの狂いで性能を改善することばかり考えてきた人達に、トップモデルやファッション関係の顧客、大物スポンサーが職場になだれ込んできて、質問をぶつけたり、時には本当に邪魔になるくらいなのに、彼らにいい顔するのを受け入れてもらうのには苦労しました」

ショーの中のショーが始まる瞬間だった。役割がひっくり返ったのだ。オーナーであるスポンサーは、パドックで起こる人生模様を受動的に眺めながら、名前を売る機会を窺っているだけではなく、そこで行われるハプニング、パーティー、イベントの主役となるのだ。レース開催中のウィークエンドといえば、最初の頃は仕事や数々のテストから切り離されており、唯一モナコ公国で華やかな社交の場がもうけられていただけだったが、それがショーのハイライトとして待ち受けられるようになったのだ。それはレースのハイライトであると同時に、メディアのハイライトでもある。

「全部自分達でやったんですよ。広告代理店だとかのエージェンシーも何も使わずに。予算ゼロで。想像力だけが頼りでした」こうして瞬時にしてF1に分野の違う報道陣、しかもレースが何であるかも知らない人々がやって来て、例えばフェニックスGPがそうだったように、チームのピットをファッションショーのセットに使ったりした。レーシングマシンが際立つシーンで、興味深いことにベネトンの製品を着ないモデルが入り乱れた。

様々な人々、様々な国々の幅広いファン層を持つF1の現実、その倫理的、情感的内容を読み取るのは、フラビオ・ブリアトーレの仕事だった。彼はベネトンが、社の敏捷な戦艦の操舵室に乗せた人物だ。彼とパトリツィア・スピネッリが、現状を覆し、更にそれを、チームをどう見せるかという目的のために、有益で好ましいものに変える戦闘準備のできたタスクフォースとなったのだ。ドライバー達のルックスに関しては、それまでは個人の自由に放っておかれたのが、サーキット外の商品のイメージと結びつけるという考えから、それぞれのルックスが作り上げられ、そのイメージには入念に手が加えられた。そして企業広告では往々にしてそうであるように、ベネトン・フォーミュラも、擁する若いドライバー達のタイプの内に、売り出せる要素を探した。クールな北欧系のレートやフェルスタッペンがいれば、ラテンで親しみやすいアレジ。初々しい21歳のシューマッハは、仕事だと割り切って、地では演じそうもない役を引き受けた。色んな顔ぶれ、かける情熱は1つ。これぞユナイテッドカラーズ。

ベネトンの採ったイニシアチブは方々に流れ出て、シンパ、イミテーション、パロディーを生んだ。瞬く間にF1は色とりどりの「サーカス」に生まれ変わっていた。その中でフラビオ・ブリアトーレが、コミュニケーションの奥義を教え込みながら、いずれにしてもチームの技術的、実践的なレベルを引き上げようとするのだが、色眼鏡をかけた連中には、相変わらず今ひとつ信用のおけない「アウトサイダー」止まりだった。が、1994年ついにやった。初のドライバーズタイトル獲得だった。更に1995年にはルノーの信頼とエンジンを得て、ドライバーズとコンストラクターズの両タイトルに輝くのだ。

サーキットでの浮き沈みと同じリズムで、思い出や印象を残すイベントを催し、決定的にテリトリーを形成する。初期のイニシアチブと並んで革新的なもう1つのアイデアを展開する。それは、ハイクオリティなスポーツ用品を製造、配給するベネトン・スポーツシステム社の傘下にあるブランドを利用して、スポンサーをグランプリ2回ごとに変えることである。ノルディカ、プリンス、キラーループといった企業に出入りし、マウンテンバイクのレースやテニスのトーナメントといった、製品のダイナミックな性質を強調できる一連の催し物を平行して提供する。そこへ定期的にドライバー、技術者、ジャーナリスト、ゲストなどを招待するのだ。パドック版のJEUX SANS FRONTIEREで、親睦を深め、リラックスする格好の機会として、グランプリ毎のお楽しみとなるのだ。アルゼンチンでのポロ・ゲーム、フェニックスでのロデオで、勇気のあるゲストにはロデオごっこのできる牛の乗り物も用意したり。または今日のチャリティサッカーのさきがけとなる、観客6000人を動員してのヘレスでのサッカー大会。

新しいマシンの披露も、コミュニケーションの機会となる。その中でも、「シューマッハ以降」最初の年である96年度のシーズンには、タオルミナのギリシャ劇場のような比類のない遺産を舞台の背景にして行われ、トリナクリア・グランプリでは、「シチリア人」アレジと古都の路地を巡るという催しがされた。

暗闇にいた人が、急に光をあびて目を眩まされるように、ベネトンの登場でF1は外見を変えた。面白く、つきあいやすくフレンドリーになった。コミュニケーション戦略が功を奏したのはチームだけではなく、F1界全体だ。技術がサーキットで信仰を許される唯一絶対の宗教だった世界に楽しい雰囲気をもたらすのは、それまでは能天気で大風呂敷を広げるタイプのドライバーが発する放言ぐらいだったのだ。パトリツィア・スピネッリにとって一番いい思い出となる瞬間と言えば。「それはもう1995年、鈴鹿でのルチアーノ・ベネトンね。シーズン途中に獲得したダブルタイトルをお祝いするパーティでのことです。感動に我を忘れて、踊ったり狂喜したりする彼を見るのは、私の人生で最も満足感にひたれたシーンの1つでした」

スポンサー

ベネトンがたどった道。スポンサーから・・スポンサーがつく側へ。それまでは誰も試したことのない順路だ。それは勝つメカニズムを生み出す元となる、一連のパートナーシップという結果につながった。独りでは勝利できない世界である。ましてやテクノロジーを基盤とし、莫大な額の投資を要するスポーツにおいてはなお更だ。

ベネトンの賭けに賛同しようとした者の名は非常に多い。その名の有名度は問わず、全て等しく重要なのだ。全て欠かせない存在であり、またとないプロジェクトの一員なのである。

ダイアリー　1983年 - 2001年

「シューマッハのようなチャンピオンの素晴らしさは、優勝するかしないかでは計れない。ベネトン・フォードから出走、世界選手権1年目の頃を思い出すよ。チームはトップに立つのを目前にしていたが、マシンは常に最高のものという訳ではなかった。だがマシンに欠けている部分は彼が補って差をつけたんだ。すごい奴だよ」

ニキ・ラウダ、2003年2月ウィーンで

1983年
ミケーレ・アルボレートと
ティレルの返り咲き

歴史あるスクーデリア、将来有望なイタリア人ドライバー、グランプリでは伝統的なブリティッシュ・カラーであるグリーン一色のマシン。ベネトンのF1での冒険はここに始まる。役割はスポンサー。1983年の初めにティレルとスポンサーシップを結んだのだ。ティレルは百戦錬磨のケンのチーム。スコットランド人ジャッキー・スチュワートが獲得したワールドタイトルの数々、パトリック・ドゥパイエやジョディ・シェクターらの戦勝により栄光の時代を経験したものの、資金不足のため徐々に苦境に陥っていったのが、再び話題をさらうようになったのだ。若きミケーレ・アルボレートのおかげでもあった。彼はその前年フォード・コスワース8気筒エンジンに再び脚光を浴びさせたのだ。それはルチアーノ・ベネトンも観戦していたラスベガスのレースで、タイトルを争っていたウィリアムズのフィンランド人ケケ・ロズベルグ（最終的にチャンピオンになった）とマクラーレンの北アイルランド出身ジョン・ワトソンにとって雌雄を決する日だった。

1983年チームはまたアウトサイダーの役に徹することになる。が、チャンスさえあればいつでも飛びかかれるよう爪を研いでいた。ステアリングを握るのは、再びアルボレート。そしてアメリカ人ダニー・サリバン。

チームは期待を裏切らなかった。ミケーレはデトロイトのアメリカ東GPでまたしても優勝をさらい、イギリス製V8に花を持たせた。フォードV8のそれからの空白期間は長く、次の勝利（ナニーニのドライブするベネトンだった）まで、6年も待たなければならなかった。それはともかく、1983年アルボレートの成績は10ポイント、12位だった。チャンピオンはブラバム・BMWのネルソン・ピケ、南アフリカでの最終戦でのことだった。サリバンの方は2ポイントで17位。スクーデリアはコンストラクターズ部門で12ポイント、7位を占めた。ロータスと同点。

スターは明らかにミケーレ・アルボレートだった。他のトップチームが目をつけないはずはない。エンツォ・フェラーリが、10数年来続けていたイタリア人ドライバー立ち入り禁止令を破るほどの才能。こうして待ちに待ったマラネロからの公式声明が届く。ミケーレ・アルボレート、1984年にはルネ・アルヌーと組んでフェラーリをドライブする、と。頑張れアルボレート。こうして彼はベネトンを去る。ベネトンは、グランプリでの最初の第一歩に成功した後ティレルに別れを告げる。

ナンニ・ガッリ
「こうしてルチアーノはF1参戦を決めた」

「そうです。ルチアーノ・ベネトンをF1に入るよう説得したのは、他でもない私だったと思います」とナンニ・ガッリは言う。プラートの紡績工場のオーナーであり、過去にはオフィシャルアルファロメオで勝利し、F1でフェラーリをドライブするという特筆すべき経歴がある。「70年代ですよ。何世紀も昔のことです」と笑みを見せながらコメントする。彼が当時を懐かしんでいるのと、謙虚なふりをしているのが見え隠れする。それからすぐに「ルチアーノ・ベネトンとは仕事を通じて知り合いました。うちは彼の会社のニットに使う織物糸を供給する会社の1つでしたから。私はF1グランプリを観戦するのがやめられないものですから、彼にF1をプロモーションの手段と考えてみてはどうかと吹き込んだのです。80年代のベネトンは、世界中に店開きをしてどんどん拡大していましたからね。私の考えでは、ブランド名を宣伝するのにちょっと他にないほどいい方法だと思ったんです。ルチアーノはF1について新聞などで知っていましたが、それがどんな環境でどんな世界なのか見当がつかなかったようです」

ルチアーノ・ベネトンは熟考の末、事は上手く運ぶかも知れないと考えた。ナンニ・ガッリと共にデトロイトに飛び、アメリカ・グランプリをその目で見た。そこで理解したのは、F1が本当に何か特別なものであるかも知れない、ということだった。宣伝費についても好都合であった。「数ヵ月後、ケン・ティレルに電話しました」とガッリの話は続く。「ティレル・チームは、ベネトンと結びつけるには、理想的な要素を持っていると思いました。1983年のファーストドライバーが、非常に将来有望な若手イタリア人ドライバー、ミケーレ・アルボレートだったということもあります。ティレルはやり手で、過去にもジャッキー・スチュワート、パトリック・ドゥパイエ、ロニー・ピーターソンらのような有名ドライバーを抱えていたし、フォードとは特権的な取引を続けていました。イギリスへ飛んだのは1982年9月のことで、すでに寒くなっていました。ルチアーノ・ベネトンとケン・ティレルは馬が合い、スポンサーシップの契約が成立したのです」

それからの出来事は嬉しい驚きだった。「アルボレートがラスベガスで、続いてデトロイトで優勝したんですよ。私たちはピットで息をつめてレースを見守っていました。ルチアーノは普段は決して喜びに小躍りする男ではないのですが、手放しで喜んでいました。F1に関わってみようという本能に従って正解だったのです。一緒になって喜びましたよ」

1984年
アルファロメオと
熱狂と苦労のはざまで

ベネトンがティレルと袂を分かつことにしたのは、アルファロメオと提携するつもりだったためである。アルファロメオのグランプリ参戦は単独ではなく、ユーロレーシングの運営を通してだったにせよ、輝かしいイタリアブランドに違いなかった。アルファロメオはF1世界選手権の歴史の最初のページをタイトル獲得者として塗りつぶした（1950年にファリーナ、翌年ファンジオ）が、一旦GPから退き、70年代に再びマーチ、マクラーレン、とりわけブラバムへのエンジン供給に舞い戻った。その後1979年シーズン終盤の2レースにヴィットリオ・ブランビッラがドライブするいわゆるアルファ・アルファで正式に帰還した。更に翌年ブルーノ・ジャコメリとパトリック・ドゥパイエのため2台のマシンをそろえる。フランス人ドゥパイエは、1980年の夏、ホッケンハイムのテスト走行中に悲劇的な死を遂げた。

83年単独参戦のシーズンを勝利なくして終え、アルファロメオはその次の世界選手権が始まる頃には、ユーロレーシング・アルファと名を変え登場。カラーはベネトングリーン。主導権を握るのはジャンパオロ・パバネッロ、エンジンと政策を担当したのが、歴史に名を残すエンジニア、カルロ・キティだった。ドライバーはブラバムから移籍してきたリッカルド・パトレーゼと、ルノーを離脱したイタリア育ちのアメリカ人エディ・チーバーだった。紙面では最高のコンビネーション。しかし幸多きシーズンとはならなかった。エンジンが問題点となったのだ。燃料消費に関する新しいレギュレーションのため、2人のドライバーはレース終盤になり順位が確実になる頃、ガソリンが切れるという憂き目に遭うのだった。ジャンニ・トンティがエンジン部門の運営に加わったものの、アルファロメオ社からのキティの権力には限度があり、状況は一向に好転しなかった。

シーズン終了後、一番の成績だったのがモンツァのイタリアGPで獲得したパトレーゼの3位。パドヴァ出身のドライバー、パトレーゼは更にキャラミで4位、ニュルブルクリングのヨーロッパGPで6位を占めた。ブラジルでの世界選手権開幕戦では4位、チーバーも好成績を残す。パトレーゼは8ポイントで13位、チーバーは3ポイント、16位で選手権を終えた。コンストラクターズ部門でスクーデリアは8位止まり。最初に燃やした野心を考えれば微々たる結果だった。

1985年
トールマン買収
ベネトン、チームを成す

成果少なし、政策上の困難終わらず。このままでは駄目だった。そこでベネトンは、F1の主人公として成功するための一直線の道、より実り多い道を探すためアンテナを張りめぐらし始めた。同時にアルファ・ユーロレーシングとのスポンサーシップも保持した。アルファ・ユーロレーシングは前年と同じ組織ではあったが、ラリーでは伝説であったサンドロ・ムナーリをスポーツ・ディレクターとして唯一新しく加えていた。

チャンスはトールマンという形をして現われる。1981年にF1入りしたこのイギリスのチームは、1984年アイルトン・セナなるドライバーをデビューさせることにより急成長し、最高のシーズンを経験した。だがセナがロータスに移ったことと、タイヤ供給問題により、ハートエンジンをマシンに搭載していたトールマンは、1985年シーズンが始まる頃には活動をストップせざるを得ない状態にあった。トールマンはピレリとの関係を壊してミシュランに移ったのだったが、1984年が終わる頃ミシュランはGPを撤退、ピレリを怒らせたチームはタイヤの供給を頼むところがなかったのである。

ベネトンが身を乗り出し、取り引きの末5月には電撃的にトールマンを買収することに決まる。デビュー戦はモンテカルロ、同じ月の19日、シーズン第4戦目だった。マシンは1台、それをドライブするのはテオ・ファビ。すぐにセンセーションが巻き起こる。マシンのカラーリングが目を引いたのもあるが（最高だった。様々な国の国旗を白地にあしらい、UNITED COLORS OF BENETTONのロゴを入れた）、当時のＦ１界にとっては画期的な企画で度肝を抜いた。その中でも目新しいのは、ピレリタイヤのショルダーのカラーリング。本拠地は英国、ウィットニーだった。オーストリアGP開催の8月からはピエルカルロ・ギンザーニのため2台目のマシンをそろえる。

数字だけを見ると、1985年がベネトンにとって記念すべき世界選手権の年だったかと言えば、そうではない。2チームに二股をかけていたにもかかわらず、手ぶらで帰宅したというわけだ。とりわけアルファロメオの戦いは壊滅的なもので、シーズン終了後F1から完全に退いてしまった。それに対するトールマン・ハートの方は、テオ・ファビがホッケンハイムの速いサーキットを駆け、ドイツGPで華々しいポールポジションを獲得したことで威厳を保った。賽は投げられたのだ。この時からベネトンは自力で歩くようになる。

1986年
ついにやってきた
初めての勝利

やっとベネトン・チームとなる。F1参戦から3年目、ベネトン・グループは歴史的な白熱戦となった選手権に自社の名を冠するチームをひっさげて登場する。トールマン・チームは姿を消し、サーキットには契約を更新したテオ・ファビのドライブするベネトンB186と、新しく加わった若きオーストリア人ドライバー、ゲルハルト・ベルガーが現れる。エンジンはBMW、タイヤは引き続きピレリ。チームの組織図を見ると、代表取締役をダビデ・パオリーニが、南アフリカ出身のロリー・バーンがいつもの彼のポスト、テクニカル・ディレクターを続け、ロータスとウィリアムズで輝かしい経歴を持つピーター・コリンズがチーム・マネージャーとなっている。

1986年のシーズンはＦ1界にとってとりわけ悲劇的である。3月8日にはフランク・ウィリアムズが、フランス南部カステレで行われたチームのテストから車で帰宅の際、ひどい交通事故に巻き込まれて大怪我を負い、下半身不随となる。5月14日、またしてもカステレでのことだが、ブラバム・BMWのリア・ウィングの破損が原因で起きたクラッシュがもとで、ローマ出身のエリオ・デ・アンジェリスが亡くなる。世界選手権は4人が繰り広げる、見逃せないバトルの舞台となる。主役はナイジェル・マンセルとネルソン・ピケのウィリアムズ、アラン・プロストのマクラーレンとアイルトン・セナのロータス。オーストラリア、アデレードでの最終戦で優勝したのはプロストで、レース終了間近に直線コースでタイヤを破裂させたマンセルを抑えての勝利だった。

ベネトンは好調だった。ファビが2度、オーストリアとモンツァでポール・ポジションを獲得した。しかし何と言ってもピレリタイヤ絶好調の日のおかげで、ベルガーがメキシコGPで勝利したことであった。ベルガーはマクラーレンのプロストを25秒以上の差で引き離した。シーズン終了時には、ベルガーが17ポイントで7位、ファビが2ポイントで15位、そしてチームがコンストラクターズ部門で6位を獲得した。

はばたく用意は全て整った。しかしこれからという所でベネトンの2大柱が欠けることになる。ベルガーがフェラーリと契約したのだ。これでアルボレートに始まった傾向に駄目押しするようなもので（アルボレートは87年度フェラーリ・チームでゲルハルトのチームメイト）、ミハエル・シューマッハの件へと続いてゆくのだ。ベネトンのドライバーはフェラーリに受けるのだ。一方BMWはすでにフランスGP開催の7月に、F1撤退を宣言。エンジンが要る。ふりだしに戻らなければならなかった。

ピーター・コリンズ
「ゲルハルトの勝利は
転換期のサイン」

トールマンがベネトンに買収されてから間を空けず、数週間後に就任したチーム最初の責任者である。チーム編成の初期段階の苦労は、彼とダビデ・パオリーニの肩にかかっていた。彼は50年代にフェラーリで活躍した同姓同名のピーター・コリンズとは何の関係もない。現在はレースに相変わらず夢中のオーストラリア人のいい紳士で、F1とはいまだ強い絆を持ち続けている。仕事の内容は多岐に渡るが、その中にドライバーの管理がある。「チームのゼネラル・マネージャーの仕事を始めたのは1985年、フランスGPからだった。ウィリアムズを辞めたから、皆何でか聞いてきたよ。いったいどうしてフランクを捨てる気になったのかって。実際のところは、新しい基盤で再出発して、これまでロータスやウィリアムズで培ってきた経験を生かすというアイデアが魅力的だったんだよ。やる気が凄く湧いた。あれからビッグチームに育っていったベネトンの礎を築くのに一役買わせてもらったよ」

ベネトンに呼んだのは友人のロリー・バーンで、ファクトリー内部の運営、ベネトン・ファミリーとのやり取りに従事した。コンタクトを取ったのはFIA、ドライバー陣、エンジン供給会社にも及ぶ。「ベルガーが1986年のメキシコGPで我々のマシンを駆って優勝した時はよかったねえ。あの瞬間、我々は成長している、ビッグになれるなと痛感したよ。そして本当にそうなった」

シドニー生まれのオーストラリア人。話し上手だが言う時ははっきり物を言う。ピーター・コリンズがベネトン・チームを辞めたのは1989年のことであった。

1987年
フォードと提携
デトロイト産エンジンだ

ベネトン・チームはへこたれない。ターボエンジン供給をフォードと取り決める。ここから双方にとって実りある提携がスタートする。ゲルハルト・ベルガーの後任にベルギー人ティエリー・ブーツェンが入る。アロウズですでに4シーズン参戦してきたドライバーだ。目立つ存在ではないが、非常に堅実な走りで、契約更新をしたテオ・ファビのチームメイトとなる。バランスがよく、チームを成長させるための犠牲も厭わないコンビが誕生した。

マシンはB187で、すでに述べたようにフォードV6を搭載、バンク角は120度。新しいレギュレーションはこのタイプに制御バルブを義務付ける。また世界選手権にNAエンジンの使用を再び認める。エンジンの骨格は前年ローラ・ハースで使用されたもので、パワーはそれほどでもないが、マシンへの取り付けは良好、空力の効果を上手く生かすことができた。そしてマシンは役割を果たす。

世界選手権はしかしウィリアムズの手中にあり、唯一ウィリアムズの絶対的支配を邪魔できるのがセナを擁するロータスのみだった。だが最終的にタイトルは、これで3度目の獲得となるネルソン・ピケの手に渡る。素晴らしく速いがツキのないナイジェル・マンセルを抑えてのことだ。そのエピローグと言えば、鈴鹿での日本GPのテスト走行中、マンセルは事故を起こして病院に直行したことだ。これで挽回のチャンスは失われてしまったのである。

ベネトン・チームにとっては、1986年に比べると数字に関しては良い方向に向かっていたと言える。世界選手権のコンストラクターズ部門でチームは28ポイント獲得で5位に納まり、一方ドライバーズ・ランキングの方はブーツェン16ポイント、8位、ファビが12ポイントで9位。しかし昨年は手にした勝利に欠いている。1987年度最高の成績は2度の3位入賞。オーストリアのツェルトヴェクでファビが獲得したものと、シーズン最終戦オーストリアのアデレードでブーツェンが獲得したもの。物足りないといえば物足りないが、チーム編成はいよいよ堅固になり、トップを目指す道は見えてきた。が、直線の道を曲げるのがまたしてもレギュレーション変更。1989年には、3.5リットルNAエンジンしか認めないとのこと。ベネトンは先手を打つ。1988年からはフォード・コスワースDFR 8気筒エンジンにする。

1988年
ピットの観察者
その名はフラビオ・ブリアトーレ

エンツォ・フェラーリ逝去の年。8月14日モデナで亡くなる。ベネトン・チームにとっては、速くてすこぶるいい奴アレッサンドロ・ナニーニが加わった年でもあった。ナニーニは本当に掘り出し物だった。またクネオのマネージャー、フラビオ・ブリアトーレと最初の接触のあった年でもある。彼に経営を任せるつもりであった。新しいB188はこれまたロリー・バーンがデザインしたマシンで、再びNAのフォードV8エンジンを積むことになる。4年間に4度もエンジンを変えるとは、どんなエンジニアでも悲鳴を上げそうな作業だ。タイヤは、何年も提携してきたピレリから代わってグッドイヤーに。ドライバーのコンビの方は、トスカナ出身ナニーニのチームメイトにティエリー・ブーツェン。テオ・ファビ去る。彼がチームと送った3シーズンを概観してみると、まずはよい時期だったと言えるだろう。

シーズン総得点はポジティブ。ベネトンはコンストラクターズ総合3位入賞、39ポイントの得点で難攻不落のマクラーレン（セナとプロストで16レース中15勝の離れ業。当然のことながら両ワールドタイトルを奪う。ドライバーズはアイルトン・セナの手に）とフェラーリの背後に着いたのだ。最終順位はブーツェンが5度の2位とポイント獲得の順位4回で得た27ポイントで堂々の4位、ナニーニはホッケンハイムでピットにロックスターの姉ジャンナを招待し、12ポイント（2度の3位、好ラップタイム1回）で9位入賞。

アデレードでの最終戦には、フラビオ・ブリアトーレが招待客として現れる。「1年休暇を取ってバージンアイランドのうちへ帰ったばっかだったのに」とブリアトーレは後にこう語る。「ルチアーノから電話があり、ニューヨークで会おうと言う。オーストラリアへレースを見に行こうだってさ。何のレースか聞いたらF1だと言うんだよ」ブリアトーレは過去7年の間ベネトンの仕事のためアメリカ合衆国に行っていた。分野が違う。経験もなければGPの世界も知らない。しかし時間と情熱、それに視野を狭くしがちな偏見がないところが彼の強みだ。こうして新風を入れることになるのだった。

1989年
ナニーニ、日本でのお披露目
バーナード就任

大きな変動のシーズン。初めを研究の期間に充てて、トップを目指すためのプランが出来上がる。ルチアーノの次男、1964年生まれのアレッサンドロ・ベネトンが会長になる。ダビデ・パオリーニが代表取締役、新たに加わるフラビオ・ブリアトーレがコマーシャル・ディレクターの役を担う。テクニカル・ディレクターとスポーツ・ディレクターの任は、引き続きロリー・バーンとピーター・コリンズが務める。

文句なしに契約を更新したナニーニとチームメイトを組むのはジョニー・ハーバート。しかしF3000の最先鋒だったイギリス人ハーバートは前年の夏、ブランズハッチで起きた事故で命は助かったものの、両脚を複雑骨折したのだった。ブラジルGPに参戦した時は歩くことができず、パドックを自転車で移動していたし、マシンに乗り込む度にひどい苦痛を味わわねばならなかった。それでも彼は諦めなかった。そしてナイジェル・マンセルがフェラーリでのデビュー戦を鮮烈に飾ったGPで4位に輝やくのだった。だが肉体的限界は超えられない。それからのハーバートは成績不振で、6レースの後、7月初旬に行われたフランスGPを最後にイタリア人ドライバー、エマヌエレ・ピロと交代させられる。

専用のフォードV8を積むマシンB189は出来がよく、おかげで何度も満足させてもらえた。コンストラクターズ・ランキングで20チーム中4位に入ったのがその例だ。ナニーニが32ポイントで6位に輝き、ハーバートは5ポイントで14位、ピロは2ポイントで23位入賞。その中でも最大の快挙と言えば、机上で決められた優勝とはいえども、やはり日本GPで決めたナニーニの勝利だ。マクラーレンのセナとプロストがシケインで接触した時、プロストはリタイア、セナはコースに戻り1位でゴールするも、後で失格の裁定を受ける。物議をかもしたタイトルはアランの手に、そして鈴鹿のヒーローは初優勝のナニーニに。それがナニーニのキャリアで唯一となったのは残念である。チームはそこで立ち止まってはいない。日本での歓喜の日から数えて3週間前の9月29日、ジョン・バーナードがテクニカル・ディレクターとして就任することになる。フェラーリを離脱した「魔術師」だ。来る者あれば去るものあり。シーズンが終わるとダビデ・パオリーニとはお別れとなる。

1990年
ピケ、ポイントごとの報酬
選手権ランキング3位

バーナードとバーン（新190も彼のデザイン）のコンビをテクニカル部門の舵取りに据えて、新たなシーズンに取り組むことになる。人材が揃っているという点では期待できそうだが、最後に毒とアメが隠れていたシーズン。ピーター・コリンズが辞め、彼に代わってアシスタントのゴードン・メッセージがスポーツ・ディレクターになる。ナニーニのチームメイトになるため加わったのが、3度のワールドチャンピオンに輝くネルソン・ピケ。行き詰まっていたロータス時代を経ての移籍だった。ブリアトーレにとっては、ドライバー関係で見せた最初の舌を巻く手腕だった。とりわけその方法についてで、ピケには定額の報酬を決めずに、1ポイント獲得するごとに5万ドルが支払われることになったのだ。そしてことに終盤戦では効果大だった。

フォードV8搭載、グッドイヤータイヤを履くマシンはナニーニも活躍させる。ナニーニにとっては重要な年で、マンセルの後任を探していたフェラーリの候補に上がるくらいだった。しかしこれからというところでアレッサンドロの夢は壊れるのだった。モンツァの前夜、フェラーリとの契約はもう成り立ったも同然だと思われていたのに、ナニーニは申し出を蹴り、1991年もベネトン・チームに留まると決める。

そして残酷な運命が待ち受けていた。10月12日、ナニーニはヘリコプターで自宅近辺に着陸しようとして事故を起こす。機体は着陸するも転覆し、抑制の効かなくなったプロペラがナニーニの前腕を切断。フィレンツェCTOの医師陣が大手術に挑んで接合に成功するが、ナニーニのF1でのキャリアはこれで閉ざされてしまう。

シーズン後半のレースはブラジル人ロベルト・モレノが代わって参戦。それから運命の皮肉か、ベネトン・ピケの名で2度も勝利を収める。最初の勝利は鈴鹿で、セナとプロストがスタート時に接触事故を起こしたレースで。セナの前年の恨みをはらす「逆襲」か、またしても激しい議論に火をつけたが、結果はベネトン・チームに初のワンツーフィニッシュをもたらす。タイトル獲得はアイルトン、ピケは有効点43ポイント（44ポイント獲得のうち）で3位、ナニーニは8位（21ポイント）、モレノが6ポイントで10位。チームはコンストラクターズ・ランキングの3位に入った。だがシーズンは穏やかに過ぎそうになかった。10月にはロリー・バーンがチームから抜ける。代わりにやって来たデザイナーはゴードン・キンボール。シーズン終了時、翌年度には再びピレリタイヤをマシンに使用する決定がなされる。

1991年
技術者革命
モンツァでミハエルがデビュー

この年の優勝は1度きり。ネルソン・ピケが獲得した。結果は今ひとつであるとはいえ、1991年はベネトン・チームにとって種まきの年だった。ゴードン・メッセージの在職期間は短く、シーズンが始まる頃にはジョアン・ビラデルプラットがチーム・マネージャーに就任した。そして技術部門をパワーアップするため、経験を積ませるという意味でも、チームの35%をイギリス人トム・ウォーキンショーのTWRに譲渡する。オーナーのウォーキンショーは元ツーリングカーレースのドライバーで、何と言ってもプロトタイプカー選手権でジャガーを成功に導いた立役者として有名だった。

世界選手権スタートはB190、次にB191。エンジンは相変わらずフォードV8。シーズンの3分の2は引き続き、3度のチャンピオン王ピケと、ピケとは同郷のモレノがドライバーを務める。ところがタクシー運転手への暴行の件で、ガショーがロンドンで逮捕され、その代役でスパのベルギーGPに参戦したのが、ジョーダンでデビューすることになるミハエル・シューマッハなる逸材だった。ブリアトーレとウォーキンショーの2人組はすかさずこのドイツ人の潜在能力を嗅ぎつけ、ジョーダンとの契約の詳細を探りにかかり、次レース（モンツァ）が始まる前には彼を奪い去っていた。モレノの代わりにベネトンへ入れたのだ。この一件は裁判沙汰に発展し、散々の騒動の末、シューマッハはイタリアGPに出走（すぐにピケを押さえた）、ベネトン・チームとキャリアをスタートさせる。

シーズン終盤になると、最後の1周でウィリアムズのマンセルが起こした例のストップのおかげでピケがカナダで手に入れた優勝以外、戦利品はそれ以外2度の表彰台のみだった。コンストラクターズ・ランキングは38.5ポイントで4位。ドライバーズではピケが6位、モレノ10位、シューマッハ12位。前年より悪い。とりわけ技術部門に喝を入れる必要があった。喝は必要がある所に届く。まずはジョン・バーナードが出てゆく。それからウォーキンショーの圧力で、デザイナーのゴードン・キンボールが放り出された。トムはプランを練ると、すぐに実行に移す男だ。テクニカル・ディレクターに就任したのはロス・ブラウン、スポーツプロトタイプカー選手権で成功を収めたジャガー・TWRのブレインだ。更に研究開発部門の主任として、南アフリカ出身のエンジニア、ロリー・バーンが呼び戻される。未来の勝利を狙う基地は築かれた。

1992年
得がたい男ブランドル
シューミ、スパでの驚異

ウィリアムズやマクラーレンに比べると、成功への道はまだまだ険しかった。しかし強豪マンセルとセナが率いる2大チームを前に、ベネトンはF1の第3の勢力としての地位を固める。ドライバーは、めきめきと頭角を現しつつあるミハエル・シューマッハと、そのチームメイトに迎えられたマーティン・ブランドル。ブランドルはイギリス人で、一般には過小評価されているきらいがあるが、実際は堅固な走りをするドライバーで、十分速い。2人はよい取り合わせのコンビでチームの発展に貢献する。サポートするのは、スターこそいないものの、均一で堅牢なテクニカル・スタッフ。3月末にはアレックス・ザナルディとの契約が発表される。F3000で活躍したドライバーで、テスト・ドライバーとしてフォードV12エンジンの開発のために雇われるが、グランプリにお目見えすることはなかった。

世界選手権の最初の3戦はB191の改造車がサーキットを走り、タイヤは再びグッドイヤーに。ベネトン・チーム参戦100回目のレース、バルセロナのスペインGPの際、いつもの頼りになるフォードHB V8エンジンを搭載のB192をデビューさせる。そしてベルギーGPがシーズンのハイライトとなる。スパのサーキットではアスファルトが大雨の後、ウェットからドライに変わった。F1への華々しいデビューからちょうど1年目、シューマッハが初優勝を飾る。その時従えたのは、それまでは選手権優勝の常連、他でもないマンセルとパトレーゼが駆るウィリアムズのマシンだった。

ベルギーでのファインプレーは勿論偶然ではない。シーズン終了時の得点を見ると、ミハエルは2位3回、3位4回、ブランドルが（モンツァでの）2位、3位4回。加えて一連のポイントを獲得できる順位で、すでに述べた通り、コンストラクターズ総合3位に入り、シューマッハとブランドルはそれぞれドライバースの3位、6位を占めることができた。

だがシーズン中で最も重要な成果は、年鑑には載らない。オックスフォードシャーのエンストンに、ウィットニーの代わりとなる本拠地を建設したことだ。高額ではあったとはいえ、長い目で見れば順当な投資であった。よりいっそうの成果を生み出すことになる本部なのだから。

1993年
成長するミハエル
パトレーゼとプロスト引退

アレッサンドロ・ベネトン、ブリアトーレ、ウォーキンショー、ブラウン、バーン、ビラデルプラットのチームワークが機能し、作業ははかどった。2月9日にエンストンの施設の正式な落成式が行われる。3月14日を皮切りに南アフリカのキャラミで新たなシーズンがスタート。1年の休暇を経て、アラン・プロストがウィリアムズのステアリングを再び握る。慣例通り、開幕時にB192改造車で走り、3戦目のイギリスはドニントンで開催されたヨーロッパGPで、新しいマシンB193に変える。フォードHB V8エンジンはホンダエンジンを失ったマクラーレンと同じものだった。ベネトン・チームの唯一のビッグニュースは、ウィリアムズから奪ったリッカルド・パトレーゼの登場で、マーティン・ブランドルと交代する。

パトレーゼにとっては、楽なシーズンではなかった。地位を固めつつあるシューマッハは驚くほど速く、一方彼にとってはF1参入17回目の（最後となる）シーズンだった。チームにとっては過渡期だったと言える選手権シリーズだったが、パトレーゼの最高位がハンガリーでの2位と、それ以外の表彰台はシルバーストーンの1度きり。総合ランキングは20ポイント獲得の5位、かたやシューミは52ポイント。出走回数256という記録を残してパトレーゼは引退を決める。

そのかたわらミハエル・シューマッハは成長を続け、文句なしのチャンピオン王になろうとしていた。5度の2位、3度の3位入賞で、今シーズンも優勝を決めて評判はうなぎ登り。実際に勝利を奪ったのは、ポルトガルはエストリルのサーキットで、プロストが4度目のワールドチャンピオンに輝いた日である。シーズン終了時のランキングでシューミは総合4位、ベネトンはウィリアムズとマクラーレンに次いで3位に入る。

ポルトガルで栄冠を手にしたまさにその日、フランスの英雄プロストが引退を宣言する。翌年のシーズンに向けて、無敵のウィリアムズが驚異のドライバー、アイルトン・セナと契約。マクラーレンではすでに3度のチャンピオンに輝いたドライバーだ。これは最強のコンビに違いなかった。

1994年
シューマッハ、チャンピオンに
F1、セナを悼む

忘れがたいシーズン。ネガティブな意味では、F1にとって悲劇の1年であったことから。プラスの意味では、世界選手権がついにベネトンの陳列ケース入りを果たす年だったからである。レース中の燃料給油が再び認められたシーズン開幕時、チームはフォードZ-R V8エンジンを積むB194に乗るシューマッハとチームメイトのJ.J.レートと登場。だが、ウィンターテスト中起きた事故で首を負傷したフィンランド人レートは、インテルラゴスでのレースに参戦できなかった。代役はオランダ人ヨス・フェルスタッペン。

シーズン開幕前は誰もエンストンを本拠地とするベネトン・チームが勝つとは予想していなかった。優勝候補はアイルトン・セナのウィリアムズ。しかしシューミがブラジルで優勝をさらい、英田のパシフィックGPでまた優勝の快進撃。新しいマシンに慣れないセナはどちらのサーキットでもリタイアした。そしてイモラで悲劇が起こる。土曜日にローランド・ラッツェンバーガーが、日曜日にセナが亡くなる。激しい悲しみと不安に包まれた日曜日、シューマッハが勝利し、周囲が混乱しパニックで立ち往生している最中に、にわかにサーキットの主導権を握ることになったのだ。モンテカルロのテスト走行中には、ミハエルが1位を占拠するサーキットで、オーストリア人ドライバー、カール・ヴェンドリンガーがクラッシュで命を失う寸前だった。バルセロナではアンドレア・モンテルミーニがコースから外れ両足首を骨折。

7戦の後にはシューミの優勝は通算6回となり、2位を占める。しかしそこからがいばらの道だった。シルバーストーンでデーモン・ヒルが駆るウィリアムズのマシンをフォーメーション・ラップ中追い越したとして失格に。ドイツではリタイア。一方、燃料給油時にフェルスタッペン（フランスGPから再びレートの代役）のベネトン・マシンが火災を起こし、あっと驚くほどの火の手が上がったものの、幸いなことにほぼ無傷に終わる。スパでは、プランクが減り過ぎていたため、シューマッハの1位が剥奪される。その上FIAが審理の結果、イギリスでのレース中シューマッハとチームが黒旗を無視したとの理由で、シューマッハに対しGP2戦の出場停止の裁定を与える。このためモンツァとエストリルで欠場。あと1点でヒルの挽回のチャンスで、その大決戦はアデレードでの最終戦。2人は接触事故を起こしてリタイアする。シューミとベネトン・チームがワールドチャンピオンになった瞬間だ。称賛の嵐。苦難の1年の最後にもたらされた大いなる喜びだった。

1995年
ベネトン完全制覇
さらにタイトル2つ獲得

センセーションを巻き起こした1995年のタイトルを当然の成り行きで手にしたベネトン・チームにとり新たな躍進の年。長年世話になったフォードエンジンに別れを告げ、新しい技術レギュレーションが要求する通り、3リットルのV10エンジン供給のためルノーに移る。目覚ましい活躍をするシューマッハのチームメイトはイギリス人のジョニー・ハーバート。彼は前年の決戦である最終2レースにもフェルスタッペンの代わりに参戦していた。

新しいB195のプレゼンテーションが、ポンツァーノ・ベネトの工場で行われる。素晴らしい出来のマシンだということが後に明らかになる。8気筒から10気筒のエンジンに変えたことで技術上の難題が持ち上がったにもかかわらず、B194が有していた操縦がしやすいという点は保持できた。シューマッハが英田のサーキットでチャンピオンの座を再びものにする。英田では、シーズン終了にはまだ2戦を残す時点で決まった王座を祝うため、ルチアーノ・ベネトンも出席していた。合計9レース優勝。1992年のマンセルしか比べるもののない記録だ。伝統のサーキットでの2勝（シルバーストーンとモンツァ）を持ち帰ったのは、チームメイトのハーバートだった。こうしてベネトン・チームはF1参戦以来初のコンストラクターズ総合優勝をも手にしたのだ。F1界を完全に制覇した。いや、ほぼ完全に、と言った方がいいかも知れない。

というのもフィアット社の会長その人が、ハンガリーGP観戦の折につい漏らしてしまったのがその年のスクープだったのだ。わざとだったのはほぼ確実だ。「あのドイツ人をうちが手に入れたみたいだね」とジャーナリスト陣を前に何でもないことのように放った。勿論それは事実で、8月16日には正式な発表がある。新たな挑戦の場を求めるシューマッハはフェラーリに移籍することになる。しかしこの事実が素晴らしい1年だった1995年をチームから取り上げるわけではない。合計137ポイント獲得、17レース中11勝という偉業を成し遂げたのだから。フラビオ・ブリアトーレは何があろうと時間を無駄にはしない。あっと言わせる切り札を使った。潜在能力を秘めた名案だった。9月9日にベネトン・チームは、1996年度シーズンに向けてジャン・アレジとゲルハルト・ベルガーを雇い入れたと発表。他でもない元フェラーリのドライバー2人である。

1996年
タオルミナでの転機
ギリシャ劇場を舞台に

シューミの不在は痛い。しかしブリアトーレとそのチームは全力を尽くして戦うつもりであった。その努力の1つにフェラーラ近郊のカズマーロにあるフォンドメタルの施設との取決めがある。最新式のウィンドトンネルを所持しており、空力開発に役立てるためであった。メディアへの強烈なインパクトは、シチリアはタオルミナでチームとドライバーのプレゼンテーションをしたことだ。引き続いてルノーエンジン搭載のB196の除幕式は、エトナ山を背景にしたギリシャ劇場という魅惑の舞台で行われた。続いて古都の路地めぐり。もう1つ意表を突いたのが、優勝の際の表彰台でイタリア国歌「マメリの賛歌」を演奏するというイタリアのライセンスを得たことである。実現することがなかったのは残念だった。

そうは言っても1996年は、特にシーズン終盤においてはベネトン社にとって大きな変動の年であった。まずはフラビオ・ブリアトーレ。1つの仕事に集中する経営者という以上に、今や完璧なビジネスマンであるブリアトーレは、リジェとミナルディを買収後売りに出した。チーム運営スタッフに関しても出来事に事欠かない。それまでずっとサーキット外の将来を夢見ていることを公言していたロリー・バーンが、F1を捨ててタイ人の妻とプーケットの海辺に移住すると言う。ロス・ブラウンは、エレクトロニクスのタッド・チャプスキと空力デザイナーのウィレム・トエと共に荷物一式まとめてフェラーリに移った。1998年には、お気に入りの海岸からバーンを「引き離し」、デザイン部門に加えることに成功した。

1997年
ゲルハルトの奇跡
父の思い出のために

フラビオ・ブリアトーレは引き続きゼネラル・マネージャーとして、会長アレッサンドロ・ベネトンと組み、弱体化した部門の刷新を図ろうとした。チーム誕生からの中心人物の1人パット・シモンズをテクニカル・ディレクターに昇進させ、デザイナーのポストはニック・ワースに。彼はFIAに勤めた経験があり、シムテックを一から立ち上げたが、予算の関係で事業は失敗。事故の多さも（オーストリア人ドライバー、ローランド・ラッツェンバーガーの命を奪った事故もその1つ）失敗の原因であった。ジャン・アレジとゲルハルト・ベルガーの契約更新が決まり、テストドライバーは前シーズンに引き続き、イタリア人ヴィンツェンツォ・ソスピーリ。

マシンはB197、3年連続でルノーV10エンジンを搭載。全体的には96年より成績は落ちる。シーズン終了時アレジは総合3位（デビッド・クルサードと同点の36ポイント）。実際のところは、ミハエル・シューマッハがジャック・ビルヌーブと起こしたヘレスでの事故で出場停止になり、1ポイント繰り上がったのだった。ベルガーは5位、ベネトン・チームは再びコンストラクターズ部門の3位に入ったが、96年に比べると2位との差は広がった。

苦しい1年だった。唯一の好成績はホッケンハイムのドイツGPで奇跡的につかんだと言っていいゲルハルト・ベルガーの優勝。歯の感染症で、次いで父親を亡くした（自家用ジェット機を操縦中の悲劇的事故で）ために3戦欠場していたベルガーだったが、ミハエル・シューマッハ、ミカ・ハッキネンを抑えての堂々1位だった。この時の喜びがゲルハルトをF1界に引き止めることはなく、GP参戦210回の後に引退する。お話の締めくくりは常にシーズン終盤になってから。フラビオ・ブリアトーレが去る。ニュルブルクリングのルクセンブルクGPが、チームのボスとして参加する最後の週末となった。9月25日からはデビッド・リチャーズが代表取締役となる。プロドライブのラリー制覇の中心人物である。ルチアーノ・ベネトンの末の息子で1969年生まれのロッコ・ベネトンが新しくコマーシャル・ディレクターに就任する。

1998年
フィジケラとヴルツ
若いパワーを狙う

チームの采配をふるうことになったデビッド・リチャーズは、ドライバーの選択に大幅な変化をもたらす。アレジとベルガーを手放し、若いドライバーに賭けた。新しく正ドライバーとして入ったのがアレックス・ヴルツとジャンカルロ・フィジケラ。オーストリア人のヴルツは、ベネトン・チームからすでに3度のグランプリ（カナダ、フランス、イギリス）に出走している。1997年ベルガー欠場のあの3回に代役を務めたのだ。フィジケラはジョーダンで1シーズン活躍した後のチーム入り。その更に前の年にミナルディからデビューしたローマ出身のドライバーだ。

この年マクラーレンから出走のミカ・ハッキネンが、ミハエル・シューマッハを破り初のタイトルを獲得。ベネトンがサーキットに送り込むのはニック・ワースがデザインしたB198。ルノーは正式にF1撤退を発表。しかしルノーのエンジン部門はメカクロームと名を変え活動を継続。ベネトン・チームのマシンにはパリ近郊で製造されたまさにそのV10が積んであり、当然ながら、ライバルのエンジンのような開発の成果は望めなかった。

成績はいまひとつ振るわない。シーズン終了時のチームの成績は、コンストラクターズ総合5位、33ポイント。ジョーダンとはたった1点差、ウィリアムズからは5点遅れをとった。3位の座は手を伸ばせば届く所にあった。しかし、それぞれ156ポイント、133ポイントを獲得したマクラーレンとフェラーリとの隔たりは大きすぎる。ヴルツは17ポイントで8位、フィジケラは16ポイントで9位入賞。最高位を持ち帰ったのはジャンカルロで、モントリオールとモンテカルロで2位になり、あのドライバー殺しのスパ・サーキット、しかもウェット路面で予想外のポール・ポジションを奪ってみせた。モナコ公国でのレースがチームにとってシーズンのハイライトだった。フィジケラがハッキネンと並んでファーストロー獲得、ハッキネンを追ってゴールした。ヴルツは皇帝シューマッハを相手に手段を選ばない一騎打ちを繰り広げ、臣下であるとは露ほども思わせないばかりか、幾度か強烈な追い越しをくらわせた。中期投資の基盤はできた。しかし平和は続かない。10月19日にはデビッド・リチャーズが辞表を提出、来年度からはロッコ・ベネトンが代表取締役を兼任することになる。

1999年
スーパーテックエンジン
ホンダの技術者の加入

前年10月の「大変革」を受けて、ベネトン・チームは経営とドライバーは現状維持する姿勢で再スタートを切る。ジャンカルロ・フィジケラとアレックス・ヴルツの契約更新が成る。ロッコ・ベネトンがゼネラル・マネージャー、パット・シモンズがB199もデザインしたニック・ワースを引き連れてテクニカル・マネージャーの任を続ける。今年のニュースの舞台はエンジン部門だったが、技術分野というより形式的な一件であった。世界選手権に向けてのエンジンは、まだ元ルノーのV10エンジンだったが、当時はスーパーテックというフラビオ・ブリアトーレの会社が製造開発していた。この頃ブリアトーレはナオミ・キャンベルと婚約した。ピエモンテ出身の辣腕マネージャー、ブリアトーレは間接的ながらベネトンにこうして再び足を突っ込むことになった。スーパーテックは同時にウィリアムズにもエンジン供給していた。

1999年のドライバーズ総合優勝の王者は再びマクラーレンのミカ・ハッキネン。ハッキネンは今回もフェラーリのマシンを破ったが、今度はエディ・アーバインの方だ。ミハエル・シューマッハはと言えば、シルバーストーンで行われたイギリスGPの1周目にひどい事故を起こし、片脚を骨折したため6戦も欠場するはめになったのだ。

ベネトンの今シーズンの成績は前年より更に振るわない。コンストラクターズ・ランキングでチームが占めるのは16ポイント獲得の6位。ドライバーズ部門ではフィジケラが13ポイントで9位、ハイライトは再びカナダでの2位。ヴルツの方は合計しても3ポイントにしかならなかった。

9月には、何人ものメンバーが抜けたことにより技術部門が弱体化したことを踏まえて、ベネトン・チームのトップはホンダのコンストラクターズとしてのF1本格参戦プロジェクトに最近まで関わりのあった人材3人を雇い入れる決定を下す。ハーベイ・ポスルスウェイトの突然の死という悲劇があり、日本発のこのプロジェクトは途中で暗礁に乗り上げたのだった。こうして9月にはチーフ・デザイナーのティム・デンシャム、空力担当のベン・アガサンジェル、デザイナーのクリス・ラデイジの3人をホンダから迎えることになる。残念なことには、辞めていく人物がもう一人いた。シーズン終了時には、ベネトンを10年勤め上げたジョアン・ビラデルプラットが去る。

2000年
バルセロナ、
「ミニサイズ」B200の舞台に

1999年から2000年にかけての冬は、表立った変化もなしに過ぎる。ドライバーは引き続きジャンカルロ・フィジケラとアレックス・ヴルツと契約更新。新しいB200は1月17日にバルセロナのカタロニア国立美術博物館でプレゼンテーションされ、すぐさま近くのモンメロ・サーキットで走らされた。ホンダからやって来た3人が2年前から手がけていたプロジェクトの成果だ。マシンは規模、特に長さをかなり縮小し、バラストを必要な所に積めるようウェイトを減らした。F1ではすでに一般的な手法だ。

数字だけ見れば、今シーズンは近年に比べて前進している。まず挙げたいのが世界選手権コンストラクターズ部門でのランキングが上がり、20ポイント獲得の総合4位に入ったことだ。フィジケラは18ポイントでドライバーズ総合6位。ブラジルで2位、モンテカルトと再びカナダで2度3位入賞した。対してヴルツは手ごたえのある戦績なし。モンツァでの5位入賞で手にした2ポイントが唯一の得点だった。満足とは言い難い成績である。これが元でシーズン終了時にはシートを失うことになる。

シューマッハが21年もの空白期間の後マラネロのチームにドライバーズ・タイトルをもたらしたこの年、トレヴィゾに端を発するベネトン社にとって、最も重要な出来事はサーキット外で起こる。オーストラリアで行われたシーズン開幕戦の4日後、ルノーが約2400億でベネトンを買収、経営をフラビオ・ブリアトーレに委託する。正式発表は3月16日ミラノで行われ、ベネトンは「この先2年間チームのオフィシャル・スポンサーとして残る」とのこと（筆者注：現シーズンを含む）。未来の組織図に登場するのは、チーム・マネージャー兼エンストンの本部責任者フラビオ・ブリアトーレにクリスティアン・コンツェン。フランスのルノー・スポールのゼネラル・マネージャーである。組織図の最後の総仕上げはシーズン後半になってから。9月1日テクニカル・ディレクターとしてジョーダンにいたマイク・ガスコインが加入。10月にはパット・シモンズがエンジニアリング・エグゼクティブ・ディレクターに任命される。

2000年3月16日
ベネトン、ルノーに
F1のバトンを渡す

2000年3月16日ポンツァーノ。ベネトン社とルノー社は、ルノー社がベネトン社のF1部門を1200万ドルで買収するという合意に達した。昨日かわされた契約によると、ベネトン・グループはこの先2年はチームのオフィシャル・スポンサーを続けるという。

15年以上の長きに渡り、ベネトン社はF1界において革新的でファイトのある異色の存在だったが、ルノー社が双方にとって、サーキットでの成功、歴史に残るテクノロジー開発と世界レベルでのイメージ獲得に貢献したことを思えば、今回至った合意はルノー社とのパートナーシップが自然に発展した結果だと言える。

1983年1月にF1参戦を果たしてから、ベネトン・チームは1994年にドライバーズチャンピオンに輝き、その翌年にはドライバーズとコンストラクターズの両タイトルを獲得して、ミハエル・シューマッハを押しも押されぬトップ・ドライバーにした。更に1992年から1997年にかけてのベネトン・チームは常に世界選手権コンストラクターズ部門で表彰台を勝ち取ってきた。総計すると優勝27回、表彰台96回、ポール・ポジション16回の戦績。これら重要な成果の数々を手にできたのは、情熱とプロのひたむきさを持ってベネトンのF1時代を支えてきた、高名なスポンサーの方々による絶え間ない努力に負うところも大きい。

F1の近年の状況を見ると、大手の自動車メーカーが、直接舞台に登場する主役として次々に舞い戻っており、ルノー社にバトンを渡すというベネトン社の選択は、培ったテクノロジーのノウハウを駆使しベネトンチームをしてF1の歴史に仲間入りさせた、このフランスの企業に対する意義ある感謝の印でもある。

この度の譲渡への合意に際して、ベネトン・グループ会長ルチアーノ・ベネトン氏が述べたコメントを以下に挙げる。「グローバル化が進行する昨今、各分野の専門家は、それぞれ自分の分野の市場で勝負するべきだと言えましょう。我々はF1に大変熱意を注いでまいりました。そしてその努力のおかげで想像以上の満足が得られたのです。しかし現在の情勢におきまして、チームにそれ相応の発展の機会を与えんがためには、バトンタッチをするのが適切と存じます。この場をお借りして、常に多大な情熱をかけて我々のこの素晴らしい冒険に参加してくださったスポンサーの皆様方、とりわけ、チームにとって基盤となる支えを変わることなく提供して下さったマイルドセブンと日本たばこ産業の方々には、心から感謝を申し上げます」

2001年
別れのシーズン
チーム譲渡へ

F1界においてのベネトン・カラー最後のシーズン。正式名称をベネトン・ルノースポールと言い、2つの機構から成り立つ。シャシーのデザイン、製造、チームの運営はフラビオ・ブリアトーレが代表取締役、マイク・ガスコインがテクニカル・ディレクターを務めるエンストンのルノーUK。一方のルノーフランスではクリスティアン・コンツェンが代表取締役、ジャン=ジャック・イズ（フェラーリに一時所属後戻る）がテクニカル・ディレクターを務め、エンジン部門を管轄。

他でもないフランスブランドのV10エンジンがB201の一番の目新しさだ。バンク角111度で重心を低くし、ボンネットの空力的効果を高度にした。アイデアは最高だったが、実際はライバルのエンジンに比べてパワーが出せず宝の持ち腐れだった。ポンツァーノ・ベネトの企業ベネトン社へのオマージュとされたこのマシンは、ベネチアで2月6日にプレゼンテーションされた。レーシングマシンとサン・マルコ広場や運河のコントラストは魅惑の雰囲気を醸し出していた。

ドライバーのコンビも変わった。アレックス・ヴルツが出てゆく一方でジャンカルロ・フィジケラが契約更新。フィジケラのチームメイトとなるのがジェンソン・バトン。前年に若干20歳でウィリアムズ・BMWからデビューした、若く将来有望なイギリス人ドライバーだ。

シーズンの結果はあまり喜ばしいものではなかった。123ポイント獲得で王者となったシューマッハを擁するフェラーリの天国で、2位（マクラーレンのクルサード）65ポイント、ベネトン・ルノーはやっと10ポイント獲得でコンストラクターズ総合7位に終わった。したがってドライバーズの得点がいいはずはない。フィジケラが8ポイントで11位、バトンが2ポイント、17位。唯一の表彰台はフィジケラが獲得。ベルギーのスパ・サーキットで華々しく3位になった時のことだ。

選手権終了時には「フィジコ」がジョーダンに移籍。別れの挨拶はしかし何と言っても、F1界を去るベネトンへ。グランプリに捧げた19年、そのファイト、情熱、経営の才でF1界に多大の貢献をしたが、いよいよベネトン・ファミリーがチームにお別れを言う時が来た。参入してきた時と同じく、騒ぎ立てず優雅に。こうして別れを告げたチームはその後多少の手が加えられ、アロンソという新しい現象の登場により、それから4年後再びトップの座に返り咲くのだった。